OPEN是一種人本的寬厚。

OPEN是一種自由的開闊。

OPEN是一種平等的容納。

open 2/1

希羅多德歷史 希臘波斯戰爭史

作者◆希羅多德
譯者◆王以鑄
發行人◆王春申
編輯指導◆林明昌
營業部兼任編輯部經理◆高珊
責任編輯◆劉振維
美術設計◆張士勇 吳郁婷

出版發行：臺灣商務印書館股份有限公司
23150 新北市新店區復興路 43 號 8 樓
電話：(02)8667-3712　傳真：(02)8667-3709
讀者服務專線：0800056196
郵撥：0000165-1
E-mail：ecptw@cptw.com.tw
網路書店網址：www.cptw.com.tw
網路書店臉書：facebook.com.tw/ecptwdoing
臉書：facebook.com.tw/ecptw
部落格：blog.yam.com/ecptw

局版北市業字第 993 號
初版一刷：1997 年 10 月
初版十刷：2016 年 8 月
定價：新台幣 490 元
本書由北京商務印書館授權出版中文繁體字本

ISBN 978-957-05-1421-6

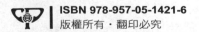

HERODOTI HISTORIAE

希羅多德

歷 史

希臘波斯戰爭史

希羅多德
Herodotus／著
王以鑄／譯

臺灣商務印書館 發行

目次

出版說明

《歷史》一書是公元前五世紀希臘歷史學家希羅多德（Ἡρόδοτος，拉Herodotus，公元前四八四—公元前四三〇／二〇年）所撰述的記述公元前六至五世紀波斯帝國和希臘諸城邦之間戰爭的一部歷史名著。此書在西方一向被認爲是最早的一部歷史著作，因此羅馬著名政治活動家西賽羅稱希羅多德爲「歷史之父」。

希羅多德雖然寫了這樣一部大作品，但是對於他本人的生平，並無詳細文獻記載，我們只能根據有限的資料，結合他本人的作品作一個十分粗略的敍述。據十世紀的蘇達辭書（Σοῦδα，拉Suidas）的介紹，他出生在小亞細亞多里斯人的城市哈利卡爾那索斯的一個名門，父親呂克瑟司，母親德律歐，還有一個兄弟鐵奧多洛斯。他由於反對本城的僭主呂戈達米斯而被迫移居薩摩司島；在這裏他學會了伊奧尼亞方言。後來他從亡命中返回故鄉，趕跑了僭主，但又因同國人不合而再次離鄉背井。這之後，他還參加過建立圖里伊的殖民活動（公元前四四三年），最後就死在那裏。

從其他史料和他本人的作品，我們還知道他到過許多地方：除小亞細亞諸城市外，還可以舉出希臘本土（特別是雅典）、馬其頓、埃及、腓尼基、敍利亞、黑海沿岸、意大利南部和西西里等地。就當時條件而論，他見聞之廣應當說是罕見的，所以後來又有人稱他爲「旅行家之父」。至於他爲什麼要走這樣多地方，後人根據他的作品作過種種推測。有人說他可能像早期的埃倫那樣，是一個到各地採辦貨物的行商；有人認爲他是想仿照他的前輩海卡泰歐斯的樣子寫一部更加翔實的地理作品；還有人認爲他到各地去是爲了搜集寫作材料，比如，他在雅典就朗誦過自己的作品並得到了異常豐厚的報酬。

蘇達辭書沒有提他到過雅典的事情，但從《歷史》本身並證之以其他資料，我們知道他不但到過雅典，而且同以伯里克利斯爲首的雅典民主派和一些著名作家（例如著名悲劇詩人索波克列斯）有過交往。他在雅典的時期大概在公元前四四七——四四三年間。沒有史料說明他爲什麼到雅典，但從他的作品爲雅典民主派辯護這一點來看，他可能是應邀來到雅典爲之宣傳並參加他們殖民活動的。

希羅多德雖然是小亞細亞的希臘人，又爲雅典民主派作過宣傳，但他並不是站在泛希臘愛國主義的立場上來寫他的《歷史》的。他贊揚的是雅典人，而不是整個希臘民族；他對波斯人也是公正的，並無肆意詆毀之處，相反，他承認東方民族具有比希臘更古老、更高的文明。這同後來的希臘人把異族一概都視爲「蠻族」的觀點迥然不同。後來羅馬統治時期的希臘作家普魯塔克爲此對他有所指責，這應當說是一種偏見。

此外，希羅多德在爲雅典民主派宣傳時，雖然也承認民主制度的若干優點，但這並不說明他本人始終具有奴隸制民主思想。且不說他本人具有波斯臣民出身的這一局限性，即使從他的作品中對波斯的態度也可以看出，他無寧更希望有一個開明的統治者。

希羅多德雖然自稱要用他的作品保存人類的功業，但他從來不是一個說教者，他更不想用他的作品來教訓別人，他好像無動於衷地記述了惡人善終、好人受罪的事實；而且他筆下的神又都是專橫而又嫉妒的。霍瓦爾德說他無視一切道德準則，是小亞細亞城市商人文化(Kaufmannskultur)的典型代表，這實際上恰好誤解了作者作爲史家的誠實和公正。

儘管《歷史》記載了不少荒誕無稽的傳說，並因此受到比希羅多德略晚的希臘史學家修昔底德的訕笑，但它仍然有很高史料價值。他的記述有不少是親自調查得來的。其中有許多爲後世的發掘和研究所證實；對於史料，他基本上採取了實事求是的態度。時代和階級的局限性當然使他無法擺脫唯心主義的歷史觀點，但他卻和他以前僅僅記錄了乾巴巴事實的紀事散文家(Logographer)不同，他對史料開始有了某種批判的態度。在本書開頭處他用的 ἱστορίᾱ 一詞（後世西方語言之History、Histoire等等便從此詞演變而來）便有「研究」、「探索」之意，這已漸漸地接近於我們後世所理解的歷史了。因此克羅瓦塞說 ἱστορίᾱ 一詞在這裏標誌著一次文體上的變革，實在是有見地的。

《歷史》全書可以明顯地分成兩部分。前半部只是以希臘波斯戰爭的歷史爲骨架，用它來貫串許多同正文關係不大的傳說、故事、地理、人種志方面的記述等等（其中有關埃及的部分幾乎可以獨立成書），後半部才開始敘述戰爭本身，而插筆敘述退居次要地位。總的看來，不少材料是硬湊到一起的。蘇達辭書說《歷史》是作者在薩摩司島寫的，但我們只能理解爲他在這裏有過寫作活動。從全書內容來看，前半部分的材料顯然不是供戰爭史使用的，後來作者決定寫戰爭史，才把這部分材料也塞了進去。可以認爲，全書非一時一地寫成，甚至他在世時可能未最後定稿，因爲後人在此書中發現有前後不協調之處，而且結尾也顯得突然，未能在適當處告一段落。

《歷史》傳世抄本有十幾種，大多是十到十五世紀時的。全書傳統分爲九卷，每卷各冠以一位繆司女神的名字，因此後世又把它稱爲《繆司書》。這種分法大概出自後來編訂此書的亞力山大里亞學者之手，未必是原書的本來面貌。

按照傳統的分卷法，第一卷在開宗明義之後，首先講克洛伊索斯對波斯的進攻作爲引起波斯人侵犯希臘的第一個誘因；作者在這裏還記述了呂底亞和波斯的情況，特別是居魯士進行的征服；第二卷主要介紹埃及的情況；第三卷主要記述剛比西斯和大流士時期的情況，並插入了有關薩摩司的事情；第四卷介紹了斯奇提亞和利比亞的情況和大流士對它們的進攻；第五卷主要記述伊奧尼亞起義；第六卷記述馬拉松之役；第七卷從克謝爾克謝斯的出征希臘記述到阿爾鐵米西昂和鐵爾摩披萊之役；第八卷記述決定性的撒拉米司一役；第九卷記述普拉塔伊阿和米卡列之役，而以雅典軍隊攻陷賽司托斯（公元前四七八年）爲結束。

原來使用多里斯方言的希羅多德是用伊奧尼亞方言，也就是荷馬的方言寫作他的《歷史》的。他和荷馬的繼承關係十分明顯，他使用了不少荷馬的語詞和表現手法，因此後人說他的文字有濃厚的荷馬味道（Ὁμηρικώτατος）。他的文字生動流暢，富於文采，所以在拜占廷的司蒂芳所報導的希羅多德在圖里伊的墓銘上就指出：「他是用伊奧尼亞方言寫作的歷史學家中最優秀的。」希羅多德又是一個講故事的能手，他從人民羣衆中間吸收營養，學到了許多民間創作的手法。他的著作在兩千多年後的今天，即使通過譯本，仍有其不可磨滅的魅力。它是一部歷史，同時又是一部能給讀者以美好享受的文學讀物。

《歷史》一書從十六世紀初出版以來，幾乎在各文化比較發達的國家都有譯本。這個譯本於一九五九年由北京商務印書館出版，一九七八年重印時，又由譯者覆閱一次並對一些明顯的錯誤作了修訂。

譯者的說明

㈠本書所用原本是牛津古典叢書中修德(C. Hude)編訂的《希羅多德：歷史》(Herodoti, Historiae；兩冊，一九二六年，第三版)，同時參考了洛布希英對照本古典叢書中所用的施泰因(H. Stein)編訂本。豪烏(W. W. How)和威爾斯(J. Wells)二氏爲修德本所編的《希羅多德注釋》(A Commentary on Herodotus；兩冊，上冊一九一二年牛津版，下冊一九二八年牛津訂正版)和若干選本的注釋（如Abicht, Waddell諸氏爲第二卷所作的注釋），在翻譯過程中爲譯者解決了不少困難。

㈡在翻譯時曾參考下面五個全譯本：

1.塞威林・漢梅爾(Seweryn Hammer)的波蘭文譯本(Herodot: Dzieje)，一九五四年版。

2.青木岩的日文譯本，兩冊，上冊一九四〇年版，下冊一九四一年版。

以上兩個譯本的特點是較新，又都是以修德本爲主要依據的。

3.喬治・勞林遜(George Rawlinson)的英譯本。這是長期以來在英譯本中被認爲是一部標準譯本，原本分四冊，在一八五八——一八六〇年間發表。我所用的則是經過哥多爾芬(Francis R. B. Godolphin)訂正的全譯本，收入他編的《希臘歷史學家》(The Greek Historians)的上冊（一九四二年版）。

4.亨利・凱里(Henry Cary)的英譯本，一八五二年版。

5.顧德雷（A. D. Godley）的英譯本，收入洛布希英對照本古典叢書，四册：第一册一九四六年修訂版，第二册一九五〇年修訂版，第三册一九五〇年版，第四册一九四六年版（以上版次都指譯者個人所用的）。

以上幾個全譯本或以文采長，或以準確勝，可說是各有千秋，對我都有很大的幫助，起了集思廣益的作用。

㈢我介紹此書的目的是給對歷史、文學有興趣的廣大讀者提供一部值得一讀的世界古典名著，不是供專家研究之用，故在注釋方面力避煩瑣，而以簡要爲原則，凡牽涉考證、研究性質的注釋均不收。我的注釋主要選擇有關各書中的注釋再加精簡，並作了核對和適當的補充。本書所述歷史事件都是公元前的事，爲了簡明起見，譯注中年份都不再注明「公元前」了。

㈣譯名方面，我是從原文音譯的，但已經通行的譯名即依照約定俗成的原則不再更動（如雅典、伊索、底比斯、以弗所等），以免給讀者造成不便。原文拉凱戴孟和斯巴達分開使用，所以譯文中也分開。書末所附重要譯名對照表的外文，我用英譯名代替了原文，這樣作一則是由於用原文一般讀者不習慣，再則會造成排版上的困難。但在希臘專名的翻譯方面，英文也不完全統一，這裏我用的是比較通行的一種。

㈤書中度量衡單位，有些譯本折合成譯者本國的通用單位，我的譯本則保留了音譯的原名，只有一個尺字是原文 πους 的意譯。書末所附折算表是根據波蘭文譯本的附錄改編的。

㈥要目索引主要據日文譯本的索引並核對其他有關索引改編而成。排列方法是按筆畫，同筆畫的按部首順序。

㈦書中地圖我只從豪烏和威爾斯二氏《希羅多德注釋》中借用了可以表現原著特色的兩幅。其他有關地圖，因爲很容易在希臘史或一般歷史地圖中找到，就不再附到本書裏面了。

㈧原書是一部篇幅大而內容又比較複雜的古典名著，儘管許多前輩的辛勤勞動成果爲我提供了有利的條件，但以譯者的微薄能力來說，本書的翻譯仍然是一件十分吃力的工作。特別是在遇到原著中過去的研究者或譯者對之有不同理解的那些地方，需要我斟酌取捨的時候，就尤其感到吃力了。我知道我自己作得離要求還很遠，我懇切希望讀者指正。

譯者　一九五八年九月　北京

（一九七八年十月修改）

重印附記

這個譯本是二十年前的舊譯了。從一九五九年出版後到一九六二年，這之間重印過幾次，但印數都不多；經過林彪、四人幫毀滅文化的浩劫，而這恰好又是既大又洋且古的一部書，估計在讀者手中而能夠幸存下來的更不會多了。這次重印，我作了出版之後二十年來的第一次訂正，但由於要儘量利用舊紙型的關係，這只能是一次有限的修改。此外還換上了一篇出版說明對此書作了簡單的介紹，這是和舊版不同的地方。至於更全面的校訂，那只有等到條件許可的時候了，這一點是要請讀者鑒諒的。

譯者　一九七八年十一月　北京

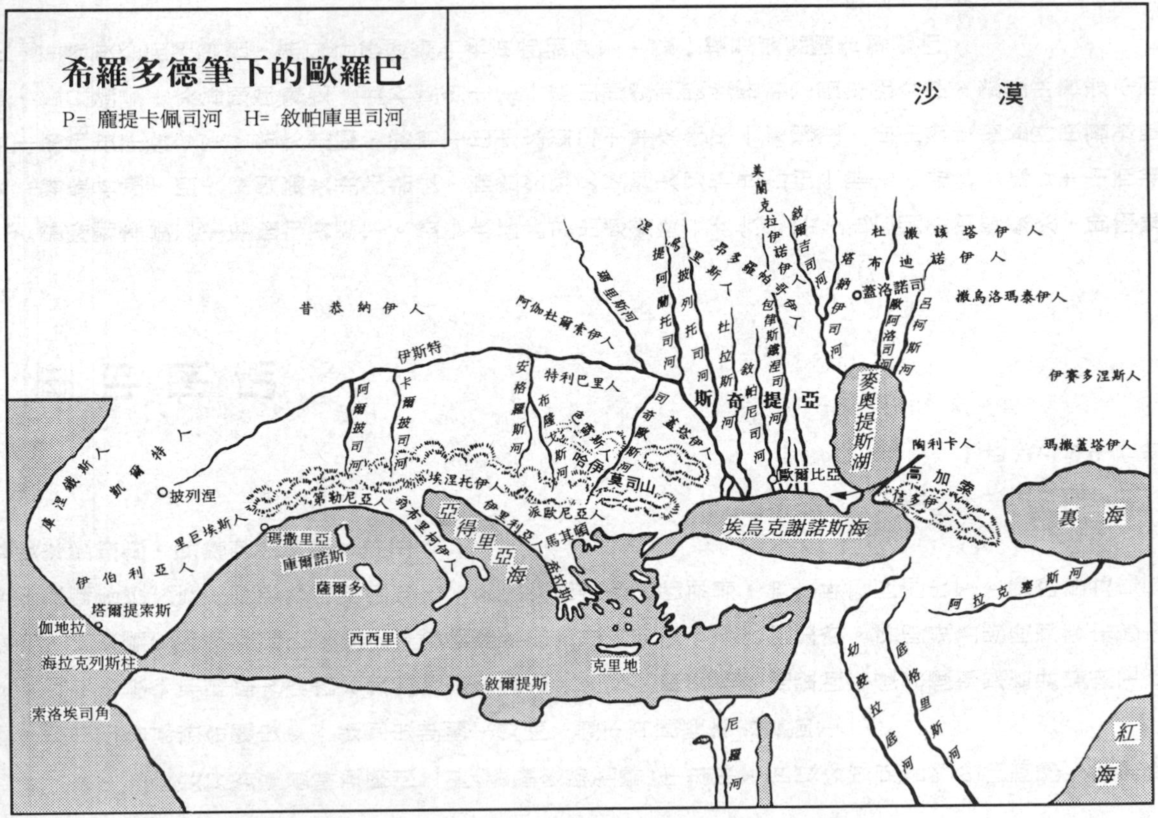

希羅多德筆下的歐羅巴

P= 龐提卡佩司河　H= 敘帕庫里司河

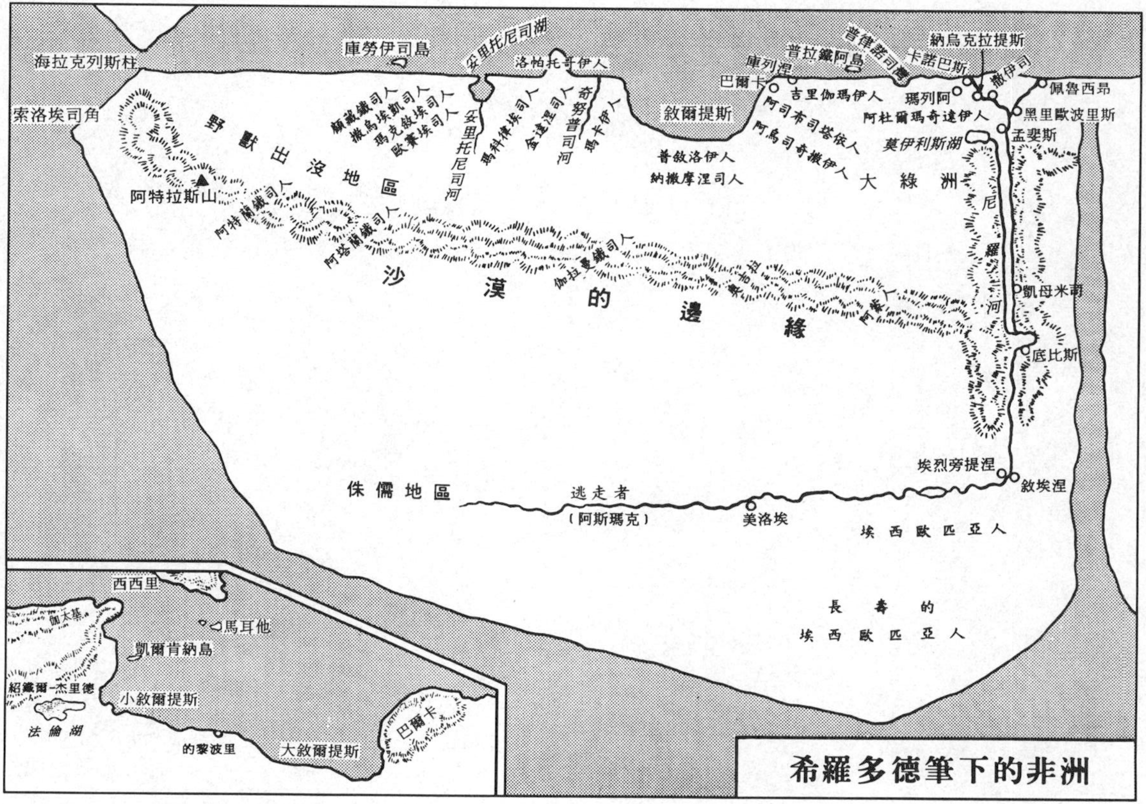
海拉克列斯柱
庫勞伊司島
安里托尼司湖
洛帕托哥伊人
普拉鐵阿島
普律諾司灣
納烏克拉提斯
卡諾巴斯
撒伊司
佩魯西昂
庫列涅
巴爾卡
吉里伽瑪伊人
瑪列阿
阿杜爾瑪奇達伊人
黑里歐波里斯
孟斐斯
莫伊利斯湖
索洛埃司角
野獸出沒地區
阿特拉斯山
頗藏鐵司人
撒烏埃凱司人
瑪克敍埃司人
歐賽埃司人
安里托尼司河
瑪科律埃司人
金達涅司人
奇努普司河
瑪卡伊人
敍爾提斯
阿司布司塔依人
阿烏司奇撒伊人
普敍洛伊人
納撒摩涅司人
大綠洲
阿特蘭鐵司人
阿塔蘭鐵司人
伽拉曼鐵司人
沙漠的邊緣
阿蒙人
尼羅河
凱母米司
底比斯
埃烈旁提涅
敍埃涅
侏儒地區
逃走者
(阿斯瑪克)
美洛埃
埃西歐匹亞人
長壽的
埃西歐匹亞人
西西里
伽太基
馬耳他
凱爾肯納島
紹鐵爾-杰里德
小敍爾提斯
法倫湖
的黎波里
大敍爾提斯
巴爾卡

希羅多德筆下的非洲

第一卷

在這裏發表出來的，乃是哈利卡爾那索斯人希羅多德的研究成果，他所以要把這些研究成果發表出來，是爲了保存人類的功業，使之不致由於年深日久而被人們遺忘，爲了使希臘人和異邦人的那些值得贊嘆的豐功偉績不致失去它們的光采，特別是爲了把他們發生紛爭的原因給記載下來。

1 根據有學識的波斯人的說法，最初引起了爭端的是腓尼基人。他們說，以前住在紅海①沿岸的這些人，在遷移到我們的海這邊來並在這些人現在還居住著的地方定居下來以後，立刻便開始走上遠途的航程；他們載運著埃及和亞述的貨物，曾在許許多多地方，就中也在阿爾哥斯這樣一個地方登陸。阿爾哥斯在今天通稱爲希臘的地區中，是在任何方面都優於其他國家的。他們來到阿爾哥斯這裏，便陳設出他們的貨物來進行交易。到第五、六天，等幾乎所有的貨物都賣完的時候，又有許多婦女來到海岸這裏；其中有國王的一個女兒。他們說她的名字和希臘人的名字一樣，叫作伊奧，她的父親就是國王伊那柯斯。婦女們站在船尾的地方挑選他們最稱心的物品，但這時腓尼基人卻相互激勵著向她們撲過去。大部分的婦女跑開了，伊奧和其他一些婦女卻給腓尼基人捉住，放到船上並給帶到埃及去了。

2 和希臘人的說法不同，根據波斯人的說法，伊奧就是這樣地來到了埃及，而從這件事開始，也就惹下了禍端。他們說，在後來，又有某些希臘人（他們說不出這些希臘人的名字）在腓尼基的推羅登陸並把

國王的女兒歐羅巴劫了去。在我看來，這些人多半是克里地人。這樣一來，他們就報復了先前所受的損害。可是後來，他們說，希臘人又犯下了第二次的不義之行。原來他們（指希臘人——譯者）乘著一隻長船②到科爾啓斯的埃阿城和帕希斯河那裏去③；在他們把到那裏去應辦的事情辦完以後，卻從那裏劫走了當地國王的女兒美地亞。科爾啓斯的國王派了一名使者到希臘去，要求賠償損失並送回公主，但是希臘人回答說，既然阿爾哥斯的伊奧被劫後，他們都不曾從對方得到賠償，故而這次他們也不準備給科爾啓斯人任何賠償了。

*3*他們還說，後來，臨到下面的一代，普利亞莫斯的兒子亞力山大這個人知道了這件事之後，就想從希臘給自己強奪一個妻子，因爲他深信，希臘人過去既不曾賠償，他自己當然同樣是不會賠償的了。因此他便劫走了海倫。希臘人起先決定把使者派出去，要求送回海倫並賠償因掠奪而引起的損失。但是在希臘人提出了這個要求時，對方卻提到了美地亞被劫的事情作爲口實；他們提醒希臘人說，希臘人只是要求別人賠償，而自己卻不賠償別人，又不在別人要求時把自己劫走的人送還。

*4*直到現在爲止，問題只不過是在於雙方相互進行掠奪而已。但是到後來，波斯人認爲希臘人應受到的指責可就大了，因爲在他們侵略歐羅巴之先，希臘人就率領著一支軍隊入寇亞細亞了。他們說，劫奪婦女，那是一件壞人幹的勾當，可是事情很明顯，如果不是婦女她們自己願意的話，她們決不會硬給劫走的，因此在被劫以後，想處心積慮地進行報復，那卻未免愚蠢了，明白事理的人是絲毫不會對這樣的婦女

---

①不是今天的紅海，這裏指波斯灣及其附近的水域而言。

②長船是戰船，當時的商船是圓形的。

③指傳說中雅孫和阿爾哥號船員出征的事情。

介意的。波斯人說，在希臘人把婦女拐跑時，他們亞細亞人根本就不把這當作一回事，可是希臘人卻僅僅爲了拉凱戴孟的一個婦女而糾合了一支大軍，侵入亞細亞並打垮了普利亞莫斯的政權。自此以後，他們就把希臘人看成是自己的仇敵了。原來在波斯人眼裏看來，亞細亞和在這個地方居住的所有異邦民族都是隸屬於自己的，但他們認爲歐羅巴和希臘民族跟他們卻是兩回事。

5 以上就是波斯人對這一事件的經過的敍述。他們認爲希臘人攻略伊里翁（即特洛伊——譯者），是他們敵視希臘人的開端。然而在談到伊奧的事件的時候，腓尼基人的說法和波斯人的說法不同。他們否認在帶她到埃及去的時候曾使用任何強暴的手段；他們說，伊奧本人在阿爾哥斯便和停泊在那裏的一隻船的船主有了來往，而在她發現自己已經懷孕的時候，羞於把這事告訴自己的父母並害怕給他們發覺，便在腓尼基人離開的時候心甘情願地隨著他們一同乘船走了。以上便是波斯人和腓尼基人的說法。這兩種說法中哪一種說法合乎事實，我不想去論述。下面我卻想指出據我本人所知是最初開始向希臘人鬧事的那個人，然後再把我所要敍述的事情繼續下去，不管人間的城邦是大是小，我是要同樣地加以敍述的。因爲先前強大的城邦，現在它們有許多都已變得沒沒無聞了；而在我的時代雄強的城邦，在往昔卻又是弱小的。這二者我所以都要加以論述，是因爲我相信，人間的幸福是決不會長久停留在一個地方的。

6 呂底亞地方的人、阿律阿鐵斯的兒子克洛伊索斯是哈律司河以西所有各個民族的僭主，這條把敍利亞和帕普拉哥尼亞分隔開來的哈律司河是從南向北流而最後流入所謂埃烏克謝諾斯（黑海）的。據我們所知道的，這個克洛伊索斯在異邦人中間是第一個制服了希臘人的人，他迫使某些希臘人向他納貢並和另一些希臘人結成聯盟。他征服的有亞細亞的伊奧尼亞人、愛奧里斯人、多里斯人，但是他卻和拉凱戴孟人締結了盟約。直到克洛伊索斯君臨的當時爲止，所有的希臘人都是自由的。因爲比克洛伊索斯更早地進攻伊奧尼亞的奇姆美利亞人，他們不是爲了征服各個城邦，而只是爲了打劫才入寇罷了。

*7*在海拉克列達伊族手裏掌握著的主權轉到被稱爲美爾姆納達伊族的克洛伊索斯一家的手裏來了，事情的經過是這樣。一位名字叫作坎道列斯的、撒爾迪斯的僭主，希臘人稱他爲密爾昔洛斯。他是海拉克列斯的兒子阿爾凱峨斯的後裔。海拉克列達伊家的最初的撒爾迪斯國王阿格隆是尼諾斯的兒子，是阿爾凱峨斯的兒子倍洛斯的孫子；密爾索斯的兒子坎道列斯則是最後的國王。在阿格隆以前，那個地方的國王是阿托斯的兒子呂多斯的後裔。由於呂多斯這個人的緣故，當地以前被稱爲美伊昂人的全部民族便獲得了呂底亞人的名稱。以海拉克列斯與雅爾達諾斯的一名女奴隸爲祖先的海拉克列達伊族稟承神意從他們那裏取得主權並保持了它。他們父子相承，從阿格隆到密爾索斯的兒子坎道列斯共統治了二十二代，計五百〇五年。

*8*但是，這個坎道列斯寵愛上了自己的妻子，他把她寵愛到這樣的程度，以致認爲她比世界上任何婦女都要美麗得多。在他的侍衛當中有他特別寵信的一個人，這就是達斯庫洛斯的兒子巨吉斯。坎道列斯把所有最機密的事情都向這個人講。既然他對於自己妻子的美麗深信不疑，因此他就常常向這個巨吉斯拚命贊美自己妻子的美麗。在這以後不久的時候，終於有一天，命中注定要遭到不幸的坎道列斯向巨吉斯這樣說：「巨吉斯，我看我單是向你說我的妻子美麗，那你是不會相信的（人們總不會像相信眼睛那樣地相信耳朵的）。你想個什麼辦法來看看她裸體時的樣子罷。」巨吉斯聽到這話便大聲地叫了起來，他說：「主公，您要我看裸體時候的女主人麼？您說的這話是多麼荒唐啊。您知道，如果一個婦女脫掉衣服，那也就是把她應有的羞恥之心一齊脫掉了。過去我們的父祖們已經十分賢明地告訴了我們哪些是應當作的，哪些是不應當作的，而我們必須老老實實地學習古人的這些教誨。這裏面有一句老話說，每個人都只應當管他

國王的建議，因為他心裏害怕自己會因此而招來什麼可怕的後果。然而自己的事情。我承認您的妻子是舉世無雙的麗人。只是我懇求您，不要叫我作這種越軌的事情。」

9巨吉斯這樣說，是打算拒絕國王的建議，因爲他心裏害怕自己會因此而招來什麼可怕的後果。然而國王卻回答他說：「別害怕，巨吉斯，不要疑心我說這話是打算試探你的忠誠，也不要害怕你的女主人會把什麼危害加到你的身上。要知道，我會把這件事安排得要她根本不知道你曾經看見過她。我叫你站在我們臥室的敞開的門的後面。當我進來睡覺的時候，她是會跟著進來的；在入口附近的地方有一把椅子，她脫下來的每一件衣服都放在這個椅子上。這樣你就可以逍遙自在地來看她了。等她從椅子走向床而她的背朝著你的時候，那你就可以趁著這個機會注意不要被她看見，從門口溜出去了。」

10巨吉斯這時既無法逃避，就只好同意這樣作了。於是坎道列斯在夜間要就寢的時候，便把巨吉斯引進了自己的臥室，過了一會兒，他的妃子也跟進來了。她進來之後，就把衣服脫掉放到椅子上面，而巨吉斯就在門後面望著她。而當她到床上去，她的背朝著巨吉斯的時候，他就從房中偷偷地溜出去了。可是，當他出去的時候，她是看見了他的，於是她立刻猜到了他丈夫所作的是怎麼一件事。可是，由於害羞的緣故，她並沒有叫了出來，甚至裝作什麼都沒有看到的樣子，心裏卻在盤算著對她的丈夫坎道列斯進行報復了。原來在呂底亞人中間，也就是在幾乎所有異邦人中間，在自己裸體的時候被人看到，甚至對於男子來說，都被認為是一種奇恥大辱。

11在那個時候，她一語不發裝作若無其事的樣子。然而到早晨天剛亮的時候，她便從自己的僕從當中選出了一些她認為對她最忠誠的人來，對他們作了部署，然後派人把巨吉斯召到她面前來。巨吉斯作夢也沒有想到王妃已經知道了昨夜發生的事情，所以就遵命來見王妃了。因為在這之前，每逢王妃派人召喚巨吉斯來的時候，他都會前來見她。巨吉斯來到的時候，她就向他說：「巨吉斯，現在有兩條道路擺在你跟前，隨你選擇。或者是你必須把坎道列斯殺死，這樣就變成我的丈夫並取得呂底亞的王位，或者是現在就乾脆死在這間屋子裏。這樣你今後就不會再盲從你主公的一切命令，去看那你不應當看的事情了。你們兩個人中間一定要死一個：或者是他死，因爲他慫恿你幹這樣的事情；或者是你死，因爲你看見了我的裸體，這樣就破壞了我們的慣例。」巨吉斯聽了這些話，一時茫然自失地站在那裏什麼話也講不出來；過了一會兒之後他就懇求王妃不要強迫他作一個這樣令人爲難的選擇。但是當他發現他懇求無效而且他確是有必要明確說出是殺死主公還是被別人殺死的時候，他就選擇了一條給自己留活命的道路；於是他便請王妃告訴他：「既然你強迫我違反著自己的意志把我的主公殺死，那麼告訴我，你想叫我怎樣向他下手呢？」她回答說：「向他下手的地方最好就是他叫你看到我的裸體的那個地方。等他睡著的時候下手吧。」

12 當陰謀的一切全都準備停妥，而夜幕又降臨下來的時候（巨吉斯看到自己既無法脫身又根本不能逃跑，而是非要把坎道列斯殺死或是他自己被殺死不可），巨吉斯便隨著王妃進入了寢室。她把一把匕首交給巨吉斯並把他藏在同一個門的後面。而過了一會兒，當坎道列斯睡著的時候，巨吉斯便偷偷地溜出來把坎道列斯殺死了，這樣巨吉斯便奪得了坎道列斯的妃子和王國；大約與巨吉斯同時代的人、帕洛斯的阿爾齊洛科斯在一首抑揚三步格的詩裏，便曾經提到這個人。

13 巨吉斯這樣便取得了王位，而後來他之所以能夠穩穩地統治了全國，乃是由於戴爾波伊的一次神託。在呂底亞人激憤於他們國王的被殺而拿起了武器之時，巨吉斯一派的人們便和這些呂底亞人達成了一項協定，即如果戴爾波伊的神託宣布他爲呂底亞人的國王，他就可以作國王而統治下去，不然的話，王權應當還給海拉克列達伊家。神託的話既然是這樣命令的，所以巨吉斯就成爲國王了。不過佩提亞（傳達神託的女巫——譯者）又說，巨吉斯的第五代的子孫將要受到海拉克列達伊家的報復。實際上，在這個預言應驗之前，不拘是呂底亞人還是他們歷代的國王根本就沒有把它記在心上。

14這樣美爾姆納達伊家便滅掉了海拉克列達伊家而取得了僭主的地位；巨吉斯作了國王之後，便向戴爾波伊神殿獻納了不少東西，可以說戴爾波伊的那些銀製的獻納品大部分都是他送來的；在這些銀製品以外，他還獻納了大量的黃金，在這當中特別值得提一提的是那六只黃金的混酒缽。它們的重量總計有三十塔蘭特，並且被放置在科林斯人的寶庫④裏面。我雖稱它爲科林斯人的寶庫，但是老實講，這並不是科林斯人民的寶庫，而是埃愛提昂的兒子奇普賽洛斯的寶庫。除去先前戈爾地亞斯的兒子、普里吉亞的國王米達斯以外，巨吉斯是在我們所知道的異邦人當中第一個向戴爾波伊神殿獻納禮物的。原來米達斯所獻納的是他經常坐下來進行審判的那個十分精美的寶座，這個寶座便和巨吉斯所獻納的混酒缽放在同一個地方。於是戴爾波伊人便按照獻納者的名字而稱巨吉斯所獻納的金銀器皿爲巨伽達斯。在巨吉斯掌握了國家大權以後，他也立刻向米利都和士麥拿進犯，攻陷了科洛彭城，此後，他雖然統治了三十八年，卻再也沒有作出什麼大事情，因此關於他的事情我就說到這裏了。

15下面我要談的是關於他的兒子和繼承人阿爾杜斯的事情。阿爾杜斯攻占了普里耶涅並向米利都進攻。而正當他作撒爾迪斯僭主的時候，給游牧的斯奇提亞人從家鄉的土地驅逐出來的奇姆美利亞人進入了亞細亞，把除了衛城以外的全部撒爾迪斯給占領了。

16阿爾杜斯在位凡四十九年，繼承他的是他的兒子薩杜阿鐵斯，薩杜阿鐵斯在位十二年。薩杜阿鐵斯

---

④許多希臘的城邦在戴爾波伊的神殿聖域內都有分配給它們的專門的「寶庫」，而他們奉獻的東西就保存在裏面。

死後，繼承他的是他的兒子阿律阿鐵斯。這位國王曾和戴奧凱斯的後人庫阿克撒列斯與美地亞人作戰，把奇姆美利亞人驅出亞細亞，征服了科洛彭人的殖民地士麥拿並進攻克拉佐美納伊。但是在進犯克拉佐美納伊的時候，他並沒有得到他原來所希望得到的東西，而是遭到了慘重的失敗。然而在他統治的期間，他仍然成就了一些頗足以使人注目的事業，下面我想就這方面談一下。

17 既然他繼承著自己的父親對米利都人作戰，他便用這樣的進攻方式來對這座城進行圍攻。在田地上穀物成熟的時候，他就把自己的大軍開進米利都的土地，進軍時有笙管、豎琴和高高低低的音的横笛伴奏著。在進入敵人領土的時候，他並不搗毀和燒掉田野上的房屋，甚至連門都不打破，而是讓它們原封不動地留在那裏。但是另一方面，他卻把這個地方的全部樹木和莊稼鏟除得一乾二淨，然後便退回自己的國土。由於米利都人是海上的霸主，因此他的軍隊縱然把這個地方封鎖住也是無濟於事的。至於他不破壞他們的房屋的原因，是為了使當地的居民用這些房屋作為棲身之地以便播種和耕耘他們的土地；這樣每次在他侵略這個地方時，就不致沒有可以劫奪的東西了。

18 用這個辦法他對米利都人進行了十一年的戰爭；在這期間，他使他們受到了兩次慘重的打擊；一次是在他們國內里美奈昂地方，另一次則是在邁安德羅司原野上。在這十一年的六年中間，阿爾杜斯的兒子薩杜阿鐵斯還統治著呂底亞人，而這個第一個燃起了戰火的人便對米利都的土地進行了征伐。在這之後的五年裏面，是薩杜阿鐵斯的兒子阿律阿鐵斯的統治時期，而正像我前面已經指出的，這個人從自己的父親那裏繼承了戰爭並且拚命地進行了戰爭。在這個戰爭當中，米利都人除了從歧奧斯人那裏之外，根本沒有從伊奧尼亞人那裏得到任何幫助來減輕戰爭的負擔；歧奧斯人出兵幫助他們是作為先前他們幫助歧奧斯人的一種回報，因為在歧奧斯人和埃律特萊亞人作戰的時候，米利都人是幫著歧奧斯人的。

19在戰爭的第十二個年頭裏，由於呂底亞的軍隊焚燒田地上的穀物而發生了這樣的一場災難。在穀物剛剛燃燒起來的時候，就有一陣強風把火焰吹到了那座被稱爲阿賽索斯⑤的雅典娜的、雅典娜神的神殿上去，於是神殿在火焰當中給燒光了。當時沒有一個人把這件事放在心上。但是後來，在大軍返回撒爾迪斯之後，阿律阿鐵斯跟著就病倒了。他的病一直總是不好，不知是別人的勸告，還是自己想到的這一點，他派遣使者到戴爾波伊去請示神託，詢問關於他的病情的事情。但是在這些使者到達的時候，佩提亞說，如果他們不把呂底亞人在米利都燒掉的阿賽索斯的雅典娜神的神殿重建起來，是不能得到神託的。

20我從戴爾波伊人那裏所聽到的事情就是這些，後面的事情是米利都人添上去的。奇普賽洛斯的兒子培利安多洛斯是當時米利都的僭主特拉敍布洛斯的一個極其親密的朋友，他聽到了神託對阿律阿鐵斯的回答，便立刻派出了一名使者把神託告訴了特拉敍布洛斯，以便要特拉敍布洛斯預先了解情況，從而可以更好地對當前的事態擬定對策。根據米利都人的說法，事情就是這樣。

21阿律阿鐵斯這裏在聽到關於神託的回答的報告時，立刻就派了一名使者到米利都去，建議在重建這樣一座神殿所必需的時期中間，和特拉敍布洛斯與米利都人締結一項休戰協定。使者向米利都出發了；但這時特拉敍布洛斯卻早已清楚地了解到了全部情況，他心裏知道阿律阿鐵斯會怎樣作，於是便想出了這樣一個計策。他把城內的全部食物，不管是屬於他自己的還是屬於私人的都集合到市場上來，並發出命令要米利都人準備在他發出信號時，所有的人都立刻應當盡情地飲酒狂歡。

22特拉敍布洛斯所以要這樣作和發出這樣命令的原因是這樣。他的意思是希望當撒爾迪斯的使者看到

---

⑤這是米利都附近的一個小鎮。

這樣多的食物堆積在地上而全市的人們又是這樣地歡樂的時候，他會把這件事報告給阿律阿鐵斯。實際上也正和他所希望的一樣。使者親眼看到了這一切，而在他把呂底亞人的命令傳達給特拉敍布洛斯以後，就回到撒爾迪斯去了。據我所知道的，只有這種情況才引起了後來的和解。原來阿律阿鐵斯本來認爲米利都非常缺糧並認爲它的人民已經困苦不堪了，但他當在使者從米利都回來之後聽到和他所料想的完全相反的消息時，不久他便和米利都人締結了一項條約；由於這項條約，兩個國家成了密友和聯盟。阿律阿鐵斯在阿賽索斯給雅典娜神不是建造一座，而是兩座神殿，他的病也好了。阿律阿鐵斯對特拉敍布洛斯和米利都人所進行的戰爭的情況就是這樣。

23 把神託告訴給特拉敍布洛斯的這個培利安多洛斯是奇普賽洛斯的兒子。培利安多洛斯又是科林斯的僭主。然而根據科林斯人的說法（列斯波司人的說法也是這樣），在他活著的時候發生了一件極爲離奇的事情。他們說美圖姆那的阿利昂是乘著海豚給帶到塔伊那隆來的。阿利昂這個人在當時是個舉世無雙的豎琴手，而據我們所知道的，是他第一個創作了狄圖拉姆波司歌⑥，給這種歌起了這樣的名字，後來並在科林斯傳授這種歌。

24 根據傳說，在培利安多洛斯的宮廷中住了多年的這個阿利昂，計劃渡海到意大利和西西里去；而他在那裏發了大財之後，又想回到科林斯來。他從塔拉斯⑦出發時，雇了一艘科林斯人經營的船，因爲他最放心的便是科林斯人。然而這些水手等船行駛到大海上來的時候，就陰謀把阿利昂拋到海裏去並且奪取他

⑥祭祀酒神狄奧尼索斯時所唱的頌歌。

⑦即塔連頓。

的財富。他發覺了他們的陰謀，就懇求他們留他一條性命，金錢則隨便由他們處理。但是這些水手並不聽他的話，而是要他或者是立刻自殺，如果他還想在陸地上要一個墳墓的話，或者是毫不猶豫地跳到海裏去。進退兩難的阿利昂於是請求他們，既然他們已經這樣決定，那麼就要他們允許他盛裝站在後甲板上，在那裏彈唱，並保證唱完之後即行自殺。他們也很高興聽一聽世界上最好的歌手的歌唱，便從船尾退到船的中部去。於是阿利昂便穿起當行的盛裝，拿起了豎琴，站在船尾的地方盡情地歌唱奧爾提歐斯歌（阿波羅的贊歌——譯者）。曲終的時候，他一下子就全身盛裝地投到海裏去了。他們的船於是向科林斯方向行駛。至於阿利昂，則據說有一匹海豚馱著他，把他帶到了塔伊那隆；他在塔伊那隆登岸以後，就從那裏穿著樂師的服裝到科林斯去，而在到達之後敍述了他經歷的全部事情。但是培利安多洛斯不信他所說的話，把他監視起來不許他到別的地方去，並留心地等待著水手們的歸來。在水手們到達的時候，他便把他們召到自己這裏來，問他們是否可以告訴他關於阿利昂的任何消息。他們回答說，他很健康地在意大利生活著，他們把現在過得很好的阿利昂留在塔拉斯了。可是這時阿利昂在他們的面前出現了，就和他從船上跳下去的時候一模一樣：嚇得目瞪口呆而且謊言又全被識破的這些人再也不能否認自己的罪行了。這就是科林斯人和列斯波司人所說的故事。而且，在塔伊那隆就有阿利昂的一件不大的獻納品，這是一個騎著海豚的人的青銅雕像。

25 呂底亞的阿律阿鐵斯結束了對米利都人的戰爭之後，又把呂底亞統治了五十七年才死。他在他的一家中，是向戴爾波伊奉獻禮物的第二位國王。他在病癒時所獻納的禮物是一只銀製的大混酒缽，下面附著一個鍛接的鐵托兒，這是戴爾波伊的全部奉獻物當中最值得一看的東西。它是歧奧斯人格勞柯斯的製品，這是世界上第一個發明了鐵的鍛接法的人。

26 阿律阿鐵斯死的時候，他的兒子克洛伊索斯繼承了王位⑧，那一年克洛伊索斯是三十五歲。他最初進攻的希臘人是以弗所人。當他圍攻以弗所人的時候，以弗所人在自己的城牆和阿爾鐵米司女神神殿之間繫上了一根繩子，這樣就把這座城獻給了阿爾鐵米司女神；這座神殿和當時被圍攻的古城之間的距離是七斯塔迪昂。他們是最先受到克洛伊索斯攻擊的希臘人。後來，在各種不同的託詞之下，他又依次向伊奧尼亞人和愛奧里斯人的各個城邦進攻：在他能夠作到的時候，他便給對方加上重大的罪名，如果這一點他作不到，便向對方提出某些無足輕重理由作爲口實。

27 這樣他就成了亞細亞的一切希臘人的主人並且迫使他們向自己納貢；在這之後，他又打算造船來進攻島上的居民。但是，當著有關造船的一切都已準備停當的時候，根據某些人的說法是普里耶涅的比亞斯、根據另一些人的說法是米提列奈的披塔柯斯把這個計劃給打消了。因爲國王問這個到撒爾迪斯來的人，在希臘方面有什麼動靜沒有，而這個人便回答說：「國王啊，島上的居民打算進攻撒爾迪斯來對你作戰，因此他們正在雇傭一萬名騎兵。」克洛伊索斯把這個人的話信以爲眞，於是說：「願諸神使這些島民竟想用騎兵來攻打呂底亞人的兒子們罷。」但是那個人卻回答說：「國王啊，看來您是熱心期望能在大陸上拿捕馬背上的島民的，這個想法當然有道理。然而在島民們聽到您想造船以便攻打他們的時候，您想那些島民所最期望的不正是在海上拿捕呂底亞人並在那裏爲您在大陸上奴役的那些希臘人報仇嗎？」克洛伊索斯對於這樣的說法深以爲然，認爲他說的話很有道理，於是就同意他的意見而停止造船並和島上的伊奧尼亞人成了朋友。

---

⑧克洛伊索斯的統治時期大概是開始於五六〇年。

28後來，克洛伊索斯逐漸把哈律司河西邊的幾乎所有民族全都平定了。繼續保有自由的只有奇里啓亞人和呂奇亞人，因爲全部其他的部落都給克洛伊索斯征服並成爲他的臣民了，這些部落是呂底亞人、普里吉亞人、美西亞人、瑪利安杜尼亞人、卡律倍斯人、帕普拉哥尼亞人、杜尼亞的和比提尼亞的色雷斯人、卡里亞人、伊奧尼亞人、多里斯人、愛奧里斯人和帕姆庇利亞人。

29當克洛伊索斯把這些民族征服，並把他們變成和呂底亞人一樣的臣民的時候，當時正好生活在希臘的一切賢者都得以相繼來到了富強如日中天的撒爾迪斯，而其中就有雅典人梭倫。他託詞視察外界而離開雅典出遊十年，但實際上他是想避免自己被迫取消他應雅典人之請而爲他們制訂的任何法律。原來雅典人發過重誓在十年中間必須遵守梭倫給他們制訂的法律，故而他們是不能任意取消這些法律的。

30由於這樣的理由並且爲了到外面去視察，梭倫便出發外遊；在這期間，他訪問了埃及的阿瑪西斯，又到撒爾迪斯訪問了克洛伊索斯。在他到達以後，克洛伊索斯便把他當作客人來接待，要他住在自己的宮殿裏。在他來後三、四天，克洛伊索斯就命令自己的臣僕領著梭倫去參觀他的寶庫，把那裏所有一切偉大的和華美貴重的東西都給他看。在他看完並且非常仔細地檢視了這一切以後，克洛伊索斯就趁著這個機會問他道：「雅典的客人啊，我們聽到了很多關於您的智慧，關於您爲了求知和視察外界而巡遊列國的事情。因此我很想向您請教一下，到目前爲止在您所遇到的所有的人中間，怎樣的人是最幸福的？」他所以這樣問，是因爲他認爲自己是人間最幸福的人；然而梭倫卻正直無私，毫不諂媚地回答他說：「國王啊，我看是雅典的泰洛斯。」聽到這話時感到驚訝的克洛伊索斯緊接著插上去問：「到底爲什麼您認爲泰洛斯是最幸福的人呢？」梭倫回答說：「第一，因爲泰洛斯的城邦是繁榮的而且他又有出色的孩子，他在世時又看到他的孩子們也都有了孩子，並且這些孩子也都長大成人了；其次，因爲他一生一世享盡了人間的安樂，卻又死得極其光榮。當雅典人在埃列烏西斯和鄰國人作戰的時候，他前來援助本國人，擊潰了敵人並極其英勇地死在疆場之上了。雅典人在他陣亡的地點給他舉行了國葬並給了他很大的榮譽。」

31 梭倫列舉了關於泰洛斯的幸福的許多情節，這樣便促使克洛伊索斯要繼續問下去。在他說完之後，克洛伊索斯又問他，除去泰洛斯之外在他看來誰是最幸福的，心裏以爲無論怎樣自己總會輪到第二位了。梭倫回答說：「克列歐畢斯和比頓，他們都是阿爾哥斯人，他們不但有十分充裕的財富，他們還有這樣大的體力，以致他們二人在運動會上都曾得過獎；特別是關於他們兩個人有這樣的一個故事：當阿爾哥斯人爲希拉女神舉行一個盛大的祭典時，他們的母親一定要乘牛車到神殿那裏去。但那時他們的牛並沒有及時地從田地裏給趕回家裏去，於是害怕時間趕不上的青年人就把軛駕到自己的肩頭，親自把母親乘坐的車拉來了。他們把母親拉了四十五斯塔迪昂的路程直到神殿的跟前。全體到神殿來朝拜的人都親眼看到了他們所作的事情之後，他們就極其光彩地結束了他們的一生。從他們兩個人身上，神也就清楚地表示出，對一個人來說，死是怎樣一件比活著要好的事情。原來阿爾哥斯的男子們圍住了這輛車並稱贊兩個青年人的體力；而阿爾哥斯的婦女則稱贊有幸而生了這樣一對好兒子的母親；母親對於這件事，以及對於因這件事而贏得的贊賞也感到十分歡喜，她於是站立在女神的神像面前，請求女神把世人所能享到的最高幸福賜給她那曾使她得到巨大光榮的兒子克列歐畢斯和比頓。她的祈禱終了之後，他們就奉獻犧牲參加聖餐，隨後，他們便睡在神殿裏面。他們再也沒有起來，而是就在這裏離開了人世。阿爾哥斯人認爲他們倆是非常優秀的人物，因此就給他們立了像，獻納到戴爾波伊神殿裏去。」

32 這樣，梭倫就把這兩個青年人放到幸福的第二位上去了。克洛伊索斯發火了，他說：「雅典的客人啊！爲什麼您把我的幸福這樣不放到眼裏，竟認爲它還不如一個普通人？」梭倫這樣回答說：「克洛伊索斯啊，你所問的是關於人間的事情的一個問題，可是我卻知道神是非常嫉妒的，並且是很喜歡干擾人間的事情的。悠長的一生使人看到和體驗到他很不喜歡看到和很不喜歡體驗到的許許多多的東西。我看一個人活到七十歲也就算夠了。在這七十年中間，若不把閏月計算在內的話，共有兩萬五千二百天。若是像季節準時到來那樣地每隔一年再加上一個閏月，則在七十年以後，還要有三十五個這樣的月份，這樣就得再加上一千〇五十天。這樣在七十年當中的總的天數就是兩萬六千二百五十天了；然而可以說絕對沒有一天的事情是會和另一天的事情完全相同的。這樣看來，克洛伊索斯，人間的萬事眞是完全無法逆料啊。說到你本人，我認爲你極爲富有並且是統治著許多人的國王；然而就你所提的問題來說，只有在我聽到你幸福地結束了你的一生的時候，才能夠給你回答。毫無疑問，縱然是豪富的人物，除非是他很幸福地把他的全部巨大財富一直享受到他臨終的時候，他是不能說比僅能維持當日生活的普通人更幸福的。因爲許多最有錢的人並不幸福，而許多只有中等財產的人卻是幸福的。擁有巨大財富的不幸的人只在兩方面優於幸福的人；但幸福的人卻在許多方面都超過了前者。有錢的人更有能力來滿足他的欲望，也更有能力承受大災難的打擊。後者當然不能像前者那樣地滿足自己的欲望並且也經不住這樣的災難，然而他的幸運卻使這些災難不會臨到自己身上，此外，他還會享受到這樣的一些幸福：他的身體不會殘廢，他不會生病，他不會遇禍，有好孩子，又總是心情愉快的。如果在這一切之外，他又得到善終的話，這便正是你所要尋求的人，也就是夠得上稱爲幸福的人了。然而這樣的人，在他死之前，勿寧應當稱他爲幸運的人，而不是幸福的人。誠然，很少有人能夠兼備所有這些優點，正彷彿沒有一個國家能在自己的國內充分取得它所需要的一切東西，而是每個國家都有某種東西，卻又缺少另一種東西；擁有最多的東西的國家也就是最好的國家了。同樣，沒有一個人是十全十美的，他總是有某種東西卻又缺少另一種東西。擁有最多的東西，把它們保持到臨終的那一天，然後又安樂地死去的人，只有那樣的人，國王啊，我看才能給他加上幸福的頭銜。不管在什麼事情上面，我們都必須好好地注意一下它的結尾。因爲神往往不過是叫許多人看到幸福的一個影子，隨後便把他們推上了毀滅的道路。」

33這就是梭倫向克洛伊索斯所講的一番話，這一番話並未得到國王的歡心。國王完全不把他放到眼裏地送他走了，因爲國王認爲像這樣一個忽視當前的幸福並要他在每件事上等著看收尾的人，是個不折不扣的大傻瓜。

34但是，在梭倫走後，克洛伊索斯從神那裏受到了一次可怕的懲罰，神之所以懲罰他，多半就是由於他自視爲世界上最幸福的人。不久他就在睡著時作了一個夢，這個夢確確實實地向他預言，他將要在他兒子身上遇到慘禍。克洛伊索斯有兩個兒子，一個兒子暨聾且啞是個天生的殘廢，另一個兒子在與他同歲的人們當中，在任何一方面卻都要比其他人突出得多。後面這個兒子的名字叫作阿杜斯。在夢裏向克洛伊索斯提起的，就是關於這個兒子的事情；夢裏告訴說他的這個兒子將要被鐵製的尖器刺死。等他醒來的時候，他獨自認眞地把這個夢思考了一番，就不由得對這個夢感到毛骨悚然了。於是他首先給這個兒子娶了個妻子；同時由於這個兒子在先前經常指揮呂底亞軍作戰，現在便不叫他擔任這樣的職務了。一切長槍、投槍和人們在戰時使用的諸般兵器，都從男子居室運了出來而堆放到後房裏去，因爲他怕掛起來的這樣一件兵器保不定會掉下來刺著他的兒子。

35正在他給自己的兒子張羅著婚事的時候，一個樣子看來很慘而且有著血污的雙手的人來到了撒爾迪斯。他是一個普里吉亞人，並且是一個王族。這個人來到克洛伊索斯的住所之後，就請求根據這個國家的習慣給他洗淨血污。克洛伊索斯就給他洗淨了。呂底亞人的洗淨的儀式是和希臘人的洗淨的儀式差不多的。在按照習慣執行了洗淨的儀式以後，他就問這個人是什麼地方來的，是什麼人，他說：「這位客人，你是誰，你是從普里吉亞的什麼地方到我這裏來請來庇護的？此外，你殺了怎樣的男子或是婦女？」這個普里吉亞人回答說：「國王啊，我是米達斯的兒子戈爾地亞斯的兒子。我的名字是阿德拉斯托斯。由於我並非出於本心而殺死了我自己的兄弟，我的父親就把我趕出了來並剝奪了我的一切，因此現在我就逃到你這裏來了。」克洛伊索斯回答說：「你是我的朋友的兒子，因此現在你是到朋友的家來了。只要你留在我們這裏，任何東西也不會虧待你的。盡量不要把你的慘遇放到心上吧，這樣你就可以更好地保重你自己了。」

36 阿德拉斯托斯就這樣地在克洛伊索斯的家裏住下來了。正是在這個時候，在美西亞的歐林波斯山出現了一個大豬怪，這個怪物常常從山裏跑出來破壞美西亞人的田地。美西亞人多次出來想獵取這個怪物，但結果不僅絲毫不能加害於它，反而總是自己受到損失。終於他們派使節到克洛伊索斯這裏來，向克洛伊索斯說：「國王啊，一個非常龐大的豬怪出現在我們的國土，損害了我們的莊稼地。我們雖盡一切力量來捕捉它，但全都失敗了。因此我們請求你讓你的兒子，精選的壯丁們和狗跟我們一同回去，以便使我國擺脫掉這個怪物。」這就是他們的請求的大意。

但是克洛伊索斯想起了夢中的預言，於是他就回答說：「不要再談關於我的兒子的事情上。我不想要他去幫你們的忙。他剛剛結婚，這件事也就足夠他操心的了。但我可以選派一部分呂底亞人並放出我的全部獵犬跟著你們去，而且我還要命令他們盡一切力量幫助你們把這個野獸從你們的國土上打跑。」

37 美西亞人對於他的這個答覆是滿意的。然而克洛伊索斯的兒子聽到了美西亞人的請求後卻進來了，而且在克洛伊索斯拒絕要他和美西亞人同去的時候，他就向他的父親說：「父王，在先前，對我們來說，

最美好和崇高的事情總不外是征戰和狩獵，並在這些事情上面爲自己贏得榮譽；現在您卻不許我幹這兩樣事情的任何一種，而您當然又決不會看出我是卑怯或是缺乏活力的。現在我到市場上去或是從那裏回來的時候，我必須帶著怎樣的面色呢？市民們以及我的新婚妻子會怎樣看我呢？她又會認爲她是和怎樣的一個丈夫生活在一起呢？所以還是叫我去打這個豬怪吧，否則就請您說明理由，爲什麼您認爲我最好是服從您的意旨。」

38 於是克洛伊索斯回答說：「兒啊，並不是因爲我以爲你卑怯或是有其他什麼不相宜的地方才把你留住，而是因爲在我睡覺時我作了一個夢，夢裏，在我跟前我看到一個幻象，它警告我說你是會短命的，因爲你注定要在年輕時爲鐵製的尖器刺死。正是爲了這個幻象，我才先趕緊安排你的婚事，而現在當然又使我不能把你送出去辦這件事情。我是願意看守著你的，爲的是不管怎樣，在我自己活著的時候我總可以看著你也僥倖地活下來。你哥哥聾了，我已不把他當作自己的兒子，因此你就是我僅有的一個兒子了。」

39 這個年輕人回答說：「啊，父親，您在這樣一個可怕的夢之後對我加以注意，我認爲是有道理的。如果您弄錯了，如果您沒有把這個夢圓對，我想我是應當指出您的錯誤來的。既然您說這夢預言我將會被鐵製的尖器刺死，可是這豬又有什麼手呢？它能夠使用什麼叫您害怕的鐵製尖器呢？倘若夢裏說我會被野獸的牙或是什麼類似的東西刺死的話，那您不叫我去辦這件事是完全有道理的。然而這裏說的是一支鐵槍。何況現在我們又不是向人，而是向野獸作戰。所以我求您還是讓我和他們一同去罷。」

40 克洛伊索斯說：「兒啊，你對於夢的判斷我看是有些道理的。既然你的解釋比我的更要好，現在我就相信你的話，我改變了我的主意，准許你和他們去打獵了。」

41 既然這樣說了，國王就派人把普里吉亞人阿德拉斯托斯找了來，向他說：「阿德拉斯托斯，當你因

痛苦不幸的遭遇而感到苦惱的時候，當然，在這一點上我不是對你有什麼責怪，那時我洗淨了你，把你接待到我家裏來住，並且任何事情都不難爲你。既然我先待你十分親切，那你也就應該加以回報，故而請你同意和我的兒子出去打獵以便照料他，注意在道上不要受到會向你們襲擊的那些不遜的匪徒的危害。即使沒有給你這樣的任務，你的確仍然有必要到你可以因自己的事業而使自己享名的地方去看一看。這是你從你父親那裏繼承來的傳統，而且你自己也是非常茁壯的。」

42 阿德拉斯托斯回答說：「國王啊，若不是您之所請，我是不會參加這一次的狩獵的。因爲像我這樣一個遭遇不幸的人陪伴著他的處於順境的伙伴們出去打獵是不適宜的，而且我也無心作這件事情。而且我有許多理由使我留在這裏，但既然您要我去，那我就一定不會使您掃興（因爲我實在是有義務來回報您的親切款待的），因此我願意按您所要求的去作。至於您付託給我來照料的令郎，請確信我將盡我這個保護者的力量，把他安全地送回來。」

43 在他向克洛伊索斯作了這樣的保證之後，他們就出發了，隨他們出發的是若干精選的壯丁和獵犬。當他們到達歐林波斯山的時候，他們就四下裏搜尋這個野獸；這隻怪獸被發現以後，獵士們便排成圓陣，從四面八方用投槍向它拋去。那時那位客人，就是那位被洗淨了殺人的血污並且叫阿德拉斯托斯的人也把投槍向豬拋去，但是這枝投槍刺到克洛伊索斯的兒子的身上了。這樣，阿杜斯便被鐵槍刺死，而夢中的警告也就應驗了。於是便有一個人跑到撒爾迪斯去把這個消息帶給克洛伊索斯，他到這裏來向國王報告了戰鬥的情況和他的兒子所遭受的命運。

44 聽到自己的兒子被刺死，父親的心已經是亂成一團了，尤其使他更加痛心的是，刺死他的兒子的人又正是他自己一度爲之洗淨了殺人的血污的人。在他因慘禍而悲痛之極的時候，他高聲呼叫清淨之神宙斯

的名字，要他見證他因客人之手而遭到的慘劇。隨後他又祈求同一位宙斯神，稱他為爐灶之神和友情之神。他稱呼爐灶之神的名字是因為他無意中竟把現在殺死了他的兒子的人留住在自己的家裏；他稱呼友情之神的名字是因為被當作自己兒子的保護人而派出去的客人，結果卻被發現是他的最可恨的敵人。

*45*呂底亞人很快地就來了，他們運回了這個年輕人的屍骸，而那個殺人犯便跟在他們後面。他站到屍骸的前面來，向克洛伊索斯表示任憑對方怎樣處置自己，他伸出雙手十分懇切地請求克洛伊索斯，說他自己願意被殺死在克洛伊索斯的兒子的屍骸之旁，因為他以前的悲慘遭遇已經夠他受的了，現在又加上了新的不幸，那就是使洗淨了他的殺人的血污的人陷入破滅絕望的境地，故而他也無法再活下去了。克洛伊索斯聽了這話之後，儘管自己所遭到的不幸使他非常痛苦，卻深受感動而對阿德拉斯托斯起了憐憫之心。於是便回答說：「客人啊，既然你對你自己宣告了死刑，那我便已經從你那裏得到我所需要的充分的賠償了。而且，除非只能說你無心地幹了這樣的事情以外，實際上在我看來還不是你惹下了這個禍。惹禍的是一位神，他在很久之前便預言要有這樣的事發生了。」在此之後不久，克洛伊索斯便適如其分地埋葬了他的兒子。米達斯的兒子戈爾地亞斯的兒子阿德拉斯托斯，過去殺死了自己的親兄弟，現在又毀了給他洗淨血污的人，他認為他自己在他所知道的人中間是最不幸的人了，因此當人們散去而墳墓的四周寂靜無人的時候，他便在墓地上自殺了。

*46*死了兒子的克洛伊索斯整整兩年都沉浸在非常的悲痛之中，什麼事情也沒有作。在這之後，從海外來的一個消息中止了他的悲傷情緒。他聽說，剛比西斯的兒子居魯士摧毀了庫阿克撒列斯的兒子阿司杜阿該斯的霸權，而且波斯人也一天比一天地強大起來了。這種情況使他專心致志地考慮，他是否有可能在波斯人的實力還不會十分強大的時候，想辦法阻止他們那日益加強的力量。在這樣的意圖之下，他立刻想到

希臘和利比利的神託所那裏去試卜一下。於是他分別向各方面派遣使者，有的到戴爾波伊，有的到波奇斯的阿巴伊，有的到多鐸那。有一些人到阿姆披亞拉歐斯的神託所，另一些人到特洛波尼歐斯的神託所，再有一些人則是到米利都的布朗奇達伊家去。克洛伊索斯派人去問卜的這些神託所都是希臘的神託所。他還派遣了另一些人到利比亞去向阿蒙神請示。他把這些使節派出去，是要試一下神託到底講的都是些什麼，而如果他發現神託所回答的是眞話，那麼他就可以再派人去，請示他是否可以對波斯人發動一次遠征。

47 被派到各地去試驗神託是否靈驗的使節們，都得到了如下的指令：從他們離開撒爾迪斯的那一天起，他們要把日子記住，到第一百天的時候，他們再去請示神託，問它們呂底亞國王、阿律阿鐵斯的兒子克洛伊索斯那時正在作什麼。他們要把神託的回答記下來，然後帶回給克洛伊索斯。除去戴爾波伊的神託之外，任何神託所的回答都沒有給人記載下來。而在戴爾波伊，當呂底亞人剛一走進聖堂向神請示他們奉命詢問的問題時，佩提亞就用六步格的詩回答他們說：

我能數沙，我能測海；
我懂得沉默並了解聾人的意思；
硬殼龜的香味觸動了我的心
它和羊羔的肉一同在青銅鍋裏煮著：
下面鋪著青銅，上面蓋著青銅。

48 在佩提亞口述預言的時候，呂底亞人把她的話記了下來，隨後就啓程返回撒爾迪斯了。當派往各地的所有其他的使者都帶著他們取得的回答返回的時候，克洛伊索斯便打開他們所記的文卷一一閱讀。這些神託完全不能使他滿意。但是他一看到戴爾波伊的神託上面的話，就立刻把它肯定下來，對它表示滿意和

信服，他認爲戴爾波伊是唯一可靠的神託所，因爲只有它才發現了他實際上作的是什麼事情。原來從他的使節出發去請示神託的那時候起，他就想他作什麼事情才是最不可能爲任何人所猜到的，於是在他約定的那一天到來時，他便按照他自己所決定的作了。他拿來一隻龜和一隻羊羔，親手把它們切成碎塊，一起放在青銅鍋裏煮，上面還加上一個也是青銅的蓋子。

49 從戴爾波伊帶回給克洛伊索斯的回答就是這樣的。至於到阿姆披亞拉歐斯的神託所去並且在神殿那裏履行了例行儀式的呂底亞人從那裏得到了什麼回答我就沒有辦法說了（因爲關於這一點，實際上，人們是沒有傳說過的），人們所知道只是，克洛伊索斯相信他從那裏得到的神託也是眞實的。

50 此後，克洛伊索斯便決定舉行大規模的奉獻以取悅於戴爾波伊的神。他奉獻了各種適於作犧牲的牲畜三千頭，又燒掉了堆積如山的包著金銀的臥床，黃金杯和紫色的長袍和內衣。他焚燒這些東西就是爲了使神對他更加眷顧。他還下令給所有的呂底亞人，要他們按照他們自己的財力來向神奉獻。在犧牲奉獻式結束的時候，國王熔化了大量黃金，把它鑄成金條，每條長六帕拉斯提，寬三帕拉斯提，高一帕拉斯提。金條的總數是一百十七個，其中的四條是純金鑄成的，每條的重量各爲兩個半塔蘭特；其餘則是金與銀的合金，每條重兩個塔蘭特。他還下令造一座純金的獅像，重十塔蘭特。當戴爾波伊神殿被燒掉之時，這個金獅子就從金條上掉了下來（因爲它是放在金條上面的），現在它被火燒掉了三個半塔蘭特，剩下的只有六個半塔蘭特了。現在它是放置在科林斯人的寶庫裏。

51 在要獻納的這些東西都準備停當以後，克洛伊索斯便把它們送到戴爾波伊去，與這些東西同時送去的還有下列諸色禮品。金的和銀的大混酒鉢各一個，先前在人們進入神殿的時候就可以看到金鉢放在入口的右手，銀鉢在左手。但這兩個鉢在失火之際移開了；重有八個半塔蘭特又十二姆那的金鉢，現在藏在克

拉佐美納伊人的寶庫裏；銀鉢則是放置在神殿前庭的一個角落裏，它的容量有六百阿姆波列歐斯。我們知道這件事是因爲，在鐵奧帕尼亞祭⑨的日子裏，戴爾波伊人就是用這個鉢來混酒的。戴爾波伊人說這是薩摩司人鐵奧多洛斯製造的，我認爲他們的話是對的，因爲我看這個混酒鉢確是出自非凡的匠師之手。克洛伊索斯此外還送了現在在科林斯人的寶庫之內的四只銀製酒甕，還有金的和銀的淨水瓶各一只，金的淨水瓶上面刻著「拉凱戴孟人奉獻」的字樣，他們硬說這是他們奉獻的禮物，然而他們的這種說法是不對的，眞正的奉獻者是克洛伊索斯。這上面的銘文是一個想取悅於拉凱戴孟人的戴爾波伊人刻上去的。這個人是誰我是知道的，但我還是不必講他的名字了。手裏有水流出來的那個少年像確是拉凱戴孟人奉獻的人，然而他們根本就沒有奉獻任何一個淨水瓶。在這一切的奉獻物以外，克洛伊索斯還把許多沒有題辭的不大重要的禮品奉獻到戴爾波伊去，其中有一些銀製的圓盤。他還奉獻了一座三佩巨斯高的金製婦女像，而根據戴爾波伊人的說法，這好像是克洛伊索斯的烤麵包的女郎的雕像；此外，他把妻子的那些項鍊和腰帶也都獻納了。

52 上述的一切就是克洛伊索斯奉獻到戴爾波伊去的東西。對於他知道這個（指後面的阿姆披亞拉歐斯——譯者）的勇氣和不幸遭遇的阿姆披亞拉歐斯（阿爾哥斯的預言者。他是一位雖預知自己不能生還，但仍然敢於去作戰的英雄——譯者），他奉獻了純金的盾牌和槍頭以及槍杆都是黃金製造的長槍。在我的時代裏，二者還都在底比斯地方奉祀伊茲美尼亞的阿波羅的神殿裏。

⑨這是戴爾波伊的一個祭日，在這一天裏，神像都陳列出來。

53把這些禮物護送到各個神殿去的使者們得到克洛伊索斯的命令，要他們請示一下神託，問克洛伊索斯可以不可以去和波斯人作戰，而如果可以的話，他是否可以找一支同盟軍和他一齊出動。因此，在這些人到達目的地並奉獻了禮物之後，便請示神託，說了下面的話：「呂底亞和其他各民族的國王克洛伊索斯相信這裏的神託是世界上唯一眞實的神託，而由於你的靈驗，他把你應得的禮物奉納在你的面前。現在他向你請示，他是否可以對波斯人作戰，如果可以的話，他是否可以要一個同盟者也出兵來幫助他。」這就是他們請示的話。對於他的回答，兩方面神託的說法是相同的，每個神託都向克洛伊索斯預言說，如果克洛伊索斯進攻波斯人，他就可以滅掉一個大帝國並且忠告他看一下在希臘人中間誰是最強的，然後就和他們結成同盟。

54克洛伊索斯在接到帶給他的神託的這些解答以後，眞是大喜過望了，他深信他一定可以摧毀居魯士的王國，於是他便再一次派人到佩脫去，在打聽到了戴爾波伊的人數之後，便贈給戴爾波伊人每人兩斯塔鐵爾的黃金。爲了報答，戴爾波伊人把請示神託的優先權、免稅權、在祭日中占最優等席位的特權給予克洛伊索斯和呂底亞人，他們還把如果願意的話，任何時候都可以歸化戴爾波伊的永久權利給予克洛伊索斯和呂底亞人。

55克洛伊索斯把這些禮物送給戴爾波伊人以後，便第三次請示神託；因爲既然他確信神託是可靠的，他就想充分利用它了。他想要得到回答的問題是，他的王國的國祚是否長久。佩提亞給他的回答是這樣的：

一旦在一匹騾子變成了美地亞國王的時候；

那時你這兩腿瘦弱的呂底亞人就要沿著沿岸多石的海爾謨斯河逃跑了；

快快逃跑吧，也不要不好意思作一個卑怯的人物吧。

56 在克洛伊索斯接到這個回答時，他高興得無以復加了，因爲克洛伊索斯認爲一個騾子是絕對不可能代替他作美地亞國王的，因此他就認爲他和他的後裔是永遠也不會喪失主權的。隨後他就十分愼重地研究神託要他與之結盟的那個最強大的希臘民族，而在調查之後便可以看到，希臘城邦中最強大的，在多利斯族裏是拉凱戴孟人而在伊奧尼亞族裏則是雅典人。原來這兩個民族從古老的時候起就在希臘占著十分突出的地位了。後者是過去的佩拉司吉民族，前者是希臘民族；佩拉司吉人從來還沒有離開過自己的居住地；但希臘人卻是非常富於流動性的。原來在戴烏卡里翁王統治的時代，希臘人住在稱爲普提奧梯斯的地方，然而在海倫的兒子多洛斯統治的時代，他們便移住到歐薩山和奧林波斯山山下一個叫作希斯提阿伊歐提斯的地方去了。他們被卡德美亞人趕出了希斯提阿伊歐提斯地區以後，就定居在品多斯，稱爲瑪凱德諾姆人（意爲身量高的人——譯者）。從那裏再一次遷移到德律歐披司；而最後又從德律歐披司進入了伯羅奔尼撒，結果他們就變成了多里斯人。

57 佩拉司吉人所講的是什麼語言我是不能確定的。如果從今天還殘留的佩拉司吉人所講的語言我們可以提出一個假設來的話，如果從這些佩拉司吉人可以進行判斷的話，則可以說，佩拉司吉人是講著異邦話的（指希臘語之外的語言——譯者）。今天在佩拉司吉人當中有一些人，他們過去曾是今日被稱爲多里斯人的鄰人（當時住在今日的所謂帖撒里奧提斯地方）而現在則住在第勒塞尼亞人上方的克列斯頓市；有一些人在先前和雅典人同住過一個時期並在海列斯彭特建立了普拉啓亞和斯奇拉凱兩個地方；有一些人則住在其他那些現在名稱雖已改變、但過去實際上是佩拉司吉人的城市的城市裏。果若任何一個佩拉司吉族都眞是這樣，而全部佩拉司吉族又都講同樣語言的話，則屬於佩拉司吉族的阿提卡人在他們成爲希臘族之後，必定是忘掉了自己的語言而學習了另一種語言。克列斯頓人所講的話和他們四周居民的話都不相同，普拉奇亞人的情況也是這樣，可是這兩個地方的人所講的話卻是相同的；從這一點便證明，他們都仍舊保留了他們語言的特點，而他們又把這種特點帶到他們現在住的地方來。

58 然而希臘族自從他們出現以來就一直是使用著同一種語言的。至少在我來看這一點是十分明顯的。在他們起初從佩拉司吉人分出去的時候，他們的人數是不多的，然而他們卻從一個弱小的開端成長擴大成一個各民族的集合體，這主要是由佩拉司吉人和其他許多異邦民族加入了他們的隊伍的緣故。然而，另一方面，我卻認爲佩拉司吉人是一個異邦的民族，他們在任何地方也不曾大大地膨脹過。

59 但是，克洛伊索斯打聽了這兩個民族的情況，從而得知其中的阿提卡人（雅典人）由於當時雅典的僭主、希波克拉鐵斯的兒子佩西司特拉托斯的緣故而正在受到壓制並被弄得四分五裂。當希波克拉鐵斯只是一個普通公民的時候，有一次他到奧林匹亞去看比賽，而遇到了一件完全是不可思議的事情。他奉獻了犧牲之後，附近滿裝著水和肉的大鍋下面沒有火就沸騰起來，直到水溢出了大鍋。當時正在那裏並親眼看到了這一奇蹟的拉凱戴孟人奇隆就忠告希波克拉鐵斯說，如果他還沒有結婚，那麼就不要把會給他生孩子的妻子娶到家裏來；如果他已經有了一個妻子，那麼作爲第二個手段，就必須和她分離，而如果他有的是一個兒子，那麼便和這個兒子斷絕關係。奇隆的忠告根本就沒有叫希波克拉鐵斯聽進去，他不聽奇隆的話；不久之後，他就得了一個兒子，就是前面提到的那個佩西司特拉托斯。這個佩西司特拉托斯，在雅典人內部發生由阿爾克美昂的兒子美伽克列斯所領導的海岸派和由阿里斯托拉伊戴斯的兒子里庫爾哥斯所領導的平原派之間的鬥爭的時候，想出了一個成爲僭主的辦法，他乘著這個黨派之爭的機會糾合了一個第三黨。他集合了一批黨員並自稱爲山地黨的領袖以後，便想出了下面的這樣一個策略。他弄傷了他自己和他的騾子，趕著車進了市廣場，（揚言）敵人想在他驅車回鄉下的路上把他殺死，而他是剛剛逃脫了敵人的毒手的。他要求民衆撥給他衛兵來保護他；他要他們記起他過去享有的光榮，因爲他在先前曾指揮美伽拉人的進攻，而那時他曾攻占尼賽亞城，還立下了其他許多的偉大戰功。被他的花言巧語所欺騙的雅典人就給他選出了一隊市民作爲他的衛兵，佩西司特拉托斯不使這些衛兵拿槍而使他們拿棍棒，在他到任何地方去的時候他們都拿著棍棒伴隨著他。佩西司特拉托斯便和他們一道發動了政變並占領了衛城。這樣，他便取得了雅典的統治權，他毫不弄亂先前已有的各種官職，也不改變任何法律。他根據既定的制訂治理城邦，他的措施是賢明和巧妙的。

60 然而不久以後，美伽克列斯一派和里庫爾哥斯一派就重新攜起手來把他趕跑了。這樣一來，佩西司特拉托斯雖然用上述的辦法使自己成了雅典的主人，可是他的統治權在這裏還沒有根深蒂固，他便把它失掉了。在佩西司特拉托斯被趕跑之後，這兩派立刻就再度爭吵起來了。美伽克列斯終於對這一鬥爭感到不勝其煩，便派了一名使者到佩西司特拉托斯那裏去，向對方表示如果對方願意娶他的女兒，他便準備使佩西司特拉托斯登上雅典僭主的寶座。佩西司特拉托斯同意了，於是在這樣的條件下二人締結了一項協定。在這之後，他們便著手研究使佩西司特拉托斯復位的辦法。而他們在這裏所想出的辦法在我看來是歷史上最愚蠢的辦法（特別是考慮到希臘人從遠古的時候起，便以較大的智慧和遠非愚蠢簡單而有別於異邦人），何況我們更應記起，他們所玩弄的這個花樣的對象又不是一般希臘人，而是希臘人中間素稱是最聰明伶俐的雅典人。在派阿尼亞這個戴美⑩裏有一個叫作佩阿的婦人，這個婦人在其他方面可以說是非常標

⑩阿提卡的地方單位。

緻的，就是身高差三達克杜洛斯就要四佩巨斯了。他們把這個婦女全付武裝起來，並且預先教給她要怎樣作才能把她這個角色扮演得最好，然後就叫她乘上戰車到城裏去。在她出發以前，曾派了報信的人到那裏去，這些人進城後，便按照給他們的指示宣告了下面的話：「哦，雅典人啊！熱烈歡迎佩西司特拉托斯吧，把人間的最高榮譽給予他的雅典娜神親自把他帶回衛城來了。」他們跑到四面八方去宣告這個消息，這個消息立刻又傳遍了各個戴美，人們都說雅典娜女神正在把佩西司特拉托斯帶回來。城裏的人也深信那個婦人是眞正的女神，便向她這個凡人膜拜並且歡迎了佩西司特拉托斯。

61 用這樣的辦法恢復了自己的統治權的佩西司特拉托斯便按照協定娶了美伽克列斯的女兒爲妻。可是，他既已經有了一些長大成人的兒子，而阿爾克美昂的子孫又被認爲是受到了咒詛，他便打算在他和新婚的妻子之間不生子女，因此之故，他便和他的妻子進行並不正常的交合。起初他的妻子沒有把這件事情告訴別人，但是過了一個時候以後，不知是否她的母親問了她還是什麼別原因，她把這事情向母親說了。而她的母親也自然便把這件事告訴了她的父親。美伽克列斯覺得在佩西司特拉托斯的這樣一件事上受到了侮辱而非常激憤，於是在盛怒之下，他立刻便和敵對派言歸於好而攜起手來。佩西司特拉托斯知道了對他會有什麼舉動，他便完全離開了那個地方，來到埃列特里亞，以便和他的兒子們會商對策。希庇亞斯的意見取得了勝利，這個意見就是他們要拿回統治權。於是他們便從曾受到他們的某種恩惠的那些城邦收取捐款。他們用這種辦法從許多城邦得到了大宗的金錢，特別是底比斯人，他們所捐獻的金錢比其他的任何城邦要多得多。簡言之，過了若干時候，爲回國所作的一切準備都已經辦理停妥了。原來從伯羅奔尼撒來了一隊阿爾哥斯人的雇傭兵，又有一個叫作呂戈達米斯的那克索斯人自願地來爲他們服務，他在這件事上特別熱心，不但提供人力，而且提供了金錢。

62 於是，在他們逃亡的第十一年，佩西司特拉托斯一家便從埃列特里亞出發回家了。他們在阿提卡首先占領了馬拉松，在那裏登岸之後便紮下了營，市內的同黨前來應援，地方上各戴美的人們也都前來應援，因爲他們愛僭主政治是甚於愛自由的。當佩西司特拉托斯正在搜集資金，而後來甚至在他登陸占領馬拉松時，雅典市內根本沒有一個人注意到他的所作所爲。直到已經知道他離開了馬拉松並且正在向雅典推進的時候，才出來作了抵抗的準備。他們集合了全部軍隊，揮戈指向返國的亡命者。這時，從馬拉松出發進擊雅典，而在走到帕列尼斯的雅典娜神殿附近與敵人相會的佩西司特拉托斯的軍隊則與敵人面對面地紮了營。一個名爲阿姆庇律托斯的阿卡爾那尼亞人，是一個通曉占卜術的人，他稟承神意來見佩西司特拉托斯，在走向佩西司特拉托斯的時候，他就口誦六步格的兩句預言：

網投了下去，網在水裏張開了，

在月夜裏，鮪魚將游入網羅。

63 這就是他在神的感召之下說出的預言。佩西司特拉托斯懂得它的意思，就宣布他接受這個預言並立刻率軍進攻。這時雅典的市民軍剛剛用完了他們的午飯，飯後他們就各自幹起自己的事情來，有的人玩骰子，有的人睡覺，所以當佩西司特拉托斯的軍隊一經進攻，他們就被擊潰了。在他們潰逃的時候，佩西司特拉托斯想出了一個極其高妙的策略，用這個策略可以把雅典人分散，再也不會使他們團結到一起。他叫他的兒子們都騎上馬，先派他們去趕上逃散的雅典人，再按照佩西司特拉托斯的命令，勸告他們不要垂頭喪氣並返回各人自己的家。

64 雅典人接受了這個勸告，這樣佩西司特拉托斯便第三次成爲雅典的主人。於是藉助於一支龐大的衛兵並藉助於部分取自雅典當地、部分取自司妥律蒙河一帶的國庫收入而得以鞏固地樹立了他的主權；此外，他還使用這樣的一個辦法：他從在他進攻時沒有立刻逃走而仍舊留在雅典的許多人那裏取得他們的兒子作爲人質，並把這些人質送到那克索斯島去（這個島也是佩西司特拉托斯用武力占領的，但是他把它委託給呂戈達米斯去治理）。他還根據神託的指示，淨祓了狄羅斯島，淨祓的方式則是這樣：神殿四周目力所及的範圍內所埋葬的屍體都給他掘出來，移到該島的另一個地方去。這樣佩西司特拉托斯的僭主之治便在雅典建立起來了；但有的雅典人已經戰死在疆場上面，有的雅典人則和阿爾克美歐尼達伊族一道從祖國逃亡了。

65 克洛伊索斯打聽雅典人的時候，雅典人當時的情況就是這樣。另一方面，談到拉凱戴孟人，則他聽到說，在經過一個非常困難的時期以後，目前在對鐵該亞人作戰時已經取得了勝利。因爲在列昂和海該西克列斯聯合統治斯巴達的時候，拉凱戴孟人儘管在所有其他的戰爭中取得勝利，卻接二連三地總是敗在鐵該亞人的手裏。而且從來他們在幾乎全部希臘人當中都是治理得最壞的國家；他們內部相互之間，以及和外國人都無交往。使他們的政治變好的原因，是由於下列的情況：斯巴達人中間的一位知名人士呂庫爾戈斯到戴爾波伊來請示神託。他剛剛進入了神殿，佩提亞就立刻對他說：

你來啦嗎？哦，呂庫爾戈斯，你到我的富有的神殿來了，
宙斯和奧林波斯諸神都加愛於你，
我不知道應當稱你爲神或者只是一個人
但是我相信你結果將會是一個神，哦，呂庫爾戈斯啊。

此外還有一些人說，佩提亞還向他宣託了一整套斯巴達人到今天還遵從著的法制。可是，拉凱戴孟人自己卻說，當呂庫爾戈斯是他的侄子、斯巴達國王列歐波鐵司的攝政的時候，他就把這套法制從克里地採

用過來了；因爲他剛一擔任攝政的職務，他立刻就改變了現行的全部法制，並注意使所有的人都來遵守他制訂的新制度。在這之後，他又安排了有關軍事的一些事情，如建立埃諾莫提亞⑪，托里阿卡斯⑫和共餐團制（敍希提亞）等等，此外，呂庫爾戈斯又設置了五長官和元老院。

66 由於這樣的改革，他們就成了一個享有良好法制的民族。在呂庫爾戈斯死後，他們給他修造了一座神殿，並給他以極大的尊敬。他們既然擁有肥沃的土地和衆多的人口，他們很快地就強大起來，變成了一個繁榮興盛的民族。結果，他們就不能滿足於安靜不動地待在那裏了。他們認爲自己比阿爾卡地亞人要強，於是他們便派人去請示神託，問是否能夠征服全部阿爾卡地亞，佩提亞給他們的回答是這樣：

你們向我請求阿爾卡地亞嗎？你們向我請求這樣大的一件東西，我不能滿足你們。
在阿爾卡地亞那裏住著許多以橡子爲食的男子，
他們會不許你們這樣作的。但這並非是我吝嗇。
我要把鐵該亞送給你們，要你們在那裏踏足而舞。
並要你們用繩索來測量肥沃的田野。

而在拉凱戴孟人得到這個回答以後，他們便沒有觸動阿爾卡地亞的其餘的地方，而是向鐵該亞人發起攻擊，他們隨身帶著枷鎖，因爲他們相信那不可靠的神託，以爲他們將會使鐵該亞人變成他們的奴隸。然而在這次戰爭中他們失利了；變成了敵人俘虜的那些人被迫給鐵該亞人耕地，他們帶上了他們自己帶去的枷

⑪它的意義是「發誓的團體」，指陸軍的小隊而言。
⑫指「三十人的小隊」而言。

鎖，並用繩索來測量土地。他們幹活兒時所戴的枷鎖在我那時還保存在鐵該亞，它們在那裏掛滿在阿列亞・雅典娜神殿的牆壁。

67 這樣看來，先前在對鐵該亞人作戰時，拉凱戴孟人一直是吃著敗仗的。但是在克洛伊索斯的時候，也正是當阿那克桑德里戴斯和阿里司通這兩個國王統治著拉凱戴孟的時候，斯巴達人卻取得了勝利。下面我就要說一說他們是怎樣取得勝利的。既然他們在每次和敵人交鋒的時候總是給對方打敗，於是他們便派人到戴爾波伊去，請示神託他們要討到那一位神的歡心才能夠在對鐵該亞人作戰時取得勝利。佩提亞回答說，他們必須把阿伽美姆農的兒子歐列斯鐵斯的遺骨運回來。然而他們找不到歐列斯鐵斯的墓，於是他再一次派人來，向神請示這位英雄的遺體埋葬在什麼地方。佩提亞對他們的回答是這樣的：

阿爾卡地亞的平坦的原野上有鐵該亞這樣一個地方；

在那裏絕對無可避免地有兩股風在吹著，

一個打擊打過來另一個打擊必定打過去，禍與禍重疊無已。

萬物之母的大地就在那裏包藏著阿伽美姆農的兒子。

把他帶到你們的城裏來，那樣你就成了鐵該亞的主人。

在得到這樣的回答以後，雖然拉凱戴孟人到處用心搜求，但仍然和先前一樣地茫無頭緒。直到最後，這個墓地才終於被稱爲阿伽托埃爾戈伊⑬的斯巴達人當中的一個名叫里卡司的人給發現了。阿伽托埃爾戈伊是每年在市民當中剛剛辭去騎士職務的最年長的五個人。每年裏這五名騎士退休後，他們不能無所事事而必

⑬意爲善行者。

須立即帶著託付給他們的任務到斯巴達國家派他們分頭前往的那些地方去。

68 里卡司便是這樣的人物之中的一個人，他當時在鐵該亞。由於好運氣，也是由於自己的才智，他竟找到了這個墓地。由於那時和鐵該亞人有交往，他到鐵該亞去，走進了一個鐵匠的鋪子，看見這個鐵匠在打鐵。正當他站在那裏贊賞鐵匠的高超手藝時，鐵匠看到了他的驚訝表情，於是就放下了自己的工作向他說：「拉科尼亞的客人啊，既然你看到我在這裏打鐵你都感到驚訝，那麼如果你要看到我所看過的東西，那你一定更要大吃一驚了。原來我想給自己在這個院子裏打一口井，可是在我掘地的時候，我卻看到一個七佩巨斯長的棺材。我以前從來不會相信在古代人們長得比現在的人高，所以我就把它打開了。果然裏面的屍體和棺材一樣長；我把它量了一下之後就把這個土穴照原來的樣子封上了。」

這個鐵匠就這樣把他所看到的敍述了一遍。但是里卡司把這件事仔細地考慮以後，就從神託的話推定這個屍體正是那個歐列斯鐵斯的屍體。他所以這樣地猜想，是因爲他注意到這個鐵匠有兩個風箱，這就等於說有兩股風，而鐵錘和鐵砧正相當一擊和對這一擊的反擊，而鍛鐵也正是要使禍與禍相重疊了。他所以這樣猜想，是因爲鐵的發現是會引起對人的傷害的。他作了這樣的推論之後，就回到斯巴達把這一切事情向拉凱戴孟人說了。在這之後不久，他們就故意揑造了一個藉口，對他提出責難，把他追放出去了。里卡司於是來到了鐵該亞，把他的不幸遭遇告訴了這個鐵匠並想使鐵匠把院子租給他。鐵匠不肯同意，但里卡司終於說服了他，於是他便搬到那裏去住了。他掘開了墳墓，把遺骨搜集起來之後，就帶著它返回了斯巴達。從此以後，每當拉凱戴孟人和鐵該亞人較量實力的強弱時，拉凱戴孟人總是要得到極大的勝利的；而且他們已經把伯羅奔尼撒的較大部分征服了。

69 克洛伊索斯聽到這一切情況之後，便派遣使者攜帶著禮物到斯巴達去，使者的使命則是請求斯巴達和他結成聯盟。他們到斯巴達時應當講的話，都是克洛伊索斯親自規定的。因此他們在到達斯巴達時就這樣說：「派遣我們到這裏來的是呂底亞人和其他民族的國王克洛伊索斯，他要我們前來向你們說：『哦，拉凱戴孟人啊，神在神託中命令我和希臘人作朋友；既然知道你們執希臘之牛耳，因此我遵照著神託的命令，向你們提出這樣的建議，我誠懇而老實地希望成為你們的朋友和同盟。』」

克洛伊索斯通過自己的使者所提出的建議便是這樣。拉凱戴孟人在先前早已經知道了神託給他的回答，因而歡迎使者的到來，並與克洛伊索斯立誓締結了友誼與同盟；實際上，在這之前他們便受過克洛伊索斯的某些好處，故而他們就更得這樣作了。原來有一次，拉凱戴孟人曾派人到撒爾迪斯去購買黃金，打算把它用在阿波羅的神像上面，這座像今天就立在拉科尼亞的托爾那克司山⑭上，當時克洛伊索斯聽到了這件事，便把他們要買的黃金當作禮品送給他們了。

70 拉凱戴孟人願意與克洛伊索斯結為聯盟這是一個理由，另一個理由則是因為克洛伊索斯在全體希臘人當中，特別選他們作自己的盟友。所以他們就宣布說準備在他要求的時候立刻出動，不僅如此，為了回報克洛伊索斯，他們更製作了一個巨大的青銅混酒缽給他送去；混酒缽外緣滿刻著各種圖像，它的容量足足有三百阿姆波列歐斯。但是這個混酒缽瓶卻沒有送到撒爾迪斯去。所以沒有送到，是由於下面兩個原因。根據拉凱戴孟人的說法，當它在向撒爾迪斯起運的途中到達薩摩司附近的時候，薩摩司人知道了這件事，於是便派了他們的戰船前來把它劫走了。但是薩摩司人自己卻說，負責搬運混酒缽的拉凱戴孟人由於耽擱得太久並且得知撒爾迪斯和克洛伊索斯均已陷入敵人之手，於是他們便把這只混酒缽在薩摩司賣掉；

⑭斯巴達東北的一座山，俯臨埃烏洛塔司谷地。

有幾個私人把它給買了下來獻到希拉的神殿去了。把混酒缽賣掉的人們說不定也許在回到斯巴達的時候，說薩摩司人奪去了他們的混酒缽哩。

71因此，關於混酒缽的事情就是這樣了。但那時克洛伊索斯卻誤解了神託的意思，他竟率領著大軍進攻起卡帕多啓亞來，滿以為可以摧毀居魯士和波斯的軍隊。當他還在從事進攻波斯人的準備工作的時候，一個在當時以前已被視爲智者，特別是在這件事以後在國人當中十分享名的呂底亞人叫作桑達尼斯的來見他，向國王這樣諫言，說：「國王啊，您準備進攻的對象是這樣的一些人，他們穿著皮革製的褲子，他們其他的衣服也都是皮革製的，他們不是以他們所喜歡吃的東西爲食，而只是吃那些他們荒瘠貧苦的土地上所能生產的東西。而且還不僅如此，他們平常不飲葡萄酒而只是飲水，他們沒有無花果或其他什麼好東西。這樣，如果您征服了他們，他們既然一無所有，您能從他們手裏得到什麼東西呢？再說，如果您被他們征服的話，我希望您想想看，您會失掉多少好東西。如果他們一旦嘗到了我們的好東西，他們將緊緊地抓住這些東西，我們休想再叫他們放手了。至於我，那我要感謝諸神，因爲諸神沒有叫波斯人想到要來進攻呂底亞人。」

儘管他是這樣說，克洛伊索斯卻沒有把這話聽進去；實際上，誠然如他所說，波斯人在征服呂底亞人以前，是沒有任何美好的和華貴的東西的。

72希臘人稱卡帕多啓亞人爲敍利亞人。在波斯人的統治樹立起來之前，敍利亞人是美地亞人的臣民；當時他們是在居魯士的支配之下的。因爲美地亞帝國和呂底亞帝國的國界就是哈律司河。發源於阿爾明尼亞山岳地帶的這條河先是流過奇利啓亞人居住的地方，然後從那裏又流了一段，在它的右手是瑪利耶尼亞人居住的地方，左手則是普里吉亞人的地方；在流過這些人的居住地以後，它更向北流，把右手的卡帕多

啓亞的敍利亞人和左手的帕普拉哥尼亞人劃分開來。這樣哈律司河便形成了從面臨賽浦路斯的海到埃烏克謝諾斯（黑海——譯者）的幾乎全部下亞細亞的邊界。這裏正是這全部地區的頸部，一個輕裝的人要穿過這個地方，需要五天的時間。

73 克洛伊索斯之進攻卡帕多啓亞是受著這樣幾個動機的驅使的：首先是他想得到領土加到自己的版圖之內；然而主要的理由卻是他想對居魯士來給阿司杜阿該斯報仇，因爲他相信神託的話而認爲他可以作到這一點。原來美地亞的國王、庫阿克撒列斯的兒子阿司杜阿該斯是克洛伊索斯的連襟，他曾爲剛比西斯的兒子居魯士所征服。他們二人成爲連襟的一段經過現在讓我來說一下。一隊游牧的斯奇提亞人由於發起騷亂而離開自己的國土遁入美地亞。當時美地亞的國王是戴奧凱斯的兒子普拉歐爾鐵斯的兒子庫阿克撒列斯。庫阿克撒列斯最初把他們看作是請求庇護的人，因此親切地對待他們，而且他既然對他們表示十分重視，便把一些孩子委託給他們，要他們教給這些孩子他們的語言和射術。過了一些時候，經常出去打獵，而每次都帶些獵物回來的斯奇提亞人恰好有一天他們什麼也沒有獵到。當他們空著手回來見國王的時候，庫阿克撒列斯（從這件事來看，他顯然不是個好脾氣的人）對他們是非常粗暴無禮的。由於庫阿克撒列斯這次他們認爲對他們非常不當的待遇，斯奇提亞人便陰謀把委託給他們教育的男孩子中的一人殺死割碎，然後把他的肉塊像通常調理野獸的肉塊一樣地加以調理，再當作獵獲的野味獻給庫阿克撒列斯；在這以後，他們便決定盡快地投奔到撒爾迪斯，到薩杜阿鐵斯的兒子阿律阿鐵斯那裏去。結果他們按照個計劃作了。庫阿克撒列斯和他招宴的客人都吃了斯奇提亞人這樣調理的肉；而達到了目的斯奇提亞人當然也就逃到阿律阿鐵斯那裏去成爲他所保護的人了。

74 後來，當庫阿克撒列斯派人向阿律阿鐵斯要求這些人，而阿律阿鐵斯拒絕引渡他們的時候，呂底亞人和美地亞人之間就爆發了戰爭，這場戰爭繼續了五年。在這期間，美地亞人多次戰勝呂底亞人，而呂底亞人也多次戰勝美地亞人。他們常常也相互進行夜戰。然而，他們雙方仍然分不出勝負來，不過在第六個年頭的一次會戰中，戰爭正在進行時，發生了一件偶然的事件，即白天突然變成了黑夜。米利都人泰利士曾向伊奧尼亞人預言了這個事件，他向他們預言在哪一年會有這樣的事件發生，而實際上這話應驗了⑮。美地亞人和呂底亞人看到白天變成了黑夜，便停止了戰爭，而他們雙方便都十分切望達成和平的協議了。在雙方之間斡旋達成協議的是奇里啓亞的敍恩涅喜斯和巴比倫的拉比奈托斯，他們作到使雙方相互間立誓結成友誼並促成雙方的聯姻。也正是他們決定要阿律阿鐵斯把自己的女兒阿里埃尼司許配給庫阿克撒列斯的兒子阿司杜阿該斯，因爲他們知道，如果沒有強有力的確實保證，人們的協定是會變得無效的。這兩個民族像是希臘人一樣地宣誓締盟，此外，他們在宣誓時，在臂上割傷一塊，並相互吸吮了對方的血。

75 這樣，居魯士便征服和俘虜了他的外祖父阿司杜阿該斯，他這樣作的理由我在這部歷史的後面還要談到的。這次的俘虜成了居魯士和克洛伊索斯不和的理由，於是克洛伊索斯便派人去請示神託，問他是否可以進攻波斯人，而且當他接到含糊其詞的回答時，卻認爲對自己有利，因此便把自己的軍隊開進了波斯人的領土。在克洛伊索斯到達哈律司河的時候，他便使自己的軍隊通過我認爲他所架設的、到今天還在那裏的橋渡過了河，但是根據希臘人的一般說法，他是藉著米利都人泰利士的幫助才渡過了河的。這個說法是這樣（總之，當時那些橋還沒有造起來）：正當克洛伊索斯不知如何使自己的軍隊渡過河去的時候，當時在他營內的泰利士卻說可以爲他把河水分開，使那在營地左面流著的河水也在右面流。他的計劃是這樣

⑮根據天文學家的推算，這次日蝕發生在五八五年五月二十八日。

實現的：以陣地的上手不遠的地方作爲起點，他挖掘一道新月式的深溝，這樣，河水就離開了原來的河道，沿著溝通過營地後方，然後再經過營地的旁邊而流入從前的河道。這樣，河水就被分爲二股水流，而這兩股立刻便都可以徒步涉過了。也有的人說，原來的河道的水是完全給疏乾了的，但我的看法卻不是這樣。如果是那樣的話，我不曉得他們在回來時又是怎樣渡過了它的。

76克洛伊索斯率領著自己的軍隊渡過哈律司河以後，便進入了卡帕多啓亞的一個叫作普鐵里亞的地區（這是那個地方最強固的一個地點，位於黑海沿岸西諾佩城的近旁）。克洛伊索斯在這裏紮下了營並且蹂躪了敍利亞人的田地。他攻占了普鐵里亞人的城市，把城市的居民變爲奴隸；他又占領了城市周邊的一切村鎮並把絲毫沒有沾惹他的敍利亞人逐出自己的家園。這時居魯士卻糾合了一支軍隊並且使在他進軍的道路上的所有的居民加入到自己的軍隊中來，這樣來迎擊克洛伊索斯。但是在出征之前，他派遣使者到伊奧尼亞人那裏去，想他們叛離克洛伊索斯。但是伊奧尼亞人並沒有聽他的話。可是當居魯士已經到來並且和克洛伊索斯面對面地紮下了營的時候，兩軍就在普鐵里亞地方相互間拚命地較量了一番。戰鬥是非常激烈的，雙方陣亡的人都很多；結果，在夜幕降臨戰場的時候，雙方便未分勝負地分開了。

77兩軍就是這樣地一決雌雄的。克洛伊索斯對於他自己的軍隊的數目是不滿意的（因爲他的作戰的士兵比居魯士的士兵要少得多），因此，等他看到第二天居魯士不再來進攻的時候，他就返回撒爾迪斯去，打算根據協定取得埃及人的幫助（因爲在和拉凱戴孟人結成聯盟之前，他還曾和埃及的國王阿瑪西斯締結結盟）；又派人去請巴比倫人（因爲他和巴比倫人也締結了聯盟，而當時拉比奈托斯是巴比倫人的國王），並且還帶信給拉凱戴孟人，要他們在約定的時期前來助他一臂之力。他的心目中是打算把所有這些軍隊和自己的軍隊集合到一起，等冬天過去而春天到來的時候，再向波斯人發動進攻。他帶著這樣的打算

一回到撒爾迪斯，立刻便派遣使者到他的同盟者那裏去，通知他們在第五個月集合到撒爾迪斯來。至於他手下曾對波斯人作過戰的士兵，則凡是不屬於他本族的雇傭兵他全部遣散，但他卻根本沒有料到，在一場如此不分勝負的激戰之後，居魯士竟還敢到撒爾迪斯來挑釁。

*78*克洛伊索斯正在這般打算的時候，城郊到處出現了大量的蛇，而當它們出現的時候，馬便離開了它們常時所在的牧場而到那裏去呑食這些蛇。克洛伊索斯看到了這一點，認爲這是一種預兆，而實際上這也的確是一種預兆。於是他立刻派人到鐵爾美索斯的占卜祭司那裏去請示神託。雖然他的使者到了那裏並且從鐵爾美索斯人那裏知道這種預兆是什麼意思，但使者們卻從未能把這話帶給克洛伊索斯，因爲在他們能夠返回撒爾迪斯之前，克洛伊索斯已經被俘了。但是，鐵爾美索斯人卻認爲，克洛伊索斯一定會等來一支侵略他的國土的外國軍隊，而當這支軍隊到來的時候，他們就會征服當地的居民，因爲，他們說，蛇是大地的兒子，而馬則是敵人和異邦人。當鐵爾美索斯人這樣回答克洛伊索斯的詢問時，後者已經成了階下囚，不過那時他們根本還不知撒爾迪斯所發生的事情和國王本人的命運。

*79*當克洛伊索斯在普鐵里亞一役之後收兵轉回之時，居魯士打聽到克洛伊索斯收兵是爲了把自己的軍隊解散，於是在詳細考慮之後而立刻注意到這正是盡快地進攻撒爾迪斯的良機，爲的是不等到呂底亞人得以再一次把他們的軍隊集合起來。他這樣決定了，他進行得又是如此神速，他率軍進攻呂底亞，而他本人竟向呂底亞國王通知了自己出征的消息。由於這一完全出於克洛伊索斯的意料之外的事件，國王陷入了極其困難的境地。儘管如此，他仍然率領呂底亞人出戰了。這時在亞細亞，沒有一個民族是比呂底亞人更加勇武好戰了。他們通常是在馬上作戰的，他們手持長槍而且操縱戰馬的技術也非常高妙。

*80*兩軍於是在撒爾迪斯城前的平原上相會了，這是一個廣闊的和沒有樹木的平原（敍洛斯河與其他的

一些河流流經這個平原，它們又都流入一條叫作海爾莫斯的最大的河流中去。這條河發源於狄恩杜美奈母神的聖山而流入波凱亞城附近的海裏去）。當居魯士在這裏看到呂底亞人列成戰陣的時候，他害怕他們的馬隊的威力，因此便採用了美地亞人哈爾帕哥斯的獻策，方法是這樣的。他把所有隨軍載運糧食和行李的駱駝都集合起來，把它們背上馱的東西卸下來，叫打扮成騎兵模樣的人們騎上去。這樣打扮停當以後，他就下令要他們領著其他軍隊向著克洛伊索斯的騎兵隊走去。他下令步兵跟隨在他們的後面，而步兵之後才是騎兵隊。當這些人全都準備好以後，他就下令給他的軍隊，要他們把道上所遇到的呂底亞人一個不留地殺死，但是只留下克洛伊索斯本人不殺死他，甚至在他反抗被俘的時候。以上就是他發布的命令。居魯士所以用駱駝來和敵人的馬隊對峙是因爲馬害怕駱駝，它在看到駱駝或是聞到駱駝的氣味時都是受不了的；他就想用這個策略使克洛伊索斯的馬隊變成無用，而馬隊卻正是克洛伊索斯賴之以得到某些聲譽的東西。兩軍接戰的時候，呂底亞人的騎兵隊一看到和聞到駱駝就回身逃竄，結果克洛伊索斯的全部希望便化爲泡影了。不過呂底亞人到底並非卑怯之輩。當他們看到當前發生的事態時，他們便跳下馬來徒步和波斯人作戰。雙方陣亡的人很多，但呂底亞人終於被擊潰而被趕到自己的城裏去，於是波斯人就把撒爾迪斯城包圍起來了。

81 這樣一來，他們就給對方包圍起來了。克洛伊索斯認爲這一圍攻不會是短期的，因此從城內派使者到自己的聯盟者那裏去。他先前的使者是告訴他們在第五個月裏在撒爾迪斯集合，但現在派出去的使者則是送信說他已經被圍並請求他們盡可能快地前來援助。

82 這樣，他便派遣使者到他的其他同盟者那裏去，特別是到拉凱戴孟人那裏去。然而這時，斯巴達人自己正在爲一塊叫作杜列亞的地方和阿爾哥斯人發生爭吵。這個地方本來是阿爾哥斯人領地的一部分，但

是被拉凱戴孟人割占並據爲已有了。所有西方的土地，直到瑪列亞地方，當時確實是屬於阿爾哥斯人的，而且不僅是本土上的土地，庫鐵里亞島以及其他的島嶼也是這樣。阿爾哥斯人出兵保衛國土不使杜列亞被割掉，然而在還沒有開戰的時候，雙方進行談判，約定雙方各出三百人作戰，勝者即取得這個地方。此外還約定，雙方的其餘的軍隊各自返回自己的國家，而不要留在這裏觀戰，因爲如果軍隊留下，不管哪一方面看到自己方面的軍隊戰敗時便有上去幫忙的危險。這些條件約定之後，兩軍便都撤走了，雙方只把精選的士兵留下來進行戰鬥。戰鬥開始之後，哪一方面都不能占上風。結果在夜幕降臨之時，六百個人當中，活著的只剩下三個人，兩個阿爾哥斯人阿爾凱諾爾和克羅米歐斯和一個拉凱戴孟人歐特律阿戴斯。於是，兩個阿爾哥斯人認爲他們自己已經戰勝便跑回阿爾哥斯去了。但拉凱戴孟人歐特律阿戴斯卻留在戰場上，從戰死的阿爾哥斯人的身上剝下了他們的甲冑武器，把它們帶回自己的營地並留在自己的地方上。第二天兩軍到戰場上來檢查戰鬥的結果。起初雙方發生了爭執，因爲他們都自稱是勝利者，一方說他們活著的人較多，另一方則說他們的人留在戰場上並剝下了戰死者的武器甲冑，而對方的兩個人卻逃走了；終於因爭吵而交手打了起來，在一場戰鬥當中雙方都遭受了巨大的損失，但最後是拉凱戴孟人得到了勝利。在這之後，先前按照一定的習慣留長頭髮的阿爾哥斯人便剃光了自己的頭，並且規定了一條加上了咒詛的法律，約定他們在收復杜列亞以前，永遠不再留頭髮並永遠不許他們的婦女帶金飾。同時拉凱戴孟人卻制訂了一項與之相反的法律，那就是從此以後他們要留長頭髮，因爲直到那時，他們是不留長頭髮的。在三百人當中僅存的歐特律阿戴斯自己，據說恥於在所有他的同伴戰死之後返回斯巴達，便在杜列亞當場自戕了。

83 雖然從撒爾迪斯來的使者請求斯巴達人幫助被圍攻的克洛伊索斯時，斯巴達人正在遇到上述的事件，但他們聽了使者的陳述之後，仍然立刻著手給他以幫助。不過當他們完成了準備工作而船隻也正要出

航的時候，又來了一個消息說，呂底亞人的要塞已經被攻陷而且克洛伊索斯已經被俘了。因此，他們雖然對於他的不幸遭遇深感悲痛，卻不得不中止了援助的事情。

84 撒爾迪斯被攻陷的經過是這樣。在克洛伊索斯受到圍攻的第十四天，居魯士派遣騎兵到自己的各個部隊去，告訴全軍說第一個爬上城牆的有賞。在這之後，全軍發起了一次進攻，但是沒有成功。於是，在其他的一切軍隊都無計可施地在那裏觀望的時候，一個叫作敍洛伊阿戴斯的瑪爾多斯人⑯決定在沒有設置守衛的那個地方試圖攀登城砦。因爲在這一面，城砦所在的山岩是如此陡峭而城砦看來又是難攻不落的，故而誰也不認爲城砦會從這個地方被攻克。撒爾迪斯的前王美雷斯也只有在巡行這一部分的城壁時不帶著他的侍妾給他生的獅子。因爲鐵爾美索斯人宣稱，如果帶著這隻獅子環行城壁，薩爾迪斯便會成爲金湯之固，於是美雷斯便帶著獅子巡行城砦的其他可能會受到攻擊的部分，但是他認爲沒有必要帶著獅子到這一部分來，因爲他認爲這部分是在峭壁上，故而決不會受到攻擊。城砦的這一部分面對著特莫洛斯山。但是，在這前一天，這個瑪爾多斯人敍洛伊阿戴斯卻看到一個呂底亞人從絕壁上下來拾取從城上掉下來的鋼盔，他注意到這事，思考了一番，而現在他親自攀上了絕壁，其他的波斯人則跟在他的後面。許多人爬到上面去，撒爾迪斯於是被攻克，全城都受到了洗劫。

85 現在我再說一說城陷落的時候克洛伊索斯本人的遭遇。他有一個兒子，關於他我在上面已經提過了，他這個兒子除了是個啞吧以外，在其他方面可說是個不壞的少年。在克洛伊索斯以前的全盛時代，他爲自己的這個兒子什麼辦法都想到了，在他想到的其他計劃以外，他特別曾派人到戴爾波伊去請示神託問

⑯游牧的波斯部落。

關於他的兒子的事情。他從佩提亞那裏得到的回答是這樣：

生而爲呂底亞人的衆民之王，你這非常愚蠢的克洛伊索斯啊！
不要希望和請求在你的宮廷裏聽到你兒子的聲音吧；
你的兒子若像先前一樣的啞吧那會好得多；
你第一次聽到他講話時，那將是不幸的一天。

當城砦被攻陷的時候，一個不知道克洛伊索斯是何許人的波斯人遇到他，打算把他殺死。克洛伊索斯雖然看見他過來，但是由於當前的不幸遭遇而無心去理會，他根本不介意這個人會不會把他打死。但這時他那不說話的兒子看到波斯人向克洛伊索斯那邊去，便在既害怕又悲痛的心情中說出了話，他喊道：「這個人不要殺死克洛伊索斯！」這是他說的第一句話，從此以後，他一輩子都能講話了。

86 這樣，撒爾迪斯就給波斯人攻克，克洛伊索斯也給他們俘虜了；他已經統治了十四年並且被圍攻了十四天，而到這時，正如神託所預言的，他便毀掉了自己的大帝國。於是，俘虜了克洛伊索斯的波斯人便把他帶到居魯士那裏去。依照居魯士的命令積起了一大堆木材，身帶枷鎖的克洛伊索斯就給放置在這上面，在他之外還有十四名呂底亞的少年。我不知道居魯士是打算把他的這些最初的擄獲物呈獻給某一位神，還是在這裏還許下的心願，還是他可能知道克洛伊索斯是一位畏神的人，因此他想看一下神靈是否會來救他使他不致活活地被燒死。不管怎樣，據說他是這樣作了；但是站在木堆上的克洛伊索斯卻在自己的悲慘處境中想起了梭倫體會神意而對他講出來的話，即活著的人沒有一個是幸福的。當他想到這一點的時候，他便打破了保持到這時的沉默，深深地嘆了一口氣，發出了呻吟的聲音，三次叫出了梭倫的名字。居魯士聽到了這個聲音，便命令通譯問克洛伊索斯，他叫的是誰的名字。他們走到他跟前來問他，但他一時卻默然不願回答他們的問題，過了一會兒再強迫他說話時，他便說：「是這樣的一個人，我寧願付出我的巨大財富以便使所有的國王都能和這個人談話。」通譯不知道他這個回答是什麼意思，便再請他自己解釋；而當他們催他回答而等得不耐煩的時候，他才告訴他們，怎樣在很久以前，一個叫作梭倫的雅典人到他那裏去，怎樣看到他的全部富貴榮華卻不把這一切看到眼裏（而說了這般這般的話），怎樣梭倫對他所說的話結果又和他遭遇的完全相合，雖然，這話與其說是專對他講的，勿寧說對所有的人講的，特別是對那些自以爲幸福的人們講的。當克洛伊索斯說這話的時候，木堆已經點著，它的外部已經開始著火了。但居魯士從通譯那裏聽到克洛伊索斯所說的話以後，卻後悔起來，他覺得他自己既然也是一個人，卻正在活活燒死過去也曾和他自己一樣幸福的另外一個人；此外，他還害怕報應並且深爲人間的事情沒有一件不是無常的。他於是下令要他們趕快把火焰撲滅並把克洛伊索斯和與他在一起的人們從木堆上解救下來；他們雖然拚命這樣作，但火焰已經無法制服了。

87 於是，依照呂底亞人的說法，當克洛伊索斯看到居魯士有悔恨之意並看到人家拚命撲火但已無效的時候，便高聲向阿波羅神呼喚並懇求他說，如果神對他所呈獻的任何禮品還中意的話，那麼就請助他一臂之力使他免於當前的滅身之禍。正當他滿眼含著淚求神的時候，突然，在到那時一直是晴朗並平靜無風的天空上，烏雲集合起來，刮起了暴風並下了豪雨，而火焰便給熄滅了。居魯士看到之後，深信克洛伊索斯是一個好人並且是神所眷愛的人，便在他從木堆上被放下來之後問他說：「克洛伊索斯，是誰勸說你帶著軍隊來攻打我的國家，不作我的朋友而作我的敵人？」克洛伊索斯這樣回答說：「啊，國王啊，是我幹的這件事，但它卻給你帶來了好運，給我帶來了不幸。若說起它的原因來，那麼應該說是希臘人的神，因爲是他鼓勵我出兵作戰的。沒有一個人愚蠢到愛好戰爭甚於和平，而在戰爭中，不是像平時那樣兒子埋葬父

親，而是父親埋葬兒子。但是我相信，諸神恐怕是歡喜這樣的。」

88 這就是克洛伊索斯所說的話。於是居魯士就給他鬆了綁，叫他坐在自己的近旁，對他照顧備至，而居魯士和他身邊的一切人都以一種驚奇的目光注視著他。陷入深思之中的克洛伊索斯一句話也不說。過了一會兒他向四邊望了望，看到波斯人正在劫奪呂底亞人的城市，於是他就向居魯士說：「哦，國王啊，我可否告訴你我心裏正在想的事情，還是什麼話都不講？」居魯士請他毫無顧慮地把他要講的話講出來。於是他便想出這樣一個問題：「那邊的一大羣人這樣忙忙碌碌地在作什麼？」居魯士說：「他們正在掠奪你的城市並拿走你的財富。」但是克洛伊索斯說：「不是我的城市，也不是我的財富。這些東西已不再有我的任何份兒了，他們正在掠奪的都是你的財富啊。」

89 居魯士聽到克洛伊索斯的話以後頗爲有動於衷，於是便下令身邊的人等一概退去，然後問克洛伊索斯，對於他的所作所爲，有什麼意見要提出來。克洛伊索斯回答說：「既然諸神使我變成了你的奴隸，那麼如果我看到什麼對你有利的事情而把它告訴你，那將是我分內應作之事。你的臣民波斯人是秉性粗暴而又貧困的人民。如果你放任他們進行劫奪並且使他們自己擁有巨大財富的話，那我就要告訴你這些人會幹出什麼樣的事情來。這就是說，那掠奪到最多財富的人就會背叛你。如果你聽得進我講的話，那麼就請你這樣作。把你的親衛隊設置在所有各個城門的地方擔任崗哨，並要他們在士兵們離開城市時把士兵們身上的戰利品留下並且告訴這些士兵他們這樣作是爲了必須用這些東西向宙斯繳納什一稅。這樣，你雖用強力從他們身上奪走戰利品，但是他們卻不會恨你的，因爲他們看到你作的公正，自然就會心甘情願地拿出自己的戰利品了。」

90 聽到這個意見，居魯士眞是大喜過望，因爲他覺得這個忠告很好。他非常贊賞克洛伊索斯並命令他的親衛隊按照克洛伊索斯建議的辦法行事。然後他向克洛伊索斯說：「克洛伊索斯，我看你在言語和行動上都決心表現出你是一個正直的國王，現在立刻向我請求你所希望的任何贈品吧。」克洛伊索斯回答說：「主公，如果你容許我把這副枷鎖送到我最尊崇的希臘人的神那裏去，並且問他一下他是否慣於欺騙那些經常向他進行奉獻的人，這便是你能給予我的使我最歡喜的事情了。」於是居魯士就問他對神有什麼不滿而提出了這個請求，克洛伊索斯便詳詳細細地敘述了他自己的全部想法，神託的回答，特別是他的奉獻物，並且告訴居魯士，他怎樣從神託得到鼓勵，結果竟使他對波斯人挑起了戰端。他講完了這一切之後，便立刻再一次懇求允許他對神的這種行動加以譴責。居魯士微笑著回答他說：「克洛伊索斯，我很樂意答應你這樣作，不管你要什麼東西，任何時候你都可以來請求我的。」克洛伊索斯看到自己的請求得到允許，他便派一些呂底亞人到戴爾波伊去，囑咐他們把他的枷鎖放在神殿的入口並且問神，神激勵他對波斯人開戰，並說他一定會摧毀居魯士的帝國，但結果這就是戰爭的最初成績，這樣作神是不是感到可恥。他們說這些話的時候，要指著這副枷鎖，隨後，他們還要問，希臘的神是不是慣於幹這種忘恩負義的事情。

91 呂底亞人到了戴爾波伊，把他們帶來的話傳達了，據說佩提亞是這樣回答的：「任何人都不能逃脫他的宿命，甚至一位神也不例外。克洛伊索斯爲他五代以前的祖先的罪行而受到了懲罰。這個祖先當他是海拉克列達伊家的親衛兵的時候，曾參與一個女人的陰謀，在殺死他的主人之後奪取了他的王位，而這王位原是沒有他的份的。洛克西亞司神（即阿波羅神——譯者）本來盡力想使撒爾迪斯不在克洛伊索斯生前的時候，而是要推遲到他的兒子的時候陷落，但是他不能改變命運女神的本意。凡是命運女神許給克洛伊索斯的，都已經作到並恩賜給克洛伊索斯了。讓克洛伊索斯知道，洛克西亞司把撒爾迪斯的陷落推遲了整整三年，因此他變成囚犯的時期，要比命中注定的日期晚得多了。此外，洛克西亞司還把克洛伊索斯從燒著的木堆上救了下來。克洛伊索斯也沒有任何權利來抱怨他從神託那裏得到的答覆。因爲當洛克西亞司告訴他如果他攻打波斯人他會摧毀一個大帝國的時候，如果想確實知道一下神的意旨的話，那麼他就應該再派人來問一下這是指著哪一個帝國，是居魯士的，還是他自己的帝國。然而他既不懂得所講的是什麼話，又不肯再來問個淸楚，那麼今天的這個下場便只有怪他自己了。此外，他甚至不懂得洛克西亞司給他的關於騾子的那個最後的回答。因爲那騾子實際上指的是居魯士。居魯士的父母屬於不同的種族，不同的身份；他的母親是一位美地亞的公主，美地亞國王阿司杜阿該斯的女兒，但他的父親卻是個美地亞人治下的波斯臣民，他雖然在一切方面都比他的妻子爲低，卻娶了自己的公主。」以上便是佩提亞的回答。呂底亞人返回撒爾迪斯並把他們聽到的話告訴了克洛伊索斯，克洛伊索斯聽了之後，才承認這是他自己的過錯，而不是神的過錯。

92 伊奧尼亞最初就是這樣被征服，而克洛伊索斯的帝國也便這樣地結束了。除了前面已經提到的那些奉獻品之外，克洛伊索斯在希臘還奉獻了其他許多物品。在貝奧提亞的底比斯，他奉獻給伊茲美尼亞的阿波羅神一座黃金的三腳架，在以弗所⑰，金牛和神殿的大部分的柱子都是他奉獻的；在戴爾波伊的普羅奈阿神殿⑱，他奉獻了一只巨大的黃金楯。這一切奉獻物直到我當時還都有的；但是其他的若干奉獻物卻已經不復存在了。我聽說，他奉獻給米利都人的布朗奇達伊的禮物和獻給戴爾波伊的禮物一樣，份量也相等。獻給戴爾波伊的禮物和獻給阿姆披亞拉歐斯神殿的禮物都是他自己的財產，是他從他父親那裏繼承來

---

⑰以弗所的神殿大概是在阿律阿鐵斯統治時開始修建的，但直到希波戰爭的時候才完成。

⑱普羅奈阿神殿在阿波羅神殿的外部。

的財富中最初得到的東西。其他的奉獻物則來自他的一個敵人的財產，這個敵人在他登上王位之後，曾領導過一個黨派來反對他，目的則在於想使龐塔萊昂取得呂底亞的王冠。這個龐塔萊昂是阿律阿鐵斯的一個兒子，和克洛伊索斯是異母兄弟；因為克洛伊索斯的母親是一個卡里亞婦女，但龐塔萊昂的母親卻是一個伊奧尼亞婦女。當克洛伊索斯因父命而取得王位的時候，他曾把那陰謀反抗他的那個人放到刷梳器上去給刮死。隨之克洛伊索斯便沒收了他的財產，在這之後克洛伊索斯更把他的財產像上面所說那樣的奉獻給神殿。關於他的奉獻品，我所要說的就是這些了。

93 呂底亞和其他國家不一樣，它沒有那樣多足以令人驚異的事物叫我來敍述，例外的只有從特莫洛斯山上沖洗下來的金砂。然而那裏卻可以看到一座比其他建築物要大得多的建築物，不過埃及和巴比倫的巨大建築物卻不算在內。這就是克洛伊索斯的父親阿律阿鐵斯的陵墓，陵墓的底座是大石砌成，其他部分則是很高的一個土堆。這是商人、手工業者和娼妓們共同修造起來的。陵墓頂上的五個石柱直到我的時代還有的。石柱上面刻有銘文，表明每一類的工人作了多少工作。根據計算來看，娼妓們所作的那部分工作是最多的。呂底亞普通人民的女兒們全都幹這種賣淫的事情，以便存錢置辦自己的妝奩，直到她們結婚的時候為止。她們通常是自己來照料自己出嫁的事情的。陵墓的周匝是六斯塔迪昂和二普列特隆，寬是十三普列特隆，在陵墓近旁有一個大湖。據呂底亞人說，這湖永遠有活泉水作為源流，它的名稱是巨吉斯湖。關於陵墓的事情就是這樣了。

94 呂底亞人的風俗習慣和希臘人的風俗習慣是很相似的，不同的只是他們叫他們的女兒賣淫的一點。據我們所知道的，他們是最初鑄造和使用金銀貨幣的人，他們又是最初經營零售商業的人。依照他們自己的說法，那些在他們和希臘人中間通行的一切遊戲，也都是他們發明出來的。他們說他們發明這些遊戲，

正是他們在第勒塞尼亞殖民的時候。關於這件事他們是這樣講的：在瑪涅斯的兒子阿杜斯王當政的時代，呂底亞的全國發生了嚴重的飢饉。起初的一段時期，呂底亞人十分耐心地忍受這種痛苦，但是當他們看到飢饉持續下去毫無減輕的跡象時，他們便開始籌劃對策來對付這種災害。不同的人想出了不同的辦法。骰子、阿斯特拉伽洛斯（羊蹠骨、俗稱羊拐子——譯者）、球戲以及其他所有各種各樣的遊戲全都發明出來了，只有象棋這一項，呂底亞人說不是他們發明出來的。他們便用這些發明來緩和飢饉。他們在一天當中埋頭於遊戲之中，以致不想吃東西，而第二天則只是吃東西而不遊戲。他們就這樣過了十八年。但是飢饉的痛苦仍然是壓在他們身上，甚至變得越來越厲害了。最後國王只得便把全體呂底亞人分開，叫這兩部分人抽籤決定去留，而他將繼續統治抽籤後留在國內的那一半人。移居國外的人則歸他的兒子第勒賽諾斯來領導。抽籤之後，應當移居的人們就到士麥拿去，造了船舶，把他們一切可以攜帶的日用財物放到船上之後，便起程尋找新的生計和土地去了。直到最後，在他們駛過了許多民族的土地以後，他們到達了翁布里亞。他們就在那裏建立了一些城市，從此定居下來了。他們不再稱自己爲呂底亞人，他們按照率領他們到此來的王子第勒賽諾斯的名字，而稱自己爲第勒塞尼亞人。而呂底亞人這樣便受到了波斯人的奴役。

95 因此，我這部歷史的後面的任務，就是必須考察一下摧毀了克洛伊索斯的帝國的這個居魯士是個何等樣的人物，而波斯人又是怎麼稱霸於亞細亞的。在這裏我所依據的是這樣一些波斯人的敘述，這些人並不想渲染居魯士的功業，而是要老老實實地敘述事實，雖然，我知道，關於居魯士的事情，此外還有三種說法。亞述人把上亞細亞統治了五百二十年之後⑲，他們的臣民才開始起來反抗他們，在這中間首先就是

---

⑲從一二二九年到七〇九年。

美地亞人。他們為了爭取自由而拿起武器來對亞述人進行戰爭，他們的英勇戰鬥使他們掙脫了奴役的枷鎖並變成了自由的人民。美地亞人的成功榜樣使其他民族也隨著起來反抗了。

96這樣，大陸上的各個民族便都獲得了獨立，然而他們卻再一次回到了僭主的統治之下，經過的情況有如下述。一個叫作戴奧凱斯的美地亞人，是普拉歐爾鐵斯的兒子。這個人非常聰明，他既然想取得僭主的地位，因此，便著手實行了下面的一個計劃。當時的美地亞人是分成各個部落散居各處的，而且在全部美地亞又是一片無法無天的狀態，因此當時在本部落中已經知名的戴奧凱斯便比以前更忠誠和熱心地努力在他的同部落人中間執行正義。他相信正義和非正義是相互敵對的。因此，在他這樣作以後，立刻同部落的人看到他的正直行為而推舉他為一切爭端的仲裁者。由於心中嚮往著統治權，他便表現出自己是一個忠誠和正直的人物。用這樣的辦法，他不單是搏得本部落人們的贊賞，甚至長期以來受著不公的審判的痛苦的其他諸部落的人們，在他們知道只有戴奧凱斯正直無私，能給以公正的審判的時候，他們便時常願意到戴奧凱斯這裏來請求他審判他們的爭端。直到後來人們只相信他一個人，而不再相信其他任何人的裁判了。

97找他來幫忙的人越來越多了，因為人們都聽說他的裁判是公正的。戴奧凱斯感到自己已得到一切人的信賴，便宣布說他不願再出現於他經常坐下來進行審判的那個位子之上，並不想再作法官了。因為他認為整天用來調解鄰人的事情而不去管自己的事情，這對他自己是毫無利益可言的。結果，在各部落之中，掠奪與不法的行為發生得甚至比以前更要猖獗了。於是美地亞人便集會到一處來討論當前的局勢（我想，講話的主要是戴奧凱斯一派的人）。他們說：「如果事情這樣繼續下去，我們就不能在這個地方住下去了。讓我們給我們自己立一個國王吧，這樣這個地方才能治理得好，這樣我們自己才能各安其業，不致由

於無法無天的情況而被弄得家破人亡了。」在聽到這樣的話之後，他們便決定推立一個國王來統治他們了。

98 隨後他們立刻便提出了選誰擔任國王的問題。大家一致願意推舉和擁戴戴奧凱斯，結果他們便同意由他來擔任國王了。他要求他們給他修建一所與他的國王身分相適合的宮殿並要求撥給他一支保護他個人的親衛隊。美地亞人同意了他的意見，他們在他自己所指定的地方給他建造了堅固的大宮殿，並且聽任他從全國人民當中給自己選一支親衛兵。在他作了國王以後，他進而又強制美地亞人給他修建一座城寨，他要他們幾乎不去管其他的城市而單是注意經營這個新都。美地亞人在這一點上也聽從了他，給他建造了一座今日稱為阿格巴塔拿的城市，這座城寨的城牆既厚重又高大，是一圈套著一圈建造起來的。這個地方的結構是這樣：每一圈城牆都因為有女牆的關係而比外面的一圈要高（即內圈比外圈只高那一道女牆的高度——譯者）。由於城寨是在平原上的一座小山之上，這種地勢當然可以有一些幫助，但這主要還是由於人工的緣故才作到這一點的。城牆一共有七圈；皇宮和寶庫是在最內的一圈城牆裏面。最外面的一圈城牆和雅典城的城牆約略等長。最外面一圈女牆的顏色是白色的，第二圈是黑色的，第三圈是紫色的，第四圈是藍色的，第五圈是橙色的；外部這五道城牆都是塗著顏色的，最後兩圈女牆則是包著的，第六圈是用銀包著的，最裏面的一圈則是用金包著的。

99 戴奧凱斯修築這些城壁都是為了他自己和他自己的宮殿，人民則要定居在城寨的周邊。而當一切都修建起來以後，戴奧凱斯首先便定出了一個規則，即任何人都不能直接進見國王，一切事項都要通過報信人來辦理並且禁止臣民看到國王。他還規定，任何人在國王面前笑或是吐唾沫都特別被認為是一件可恥的冒瀆行為。他所以小心地把自己用這種辦法隔離起來，目的是在於保證自己的安全，因為他害怕如果和他一起長大，同出名門而且在一個男子的主要才能方面比起他來毫無遜色的同年輩的人經常見到他的話，他們會感到惱怒並且有可能暗算他；如果他們看不到他的話，那麼他們就會以爲戴奥凱斯已和先前判若兩人了。

100 在戴奥凱斯把這一切都辦理停妥並且把王位穩穩地坐定之後，他便仍然像先前那樣地一絲不拘地執行正義的審判。訴訟案件都要寫下來交到國王那裏去，國王根據所寫的內容進行審判，然後把他的判詞送還當事人；他便是這樣地判案的，其他的事情他也管。在全國各地都有他的密探和偷聽者：如果他聽到有人橫暴不法，他就把這個人召來對他的罪行給以相應的懲罰。

101 這樣，戴奥凱斯便只是把美地亞人這個民族統一起來，並統治了他們。美地亞人是由下述的一些部落構成的：布撒伊人、帕列塔凱奈人、斯特路卡鐵斯人、阿里桑托伊人、布底奥伊人、瑪果伊人。屬於美地亞人的部落就是這些了。

102 戴奥凱斯統治了五十三年之後死了⑳，他的兒子普拉歐爾鐵斯繼承了他。這個王子繼承了王位之後不滿足於單單統治美地亞人一個民族，便開始征伐波斯人。他先把軍隊開入波斯人的國土，這樣首先便使波斯人變成了美地亞人的臣民。後來，他成了兩個強大民族的主人以後，更進而征討亞細亞，一個民族接著一個民族地把它征服了。直到最後，他竟和亞述人打了起來；亞述人是居住在尼諾斯（尼尼微——譯者）城的，他們先前是整個亞細亞的霸主。現在，由於盟國的叛離，他們已經孤立了，然而除去上述的一點之外，他們國內情況仍舊是和先前一樣繁榮的。普拉歐爾鐵斯向這些亞述人進攻，但是在一次戰役中他

---

⑳戴奥凱斯死於六五六年。

和他的一大部分的軍隊都戰死了，這是他統治美地亞二十二年之後的事情。

103 普拉歐爾鐵斯死後，他的兒子，戴奧凱斯的孫子庫阿克撒列斯繼承了王位。據說他比他的任何先人都要好戰得多。他第一個把亞細亞的士兵組成部隊，把在他之前混成一團並非常紊亂的軍隊分成獨立的組織，組成了槍兵、弓兵、騎兵等等兵種。在先前作戰時白日突然變爲黑夜的那一天裏和呂底亞人交戰的就是這個人。征服了哈律司河彼岸全部亞細亞領土的也是他。庫阿克撒列斯把他治下的一切民族集合起來向尼諾斯進軍，他這樣作是想給父親復仇和把這座城摧毀。在一場戰鬥中亞述人被打敗了，庫阿克撒列斯已經把這個地方包圍起來，但這時在普洛托杜阿斯的兒子、斯奇提亞國王瑪杜阿斯率領之下的一支斯奇提亞人的大軍爲了追蹤被他們趕出了歐羅巴的奇姆美地亞人而侵入了亞細亞，因此便來到了美地亞的領土。

104 對於一個輕裝的人來說，從麥奧提斯湖㉑到帕希斯河和科爾啓斯人居住的地方要走三十天。從科爾啓斯走不多遠便可以進入美地亞，因爲在這中間只隔著撒司配列斯人住的一個地方，過去這個地方就到美地亞了。雖然如此，這卻不是斯奇提亞人入寇的道路，他們迂迴行進而走了比這要遠得多的上方的道路，這條道路的右手就是高加索山脈。斯奇提亞人在那裏曾遇到美地亞人的抵抗，美地亞人給他們戰敗，從而喪失了他們的帝國。斯奇提亞人就成了全亞細亞的霸主。

105 此後他們更向前推進，打算進攻埃及。當他們到達敘利亞的一個叫作巴勒斯坦的地方時，埃及的國王普撒美提科斯來會見他，用懇求的話和禮物請他們不要再繼續向前推進。因此在他們返回的途中經過敘利亞的一個城市阿斯卡隆的時候，他們的大部分沒有進行任何毀壞的活動便開過去了。但是被落在後面的

㉑亞速海。

少數人卻把烏拉尼阿・阿普洛狄鐵（意為上天的阿普洛狄鐵——譯者）的神殿給洗劫了。我打聽之後知道，阿斯卡隆的神殿是這位女神的神殿中最古老的一座；因為賽浦路斯的那座神殿，正如賽浦路斯人自己所說，就是模仿著它建造起來的；而庫鐵拉的那座神殿則是出身於這同一敍利亞地方的腓尼基人建造的。洗劫了這座神殿的斯奇提亞人受到了女神懲罰，他們和他們的後裔都得了女性病。他們自己承認他們是為了這個原因才得了這種病的，而來到斯奇提亞的人則能夠看到這是怎樣的一種病。得了這種病的人被稱為埃那列埃斯。

106 斯奇提亞人這樣就把亞細亞統治了二十八年。在這期間，他們的暴虐和橫傲的行為使整個地方變成一片荒野；原來，除了他們榨取加到各地人民身上的貢賦之外，他們更騎著馬到各地把人們的財物掠奪一空。於是，庫阿克撒列斯和美地亞人一道，請他們大部分的人前來赴宴，把他們灌醉，然後便把他們全都殺死了。這樣美地亞人就收復了他們的帝國和他們先前所有的一切。他們攻占了尼諾斯（攻占的情況我將在另一部歷史中敍述）並且征服了除巴比倫地方之外的全部亞述。

107 後來，庫阿克撒列斯也死了；他一共統治了四十年，在這裏面斯奇提亞人統治的年代我也算進來了。他的兒子阿司杜阿該斯繼承了他的王位。

阿司杜阿該斯有一個女兒，名叫芒達妮。關於這個女兒，他曾經作過一個夢：他夢見她撒了大量的尿，這尿不僅僅漲滿了全城，而且淹沒了整個亞細亞。他把他的這個夢告訴了會占夢的瑪哥斯僧，瑪哥斯僧詳細地向他解釋了夢的意義，他聽到後而大大地戰慄了。因此，在芒達妮成年應當婚配的時候，他害怕夢會應驗而不把她許配給任何門當戶對的美地亞人，卻把她嫁給他認為是出自名門而且性情溫和的一個名叫剛比西斯的波斯人；因為在阿司杜阿該斯看來，剛比西斯比中等身分的美地亞人都要低得多了。

108 但是在芒達妮嫁給剛比西斯的頭一年裏，阿司杜阿該斯又作了一個夢。他夢見從她的子宮裏生出了葡萄蔓來，這葡萄蔓遮住了整個亞細亞。他把這個夢也告訴了占夢的人，隨後就把當時有了身孕即將分娩的女兒從波斯人那裏召了來。他的女兒來到之後，他就把她監視起來，打算把她生下來的孩子弄死；因爲占夢的瑪哥斯僧在占夢的時候預言說，他的女兒的後裔將會代替他成爲國王。爲了防止這一點，在居魯士剛剛降生的時候阿司杜阿該斯就把哈爾帕哥斯召了來，這是他家裏的一個人，是美地亞人當中他所最信任的一個僕人，同時又是代他管理一切家務的人；他向哈爾帕哥斯說：「哈爾帕哥斯，我請你對我託付給你的這件事萬勿疏忽大意；也不要爲著別人而出賣了你的主人的利益，不然的話你將會自食其毀滅的後果。把芒達妮生的這個孩子帶到你家裏去，就在那裏把他殺死，然後，隨你怎樣把他埋起來好了。」哈爾帕哥斯回答說：「國王啊，哈爾帕哥斯在過去從來不曾在任何事情上違背過你，而今後也請你放心，他一定小心謹慎不會冒犯你的。如果是你的意思要我這樣作的話，那麼在我這方面，我是應當把這件事給你辦理妥善的。」

109 哈爾帕哥斯這樣回答以後，孩子就給交到他的手裏，孩子已經是給打扮得像是快死的孩子那樣子的。於是他便哭著趕回自己的家裏去了。在他到家的時候，他就把阿司杜阿該斯的話告訴了他的妻子。他的妻子對他說：「那麼，你自己打算怎麼辦呢？」他回答說：「我不打算照著阿司杜阿該斯的話去作。不，縱使他神智顚倒，縱使他比現在更加瘋狂，我也不會按他的意思去辦事，或是代他幹這種殺人的勾當。我有許多理由不殺死這個孩子。首先，他和我有親屬關係；其次，阿司杜阿該斯已經老了，又沒有兒子。如果他死的時候，王位傳給他的女兒，而他卻想用我的手來殺死他女兒的兒子；那時我豈不要受到最大的危險嗎？老實講，爲了我的安全，這個孩子是必須死的，不過這件事必須要由阿司杜阿該斯自己手下的一個人來幹，而不是由我的人來幹。」

110他這樣說著，立刻就派遣一名使者去把阿司杜阿該斯的一名牧人召了來，因爲他知道阿司杜阿該斯的這個牧人放牲的牧場是最適宜的牧場而那裏的山又是野獸出沒最多的地方。這個牧人的名字叫作米特拉達鐵斯，他的妻子和他一樣，也是國王的奴隸；她的美地亞語的名字是斯帕科，希臘語則稱之爲庫諾，因爲在美地亞語中，斯帕卡一詞是希臘語的母狼的意思。牧人牧放牲畜的山麓地方是在阿格巴塔拿的北邊，面臨著黑海的。美地亞的和撒司配列斯人相鄰的那個地方㉒，地勢是高聳、多山並且覆蓋著一片森林的，但是美地亞的其他地方則完全是一片平原。當著聞召而急忙趕來的牧人來到的時候，哈爾帕哥斯就說：「阿司杜阿該斯命令你把這個孩子放到山中最荒鄙的地方去好叫他盡快地死掉。他並且囑我告訴你，如果你不殺死這個孩子，卻使他不管怎樣保全了性命，那你將會遭到最可怕的死亡。我就是受命來看這個孩子被拋掉的。」

111牧人聽了這話，便抱起了這個孩子，順著原路回到了自己的小舍。在那裏，好像是由於神意，他那眼看便要分娩的妻子正在他到城市去的時候生了一個孩子。牧人和他的妻子都爲對方操心，牧人是因爲妻子的臨盆期近，妻子則不知道哈爾帕哥斯爲何突然把自己的丈夫找去，而爲這件不常見的事情擔驚害怕。因此當他回到自己的妻子這裏來時，她看到他出其不意地回來，沒等他講話便先問他爲什麼哈爾帕哥斯這樣匆匆忙忙地把他召去。他說：「妻啊，當我來到城裏的時候，我看到和聽到我決不願意看到和不願意發生在我們主人身上的事情。哈爾帕哥斯的家裏是一片哭聲；我大吃一驚，但是我走進去了。當我進去的時

㉒美地亞的西北部，今天阿捷爾拜彊。

候，我立刻便看到一個全身金飾並穿著錦繡服裝的嬰兒躺在那裏在喘氣掙扎著和哭叫著。哈爾帕哥斯看到我，便命令我立刻把這個孩子抱走，要我把這孩子放到山中野獸最多的地方去。而且他告訴我說，是阿司杜阿該斯下令要我這樣作的，如果我不按照他的話作，我便有身遭慘禍的危險。於是我便把孩子抱起來帶走了，我以爲這是家中一個奴僕的孩子，因爲我是決不會猜出這孩子到底是誰的。但是在我看到金飾和華美的衣服時我是吃驚的，特別是不明白哈爾帕哥斯家中人們公然哭泣的原因。然而很快的，在道上我便曉得了一切。他們派一個僕人給我引路出城並把孩子交付給我。這個僕人告訴我說，孩子的母親是國王的女兒芒達妮，孩子的父親是剛比西斯，剛比西斯是居魯士的兒子；下令殺死這個孩子的就是阿司杜阿該斯。你看，這裏就是這個孩子。」

112 牧人這樣說著，就打開了蒙著這個孩子的布，把它給自己的妻子看。當她看到這孩子是一個多麼美麗可愛的孩子的時候，就哭了起來；她抱著丈夫的雙膝，懇求他無論如何不要拋掉這個孩子。然而她的丈夫回答她說，他是沒有任何別的辦法的，因爲哈爾帕哥斯會把密探派來打聽情況回去報告，而如果他不從命的話，他是會遭到慘死的。既然無法說服她的丈夫，於是妻子又說：「既然我說服不了你，而人們又一定要你把孩子拋棄，那麼至少這件事你總可以作到吧。你知道，我剛才生的那個孩子是死產。把它抱走放到山裏，而讓我們把阿司杜阿該斯的女兒的孩子像我們自己的孩子那樣地撫養起來吧。這樣你就不會由於你對自己的主人不忠實而受到懲辦，而我們也就不會商量出不利於己的主意來了。這樣，我們的死掉的孩子將要得到王子一樣的葬禮而活著的孩子又不會失去自己的性命。」

113 牧人以爲在當前的情況之下，他的妻子的辦法最好不過，於是他立刻照辦了。他把他帶來打算殺害的那個孩子交給了自己的妻子，而把自己的死嬰放到他帶另一個孩子來時使用的籃子裏，把另一個孩子的衣飾全給它穿戴上，然後把它放到山裏最荒鄙的地方去了。在這孩子給放到那裏的第三天，牧人便留下他手下的一個助手在那裏看著孩子，自己到城裏，直奔哈爾帕哥斯的住所來，說他準備要人們去看孩子的屍體。哈爾帕哥斯派了他最親信的衛兵去看了這個屍體，而在他們爲他檢查完畢之後，便把牧人的孩子埋葬了。孩子就這樣地被埋葬了，而後來叫作居魯士的另一個孩子，就受到了牧人的妻子的收留和撫養，但是牧人的妻子卻給這個孩子起了別的一個名字。

114 當這個孩子十歲的時候，這樣一個事件卻使人們看出他是怎樣的一個人來了。事情的經過是這樣。有一天他在村中牧人的畜舍的地方和與他年齡差不多的孩子們在街道上一起玩耍。和他一起玩耍的別的孩子們選這個被稱爲牧人之子的孩子作國王。於是他便開始分別向這些孩子發號施令起來：他叫一些孩子給他修造房屋，叫另一些孩子作他的親衛隊，叫其中的一個孩子擔任大概是國王的眼目，又給另一個孩子以傳奏官的任務，他們每個人都得到了適當的任務。在和他一起遊玩的孩子當中，有一個孩子是美地亞的知名之士阿爾鐵姆巴列司的兒子，這個孩子拒絕服從居魯士的命令。於是居魯士命令別的孩子把他捉了起來，當他的命令被執行的時候，他就狠狠地鞭打了這個孩子一頓而使他吃了很大的苦頭。在阿爾鐵姆巴列司的兒子被釋放之後，這個孩子對於自己所受的殘酷遭遇十分氣憤，便立刻到城裏他父親那裏去，向他父親痛訴他在居魯士手下所受到的待遇。這個孩子當然不說他是居魯士(因爲那時他還沒有居魯士的名字)，而是稱他爲阿司杜阿該斯的牧人的兒子。阿爾鐵姆巴列司在盛怒之下，就帶著自己的兒子去見國王，控訴他的兒子所受到的粗暴待遇。他指著自己的兒子的肩頭說：「哦，國王啊，看一個牧人的兒子，你的奴隸的兒子加到我們身上的暴行吧。」

115 阿司杜阿該斯聽到和看到這一切之後，便打算爲了照顧阿爾鐵姆巴列司的身分而爲他的孩子報仇，於是他把牧人和他的兒子召了來。當他們父子二人來到他面前的時候，阿司杜阿該斯便望著居魯士說：「是你這樣一個賤人的兒子竟敢對於我們國內最大人物的兒子施行無禮嗎？」孩子回答說：「可是，國王，我對他的待遇本是他罪有應得的。我們村裏的孩子在玩耍時選我作國王，因爲他們認爲我是最適當的人。這個孩子自己也是選我作國王的一個人。所有其他的孩子都按照我的吩咐去辦事，可是他不聽我的話，並且根本不把我放到眼裏，因此最後他受到應得的處分。如果爲了這個緣故我應受懲罰的話，我是願意接受懲罰的。」

116 當這個孩子講話的時候，阿司杜阿該斯好像已經覺出他是何許人了，他看到這孩子的眉目之間有和自己相似之處，而且在回答的時候有一種和奴隸的身分相去甚遠的氣度；此外，他的年齡又和他拋棄他的外孫居魯士的時期相合。阿司杜阿該斯因此大吃一驚，一時說不出話來。然而當他好容易清醒過來的時候，爲了把阿爾鐵姆巴列司打發開以便單獨盤問一下這個牧人自己，他就向阿爾鐵姆巴列司說：「阿爾鐵姆巴列司，我要把這件事處理妥善，決不致叫你和你的兒子再來訴苦的。」阿爾鐵姆巴列司退下去了，而侍從便遵照著阿司杜阿該斯的命令把居魯士引進了內室。阿司杜阿該斯這時只和牧人在一起了，於是他便問牧人他從哪裏得到的這個男孩子，是誰把這個孩子給了他的。牧人回答說，這個男孩子是他自己的親生子，孩子的親生母還活著並且就在家裏。阿司杜阿該斯對他說，如果他想自尋這樣天大的麻煩實在是太沒有腦筋，同時阿司杜阿該斯向他左右的侍衛示意，要他們把牧人捕了起來。牧人在被帶去拷問的時候，便從開頭起，把事情的原原本本的經過情況全都講出來了，最後則是懇請和哀求國王寬宥他。

117 阿司杜阿該斯從牧人這裏弄清楚事情的眞相之後，對於牧人倒不很介意，但對於哈爾帕哥斯，他卻是十分生氣的，於是他便派衛兵去把哈爾帕哥斯召來見他。在哈爾帕哥斯到來的時候，他就問哈爾帕哥斯說：「哈爾帕哥斯，我交給你的我的女兒的孩子，你到底是怎樣把他殺死的呀？」哈爾帕哥斯看見牧人也在室內，便不敢說謊話，恐怕他自己會被別人問倒，露出馬腳因之而獲罪。於是他說：「哦，國王啊，當你把孩子交到我手裏來的時候，我立刻就開動腦筋，以便想出辦法怎樣能不違背你的意旨，怎樣能不對你有所冒犯，但是又不被你的女兒和你本人看成是一名凶手。於是我便想出了下面的辦法。我把這個牧人召了來，把孩子交給了他，告訴他是國王下令要處死這個孩子的。而在這裏我並沒有說謊，因為你是這樣命令的。此外，在我把孩子交給牧人時，我還囑咐他把這孩子放到荒鄙的山地去並留在那個孩子的身旁直到那孩子死的時候；而且我怕他作不到這件事，因而用各種懲罰恐嚇他。後來，當他按照我所吩咐的一切辦理完畢，而孩子也死掉的時候，我便派最親信的幾名宦官去檢查孩子的屍體，並把它埋掉了。哦，國王，事情的經過就是這樣，孩子就是這樣死的。」

118 這樣，哈爾帕哥斯便坦白地把全部經過說出來了。阿司杜阿該斯聽了後絲毫不顯露他心中對哈爾帕哥斯的所作所為所感到的忿怒，他先是把剛才從牧人那裏聽到的向哈爾帕哥斯說了一遍，而在他重述之後，最後他說這個男孩子還活著，而一切事情結果也十分順利。他說：「對於這個孩子的處置使我感到很大的痛苦，而我的女兒對我的責怪也使我的心頭十分沉重。現在，命運既然有了一個可慶幸的轉機，那麼回到家去，把你自己的兒子送到新來的孩子這裏來並且到這裏來和我一同進餐（因為為了孩子之得以保全，我打算向應當得到這種光榮的神奉獻犧牲）。」

119 哈爾帕哥斯聽了這話之後便向他拜了拜，然後回到家中；他非常高興地看到，他的違命對他竟成了一件有利的事情，而且他不單沒有受到懲罰，反而應約赴宴來慶祝這一幸運的事件。在他到家之後，他就把他的一個大約十三歲的獨生子叫了來，囑咐他到宮中去，並按照阿司杜阿該斯所吩咐的一切去作。然

後，他滿心歡喜地到妻子那裏去，把經過的一切告訴了她。但阿司杜阿該斯卻在哈爾帕哥斯的兒子到來時把他殺死，把他的肢體割成碎塊，烤了其中的一些，又煮了一些。等這一切都弄好之後，便把它準備起來待用。在赴宴的時間哈爾帕哥斯來了，其他的客人也都來參加了宴會。在阿司杜阿該斯和其他客人的面前擺的是大量的羊肉，但是在哈爾帕哥斯的桌上所擺的卻是他兒子的肉，不過他的兒子的頭、手和腳卻放在一邊的籃子裏用東西蓋著。當哈爾帕哥斯彷彿已經吃飽了的時候，阿司杜阿該斯便問他是不是中意他吃的菜。哈爾帕哥斯回答說他十分滿意。於是那些要把裝著他的兒子的頭和手腳的蓋著的籃子帶給他的人便到他面前來，叫他掀開籃子並把他所喜歡的東西取出來。哈爾帕哥斯依照所吩咐的掀開了籃子，於是他便看到了他的兒子身上所剩下的東西。然而，他看了之後並沒有被嚇住，也沒有失去自制力。在阿司杜阿該斯問他，他方才所吃的是什麼獸類的肉的時候，他回答說他知道並且說他對於國王所作的任何事情都是感到滿意的。這樣回答之後，他便把吃剩下的肉塊帶回家中去了，我想他是打算把他兒子的全部遺骸收集起來埋葬掉的。

120 阿司杜阿該斯便用這樣的辦法懲罰了哈爾帕哥斯。後來，在考慮到如何處理居魯士的問題時，他便把以前像我所說那樣地解釋了他的夢的瑪哥斯僧召了來，並且問他們如何解釋他的夢。回答和先前並沒有什麼兩樣，他們說如果這個孩子還活著而那時沒死的話，他是一定會成為國王的。阿司杜阿該斯於是對他們說：「這個孩子遇了救而且現在還活著，他在鄉下的時候，他那村裏的孩子們要他作了國王，而他的所作所為就跟眞正的國王的所作所為完全一樣。他分別任何他的親衛隊，他的哨兵，他的傳奏官，他還任命其他的官職而且像國王那樣地統治。你們告訴我，你們以為這一切都是什麼意思？」瑪哥斯僧回答說：「如果這個孩子還活著並且沒有什麼預謀而成了一個國王的話，那麼你就應當歡喜而不要為這個孩子擔心害怕了。他是不會第二次成爲國王的。因爲我們知道，在請示神託的時候預言常常表現爲不重要的小事情，而夢兆之類的東西是否全部應驗其意義就更加微乎其微了。」阿司杜阿該斯說：「瑪哥斯僧啊，我的意思也正是這樣，這孩子既然作了國王，夢就算應驗了，而我也就再沒有什麼怕他的了。不過仍請好好想一想並告訴我怎樣作對於我的全家和對於你們才是最安全的。」瑪哥斯僧回答說：「國王啊，我們也是非常關心你的王國的鞏固的；不然的話，如果王國到了這個孩子的手裏，它就是到外國人手裏了，因爲他是一個波斯人：這樣一來，我們美地亞人就要受到奴役，被波斯人當作異族而肆意蔑視。但如果是你，我們的同國人，當國王的時候，則國家的政權也有我們的一份，而且我們可以從你那裏得到很大的光榮。因此，我們無論如何也應當爲你本身著想，爲你的王位著想。現時如果我們看到有什麼使你害怕的理由，請放心，我們一定會要你知道的。但是如今這夢既已經毫無害處地應驗了，我們便已不再害怕，因此我們也勸你不要再害怕了。至於這個孩子，我們的意見是不要他留在你的面前，而把他送到波斯他的父母那裏去。」

121 阿司杜阿該斯聽到這個回答心中很是歡喜，於是便把居魯士召了來，向他說：「我的孩子，由於我作了一個沒有什麼關係的夢，而對你幹下了一件錯事。但是由於你自己的幸運，你從我的手下活過來了，現在歡歡喜喜地到波斯去吧，我還要派人護送你去。你到那裏的時候，你就會看到你的父母，他們和牧人米特拉達鐵斯跟他的妻子是完全不一樣的人。」

122 這樣說了之後，阿司杜阿該斯便把他的外孫送走了。當居魯士回到剛比西斯的家裏時，他受到了父母的接待。而等到他們知道居魯士是誰的時候，便十分親切地歡迎他，因爲他們以爲很早以前他便在生下來的時候立刻給殺掉了；於是他們就問他，他的性命是怎樣得救的。因此居魯士就告訴他們說，直到目前爲止關於這件事他根本什麼都不知道而是受到了很大的濛混；而在他從美地亞阿司杜阿該斯那裏來的路上，他才知道了他的全部不幸遭遇。他說他原來以爲他是阿司杜阿該斯的牧人的兒子，但是在他從城裏來的路上，護衛他的人把一切經過告訴了他。隨後，他又提到牧人的妻子撫養他的事情，在談話中，他對她是贊不絕口的。而且在他談話的時候，他總是提到庫諾，什麼事情也離不開庫諾。他的父母聽到這個名字，爲了想使波斯人相信居魯士的得救是由於特別的神意，因此便把一個說法傳播開去，硬說他在被拋棄之後，曾受到母狼的撫養。

123 以上便是這個傳說的根源了。等後來居魯士長大成人，並且成了同輩當中最勇武和最有聲望的人的時候，哈爾帕哥斯想對阿司杜阿該斯報復殺子之仇，便開始向居魯士致意並送禮。他看到像他這樣地位的臣下是不可能希望不藉外力之助來向阿司杜阿該斯報仇的。因此當他看到不幸遭遇和自己的遭遇很相似的居魯士很快地成長爲他所需要的復仇者的時候，他便著手設法在這件事上和居魯士結合起來。對於自己的計劃，他竟然已經作了這樣的一些工作；他分別和受過阿司杜阿該斯的無禮待遇的美地亞權貴商議並說服他們擁戴居魯士爲他們的領袖和貶黜阿司杜阿該斯。現在在作了發起叛亂的一切準備之後，哈爾帕哥斯便很想把自己的心思告訴給還住在波斯的居魯士；但是由於美地亞和波斯之間的道路受到監視，他只得想這樣一個秘密的送信辦法。他是這樣作的：他巧妙地把一隻兎子的肚子剖開卻不拔去它的毛，把一封寫上了他的意見的信塞到裏面去，再把腹部照舊縫上，然後他便把這隻兎子交給對他最忠實的奴隸，把他打扮成帶著網的獵人。這個人奉派到波斯去作爲給居魯士去送野兎。哈爾帕哥斯囑咐這個奴隸親口告訴居魯士，要居魯士親手剖開兎腹，不許別的任何人在場觀看。

124 一切都按照他的意思辦了。居魯士把兎子剖開之後，便看到了裏面的信。信裏面的話是這樣：「剛比西斯的兒子，諸神對你是非常嘉護的，否則的話，你就不會遇到你的那些幸運的事情了，現在是你自己可以對屠殺你的凶手阿司杜阿該斯進行報復的時候了。要知道，如果依照他的意思你早已經死了。由於諸神以及由於我的緣故，所以你到今天還活在世上。我想你早就會知道他對你幹下了什麼事情，也早就會知道由於我沒有把你弄死，把你交給牧人而我自己在阿司杜阿該斯手中所遭到的慘禍。如果你聽我的話，按照我的話去作，現在阿司杜阿該斯統治下的全部帝國就會變成你的。說服波斯人起來叛變，並率領著他們的大軍來討伐美地亞人罷。不拘阿司杜阿該斯是任命我率領他的軍隊和你對抗，還是任命美地亞的其他知名之士，都是會使你完全稱心的。因為他們一出馬就會叛離阿司杜阿該斯並投到你的一方面來，從而試圖把他的統治推翻。既然我們這方面一切都已準備好了，望你依照我的勸說毫不躊躇地也動起來罷。」

125 居魯士接到在這封信裏傳來的消息之後，便著手考慮如何能用最好的辦法說服波斯人起來造反。在他反覆思考以後，認為下面的作法是最妥當的。於是他便這樣作了。他把他認為應當作的事情寫在一卷紙上面，然後把波斯人召集起來開了一個會，在會上他把紙卷打開誦讀，說阿司杜阿該斯任命他為波斯人的將軍。於是他說：「既然如此，波斯人啊，我命令你們每人都去把自己的鐮刀帶來。」居魯士便這樣地發布了命令，至於波斯人，則他們是由許多部落結合而成的。居魯士召集來並說服使之叛離美地亞人的那些人，是所有其他波斯人所依附的一些部落。他們是帕撒爾伽達伊人、瑪拉普伊歐伊人、瑪斯庇歐伊人。在他們當中瑪斯庇歐伊人最尊貴。阿凱美尼達伊族就是它的一個氏族，而波斯的國王便都是從這個阿凱美尼達伊族出身的。其他的波斯部落則有：潘提亞萊歐伊人、戴魯布埃歐伊人、蓋爾瑪尼歐伊人，他們都是務農的。達歐伊人、瑪爾多伊人，多羅庇科伊人和撒伽爾提歐伊人則是游牧者。

126 當全體波斯人遵照著他們所受到的命令，拿著鐮刀集合起來的時候，居魯士（便率領他們到波斯的

一塊大約大八到二十斯塔迪昂見方的、長滿了荊棘的土地上去），命令他們在一日之內把這塊地方開墾出來。他們完成了指定給他們的這個任務，隨後他便向他們發出了第二道命令，要他們第二天在沐浴之後再到他那裏去；這時居魯士便集合了他父親所有的全部綿羊、山羊，全部的牛，屠宰了它們，準備犒勞波斯全軍。同時還準備了酒和最珍美的食品。第二天，波斯人來到了，他就要他們坐在草地上盡情飲宴。在大家吃完之後，他就問他們，他們最喜歡的是什麼，是今天這樣的情況還是昨天的事情。他們回答說二者的差別實在是大極了。昨天帶給他們的一切都是痛苦，但今天帶給他們的一切又都是快樂。居魯士立刻捉住了他們的回答而用下面的話坦白地講出了自己的心事：「各位波斯人啊，你們各位當前的情況就是這樣。如果你們願意聽我的話，那你們就可以享受這樣的一些以及無數其他的幸福，且絲毫不會遭受那些奴役之苦，但如果你們不肯聽我的話，那你們就要受到無數像昨天那樣的苦役。因此，聽我的吩咐而取得自由罷。至於我個人，則我覺得我是因神意而生來幹這件事情的，而你們，我相信，在任何方面，當然也在軍事方面，都是絲毫不比美地亞人差的。因此你們應當毫不猶豫地起來反抗阿司杜阿該斯。」

127 波斯人早已經就不滿意美地亞人的統治了，這時既然有了一個領袖，他們當然是樂於擺脫這個桎梏的。這時阿司杜阿該斯聽到了居魯士的所作所爲，便派了一名使者召他到自己的地方來。居魯士要使者告訴阿司杜阿該斯說，他將要比阿司杜阿該斯所希望的時候更早地到那裏去。阿司杜阿該斯接到這個消息之後，即刻把他治下的全體美地亞人給武裝起來，並且好像是迷了心竅一樣，他竟忘記了他多麼殘酷地懲罰過哈爾帕哥斯，而任命哈爾帕哥斯擔任統帥。因此當美地亞人和波斯人兩軍相會和交鋒之時，只有一部分不曾參預機密的美地亞人作戰了；其他的那些人則公開地投到波斯人一方面去；而大部分的人則故作害怕的樣子臨陣脫逃了。

128 阿司杜阿該斯一聽到美地亞的軍隊可恥地被驅散和逃跑之後，立刻就威嚇居魯士說：「儘管如此，居魯士也決不會就這樣安然無事的。」緊接著他便逮捕了勸說他把居魯士放跑的、占夢的瑪哥斯僧並把他們刺殺了。在這之後，他便把留在城內的一切美地亞人不分老少一律武裝起來。他率領他們和波斯人交戰，但結果他被打敗，他率領出戰的軍隊被殲滅，他本人也被敵人俘虜了。

129 哈爾帕哥斯看到阿司杜阿該斯被俘，便來到他的面前，非常神氣地把他奚落嘲弄一番。在其他辛辣的嘲笑詞句中間，他特別提到他被款待以自己的兒子的肉的那次宴會並且問阿司杜阿該斯，在作了國王之後再作奴隸時心裏是什麼滋味。阿司杜阿該斯凝視著他，反問他爲什麼把居魯士的這次成功看成是他自己的。哈爾帕哥斯說正是由於他送了這封密函，因此這件事當然便是他的事業了。於是阿司杜阿該斯說，這樣哈爾帕哥斯便成了世界上最愚蠢和不義的人；他所以是最愚蠢的人，是因爲他把本來是自己的王位給了別人，如果這件事是他自己的事業的話；他所以是最不義的人，是因爲由於那次的宴會而奴役了美地亞人。原來假如他必須把王權給予另一個人而不是留在自己手裏的話，那麼正義也要求一個美地亞人，而不是一個波斯人來取得這種榮譽。然而現在，對你並未作任何虧心事的美地亞人卻被你變爲奴隸而並未成爲主人，但原來是奴隸的波斯人現在卻成了美地亞人的主人。

130 這樣，在統治了三十五年之後，阿司杜阿該斯就失掉了自己的王位，而美地亞人便由於他的殘酷而受到了波斯人的統治。哈律司河那一面的亞細亞全部地區他們統治了一百二十八年㉓，但斯奇提亞人的統治時期不應計標在內。後來美地亞人後悔他們的投降並起來反抗大流士㉔，但是他們被戰敗而不得不再度

㉓從六八七年到五五九年。斯奇提亞人則從六三四年統治到六〇六年。

㉔這是五二〇年的事情。

屈服。可是現在，在阿司杜阿該斯當政的時期，是居魯士統治之下的波斯人反抗美地亞人並從此變成了亞細亞的主人。居魯士直到阿司杜阿該斯死的時候，都把他留在自己的宮殿裏，再沒有對他有什麼傷害。居魯士誕生和成長的情況以及他如何成爲國王的經過便是如此。後來，他又打垮了無端向他發動進攻的克洛伊索斯，這件事我已經在本書前面說過了。把克洛伊索斯打垮以後，居魯士就成了整個亞細亞的主人。

131 波斯人所遵守的風俗習慣，我所知道的是這樣。他們不供養神像，不修建神殿，不設立祭壇，他們認爲搞這些名堂的人是愚蠢的。我想這是由於他們和希臘人不同，他們不相信神和人是一樣的。然而他們的習慣是到最高的山峰上去，在那裏向宙斯奉獻犧牲，因爲他們是把整個穹蒼稱爲宙斯的。他們同樣地向太陽和月亮，向大地、向火、向水、向風奉獻犧牲。這是他們從古來就向之奉獻犧牲的僅有的一些神。後來他們又崇拜烏拉尼阿·阿普洛狄鐵，這是他們從阿拉伯人和亞述人那裏學來的。亞述人稱這個女神爲米利塔，阿拉伯人稱之爲阿利拉特，而波斯人則稱之爲米特拉。

132 波斯人是用下列的方式向以上所說的那些神奉獻犧牲的：在奉獻犧牲的時候，他們不設祭壇，不點火，不灌奠，不吹笛，不用花彩，不供麥餅。奉獻犧牲的人把他的牲畜牽到一個潔淨的場所，就在那裏呼叫他要向之奉獻犧牲的那個神的名字。習慣上這個人要在頭巾上戴一個大概是桃金娘的花環。奉獻犧牲的人不允許只給自己祈求福祉，他要爲國王，爲全體波斯人的幸福禱告，因爲他自己必然就在全體波斯人當中了。隨後他把犧牲切成碎塊，而在把它們煮熟之後便把它們放到他能夠找到的最新鮮柔軟的草上面，特別是車軸草。這一切辦理停妥之後，便有一個瑪哥斯僧前來歌唱一首贊美詩，這首贊美詩據波斯人說，是詳述諸神的源流的。除非有一個瑪哥斯僧在場，任何奉獻犧牲的行爲都是不合法的。過了一會兒之後，奉獻者就可以把犧牲的肉帶走，隨他怎樣處理都可以了。

133在一年的各天當中，他們最著重慶祝的是每個人的生日。他們認爲在這一天吃的飯應當比其他的日子更要豐盛些。比較有錢的波斯人要在爐灶裏燒烤整個的牛、馬、駱駝或驢作爲食品，較窮的人們則用較小的牲畜來替代。他們的正菜不多，卻在正菜之後有許多點心之類的東西，而且這類點心又不是一次上來的。這就使得波斯人說，希臘人在吃完飯的時候仍然是餓著的，因爲在正菜之後並沒有很多點心上來，但如果把什麼點心之類的東西給他們的時候，他們又會吃起來沒有個完。他們非常喜歡酒並且有很大的酒量。他們不許當著別人嘔吐或是小便。在這些事上他們的習慣便是如此。

此外，他們通常都是在飲酒正酣的時候才談論最重大的事件的。而在第二天當他們酒醒的時候，他們聚議所在的那家的主人便把前夜所作的決定在他們面前提出來；如果這個決定仍得到同意，他們就採用這個決定；如果不同意，就把這個決定放到一旁。但他們在清醒的時候談的事情，卻總是在酒酣時才重新加以考慮的。

134如果他們在街上相遇的話，從下面的標幟人們可以知道相遇的兩個人的身分是相等的。即如果是身分相等的人，則他們並不講話，而是互相吻對方的嘴唇。如果其中的一人比另一人身分稍低，則是吻面頰；如果二人的身分相差很大，則一方就要俯拜在另一方的面前。他們最尊重離他們最近的民族，認爲這個民族僅次於他們自己，離得稍遠的則尊重的程度也就差些，餘此類推；離得越遠，尊重的程度也就越差。這種看法的理由是，他們認爲他們自己在一切方面比所有其他的人都要優越得多，認爲其他的人住得離他們越近，也就越發優越。因此住得離他們最遠的，也就一定是人類中最差的了。在美地亞人的統治時期，在各民族當中一個民族便這樣地統治另一個民族，美地亞人則君臨一切民族；他們統治他們邊界上的民族，這些民族又統治和他們相鄰的人們，而這些人們統治與他們接壤的民族。美地亞人這個民族既然用這種循序漸進的統治和管理辦法，那波斯人也便用同樣的辦法評價其他民族了㉕。

135 像波斯人這樣喜歡採納外國風俗的人是沒有的。他們穿美地亞人的衣服，因為他們認為這種衣服比他們自己的衣服要漂亮；而在戰時他們所穿的又是埃及的鎧甲。他們只要知道有任何奢華享樂的事情，他們立刻把它們拿過來變成自己的東西。在其他各種各樣的新鮮玩意兒當中，他們從希臘人那裏學來了雞姦。他們每個人不單單有好幾個妻子，而且有更多數目的侍妾。

136 子嗣繁多，在他們眼中看來乃是男性的僅次於勇武的一項最大美德。每年國王都把禮物送給子嗣最多的那個人。因為他們認為人數就是力量。他們的兒子在五歲到二十歲之間受到教育，他們教給他們的兒子的只有三件事情：騎馬、射箭和說老實話。孩子在五歲之前不能見到自己的父親，而是要和母親生活在一起。這樣作的原因是由於一旦這孩子不能養大，父親不致受到亡子的痛苦。

137 在我看來，這確乎是一項賢明的規定。而下面的一種規定也是值得推薦的，即國王不能由於某人只犯了一個錯誤而把他處死，而任何一個波斯人也不能用無法治療的傷害來懲罰自己僕人的僅有的罪過。但如果在計算一下之後而看到犯罪者的過錯多於和大於他所作的好事情的時候，則主人是可以懲罰他以洩憤的。波斯人認為還沒有人曾經殺死過自己的父親或是母親。而如果有這樣的事情發生的話，他們就確信：一旦把這件事情弄清楚，就會發現幹了這樣的事情的孩子不是假兒子就是私生子。因為他們認為，兒子殺死自己的親生父母，那是無法置信的事情。

㉕這大概是說，從屬的民族住得越遠，他們便越不直接受美地亞人的統治，波斯人則認為離帝國越遠的臣民越沒有價值；二者所根據的原則是一樣的。

138 而且，凡是他們認爲不能作的事情，他們是絕對不許講的。他們認爲說謊是世界上最不光彩的事情，其次就是負債了；他們對負債之所以抱著這種看法，有其他多種的理由，特別是因爲負債的人不得不說些謊話。如果市民得了癩病或是白癩病㉖，他就不許進城，也不許和其他的波斯人打交道。他們認爲他所以得癩病，是因爲他一定有了冒犯太陽的罪行。外邦人若有得了這樣的病的，在許多地方必須被迫離開當地：甚至白鴿子得了同樣的病也要被逐出境。他們對河是非常尊重的：他們決不向河裏小便、吐唾沫或是在河裏洗手，也不容許任何別的人這樣作。

139 此外，還有一件事常常發生在波斯人中間，這件事波斯人自己雖不曾注意到，然而我卻觀察到了。他們的名字凡是和他們的儀表與高貴的身分相符合的，其末尾的那個字母都是一樣的，這個字母多里斯人稱爲桑（σάν），而伊奧尼亞人則稱爲西格瑪（σίγμα）。任何人只要注意一下，就可以發現波斯人的名字，不管是哪一個都毫無例外地是有著同樣語尾的。

140 關於波斯人，從我個人的知識而能夠完全確實斷言的就是這些。還有一些關於死者的風俗則是人們秘密地，而不是公開地談論的。據說波斯人的屍體是只有在被狗或是禽類撕裂之後才埋葬的。瑪哥斯僧有這種風俗那是毫無疑問的，因爲他們是公然實行這種風俗的。但我還可以確定，波斯人是在屍體全身塗蠟之後才埋到地裏面的。瑪哥斯僧是非常特別的一種人，他們在許多方面和埃及的祭司，當然也和其他任何人完全不同。除去當作犧牲的畜類之外，埃及祭司不殺任何動物，這乃是他們的教規，否則即是褻瀆神明；但相反地，瑪哥斯僧卻親手殺害除人和狗以外的任何生物。他們不管是螞蟻、是蛇，不管是爬蟲類，

㉖根據亞里士德的說法，白癩病和一般癩病沒有什麼大的區別，就是症狀輕一些。

還是有翅的東西一律加以殺害，甚至在這件事上引以自豪。但既然這種風俗在他們那裏一向如此，因此我說到這裏也就夠了。現在我再翻回來把我以前說的事情接下去。

141在波斯人征服了呂底亞人之後，伊奧尼亞和愛奧里斯的希臘人立刻派遣使節到撒爾迪斯的居魯士那裏去，請求他以與克洛伊索斯相同的條件接受他們爲自己的臣民。居魯士傾聽了他們的建議並且給他們講了一個寓言作爲回答。他說，有一次一個吹笛的人在海邊看到了魚，於是他便對它們吹起笛子來，以爲這樣它們就會到岸上他的地方來。但是當他最後發現自己的希望落空的時候，他便撒下了一個網，而在合網之後打上了一大批魚來；他看到魚在網裏跳得很歡，就說：「我向你們吹笛子的時候，你們既然不出來跳，現在你們也就最好不要再跳了。」居魯士所以這樣答覆伊奧尼亞人和愛奧里斯人，是因爲當他派使者到他們那裏去敦促他們背叛克洛伊索斯的時候，他們拒絕了；但現在，當他已經大功告成的時候，他們卻又來表示歸順之意。他在回答他們的時候是很生氣的。伊奧尼亞人聽到這番話之後，就各自著手防禦自己的城壁，並在帕尼歐尼翁集會㉗，而除了米利都人之外所有的人都參加了這次的集會，因爲米利都人和居魯士締結了一項單獨條約，條件和他們對呂底亞人的完全相同。其他的伊奧尼亞人則一致決定派遣使節到斯巴達去請求援助。

142現在，占居帕尼歐尼翁的這些伊奧尼亞人已在全世界我們所知道的、氣候和時令最優美的地區建立了自己的城市。因爲在伊奧尼亞的周邊的任何地方，不管是北方、南方、東方還是西方，都不像伊奧尼亞那樣地得天獨厚。在其他的地區，氣候不是寒冷和陰濕，就是暑熱和乾燥，而使人煩惱非常。伊奧尼亞人

㉗參見第一四八節。

並非都說相同的語言，他們在不同的地方使用四種不同的方言。在南方，他們的第一個城市是米利都（即最南方的城市之意——譯者），其次則是美烏斯和普里耶涅；這三個城市都是卡里亞的殖民市，他們所用的是共通的語言。他們在呂底亞的城市是：以弗所、科洛彭、列別多斯、提奧斯、克拉佐美納伊、波凱亞等。這些城市的居民在語言上和上述的三個城市是完全不同的，在他們之間使用著一種共同的方言。此外還有三個伊奧尼亞的城市，其中的兩個是在島上，即薩摩司和岐奧斯；一個是在大陸上即埃律特萊亞。岐奧斯人和埃律特萊亞人所講的話是相似的，然而薩摩司人所講的卻是自己所特有的話而和別人的不同。這樣看來，我所提到的方言便有四種之多了。

143 因此在這些伊奧尼亞人當中，有一個民族即米利都人是沒有受攻的危險的，因爲他們已經和居魯士締結了協定。島上的居民也完全沒有可以顧慮的事情；這是由於腓尼基人還沒有臣服於波斯，而波斯人本身又不是一個海上的民族。亞細亞的伊奧尼亞人之和其餘的伊奧尼亞人分離開來只能有一個原因。那就是，當時整個希臘族是十分弱小的，而伊奧尼亞人在所有他們希臘人當中，又是相去懸殊地最弱，最不受重視的。他們除去雅典之外，沒有一座比較像樣的城市。因之雅典人和其他地方的伊奧尼亞人都不喜歡被人稱爲伊奧尼亞人，而是迴避這個名稱，不，甚至現在，他們的大部分人在我看來還是恥於用這個名稱的。但是，上面所提到的亞細亞的十二個城市卻給這個名稱增添了光彩，他們給自己建造了一座聖堂，稱之爲帕尼歐尼翁，他們還規定不許任何其他地方的伊奧尼亞人利用這座聖堂（但實際上，除去士麥拿人之外，也沒有人要求進入這個聖堂）。

144 同樣，現在被稱爲「五城」，但以前被稱爲「六城」的地區的多里斯人也不許與他們相鄰的多里斯人進入他們的特里歐庇昂聖堂，他們甚至不許他們內部在聖堂的規章方面有所違犯的人進入聖堂。在古昔

爲特里歐庇昂・阿波羅舉行的運動會中，他們給予優勝者的獎品是青銅的三腳架；但是他們規定這些三腳架不能拿出聖堂之外，而當時就要把它們在那裏奉獻給神。但是，哈利卡爾那索斯地方一個叫作阿伽西克列斯的男子在比賽獲勝時卻公然不把這個規定放在眼裏，他把三腳架帶回了自己的家，掛在牆壁上面。爲了懲罰這個過錯，其他的五個城市林多斯、雅律索斯、卡米洛斯、科斯和克尼多斯剝奪了第六個城市哈利卡爾那索斯進入聖堂的權利。這便是他們對哈利卡爾那索斯的懲罰。

145 伊奧尼亞人在亞細亞只建立了十二座城市並拒絕再擴大這個數目，這原因在我看來是當他們居住在伯羅奔尼撒的時候，他們是分成十二部分的，正如同把伊奧尼亞人逐出的阿凱亞人今天的情況一樣。在阿凱亞的城市當中，如果從希巨昂算起的話，第一是佩列涅，其次是埃伊蓋拉和在流著無盡的水並且使意大利的克拉提斯河因而得名的克拉提斯河河上的埃伊伽埃，以次是布拉、伊奧尼亞人被阿凱亞人戰敗時逃避所在的赫利凱，再次是埃吉翁、律佩斯、帕特列斯、帕列埃斯、臨著巨大的佩洛斯河的歐列諾斯、杜美和特里泰埃斯。最後的這個城市是僅有的一個內地城市。

146 這便是以前伊奧尼亞的，而現在阿凱亞的十二部分。正是由於他們是從這樣區分的國土來的而不是有什麼別的原因，所以伊奧尼亞人在到達亞細亞之後，便在他們中間也建設了十二個城市。如果認爲這些人是比其他伊奧尼亞人更純正的伊奧尼亞人，或是認爲他們不管在任何方面比其他伊奧尼亞人有著更高貴的血統，那就太愚蠢了，因爲實際上他們的一個不小的部分是埃烏波亞出身的阿邦鐵斯人，這些人甚至在名字上和伊奧尼亞人都是風馬牛不相及的；此外和他們混血的有歐爾科美尼奧伊的米尼埃伊人、卡德謨司人、德律歐普司人、從本國分裂出來的波奇司人、莫洛西亞人、阿爾卡地亞的佩拉司吉人、埃庇道洛斯的多里斯人以及其他許多別的部落。甚至在他們中間，那些從雅典的普利塔內翁（市會堂——譯者）來並自認是最純正的伊奧尼亞人的人們，也不把妻子帶到新的地方而是娶父親被他們處死的卡里亞的婦女。因此之故，這些女子發誓遵守一條規定，並且把這條規定傳給自己的女兒，即她們決不和自己的丈夫一同吃飯，也不稱呼他們的名字，因為這些人是屠殺了她們的父親、丈夫和兒子之後強行娶了她們的。這樣的事件發生在米利都。

147 他們之中有一些人選身為希波洛科斯的兒子格勞柯斯的子孫的呂奇亞人作國王，有一些人選身為美蘭托斯的兒子科德洛斯的後裔的、披洛斯的考寇涅斯人作國王，又有一些人選這兩方的人作國王。然而由於這些伊奧尼亞人比其他任何伊奧尼亞人都重視自己的名字，因此我們不妨說，他們是血統純正的伊奧尼亞人。雖然，老實說，所有的伊奧尼亞人都是起源於雅典的，都是舉行阿帕圖利亞祭的㉘。這是全體伊奧尼亞人都慶祝的一個祭日，只有以弗所人和科洛彭人是例外，據他們說，是因為這些人犯了某種殺人罪的緣故。

148 帕尼歐尼翁是北向的一個米卡列的聖地，這塊地方是伊奧尼亞人共同選定來呈獻給赫利凱的波賽東的。米卡列是大陸的一個地岬，它向西方伸到薩摩司方面，各城邦的伊奧尼亞人通常都在那裏集合，舉行稱為帕尼歐尼亞的祝祭。不單是在伊奧尼亞人中間，就是在全體希臘人中間，祭日的名稱，和波斯人的名字一樣，都是以同一字母為結尾的㉙。

㉘在雅典和大多數伊奧尼亞的城市中每一胞族（φρατρία）的成員們，在十月末和十一月初這個時期裏舉行的祭典，每次繼續三天。在最後一天裏，正式接受成年的青年為胞族的成員。

㉙這句話可能是後人的注攙入正文的。

149上面所說的是伊奧尼亞人的城邦。愛奧里斯的城邦則有下列這些：也稱爲普里科尼斯的庫麥、雷里撒伊、涅翁．提科斯、鐵姆諾斯、啓拉、諾提昂、埃吉洛埃撒、庇塔涅、埃伊蓋伊埃、米利納和古里涅阿。這是愛奧里斯人的十一座古老的城市。其實他們在大陸上本來是有十二座城市的。然而伊奧尼亞人卻使他們失掉了其中的士麥拿這樣一座城市。愛奧里斯的土壤比伊奧尼亞的土壤肥沃，然而氣候卻不像伊奧尼亞那樣好。

150愛奧里斯人失掉士麥拿的經過是這樣。在科洛彭有一些人在內部鬥爭中失敗並被從自己的城市給放逐出來了，但是士麥拿卻收容了這樣的一些人。科洛彭的這些亡命者伺機發動變亂，而在不久之後士麥拿的人們到城外去慶祝狄奧尼索斯祭的時候，便關上了城門，因而取得了這個城市。別的城邦的全部愛奧里斯人都來幫他們的忙，結果雙方取得了協議，伊奧尼亞人同意送回一切的財物而愛奧里斯人則放棄了士麥拿這個地方。被逐出的士麥拿人則給分配到愛奧里斯人的其他十一個城邦中去，他們在各城邦中都取得了公民權。

151因此，這就是大陸上的全部愛奧里斯城邦，例外的只有在伊達山中的人們，他們是和這些人分開的。至於在島嶼上的城邦，則在列斯波司島上有五個城邦（列斯波司島上的第六個城邦是阿里斯巴，但是這個城邦被與他們同血統的美圖姆那人所占領而該城的居民也就被變成了奴隸）。提涅多斯島上有一個城邦，另外還有一個城邦是在「百島」羣島㉚上面。列斯波司和提涅多斯的愛奧里斯人和伊奧尼亞的島上居民一樣，這時並沒有任何可以害怕的東西。而其他的愛奧里斯人則在他們集會商討的時候，卻總是盲從伊

㉚這是在列斯波司島和大陸之間的一羣小島。

奧尼亞人的任何意圖的。

152 在伊奧尼亞人和愛奧里斯人的使者到達斯巴達的時候（他們是不分晝夜兼程趕路的），他們便推選了一個叫作佩鐵爾謨斯的波奇司人作爲他們的發言人。爲了使盡可能多的斯巴達人聚攏來聽他講話，他穿上了一件紫色的外袍，然後就站起來對他們發表了一篇長長的演說，向他們要求對己方的援助。但是拉凱戴孟人並不聽他們的話，他們竟決定不給伊奧尼亞人以任何援助。因此使者們只好回去，可是拉凱戴孟人這一方面，他們雖然回絕了伊奧尼亞人派來的使者，卻派出了一艘五十橈船；他們所以這樣作，我認爲是想看一看居魯士和伊奧尼亞的動靜。這些人在到達波凱亞之後，便把他們中間最有名望的一個叫作拉克利涅斯的人派到撒爾迪斯去代表拉凱戴孟人告訴居魯士說，不要觸動任何希臘的城邦，否則他們是決不會袖手旁觀的。

153 在聽到使者的這番話的時候，據說居魯士曾打聽在他身旁的那些希臘人，對他發出這樣的通知的拉凱戴孟人是怎樣的人，他們的人數又有多少。當他聽完了回答之後，他便向斯巴達的使者說：「我從來沒有害怕過這樣的一些人：他們在城市的中央設置一塊地方，大家集合到這塊地方來互相發誓，卻又互相欺騙。如果我好好地活著而不死掉的話，那麼我相信這些人將會談論他們自己的災難，而不必再多管伊奧尼亞人的事情了。」居魯士講這番話的目的，是要給全體希臘人看一看他的顏色，因爲他們自己有用來進行買賣的市集，但波斯人卻沒有這樣的習慣，波斯人從來不在公開的市場上進行買賣，而全國實際上也沒有一個市場。在這次會見之後不久，居魯士就離開了撒爾迪斯，把這個城市委託給一個名叫塔巴羅斯的波斯人，又任命一個當地的呂底亞人帕克杜耶斯來保管屬於克洛伊索斯和其他呂底亞人的黃金財富，而他自己則帶著克洛伊索斯到阿格巴塔拿去，起初並沒有把伊奧尼亞人放到自己的眼裏。原來，他近旁有巴比倫阻礙著他，巴克妥利亞人、撒卡依人和埃及人對他來說也是這樣。因此他打算親自去征討這些民族，而把征服伊奧尼亞人的事情委託給他的一個將軍去作了。

154 居魯士剛剛離開撒爾迪斯，帕克杜耶斯立刻便鼓動呂底亞人公然起來叛變他和他的代表塔巴羅斯。他既然取得了撒爾迪斯的全部黃金財富，於是他便到海岸地帶去，用這巨量的財富雇佣了軍隊並說服海邊的居民參加他的軍隊。隨後他便向撒爾迪斯進軍，圍攻塔巴羅斯並把他困在衛城裏。

155 居魯士在到阿格巴塔拿去的途中聽到了這個消息，於是他對克洛伊索斯說：「克洛伊索斯，我應當如何處理這件事情呢？好像這些呂底亞人根本不想停止給他們自己以及給我惹麻煩。我以爲最好是把他們都變賣爲奴隸。我想目前我的作法就彷彿是一個人殺死了父親卻又留了孩子們的活命。完全同樣的，你在呂底亞人看來是比父親更重要的人物，但是我捉住了你並把你帶在身邊，卻又把呂底亞人的城市委託給他們自己。因此對於他們之竟然謀叛，我著實感到十分驚訝！」居魯士向克洛伊索斯說出了自己心中的話，但是克洛伊索斯深恐居魯士會把撒爾迪斯城變爲一片廢墟，因而回答說：「哦，國王啊，你的話是很有道理的。但是我懇求你，不要使你的怒氣一發而不可收拾，也不要想摧毀對過去和現在都是無辜的古城吧。過去的事件我是罪魁，故而現在我本人理應擔起這贖罪的懲罰。另一次的罪魁是你曾委託以撒爾迪斯的帕克杜耶斯，因此還是讓他個人承當這次的懲罰吧。讓呂底亞人得到寬恕吧。爲了保證他們永遠不會再叛變你或是威脅到你的安全，我看可以派人去這樣命令他們，不許他們保存任何武器，要他們在外衣下面穿緊身衣，下身要穿半長筒靴子並且要他們教他們的孩子彈奏七弦琴和豎琴以及經營小買賣。這樣，哦，國王啊，不久你就會看到他們不再是男子而成了女子，那時你再也不必害怕他們會叛變你了。」

156 克洛伊索斯認爲甚至這樣對於呂底亞人來說，也比被賣爲奴隸要好，因此他對居魯士作了如上的忠告。因爲他知道，除非他提出有理由而值得充分考慮的建議來，他是不能說服居魯士使他改變主意的。而且他還害怕，即使呂底亞人免了當前的危險，他們將來難保不再起來反抗波斯人從而給自己帶來滅身之禍。居魯士聽了這個意見之後心中甚是歡喜，於是他緩和了氣憤情緒並表示願意按照克洛伊索斯所說的辦法去作。因此，他便把一個叫作瑪札列斯的美地亞人召了來，要這個美地亞人根據克洛伊索斯所談的那些條件向呂底亞人頒布命令；隨後又命令他把隨同呂底亞人一道攻打撒爾迪斯的其他人等都賣爲奴隸，特別是命令他不管用什麼辦法必須在返回時把帕克杜耶斯活著帶到自己的面前來。

157 在途中發布了這些命令以後，居魯士就向著波斯的領土進軍了。帕克杜耶斯聽到征討自己的軍隊業已開進的消息之後，便嚇得逃到庫麥去了。因此，美地亞人瑪札列斯率領著居魯士的一部分軍隊到達撒爾迪斯，而發現帕克杜耶斯和他的軍隊已經逃走時，他首先就迫使呂底亞人實行他的主人居魯士的命令；這樣，由於他的命令，從那時起他們也便改變了他們的全部生活方式。隨後，他就把使者派到庫麥去，要求庫麥當局把帕克杜耶斯引渡過來。於是庫麥人便決定派人到布朗奇達伊去請示神的意見。布朗奇達伊是在米利都的領域之內，在帕諾爾摩斯港的上方。那裏有一個自古老的時期修建起來的神託所，而伊奧尼亞人和愛奧里斯人都是經常到那裏去請示神託的。

158 故而庫麥人便把他們的使者派到布朗奇達伊這裏來請示神意，來問一下在帕克杜耶斯這件事上應當如何處理才最得神的歡心。神託回答他們，要他們一定把他交到波斯人的手裏去。使者帶著這個回答回來之後，庫麥的人民因此也就準備把他引渡出去了；然而正當他們的多數人準備這樣作的時候，海拉克利戴斯的兒子阿里司托狄科斯，一個在市民中間聲譽很高的人物，卻出來阻礙庫麥人這樣作。他說他不相信這個回答，並且認爲請示神託的使者的報告是不正確的。直到最後，一個有阿里司托狄科斯本人參加的使團再一次被派出去，向神請示有關帕克杜耶斯的事情。

159 在他們到達布朗奇達伊的時候，由阿里司托狄科斯代表全體使團向神託問話，他說：「哦，神啊，呂底亞人帕克杜耶斯由於有橫死在波斯人手中的危險而逃避到我們這裏來，可是他們卻要求我們把他引渡過去，而命令庫麥人把他交出來。然而我們儘管很害怕波斯人的權勢，在我們還不能確實知道你的意思是要我們如何作的時候，我們是不敢引渡請求我們保護的這個人的。」阿里司托狄科斯這樣問了，但是受到請示的神託給了和先前一樣的回答。神託命令他們把帕克杜耶斯引渡給波斯人。於是阿里司托狄科斯便故意按照他早已打算好的作法行事；他繞行聖堂一周，把那裏的麻雀和棲息在聖堂四周的所有其他鳥類的巢全都拿走。當他正在這樣作的時候，據說從內堂發出了呼叫聲，而對阿里司托狄科斯這樣說：「你這最不敬神的人啊，你怎麼竟敢這樣作？你要把我所保護的鳥類從聖堂刧走麼？」阿里司托狄科斯立刻應聲回答說：「哦，神啊，你這樣挽救你自己所保護的東西，卻命令庫麥人放棄他們的被保護人麼？」於是神又回答說：「是的，我是這樣吩咐他們的，而由於你的不敬，你很快地便會死去，再也不會到我這裏來請示關於引渡被保護人的神託了。」

160 接到了這個回答以後，庫麥人既不願意爲了引渡他而使自己有遭到毀滅的危險，又害怕因繼續收留他而受到圍攻，於是便把帕克杜耶斯送到米提列奈去。瑪札列斯知道這件事之後，又派人到米提列奈那裏去向他們要求引渡帕克杜耶斯，米提列奈人準備把他交出來，但是要求一些報酬。我不能確實說出這筆報酬的數目有多少，因爲這筆交易結果並未實現。而當庫麥人聽到米提列奈人要怎樣作的時候，便派一隻船到列斯波司去，把帕克杜耶斯載運到岐奧斯去。帕克杜耶斯便是從那裏被交出去的。岐奧斯人把他從雅典娜·波里烏科司（護城的雅典娜——譯者）的神殿中拖了出來，將他交付給波斯人了。引渡的代價是得到了阿塔爾涅烏斯這塊地方，這塊地方是屬於美西亞的，和列司波斯相對峙。這樣帕克杜耶斯便落到追索他的人們的手裏，他們把他監視起來，以便把他帶到居魯士那裏去。在這之後很長的一段時間中間，沒有任何一個岐奧斯人用阿塔爾涅烏斯出產的大麥粉奉獻給任何神，也不用生產在那裏的作物製造上供的糕餅，而當地生產的一切都不用來當作供物的。

161 在瑪札列斯從岐奧斯人手中得到了帕克杜耶斯以後，立刻便率領軍隊去討伐參加圍攻塔巴羅斯的那些人，首先他攻克了普里耶涅並把這個地方的居民賣爲奴隸，隨後他又蹂躪了整個邁安德羅司平原以及瑪格涅希亞地區，任憑他的士兵對以上的地方進行劫掠。進而，很快地他便病死了。

162 在他死後，哈爾帕哥斯便被派來接替他的統帥任務。他也是美地亞人，這個人曾被美地亞的國王阿司杜阿該斯召來參加極不合乎人道的宴會，並曾幫助居魯士登上國王的寶座。他受居魯士之命擔任了司令官的職位。在他一進入伊奧尼亞的時候，便用構築土丘的辦法攻略了若干城邦。在他進行圍攻的時候，先把敵人逼入城內，然後再沿著城牆構築土丘而攻克城池。

163 他所攻略的伊奧尼亞城邦第一個是波凱亞。在希臘人當中波凱亞人是最初進行遠洋航行的人，他們又是發現了亞得里亞海、第勒塞尼亞、伊伯利亞和塔爾提索斯城的人。他們在航行時所用的船隻不是圓形的商船而是五十橈船。在他們到達塔爾提索斯的時候，塔爾提索斯的一個名叫阿爾甘托尼歐斯的國王和他們作了朋友。這個國王在塔爾提索斯統治了八十年而他一直活了一百二十歲。他和波凱亞人變成這樣親密的朋友，以致他在開頭的時候竟請求他們離開伊奧尼亞而隨便移住到他國內的什麼地方來。後來，他發現他並不能說服他們同意這一點，又聽到他們說美地亞人的勢力如何強大起來，他便給他們金錢在他們城邦的周邊構築城牆。他給錢的時候實在是毫不吝惜的。因爲城周長達許多斯塔迪昂，而城牆完全是由砌合得很好的大石築成的。

164 波凱亞人的城牆就這樣地全部修築起來了。哈爾帕哥斯率領軍隊前來進攻波凱亞人，包圍了他們的城；但是他向他們提出建議說，如果他們只毀掉城上的一座稜堡，並獻出一所住宅來，他便滿足了。但是波凱亞人非常不願意受到奴役，於是他們便請求給以一天的時間來仔細考慮如何答覆，並且請求哈爾帕哥斯在他們商議的這一天裏把兵撤離城牆。哈爾帕哥斯回答他們說他很曉得他們打算如何作；雖然如此，他仍然准許了他們的請求。因此哈爾帕哥斯的軍隊撤退下來了，而這時波凱亞人便把他們那隻五十橈的大船放下了水，把他們的婦女和小孩，以及他們的全部財物器具，此外還把從神殿搬出來的神像，把石製或青銅製品以及繪畫之外的一切供物都搬上了船。隨後他們自己也上了船，放海駛到岐奧斯去了。等波斯人回來的時候，他們所占領的只不過是一座空城罷了。

165 波凱亞人到達岐奧斯之後，便設法購置稱為歐伊奴賽㉛的一些島嶼，但是岐奧斯人不肯賣，因為他們害怕波凱亞人會在那裏設立市場，從而本國的商人便被排斥到當地的海上貿易之外去。波凱亞人在這裏既然遭到拒絕，便到庫爾諾斯㉜去；在那裏，他們遵照著二十年之前神託的意旨建立了一個稱為阿拉里亞的城邦。阿爾甘托尼歐斯在這時已經死了。可是，在出發到這個地方之前，他們再一次先返回波凱亞，而把奉哈爾帕哥斯之命留駐在那裏的波斯衛戍部隊完全殺死。在這之後，他們又狠狠地詛咒了不和他們一齊乘船撤退而是可恥地留下的人。此外，他們還把灼熱的鐵塊投入海中，發誓說除非這鐵塊重新出現於海

㉛位於岐奧斯和大陸之間。
㉜即今日的科西嘉島。

面，他們決不返回波凱亞。但是當他們準備航行到庫爾諾斯去的時候，一半以上的市民是這樣地感到哀愁，是這樣地懷念他們的城邦和他們的故國生活，他們竟然違背了誓言而返回了波凱亞。那些遵守誓言的人則從歐伊努賽島揚帆出海了。

166 當他們到達庫爾諾斯的時候，他們五年間和先來的人們在一起生活並且在那裏修建了神殿。然而在這期間，他們卻不斷掠奪和蹂躪他們的所有的鄰人，因此最後第勒塞尼亞人和迦太基人不得不聯合起來反對他們，而各派出一支由六十隻船組成的艦隊去攻打他們的城市。波凱亞人這方面也把他們所有的六十隻船裝備起來，在稱爲薩地尼亞海的海面上與敵人會陣。在雙方接戰之後，波凱亞人勝了，然而他們的勝利只是一種卡德美亞的勝利㉝。因爲他們在戰鬥中損失了四十隻船，而剩下的二十隻在戰鬥之後，船頭的部分已扭曲得不成樣子，無法使用了。因此波凱亞人便駛回阿拉里亞，把他們的婦女、兒童以及他們的船所裝得下的一切財物載運上船，駛離庫爾諾斯而到列吉昂去了。

167 迦太基人和第勒塞尼亞人得到了被破壞的四十隻船上的人員的大部分，他們在戰鬥之後把這些俘虜引下了船，便用石頭把他們給砸死了。後來，阿吉拉地區的綿羊、馱獸，甚或是人，凡是經過被砸死的波凱亞人所在的地方的，他們不是身體扭曲得不像樣子，不是成了跛子，就是變得半身不遂。因此阿吉拉的居民便派人到戴爾波伊去請示神託，問神如何能贖他們的罪業。佩提亞的回答是要他們執行阿吉拉人到今天還舉行的儀式：給波凱亞人的死者舉行隆重的祭儀，舉辦盛大的運動會和賽馬會。波凱亞人中間被俘的這一部分所遭到的命運便是如此。逃到列吉昂去的那些波凱亞人，他們又從那裏離開而取得了歐伊諾特里

㉝結果兩敗俱傷的勝利。

亞地區的一個稱爲敍埃雷的城市。他們之所以殖民於這個城市，是因爲他們從一個波西多尼亞的人那裏聽說，佩提亞的神託要他們建設庫爾諾斯這件事的意思並不是要他們在庫爾諾斯島上建立一座城市，而是要修造一座神殿來奉祀英雄庫爾諾斯。關於伊奧尼亞的波凱亞人的事情就是這樣的。

168 提奧斯人的所作所爲和他們差不多是同樣的：當哈爾帕哥斯修築土丘來攻略城塞的時候，他們也都全部乘上了船，駛往色雷斯。他們在那裏建立了阿布戴拉城。克拉佐美納伊人提美西奧斯以前曾建了這座城，但是他並沒有得到什麼好處，就給色雷斯人趕了出來。不過今天在阿布戴拉住的提奧斯人卻仍然是把他當作英雄來崇拜的。

169 在所有伊奧尼亞中間，只有這兩個城邦，不甘願淪爲奴隸而離開了他們的故土。其他的伊奧尼亞人，除去米利都人之外，和逃離故土的那些人同樣英勇地抵抗了哈爾帕哥斯並且爲了各自的城邦立下了許多戰鬥的功業，但是他們相繼地失敗了；他們的城池被攻克，居民投降而各自留居在他們原來居住的城市，任憑他們的新主人的擺布。正像我已經說過的，米利都曾和居魯士本人締結了協議，因而得以安寧無事。這樣愛奧尼亞便再度遭到了奴役：而當哈爾帕哥斯征服了大陸上的愛奧尼亞人的時候，島上的愛奧尼亞人害怕受到同樣的厄運，因此也就投降居魯士了。

170 正當伊奧尼亞人雖然陷於悲慘的境地，但他們仍然和往常一樣在帕尼歐尼翁舉行集會的時候，我聽說普里耶涅人比亞斯曾向伊奧尼亞人提出了一個極其有益的意見，而他們如果採納這個意見，就可以使伊奧尼亞人成爲希臘人中最幸福繁榮的人。原來他勸告他們一致團結起來，一同出海到薩地尼亞去，並在那裏建立一個全伊奧尼亞人的城邦。這樣一來，他們就可以避免遭受奴役並達到巨大的繁榮，因爲他們已經掌握了世界上最大的島並且統治了其他的人們；但如果他們仍舊留在伊奧尼亞，他認爲他看不出有什麼重新獲得失去的自由的希望。普里耶涅人比亞斯在伊奧尼亞人衰落之後向他們提出的意見便是這樣。但是在他們遭受災難之前，一個米利都人、又和腓尼基人有血統關係的人物泰利士曾向他們提出了另一個有益的意見。他勸告他們建立一個共同的政府並以提奧斯作爲這個政府的所在地（因爲它在伊奧尼亞的中心）；而其他的各城邦則仍然按照往常的方式生活，就彷彿它們是郡區一樣。

171 這些人向他們所提供的意見就是這樣。哈爾帕哥斯在征服了伊奧尼亞人之後，便迫使伊奧尼亞人和愛奧里斯人參加他的軍隊，一同去攻打卡里亞人、卡烏諾斯人、呂奇亞人。在上面所說的各族人當中，卡里亞人是從島嶼上到大陸上來的一個民族。在古昔的時代，他們是國王米諾斯的臣下，他們當時被稱爲列列該斯人，居住在島嶼上面。在據我所知道的最遙遠的時代，他們從沒有義務對任何人納貢，只是在國王米諾斯需要的時候，供給他的船隻以乘務人員。因此，既然米諾斯是一個征服了許多土地並且是一個在戰爭中經常取得戰功的國王，卡里亞人在他的統治時代，是遠比其他一切民族要著名的民族。他們還發明了三樣東西，而希臘人就從他們這裏學會了使用這三樣東西；他們首先懂得把羽冠套到頭盔上面，他們把紋章加到盾牌上面，他們還發明把把手加到盾牌上面去。原來在這以前的時候，盾牌是沒有把手的，持盾的人只得用一條皮帶，再把它套在脖頸上從左肩的地方掛下來。在米諾斯之後很長一個時候，卡里亞人被伊奧尼亞人和多里斯人逐出了海島，於是便定居在大陸上了。上面是克里地人關於卡里亞人的說法，但是卡里亞人本身卻不同意這個說法，他們認爲他們向來就住在大陸上他們現在所住的地方，而且他們也從來沒有過和他們現在不同的名字。爲了證明這一點，他們指出了美拉撒地方卡里亞・宙斯的一座古老的神殿；美西亞人和呂底亞人是卡里亞人的同胞民族，故而有權利進入這座神殿，因爲他們說呂多斯和繆索斯是卡爾的兄弟；但是屬於其他民族的人們，雖然他們也使用卡里亞的語言，卻是不許進入這座神殿的。

172 卡烏諾斯人在我看來乃是當地的土著，但是他們自己卻說是從克里地來的。就語言而論，是卡烏諾斯人的語言和卡里亞人的語言相似，還是卡里亞人的語言和卡烏諾斯人的語言相似，這一點我不能確實斷定。然而在風俗習慣上面，他們和卡里亞人相差很遠，而且是和所有其他的人相差都很遠。他們認爲不分男女老幼，只要他們是好友或年齡相當而集會起來飲宴，這便是人生最快意的事情。他們先前是對某些外國的神也崇拜的，但有一次不知怎的他們卻改變了主意，（只崇拜他們自己祖先的神了）。於是全體壯年的卡烏諾斯男子便武裝起來開到了和卡林達人接壤的地方；他們用槍向空中刺，這樣，他們說，就把外國的神給趕出去了。

173 他們所作的事情就是這個樣子的。呂奇亞人從古以來便是出身克里地的（因爲這個島在先前完全是異邦人住著的）。歐羅巴的兩個兒子撒爾佩東和米諾斯二人爲了王位而在克里地展開了鬥爭，米諾斯的一派在相互的傾軋中占了優勢，於是他便把撒爾佩東和他的一黨給放逐出去了。被放逐的人們渡海到亞細亞去，在米律阿斯的地方登了陸。米律阿斯是呂奇亞人今天所住的地方的古名：今天的米律阿斯人在那時則被稱爲索律摩伊人。在撒爾佩東統治他們的時候，他的一派仍舊保留著他們從克里地那裏帶過來的名字而叫作鐵爾米萊人，而呂奇亞人直到今天還是被他們鄰近的人這樣稱呼的。但是被自己的兄弟埃蓋烏斯從雅典驅出的呂科斯，即潘迪昂的兒子，在這些鐵爾米萊人的土地上撒爾佩東的地方找到託庇場所之後，他們便漸漸地由於呂科斯的緣故而被稱爲呂奇亞人了。他們的風俗習慣，一部分是克里地人的，一部分是卡里亞人的。但是他們卻有一個和世界上任何民族都不相同的風俗。那就是：他們不是從父方，而是從母方取得自己的名字。如果旁邊一個人問一個呂奇亞人他是誰的話，他就會說他是自己的母親某某人的兒子，這樣按著母系推上去。而且，即使一個有充分公民權的自由婦女和一個奴隸結婚的話，他們的孩子也還是有充分公民權的。但如果一個有充分公民權的自由男子和一個異邦婦女結婚或者是與一個異邦的妾同居的話，即使他是國內的首要人物，他們的孩子也是沒有任何公民權的。

174 可是，卡里亞人在這些民族中間，直到被哈爾帕哥斯征服的時候，並沒有作出任何突出的業績來。而居住在卡里亞的其他希臘人也沒有作出什麼值得一提的事情。在他們中間有克尼多斯人，這些人是從斯巴達來的移民，他們占居著臨海的一塊叫作特里歐庇昂的地岬。這個地方和布巴索斯半島相接；而且除了一小部分的領土之外，全部克尼多斯都是給海包圍起來的（在北面是凱拉摩斯灣，在南面則是敍美島和羅德斯島方面的海域）。因而正當哈爾帕哥斯征服伊奧尼亞的時候，克尼多斯人爲了把自己的領土變成一個島，就打算通過這一小塊兩海之間寬度大約有五斯塔迪昂的地方掘一道溝。這樣，他們便使他們的全部領土劃到地岬這面來了，因爲克尼多斯的領地和大陸之間的界限就正是在他們所掘的那個地岬上面的。許多的克尼多斯人參加了這項工作。可是參加這項工作的人們受傷的數目多於平時而且受傷的方式也很奇怪，那就是給石頭崩壞了眼睛的人特別多。於是克尼多斯人便派人到戴爾波伊去請示，是什麼阻礙他們這樣作。他們自己說，他們從佩提亞那裏得到了用三步格的詩宣託出來的如下的回答：

既不要給地峽修牆，也不要給它掘溝；
如果宙斯願意的話，他早就會使它成島嶼了。

因此克尼多斯人便停止掘溝，而當哈爾帕哥斯率領大軍前來的時候，他們便絲毫不加抵抗地投降他了。

175 在哈利卡爾那索斯的上方離海岸更遠的地方，住著佩達撒人。每當這個民族本身或是他們的鄰人要遭遇到不幸的事件的時候，雅典娜神的女司祭就會長出一大把鬍鬚來。他們曾三次遇到這樣的朕兆。在卡里亞一帶的全體居民中，只有他們對哈爾帕哥斯還作了暫時的抵抗，他們在一個名爲里戴的山上構築堡壘

加以堅守，給波斯人增添了極大的煩惱。

176 但是，久而久之佩達撒人的要塞終於也不得不投降了。而當哈爾帕哥斯率領大軍進入克桑托斯平原的時候，那裏的呂奇亞人便出來在平原上與他交鋒；雖然雙方的人力衆寡懸殊，但他們還是進行了非常英勇的戰鬥並立下了不少戰勛。等到他們終於支持不住而不得不退入城內的時候，他們便把他們的妻子兒女，他們的全部財物和他們的奴僕全都集中到衛城之內，然後將衛城點起了火把它全部燒光了。在這之後，他們便相互立下了淒厲的洪誓大願，而全部衝出了城出擊敵人，結果他們就一個不剩地戰死在疆場之上了。今天自稱爲克桑托斯人的那些呂奇亞人大半都是從國外移居來的，只有八十個家族是例外，因爲他們正巧那時不在國內，故而他們殘存下來了。哈爾帕哥斯便這樣地取得了克桑托斯，卡烏諾斯大概也以同樣的方式落到他的手裏；因爲卡烏諾斯人大體上是追隨了呂奇亞人的榜樣。

177 正當哈爾帕哥斯這樣地蹂躪著亞細亞下方的時候，居魯士本人在亞細亞上方把一切民族也都一個不留地給征服了。關於這些征服，大部分我將要略過去，只談曾使居魯士遇到最大困難和最值得一述的那些次征服。

178 在居魯士把大陸上所有其他民族收歸自己的掌握之後，他便向亞述人進軍了。亞述擁有其他許多大城市；其中最有名、最強大的是巴比倫；在尼諾斯被毀㉞以後，首府便遷移到巴比倫去了。下面我就要敍述一下巴比倫這座城市的情況。這座城市位於一個大平原之上，形狀是正方的，每一面有一百二十斯塔迪昂長，因此它的周圍就一共是四百八十斯塔迪昂了。這座城市的幅員有這般大，而它的氣派也是我們所知

㉞尼諾斯毀於六〇六年。

道的任何其他城市所難以相比的。首先，它的四周有一道既寬且深的護城河，河裏滿都是水，在護城河的後面則又是一道厚達五十王家佩巨斯，高達二百佩巨斯的城牆。王家佩巨斯比一般的佩巨斯要寬三個手指。

179 此外，在這裏我必須提一提從護城河裏掘出來的土有什麼用項，還要說一說城牆是怎樣修築起來的。在他們從護城河裏把土掘出之後，他們立即把它作成了大磚，而在大磚的數量作得夠用的時候，他們就把這些磚放到窯裏去燒。隨後他們便著手建築；起初是用磚砌築護城河的河岸，然後用同樣的方式修造城牆本身，他們把燒熱的瀝青當混凝土使用，並在每隔三十層磚的地方加上一層蘆葦編成的席子。在上面，沿著城牆的兩邊，他們修築了互相對峙的單間的房屋，在這中間則可以跑得開一輛四匹馬的戰車。四面的城牆總共有一百座城門，它們全都是青銅的，即使是柱與楣也不例外。工程中所用的瀝青是從離巴比倫有八天路程的伊斯城運到巴比倫來的，伊斯城旁有一條流入幼發拉底河的小河，它同樣被稱為伊斯河。在伊斯河的河水裏，人們可以取得大量的瀝青塊，瀝青塊從那裏運來供巴比倫城牆之用。

180 巴比倫的城牆便是這樣修建起來的。有一道河從中間把全城分成兩部分：這條河便是幼發拉底河，這是一條又寬又深，而且水流湍急的河流；它發源於阿爾美尼亞，流入紅海。城牆在兩面都一直修築到河邊：從那裏城牆作了個直角的轉彎，然後沿著河流的兩岸構築燒製的磚砌成的城壁。城市本身內部多是三層或四層的房屋。它們中間的街道都是筆直的，不僅僅是與河垂直的是如此，其他的也是如此。在每一條這樣街道的臨河的盡頭地方，在河邊城壁上都各有一個小門，這些小門也都是青銅製成並且也是面向河水的。

181 外面的一道城牆是城市的鎧甲。但是在內部還有另外的一道城牆，這道城牆比外部的要薄一些，但

它的堅固比之外城卻毫無遜色。在城市的這兩部分的中心，各有一座要塞。一方面是有堅固和高大的圍牆環繞著的王宮，另一方面則是倍洛斯・宙斯㉟的聖域，這是一塊有青銅門的、二斯塔迪昂見方的禁地；這個地方在目前還存在的。在這個聖域的中央，有一個造得非常堅固，長寬各有一斯塔迪昂的塔，塔上又有第二個塔，第二個塔上又有第三個塔，這樣一直到第八個塔。人們必須從外面循著像螺旋線那樣地繞過各塔的扶梯走到塔頂的地方去。在一個人走到半途的時候，他可以看到休息的地方，這裏設有座位，而到塔頂上去的人們就可以在這裏坐一會兒休息一下。在最後的一重塔上，有一座巨大的聖堂，聖堂內部有一張巨大的、鋪設得十分富麗的臥床，臥床旁邊還有一張黃金的桌子。但是在那裏並沒有任何神像，而除了當地的一個婦女之外，也沒有任何人在那裏過夜；但是，根據擔任這個神的司祭的迦勒底人的說法，這個婦女是這樣神從全體婦女中選出來的。

182 他們還說，神常常親自下臨到這座聖堂並在這個床上安歇，但我是不相信這件事的。這和埃及人所說的那個故事一樣：在他們的底比斯城也有類似的事情發生（而且在那裏的底比斯・宙斯的神殿中的確是也有一個婦女睡覺的，而據說不拘是埃及的，還是巴比倫的婦女都決不和男子同床）。這又和呂奇亞的帕塔拉的風俗一樣，那裏的女司祭每在降神㊱的時候，便是這樣作的；不過在那裏㊲並不經常有請示神託的事情發生，可是等她要降神的時候，她卻是一定要閉在聖堂中過夜的。

㉟倍爾或巴爾，亞述神中最大者。

㊱指阿波羅神而言。

㊲人們認為阿波羅神只在冬天的六個月裏住在那裏。

183 在同一巴比倫的神殿的下手，還有另外一座聖堂；在這座聖堂裏，安設著宙斯的一座巨大的黃金神像。神像的前面有一張黃金的大桌子，它的寶座和寶座下的足凳也是黃金的。聽迦勒底人說，全部黃金的重量是八百塔蘭特。神殿之外有兩座祭壇，其中一個是黃金的，只有年幼的犧牲才能夠在這個祭壇上奉獻。另一個則是普通的較大的祭壇，成年的犧牲就在這個祭壇上奉獻。迦勒底人還在這個大祭壇上每年奉獻一百塔蘭特的乳香，用來爲這位神舉行祝祭。在居魯士的時代，在這個聖域裏仍然還有一座人像，高達十二佩巨斯，而且是純金的。我本人沒有見過這座像，但我這裏是照著迦勒底人告訴我的話寫的。敍司塔司佩斯的兒子大流士曾企圖把這座像拿走，但是他不敢這樣作。但大流士的兒子克謝爾克謝斯把勸他不要移動這座像的司祭殺死並把它拿去了。除去上面我所說的裝飾品以外，在這座神殿裏還有許多私人的奉獻品。

184 巴比倫城曾經有許多統治者，他們都參預了修造裝飾城牆和城內神殿的事業；關於這些人我在亞述史的那一部分裏還要提到的。在這當中有兩位婦女的統治者。在這兩個人中間，前面的那個女王叫作謝米拉米司，她比後面的那個女王要早五代。她在巴比倫附近的平原上修建了相當壯觀的堤防，因爲在先前，這河流常常氾濫出來把附近一帶的平原淹沒。

185 後面的那第二位女王，名字叫作尼托克里司，她比前面的一位女王要明智。在她身後，她不單單是留下了我就要敍述的，她在位時代的紀念物。另一方面，她看到攻略了包括尼尼微在內的大量城池的美地亞人的強大威力和不停的征討，便盡一切的努力來加強她的帝國的防衛，以免受到強敵的攻擊。首先，由於從正中穿過她的城市的幼發拉底河在先前是直貫巴比倫的，於是她便在河的上方挖掘河道，這樣她便使河道彎曲，以致這條河竟三次流過亞述的同一個村落；幼發拉底河所流經的這個村落的名字是叫作阿爾代利卡。而直到今天，從我們的海㊳到巴比倫去的人，在他們順著幼發拉底河向下航行的時候，在三天當中每天都要到達同樣的一個村落。她所作的事情就是這樣的。在幼發拉底河的兩岸她還修築了極高、極厚的堤岸。他在巴比倫上方很遠的地方挖了一個人工湖，這個湖離河很近，她總是要掘到有水冒出來的那樣的深度，湖的面積也相當大，四周有四百二十斯塔迪昂長。從人工湖挖出來的土便用來在河流的兩邊築堤。當挖掘的工程結束的時候，她便把石頭運了來，用這些石頭把這個人工湖的四周砌築起來。等到河道變得彎曲而人工湖又掘成這兩件工作完成之後，她便達到了她所預想的目的：原來由於河道紆曲，水流便比以前緩慢了，而到巴比倫去的航路也就變得曲折不便了；而且，在這一切之後，還得要繞過人工湖而兜一個大圈子。這全部工程的地點都是在巴比倫的那一方面，也就是有對外的通路，有通向美地亞的最近的道路的那一方面。而女王作這樣的打算，也就是不要美地亞人和她的臣民混合到一起，不要美地亞人知道她國內的事情。

186 正當尼托克里司用挖掘出來的土來保衛自己的城市的時候，她又想到了一件工程，當然，這只不過是上面所說的兩件工程的附屬工程而已。這個城原來是被河流從正中分成兩部分的。在先前的國王當政時，如果有人要從這一半到另一半去的時候，他是必須乘船的。這在我來看，當然是件麻煩的事情。因此，在尼托克里司挖掘人工湖的時候，她便想到把它用來立刻消滅這種不方便的情況並使她能夠在她統治巴比倫的時候留下另一項紀念物。她下令削切巨大的石塊，而當她所需要的石塊切好之後，人工湖也挖好了，於是她便把幼發拉底河的河道引導到挖好的人工湖處去。人工湖滿了，原來的河道也乾涸了。於是她

㊳希羅多德所說的「我們的海」，一般指地中海和多島海。

便著手首先把城內河流的兩岸用燒好的磚砌起來，又把河門前面引起河邊的那些坡形的碼頭也砌上了磚，就和築城砌磚的時候完全一樣。在這之後，她便用已經掘出的石材，大約在城市正中的地方，修築了一個石橋，石橋用的石塊則是用鐵和鉛接合到一起的。在白天的時候，在橋座和橋座之間，放上方形的木塊，以便使居民過河，在夜間，木塊便撤了下去，好不教人們在黑暗中過來過去相互間進行偷盜的事情。當河水灌滿了人工湖而石橋也竣工的時候，尼托克里司便使幼發拉底河還歸它的舊道；這樣一來，變成了湖泊的那塊挖掘的凹地既然已達成了她原定的目的，同時又因造橋而使居民得到了便利。

187 此外，同一位女王又想出了這樣的一個詭計。她在該城的往來最頻繁的城門的上方修造了她自己的陵墓，陵墓的所在地點是很高的，上面刻著下列的銘文：「今後的任何一位巴比倫的國王，如果他需要金錢的話，他可以打開這個陵墓而得到隨心所欲的金錢。但除非他眞正需要金錢，他不要打開這個陵墓，否則他自己便會吃虧。」直到大流士在這裏當政的時候，這個陵墓從來沒有人動過。然而在大流士看來，他不能利用這個城門，一筆錢閒置在那裏不用，上面的銘文引誘著他去取，可是他又不去觸動它，這實在是一件奇妙不可理解的事情。現在他不能使用這個門，是因爲如果他通過這個門，死屍就勢必在他的頭上面了。於是他便打開了陵墓，但發現裏面並沒有金錢，只有死者的屍體和寫著的一行字：「如果對於金錢你不是貪得無厭，而在取得金錢時又不是不擇任何手段的話，你是不會打開死者的棺材的。」據傳說，女王就是這樣的一個婦人。

188 而居魯士出征的目標便是尼托克里司的兒子，他和他的父親拉比奈托斯同名並且是亞述的元首。大王在出兵作戰的時候，總是帶著在國內充分準備好的糧食和畜類。此外，他還帶著專供波斯國王飲用的水，這水是從流經蘇撒的科阿斯佩斯河中汲取來的。不管他到什麼地方去，總有一批騾馬拉著的四輪車跟

隨著；上面載運著貯藏在銀鐔裏面的、煮沸了備用的科阿斯佩斯河的河水，也便跟著他到這裏那裏去。

189在走向巴比倫的道路上，居魯士到達了金德斯河的河畔，這條河發源於瑪提耶涅山，流經達爾達尼亞人居住的地區而流入底格里斯河。而底格里斯河在接受了金德斯河的河水之後，便流經歐匹斯城而注入了紅海。當居魯士試圖渡過這條只有用船才能渡過的河流時，在隨他出征的白色的聖馬中，有一匹非常魯莽地衝到河裏去打算涉水而過，但是這匹馬被水流捲住沖跑，因此給淹死在河裏了。對於這條河流的暴虐無禮，居魯士感到十分憤怒；他威嚇說他將要打垮這條河流的威力，而使甚至婦女都能夠不濕到自己的膝蓋而容易地渡過去。這樣地進行威嚇之後，他便停止了他對巴比倫的進軍而把他的軍隊分成兩部分，隨後，他用繩從金德斯河的兩岸向四面八方各量出了一百八十道壕溝的線記。他下令他的軍隊在兩岸按著線記進行挖掘。由於人手衆多，他的威嚇的話實現了；但是，這樣他們卻把整整一個夏季的時光費在這件事上面了。

190這樣，居魯士便用挖掘了三百六十道洩水壕溝的辦法對金德斯河進行了報復，到第二年的春天一經到來的時候，他又向巴比倫進軍了。巴比倫人在城外列陣，等候著他的到來。到他來到離城不遠的地方，雙方打了一仗，在這一仗中，巴比倫人被波斯國王戰敗而退守到城內去了。過去當他們看到居魯士把一個個民族相繼征服，並相信他決不會就此罷休而最後將輪到他們自己的時候，他們便準備了可供多年食用的糧食以備一旦被圍攻時之需。因此他們便把自己關在城內，絲毫不把居魯士的圍攻放到心上了。時光這樣一天天地過著，但是圍攻毫無進展可言，居魯士於是不知以後怎麼辦了。

191不知道是有人在他感到無計可施的時候向他獻策，還是他自己想出了辦法，他採取了下列的步驟。他使他的軍隊留駐在河流流進城內的那個地方，使另一部分軍隊留駐在城市背面河流從城市流出的地方，並且命令他的軍隊，在看到幼發拉底河的河道可以徒步涉水的時候，立刻順著河道攻入城內。這樣安排停妥，並發出了這個命令之後，他自己便率領著他的軍隊中不能作戰的那一部分撤退，到尼托克里司爲幼發拉底河挖掘的人工湖那裏去，在那裏他作了和巴比倫女王尼托克里司先前所作的完全同樣的事情。他用一道壕溝把幼發拉底河疏導到當時已變成一片沼澤地的人工湖裏去，結果河水竟落到河道可以涉水而渡的程度。於是留駐在巴比倫城河邊準備進攻的軍隊，便從幼發拉底河的河道進入了這座城市，那時河水已落到大約相當到大腿的一半高的地方。如果巴比倫人預先知道這件事，或者如果巴比倫人注意到居魯士這種行動的意圖的話，他們本來可以把波斯人放進城來然後再使對方遭到極爲悲慘的結局；因爲他們可以把臨河的城門全部關閉，自己登上沿河的兩邊城牆，這樣他們便可以居高臨下利用十分有利的地位把敵人一網打盡。可是實際上，波斯人竟完全出其不意地出現在他們的面前。巴比倫城的居民說，由於城區的面積廣大，城區靠外邊的居民被俘虜了，城區中部的居民根本還不曉得這件事情（由於那時他們正在舉行祝祭），而還在繼續盡情地跳舞、尋歡作樂；直到最後，他們才確切地知道了事情的眞相。巴比倫第一次被攻克的情況便是這樣了。

192 我可以舉出許多事實來證明巴比倫人的富強，在這許多證據當中，下面的一點是特別值得一提的。在大王所統治的全部領土，除了繳納固定的貢物之外，還被分劃成若干地區以便在每年的不同時期供應大王和他的軍隊以糧食。但是在一年的十二個月當中，巴比倫地方供應四個月，亞細亞的所有其他地方供應另外八個月。從這一點就可以看出，就富足的一點而論，亞述是相當全亞細亞的三分之一的。在所有波斯太守的政府，即波斯人自稱的薩特拉佩阿中間，這地方的政府比其他地方的政府要大得多。當阿爾塔巴佐斯的兒子特里坦塔伊克美斯奉國主之命統治這個地方時，他每天的收入有整整一阿爾塔貝的白銀（阿爾塔貝是一種波斯的容量單位，它比一阿提卡·美狄姆諾斯還要多三阿提卡·科伊尼庫斯）。在他私人的馬厩裏，除去軍馬之外，還有八百頭種馬和一萬六千頭牝馬，即每二十頭牝馬有一頭種馬。此外他還擁有這樣多的印度犬㊴，以致平原上的四個大村莊，由於供應這些印度犬的食物，而被豁免了一切貢稅。巴比倫的統治者就是這樣富有的。

193 然而，亞述的雨量很小；這些雨水只夠滋養穀物的根部。可是要穀物成熟和結穗卻要靠河水來灌溉了。和埃及不同，河水並不是自己氾濫到種植穀物的田地上去，而人們是要用手或是用高架吊水甕㊵把水澆到田地上去。巴比倫的全境，和埃及一樣，它到處是水渠縱橫交錯的。向著冬天日出的那個方向流去的那條最大的水渠是可以行船的，它把幼發拉底河的河水引到另一條稱為底格里斯的河裏面去，而尼諾斯這個城市就是臨著底格里斯河的。在我們所知道的一切國土當中，這個地方的土地比其他地方要肥沃得多，在它上面生長的戴美特爾女神的穀物也斷然是最好的。誠然，那地方看不出可以種植無花果、橄欖、葡萄或任何其他的樹木，但是穀物卻是生產得這樣的豐富，一般竟達種子的二百倍，而在收成最好的時候，可達三百倍。那裏小麥和大麥的葉子常常有四個手指那樣寬。至於小米和芝麻，雖然我自己知道的很清楚，我也不必說它們長得有多大多高了，因為我很清楚，我寫的關於巴比倫的穀物的豐足情況，對於沒有親身到過這裏的人來說，實在是很難相信的。他們使用的油只有芝麻油㊶而不用別的油。在那裏的全部平原

㊴這裏的印度犬所指的當然是獵犬。

㊵這種高架吊水甕在今天的尼羅河畔還可以看到。一個直立的桿子上有另一個可以旋轉的橫放的桿子，橫桿的一端繫著水桶。

㊶即我國北方所說的香油。

上，生長著大量的棗椰子樹，其中的大部分都長果子，而人們就可以用這些果子來製造麵包，製造酒、蜜。他們培育這種樹和培育無花果樹一樣，特別是在這方面，即當地的人們把希臘中所說的雄椰子的果實繫到棗椰子樹的樹枝上面，這樣沒食子蜂就會鑽到果實裏面去，使它們成熟並使它們的果實不會掉下來。原來雄椰子完全和未熟的野生無花果一樣，是有沒食子蜂宿在它們的果實裏面的。

194 現在我就要說一下除了城市本身之外，在那個地方最使我感到驚異的東西是什麼了。沿河下行通往巴比倫的船都是圓形的，而且都是用皮革作的。他們用在亞述上方阿爾美尼亞人居住的地方割取下來的柳枝製作船的肋骨，而在外面再蒙上一層皮革，這樣便造成了船體；這種船既不把船尾弄寬，也不把船頭弄窄，因而它是圓圓的和盾牌一樣。然後這船便全部塞滿乾草，再放上運送的貨物，這樣就叫它們順流而下了。運載的貨物主要是酒，酒是裝在用棕櫚木所造成的酒桶裏。這種船有兩個人站在上面操縱著，這兩個人各拿著一個槳，一個人向前，一個人向後划水。船的大小各不相等，有的非常大，有的小；最大的上面可以裝運五千塔蘭特重的貨物。每隻船上都有一個活驢，大一點的船上驢的數目還要多一些。當它們下行到達巴比倫的時候，船上的貨物便卸下來，然後人們把船給拆開，賣掉船的骨架和裏面裝的乾草，再把皮革打點在驢背上，返回阿爾美尼亞去。由於河中的水流甚速，想叫船溯流而上是絕對不可能的，因此他們就不用木材而用皮革來造船。等他們趕著他們驢子返回阿爾美尼亞之後，他們便用同樣的辦法爲下一次的航行而造其他的船。

195 他們的船就是這個樣子。巴比倫人穿的衣服是一種長到腳那裏的麻布內衣，在這件內衣外面罩著另一件羊毛的內衣，在這外面他們又罩上一件白色的外衣。他們腳上穿的鞋是他們國家所特有的一種樣子，和貝奧提亞人的鞋差不多。他們都留著長頭髮，頭上裏著頭巾，全身都塗香料。每個人都帶著一個印章和一個雕製的手杖，杖頭刻成一個蘋果、一朵玫瑰、一朵百合、一隻鷹或是諸如此類的東西。他們的習慣是每枝手杖上必須要有一種裝飾。這便是他們身上穿戴的東西了。下面我就要說一說他們的風俗習慣。

196 在這些風俗習慣當中，在我來判斷，下面的一種是最聰明的，聽說伊里利亞的埃涅托伊人（後世的威尼斯人——譯者）也有這樣的習慣。這就是：每年在每個村落裏都有一次，所有到達結婚年齡的女孩子都被集合到一處；男子則在她們的外面站成一個圓圈。然後一個拍賣人一個個地把這些女孩子叫出來，再把他們出賣。他是從最美麗的那個女孩子開始的。當他把這個女孩子賣了不小的一筆款子之後，他便出賣那第二美麗的女孩子。所有這些女孩子都出賣爲正式的妻子。巴比倫人當中有錢而想結婚的，便相互競爭以求得到最美麗的姑娘，但是一般的平民想求偶的，他們不大在乎美麗，便娶那些長得不漂亮可是帶著錢的姑娘。因爲習慣上是當拍賣人把所有最美麗的姑娘賣完之後，他便把那最醜的姑娘叫出來，或是把其中也許會有一個跛腿的姑娘叫出來，把她向男子們介紹，問他們之中誰肯爲了最小額的奩金而娶她。而那甘願取得最小額奩金的人便娶了這個姑娘，出售美麗的姑娘的錢用來償付醜姑娘的這筆奩金。這樣一來，美麗的姑娘便負擔了醜姑娘或是跛姑娘的奩金。誰也不允許把自己的女兒許給他所喜歡的男子，任何人如果他不眞正保證把他買到的姑娘當作自己的妻子，他是不能把她帶走的。然而，如果發現他們二人不同意的話，則規定要把付出的錢退回。如果願意的話，人們甚至可以從別的村落到這裏來買姑娘。這乃是他們的風俗中最好的，但現在這個風俗已經廢禁了（爲了使婦女不致受到虐待並使她們不致給帶到別的城市去）（括弧是施泰因加的，因爲他以爲裏面的話和下面的意思不大銜接——譯者）。最近他們又想出了一個新辦法來；由於巴比倫之被征服使他們受到主人的虐待而家庭也趨於沒落，所有貧窮的平民便叫他們的女兒經營醜業了。

197 除去我剛才所稱贊的那個風俗之外，下面一個在我看來要算是他們的風俗中最賢明的了。他們沒有醫生，然而當一個人生病的時候，這個病人便被帶到市場上去；這樣，曾經和病人得過同樣病的，或是看過別人得過同樣病的那些行人便來到病人面前，慰問他和告訴他治療的辦法，他們把或是曾經治好了自己的病或是他們知道治好別人的病的辦法推薦給他。誰也不許一言不發地從病人身旁走過，而不去問他所得的是怎樣的病。

198 他們是先把死者浸在蜂蜜裏然後再埋葬的。他們的葬儀和埃及人的葬儀相似。當一個巴比倫人和他的妻子交媾了以後，他們兩個人便焚香對坐，到天明的時候，他們便沐浴。在他們沐浴之前，他們是不用手接觸任何器皿的。阿拉伯人的作法也和這一樣。

199 ㊷巴比倫人有一個最醜惡可恥的習慣，這就是生在那裏的每一個婦女在她的一生之中必須有一次到阿普洛狄鐵的神殿的聖域內去坐在那裏，並在那裏和一個不相識的男子交媾。許多有錢的婦女，她們自視身分高貴而不屑於和其他婦女混在一起，便乘坐著雙馬拉的帶圍簾的馬車到神殿去，她們身後還要跟著一大羣僕從。但是大多數的婦女是坐在神殿的域內，頭上戴著紐帽；這裏總是有大羣來來往往的婦女。在婦女中間，四面八方都有用繩子攔出來的通路，而不相識的人們便沿著這些通路行走來作他們的選擇。一經選好了位子的婦女在一個不相識的人把一只銀幣拋向她的膝頭並和她在神殿外面交媾之前，她是不能離開自己的位子的。但是當他拋錢的時候，他要說這樣的話：「我以米利塔女神的名字來爲你祝福。」因爲亞述人是把阿普洛狄鐵叫作米利塔的。銀幣的大小多少並無關係。婦女對這件事是不能拒絕的，否則便違犯

㊷有三個十五世紀的抄本刪去了這一節。

了神的律條，因爲一旦用這樣的方式拋出去的錢幣便是神聖的了。當她和他交媾完畢，因而在女神面前完成了任務以後，她便回家去；從這個時候開始，不拘你再出多少錢，便再也不能得到她了。因此，那些碩長的美貌婦女很快便可以回去，但是那些醜陋的必須要等很長的一個時候才能夠履行神聖的規定。有些人不得不在神殿的聖域內等上三、四年。在賽浦路斯的某些地方也可以看到和這相似的風俗。

200 一般說來，巴比倫人的風俗就是這樣。此外，他們中間有三個部落的人除了魚類以外是不吃任何東西的。他們打得魚之後，把它們放在陽光之下曬乾；在這之後，他們又把乾魚放到石臼裏用杵搗碎，再用麻布篩過。於是按嗜好的不同，有的人用這種東西作成魚糕吃，有的人則把它們作成麵包那樣的東西。

201 當居魯士把巴比倫人這個民族也征服了之後，他就想把瑪撒該塔伊人也收歸自己的統治之下。而瑪撒該塔伊人據說是一個勇武善戰的強大民族，他們住在東邊日出的方面，住在阿拉克賽斯河對岸和伊賽多涅斯人相對的地方。有一些人說他們是斯奇提亞的一個民族。

202 這個阿拉克賽斯河，有人說它比伊斯特（即多瑙河——譯者）大，有人說它比伊斯特河小。在這個河上面有許多據說和列斯波司島同樣大的島。這些島上的居民在夏天是吃各種根類植物爲活，這都是他們從地裏掘出來的。但是在適當的季節他們把從樹上摘下的熟果子儲集起來以備冬天時食用。除去他們採集過冬果子的樹木之外，據說他們還有一種結極特殊的果實的樹木。當他們在一起集會的時候，他們便把這樣的一些果實拋到他們所圍坐的火堆上面去，而他們聞到在果實燒著時所發出的煙霧的香味，便立刻陶醉了，就和酒對希臘人所發生的作用一樣。他們把更多的果子拋到火上去，他們也就變得更加陶醉，以致他們到最後竟站起來開始舞蹈和歌唱。關於這個民族的生活情況我所聽到的便是這些。阿拉克賽斯河和被居魯士洩到三百六十條壕溝裏面去的金德斯河一樣，也是發源於瑪提耶涅人所居住的土地的。它有四十個河

口，在這四十個河口中間，除去一個河口之外，都流入沼澤地帶。據說居住在這些沼澤地上的人們是以生魚爲活的。他們通常穿的衣服據說是海豹皮製成的。這條河所剩下的另一個河口則是以清清楚楚通行無阻的一個河道流入裏海的。裏海是與其他的海不相通的、獨立的海。不拘是希臘人往來航行的海，還是在被稱爲阿特蘭提斯的、海拉克列斯之柱之外的海，還是紅海，歸根到底只是一個海。

203 但裏海卻是一個孤立的海。它的長度如乘橈船要航行十五日，在它最寬的地方則要走八日。在它的西岸是衆山中最高大、最廣闊的高加索山脈。山中居住的部落很多而且是各種各樣的，他們之中大部分都是完全靠著吃野生森林中的果子過活的。在這些森林中據說有一種樹，居民把它的樹葉搗碎和水之後，便把它用來當作顏料，而他們便用這種顏料把各種圖樣染到衣服上去。這樣染上去的圖樣是絕對洗不下來的。它彷彿是從一開頭便給織到毛布裏面去的，顏色的壽命和衣服的料子一樣長久。這些人據說和家畜一樣，是在光天化日之下進行性交的。

204 我說過，這個被稱爲卡斯披亞海（即裏海——譯者）的海，它的西方是高加索山脈。在它的東面日出的地方則是一片一望無際的平原。這一廣闊的平原的大部分屬於居魯士現在很想征討的瑪撒該塔伊人。許多有力的動機使他感到非這樣作不可，鼓勵他這樣作；首先是他的出生，他認爲這件事似乎可以證明他並非凡人，其次是他在先前歷次戰爭中的好運氣，在那些戰爭中，他總是發現，不拘是他出征哪個國家，那個國家的人民就一定逃不出他的掌握。

205 這時，瑪撒該塔伊人的統治者是一個在丈夫去世之後即位的女王托米麗司。居魯士派遣使節到她那裏去，指示他們假裝表示代他向她求婚，就是說想娶她爲妻。但托米麗司知道他所要的不是她本人，而是瑪撒該塔伊人的王國，於是便不許他們的任何人前來見她。居魯士看到他的詭計未能得逞，便把大軍開抵阿拉克賽斯河，公開地表示出進攻瑪撒該塔伊人的意圖。他著手在河上架橋，以便使他的軍隊開過去，並在渡河用的浮橋上修築舫樓。

206 但是正當居魯士這樣作的時候，托米麗司派了一名使者到他這裏來，說：「美地亞人的國王啊，不要忙著幹你打算幹的這件事吧，因爲你不能知道你幹的這件事會不會對你眞有好處。請滿足於和平地治理你自己的王國並容忍我們治理我們所統治的人們吧。可是我知道，你必不肯聽從這個忠告，因爲你是最不喜歡安靜無事地待著的。那麼，如果你非常想與瑪撒該塔伊人兵戎相見的話，你現在就不要再費事去架橋了。請容許我們從阿拉克賽斯河向後退三日的路程，然後你再率領軍隊渡河到我們國裏來；否則，如果你願意在你的河岸那邊與我們作戰的話，那你們也請退同樣日程的道路吧。」居魯士聽到這個建議之後，便把波斯人的領袖人物召集起來並把這件事通知他們，要他們告訴他，他應當採取怎樣的對策。所有的人都贊同要托米麗司渡河過來，在波斯的土地上對她作戰。

207 然而參加了這次會議的呂底亞人克洛伊索斯卻不同意這個意見。於是他便起來表示了與它相反的意見，他說：「哦，國王啊，我在以前便向你說過，既然宙斯大神把我交到你的手裏，那我將要盡我力之所及使你避免我所看到的逼臨在王家之上的任何凶險之事。我自己身受的非常痛苦的災禍已經使我得到了很大的教訓，如果你自以爲你並非凡人而你的軍隊又是天兵天將的話，那你毫無疑問可以不把我的忠告放到眼裏。如果你覺得你自己是一個凡人，而你所統治的也還是凡人的時候，那麼首先便要記住，人間的萬事萬物都是在車輪上面的，車輛的轉動是決不容許一個人永遠幸福的。現在，談到目前的這件事情，我的意見是和你的其他顧問的看法相反的。因爲倘若你同意你的敵人進入你的國土，那你要冒著多大的危險！如果你打了敗仗的話，那你的帝國也就完了。可以肯定，如果瑪撒該塔伊人戰勝的話，他們不會撤回本國，而是要向你的帝國的所有的地區進軍。如果是你得到勝利的話，那麼你的戰果就不會像你渡河作戰時的戰果那樣大，因爲到那邊之後，你是可以乘勝直追的。當然，如果在你自己的土地上他們把你打敗的話，他們會因你的損失而同樣取得巨大戰果的。如果在河的對岸你把托米麗司的軍隊打垮，那你立刻便可以衝擊她的帝國的要害了。而且，且不說我方才所講的那些，如果剛比西斯的兒子居魯士向一個婦人屈服並從她的領土之上退下來，那實在是一件不能容忍的可恥的事情。因此，按照我的意思，我們渡河並向前一直推進到他們所退的地方，然後設法用這樣的辦法來制服他們。我聽人家說，瑪撒該塔伊人對於波斯人生活上使用的好東西都沒有見過，他們也從來沒有嘗過人間的至美之味。因此，讓我們在自己的營地裏給他們準備盛宴，你可以慷慨地切大量的羊肉來烹飪，同時在許多酒杯裏斟上醇酒以及放上各種各樣的菜肴。然後，把我們最不行的那部分軍隊留下，而我們退回河岸。除非是我的判斷弄錯，他們看到擺出好的東西，他們是會忘掉一切而盡情在那裏飲宴的。那時我們便可以成就偉大功業了。」

208 居魯士看到他面前擺著的這兩個相反的計劃之後，便放棄了他先前的想法而願意採取克洛伊索斯向他建議的那個計劃，於是他便回答托米麗司，要她向後撤退而他本人渡河作戰。托米麗司按她先前所約定的向後撤退了。於是他便把想使之繼承他自己的王位的、他的兒子剛比西斯託付給克洛伊索斯，嚴厲地命令剛比西斯尊敬和厚待克洛伊索斯，如果他渡河攻打瑪撒該塔伊人失敗的話。在他發出了這樣的命令並把他們二人送回波斯之後，就率領大軍渡河了。

209 當他在渡河之後的第一夜，睡在瑪撒該塔伊人的土地之上的時候，他作了一個夢。在夢中他好像看見敍司塔司佩斯的長子在肩頭上生長了翅膀，一隻翅膀遮住了亞細亞，另一隻翅膀遮住了歐羅巴。然而屬於阿凱美涅斯家族的阿爾撒美斯的兒子敍司塔司佩斯，他的長子大流士那時也不過是二十歲上下的樣子；

由於還不到上陣的年齡，他給留在後方的波斯了。當居魯士從睡夢中醒來的時候，他把夢中的情況回想了一下，覺得這不是鬧著玩的事情。因此，他便派人把敍司塔司佩斯召了來，私下裏向他說：「敍司塔司佩斯，我發現你的兒子正在陰謀推翻我和奪取我的王位。我將要告訴你我是怎樣地確實知道了這件事情的。諸神都在警衛著我的安全，因此如有任何危險，他們都會預先告訴給我的。既然是如此，故而我昨夜在睡著的時候，夢見了你的長子在肩頭上長了翅膀，一隻翅膀遮住了亞細亞，另一隻翅膀遮住了歐羅巴。從這一點我可以確定，毫無疑問，他是正在對我發動陰謀了。因此你要盡快地回到波斯去，並且一定要在我征服了瑪撒該塔伊人之後回來的時候，設法把你的兒子帶到我的面前來，我好訊問他這件事情。」

210 居魯士這樣講，是因爲他相信大流士正在陰謀反對他。但是他把神警告他的這個夢的眞正含意理解錯了，神的意思是告訴他說，他本人將要死在他所在的那個地方，而王國最後將要由大流士來繼承。敍司塔司佩斯是這樣回答居魯士的：「王啊，上天是不准任何活著的波斯人對你有什麼陰謀的。如果有這樣的一個人的話，那麼就讓他盡快地死掉吧。因爲是你使被人奴役的波斯人變成了自由的人，是你使臣服於別人的波斯人變成了統治一切人的人。如果有一個夢告訴你說我的兒子正在陰謀反對你的話，那我就把他交給你任憑你來處理好了。」敍司塔司佩斯這樣回答了居魯士之後，便再一次渡過阿拉克賽斯河，趕忙回到波斯，爲居魯士把他的兒子大流士給監視起來了。

211 這時，居魯士從阿拉克賽斯河的河岸已經走了一日的路程，他按照克洛伊索斯的意見作了。他把他的軍隊中最無用的那一部分留在營地之上，而帶著自己的精銳部隊返回阿拉克賽斯河。但不久之後，瑪撒該塔伊人的一支相當於他們全部人數的三分之一的部隊，前來進攻給居魯士留下的那部分軍隊，並在後者抵抗的時候把他們全都殺死了。而當這些人在殲滅了敵人之後看到了準備好的盛宴時，便坐下開始飲宴起

來。當他們吃飽喝足了的時候，他們就睡著了。於是居魯士所率領的波斯人便來到這裏，殺死了他們許多人並俘虜了更多的人，其中就有統帥瑪撒該塔伊人的斯帕爾伽披賽斯，他是女王托米麗司的兒子。

212當托米麗司聽到她的兒子和她的軍隊的遭遇時，她便派了一名使者到居魯士那裏去，對他說：「嗜血無厭的居魯士啊，不要因爲你作了這樣一件事而得意起來吧：葡萄作的酒這種東西你們喝了就會失去理智，這種酒到了你們的肚子裏面去，又會使惡言惡語湧出你們的口；而你們正是用這種毒物陷害他，而不是在公開的正正堂堂的戰爭中打敗他；這樣看來，這對你並不是什麼光彩的事情。所以現在聽我的忠告並相信這對你乃是良言，把我的兒子送還給我並且可以不受懲罰地離開這塊國土。你已經蹂躪了瑪撒該塔伊人的軍隊的三分之一，這也就差不多了。如果你不這樣作的話，那我憑著瑪撒該塔伊人的主人太陽起誓，不管你多麼嗜血如渴，我也會叫你把血喝飽了的。」

213居魯士根本就沒有把她的這話放到心上；不過托米麗司女王的兒子斯帕爾伽披賽斯在醉後醒來時，知道自己身處於悲慘之境，便請求居魯士給他解開綁繩。繩子是解開了，但是在斯帕爾伽披賽斯的雙手剛剛得到自由的時候，他便自戕而死了。

214他便這樣地結束了自己的生命。托米麗司知道了她的意見未被接受，便把國內的全部軍隊糾合起來和居魯士交鋒。這一場戰爭，根據我的判斷，在夷人（即非希臘人——譯者）所曾進行的一切戰爭當中，確實可以說是最激烈的一次了。而且，實際上我也聽到了戰爭當時的情況。原來，據說在一開頭的時候，他們雙方在對峙的情況之下相互射箭，很快地在他們的箭全都射完的時候，他們便相互猛衝上來用槍、劍之類的武器進行了殊死的廝殺。據說，他們便這樣地廝殺了很長的一個時候，哪一方面都不想退卻。結果是瑪撒該塔伊人取得了勝利。波斯的軍隊大部分都死在那裏，而居魯士本人也在統治了二十九年之後在這一場戰爭中戰死了。托米麗司用革囊盛滿了人血，然後便在波斯陣亡者的屍體中間尋找居魯士的屍體。她找到了他的屍體，就把他的首級割下來放到她那只盛血的革囊裏去，而且在蹂躪居魯士的屍體時，她說：「我現在還活著，而且在戰鬥中打敗了你，可是由於你用奸計把我的兒子俘虜了去，則戰敗的勿寧說是我了。然而我仍然想實現我威嚇過你的話，把你的頭用血泡起來，讓你飲個痛快吧。」關於居魯士的死的傳說的確是有很多的，但我只敍述了上面的一種，因爲我認爲這個說法是最可信的。

215 瑪撒該塔伊人穿著和斯奇提亞人相同的衣服，又有著同樣的生活方式；他們擁有騎兵和步兵（二者是分開的），此外還有弓兵和槍兵，更有使用戰斧的習慣。他們在一切的物品上都使用黃金和青銅，所有他們的槍頭、箭頭或戰斧一類的東西全都用青銅製造，所有裝飾在頭部、腰帶、胸甲上面的東西則都是黃金製造的。同樣，他們給馬的胸部戴上青銅的胸甲；馬勒、馬銜和頸甲的則是使用黃金的。他們那裏有大量的黃金和青銅，但鐵和銀都沒有，因此他們從來不使用鐵和銀。

216 至於他們的風俗習慣，則他們是每人娶一個妻子，不過他們的妻子卻是隨便和別人交媾的。原來希臘人認爲是斯奇提亞人作的事情，實際上不是斯奇提亞人，而是瑪撒該塔伊人作的；瑪撒該塔伊男子感到有性交需要時在婦女乘坐的車前掛上一個箭袋，他就可以不怕任何人在中間干涉而任所欲爲了。對於年齡，他們當然是不會有什麼限制的；但是，如果有年紀非常大的人的話，則他的族人便全部集合到他這裏來把他殺死，並且燉他的肉用來大張飲宴。在這之外，家畜當時也是要和他一同被屠殺的。他們認爲這乃是死者的最高的幸福；如果一個人病死，因此沒有被人吃掉並給埋到土裏，也就是沒有一直活到被殺的時候，他們認爲這是不幸的事情。他們不播種任何種子，而以家畜與魚類爲活，因爲在阿拉克賽斯河裏，魚是非常多的。他們飲用牛乳。他們在諸神中間只崇拜太陽，他們獻給太陽的犧牲是馬。他們把馬作犧牲來

奉獻的理由是：只有人間最快的馬才能配得上諸神中間最快的太陽。

第二卷

1 居魯士死後，帕爾那斯佩斯的女兒卡桑達涅和居魯士之間所生的兒子剛比西斯便繼承了王位。卡桑達涅是在他的丈夫居魯士之先死去的，居魯士曾因她的死深為哀悼，並通告在他所統治下的一切人都為她服喪。這個婦女和居魯士所生的孩子剛比西斯把伊奧尼亞人和愛奧里斯人看成是從父親手裏繼承過來的奴隸；他率領著其他在他統治之下的人們，並在他所君臨的希臘人的伴隨之下，遠征埃及去了①。

2 直到普撒美提科斯成為埃及人的國王②的時候，埃及人相信他們是全人類當中最古老的民族；從普撒美提科斯一登上王位，而想知道一下哪裏的人最古老的那個時候起，他們便認為他們自己比所有其他民族要古老。但是只有普里吉亞人卻比他們還要古老，普撒美提科斯雖然探求哪裏的人是最古老的，可是找不到任何頭緒，於是他便想了這樣的一個辦法。他把普通人的兩個新生的嬰兒在一生下時交給一個牧羊人，叫他把他們放在羊羣當中哺育，哺育的辦法是命令不許任何人在他們面前講任何一句話，而且只許他們睡在沒有人去的屋子裏面，只有在適當的時候才把山羊領到他們那裏去叫他們把奶吃飽，並在其他的方面也都對他們加以照顧。普撒美提科斯這樣作和這樣命令的目的，是要知道在嬰兒的不清楚的呀呀學語的時期過去以後，他們第一次說出來的話是什麼。事情按照他所預料的發生了。牧羊人兩年中間都按照他所吩咐的去作了，在這以後，一天當他打開他們屋裏的門進去時，兩個孩子都伸出雙手向著他跑來，嘴裏發著倍科斯（βεκός）的音。當他們剛剛這樣說的時候，牧羊人還沒有注意，但是後來在他每次來照顧他們的時候，他聽到他們嘴裏總是說這個詞；最後他便把這事報告了國王並由於國王的命令，把兩個孩子帶到了國王的面前。普撒美提科斯於是便親自聽到了他們說的這個詞，並著手研究什麼民族把什麼東西稱爲倍科斯。結果他發現倍科斯在普里吉亞人那裏是麵包的意思的。從這一事實加以推論，埃及人便放棄了先前的說法，並承認普里吉亞人是比他們更加古老的民族了。這樣的事情是我從孟斐斯地方海帕伊司托斯③的祭司們那裏聽來的；希臘人中間還傳說著許多荒唐無稽的故事，例如，有一個故事就說，普撒美提科斯是叫舌頭預先被割掉的婦女來哺育這些嬰兒的。

3 祭司們的關於哺育嬰兒的說法就是我上面所介紹的了；除去上面所提到的之外，我在孟斐斯和海帕伊司托斯的這些祭司談話時，還聽到各式各樣的許多事情。我甚至爲了這個目的到底比斯和黑里歐波里斯去，專門要去對證一下那裏的人們所講的話是不是和孟斐斯的祭司們所講的話相符合。黑里歐波里斯地方的人們素稱對於埃及人的歷史掌故是最熟悉的。除去他們的神的名稱之外，我不打算重複他們告訴我的，關於他們的諸神的事情；因爲我知道，關係神的事情，任何地方的人都是知道得很少的。除非在我後面的敍述中不得不這樣作，關於這些事情我是不想再說任何其他的東西了。

4 但是，關於人間的事情，他們下面所敍述的事情是完全一致的；他們說，埃及人在全人類當中第一個想出了用太陽年來計時的辦法，並且把一年的形成時期分成十二部分。根據他們的說法，他們是從星辰

①剛比西斯遠征埃及的日期大概是在五二五年。
②六六四年左右。
③希臘人所說的海帕伊司托斯等於埃及的世界創造之神普塔。

而得到了這種知識的。在我看來，他們計年的辦法要比希臘人的辦法高明，因爲希臘人每隔一年就要插進去一個閏月才能使季節吻合，但是埃及人把一年分成各有三十天的十二個月，每年之外再加上五天，這樣一來，季節的循環就與曆法相吻合了。他們又說，埃及人最初使用了十二位神的名字，這些名字後來曾被希臘人借用了去。他們又最先給某些神設壇、造像、修殿並且第一個把各種各樣的圖像刻到石頭上去。在大多數的情形之下，他們都是用事實證明給我，他們所講的話是眞實的。而他們還告訴我說，埃及人的第一位國王的名字是米恩。在他的統治時代，除了底比斯省④之外，全埃及是一片沼澤，在今天莫伊利斯湖⑤以下的地方全部都是浸在水裏的，而從莫伊利斯湖到海岸，則是七天行程的道路。

5 他們所談的關於他們的國家的事情，在我看來完全是入情入理的。因爲任何親眼看見埃及的人，縱使他在以前從來沒有聽人提到過埃及，如果他具有一般的理解力，他也一定立刻會知道，希臘人乘船前來的埃及，是埃及人由於河流的贈賜而獲得的土地。不單是國家的下部，就是溯上述的湖而上三日行程間的地帶也同樣是如此，雖然他們並沒有附帶提到這一點，但這一部分和前一部分的情況是完全一樣的。談到埃及土地的性質，則第一：在你從海上向陸地方面走，而離陸地還有一日的航程的時候，那時你如放下測錘，你就會把泥帶上來並知道那裏的海深是十一歐爾巨阿。這就是說，從陸地上沖刷下來的泥土一直沉積到這樣遠的地方來。

6 此外，埃及本土的海岸線的長度是六十司科伊諾斯；根據則是我們爲埃及所定義的疆界，即從普林

---

④上埃及的南部。

⑤在尼羅河以西現在的法雍地方。

提涅灣到沿著卡西歐斯山而伸展開來的謝爾包尼斯湖。領土狹小的國家的人們用歐爾巨阿來測量土地；領土較大的國家的人們則用斯塔迪昂來測量土地；有大量土地的國家的人們用帕拉桑該斯來測量土地。而擁有極多土地的人們，則是用司科伊諾斯來測量土地了。一帕拉桑該斯等於三十斯塔迪昂，而埃及人的尺度司科伊諾斯是等於六十斯塔迪昂。這樣看來，埃及的海岸線，便長達三千六百斯塔迪昂了。

7從海岸線向內陸直到黑里歐波里斯的地方，埃及是一片廣闊的土地，這是一片平坦的、多水的沼澤地帶。從海岸到黑里歐波里斯的路程相當於從雅典的十二神的祭壇到披薩的奧林匹亞・宙斯神殿的路程。如果計算一下的話，那就可以看到路程之間相差得不多，二者相差不超過十五斯塔迪昂；因為從雅典到披薩，是差十五斯塔迪昂不到一千五百斯塔迪昂，而從海到黑里歐波里斯卻正是一千五百斯塔迪昂。

*8*從黑里歐波里斯再向裏面走，埃及就成了一條狹窄的土地。因為它的一面是阿拉伯山脈，這山脈從北向南以及西南，一直伸展到所謂紅海的地方。孟斐斯那裏金字塔所用的石塊，便是從這個山脈中的採石場開採出來的。山脈在這方面轉折，而終止在我所說的那些地方。從東到西最寬的地方，我聽說是要走兩個月，而它們的最東部的邊界是出產乳香的。山脈的情況就是這樣。在利比亞的這一面，埃及有另一支岩石重疊的山脈屏障著，金字塔就在這中間。這支山脈上面全是砂礫，它的方向和阿拉伯山脈一樣，也是向南走的。從黑里歐波里斯再向外去，埃及便沒有多麼大的地方了；溯河而上的那條狹窄的土地不過是〔十〕四（修德本原文「十」字有括弧，這是迪池加上去的，但並無版本上的依據——譯者）天的路程。在上面所說的山脈之間，土地是平坦的，而在平原最狹窄的地方，在我看來，在阿拉伯山脈和人們所說的利比亞山脈之間是還不到二百斯塔迪昂寬的。過了這個地方，埃及又變成了一片廣闊的土地。當地的形勢便是這樣了。

9 從黑里歐波里斯到底比斯，從河道走是九天的路程，距離是四千八百六十斯塔迪昂或八十一司科伊諾斯。下面是用斯塔迪昂換算的，埃及全部距離的總和：海岸線的部分我已經說過，是三千六百斯塔迪昂長；現在我再說一下從海岸地帶到內地的底比斯的距離，這是六千一百二十斯塔迪昂。在底比斯和稱爲埃烈旁提涅的城市之間的距離則是一千八百斯塔迪昂。

10 這樣看來，我所談到的這個國家的大部分土地都是埃及人所獲得的土地；埃及的祭司們這樣告訴我，我自己也這樣想。在孟斐斯以上兩條山脈夾峙間的全部土地，在我看來一度曾經是個海灣，正和伊里翁和鐵烏特拉尼亞和以弗所一帶的土地和邁安德羅司平原一樣，只不過是比較起來規模有大有小罷了。因爲談到用本身的河水沖積成這些土地的諸河流，在規模上沒有一條河是可以和尼羅河的五個河口當中的任何一個河口相比的。此外還有一些河流，它們不像尼羅河那樣大，卻也造成了很大的後果；我可以舉出它們的名字來，但是其中主要的是阿凱洛司河，這條河流經阿卡爾那尼亞而後入海，它已經使埃奇那戴斯羣島的一半變成大陸了。

11 現在，在阿拉伯離埃及不遠的地方，有一個從所謂紅海伸出來的海灣，現在我就說一說這個海灣的長度和寬度：在長度方面，用划槳的船從它的最內部的一頭到大海要走四十天；在寬度方面，最寬的地方要走半天。每天在那裏都有潮汐起落。我以爲現在埃及的地方過去曾是另一個這樣的海灣；一個從北方的海伸到埃西歐匹亞；另一個我就要提到的阿拉伯灣則從南伸向敍利亞。這兩個海灣的盡頭都深入相互靠近的地方，它們之間只隔著很小的一塊土地。而如果尼羅河想流入阿拉伯灣的話，有什麼能使它在兩萬年中間不被這條河用沖積土給封閉起來呢。照我來看，一萬年的時間也就夠了。因此可以相信，我出生前，一個比這海灣大得多的海灣是可以被這樣一條急流的大河變成陸地的。

12 因此，關於埃及，我首肯這樣說的人們的話，而且我自己也完全信服他們所說的話。因爲我看到，尼羅河是在離相鄰地區相當遠的地方流到海裏去的，在山上可以看到貝殼，地面上到處都蒙著一層鹽，以致附近的金字塔都要受到損害，而埃及的唯一的砂山就是孟斐斯上方的那座山；此外，埃及既不像與之相鄰的阿拉伯的土地，又不像利比亞，也不像敍利亞（因爲在阿拉伯的海岸地帶住著的是敍利亞人），它是一片黑色碎土的土地，彷彿是從埃西歐匹亞那裏的河流帶下來的泥和沖積土。但是我們知道利比亞的土壤較紅並且有一些砂子，而阿拉伯和敍利亞則勿寧說是黏土和岩石的土地了。

13 我從祭司們聽到的又一件事實，對我來說，是關於這個國家的一個有力的證據。根據他們的說法，當莫伊利斯作國王的時候，河水只要上升八佩巨斯，就會把孟斐斯以下的全部埃及土地氾濫了⑥。但當我從祭司們那裏聽到這件事的時候，莫伊利斯死了還不到九百年。不過現在，除非河水上升至少到十五、六佩巨斯，它是不會使國土氾濫的。因此，在我看來，如果土地按著這樣的比例不斷增高而面積也同樣地不斷擴大，則居住在莫伊利斯湖下方其他地區的埃及人以及所謂三角洲上面的居民終有一天會因尼羅河中止氾濫而永久地受到他們常說希臘人在什麼時候要經歷到的苦難。在聽到希臘人的全部土地都是用天上的雨水來灌溉，而不是像他們的土地那樣，是因河水的氾濫而得到灌溉時，於是他們就說，總有一天希臘人會對自己的巨大期待感到失望，而那時他們（指希臘人——譯者）便要陷入悲慘的飢饉之境了。這話的意思等於說，如果有一天神不願意再降雨給希臘人，而使他們遭受長期旱魃的話，希臘人就會給飢饉消滅掉，

---

⑥如果這個說法不錯的話，莫伊利斯做國王的時期一定遠不止在希羅多德之前九百年。要使尼羅河的河床上升八佩巨斯，九百年太短了。

因爲他們除去指望從宙斯那裏取得雨水之外，他們是沒有任何其他的水源的。

14 埃及人在這樣談到希臘人的時候，他們的話是非常眞切的。現在讓我再說一下埃及人本身的情況如何。正像我剛才所說的，如果孟斐斯下方的土地（這是一塊不斷在擴大的土地）繼續以和過去一樣的速度增高，則既然那個地方沒有雨而河水又不能氾濫到他們的田地上去的時候，那個地方的居民怎麼能夠不遭受飢饉呢？現在必須承認，他們比世界上其他任何民族，包括其他埃及人在內，都易於不費什麼勞力而取得大地的果實，因爲他們要取得收獲，並不需要用犂犂地，不需要用鋤掘地，也不需要作其他人所必需作的工作。那裏的農夫只需等河水自行氾濫出來，流到田地上去灌溉，灌溉後再退回河床，然後每個人把種子撒在自己的土地上，叫豬上去踏進這些種子，此後便只是等待收獲了。他們是用豬來打穀的，然後把糧食收入穀倉。

15 可是，如果我們採用伊奧尼亞人的關於埃及的看法的話，則就只有三角洲那塊地方才是埃及了。他們說，三角洲從所謂培爾賽歐斯監視塔沿海岸到佩魯希昂的醃魚場有四十司科伊諾斯，而從沿海向內地則是直到凱爾卡索洛斯市⑦的地方；尼羅河便在那裏分成兩股，分別在佩魯希昂和卡諾包斯二地入海。他們說，其他被稱爲埃及的地方，或屬於阿拉伯，或屬於利比亞。如果我們同意這個說法，那我們就等於說在過去埃及人沒有自己的領土了。但我們知道，三角洲，正如埃及人自己所說而我個人也深信不疑的，卻是由河流沖積而成的，而可以說是在不久之前才出現的。倘如他們以前根本沒有領土的話，他們怎麼能無聊到竟自標榜爲世界上最古的民族呢？而他們也確實沒有必要用嬰兒作試驗來看一下嬰兒最初說的是哪一種

⑦在三角洲的南端離開羅不遠的地方。尼羅河的兩股主要河道便在這裏分開。

語言了。實際上，我倒並不相信埃及人是和伊奧尼亞人的所謂三角洲同時產生的。我想他們是從有人類以來便一直存在著；既然土地不斷增加，他們中間的許多人便下降到新的低地上來，也還有許多人留在他們的舊日的土地上。在古昔的時代，底比斯是稱爲埃及的，這是一塊周邊長達六千一百二十斯塔迪昂的地方。

16 這樣看來，如果我們對於這些事情的判斷是正確的話，則伊奧尼亞人關於埃及的說法就是錯誤的了。如果，恰恰相反，他們的說法是正確的，那麼我就得指出，不管是伊奧尼亞人，還是其他希臘人是都不懂得如何計算的，因爲他們都說全世界分爲三部分：歐羅巴、亞細亞和利比亞；但他們卻必須加上第四部分，即埃及的三角洲，因爲他們既沒有把它歸入亞細亞，也沒有把它歸入利比亞。因爲按照他們的說法，尼羅河是並不曾把亞細亞和利比亞分開的。既然尼羅河在三角洲的頂點的地方分成數支，則這個三角洲便必然是亞細亞和利比亞之間的一塊地方了。

17 現在我們且把伊奧尼亞人的意見放到一邊，來談一談我們自己的意見吧。我們的看法是這樣：我們認爲埃及是埃及人所居住的全部國土，正彷彿奇利啓亞是奇利啓亞人的居住的地方，亞述是亞述人居住的地方一樣。而老實說，除去埃及的境界之外，我們也不知道有什麼利比亞和亞述的邊界。如果我們承認希臘人一般所承認的邊界，那我們就必須認爲全部埃及從埃烈旁提涅和瀑布起分成兩部分，每部分又各屬於世界的不同部分，一部分是屬於亞細亞，另一部分是屬於利比亞。尼羅河從瀑布到海把埃及從當中分爲兩部分，它直到凱爾卡索洛斯城都是一道河流，但是從那裏起它分成了三支，向東的一支稱爲佩魯希昂河口，向西的一支則稱爲卡諾包斯河口。同時尼羅河中間從上方一直流下來的那一支，到達尼羅河的頂點，繼續前行，把三角洲從中間分開後而流注入海，這個河口和其他河口同樣有名，又流著同樣多的尼羅河河水，它的名字叫作賽本努鐵斯河口。除去這些河口之外，還有從賽本努鐵斯分出去的另外兩個河口，它們一個叫作撒伊司河口，另一個叫作孟迭司河口。博爾比提涅河口和牧人河口（此系意譯——譯者）則不是天然的河口，而是人工挖掘的河渠。

*18*在前面我已經提出了我對於埃及的領土面積的看法，我的這個看法由於阿蒙神殿的一次神託而得到了證明；而我是在形成了我的關於埃及的看法以後，才聽到了神的這一宣託的。事情是這樣：住在埃及的鄰接利比亞的那一部分領土上的兩個城市瑪列阿和阿庇斯的市民，認爲自己是利比亞人而不是埃及人，並且不喜歡當地禁止他們吃牛肉的那種有關犧牲的宗教慣例，於是他們便派人到阿蒙那裏去，說他們與埃及人沒有共同的地方：他們說，他們不住在三角洲，又不講埃及語，因而他們要求允許他們吃隨便什麼東西。但是神拒絕了他們的請求，神回答他們說，全部埃及是尼羅河氾濫和灌溉的一塊土地，而全部埃及人就是住在埃烈旁提涅的下方並且飲用尼羅河的河水的那個民族。神給他們的宣託便是這樣。

*19*尼羅河在氾濫的時候，它不僅氾濫到三角洲上去，而且也氾濫到被認爲是屬於利比亞和阿拉伯的那些地方上去；它氾濫到離兩岸有兩天的路程的地方，有時遠些，有時則近些。關於這個河的性質，不管是從祭司們那裏，還是從別的人那裏，我都聽不到任何東西。我特別想從他們那裏知道，爲什麼尼羅河從夏至起便開始上漲並一直上漲一百天，爲什麼在這段時期過去以後，它的水位立刻就退落並減弱水流，這樣在整個冬天一直保持著低的水位直到第二年夏至再來的時候。我曾向埃及人打聽，尼羅河有怎樣的性能而使自己具有和所有其他的河流相反的性質，但關於這件事，我從居民那裏得不到任何說明。我想知道，並且打聽人們對上面提到的那些事情怎樣說法，我還問過他們，爲什麼尼羅河又與所有其他的河流不同，從它的上面沒有微風吹出來。

20然而，有一些希臘人，為了取得富有智慧的命名，便試圖對尼羅河的這些現象加以解釋；他們對這些現象提出了三種不同的說法。其中有兩種說法我認為是不值一談的，只提一下它們是什麼便夠了。再有一種說法是認為季節風⑧阻止尼羅河河水入海，故而使河水高漲起來。但是，常常有這樣的情形，那就是在不刮季節風的時候，尼羅河照舊是發生同樣作用的；此外，如果季節風有這種效果的話，那麼逆著這種風而流的其他河流也勢必呈現和尼羅河相同的現象了，而且它們應當上漲得更要厲害，因為其他那些河流都比較小，水流也比較弱。可是，在敘利亞和利比亞都有很多這樣的河流，但它們在這方面卻是和尼羅河完全不同的。

21第二個說法比起剛才提到的那第一個說法來還要沒有根據，儘管可以說它是更加聳人聽聞的。根據這個說法，則尼羅河所以有這樣奇異的現象發生，因為它的河水是從歐凱阿諾斯流出來的，而歐凱阿諾斯又是周流於全世界的。

22第三個說法比另外兩個說法要動聽得多，然而也就更加荒唐無稽了。這個說法實際上絲毫不比另外的兩個說法有更多的眞理。依照這個說法，尼羅河的河水是由於雪的溶化而產生的。但是，旣然尼羅河發源於利比亞，經過埃西歐匹亞的中央而流入埃及，則從世界上最熱的地區流到大部分是較冷的地區的河流，怎麼可能是溶解的雪所形成的呢？任何對這樣的事情能加以推理的人都可以提出最有力的論據來證明河水是不可能由積雪形成的；那就是從利比亞和埃西歐匹亞吹出來的都是熱風。第二個論據是：那裏從來沒有過下雨和結霜的事情，而如果下雪的話，那在五日之內是一定要有雨的。第三個論據：當地的居民是

⑧夏季從地中海方面定期吹過來的西北風。

由於太陽的熱力而變黑的；此外，鳶和燕成年地留在那裏不到別處去，而鶴每年卻在斯奇提亞那邊，嚴冬的時候飛到這邊來避寒。因此，如果在尼羅河發源的那個地方，以及在尼羅河流過的那個地方居然還會下很少一點的雪的話，那麼任何這類情況的發生都是絕對不可能的。

23 至於把這些現象歸之於歐凱阿諾斯的人，他的理由是以虛無縹緲的神話爲依據的，因此完全沒有反駁的必要。就我這方面來說，我從來不知道有一條叫作歐凱阿諾斯的河流。我想是荷馬或者是更古老的一位詩人發明了這個名字，而把它用到自己的詩作裏面來的。

24 既然我都不同意上面所提出的意見，對於這些不明確的事情，現在我必須提出我個人的意見來了。因此，我便來著手解釋一下看，爲什麼尼羅河的河水會在夏天的時候上漲。在冬季的時候，太陽被暴風吹出它原來的軌道而移轉到利比亞的上方。如果要用最少的話來作出結論的話，問題的關鍵就在這裏了。因爲最容易明白的道理是這樣：凡是離日神最近的地方，或日神直接通過的地方，那裏便最缺水，而那裏的河水也便最少。

25 但如果解釋得比較詳細的話，實際的情況就是這樣。太陽在經過利比亞上部的時候，對它們發生了這樣的影響。那些地方的大氣一年到頭都是清朗的，土地是溫暖的而且沒有凜冽的寒風，因此太陽經過那裏的時候，對它們發生的作用就和在夏天它經過中天時對其他任何地方通常發生的作用完全相同。這就是說，它把水吸了過來。在把水吸過來以後，它再把水驅到內部地區，而風便把這些水接過來，再把這些水分散、溶解；這樣當然可以想像到，從這個地區吹出去的風，即南風和西南風，都是帶著最多的雨的風。而我的看法是，太陽每年從尼羅河吸上來的水，它並不完全放出來，而是在它的身旁保留一些。當冬天變得暖和一些的時候，太陽便重新回到它在中天的舊軌道上面去並開始同等地從所有的河流吸收水氣。到那時為止，其他的那些河流由於大量流入的雨水而充滿了洶湧的激流，因為當地落雨而土地又被沖出了溝壑。但是到了夏天，由於缺雨，而太陽又吸收了它們的水分，這些河流的水位便下降了。但尼羅河卻恰恰相反，它並不曾得到雨水的供應，又是太陽在冬天才吸水的唯一的河流，因此它當然和其他的河流不同，它在冬天的水位比夏天要低得多；這是當然的事情。因為在夏天，它和所有其他的河流一樣，河水同樣為太陽所吸收，但是在冬天，只有它的水才被太陽所吸收。從而我以為上面的現象的唯一原因就是太陽。

26因此，在我看來，也正是這個太陽，把它所經過的空間照得灼熱，因此使埃及的空氣變得如此乾燥。同時利比亞的內地也就變得常年如夏了。如果把季節的位置改變一下，朔風和冬天所占的地位，為南風和夏天的地位所占據，而另一方面，南風的地位又為北風所占，結果就是：給冬天和北方從中天趕了出來的太陽就要到歐羅巴的內地去，就和今天到利比亞的內地去一樣。這樣，我相信它通過歐羅巴時對伊斯特河的作用，就和今天對尼羅河的作用完全一樣了。

27至於為什麼從尼羅河上沒有微風吹出來這件事，我的意見是，從酷熱的地方是不可能有風吹過來的，因為微風總是喜歡從十分寒冷的地方吹出來的。

28這樣的事情就是這樣的了，就和從一開頭便是這樣一樣。至於尼羅河的水源的情況，和我談過話的埃及人、利比亞人或希臘人都沒有向我說過他們知道什麼東西。例外的只有一個人，他就是埃及撒伊司城雅典娜聖庫的主簿。當他說，他對於尼羅河的水源知道得十分清楚的時候，我覺得他是在跟我開玩笑。他的說法是這樣：在底比斯的一個城市敍埃涅和埃烈旁提涅之間，有兩座尖頂的山。一座山叫作克羅披山，另一座山叫作摩披山。尼羅河的水源便在這兩山中間，這是一個深不知底的水源。它一半的水向北流入埃及，一半的水向南流入埃西歐匹亞。他說，這個水源據說是深得沒有底的，因為埃及的一位國王普撒美提科斯曾經測驗過它的深度，從而證實了這個事實。他製造了一根有好幾千尋長的繩子，把它沉到水源裏面去，然而卻摸不到底。因此這個主簿便使我認識到，如果他所講的話還有可信之處的話，在水源的這個地方有一些強力的渦漩和一股逆流，故而在水流衝擊兩山的情況之下，這個測錘是不能到達水源之底的。

29 此外，從任何其他人那裏我便沒有聽到任何東西了。由於我親身上行直到埃烈旁提涅去視察並且對於從那裏再向上的地區根據傳聞來加以探討；結果我所能知道的全部情況便是這樣：當一個人再從埃烈旁提涅上行的時候，土地就升高了。因此人們就需要在河的這一部分，就好像人拉著牛的那個樣子給船的每邊繫上一根繩子，這樣溯河行進。如果繩子斷了，船就會給水流的力量帶回到河的下游去。航程在這樣的河道上要繼續四天，這裏的尼羅河是與邁安德羅司河一樣地曲折，這樣必須走過的距離要有十二司科伊諾斯。在這之後你便走到一個平坦的原野上面了，尼羅河在這裏分成兩支，因爲在河流中間夾著一個叫作塔孔普索的島。埃烈旁提涅以上的地方就開始住著埃西歐匹亞人，他們占有這個島的一半，而埃及人占另一半。在島的附近又有一個大湖，而埃西歐西亞的游牧民就住在這個大湖的周邊。過去這個大湖，你便又來到了流入這個大湖的尼羅河。在這裏，你得登陸並沿著河岸步行四十日，因爲尼羅河的河水中有突出水面的尖峰，而在那裏的水面下又有許多暗礁，因此人們便不可能再乘船上行了。當你在四十天中間這樣經過了河流的這一部分的時候，你便可以再乘船循著水路走十二天，到了這段時期的末尾的時候，你便來到了一個稱爲美洛埃的大城市。這個城市據說是其他埃西歐匹亞人的首府。當地的居民所崇拜的只有宙斯和狄奧尼索斯⑨兩個神。他們對這些神是非常尊敬的。城中有宙斯神的一個神託所，這個神託所指揮著埃西歐

⑨指埃及的阿蒙和奧西里斯。

匹亞人的戰事：神託命令他們什麼時候作戰，向著什麼地方出征，他們便立刻拿起武器來照辦。

30 離開這座城市再溯河上行，經過你從埃烈旁提涅到埃西歐匹亞人的這個首都所需的同樣的時間，你便來到了稱爲「逃走者」的地方。這些逃走者被稱爲阿斯瑪克（Ἀσμάχ），這個詞如果譯成我們的語言（指希臘語——譯者）的話，它的意義就是「侍立在國王左面的人」。這些逃走者是屬於武士階級的埃及人，人數有二十四萬，他們是在國王普撒美提科斯的統治時代背叛了他而到埃西歐匹亞人這裏來的。他們逃走的原因是這樣的。普撒美提科斯當政時，在埃及有三支衛戍部隊；一支駐在埃烈旁提涅城用來對付埃西歐匹亞人，一支駐在佩魯希昂的達普納伊用來對付阿拉伯人和敍利亞人，還有一支駐在瑪列阿用來對付利比亞人。而直到我的時候，波斯人和在普撒美提科斯的時代一樣，仍然守衛這些地點；他們在埃烈旁提涅和達普納伊都設有衛戍部隊。但是有一次埃及的衛戍部隊在三年中間並沒有被替換。於是士兵到三年末的時候，便共同進行了商議；在他們一致同意舉行嘩變之後，他們便叛離了普撒美提科斯，向埃西歐匹亞人那邊去了。普撒美提科斯聽到了這個行動，便在他們的後面追，而等他追著他們的時候，就說了許多話來懇求他們，請他們不要離棄他們父祖歷代奉祀的諸神，不要離棄他們的妻子兒女。但是據說其中的一個人指著自己的生殖器說，不管他們走到什麼地方，他們是不愁沒有妻子兒女的。這樣，在他們到達埃西歐匹亞之後，他們便把自己交給國王，任憑他來安置。國王爲了答報，便贈給他們一塊與他不和的某些埃西歐匹亞人的土地，辦法是他命令他們把上面的居民趕跑而取得這塊土地。自從埃及人歸化而在這塊土地上定居以來，埃西歐匹亞人學習了埃及的風俗習慣，這樣就使得他們的性情比先前更加柔和了。

31 這樣，不僅僅是通過全部埃及，就是從埃及的疆界向上，陸路與水路四個月路程的地方，尼羅河行經的道路我們都知道了。計算一下便可以看到，從埃烈旁提涅到上述的逃走者的土地那裏，就需要那樣長的一段時間。在那裏，河流的方向是從西、從日沒的地方向東流的。從那裏再向上，就沒有人知道它流到什麼地方去了。那個地方太熱，因此那裏也就成了一片無人居住的沙漠地帶。

32 然而我從庫列涅當地的某些人那裏卻也聽到一些話，現在我要把它轉述一下。他們說，有一次他們到阿蒙的神託所那裏去，在那裏和阿蒙人的國王埃鐵阿爾科斯交談，談話中間他們偶然談到了尼羅河，說不知爲什麼沒有人知道它的水源。埃鐵阿爾科斯聽見這話之後就說，過去有一些納撒蒙人曾到他的宮殿來，而當他問他們是否能提供關於利比亞的無人居住的地區的任何情報時，他們便向埃鐵阿爾科斯講了下面的故事。納撒蒙人是利比亞的一個部落，他們占居在敍爾提斯和敍爾提斯東部的不大的一塊地方。他們說，在他們中間有一些粗暴狂傲的少年，這些少年是領袖人物的子弟，當這些少年長大成人的時候，除去幹出了各種各樣無法無天的事情之外，他們還用抽籤的辦法選出他們中間的五個人到利比亞的荒漠地帶去探險，試一試他們是否能夠深入到比前人所曾到達的最遙遠的地帶更遠的地方去探查。利比亞的北部海岸，從埃及直到利比亞的一端的索洛埃司岬的全部地帶，住著許多不同部落的利比亞人；他們占居著整個地帶，只有屬於腓尼基人和希臘人的某些部分是例外。從海岸線和海邊居民的地區向上，利比亞便是猛獸經常出沒的地區了。從猛獸出沒的地區再向上，便是一片沙礫的地區，是極其缺水的地區，是完完全全的荒漠之地了，因此，這些青年人他們說便爲了這件事被他們的同伴們派了出來，而在出發時他們帶了充足的水和食糧；他們起初是旅行在有人居住的地區，過了這個地區之後，他們便到了野獸出沒的地區；從那裏他們最後進入了一片沙漠，他們是按著從東到西的方向在沙漠上行進的。在一片廣大的沙漠上行進了許多天之後，他們終於走到了一個平原，他們在平原上看到有樹生長著。他們走到這些樹跟前，看到有果子長在上面，便動手採集這些果子。正當他們採集果子的時候，他們看到一些比普通人要矮小的侏儒走過來，這些侏儒把他們捕獲並給帶走了。納撒蒙人一點也不懂他們的話，他們也一點也不懂納撒蒙人的話；他們被領過了一片的沼澤地帶，最後到了一個城鎮，那裏的人都和帶領他們的侏儒一樣高，而膚色也是黑色的。有一條大河流過這個城鎮，流向是從西到日出的方向，河裏面可以看到鰐魚。

33 現在我就不再提阿蒙人埃鐵阿爾科斯所說的故事了；我只是附帶說一下，根據庫列涅人的說法，他曾宣稱，納撒蒙人安全地返回了自己的國土，而他們所到達的那個城鎮的人們是一個以巫師爲業的民族。至於流經他們的城鎮的那條河流，埃鐵阿爾科斯猜想是尼羅河。這個看法很有道理，因爲尼羅河從利比亞流出，一直流經這塊地方的中央，而據我猜想，從已經知道的來推想不知道的，它是發源於和伊斯特河相同距離的地方。伊斯特河發源於凱爾特人居住的地方和披列涅城附近，流經歐羅巴的中部並將其分爲兩部。凱爾特人則居住在海拉克列斯柱之外，與居住在歐羅巴最西端的庫涅西歐伊人爲鄰，因此伊斯特河在最後流入黑海之前，曾貫流整個歐羅巴，它的河口地方的伊司脫里亞則是米利都人的一個殖民地。

34 既然這條河流過了有人居住的那個地區，所以人們對它的河道大體是知道得清楚的。但是尼羅河的河源卻無人能說出來，因爲它所經過的利比亞是一片杳無人跡的沙漠。關於這條河，我所作的敍述，是我盡全力所能探索到的東西了。它是從埃及以外的地區流入埃及的。埃及大體上是對著奇里啓亞的山區的；一個輕裝的旅人從那裏可以在五天當中一直走到黑海上的西諾佩。西諾佩位於與伊斯特河入海處相對的地方。因此，我的看法是，尼羅河穿過整個利比亞的長度等於伊斯特河的長度。關於尼羅河，我所要談的就是這些了。

35 但是，關於埃及本身，我打算說得詳細些，因爲沒有任何一個國家有這樣多的令人驚異的事物，沒有任何一個國家有這樣多的非筆墨所能形容的巨大業績。因此在下面我要仔細講一講。不僅是那裏的氣候和世界其他各地不同，河流的性質和其他任何河流的性質不同，而且居民的大部分風俗習慣也和所有其他人的風俗習慣恰恰相反。他們上市場買賣的都是婦女，男子則坐在家裏紡織。世界上其他地方的人織布時把緯線推到上面去，但埃及人則拉到下面來。埃及的婦女用肩擔東西，但男子則用頭頂著東西。婦女小便時站著，男子小便時卻蹲著。他們吃東西的時候是在外面的街上，但是大小便卻在自己的家裏，他們這樣作的理由是凡是不體面但是必須的事情應當在秘密地來作，如果沒有什麼不體面的事情，則應當公開地來作。婦女不能擔任男神或是女神的祭司，但男子則可以擔任男神或是女神的祭司。兒子除非是出於自願，他們沒有扶養雙親的義務，但是女兒不管她們願意不願意，她們是必須扶養雙親的。

36 在別的國家，諸神的祭司都是留著長頭髮的，但是在埃及，他們卻是剃髮的。根據別的地方的風俗，為了對死者表示哀悼，死者的最親近的人都要剃髮，但是在埃及，人們在別的時候剃髮，而當他們有親人死亡的時候，他們反而任他們的鬚髮長長。所有其他的人一生是和畜類分開過活的，但埃及人卻總是和畜類居住在一起。所有別的人們是以大麥和小麥作自己的食品的，但埃及人認為用這樣的辦法維持生活是最不體面的事情，因為在那裏，他們藉以為生的穀物是一種有人稱之為宰阿的小麥。他們用腳來和麪的，但是他們卻用手和泥土，拿糞便。他們至少是世界上僅有的割除包皮的民族，當然還要加上那些向他們學樣的人。他們的每個男子有兩件衣服，而婦女則只有一件。其他地方的人把帆的縢孔和帆腳索繫在船的外側，而埃及則是在內側。在寫算的時候，希臘人是從左向右運筆，但埃及人則是從右向左運筆的；儘管如此，他們還是說，他們是向右，而希臘人是向左的。他們使用兩種完全不同的文字，一種叫作聖體文字，另一種叫作俗體文字。

37 他們比任何民族都遠為相信宗教。他們有著這樣的一些風俗：他們用青銅盃飲水，這青銅盃他們每

天都要磨洗乾淨；不是部分的人才這麼作，而是沒有人能夠例外。他們穿麻布的衣服，這種衣服他們經常特別注意洗得乾乾淨淨。他們行割禮是爲了乾淨；他們認爲乾淨比體面更重要。祭司們每隔兩天就要把全身剃一遍，而當他們在執行奉祀諸神的任務的時候，他們是不允許虱子或其他不淨之物沾到他們的身上的。祭司們的衣服是麻製的，他們的涼鞋是紙草作的。他們是不許穿其他材料製成的衣服或鞋子的。他們每天在冷水裏沐浴兩次，每夜兩次。在這之外，可以說，他們還要遵守成千上萬的教規。然而他們也享受不少的特惠。他們既不消耗他們自己的物品，也不用花費自己的錢去買任何東西；每天他們都得到用穀物製作好的聖食，人們還分配給他們豐富的牛肉和鵝肉以及一份葡萄酒。他們不能吃魚，至於蠶豆，則埃及人是不播種的，如果是天然長出來的，則不拘是生的還是煮熟的埃及人都不吃；那些祭司甚至連看它一眼都不能忍受，因爲在祭司們的心目中，蠶豆乃是一種不淨的豆類。每個神都有一羣祭司，而不是一個祭司來奉祀，這祭司中間有一個人是祭司長。如果其中有誰死了的話，則這個人的兒子就被任命代替他的職務。

38 他們認爲牡牛是屬於埃帕波司神的，因此他們用這樣的辦法來檢驗牡牛：爲了這個目的而任命一個祭司來進行檢查，看是否在這個牛身上有一根黑毛，如果有的話，這頭牲畜就是不淨的了。這個祭司檢查它的全身，先是叫它站著，然後再叫它仰臥下來；在這之後，他又把牛的舌頭拉出來，根據我要在本書其他的地方談到的那些規定的特徵來看一看是淨還是不淨。他還檢查尾巴上的毛，看它是否自然成長的。如果這個牛在所有這些不同的方面都被宣布爲潔淨的話，祭司便把紙草卷到它的角上作爲記號，把封泥抹到上面，然後再用他自己的指環上的印鑑在上面捺印。在這之後，這頭牡牛便被他們領走了；凡是沒有經過祭司這樣鑑定的牛，如果用作犧牲的話，當事人是要受到死刑的懲罰的。畜類的檢查方式便是這樣。下面我再說一說他們的犧牲奉獻式。

*39*他們把他們捺了印的牲畜領到將用來奉獻的祭壇那裏去，點上了火，然後把灌奠用酒灑在犧牲前面的祭壇上，並呼喚神的名字；然後他們便割斷它的咽喉，把它的頭給切了下來，進而更剝下它全身的皮。再後他們就拿著它的頭，在這上面念一通咒；如果有市場而那裏又有一批希臘商人的話，他們便把這頭帶到那裏去立刻賣掉，如果在他們那裏沒有希臘人的話，他們便把這頭抛到河裏去。他們對著頭念一通咒是爲了這個：如果奉獻犧牲的人們，或者整個埃及會遭到任何凶事的話，他們希望這凶事會轉到牛頭上面來。對犧牲的頭念咒以及用酒來灌奠，這些儀式對埃及人都是一樣的，而且同樣用於各種各樣的犧牲。由於這一習慣，埃及人是絕對不吃任何動物的頭的。

*40*至於爲犧牲剖腹和燒烤犧牲的方法，對於每一種犧牲卻是各不相同了。我現在要說一下對於他們心目中最大的女神，也是用最隆重的節日來奉祀的女神，所使用的方法。在剝了牡牛的皮之後，他們就祈禱；在祈禱完畢之後，他們就把這頭牛腹部內的一切全部取出，只把內臟和脂肪留在體內；然後他們再切掉它的四條腿、臀部、肩部和頸部。他們作完了這一步以後，便把牛的身體內部裝滿了潔淨的（上供用的——譯者）麵包、蜂蜜、葡萄乾、無花果、乳香、沒藥以及其他香料。這樣裝滿之後，他們便用火燒烤這頭牛，燒烤時並把大量的橄欖油澆到上面。在奉獻犧牲之先，他們是斷食的，而當犧牲的身體被燒烤著的時候，他們搥胸哀悼，而隨後，當他們搥胸哀悼完畢的時候，便用犧牲的剩下的部分來舉行宴會。

*41*因此，所有的埃及人都是使用潔淨的牡牛和牡牛犢來當作犧牲的。但是，他們卻不許用牝牛來當作犧牲，因爲牝牛是伊西司的聖獸。這個女神的神像的外形像是一個婦女，但是有牝牛的一對角，因而和希臘人想像中的伊奧神一樣。全體埃及人對於牝牛的尊崇，同樣都是遠遠地超過其他任何畜類。這一點便說

明，爲什麼沒有一個埃及當地的人，不拘他是男人還是女人，會和希臘人接吻，或是用希臘人的刀子、鐵條或鍋，或是嘗一下用希臘人的刀子宰割的、潔淨的牡牛的肉。在牛死的時候，他們是這樣處理的：牝牛是被投到河裏去，牡牛則埋在城郊，但是把一隻角或是兩隻角露在地面上以爲標記。等牛的身體腐爛而指定的時期到來時，從一個叫作普洛索披提斯的島那裏來一隻船，這隻船依次到各個城市去收集牛骨。普洛索披提斯島是三角洲地帶的一個島（實際上是三角洲的一部分——譯者），周邊有九司科伊諾斯長。在普洛索披提斯島上還有其他許多城市，派船來收集牛骨的那個城市叫作阿塔爾倍奇斯。在那個城市裏，有一座非常神聖的阿普洛狄鐵神殿。許多人從這個城市出發分別到別的各個城市去挖掘牛骨，然後他們把這些牛骨帶走並全部埋到一個地方去。對於其他家畜的埋葬，他們也是使用著和埋葬牛相同的辦法。對於這些家畜他們有同樣的規定，因爲他們也是不能屠殺這些家畜的。

42 在本地有底比斯·宙斯的神殿或是住在底比斯諾姆的埃及人是不用手摸綿羊，而只用山羊當作犧牲的。因爲除了伊西司和他們說相當於狄奧尼索斯的奧西里斯以外，全部埃及人並不都是崇拜同樣的一些神的。恰恰相反，那些有著孟迭司神神殿的人們，或是屬於孟迭司諾姆的人們卻不去觸山羊，而是用綿羊爲犧牲。底比斯人以及在本身行動上模仿他們的人們，也不用手摸羊的人們，是這樣地來解釋這一風俗的起源的。他們說，海拉克列斯希望不管怎麼樣都要看到宙斯，但是宙斯不願意自己被他看到。結果，既然海拉克列斯堅持請求，宙斯便想出了一個辦法：他剝了一隻牡羊的皮，而在他把它的頭割掉以後，便把它的頭舉在自己的前面，而身上則披著剝下來的羊皮。他便在這樣的僞裝之下使海拉克列斯看到自己。因此，埃及人就給宙斯神的神像安上了一個牡羊的頭，而這個作法又從埃及人傳到阿蒙人那裏去；阿蒙人是埃及人與埃西歐西亞人的移民，而他們所用的語言也是介乎埃及語與埃西歐西亞語之間的。因此，在我看來，他們所

以自稱阿蒙人，是因爲宙斯在埃及人那裏是叫作阿蒙。這就說明爲什麼底比斯人不把牡羊用來當作犧牲，而把它們當作聖獸來看待。然而，在每年卻有一天，即在宙斯的祭日裏，他們只宰殺一頭牡羊，把它的皮剝去，把這皮來披到神像上面，就如同宙斯神曾自己披上羊皮一樣；然後，他們再把海拉克列斯的一座神像抬到宙斯神像的面前來。當這一切作完以後，來到神殿這裏的一切人便爲這隻牡羊捶胸哀悼，然後便把它埋到聖墓裏去。

43 關於海拉克列斯，我聽說他乃是十二神之一。關於希臘人所知道的另一個海拉克列斯，我在埃及的任何地方都聽不到的。實際上，海拉克列斯這個名字不是埃及人從希臘人那裏得來的，而勿寧說是希臘人，即把海拉克列斯這個名字給予阿姆披特利昂的兒子的那些希臘人，從埃及人那裏取得了這個名字；這件事我其實是可以提出許多論據來的，而在這些論據當中，特別可以提出這樣的一個事實，即海拉克列斯的雙親阿姆披特利昂和阿爾克美涅都是出身於埃及的。而且埃及人又說他們根本不知道波賽東和狄奧斯科洛伊的名字，並且不把他們列到他們的諸神中間去。但是，如果他們從希臘人那裏採用了任何神的名字，那麼這些名字是最可能引起了他們的注意而念念不忘的；因爲根據我的推測和判斷，埃及人在當時是航海的，而一些希臘人也是航海的，因而這些神的名字會比海拉克列斯的名字更可能爲埃及人所知。但埃及的海拉克列斯是埃及人的一位古老的神。他們說，在阿瑪西斯當政時期之前一萬七千年，便由八個神變成了十二個神，而這十二個神當中的一位就是海拉克列斯。

44 而且，爲了在這件事情上，我可以不管從什麼方面得到確切的知識，我到腓尼基的推羅那裏作了一次海上的旅行，因爲我聽說，在那裏有很受尊崇的一座海拉克列斯神殿。我拜訪了這座神殿，並發現那裏陳設著許多貴重的奉納品，其中有兩根柱子，一根是純金的，一根是綠柱石的，這是一根在夜裏放光的大杜子。在我和那裏的祭司談話時，我打聽這座神殿修建了有多久；由於他們的回答，我發現他們的說法也是和希臘人有所不同的。他們說修建這座神殿時，也正是建城的時候，而這座城的建立則是兩千三百年前的事情了。我在推羅還看到另一座神殿，在那座神殿裏供奉著以塔索斯爲姓的海拉克列斯。因此我又到塔索斯去，在那裏我看到了海拉克列斯的一座神殿，這座神殿是出海尋找歐羅巴時在這個島上殖民的腓尼基人修建的。他們作這件事的時候比起阿姆披特利昂的兒子生在希臘的時候還要早五代。我的這些探討很清楚地表明，海拉克列斯乃是一位十分古老的神。而我的意見則是：修建和奉祀海拉克列斯的兩座神殿的希臘人，他們的作法是十分正確的；在一座神殿裏海拉克列斯是歐林波斯的神，人們把他當作不死之神而向他呈獻犧牲，但是在另一座神殿裏，人們是把他當作一位死去的人間英雄來奉祀的。

45 希臘人談過許多沒有適當根據的話，在這些話當中，有下面關於海拉克列斯的一段荒唐無稽的說法。他們說，當海拉克列斯到達埃及的時候，當地的居民便給他的頭上戴上一個花環，然後把他帶到一個行列裏面來，打算把他當作犧牲獻給宙斯。在開頭的一些時候，他一聲不響地跟著走。但當他們把他領到祭壇前面而開始舉行奉獻犧牲的儀式的時候，他便施展出他的力量來自衛而把他們全都殺死了。然而在我看來，這種說法卻證明希臘人完全不知道埃及人這個民族的性格和風俗習慣。埃及人除去限於清淨的豚、牡牛和牡牛犢以及鵝之外，甚至連家畜都不用作犧牲的，怎麼還能相信他們用人來作犧牲呢？而且，單是海拉克列斯一個人又怎麼能夠像他們所說的，能夠以一個凡人的力量殺死成千上萬的人呢？我說了這樣多關於這件事情的話，我想神或是英雄不會因此而感到不愉快罷！

46 上面我已經提到，埃及人是不用公山羊或是母山羊作犧牲的。理由是這樣：稱爲孟迭司人的埃及人認爲潘恩是十二神之先的八神之一。在埃及，畫家和雕刻家所表現的潘恩神和在希臘一樣，這位神長著山羊的面孔和山羊的腿。但是他們不相信他就眞是這個樣子或以爲他與其他的神均有所不同，他們所以把他表現成這種形狀的理由我想還是不說爲好。孟迭司人尊崇一切山羊，對牡山羊比對牝山羊更加尊崇，特別是尊崇山羊的牧人。有一隻牡山羊被認爲是比所有其他的牡山羊都更要受到尊崇，當這隻山羊死掉的時候，在整個孟迭司諾姆都規定要舉行大規模的哀悼。在埃及語裏，公山羊和潘恩都叫作孟迭司。在我當時，在這個諾姆裏發生了一件奇怪的事情，一個婦女和牡山羊公然性交。這件事是大家都已經知道了的。

47 在埃及人的眼裏，豚是一種不潔淨的畜類。首先，如果一個埃及人在走路時偶然觸著了一隻豚，他立刻就要趕到河邊，穿著衣服跳到河裏去。第二，即使牧豚人是土著的埃及人，也沒有人願意把自己女兒嫁給牧豚人，或是從牧豚人中間討一個老婆，因而牧豚人不得不在他們中間相互結婚。他們認爲不應把豚作爲犧牲獻給任何神，只有對狄奧尼索斯和月亮是例外；他們是在同時，同是在滿月的時候向他們呈獻作爲犧牲的豚，隨後便把這豚吃掉了。埃及人自己也有一個理由，來說明爲什麼在這個祭典中用豚作犧牲而在別的祭典中又非常憎惡它，這個理由我雖然知道的，但我覺得我是不適於在這裏說到它的。下面我要說一說他們怎樣把豚當作犧牲奉獻給月亮：犧牲被屠宰之後，它的尾巴尖、脾臟和大網膜便被放到一起，並且用從犧牲的腹部掏出來的全部脂肪蓋起來，繼而用火把它燒光。至於犧牲其他部分的肉，他們便在奉獻犧牲的當天吃掉，而那當天就是滿月的一天；在其他的任何一天，他們是連嚐也不嚐一下的。沒有錢奉獻活豚的窮人就用麪揑一隻豚，用火烤之後再呈獻給神。

48 對於狄奧尼索斯，則每個人都在這位神的祭日的前夜，奉獻一隻小豚；這隻小豚就在每個人自己的門口屠宰，然後把它交回給賣豚的牧豚人並由他帶走。在別的方面，狄奧尼索斯的這個祭日的慶祝是幾乎和希臘人的狄奧尼索斯的祭日完全相同的，所不同的只是埃及人沒有伴以合唱的舞蹈。他們發明了另外一

種東西來代替男性生殖器，這是大約有一佩巨斯高的人像，這個人像在小繩的操縱下可以活動，它給婦女們帶著到各個村莊去轉。這些人像的男性生殖器，和人像本身差不多大小，也會動。一個吹笛的人走在前面，婦女們在後面跟著，嘴裏唱著狄奧尼索斯神的讚美詩。至於爲什麼人像的生殖器部分那樣大，爲什麼又只有那一部分動，他們是有宗教上的理由的。

49 然而，我以爲，阿米鐵昂的兒子美拉姆波司是不會不知道這個儀式的，而且我以爲，他毋寧可以說是很精通這個儀式的。美拉姆波司就是把狄奧尼索斯的名字，他的崇拜儀式以及帶著男性生殖器的行列介紹給希臘人的人。然而，我並不是確切地說他什麼全都懂得，因此他還不能毫無遺漏地把一切教儀介紹過來，不過從他那時以來，許多智者卻已經把他的教儀補充得更加完善了。但無論如何希臘人是從他那裏學會在奉祀狄奧尼索斯時，舉辦帶著男性生殖器的遊行行列的，而他們現在所作的事也是他教給的。因此，我認爲，智慧的並且懂得預言術的美拉姆波司，既然由於他在埃及得到的許多知識之外還精通狄奧尼索斯的祭儀，他便把它加以少許的改變而介紹到希臘來；當然，同時他一定還介紹了其他事物。因爲我不能同意，認爲希臘的狄奧尼索斯祭和埃及的同樣祭典之十分近似，這只是一種偶合；如果是那樣的話，希臘的祭儀便一定是希臘性質的，也不會是最近才給介紹過來的了。我還不能同意，這些風俗習慣或任何其他的事物是埃及人從希臘人那裏學來的。我自已的看法是美拉姆波司主要地是從推羅人卡得莫斯以及從卡得莫斯自腓尼基帶到現在稱爲貝奧提亞的地方來的那些人們那裏學到了有關狄奧尼索斯祭典的事情。

50 可以說，幾乎所有神的名字都是從埃及傳入希臘的。我的研究證明，它們完全是起源於異邦人那裏的，而我個人的意見則是，較大的一部分則是起源於埃及的。除去我前面所提到的波賽東和狄奧司科洛伊，以及希拉、希司提亞、鐵米斯、卡利鐵司和涅列伊戴斯這些名字之外，其他的神名都是在極古老的時候便為埃及人所知悉了。我這樣講，是有埃及人自己說的話為依據的。他們說他們不知道名字的那些神，我以為除去波賽東之外，都是希臘人從佩拉司吉人那裏才知道了名字的。至於波賽東這個名字，則他們是從利比亞人那裏知道的。在古代的一切民族當中，只有利比亞人一直在崇奉這個神，而且也只有這個民族從一開頭便有這樣一個名字的神。埃及人在宗教上是不崇奉英雄的。

51 這些風俗習慣以及我就要介紹的其他風俗習慣都是希臘人從埃及人那裏學來的。但是海爾美士的那些猥褻的神像卻不是從埃及人那裏學來的。這種神像的製作是從佩拉司吉人那裏學來的，而在希臘人當中，第一個學到的是雅典人，雅典人又把它教給其他希臘人。因為當佩拉司吉人來和雅典人住在一起的時候，雅典人已經被算作是希臘人了，因此他們也開始被認為是希臘人。薩摩特拉開人從佩拉司吉人那裏學到了卡貝洛伊的儀式而到現在還實行著這種儀式，任何人如果被傳授以這種儀式，他便會懂得我的意思。薩摩特拉開以前是由到雅典人這裏來和他們住在一起的佩拉司吉人住著的，薩摩特拉開人就是從他們那裏學到了儀式的。因此，雅典人便第一個製作了海爾美士的猥褻神像，他們這樣作是因為佩拉司吉人教了他們。佩拉司吉人關於這件事曾講過一個神聖的故事，這個故事在薩摩特拉開的秘儀中是曾經加以說明的。

52 在先前的時候，佩拉司吉人呈獻犧牲時向神呼號，但是他們並不呼叫任何一位神的名字；因為他們還沒有聽說過這樣的名字。我知道這件事，是因為在多鐸那有人告訴過我。他們稱它們為神，因為一切事物和這些事物的適當分配都是由它們來安排的。然而，在一個長時期以後，他們從埃及學到了首先是其他諸神的名字，又過了很久，才學到了狄奧尼索斯的名字。於是他們立刻到多鐸那的神託所去請示關於神的名字的事情。因為這個神託所被認為是希臘最古老的一個神託所，而在那時也是唯一的神託所。當佩拉司吉人那時在多鐸那請示，他們應否採納從外國傳來的名字時，神託命令他們採納這些名字。從那時起，他

們便在他們奉獻犧牲時使用這些神的名字；後來希臘人又從佩拉司吉人那裏學到了這些名字。

53 然而，從什麼地方每一個神產生出來，或者是不是它們都一直存在著，他們的外形是怎樣的，這一切可以說，是希臘人在不久之前才知道的。因爲我認爲，赫西奧德與荷馬的時代比之我的時代不會早過四百年；是他們把諸神的家世教給希臘人，把它們的一些名字、尊榮和技藝教給所有的人並且說出了它們的外形。然而據說比赫西奧德與荷馬更老的那些詩人，在我看來，反而是生得比較晚的。上述這一切當中開頭的部分是多鐸那的女祭司們講的；關於赫西奧德的、後面的部分則是我自己說的。

54 但是，關於希臘的神託以及利比亞的神託，這都是埃及人講的。底比斯的宙斯神的祭司們告訴我說，腓尼基人曾從底比斯帶走了兩個女祭司；他們說他們後來打聽到，其中的一個人被帶走並且給賣到利比亞去了，另一個人則被賣到希臘去了。他們說，這兩個婦女在上述兩地第一次建立了神託所。當我問他們，他們何以知道得這樣確實的時候，他們回答說，他們當地的人曾到處用心尋找這兩個婦女，卻根本未能找到她們，但是後來才聽到他們現在告訴給我的這個故事。

55 以上是我從底比斯的祭司們那裏聽來的；下面則是我從多鐸那的巫女們那裏聽來的：這是說，兩隻黑鴿子從底比斯飛到了埃及，一隻到利比亞，一隻到多鐸那；後面的一隻落到一株槲樹上，口出人言，說那裏必須設立一座宙斯神的神託所；多鐸那的居民知道這乃是神的意旨，於是他們便建立了一座宣示神託的神殿。他們說，到利比亞來的那隻鴿子命令利比亞人建立阿蒙神的一座神託所；這也是奉祀宙斯神的。這便是多鐸那的女祭司們所說的故事，在這些女祭司當中，最年長的是普洛美涅亞，其次是提瑪列捷，最年輕的是尼坎德拉；多鐸那神殿的其他執事也對此深信不疑。

56 但是對於這件事，我個人的看法是這樣。如果腓尼基人眞地帶走了巫女並且把她們一個賣到利比亞，一個賣到希臘去的話，那麼，我想，現在稱爲希臘，但以前稱爲佩拉司吉亞的地方，即後面的一個巫女被出賣的地方，就是鐵斯普洛提亞（鐵斯普洛托伊人居住的地方）了；而且她在那裏被奴役之後，她立刻便在那裏長著的槲樹下修造了一座宙斯的神殿。因爲她既然在底比斯是宙斯神殿的一名侍女，她應該記得她的故土的那座神殿，這是理所當然的事情。在這之後，等他通曉了希臘語的時候，他便傳授神託的法術；她說她的姊妹被同樣也賣了她的腓尼基人賣到利比亞去了。

57 我認爲多鐸那的人們是把這些婦女稱爲鴿子的，因爲她們說外國話，於是當地的人們便認爲這種話和鳥叫一樣了；然而不久婦女便說出了他們可以懂得的話，這便說明了何以他們說鴿子講出了人言；只要她用她的外國語講話，他們就認爲她的聲音像是一隻鳥的聲音。要知道，鴿子怎麼能講人話呢？故事中所以說鴿子是黑的，這意思是說，婦女是埃及人。埃及的底比斯和多鐸那的神託方式是相似的；而且從犧牲來進行占卜的方法也是從埃及學來的。

58 埃及人又好像是第一個舉行祭日時的莊嚴的集會、遊行行列和法事的民族。希臘人從他們那裏學到了這一切事物。我認爲這是有根據的，因爲埃及的儀式顯然是非常古老的，而希臘的儀式則是不久之前才開始有的。

59 埃及人在一年中間不是舉行一次隆重的集會，而是好幾次隆重的集會。在這些集會當中，最主要的同時也是舉行得最熱心的是布巴斯提斯市的阿爾鐵米司祭。在重要性方面，次於阿爾鐵米司祭的是布希里斯舉行的伊西司祭。布希里斯城位於埃及三角洲的中央，在那裏有伊西司神的一座最爲巨大的神殿，伊西司在希臘語中是叫作戴美特爾。在撒伊司舉行的雅典娜祭是第三個最大的祭日；第四是黑里歐波里斯的太陽祭，第五是布頭的列托祭，第六是帕普雷米斯市的阿列斯祭。

60人們到布巴斯提斯市去集會時，經過的情況是這樣：男子和婦女都在一起循水路前來，每隻船上都乘坐著許多人，一些婦女打著手裏的響板，一些男子則在全部的行程中吹奏著笛子。其他的旅客，不分男女，則都唱歌和鼓掌。當他們在往布巴斯提斯的途中到臨河的兩岸之上的任何市鎮時，他們都使船靠岸；於是一些婦女繼續像我上面所說的那樣作，一些婦女高聲向那個市鎮的婦女開玩笑，一些婦女跳舞，再有一些婦女站起來撩起衣服來露出自己的身體。在他們這樣地行過了全程的水路以後，他們便到了布巴斯提斯；在那裏他們用豐富的犧牲來慶祝祭日。在這一個祭日裏所消耗的酒比一年剩下的全部時期所消耗的酒還要多。參加祭日的人，單是計算成年男女，不把小孩計算在內，根據當地人的說法，便有七十萬人。

61這便是他們在那裏的行事。至於布希里斯城的伊西司祭的儀式，我已經說過了。在那裏，成千上萬的全體男女羣衆在犧牲式結束後捶胸哀悼。至於他們所哀悼的是誰，由於在宗教上害怕犯不敬之罪，我就不提了。住在埃及的卡里亞人在這個日子裏作得比他們還要過火，這些卡里亞人甚至用小刀把自己的前額割傷。由於這樣作，他們就可以使人知道，他們乃是異邦人，而不是埃及人。

62一個夜晚，當他們在撒伊司集會奉獻犧牲時，那裏所有的居民都在自己家周邊的戶外點上許多油燈。他們所用的油燈是滿盛著油與鹽的混合物的一種碟狀器皿，燈心就浮在那上面。這些油燈整夜都點著，因此這個祭日就稱爲燈祭。那些不參加祭典的埃及人，在祭日的那天夜裏，也要和其他的人一樣地小心守夜，不叫油燈熄滅。點燈不限於撒伊司一城，而是遍及於全埃及。有一段聖話可以說明爲什麼要特別奉祀這一夜，爲什麼在這一夜裏要點油燈。

63在黑里歐波里斯和布頭，他們到那裏去集會只是爲了奉獻犧牲；但是帕普雷美斯，則除了和別的地方同樣地奉獻犧牲和同樣地執行儀式之外，人們還有下面的一種風俗。即當太陽下落的時候，只有幾個祭司留下繼續照管著神像，大部分的祭司則在手裏拿著木棍，站在神殿入口的地方。站在這些人對面的又有一千多人，他們和另外那些人一樣地拿著木棍並在那裏發願。原來保存在一個包著金箔的小木祠裏面的神像，在祭日的前一天，便從一座神殿搬到另一個聖堂去。還負責照料神像的少數祭司把神像和那個小木祠一起放到一隻四輪車上拖著。守在神殿門口的另外那些祭司不許它進去。於是發願的那些人便走向前來站在神的一方面進行爭執，他們向守門的人動武，這必然會受到抵抗。結果就發生了以木棍爲武器的猛烈械鬥，雙方都有被打破了腦袋的，而且我相信，許多人會因傷殞命。雖然，埃及人說，在械鬥中沒有死過一個人。至於這個祭日是如何起源的，當地的人提出了這樣一個說法。他們說，阿列斯的母親過去曾住在這個神殿裏；阿列斯並不是在自己母親的跟前養大的，但是在他長大成人之後卻想會見他的母親。不過在他來的時候，由於侍者先前從來沒有見過他而拒絕了他，結果沒有使他進去。於是阿列斯便到另一個市鎮去，糾合了一批人，藉著這些人的幫助嚴懲了侍衛而得以進去見到了自己的母親。因此，他們說，在這個祭日裏便有了舉行一場木棍鬥爭以奉祀阿列斯的風俗。

64 此外，埃及人又第一個在宗教上作出規定，在神殿的區域內不得與婦人交媾，而在交媾後如不沐浴，也不得進入神殿的區域之內。幾乎所有其他民族，除去希臘人和埃及人之外，在這件事上的作法都不大經心，他們認爲在這件事上人和獸類一樣不受任何的約束。他們說，人們可以看到各種獸類和鳥類在神殿和聖域之內交配，而如果神不喜歡它們這樣作的話，這樣的事是絕對不會發生的。這便是他們爲這一行動辯護的理由，但我本人是不能同意這一理由的。

65 埃及人在這一方面，和他們在關於神聖儀式的所有其他方面一樣，是特別小心地注意不破壞神殿的宗教習慣的。

埃及雖然和利比亞接壤，但不是一個有很多野獸的地方。這個國家裏所有的一切獸類，不管是家畜還是其他，都被認爲是神聖的。如果我要解釋一下爲什麼它們要作爲聖獸奉獻給神的話，那我就勢必要講到宗教上的事情，而這卻是我特別不願意談到的。到現在爲止，我約略涉及的有關各點都純乎是出於不得已我才加以介紹的。下面我再談一下他們對待動物的習慣。每一種動物都指定一些看守人，男的女的都有，他們的任務就是餵養它們。這個職務是父子相傳的。各各城市的居民在他們對任何一個神發願的時候，他們都要向屬於這個神的動物奉獻一些東西，方式是這樣：在他們發願之後，他們便給自己的孩子剃髮，或是全剃、或是剃一半、或是剃三分之一，然後把這頭髮放在秤上來稱量以便確定同樣分量的銀子。不管頭髮的重量多少，都要把同等分量的銀子交給這些動物的女管理人，女管理人便切下相當銀子的價值那樣多數量的魚來餵它，因爲這魚就是用來餵它們的食物。如果一個人殺死了一隻聖獸，如果他是故意的，他便要被處以死刑，如果是誤殺，那他便要付出祭司規定的任何數量的罰金。如果有誰殺死了朱鷺或鷹，則不管是故意還是誤殺，一律須處以死刑。

66 埃及家畜的數目非常大，如果不是由於在貓的身上發生了這樣的事情，那數目就還要大。原來在母貓生小貓的時候，它們便不再和公貓住在一起，但是公貓想和母貓住到一處而又得不到母貓的同意，於是它們便想出一種辦法來，這就是從母貓那裏把小貓偷了出來殺死，但是不吃掉它們；母貓既然失去了小貓，便想再把小貓補上，因此它們就願意與公貓同居了，因爲它們是特別喜歡有小貓的。在埃及，每當起火的時候，在貓身上便有非常奇妙的事情發生了。居民們不去管火在那裏大燒特燒，而是一個離一個不遠地圍立在火場的四周注意著貓，但是貓卻穿過人們中間或是跳過人們一直投到火裏去。如果有這樣的事情發生，埃及人便要舉行盛大的哀悼。如果在普通家庭中，一隻貓自然地死去的話，則這一家所有家裏的人都要把眉毛剃去，如果死的是一條狗，他們就要剃頭和全身。

67 死貓都要送到布巴斯提斯城的靈廟去，在那裏製成木乃伊，而後埋葬起來。狗是各自埋葬在原來城市的聖墓裏。埋葬貓鼬的情況也和狗一樣。但是，鷹和野鼠卻要送到布頭城去埋葬，朱鷺則要送到海爾摩波里斯去。在埃及罕見的熊以及比狐狸稍大的狼都是被發現在什麼地方死掉就在當地埋葬的。

68 鱷魚是怎樣一種動物呢？它是這樣的：在冬天的四個月裏，它什麼都不吃；它是水陸兩棲的四足獸。母鱷在岸上產卵和孵化，它們一天當中大部分是生活在乾地上，但是在夜裏它們便退回河中，因爲河裏的水是比夜中的空氣和露水溫暖的。在我們所知道的動物當中，這是僅有的一種能夠從最小的東西長成最大的東西的動物，因爲鱷魚卵只比鵝卵大不了許多，而小鱷魚和卵的大小也相彷彿。可是當它長成之後，這個動物可以有十七佩巨斯長或者更長。它的眼和豬的眼相似，它有和它的身體大小相適應的巨大的牙齒和尖齒。它和所有其他的動物不同，它沒有舌頭。它的下顎不能動，在這一點上它也是非常奇特的，因爲它是世界上唯一上顎動而下顎不動的動物。它還有強大有力的爪，背上有非常堅硬的穿不透的鱗皮。它在水裏看不見東西，但是在陸地上它的目光是很銳利的。既然它住在水裏，因此在它的口腔裏滿都是水蛭。所有的鳥獸看到它都會逃避，但是它卻和一種叫作特洛奇洛斯的小鳥和平相處，因爲這種小鳥可以給它作事情。原來每當鱷魚從水裏到岸上來的時候，它習慣於張開大嘴躺在那裏（多半是向著西風張著），在這個時候，稱爲特洛奇洛斯的小鳥便到它的嘴裏去啄食水蛭。鱷魚喜歡小鳥對它的恩惠，因此它便注意不去傷害這種小鳥。

69 有一些埃及人把鱷魚看成是聖獸，但另一些埃及人則把它看成是敵人。住在底比斯附近的人們和在莫伊利斯湖周邊居住的人們特別尊敬鱷魚。在上述的每個地方，他們每人都特別養一隻鱷魚，訓練它、要它聽使喚。他們把溶化的石頭（這裏指玻璃——譯者）或是黃金的耳環給鱷魚戴在耳朵上面，把腳環套在它的前腳上面，每天給它一定數量的食物和一些活的東西；他們在它活著的時候盡最大的可能好好看待它，並在它死後把它製成木乃伊，然後埋到聖墓裏面去。但另一方面，埃烈旁提涅市一帶的人們卻根本不把鱷魚看成是聖獸，他們甚至以鱷魚爲食。在埃及語中，人們不稱它們爲鱷魚，而稱之爲卡姆普撒。伊奧尼亞人稱它們爲鱷魚（希臘語原音是克羅科狄洛斯——譯者），是因爲它的形狀和出沒在伊奧尼亞壁上並且被稱爲克羅科狄洛斯的蜥蜴相似之故。

70 捉鱷魚的辦法是多種多樣的。我現在只來談在我看來是值得敍述的那一種。把一塊豬脊骨肉放在鈎上作餌並且讓這塊肉飄浮在河的中流，但這時獵人自己卻在岸上帶著一口活小豬，並打這口豬。鱷魚聽見豬叫就順著叫聲趕來，它碰到這塊豬脊骨肉便把它吞了下去。這時岸上的人們便拉釣繩。當他們把鱷魚拉到岸上來的時候，獵人們作的頭一件事情，就是用泥糊上它的眼睛。這件事作到之後，這個獵獲物便很容易控制了，否則的話，要控制它可不是一件容易的事情。

71 在帕普雷米斯諾姆，河馬是一種聖獸，但在埃及的其他地方則不是這樣。它的形狀是這樣：它有四條腿，有像牡牛那樣的雙蹄，扁平的鼻子。它的鬃毛與尾巴和馬一樣，有向外突出的牙齒，叫的聲音也和馬嘶一樣。在大小上，它和最大的牛相同。它的皮膚是如此地粗厚，而在乾燥之後可以製造投槍的柄。

72 在尼羅河裏也有水獺，水獺也被埃及人認爲是神聖的。在魚類中，只有兩種是被視爲神聖的。它們是被稱爲列拔多托斯的一種魚和鰻魚。這兩種魚以及禽類當中的鴨，都被認爲是尼羅河的聖物。

73 他們還有一種稱爲波伊尼克斯的聖鳥，這種鳥我本人除了在圖畫上以外，從來沒有看見過。甚至在埃及，這誠然都是一種十分罕見的動物；而根據黑里歐波里斯人的說法，只有每隔五百年，當它的父鳥死的時候，它才到這裏來一次。如果這種鳥和圖上所畫的一樣的話，則它的大小和形狀便是這樣：它的羽毛大部分是紅的，部分是金色的，而它的輪廓和大小幾乎和鷹完全一樣。埃及人有一個故事告訴我們這個鳥作些什麼事情，但這個故事在我看來是不可信的。他們說，它是從阿拉伯帶著全身敷著沒藥的父鳥來的，它把父鳥帶到太陽神的神殿，並在那裏埋葬了父鳥。他們說，爲了帶著這個父鳥，它首先用沒藥作一個它可以帶得動的卵並把它帶起來以便試一試它是否經得住這樣的份量，然後它把這個卵掏空，把它的父鳥放進去，再把卵中空隙的地方用沒藥塞滿。於是這個卵便又和起初的重量完全相同了。在這樣地包裹完畢以後，它便把這個父鳥帶到埃及，並把它放在太陽神神殿裏。這便是他們所傳說的、關於這個鳥的所作所爲的故事。

74 在底比斯的附近，有對人完全無害的聖蛇。它們都是很小的，頭頂上還長著兩隻角。在這些蛇死掉的時候，它們被埋葬在宙斯神的神殿裏，因爲這些蛇據說都是宙斯神的聖獸。

75 我曾有一次到阿拉伯的幾乎對著布頭城的一個地方，去打聽關於帶翼的蛇的事情。在我到達那裏的時候，我看到了不可勝數的蛇骨和脊椎：脊椎有許多堆，有些大，有些小，有些則更要小。蛇骨散布之地在山間狹窄山路的進入平原的入口處，峽谷開向和埃及的大平原相連接的一片廣闊的平原。故事說，春天到來的時候，翼蛇便從阿拉伯飛到埃及來，但是在這個峽谷的地方遇到一種稱爲伊比斯的鳥，這種鳥禁止它們進入峽谷並把它們全部殺死。阿拉伯人說埃及人由於伊比斯鳥所作的事情而對之非常崇敬，埃及人也承認，他們是爲了這個理由而尊敬這種鳥的。

76 伊比斯鳥的樣子是這樣。它全身漆黑，兩隻腿和仙鶴的腿相似。它的喙部彎曲的很厲害而它的大小大約和秧雞相等。這便是與翼蛇作戰的伊比斯鳥的外形。（伊比斯鳥確實是有兩種的），而人們比較習見

的一種，頭部和頸部是沒有羽毛的；它們的毛色是白色的，除了頭、頸、翅膀尖端和尾巴之外（這些部分全是漆黑的）；鳥的腿和喙和其他伊比斯鳥的相似。翼蛇的樣子和水蛇一樣。它的兩翼上沒有羽毛，而是很像蝙蝠的兩翼。關於聖獸這個題目的話，我就講到這裏了。

77至於埃及人本身，應當說，居住在農業地區的那些人在全人類當中是最用心保存過去的記憶的人，而在我所請教的人們當中，也從來沒有人有這樣多的歷史知識。現在我要說一說他們的生活方式。在每一個月裏，他們連續三天服用瀉劑，他們是用嘔吐和灌腸的辦法來達到保健的目的的。因為他們相信，人之所以得病，全是從他們所吃的東西而引起的。甚至如果沒有這個辦法，埃及人也是世界上僅次於利比亞人的最健康的人。我以為它的理由是，那裏一年四季的氣候都是一樣的；因為變化，特別是季節的變化，乃是人類致病的重大原因。他們吃麵包，他們用一種小麥製造他們稱為庫列斯提斯的一塊塊的麵包。在酒類方面，他們飲用一種大麥酒；因為他們國內是沒有葡萄的。他們吃生魚：或是太陽曬乾的魚，或是鹽水醃起來的魚。鵪鶉、鴨子和小禽類都是醃了生吃的；所有其他各種禽類以及魚類，除去埃及人認為是聖物的以外，則都是烤了或是煮了之後才吃的。

78在富人的筵席上，進餐完畢之後，便有一個人帶上一個模型來，這是一具塗得和刻得和原物十分相似的棺木和屍首，大約有一佩巨斯或兩佩巨斯長。他把這個東西給赴宴的每一個人看，說：「飲酒作樂吧，不然就請看一看這個；你死了的時候就是這個樣子啊。」這就是他們在大張飲宴時的風俗。

79他們遵守著他們的父祖的風習，並且不在這上面增加任何其他的東西。在他們其他值得一記的風俗習慣當中，還有這樣一個：他們有一支歌，這就是在腓尼基、賽浦路斯以及其他地方所唱的里諾司歌。每個民族對這個里諾司歌都有他們自己的名字，但這就是希臘人唱的並稱之為里諾司的同樣的那一支歌。但埃及人從哪裏得到這個名字，在我看來是埃及的許多奇怪的事情之一。他們顯然是從太古以來便唱這支歌的；在埃及語中，相當於里諾司這個名字的是瑪涅洛司⑩。埃及人告訴我說，瑪涅洛司是他們第一個國王的獨生子，他夭折了，因此埃及人便爲他唱這首輓歌向他致敬；他們說，這是他們最早的，也是他們僅有的一首歌。

80 還有一種風俗，在希臘人當中只有拉凱戴孟人和埃及人同樣地有這種風俗。年輕人遇到年長的人時，要避到一旁讓路，而當年長的人走近時，他們要從座位上站起來。但是他們還有另一種希臘任何地方都不知道的習慣，那就是路上的行人相互不打招呼，只是把手伸到膝頭的地方作爲行禮。

81 他們穿著一種麻布的內衣，內衣的邊垂在腿部的四周，這種內衣他們稱爲卡拉西里司；內衣上則罩著白色的羊毛外衣。但是毛織品不能帶入神殿或是與人一同埋葬。他們是禁止這樣作的。在這一點上，他們是遵從著與歐爾培烏司教和巴科司教的教儀相同的規定，但這規定實際上是埃及的和畢達哥拉斯的；因爲凡是被傳授以這些教儀的人，都不能穿著羊毛的衣服下葬。關於這件事，是有一個宗教上的傳說的。

82 我再來談一下埃及人的其他發明。他們把每一個月和每一天都分配給一位神；他們可以根據一個人的生日而說出這個人他的命運如何，一生結果如何，性情癖好如何。這一點給作詩的希臘人提供了材料。他們給他們自己所提出的朕兆，比所有其他民族加到一起的還要多；當一件有朕兆的事情發生了，他們便注意到它所引起的後果並把它記載下來；如果同類的事情又發生了，他們便認爲會發生相類似的後果。

83 至於他們的預言術，那是幾個神的事情，而決不是任何凡人的事情；在那裏，有海拉克列斯、阿波

---

⑩可能自ma－n－hra（意爲「回到我們這裏來罷」）這個疊句而來。

羅、雅典娜、阿爾鐵米司、阿列斯和宙斯神託所，而最受尊崇的則是布頭城的列托的神託所。儘管如此，他們仍有各種各樣的占卜術，而不單單是一種。

84 在他們那裏，醫術的分工是很細的，每一個醫生只治一種病，不治更多的病。國內的醫生是非常多的，有治眼的，有治頭的，有治牙的，有治肚子的，還有治各種隱疾的。

85 下面我再說一說他們哀悼和埋葬死者的方法。任何時候當家中死了一個有名的人物的時候，則家中所有的婦女便用泥土塗抹她們的面部或是頭部。隨後，她們便和親族中的一切婦女離開家中的屍體，到城中的各處巡行哀悼，她們的外衣束上帶子，但胸部則要裸露出來。另一方面，男子也要在那裏捶胸哀悼，衣服也同樣要束上帶子。等這一點作完之後，他們便把死者的遺體送去作木乃伊。

86 有一些人是專門作這件事情的，他們有這一行的專門的手藝。當一個屍體送到他們那裏去的時候，這些人就把塗畫得逼眞的木製屍體模型拿給送屍體的人們看。他們說，有一種最高明的製作木乃伊的手藝，掌握它的人的名字在談到這類問題時，我是因禁忌而不能講出來的。他們提到的第二個辦法不如第一個完美，價錢也比較便宜，第三個辦法則最便宜。他們給人看過這些之後，就問屍主他們希望用什麼辦法處理屍體。屍主和他把價錢談妥之後就走開，而留在那裏的工人們便動手把屍體製成木乃伊。如果他們使用最完美的辦法來加工的話，他們首先從鼻孔中用鐵鈎掏出一部分的腦子並且把一些藥料注到腦子裏去清洗其他部分。然後，他們用埃西歐匹亞石製成的銳利的刀，在側腹上切一個口子，把內臟完全取出來，把腹部弄乾淨，用椰子酒和搗碎的香料加以沖刷，然後再用搗碎的純粹沒藥、桂皮以及乳香以外的其他香料塡到裏面去，再照原來的樣子縫好。這一步作完了之後，這個屍體便在硝石當中放置七十日。超過了這個時間是不許可的。到七十天過去的時候，他們便洗這個屍體，並把屍體從頭到腳用細麻布的綳帶包裹起來，外面再塗上通常在埃及代替普通膠水使用的樹膠，這之後屍體便這個樣子送回給他的親屬，親屬得到這個屍體，便把它放到特製的人形木盒子裏去。他們把木盒子關上，便把它保管在墓室裏，靠牆直放著。

87 這便是費用最貴的那一種調理屍體的方法。如果人們不願意花費太多，而選擇第二種，即中等辦法的話，那麼便是這樣的：製作木乃伊的人先把注射器裝滿杉樹製造的油，然後把它注射到屍體的腹部去，既不切開屍體，也不掏出臟腑。注射是從肛門進去的，但注射後肛門便被堵上以防流出。然後在規定的日子中間放在硝石裏，而到了規定的日期，他們就叫杉樹油再流出來。正是由於杉樹油的作用的關係，整個內臟和腸子都被溶化而變成了液體。這時硝石已經分解了肌肉，因而這個屍體剩下的便只有皮和骨了。屍體便這樣地歸還給死者的親屬，再也不加什麼工了。

88 再窮一些的人是用第三種辦法來製作木乃伊的。這種方法就是把腹部用瀉劑清洗一下，然後把屍體放到硝石裏浸七十日，再把它交給屍體的親屬帶回去。

89 有身分的人物的夫人以及非常美麗的和尊貴的婦女，在她們死後並不是立刻送到製作木仍伊的人那裏去，而是在她們死後三、四天再送到他們那裏去。這樣作的原因是防止木乃伊工匠和她們的屍體交配。據說有一次一個工匠被發現污辱了一個新死的婦女，因而被他們同行的工匠揭發了。

90 不管是一個埃及人，還是一個外國人，只要他是被鱷魚拉去咬死或是淹在河裏而喪命的，則這個人被發現的地方的附近城市的居民，必須把他製成木乃伊並用盡可能隆重的禮節把它葬入聖墓。不許任何人摸這個屍體，甚至死者的朋友或親屬也不行，只有尼羅河的祭司才能夠用手摸這個屍體。祭司們親自料理這個人的喪事並埋葬他。因爲他們認爲這個屍體是屬於超人的。

91 埃及人避免採用希臘人的風俗習慣，而一般說來，也就是避免採用任何其他民族的風俗習慣。可是，雖然其他埃及人都很小心地遵守這一點，但是在底比斯諾姆涅阿波里司附近的一個大城市凱姆米司地方，有一座奉祀達納耶的兒子培爾賽歐斯的方形神殿，神殿的四周滿長著椰子樹。這座神殿的前面的石造的柱廊是非常宏大的；有兩座巨大的石像立在那裏。在它的境內有一座聖堂，聖堂裏有培爾賽歐斯的神像。根據凱姆米司人的說法，培爾賽歐斯常常在他們面前顯現，有時在他們的土地上，有時在這個神殿裏。人們還找到他穿的鞋子，足有二佩巨斯長。自從這隻鞋被發現，全埃及便大爲繁榮起來了。這便是他們的說法。在奉祀培爾賽歐斯的時候，他們使用了希臘的儀式，這就是說，爲他舉辦包括各種比賽在內的運動會。會上以家畜、外衣和皮革爲獎品。我曾問過凱姆米司人，爲什麼培爾賽歐斯只是對他們顯現，而不在埃及的其他地方，爲什麼他們在舉行運動會這一點上面，與其他埃及人不同。他們回答說，培爾賽歐斯是出身於他們的城市的。渡海到希臘去的達納烏司和律安凱烏斯便是凱姆米司人，而培爾賽歐斯據說便是他們一系下傳的後裔。在回溯家系的時候，他們還談到，當培爾賽歐斯爲了也是希臘人所說的理由，即從利比亞帶著戈爾岡的頭，而來到埃及的時候，他怎樣到凱姆米司拜訪了他們並承認他們是他的親屬，他怎樣在他到達埃及之前便從他的母親那裏聽到了他們的城市的名字。他們說這是根據他的命令，他們才爲他舉辦了運動會的。

92 以上所述，都是居住在沼澤地帶上方的埃及人的風俗習慣。沼澤地帶的居民，他們的風俗習慣，不拘是在其他各方面，還是在像在希臘那樣每一個人只有一個妻子這一方面，都是和其他埃及人相同的。但是爲了使食物的費用節省一些，沼澤地帶的居民想出了這樣的一些辦法。當尼羅河上漲，而河水淹沒了兩岸平原的時候，在平原的水中生長大量的埃及人稱爲羅托斯的百合，他們把這種百合採下來放在太陽下曬乾，然後他們便從百合的中央取出像是罌粟那樣的東西搗碎並用它們作成麵包。這種羅托斯的根也可以吃，它有一種甜美的味道；它是圓形的，大小和蘋果差不多。河裏另生長著一種百合，這種百合和薔薇相似。它的果實長在從根部抽出的另一株莖上的花萼當中，外形幾乎完全和蜂巢相似。它裏面有許多和橄欖核大小差不多的種子，這些種子生吃或是曬乾了吃都可以。每年在沼澤裏生長的紙草都給他們拔出來，把它的上部割掉作爲其他的各項用途，下面剩下的大約一佩巨斯長的部分則吃掉或是賣掉。凡是想享受一下紙草的最好的美味的人，就把它放到燒紅了的瓦罐裏去烘一下再吃。但其中也有一些人是完全以魚類爲活的。他們捉到魚，並把它們的臟腑取出來之後，便把他們放在太陽下曬乾，然後乾著把它們作爲食物。

93 羣居性的魚並不是常常在河裏生產的，它們都養在湖裏，養育的情況是這樣：當它們要產卵的時候，它們便成羣地游到海裏去，雄性的魚領在前面，放出它們的精子，雌性的則跟在後面把這些精子吞下去，這樣便受精了。當雌性的魚在海裏面受胎的時候，所有的魚便游回自己的老家；但這一次領先的是雌性的魚而不是雄性的魚了，它們成羣地游在前面，並且像雄性的魚那樣地，一點一點地放出它們那像小米那樣的一些卵來，而跟在後面的雄性的魚便吞食了這些卵。這些小米狀的東西或卵，就是魚。魚就是從沒有被吞食的那些留下來的卵成長起來的。那些在游向海中時被捉住的魚，在它們的頭部的左方有傷痕，在從海中游回時被捉住的魚，則在它們的頭部的右方有傷痕。所以有這樣的現象發生，是因爲它們向海的方面游去時，它們緊挨著左岸，而在游回的時候，仍舊緊挨著原岸，儘量地挨著它、觸著它；而我想這是它們害怕水流會把它們沖出它們的道路的緣故。當尼羅河開始上漲的時候，在河流附近低窪的和沼澤的地帶首先開始積滿了水，這是從河裏緩緩流出的水，而在這些地方漲滿了水的時候，它們裏面立刻就滿都是小魚了。它們可能是從什麼地方來的，我想我是可以猜到的。當尼羅河河水下落的時候，魚便在它們隨著最後的水離開之前產卵在泥裏；而時間轉回來的時候，第二年的河水又氾濫了，從這些魚卵裏立刻便生出魚

來。因此，關於魚的事情講到這裏也就夠了。

94在沼澤地帶周邊居住的埃及人使用一種從蓖麻子製造的油，他們稱這種蓖麻子為奇奇。他們在河岸與湖岸上播種這種植物；在希臘，這種植物是野生的；埃及種的蓖麻結子很多，但是氣味很不好聞，人們把這種蓖麻子收集起來，或是搗碎和壓榨，或是在焙過之後再煮，而把從裏面流出的液體收集起來。這是一種不次於橄欖油的、富於油質的液體，它可以作燈油用並有一股濃烈的氣味。

95蚊子是很多的；埃及人防蚊的辦法是這樣：住在比沼澤地帶要高的那些人，他們可以很安全地爬到頂樓上去睡覺，因為風會使蚊子不能飛到那上面去；在沼澤地帶四周住的人們則有另一種辦法來代替頂樓。他們每個人都有一個網子，他們白天用這個網子打魚，晚上就把這個網子張在他睡覺的床的四周，然後爬進去睡覺。如果他穿著外衣或裹著亞麻布睡，那蚊子會把它咬穿了的；但是它們甚至根本不試圖穿過網子去咬裏面的人。

96他們用來運貨的船是用一種橡膠樹製造的，這種樹的外形很像庫列涅的蓮花，它的汁液便是樹膠。從這種樹他們切下兩佩巨斯長的木板，把它們像是砌磚那樣地排列在一起；然後他們便用把這些兩佩巨斯長的木板緊繫在長而又密排的木柱之上的辦法來造船身。這樣弄好了之後，他們便把大樑橫著放到木板上。他們是不用肋材的。他們用紙草來填充裏面接縫的地方。船的龍骨上有一個孔，舵就從這個孔穿過去。船桅是橡膠樹作的，帆是用紙草作的。除非強力的陣風連續刮，這種船是不能逆流駛行的。它們要用岸上的人來拖；但是在順流而下的時候，卻可以這樣辦；他們用一個檉柳木製造的筏，繫著兩塔蘭特重穿孔的石頭和葦蓆：木筏放到水裏要它漂在船的前面，用一根繩子把它和船繫在一起，石頭也用一根繩子繫在船的後部。這樣，給水流推動著，木筏便順流迅速下行並拖著這個「巴利司」（這是這些船的名字），而垂到後面的河水裏的石頭，它的作用則是保持船行的進路筆直。這種船是很多的，有一些船載運著成千上萬塔蘭特重的貨物。

97 當尼羅河氾濫到地面上來的時候，只有市鎮才可以被看到高高地在水面之上並且是乾燥的，和愛琴海上的島嶼非常相似。只有這些市鎮露在水面之上，而埃及的其他地方則完全是一片水。因此，當這種情況發生時，人們便不像尋常那樣在河道中往來，而是往來於全部水域之上了。從納烏克拉提斯到孟斐斯上行的船隻實際上就是經過金字塔本身的近旁的；雖然通常的河道不是這樣，而是經過三角洲的頂點和凱爾卡索洛斯市鎮的。但是你如果從海和卡諾包斯到納烏克拉提斯去的話，那你就會經過安提拉市附近的田野和那被稱爲阿爾康德洛斯的城市。

98 安提拉是一個有名的城市，它是專門指定爲統治埃及的國王的王后供應鞋子的。自從埃及被波斯人征服以來，事情一直就是這樣的。另一個城市，我以爲，是因阿凱亞人普提奧斯的兒子、達納烏司的女婿、阿爾康德洛斯而得名的；因爲這是被稱爲阿爾康德洛斯之城的。也可能有另一個阿爾康德洛斯；然而這個名字卻不是埃及的名字。

99 以上所述都是我個人親自觀察、判斷和探索的結果。下面我再根據我所聽到的記述一下埃及的歷年事件，這上面再加上一些我自己看到的東西。祭司們告訴我說，米恩是埃及的第一位國王，他第一個修築了一道堤壩把孟斐斯和尼羅河隔了開來。整個河流從利比亞那一面的砂山下面緊挨著流過去，但是米恩卻在河上築了一道堤壩而使它在孟斐斯上方一百斯塔迪昂左右遠的地方開始折向南方流去了。這樣他便使舊道乾涸下來並用一道河渠引領河水使它經過山與山的中間。而直到今天，波斯人都非常注意河的這一個水曲，每年都加固它的堤壩，以便使它把河水保持在河道裏。因爲，如果尼羅河沖毀了堤壩並且淹沒了這裏的話，整個孟斐斯便有被淹沒的危險了。但當這第一位國王米恩修堤而使這個地方成爲乾地的時候，他就第一個在那裏建立了現在稱爲孟斐斯的一座城（甚至孟斐斯也位於埃及的狹窄部分），而在它的外部，他在它的北部和西部引出河水而挖掘了一個湖（而尼羅河本身就是這個地方的東界），第二，他在那裏修建了一個最值得一記的偉大的海帕伊司托斯神殿。

100 在他的後面有三百三十個國王，祭司們從一卷紙草把他們的名字念給我聽。在所有這許多代裏，有十八位埃西歐匹亞的國王和一位土著的王后；其他的便都是埃及人了。王后的名字和巴比倫女王的名字一樣，也叫作尼托克里司。他們說，她是繼承了她的哥哥的王位的，她的哥哥曾是埃及的國王並且爲他的臣民殺死，然後臣民使她登上了王位。爲了給她的哥哥復仇，她想出了一個狡詐的計劃，而她便用這個計劃殺死了許多埃及人。她修建了一間宏大的地下室，她藉口慶祝這間地下室的落成，心中卻想著完全是另外一件事：她召請她知道曾作爲主要人物參加謀殺她的哥哥的那些埃及人來赴盛宴，但當他們正在飲宴的時候，她忽然把河水放了進來，這河水是從在他們頭上秘密修建的大水道引進來的。關於她，祭司們所談的只有這些，此外只還有這樣一件事，即當她作完了我上面所說的事情時，她便投身到一間充滿了灰燼的屋子裏面去，以便逃避她可能會受到的報復。

101 他們說，其他的國王都是沒有什麼業績可言的人物，他們都是沒有留下什麼可以紀念的東西的不值得一提的人物。例外的只有最後的一個國王叫作莫伊利斯的。這個莫伊利斯在位的時候，留下了幾個紀念物：海帕伊司托斯神殿的北門；他下令挖掘的湖，這個湖的四周有多少斯塔迪昂我下面就要談到；此外還有他在湖中修建的金字塔，這些金字塔的大小將要在我談到它們所在的那個湖的時候提一下。這便是莫伊利斯留下的業績，其他的國王則誰也沒有留下任何東西。

102我不談這些國王了；因而現在我就要談一談在他們之後統治的一個名叫塞索斯特里斯⑪的國王。祭司們說，他第一個率領著一隊戰船從阿拉伯灣沿著紅海海岸向前推進，征服了他經過的沿岸的各個民族，直到他最後到達因淺灘而無法行船的一片海洋地帶。因此他便從那裏返回埃及，祭司們說，他又集合了一大支軍隊，通過大陸前進，把他在道上遇到的每一個民族全都征服了。凡是當地居民對他的進攻加以抗擊並英勇地爲本身的自由而戰的地方，他便在那裏設立石柱，石柱上刻著他的名字和他的國家的名字，並在上面說明他怎樣用他自己的武力使這裏的居民屈服在他的統治之下。但相反地，在未經一戰而很快地便被征服的地方，則他在石柱上所刻的和在奮勇抵抗的民族那裏所刻的銘文一樣，只是在這之外，更加上一個婦女的陰部的圖像，打算表明這是一個女人氣的民族，也就是說不好戰的、懦弱的民族。

103這樣他便穿過了整個亞細亞大陸，從這裏他又進入歐羅巴，征服了斯奇提亞人和色雷斯人。我以爲他的軍隊就來到這裏，而沒有開到比這些人更遠的地方去。因爲在他們的國土上還看得到他樹立的石柱，但是在更遠的地方便看不到這樣的石柱了。從色雷斯返回埃及的時候，他在途中到達了帕希斯河的河岸。在這裏我不能確定發生的是什麼事情。可能是國王塞索斯特里斯自己把他的一部分軍隊從他的主力分出來，把他們留在那裏殖民，也可能是他的一部分軍隊在流浪的征途上感到厭倦而在這條河的河岸上定居下來了。

104科爾啓斯人是埃及人那是明顯不過的事情了。在我聽別人提起這個事實之前，我自己已經注意到這件事情了。在我開始想到這一點的時候，我便在科爾啓斯和埃及兩地對當地人加以探詢。我發現科爾啓斯

---

⑪希臘人稱拉美西斯二世爲塞索斯特里斯。

人對於埃及人的記憶比埃及人對科爾啓斯人的記憶更要清楚。然而埃及人仍然是說，他們認爲科爾啓斯人是塞索斯特里斯的軍隊的一部分。我個人這樣推測的根據，首先是這樣的一個事實，即他們的膚色是黑的，毛髮是捲曲的（但是在他們之外的其他民族也有這樣的，因此單是這一件事實確實是沒有什麼意義），但此外，也是特別重要的是這樣一個情況，即科爾啓斯人、埃及人和埃西歐匹亞人是從遠古以來實行割禮的僅有的幾個民族。腓尼基人和巴勒斯坦的敍利亞人自己都承認，他們從埃及人那裏學到了這個風俗。而在鐵爾莫東河與帕爾特尼歐斯河沿岸地帶居住的敍利亞人以及與他們相鄰的瑪克羅涅斯人則說，這種風俗是他們最近從科爾啓斯人那裏學來的。要言之，這些人便是世界上僅有的行割禮的民族，而且非常明顯，他們在這一點上面，是模仿埃及人的。至於埃西歐匹亞人本身，則我誠然還不能斷定，是他們從埃及人那裏學到了割禮，還是埃及人從他們那裏學到了割禮，但這顯然是一個十分古老的風俗了。然而和埃及人有交往的人們從埃及人那裏學得了這一風俗，我卻從這樣一件事實而很清楚地得到證實：即當腓尼基人中凡是和希臘人有交往的，他們就不在這件事上模仿埃及人並且不給自己的孩子施行割禮。

105 不，關於科爾啓斯人如何與埃及人相似的一點，我還可以補充另一件事實。這兩個民族織造亞麻的方法是完全一樣的，但世界所有其他的人們則都完全不知道這種織造的方法。他們在全部生活方式上以及在他們的語言上也是相似的。希臘人稱科爾啓斯的亞麻爲薩地尼亞亞麻，但稱從埃及來的亞麻爲埃及亞麻。

106 埃及國王塞索斯特里斯在他所征服的各地所樹立的石柱，大部分都已不復存在了。但是在敍利亞的，叫作巴勒斯坦的那一部分，我親自看到它們仍然聳立在那裏，石柱上面刻著我上面所說的詞句和婦女的陰部。在伊奧尼亞也有這位國王的兩個圖像刻在岩石上，一個在從以弗所到波凱亞的道路上，另一個在從撒爾迪斯到士麥拿的道路上。每個地方的圖像所刻畫的都是一個四佩巨斯一斯披塔美高的男子，右手持槍，左手持弓，其餘的裝束則一部分像埃及人，一部分像埃西歐匹亞人。穿過胸部從肩到肩有一行銘文，這是用埃及的僧體文字寫的，意思是說：「我用我的肩部的力量征服了這個國土。」征服者沒有說出他是誰，他是從什麼地方來的；雖然，塞索斯特里斯在其他地方是記載著這些事項的。因此有一些看到這些圖像的人便猜測說這是美姆農的像。不過這樣想的人離開事實是很遠的。

107 祭司們又說，這個塞索斯特里斯在他帶著他從被征服的各國得來的大批俘虜回國時，他的那個在他離開時曾被他任命爲埃及總督的弟弟在佩魯希昂的達普納伊迎接他，並且請他參加宴會，他和他的兒子們都參加了這個宴會。於是他的弟弟便在那一建築物的四周堆積了大量的薪材，這樣作完了之後，就把它點著了。當塞索斯特里斯知道發生了什麼事情的時候，他立刻便接受了陪他一道赴宴的他的妻子的忠告，把他們的六個兒子中的兩個兒子投到火上作爲火焰中的橋樑，這樣就可以使他們其餘的人踏過這兩個人而逃跑了。塞索斯特里斯照著她的話作了，因此他本人和他其餘的孩子便得了救。但他的兩個兒子卻活活地被燒死了。

108 塞索斯特里斯於是返回自己的國土並對他的弟弟進行了報復，在這之後，他便著手這樣地利用他從被征服的各國帶來的大批俘虜；他使這些俘虜搬運大塊的岩石，在他的治下，這些岩石都是被運到海帕伊司托斯神殿去的；他還迫使這些俘虜挖掘在埃及地方縱橫交錯的許多河渠。由於使用這些強制的勞動挖掘了河渠，國內的全部面貌無意中改觀了。在以前埃及是一個適於馬和馬車行走的地區，但從此之後，它變得對二者都完全不適合了。雖然這時它的全境是一片平原，現在它卻既不適於馬，又不適於馬車行走，因爲它的全境布滿了極多的、向四面八方流的河渠。國王這樣作的目的是要把尼羅河的河水供應給內地不是臨河的城市的居民，因爲在先前，河水退下去以後，他們不得不飲用他們從井裏吸取的發鹹的水。就是爲了這個原因，埃及才到處布滿了河渠的。

*109*他們又說，塞索斯特里斯在全體埃及居民中間把埃及的土地作了一次劃分。他把同樣大小的正方形的土地分配給所有的人，而要土地持有者每年向他繳納租金，作爲他的主要的收入。如果河水沖跑了一個人分得的土地的任何一部分，這個人就可以到國王那裏去把發生的事情報告給他；於是國王便派人前來調查並測量損失地段的面積；這樣今後他的租金就要按著減少後的土地的面積來徵收了。我想，正是由於有了這樣的作法，埃及才第一次有了量地法，而希臘人又從那裏學到了它。不過波洛斯（日鐘——譯者）、格諾門（日晷——譯者）以及一日之分成十二部分，這卻是希臘人從巴比倫人那裏學來的。

*110*塞索斯特里斯不僅僅是埃及的國王，他還是埃西歐匹亞的國王。他是唯一的、治理埃西歐匹亞的埃及國王，作爲他治下的紀念物，他留下了聳立在海帕伊司托斯神殿門口的那些石像，其中他自己和他的妻子的兩座石像各有三十佩巨斯高，他的四個兒子的石像則各有二十佩巨斯高。在很多很多年之後，海帕伊司托斯神殿的祭司都不許波斯的國王大流士把自己的石像放在這些石像的前面，因爲他們說，大流士的功業是不能夠和埃及的塞索斯特里斯的功業相比的。因爲他們說，塞索斯特里斯不單單是完全征服了和大流士征服的同樣多的民族，他還征服了斯奇提亞人，這是大流士所未能征服的。因此，如果就功業而論，在他自己不能相比的國王的奉納物面前，樹立自己的石像，那是不公平的。據說，大流士在這一點上對祭司是諒解的。

*111*祭司們說，在塞索斯特里斯死的時候，他的兒子培羅斯登上了王位。他並沒有進行戰事上的征伐。他由於下述的情況而雙目失明了。尼羅河的河水漲到了空前的高度即十八佩巨斯，淹沒了全部的田地的河水這時給突然刮起的強烈的風，吹起了浪頭。於是，據說，這位國王竟魯莽到拿起槍來，衝到河中的大浪

頭裏面去。這之後他立刻得了眼病，而變成瞎子了。這樣他一直在十年中間不能看到東西。終於在第十一個年頭，從布頭城有一個神託帶給他，大意是說，他的刑罰的期限就要滿了，他可以用尿洗眼以便恢復他的視力。但這尿必須是屬於一個忠於她的丈夫並從來沒有和另外一個男人發生過關係的婦女的。因此培羅斯便首先用他的妻子的尿來試，但是絲毫沒有效果，他照舊看不到東西。於是他又一個接著一個地用別的婦女的尿來試，直到最後他用這種辦法恢復了視力的時候。於是除去最後使他恢復視力的這個婦女之外，他把所有的婦女集合在一處，把她們帶到現在稱爲紅土的一個城市去，在那裏把她們連同那個地方全部燒死了。他娶了用尿給他治好了眼睛的婦女。而在他完全恢復視力之後，他便向一切有名的神殿奉獻禮品，在這中間，最值得一記的便是他送給太陽神的神殿的兩個石頭的方尖碑。這是兩件傑出的作品，每個碑都是一整塊石頭製造的，每個石碑都是一百佩巨斯長，八佩巨斯寬。

112 他們說，繼承培羅斯的是一個孟斐斯地方的人，他的名字用希臘語來說，叫作普洛鐵烏斯。這個國王在孟斐斯有一個很美麗的而且裝飾得漂亮的聖域，位於海帕伊司托斯神殿的南面。推羅地方的腓尼基人住在這個聖域的四周，而這整個地方便叫作推羅人營。在普洛鐵烏斯的聖域裏，有一座神殿，稱爲外國人阿普洛狄鐵的神殿。我猜想這座神殿是給圖恩達列烏斯的女兒海倫建造的。首先，我聽到的，是因爲她曾在普洛鐵烏斯的宮廷裏和他同居了一個時期；其次，是因爲這個神殿是被稱爲外國人阿普洛狄鐵的；原來在所有其他阿普洛狄鐵的神殿中間，再也找不出另一座神殿，有帶著這個外國人的頭銜的女神了。

113 在回答我的關於海倫的問題的詢問時，祭司們向我敍說了下面的一段經過。亞力山大從斯巴達把海倫搶走之後，他便乘船返回故國了。在他經過多島海的時候，起了一陣烈風，這陣烈風把他吹離了原來的航路並把他吹到埃及的海域上去；從那裏，（由於風勢未減），他便到了埃及，而他上岸的地點則是今日

稱爲卡諾包斯河口的埃及河口的一個叫作塔里凱伊阿伊（鹽地——譯者）的地方。在這個地方的岸上有一座呈獻給海拉克列斯的神殿，這座神殿到今天還存在著。如果一個奴隸從他的主人那裏跑到這個神殿裏來避難，把自己的一身獻給神並在自己的身上打上神聖的印記，則不管他的主人是誰，也不能再動一下這個奴隸了。直到我的這個時候，這條法律仍舊是和太古以來一樣有效的。因此，聽到這個神殿的規定之後，亞力山大的侍從們便從他那裏逃開，跑到神殿去請求庇護。在那裏他們爲了要加害於他們的主人，他們便向埃及人控訴他，把他掠奪海倫的全部情況，以及他對美涅拉歐司所作的不義之行都講了出來。他們不單是在祭司面前，而且在尼羅河河口的守吏名叫托尼司的一個人面前控訴他。

114 托尼司聽到這個消息之後，他立刻送信給正在孟斐斯的普洛鐵烏斯，大意是說：「從希臘來了一名異邦人；他是一個鐵烏克羅斯人，他在他所來自的希臘地方作了一件不義的行爲。他欺騙了他的主人的妻子並誘拐了她以及一筆極大財富。但是風浪迫使他漂流到這裏來。我們還是要他原樣的回去呢，還是把他帶來的東西給沒收呢？」普洛鐵烏斯回答說：「不管是誰，凡是對自己的主人有不義之行的，就把他捉來見我，這樣我可以知道他會說些什麼。」

115 托尼司得到這個命令之後，便逮捕了亞力山大並不許他的船舶離開；繼而他便帶著亞力山大、海倫、全部財寶以及那些逃跑的請求庇護的人們到孟斐斯來了。當所有的人都到達的時候，普洛鐵烏斯便問亞力山大，他是誰，他是從什麼地方來的。亞力山大在回答時敍說了他的身世，祖國的名字以及他是從什麼地方開始航行的。於是普洛鐵烏斯又問他是從什麼地方奪到了海倫的。在回答的時候，亞力山大支吾其詞了，他並沒有把老實話講出來。於是那些逃跑的奴隸們便插進來講話，他們駁倒了他的敍述並且講出了他的全部犯罪事實。終於在講完之後，普洛鐵烏斯作了這樣的審判：「如果不是我極其愼重於使被風浪吹到我國來的任何異邦人不遭殺害的話，我是一定會把你殺死來給希臘報仇的；因爲你這個最卑鄙的人在受到款待以後竟會作出這樣不義的事情來。首先，你誘惑了你自己主人的妻子，可是你還不滿足，你一定還要挑起她的情欲並把她拐走。但這一點你仍然不滿足，在離開的時候，你還劫掠了你的主人的家財。現在，既然我極其愼重而不處死任何異邦人，因此我還是許你回去；但是我不許你帶走這個女人和這些財富。他們必須留在這裏，等希臘的那個異邦人親自來把這個女人和財富帶回去。至於你本人和你的同船伴侶們，我命令你們在三天之內離開我的國土到國外的什麼地方去；此外，我還要警告你，如果你不這樣作的話，三天過後，我就要拿你當敵人看待了。」

116 根據祭司們對我講的話，這便是海倫所以到普洛鐵烏斯這裏來的情況。而在我來想，荷馬也是知道這件事情的。但是由於這件事情不是像他所用的另一個故事那樣十分適於他的史詩，因此他便故意地放棄了這種說法，但同時卻又表明他是知道這個說法的。從伊利亞特中他敍述亞力山大的漫遊的一節，便很明顯的可以看出來（他在詩中的其他任何地方都沒有再提到這一點）；在這一節裏，他說到亞力山大和海倫怎樣被吹出了他們的航路，而在他們所到過的其他地方當中，他們還到達了腓尼基的西頓。這是在敍述到狄歐美戴司的武功的那一段裏；原詩是這樣：

在他的家裏有織成五顏六色的袍子，
這是西頓的婦女們作成的；天神一樣的帕理司在先前
曾從東方的城市，帶著這些婦女越過廣大的海洋航行到這裏，
甚至當他把血統高貴的、美麗的海倫從她的家鄉給帶出來的時候。

在奧德賽里，荷馬也提到了這一點：

托恩的妻子埃及人波律達姆娜
曾把這樣的有效的良藥
送給宙斯的女兒；因為在那裏的肥沃的土地上，
生長著許多配合起來能夠治病的或是害人的藥草。

而美涅拉歐司也向鐵列瑪科斯說：

我歸心似箭，但諸神把我還留在埃及。
他們因我不崇奉他們，不為他們按時舉行百牛大祭而震怒。

從上面的詩句看來，詩人表示他知道亞力山大流浪到埃及去的這件事；因為敍利亞就在埃及的旁邊，而包括西頓人在內的腓尼基人又是住在敍利亞的。

117 這些詩句和特別是這一節非常清楚地證明，賽浦路斯敍事詩並不是荷馬，而是另一位詩人寫的。因為賽浦路斯的敍事詩說，亞力山大偕同海倫在三天之內從斯巴達到伊里翁，一路之上是順風和沒有浪頭的。但是根據伊利亞特，他在帶著她的時候，是迷失了道路的。現在我就不再談荷馬與賽浦路斯敍事詩了。

118 但是當我問祭司們，希臘人所敍述的關於伊里翁（即特洛伊）的事情是眞是假的時候，他們回答說他們研究過並且知道美涅拉歐司自己所講的話，即在海倫被誘拐之後，希臘人的大軍為援助美涅拉歐司到鐵烏克羅斯人的國王上來。他們在那裏上岸紮營之後，便派遣使者到伊里翁去，美涅拉歐司本人也是使者之一。這些人進城之後，便要求放回海倫，並交出亞力山大從美涅拉歐司那裏偷出並帶走的財寶，此外還要求對他們的不義之行加以賠償；但是鐵烏克羅斯人後來卻一直發誓或是不發誓地宣稱，他們那裏並無向他們要求交出的海倫和財寶，人和財寶都在埃及了。他們說，他們還沒有義務來賠償現在在埃及國王普洛鐵烏斯手裏的東西。但是希臘人以爲特洛伊人是在開他們的玩笑，於是便圍攻他們的城，直到攻克了這座城。直到他們攻克了城塞，發現那裏原來沒有海倫並聽到了和先前相同的說法，他們才相信了特洛伊人當初所說的話，而把美涅拉歐司本人派到普洛鐵烏斯那裏去。

*119*於是美涅拉歐司來到了埃及並溯河上行到達孟斐斯；在那裏，把經過的情形如實講了一遍之後，他受到了非常熱誠的款待並且完全無傷地接回了海倫以及他的一切財富，但是，儘管他受到這樣盛情的款待，美涅拉歐司卻作了一件對不起埃及人的事情。原來當他要乘船離開的時候，由於天氣不好而被留下；由於這種阻礙長期無法解除，他便想主意而作了一件受到禁止的事情；他捉了當地的兩個孩子，拿他們作了犧牲。當人們知道他作了這樣的事情的時候，便憎恨並追趕他，於是他便乘船逃到利比亞去；而從那裏他又到什麼地方去，埃及人就不知道了。祭司們告訴我說，他們在打聽之後才知道了這件事的若干情節，但是在他們自己國內發生的事情，他們卻是言之確鑿的。

*120*埃及祭司們告訴我的一切就說到這裏爲止了。至於我本人，我是相信他們關於海倫的說法的。我的理由是這樣：如果海倫是在伊里翁的話，那麼不管亞力山大願意不願意，她也要給送回到希臘人那裏的。可以肯定，普利亞莫斯和他的最親近的人們都不會瘋狂到竟會使他們自己、他們的兒子以及他們的城市冒著危險而叫亞力山大娶海倫爲妻子。甚至假如他們在開頭的時候有意這樣作的話，那麼當不僅僅是許多特洛伊人在與希臘人作戰時被殺死，而且普利亞莫斯本人在每次戰鬥中，如果詩人的敍事詩可信的話，都要死掉兩三個、甚至更多的兒子的時候，在發生這樣的情況之下，即使海倫是普利亞莫斯自己的妻子，我自己也必然會想到，他是要把她送回到希臘人那裏去的，如果這樣作他可以躲掉目前災禍的話。但儘管普利亞莫斯上了年紀，亞力山大卻不是最近的一個王位繼承者，因此他不能成爲一位眞正的統治者。這樣的一

個人是海克托爾，這是一個比亞力山大年紀大而且比他更勇敢的人物，他是很有希望在普利亞莫斯死時取得王權的。海克托爾決不會同意他的兄弟的不義之行，特別是當這個兄弟是造成海克托爾本人以及整個特洛伊的巨大災禍的原因的時候。然而事情的結果卻正如他們所說的那樣，因爲特洛伊人那裏並沒有海倫可以交回，而且儘管他們講了眞話，希臘人卻不相信他們；因爲，我相信並認爲，天意注定特洛伊的徹底摧毀，這件事將會在全體世人的面前證明，諸神確是嚴厲地懲罰了重大的不義之行的。我是按照我自己所相信的來講的。

121 在普洛鐵烏斯之後統治埃及的，他們說是拉姆普西尼托司。使人想到他的名字的紀念物是他留下來的海帕伊司托斯神殿的西面的前庭；在這前面他建立了兩座有二十五佩巨斯高的像。這兩座像靠北面的一座埃及人稱之爲夏，靠南面的一座埃及人稱之爲冬；對他們稱之爲夏的那座像，他們是崇拜並且善待的，但是對於稱之爲冬的那座像則給以相反的待遇。

（α）他們告訴我說，這個國王擁有這樣大量的白銀，以致後來的國王無人能超過他或幾乎比得上他。爲了他能夠安全地保藏他的財富，他下令修建一間石室，這間石室的一面牆就和他的宮殿的外側相接。但是修建這間石室的工匠卻巧妙地想出一個辦法，使牆壁上的一塊石頭砌得可以容易地給兩個人，甚或一個人抽出來。因此當石室完工的時候，國王便把他的財富儲藏在裏面了。但是久而久之，當這個設計的工匠病得快要死的時候，他便把孩子們（他有兩個兒子）召到自己的面前來，告訴他們怎樣由於在他修建國王的財庫時的技藝，而爲他們安排了一個非常富裕的生計。他非常詳盡地告訴他們移動石頭的辦法並且把尋找這塊石頭的尺寸也向他們講了，並且說如果他們把這些記住的話，他們便可以隨便支配國王的財富了。因此，當他死去的時候，他的兒子不久便著手於他們的這件事了：他們在夜裏來到王宮，很容易地在石室上找到了那塊石頭並把它抽了出來，這樣便盜竊了大量的財富。

（β）當國王在一天打開石室的時候，他非常驚訝地看到盛著財寶的容器有些已經不滿了。但是他不知道這應當歸咎於何人，因爲封印毫無異狀而石室也緊緊地關閉著。但是在他第二次、第三次打開石室的時候，他發現財富更加減少了（因爲盜賊並沒有停止偷竊），於是他便下令設置陷阱並把它安置在他放置財寶的容器的四周。盜賊像先前那樣地又來了，他們之中的一個爬了進來；當他走近容器的時候，他立刻便被陷阱捉住了。看到他自己遭到災禍，他立刻喊他的兄弟並把發生的事情告訴了他，要他的兄弟盡快地進來割掉他的首級，以免他被人看見和認出從而也連累了他的兄弟。他的兄弟認爲這是一個好的辦法，便同意並這樣作了。於是他便把石頭又安放在原處，帶著他的兄弟的首級回家去了。

（γ）等到早上的時候，國王又到石室來，他吃驚地看到了一名無頭賊，但是石室仍然沒有打開，也看不出出入的痕跡來。於是他不知道如何好了。但是他立刻下令把盜賊的屍體懸在外城並派衛兵守在那裏，告訴這些衛兵，如果看到有人哭泣或是哀悼，就立刻把這個人捉來見他。但是當這具屍體這樣給懸掛出來的時候，賊的母親感到萬分難過，她要她還活著的那個兒子想不管是怎樣一個辦法把那個屍首放下來並把它帶回來；她並且威嚇說如果他不從命的話，她就要到國王那裏去報告，說他窩藏了偷來的財富。

（δ）因此當母親痛斥了他，而他無論如何也不能說服她的時候，他便想出了這樣的一個辦法：他帶著他的驢子，驢子背上載運著滿盛著酒的皮囊，然後就趕著它們在自己的前面走，而一直來到看守著懸掛著的屍體的衛兵的近旁；於是他便拉兩三只革囊上的腳⑫，這樣就把它的口解開了；而在酒向外流的時候，

---

⑫在製作皮子時，牲畜的尾巴和腳是留在皮子上的。——譯者

他便高聲喊叫並且打自己的腦袋，好像是不知道先對付那一隻驢子好的樣子。衛兵看到酒這樣大量地流了出來，他們便拿起器皿跑到大道上去接取流出來的酒並自認爲是有運氣的。這個人假裝作生氣的樣子並把衛兵們都痛罵了一頓。但是衛兵卻心平氣和地向他講話。於是他立刻像是受到寬慰並且平息了怒氣，直到最後，他竟把他的驢子趕到大道旁邊並著手重新整理他載運的東西。結果衛兵和他談起話來，其中的一名衛兵竟和他開玩笑而使他笑了起來，這樣他又送給他們一革囊的酒。於是不費什麼麻煩衛兵們便坐了下來開始飲酒，他們要他參加進來和他們在那裏共飲。他同意而留下了。他們跟他歡飲，而他又給了他們一革囊的酒，直到衛兵們由於喝得太多而酩酊大醉的時候，他們終於不得不睡著而在他們飲酒的地方臥倒了。當夜深的時候，這個賊便把他的兄弟的屍首放下來，然後爲了愚弄的目的，他又剃了這些衛兵的右頰。他把這屍首放到驢背上駝著，趕回家裏去，這樣便完成了母親交給他的任務。

（ε）當國王聽到賊的屍首被盜走的時候，他眞是憤怒萬分了。因此爲了不管用什麼代價也要捉住作出了這樣事情的人，他便用了這樣的一個辦法，這是埃及的祭司們的說法，但我個人是不相信這個說法的。他把自己的女兒給送到娼家去，命令她不拘任何人一律接待，但是在就衾之前先要每一個人告訴她，他本人在一生中所作的最聰明的和最邪惡的事情是什麼。如果任何一個人在回答時告訴了她這個賊的故事，她必須立刻抓住他，不許他逃跑。她的女兒按照她父親的吩咐作了，但賊是知道爲什麼國王要這樣作的，於是他便想在計巧方面勝過國王。因此他又想出了下面的一個計劃：他弄到了一具剛死的屍體並把它的一隻手臂割下來藏到衣服下面，這樣便到國王的女兒那裏去。當她像她對所有其他的人一樣地向他提問題的時候，他就告訴她說他所作的最邪惡的事便是在他的兄弟被國王財庫中的陷阱捉住時，他割下了他兄弟的腦袋；而他的最聰明的事情便是灌醉了衛兵並把屍體帶走。當他這樣講的時候，公主便想抓住他，但是賊卻在黑暗當中把屍體的手臂給了她。公主以爲這便是他的手臂，便緊緊地把它捉住。但賊在這時卻把手臂留給她抓著，自己從門口溜掉了。

(七)在國王又得到這個消息之後，對這個人的狡滑和大膽深爲驚服，於是便派使者到他統治之下的各個城鎮去發布命令說，如果這個人前來謁見國王的話，國王將答應赦免他並給他重額的賞金。賊相信了他的話，到國王這裏來了；拉姆普西尼托司非常稱賞他，說他是人間最有智慧的人並把公主許配給他。因爲國王說埃及人在智慧方面比所有其他的異邦人要優秀，而這個人又比所有其他的埃及人要優秀。

122 祭司們還告訴我說，這位國王後來以肉身下降到希臘人稱爲哈戴司的冥府去，在那裏和戴美特爾玩骰子，他有時勝、有時負；在這之後，他便帶著女神贈給他的一件禮物即金色的餐巾回到大地上來了。因此，根據他們的話，由於拉姆普西尼托司下降到冥府去並從那裏回來，埃及人便制訂了一個節日，而我知道在我的時代他們確實是還慶祝這個節日的。但爲什麼他們制訂這個節日，是爲了這件事情還是爲了其他的事情我就不能確定了。節日那天的儀式是這樣：祭司們織出一件衣服，用一條布帶蒙上他們當中一個人的眼睛，然後他們把這件衣服披在這個人的身上領著他到通向戴美特爾神殿的大道上去；那時他們便和他分手並留他一個人在那裏了。可是，他們說，被蒙上了眼睛的祭司卻給兩匹狼領到離城二十斯塔迪昂遠的戴美特爾神殿去，再由狼從神殿領他回到原來的地點來。

123 這些埃及的故事是爲了給那些相信這樣故事的人來採用的：至於我個人，則在這全部歷史裏，我的規則是我不管人們告訴我什麼，我都把它記錄下來。

在埃及，人們相信地下世界的統治者是戴美特爾和狄奧尼索斯。此外，埃及人還第一個教給人們說，人類的靈魂是不朽的，而在肉體死去的時候，人的靈魂便進到當時正在生下來的其他生物裏面去；而在經過陸、海、空三界的一切生物之後，這靈魂便再一次投生到人體裏面來。這整個的一次循環要在三千年中間完成。早先和後來的一些希臘人也採用過這個說法，就好像是他們自己想出來的一樣；這些人的名字我都知道，但我不把他們記在這裏。

124 祭司們告訴我說，直到拉姆普西尼托司的時候，埃及在一切方面都治理得很好並且十分繁榮，但是到下面的一位國王岐歐普斯當政的時候，人民卻大倒其霉了。因爲首先，他封閉了所有的神殿，以致任何人也不能在那裏奉獻犧牲；其次，他強迫所有的埃及人爲他作工，指定一些人給他從阿拉伯山中的採石場把石頭拉到尼羅河岸：而這些石頭既然要裝在船上運過河去，所以另一些人的任務就是接過這些石頭來並把它們拉到稱爲利比亞山的山那裏去。他們分成十萬人的大羣來工作，每一個大羣要工作三個月。在十年中間人民都是苦於修築可以使石頭通過去的道路，這種道路的修築，在我想來，只是比金字塔的修築要輕一些，（因爲道路是五斯塔迪昂長，十歐爾巨阿寬，最高的地方要到八歐爾巨阿，而且它完全是用磨光並且雕刻上圖像的石頭修築成的）。前面所說的十年是用來修築這條道路和金字塔所在的那個山上的地下室；國王修造這些地方是打算用它們來作他自己的陵墓，他還用水把這些陵墓圍起來，水是從尼羅河用一個水渠引過來的。金字塔本身的建造用了二十年，它的底座是方形的，每一面有八普列特隆長，它的高與之相等。金字塔是用磨光的石塊，極其精確地砌築成功的。每塊石頭的長度都超過三十尺。

125 這個金字塔修造得像是有些人稱爲克羅撒伊，有些人稱爲波米戴司的樓梯。當它這個初步的工程完成的時候，工人們便用短木塊製成的槓桿把其他的石塊搬上去；他們把石塊從地面抬到第一個級層上去；當石頭這樣抬上去之後，在第一級層上再放置另一個槓桿，而這個槓桿又把它從這一級層抬到另一級層上面去。可能在每一級層都有一個新的槓桿，也許只有一個可以移動的槓桿，而在石頭搬下之後，他們便把槓桿依次拉上每一級層。我聽的是這兩種說法，但我無法確定。但可以確定的是，金字塔的上部是最先完工的，然後是下面的部分，而最後才是底座和最下面的部分。在金字塔上面，有用埃及字母寫成的文字，表明為了給工人買蘿蔔、葱、蒜曾花了多少錢；而我記得十分清楚，通譯者當時念給我上面所寫的文字是花費了一千六百塔蘭特的銀子。而如果事實是這樣的話，他們工作時所用的鐵，以及工人的食品和衣服得要花費多少錢啊。看到上面說的建造時所花費的時間，則在開採和運送石頭、挖掘地下部分這些方面，我想也是要很長的時間才可以作完的。

126 岐歐普斯是這樣寡廉鮮恥的一個人，由於沒有錢，他竟然使自己的女兒去賣淫以便勒索酬報；但多少錢我不知道，因為他們沒有告訴我。他們說，她在按著她父親的吩咐去作時，曾打算也給她自己留下某種紀念物，因而請求每一個想和她交媾的人都要給她的營造物提供一塊石頭。而這些石頭便用來修建了對著大金字塔的三座金字塔中間的一座；這個金字塔的每一面是一普列特隆半。

127 埃及人說，岐歐普斯統治了五十年；他死的時候，他的弟弟凱普倫繼承了王位。凱普倫的在一切方面的行為都和岐歐普斯相似。凱普倫也給自己修築了一座金字塔，但是比他哥哥的那一座要小。我自己測量過它。它沒有地下室，它也不像另一座金字塔那樣有河渠把尼羅河的河水引過來，而是通過人工修建的一條水道把河水引進來的；河水繞流一個島，而他們說岐歐普斯本人便埋在這個島上。這座金字塔和另一座金字塔大小相同，只是高度差四十尺；它位於大金字塔附近的地方；它最下面的一層是用彩色的埃西歐匹亞石修築的。兩座金字塔都是聳立在同一大約有一百尺高的山丘上。他們說，凱普倫統治了五十六年。

128 因此他們便認為，埃及曾有一百〇六年是在水深火熱之中，而關閉了如此長久的神殿也從來沒有開過。人民想起這兩個國王時恨到這樣的程度，以致他們很不願意提起他們的名字而是用牧人皮里提斯的名字來稱呼這些座金字塔，因爲這個牧人當時曾在這個地方牧放他的畜羣。

129 他們說，埃及再下面的一個國王，就是岐歐普斯的兒子美凱里諾斯了。他不喜歡他的父親的所作所爲，因而打開了神殿，並容許那時已處於水深火熱之境的人民各人去作各人的行業，去奉獻他們的犧牲。他是所有國王中最公正的審判者。正是因爲如此，他比埃及的一切統治者都受到更高的贊揚。原來不僅僅是他的審判公正，而且，如果任何人不滿意於他的判決，美凱里諾斯還會從他自己的產業中給這樣的人一份禮物以償還他的損失。他的行動便是這樣的；他以仁政來治理他的人民，然而他仍然遭到了災難：首先的一個災難便是他家中唯一的孩子，他的獨生女兒死了。他對他的這一不幸遭遇悲痛萬分，因此他想給她舉行比一般要隆重的葬儀。於是他用包金的木頭作了一頭空心的牛，把他的女兒的屍體放置到裏面去。

130 這隻牛不是埋在土裏，而在我那時候，人們還可以在撒伊司城看到它，它被安放在宮殿的一間華美的房間裏。每天都給它燒各種的香，每夜都在它旁邊點著一盞燈。在這個牛像近旁有另一個房間，在那裏有美凱里諾斯的侍妾的像，這是撒伊司的祭司們告訴我的；而那裏確實有大約二十座巨大的木像，都製作得像是裸體的婦女；但是我只聽說過它們是何許人，我自己難肯定它們是誰。

131 有人還說過關於牛和木像的事情，說美凱里諾斯怎樣愛上了自己的女兒並把她強行姦污了；結果她悲痛得自縊了。因此，他們說，他便把她埋葬在這個牛像裏；女孩子的母親把引誘女兒跟她父親通姦的那些侍女的手都砍掉了，因而據說現在她們的像的情況就和當時活著的那些婦女所遭到的命運一樣。但我認爲這乃是一種無稽之談，特別是關於人像的手的事情。據我們自己來看，人像是因爲年深日久，它們的手才脫落了的。甚至在我的時候，我還看見這些手放置在這些人像前面的地上。

132 至於這個牛，則它的外部覆蓋著一件紫色的袍子，露出的只有頭部和頸部，它們都包著很厚的一層金。而在它的兩角之間，安放著一個黃金的、日輪一樣的東西；牛不是站著，而是跪著。它的大小和一個實物的大牛差不多。每年只要是在埃及人爲了在談到這些事情時我沒有指出名字來的神而捶胸哀悼時，這個牛像就給從房間內抬出來一次。在那個時候母牛被抬出來見見太陽，因爲他們說，美凱里諾斯的女兒在她死的時候曾懇求她父親，使她每年能夠見到一次太陽。

133 在他的女兒的悲慘的死亡之後，美凱里諾斯隨之又遇到了這樣的一件事情。從布頭城有一個神託送到他這裏來，說他只還有六年的壽命，而在第七年一定會死，國王認爲這太不公平了，於是便把一名使者派到神託所去譴責神，抱怨說他的父親和叔父封閉神殿、不敬神明並蹂躪世人卻活得很久，而他這樣一個十分敬神的人卻是短命的。但是從神託所卻來了第二個神託，這個神託對他說，他所作的善事正是使他短命的原因，因爲他是違反著天命行事的；埃及注定要受一百五十年的苦難，這一點他前面的兩個國王知道，然而他本人卻不知道。聽到這話之後，他知道他的命運是確定了。於是他便下令製造許多燭燈，每到夜裏就把它們點起來，飲酒作樂。他晝夜不停地飲酒作樂；不管是沼澤地帶還是森林地帶，只要是他聽到有可以極盡歡樂的地方，他就漫遊到那裏去。他這樣作的目的，是打算用把黑夜變成白天的辦法，把他的六年變爲十二年，從而證明神託的虛妄。

134 這個國王也留下了一座金字塔，但是這座金字塔比他父親的要小得多，它的正方形的底座的每一面是差二十尺不到三普列特隆，而且有一半的高度是用埃西歐匹亞石修建起來的。但是有一些希臘人說，這座金字塔是妓女羅德庇司修建的，不過這個說法是不對的。誠然，我知道的很清楚，當他們這樣講的時候，他們並不知道羅德庇司是誰（否則他們決不會把修造金字塔的事情算到她的身上，而說起來，要是修建一座金字塔，是要花費無數塔蘭特的金錢的）。而且還有一件事可以證明他們的錯誤，即羅德庇司的全

盛時代正是在阿瑪西斯，而不是在美凱里諾斯當政的時候，因此她是在修建金字塔的這些國王之後許多年的人。她是一個色雷斯人，是薩摩司人海帕伊斯托波里斯的兒子雅德蒙的女奴隸。她又是和寫作寓言的伊索在一起的奴隸，因為他也是雅德蒙的人。這一點的最主要的證據是，當戴爾波伊人遵照著一次神託的命令，作出多次的聲明請對伊索之被殺而要求賠償的任何人到他們那裏去的時候，則除了只有前者的孫子，另一個雅德蒙之外，並沒有任何人這樣作。因此，伊索當然也就是雅德蒙的奴隸了。

135 羅德庇司是薩摩司的克桑托斯給帶到埃及來的。她到這裏本是想作妓女的，但是在她來到之後，司卡芒德洛尼莫司的兒子，閨秀詩人莎波的兄弟，米提列奈人卡拉克索斯用一大筆錢給她贖了身。這樣羅德庇司便得到了自由並定居在埃及，在那裏她那遐邇聞名的魅力使她有了對一個妓女來說是非常巨大的財富，然而決不會富到可以修建這樣一座金字塔的程度。既然到今天，任何人只要願意的話，都可以知道她的財富的十分之一是多少，因此她是不可能被認為擁有巨大財富的。由於羅德庇司想給自己在希臘留一件紀念品，她便訂製了一件獨出心裁的東西然後再把它獻到神殿去，她是把它獻給了戴爾波伊作為自己的紀念的；因此，她便花了他的財富的十分之一用來訂製了盡可能多的烤全牛用的鐵叉，然後把這些鐵叉送到戴爾波伊去；這些東西到今天還堆在那裏，地點在岐奧斯人所奉獻的祭壇的後面，神殿本身的前面。納烏克拉提斯的妓女好像是最會迷惑人的，首先，我們上面談到的那個羅德庇司就是這樣的一位知名人物，甚至全希臘沒有人不知道羅德庇司的名字。到後來，阿爾啓迪凱又成了全希臘人們所謳歌的人物，儘管她的名聲不如羅德庇司大。卡拉克索斯在給羅德庇司贖身之後便回到米提列奈去了，但是莎波在她的一首詩歌裏卻狠狠地嘲罵了他。關於羅德庇司的事情，便講到這裏為止了。

136 根據祭司們的話，繼美凱里諾斯而後成為埃及國王的是阿蘇啓司，他給海帕伊司托斯神殿修造了向著日出方向的外門，這個門比之其他的任何的門都要美麗和雄偉得多。在所有的外門上都有許多雕刻圖像和無數建築上的裝飾，但在這個門上，這類的東西則要多得多。在這位國王的當政的時期，他們告訴我說，埃及的金融緊迫，因此訂出一條法律，一個人可以用他自己父親的屍體作抵押來借錢；法律還規定，債主對於債務人的全部墓地有財產扣押權，如果債務人還不了債的時候，對於提供這種抵押的人的懲罰就是，他死時自己不許埋入他的父祖的墓地或其他任何墓地，而在他生時，他也不許把他的任何死亡的家族埋入自己的墓地或其他任何墓地。此外，爲了超過在他之前統治過埃及的歷代國王，這個國王留下了一座磚造的金字塔作爲自己的紀念，上面有刻在石頭上的銘文：「不要因爲和石造的金字塔相比而小看我。因爲我比它們優秀得多，就好像宙斯與其他諸神相比一樣。因爲人們把竿子戳到湖裏面去，並把附著在竿子上的泥土收集到一起作成磚。而我就是這樣修築起來的。」

137 這一切便是阿蘇啓司所作的事情。繼他而統治的，是一個叫作阿努西司的盲目男子，他所出身的城市也叫作阿努西司。在他統治的時候，埃及曾受到埃西歐匹亞的國王撒巴科斯所率領的一支埃西歐匹亞大軍的進攻。盲人逃到沼澤地帶去，埃西歐匹亞人於是統治了埃及五十年。在歷史上記載到他的統治時說，他永不處死任何作了錯事的埃及人，但是根據人們犯罪程度的大小，判處所有那些犯罪的人在他們本地城鎮修築堤壩。因而城鎮的地勢便比以前更要高了：這是由於它們起初，在塞索斯特里斯統治的時期，是被建築在挖掘河渠的人們修造的堤壩之上，因此在埃西歐匹亞人的統治時期它們就更高了。我想，其他的埃及城鎮也是這樣對待的，但是布巴斯提斯卻比任何地方升得都要高。在這個城市裏有一座布巴斯提斯的神殿，這是非常引人注目的一個建築物。其他神殿儘管比較大或花錢較多，但是卻沒有一座神殿比這座神殿更加悅目。希臘語稱布巴斯提斯爲阿爾鐵米司。

138我現在要說一說這座神殿的外型：除去入口之外，它是在一個島上；從尼羅河有兩個互不交叉的河渠流過它的附近，這兩個河渠的流向是相對的，都是一直流到神殿入口的地方，然後一個河渠從一方，另一個河渠從相對的一方繞過去。每一個河渠都有一百尺寬，兩岸上樹木成蔭，籠罩在水面之上。外殿有十歐爾巨阿高，裝飾著六佩巨斯高的精美人像。神殿位於城市的正中，城的四周俯視著這座神殿，因為城的地面升高起來，但神殿的地面卻和先前一樣，因此人們是可以從外面看到它的裏面的。它的四周是刻著圖像的石牆；裏面是一叢非常高大的樹木圍繞在一座巨大神殿的四周長著。神殿裏是女神的神像。神殿是方形的，每一面有一斯塔迪昂長。一條大約有三斯塔迪昂長的石鋪的道路一直通到入口，然後折向東通過市集，再到海爾美士神殿。道路大概有四普列特隆寬，兩旁長著參天的樹木。神殿的情況就是這樣的。

139他們說，埃西歐匹亞人離開的經過情況是這樣的。他逃出了這個地方，是因為他夢見一個人站在他的面前，勸告他把埃及的全體祭司集合到一起並把他們腰斬。作了這樣的一個夢之後，他就說他認為這可能是神給他的一個暗示，表示他可以作出有瀆神明的事情，這樣就會受到諸神或是人們的懲罰；他說他不願這樣作，再加上，在神託預言他統治埃及的時期期滿之後他是要離去的，現在時期已經到了，他也應當離開了；因為當他還在埃西歐匹亞的時候，當地的人們請示的神託宣布說，他命中注定要統治埃及五十年。既然這個時期已經滿了而且他又因他在夢中的所見而心中煩惱，於是撒巴科斯就自動地離開了埃及。

140這個埃西歐匹亞人既然離開了埃及，據說那位盲人便再度作了國王；他是從沼澤地帶回來的，他在那裏住了五十年，住的地方是他自己用灰和土築成的一個島。因為個別背著埃西歐匹亞人被派來給他送食物的埃及人，曾受國王之託在每次來的時候都帶著灰，作為他們的禮物。在阿米爾塔伊俄斯的時期之前，從來沒有人發現過這個島；在他之前的所有的國王找了七百多年都沒有找到它。它的名字是埃爾波，有十斯塔迪昂長，十斯塔迪昂寬。

141 下面的一個國王就是海帕伊司托斯的祭司，名字叫作賽托司。他看不起並且毫不重視埃及的戰士階級，認爲他根本不需要他們；他不僅是侮辱他們，而且把在前王時期送給他們每一個人的十二阿路拉上選土地收了回去。因此國王撒那卡里波司立刻率領一支阿拉伯人和亞述人的大軍前來攻打埃及；但埃及的戰士不願對他作戰。這個走頭無路的祭司只得跑到神殿裏去，在那裏的神像面前爲眼看便要到臨他身上的危險而哀哭。當他正在哀哭的時候，他睡著了，在夢中他夢見神站在他的面前，命令他鼓起勇氣來，因爲在和阿拉伯人的大軍相對抗時，他是不會受到什麼損害的。神說他自己將要派軍隊來援助他。他相信了這個夢，因而便率領著還跟隨著他的那些埃及人在佩魯西昂紮下了營（因爲這裏是埃及的入口）；沒有戰士願意跟著他去，願意去的只有行商、工匠和小販。他們的敵人也來到了這裏，而在一個夜裏有一大羣田鼠湧入亞述的營地，咬壞了他們的箭筒、他們的弓，乃至他們盾牌上的把手，使得他們在第二天竟不得不空著手跑走，許多人又死掉了。而在這一天，在海帕伊司托斯神殿裏有一個埃及國王的石像，手裏拿著一隻老鼠，像上還有一行銘文，大意是：「讓看到我的人敬畏神明罷。」

142 埃及人和他們的祭司所告訴我的事情就是這些了。他們跟我說，從第一個國王到最後的那個海帕伊司托斯的祭司，中間總計是三百四十一世，而在這一段時間裏，他們也就有相同數目的國王和祭司長。三百世是一萬年，三世等於一百年。不把三百世計算在內，剩下的四十一世則是一千三百四十年。這樣算來，全部時間就是一萬一千三百四十年；他們說，在這全部時期當中，他們沒有一個國王是人形的神，而在這段時期之前或之後的其他埃及國王當中，也沒有這樣的事情。因此他們告訴我說，在這一段時期裏，太陽違反常規地升起了四次；兩次它是在它現在下落的地方升起的，兩次是在它現在上升的地方下落的；

雖然如此，埃及現在卻沒有經受任何變化，不管是在河流和土地的生產方面，還是在疾病和死亡的事情上面都是如此。

143 海卡泰歐斯⑬這位歷史家曾有一次到底比斯，他在那裏自己回溯了一下身世，結果發現他在十六代之前和神有血統的關係。宙斯的祭司對他所作的事和他們對我所作的事完全一樣，但我並沒有回溯我自己的身世。他們把我領到神殿的巨大內庭裏去，在那裏指給我看許多木像，他們數了一下，木像的數目正是他們剛才所說的那個數目，因為每一個祭司長在生前都給自己在那裏立一座像；在數給我並指給我看這些像的時候，祭司們向我表示，每一個都是從他的父親那裏繼承來的。他們數了全部的木像，從最近死的那個人一直回溯到最早的那個人。因此，當海卡泰歐斯回溯他的身世並宣布說在他之前第十六代的祖先是神的時候，祭司們根據他們的計算方法也回溯了他們的身世；因為他們不會相信他那認為一個人可以從神生出來的話；他們循著三百四十五個像來回溯全部的身世，卻和任何祖先的神或英雄聯繫不上，他們宣布說每一個像都是一個披羅米司，都是另一個披羅米司的兒子，用希臘語來說，披羅米司就是一個在各方面都好的人物。

144 於是他們便表示說，凡是有像立在那裏的人都是好人，但他們的神卻完全不同。他們說，在這些人之前，埃及的統治者是神，他們和人類共同生活在大地上，在每一代其中必定有一位神掌握著最高主權。他們之中最後統治埃及的是奧西里斯的兒子歐洛司，希臘人則稱之為阿波羅；他廢黜了杜彭⑭而成了埃及

---

⑬海卡泰歐斯在波斯戰爭之後不久即死。

⑭杜彭是埃及的毀滅之神賽特。

最後一代的神聖的國王。奧西里斯在希臘語中則稱之爲狄奧尼索斯。

145 在希臘人當中，海拉克列斯、狄奧尼索斯和潘恩被認爲是諸神當中最年輕的。但在埃及，潘恩⑮是諸神中最古老的，並且據說是最初存在的八神之一，海拉克列斯是第二代的所謂十二神之一，而狄奧尼索斯則被認爲是屬於十二神之後的第三代的神。在海拉克列斯和阿瑪西斯之間有多少年，我已經說過了。潘恩據說還要早一些；在狄奧尼索斯和阿瑪西斯之間的年代最短，埃及人把這段年代算定爲一萬五千年。既然埃及人已經算出了年代來，而且又把它們加以記載，可以知道他們對這一切是知道得很清楚的。但據說卡得莫斯的女兒賽美列所生的狄奧尼索斯大約是在我當時之前一千六百年，而阿爾克美涅的兒子海拉克列斯則是在我之前九百年左右。而佩奈洛佩所生的潘恩（根據希臘人的傳說，佩奈洛佩和海爾美士是潘恩的雙親）是在我之前八百年左右，因此比特洛伊戰爭還要晚了。

146 關於潘恩和狄奧尼索斯這兩個神，人們可以相信任何一個他認爲是可信的說法；但是在這裏我要說一下我自己關於它們的意見：如果賽美列的兒子狄奧尼索斯和佩奈洛佩的兒子潘恩在希臘很有名，並像阿姆披特利昂的兒子海拉克列斯那樣一直在那裏住到老年的話，那就可以說，他們和海拉克列斯一樣，也不過是普通人，只是用比他們要古老得多的神潘恩和狄奧尼索斯的名字來命名罷了。但雖然如此，希臘的故事卻說，宙斯剛剛把他縫在自己的股內並把他帶到埃及之外埃西歐匹亞的尼撒去的時候，狄奧尼索斯便降生了；至於潘恩，則希臘人便不知道他降生後的情況如何了。因此，在我看來，很清楚的是希臘人在諸神的名字當中是最後才知道了這兩個神的名字的，他們把這兩個神的起源一直回溯到他們知道它們的時候

---

⑮埃及的凱姆。

去。

147 以上我記述的都是埃及人自己所講的話。下面我還要說一說埃及人和外國人異口同聲所講的有關在這個國家發生的事情的話，還要加上我親眼看到的一些東西。在海帕伊司托斯的祭司的統治時期之後，埃及人便自由了。（但是他們不能沒有一個國王而生活下去），於是他們便把埃及分成十二部分並立了十二位國王。這些國王相互結親並同意結爲親密的朋友，他們之間誰也不應陷害另一個人，誰也不應取得比另一個人更多的東西。所以締結他們努力遵守的這一協定的理由是這樣：在他們剛剛開始分王而治的時候，有一個神託告訴他們說，他們當中在海帕伊司托斯神殿中用青銅器皿行灌奠之禮的那個人將會是全埃及的國王。就和在所有其他的神殿集會一樣，他們也是常常在這個神殿中集會的。

148 此外，他們還決定共同作一番事業以便把他們的名字保存在後人的記憶裏；在這樣決定以後，他們便修建了一所迷宮，迷宮在離莫伊利斯湖不遠的地方，位於人們稱爲鱷魚城的一個地方的附近。我個人看見過它，它的巧妙誠然是難以用言語形容的；把希臘人所修建的和製造的東西都放到一起，儘管以弗所和薩摩司的神殿也都是引人注目的建築物，但總起來和它相比，在花費的勞力和金錢這點上，可說是小巫見大巫了。雖然金字塔大得無法形容而其中的每一座又足能頂得上希臘人修建的許多巨大紀念物，但這種錯綜複雜的迷宮又是超過了金字塔的。它有十二所有頂子的方庭，它們的門是相對的，六個朝北，六個朝南，並排爲連續的兩列，但它們都在一道外牆之內。它還有雙套的房間，房間總數是三千間，一千五百間在地上面，一千五百間在地下面。我們自己看到了地上面的，所以現在只講看到的部分；地下面的那一部分我們只是聽別人講的。埃及的看門人無論如何不肯使我們看到它們。他們說，這是最初修建這一迷宮的國王們和聖鱷的墓窖。因此我們只能憑傳聞講一講地下室。地上面的部分我自己見過，它們大得人們幾乎不相信是人建造的。各室的出口和來往通過各方庭的令人爲之心迷的道路，在我們從方庭進入內室，從內室到柱廊，從柱廊又到更多的房間，然後進入更多的方庭的時候，這對我來說，乃是無窮無盡的驚異。在這一切之上是一個屋頂，屋頂和牆一樣是石造的；牆上刻著圖像，每一方庭的四周則是拼砌得極其精確的白石柱廊。在迷宮盡頭的一個角落附近，有一座四十歐爾巨阿高的金字塔，上面刻著巨大的圖像。修造了一條道通到這地下面去。

149 迷宮的情況就是這樣。然而在它旁邊的莫伊利斯湖卻是更値得人們驚奇的。這個湖的周邊長達三千六百斯塔迪昂或六十司科伊諾斯，這個長度相當於埃及全部海岸線的長度。它的長度是從北到南的；它最深的地方是五十歐爾巨阿。從湖的本身可以看出，這湖是人工挖掘的，人工造成的；因爲幾乎在它的正中有兩座金字塔，它們修建得水上水下各有五十歐爾巨阿，在每一座金字塔的塔頂上，有一個坐在王座上的巨大石像。因此這些金字塔就是一百歐爾巨阿高；一百歐爾巨阿等於一斯塔迪昂即六普列特隆，一歐爾巨阿等於六尺或四佩巨斯，一尺等於四帕拉司鐵，一佩巨斯等於六帕拉司鐵。湖裏的水不是天然的（因爲這一帶地方的水異常缺乏），而是通過一道河渠從尼羅河引過來的；有六個月水從河流入湖，六個月從湖倒流入河。在向外流的六個月中間，每天捕得的魚可使王室的國庫收入一塔蘭特的白銀，而在向內流的場合之下，每日的收入是二十米那。

150 此外，當地的人還說，這個湖還通過一道地下的水流通到利比亞的敍爾提斯，它是沿著孟斐斯上方的山脈向西方的內地流的。在任何地方我都看不到從這個湖裏挖出來的土，這一點使我頗費思索，於是我便去問那些住得離湖最近的人們，從湖中挖出來的東西都在什麼地方。他們告訴我這些東西運到什麼地方去而我立刻便相信了他們的話，因爲我聽到了在亞述的尼諾斯城所發生的一件類似的事情。尼諾斯的國王

撒爾丹那帕洛司擁有巨大財富，他把這些財富收藏在地下的財庫裏。有一些賊想偷走這個財庫；於是他們計算通路並從他們所住的房子到皇宮挖了一條地道，而把挖出來的土在夜裏拋到流經尼諾斯地方的底格里斯河，直到最後，他們達成了他們的願望。我聽說，挖掘埃及的湖的時候，情況也是這樣，所不同的就是工程不是在夜裏，而是在白天進行的。埃及人把挖出來的泥土帶到尼羅河去，想來這樣作是要河水把這些泥土沖走和散開。湖就是這樣挖成的。

151 這十二個國王的行動一直是公正的；過了若干時候，他們終於到海帕伊司托斯神殿來奉獻犧牲了。在宴會的最後一日，當他們正要舉行灌奠之禮的時候，祭司長拿出了他們通常用來行禮的金杯；但是他算錯，而只給了他們十二個人十一個杯子。因此他們中間最後的一個人普撒美提科斯便沒有得到杯子。於是他便摘下他的青銅頭盔，拿著它來行灌奠之禮。所有其他的國王通常也戴頭盔，而那時也是戴盔的；當時普撒美提科斯拿出他的頭盔來並不是故意想出的什麼謀略，但是其他的人看到普撒美提科斯的作法卻想到神託所說的話，即誰用青銅器舉行灌奠之禮誰便成爲全埃及的國王的話。因此，雖然他們認爲普撒美提科斯還不應當被處死。因爲他們調查過他並發現他是在無意中這樣作的，但他們卻決定剝奪他大部分的權力並且把他趕到沼澤地帶去，不許他和埃及的其他部分發生關係。

152 這個普撒美提科斯以前是在敍利亞的，他是從殺了自己的父親涅科斯的埃西歐匹亞人撒巴科斯那裏逃到敍利亞去的。那時，當這個埃西歐匹亞人由於他在一次夢中的所見而離開的時候，撒伊司諾姆的埃及人便把他從敍利亞帶了回來。而當普撒美提科斯由於使用青銅頭盔的緣故而被十一個國王趕到沼澤地帶去的時候，他已經是第二次作國王了。因此他認爲他自己受到了他們的極其粗暴的對待，並想對把他趕出來的那些人進行報復，於是他便派人到布頭城去請示列托的神託，因爲這是埃及最確實可靠的一處神託所。

神託回答說，如果他看到有青銅人從大海那方面來的時候，他就可以進行報復。普撒美提科斯心中暗裏不相信青銅人會來幫助他。但是在不久之後，四方航行進行劫掠的某些伊奧尼亞人和卡里亞人被迫在埃及的海岸停泊，他們穿著青銅的鎧甲在那裏上了陸；於是一個埃及人便到沼澤地帶來把這個消息帶給普撒美提科斯說，青銅人從海的那方面來了，並且正在平原上掠奪糧草。至於普撒美提科斯，則他在先前是從來沒有看見過穿著鎧甲的人的。普撒美提科斯認爲這樣神託的話已經應驗了；於是他便和伊奧尼亞人與卡里亞人結爲朋友，並答應說如果他們與他聯合起來的話，他將給他們以重大的酬謝；因而在爭取到他們之後，他便藉了願意跟他站到一起的埃及人以及這些聯盟者的幫助，廢黜了十一個國王。

153 他作了全埃及的主人之後，他就在孟斐斯修造了海帕伊司托斯神殿的一個向著南風方向的門殿，並在這門殿的對面修建了阿庇斯的一個方庭，而無論什麼時候阿庇斯出現，它都是在那裏吃飯的。這個方庭內部四周都是柱廊，方庭還有許多雕刻的圖像；屋頂是支撐在有十二佩巨斯高的人形的巨大石柱上。阿庇斯在希臘語裏面稱爲埃帕波司。

154 對於幫助普撒美提科斯取得了勝利的伊奧尼亞人和卡里亞人，普撒美提科斯給他們以在尼羅河兩岸上相對峙的土地來居住，稱爲「營地」；在這之外，他又把以前許給他們的一切都給了。此外，他又把埃及的孩子們交給他們，向他們學習希臘語，這些埃及人學會了希臘語之後，就成了今天埃及通譯們的祖先。伊奧尼亞人和卡里亞人在這些地方住了一個很長的時候；這些地方離海不遠，在布巴斯提斯下方附近，尼羅河的所謂佩魯希昂河口上面。在很久以後，國王阿瑪西斯從那裏把他們遷移開去並使他們定居在孟斐斯作他的侍衛以對抗埃及人。由於他們住在埃及，我們希臘人和這些人交往之後，對於從普撒美提科斯的統治時期以後的埃及歷史便有了精確的知識，因爲作爲講外國話而定居在埃及的人，他們要算是第一

批了。直到我的時代，在伊奧尼亞人和卡里亞人移走的地方那裏，仍然有他們的船舶的起重器和他們的房屋的廢墟。普撒美提科斯成爲埃及國王的經過就是這樣了。

155 在前面我常常談到埃及的神託所，現在我要對它加以說明，因爲它是值得一述的。這個埃及的神託所就是列托的神殿，從海溯河而行，則它位於尼羅河所謂賽本努鐵斯河口附近的一個大城市之內。神託所所在的那個大城市的名字是叫作布頭。我在前面已經提過了這個名字。在布頭有一個阿波羅和阿爾鐵米司的神殿。神託所所在的這個列托神殿本身是非常大的，單是外門便有十歐爾巨阿高。但是我要說的是在這裏看到的一切東西當中最值得驚嘆的東西。在聖域之內的列托聖堂，它的牆的高和寬方面都是用一塊石頭造起來的；每一面牆的高和寬相等，即各四十佩巨斯。另一塊石頭用來作屋頂，它的檐板則有四佩巨斯寬。

156 因此在這座神殿裏面，這個聖堂是我見到的一切東西當中最値得驚嘆的了；而其次，最値得驚嘆的要算是稱爲凱姆米司的島了。這個島位於布頭神殿附近的一個寬而深的大湖上面，埃及人說它是一座浮島。在我來說，我從來沒有看它浮起來過，根本也沒有移動過，而我以爲如果一個島眞地浮起來，那倒眞正是一件奇聞了。不管怎樣，在那上面有阿波羅的一座巨大的神殿，還有三座祭壇；島上有許多椰子樹以及其他的樹，有的結果子，有的不結果子。埃及人用一個故事來說明爲什麼這個島是會移動的：當杜彭在世界到處尋求奧西里斯的兒子的時候，身爲最初的八神之一並住在有她的神託所的布頭的列托受到伊西司的委託而接納了阿波羅，並爲了安全而把他隱藏在這座以前不動但現在據說是浮了起來的島上。他們說，阿波羅和阿爾鐵米司是狄奧尼索斯和伊西司的孩子，而列托則是他們的乳母和保護人。在埃及語中阿波羅是歐洛司，戴美特爾是伊西司，阿爾鐵米司是布巴斯提斯。正是從這個，而不是從其他的埃及傳說，只有埃烏波利昂的兒子埃司庫洛斯得到了在其他較早的詩人中間所找不到的一種想法，即阿爾鐵米司是戴美特爾的女兒。埃及人說，島是由於上述的理由而浮起來的。故事的內容便是這樣了。

157 普撒美提科斯統治埃及的時期是五十四年。其中有二十九年，他是在敍利亞的一座大城阿佐托司面前度過的，他把這座城市一直圍攻到攻克的時候。這座阿佐托司城抗擊圍攻的時期，比我們所知道的任何被圍的城市都要長久。

158 普撒美提科斯有一個兒子涅科斯，涅科斯後來也成了埃及的國王。涅科斯第一個著手把一條運河修到紅海去，但完成這項工作的卻是波斯人大流士。這條運河的長度是四天的旅程，它挖掘的寬度足夠兩艘三段橈船並排行進。它的水是從尼羅河引來的，它的起點是布巴斯提斯稍上方的一個阿拉伯的帕托莫司城附近而一直流入紅海。開始挖掘的地方是在埃及平原離阿拉伯最近的那一部分；向孟斐斯方面延展的山脈，也就是採石場所在的那個山脈，離這個平原是很近的；河渠就沿著這山脈的低低的山坡從西向東走很長的一段，然後進入一個峽谷，更折向南流出山區而通向阿拉伯灣。而從北向南方的海或紅海的最短的和最便捷的道路，是從作爲埃及和敍利亞的邊界的卡西歐斯山到阿拉伯灣，這段路程不多不少正是一千斯塔迪昂；這是最直接的道路，但河渠則要長的多，因爲它是比較曲折的。在涅科斯的統治期間，死於挖掘工程的有十二萬埃及人。只是由於一次預言，涅科斯才停止了這項工作，因爲預言指出他正在爲一個異邦人操勞。埃及人稱所有講其他語言的人爲異邦人。

159 涅科斯於是停止挖掘河渠而從事於戰爭的準備工作了；他的一些戰船是在北海上修造的，有一些是在阿拉伯灣、紅海的海岸上修造的。這些船的捲揚機現在還可以看到的。他在需要的時候便使用這些船，他還率領著自己的陸軍在瑪格多洛斯迎擊敍利亞人並擊敗了他們，而在戰後更攻取了敍利亞的大城市卡杜提司。他派人到米利都的布朗奇達伊家去，把他在取得這些次勝利時所穿的袍子在那裏獻給了阿波羅。在統治了十六年之後不久他便死了。他的兒子普撒米司繼承了他的王位。

160 當普撒米司統治埃及的時候，有一些使節從埃里司前來見他。埃里司人誇口說他們在人類當中最公正合理地和出色地組織了奧林匹亞比賽會，他們宣稱儘管埃及人是人類中最有智慧的，可是甚至埃及人也不能對它有所改進了。當埃里司人到埃及來並說明了他們此行的目的時，普撒米司便召集了據說是埃及最有智慧的人們開了一個會。這些人集會在一起並向告訴他們那些他們必須遵從的比賽規則的埃里司人進行詢問，埃里司人說了這些之後，便說他們這次來是為了這樣作的：如果埃及人能夠發明任何更加公正的辦法，他們也會學習的。埃及人在一起商量了一下，然後就詢問埃里司人，問他們當地的人是否也參加比賽。埃里司人作了肯定的回答：從埃里司和其他地方來的一切希臘人都可以比賽的。於是埃及人就說，這個規則完全不是公正的。他們說：「因為，在比賽中你們不可能不偏袒你們當地的人和不公正地對待異邦人。而如果你們眞的制訂了公正的規則因而到埃及來的話，那你們便應只允許異邦人參加，而不是埃里司人參加比賽了。」這便是埃及人對埃里司人的意見。

161 普撒米司在埃及只統治了六年。他進攻埃西歐匹亞，此後不久便死在那裏了，而他的兒子阿普里埃司繼他而登上了王位。除去他的曾祖父普撒美提科斯以外，他在統治的二十五年中間比先前的任何國王都更幸運，在這期間，他派遣一支軍隊去攻打西頓並且和推羅的國王發生過海戰。但是他注定要遭受不幸的，這原因現在我想簡略地談一下，而在談到利比亞歷史的那部分時再說得詳細些。阿普里埃司曾派一支大軍去攻打庫列涅，但是吃了慘重的敗仗。埃及人為了這件事責怪他，並起來叛變他。因為他們認為阿普里埃司是故意叫他們去送死的，他們認為由於他們這樣一死，阿普里埃司便可以更加安穩地統治其他的埃及人了。那些對這件事極其惱怒的人們回來之後，就和戰死者的朋友們公然地起來反抗了。

162 聽到這個消息之後，阿普里埃司便派阿瑪西斯到他們那裏去，勸他們回心轉意。當阿瑪西斯到埃及人這裏來的時候，他便勸告他們不要作這樣的事情。但是當他講話的時候，一個埃及人從他後面走過來，把一頂盔頭戴到他的頭上，說這乃是王權的標幟。而阿瑪西斯對這種作法也並不表示反對，而既然被反叛的埃及人擁立為國王，他便派遣他宮廷中一個受到尊重的、名叫帕塔爾貝米司的埃及人，來對付阿瑪西斯；他命令這個帕塔爾貝米司生擒叛徒並把這個叛徒捉來見他。帕塔爾貝米司來了，他召喚（正在乘騎之上）非常不體面地抬起腿來和命令使臣拿回那個標幟給阿普里埃司的阿瑪西斯。雖然帕塔爾貝米司十分急於要阿瑪西斯遵守國王的召喚並去見他，但故事說，阿瑪西斯回答說他很早便一直準備這樣作而阿普里埃司是會非常滿意他的；他說他不但自己會來並且還要把別人也一同帶來。帕塔爾貝米司聽到這話，便明白了阿瑪西斯的意思；他看到了他作的準備，於是趕忙的離開了，為的是想使國王盡快地知道什麼事情正在發生。當阿普里埃司看到他沒有帶著阿瑪西斯回來的時候，自己並沒有好好考慮一下，卻在盛怒之下下令割掉帕塔爾貝米司的耳朵和鼻子。到現在為止還擁護阿普里埃司的其他埃及人，看到在他們之間最受尊敬的人都受到了這樣不道德的侮辱，便毫不遲疑地改變了自己的立場而投到阿瑪西斯的那面去了。

163 這件事情也被阿普里埃司知道了，於是他便把他的衛隊武裝起來，去攻打埃及人；他有由卡里亞人和伊奧尼亞人所組成的一支三萬人的親衛軍，他的宮殿是在撒伊司城，這是一座極其豪華壯麗的巨大宮殿。阿普里埃司的軍隊進攻埃及人，阿瑪西斯的軍隊也向異邦人進攻。兩軍在莫美姆披司相會，他們相互間就想在那裏一試身手。

164 埃及人分成七個階級：他們各自的頭銜是祭司、武士、牧牛人、牧豬人、商販、通譯和舵手。有這樣多的階級，每個階級都是以它自己的職業命名的。武士又分成卡拉西里埃司和海爾摩吐比埃司，他們分別屬於下列諸諾姆，因爲埃及的一切區劃是以諾姆爲依據的。

165 海爾摩吐比埃司是屬於布希里斯、撒伊司、凱姆米司和帕普雷米斯諸諾姆，一個稱爲普洛索披提斯的島和那托的一半。這些地方都是。他們的人數在最多的時候達十六萬。他們誰也沒有學過任何普通職業；他們是只能從事於軍務的。

166 卡拉西里埃司是屬於底比斯、布巴斯提斯、阿普提斯、塔尼司、孟迭司、塞本努鐵斯、阿特里比司、帕爾巴伊托司、特姆易斯、歐努披司、阿努提司、米埃克波里司諸諾姆的。米埃克波里司是在布巴斯提斯城對岸的一個島上。這便是他們的全部地方。他們的人數在最多時有二十五萬人。這些人也不能從事其他職業而只能打仗，打仗是他們的世襲職業。

167 這種分法是不是和其他的風俗習慣一樣，也是由埃及傳到希臘的，我說不確實了。我知道在色雷斯、斯奇提亞、波斯和呂底亞，以及在幾乎所有的外部，那些從事一種職業的人，是不如其他人那樣受尊重的，而那些和手藝毫無關係的人，特別是那些單單從事軍務的人們則被認爲是最高貴的人。然而，可以肯定的是，所有希臘人，特別是拉凱戴孟人中間的這種看法是外來的。可是在科林斯人那裏，手藝卻是最不受蔑視的。

168 在埃及人當中，除去祭司而外，武士是唯一擁有特權的人們，他們每一個人都被賦予十二阿路拉的不上稅的土地，每阿路拉是一百埃及平方佩巨斯，而埃及的佩巨斯則與薩摩司的佩巨斯相等。這些土地是專爲他們所有的人準備的，但這些土地卻決不是由同樣的一些人繼續種下去，而是依次交替著耕種的。國王每年的親兵是由一千名卡拉西里埃司和同樣數目的海爾摩吐比埃司組成的。這些人除了他們的土地之外，每天還得到五米那的麵包，二米那的牛肉和四阿律斯鐵爾的酒。這是每一個親兵一定可以得到的東西。

169 當阿普里埃司率領著他的親衛軍，阿瑪西斯率領著埃及人的全軍在莫美姆披司城相會的時候，戰鬥立刻開始了。異邦人雖然善戰，但他們的人數要少得多，因此他們被戰敗了。他們說，阿普里埃司認爲甚至神都不能使他退位，他是這樣深信他的地位是不可動搖的。現在，在戰敗和被俘以後，他就給帶到撒伊司地方那曾一度屬於他，但現在屬於阿瑪西斯的宮殿來了。他曾被拘養在宮殿裏一個時期並受到了阿瑪西斯的優遇。然而不久埃及人就抱怨說，叫他們和他們的國王的最可恨的敵人活著是一件很不公道的事情；因此，阿瑪西斯便把阿普里埃司交到他們的手裏；他們把他絞死並埋葬在他的歷代父祖的塋地裏。這塋地是在雅典娜神殿入口處左手離聖堂極近的地方。撒伊司地方的人民把他們本諾姆出身的一切國王都埋葬在神殿的聖域之內。阿瑪西斯的墓離聖堂比阿普里埃司和他的祖先的墓離聖堂要遠；但它也是在神殿境內的。這是一個裝飾得富麗堂皇的巨大的石造柱廊，它的柱子被作成椰子樹的樣子。這個柱廊有兩扇門，在這裏面是停放棺木的地方。

170 在撒伊司雅典娜神殿的聖域之內，還有這樣的人的一個墓地，至於他的名字，在談到這樣一件事的時候我以爲是不便談的。它在神殿的背後，全面緊挨著聖堂的後牆。在聖域之內還有一些巨大的石製方尖碑；附近有一個湖，湖的四周砌著一道石垣，形狀是圓形的，而按大小而論，我看大約等於狄羅斯地方被稱爲輪形池的那個湖。

171 埃及人夜裏便在這個湖上表演那位神的受難的故事，而埃及人則稱這種儀式爲秘儀。關於這些事情，我是知道它們的全部內容的，故而本來可以講得更確切些，但是我不準備談了。關於希臘人稱之爲鐵司莫波里亞⑯的戴美特爾的秘儀，除去允許我講的部分之外，我也不準備談了。那是達納烏司的女兒們把這種秘儀傳出埃及並把它教給了佩拉司吉亞的婦女們。後來，當伯羅奔尼撒人被多里斯人趕走的時候，這種密儀也就隨之失傳了，只有阿爾卡地亞人還保存了它，因爲他們未被驅出而是留在他們的家鄉了。

172 自從阿普里埃司像我上述那樣地被廢黜之後，阿瑪西斯便統治了埃及。他是撒伊司諾姆西烏鋪城的人。起初，由於他不是出身貴族，而是一個普通人，因此埃及人蔑視他並且絲毫不尊敬他。但是過了一些時候，他便用他的智巧，而不是用暴力，贏得了他們的擁戴。在他的無數財寶當中有一個金盆，他和所有與他共同飲宴的客人們常常用它來洗腳。他把這個器皿打碎，用它改鑄成一個神像，放在城內最適當的場所。於是埃及人便常常到這個神像的地方來，對它表示了很大的尊敬。當阿瑪西斯知道市民們怎樣作以後，他便把埃及人召集到一起，告訴他們說這神像是用洗腳盆的金子鑄造的；他說他的臣民曾用它洗腳、嘔吐東西或是小便，但是現在他們卻很尊敬它。於是他進而說明，現在他的情況便和這個洗腳盆的情況相同，他以前雖是一個平常人，但現在卻是他們的國王了；因此他命令他們尊敬和重視他。他便用這樣的辦法贏得了埃及人的信任使埃及人同意作他的臣民。

173 下面是他的日常生活的情況：在早上，直到市場上擠滿了人的時候，他熱心地處理送到他面前來的事務；在這之後，他全天便都用來和他的好友飲酒作樂，吊兒郎當地和言不及義地排遣時間。但是他的朋友爲他的這一點擔心，於是勸諫他說：「哦，國王啊，你的這種輕佻的行動，是會損害你的國王尊嚴的。我們希望你終日嚴正地坐在威嚴的寶座之上處理國家大事。這樣埃及人就會知道，他們的統治者是一個偉

⑯雅典婦女在秋天舉行的節日。

大的人物，那你在他們中間也就有了更好的聲名；然而你現在的行動卻是和國王完全不適合的。」阿瑪西斯回答他們說：「要知道，有弓的人只有在需要的時候才拉開的；如果弓老是拉著，它們就會毀壞，而等人們需要它的時候，它已經沒有用處了。人的道理也和這個道理一樣。如果他們總是從事嚴肅的工作，而不把一部分的時間用來消遣，他們在他們不知不覺之中便會瘋狂起來或是變成傻子。這一點我知道得很清楚，因此我輪流著分配這二者的時間。」這便是他回答他的朋友的話。

174 據說在阿瑪西斯作國王之前，他決不是一個謹嚴的人物，而是非常喜歡飲酒作樂的；而當他的飲酒作樂使他變得貧窮的時候，他就到處遊蕩，去偷別人的東西。於是別人在他不承認他偷了他們的財物的時候，便把他帶到離他們最近的隨便一個什麼神託所那裏去；而神託便常常宣布他犯了偷竊罪，也常常把他赦免。當他作了國王的時候，他根本不去照顧那些曾開脫了他的盜竊罪的神殿，不去修繕這些神殿，也不到那裏去奉獻犧牲，因爲他認爲這些神殿毫無價值，而它們的神託也都是假的。但是對那些宣布他有罪的神，卻是小心謹愼地奉祀著，因爲他認爲他們是眞正的神，而他們的神託也是眞實可靠的。

175 阿瑪西斯給撒伊司地方的雅典娜神殿修造了一座外殿，這座外殿在高和大方面超過以前的一切其他這類建築物，它是用空前巨大和雄偉的石塊修築成功的；此外，他還奉獻了巨大的人像和巨大的獅身人面像，並且把十分巨大的石塊搬到這附近來以供修理之用。其中的某些石塊是從孟斐斯的採石場運來的；最大的一些石塊則是從埃烈旁提涅這個城市運來的，這個地方和撒伊司相隔有二十天的河上路程。但是現在我要說一說他的工程中使我最感到驚訝的東西。他從埃烈旁提涅運來一座用一大塊石頭修建成功的聖堂；單是運這座聖堂就費了三年的時間，使用來搬運它的人有兩千名，而且這些人又都是舵手。用一整塊石頭修建的這座聖堂的外部的長是二十一佩巨斯，寬是十四佩巨斯，高是八佩巨斯；它內部的尺寸是這樣：長

十八佩巨斯一貝拱，寬十二佩巨斯，高五佩巨斯。它位於神殿入口的附近，它是由於下列的情況才被放置在那裏而沒有被拉到神殿裏面去的。據說，這座聖堂的石匠頭在這塊石頭的起運中間，由於運石頭時費了這樣長的時間並對這苦役感到厭倦，曾大聲地呻吟嘆氣。阿瑪西斯聽到了這人的嘆氣聲而認爲這是不祥之兆，因此他不許石造的聖堂再向前拖了。但是又有一些人說，工匠中一個掌管槓桿的人給石造的聖堂壓死了，因此便被命令放置在那裏，不許再向裏面拖了。

176 對於所有其他有名的神殿，阿瑪西斯也奉獻了可稱爲偉觀的獻納品。比方說，在孟斐斯，他就奉獻了在海帕伊司托斯神殿前面的一座長達七十五尺的臥像。在同一個臺基上還有兩個巨大的像，每一座各有二十尺高，它們是用同樣的石塊雕成的，分別在巨像的兩旁。在撒伊司還有一座同樣大的石像，和孟斐斯那座石像的姿態一樣。阿瑪西斯最後在孟斐斯還建造了一座伊西司神殿，這也是一座極爲精彩宏壯的巨大神殿。

177 據說阿瑪西斯的統治時代是埃及歷史上空前繁榮的時代，不拘是在河加惠於土地方面，還是在土地加惠於人民方面都是如此。而在當時的埃及，有人居住的市邑有兩萬座。國王阿瑪西斯還規定出一條法律，即每一個埃及人每年要到他的諾姆的首長那裏去報告他的生活情況，而如果他不這樣作或是不來證明他在過著忠誠老實的生活時，他便要被處以死刑。雅典人梭倫從埃及那裏學到了這條法律而將之施用於他的國人中間，他們直到今天還遵守著這條法律，因爲這的確是一條很好的法律。

178 阿瑪西斯對希臘人是抱著好感的。在他給予某些希臘人的其他優惠當中，他特別把納烏拉提斯這樣的城市給予願意定居在埃及的希臘人居住。對於那些願意在沿海進行貿易，但不想定居在埃及國內的人們，他答應給他們一些土地，使他們用來安設祭壇和修建神殿。在這些地方當中，最大的和最有名的，也是參拜者最多的聖域是被稱爲海列尼昂的聖域。這是伊奧尼亞人、多里斯人和愛奧里斯人共同修建的；參加修建的城市屬於伊奧尼亞人的有歧奧斯、提奧斯、波凱亞和克拉佐美納伊；屬於多里斯人的城市有羅德斯、克尼多斯、哈立卡爾那索斯和帕賽利斯；屬於愛奧里斯人的城市則只有一個米提列奈。聖域便是屬於這些城市的，而任命港埠監督的也是這些城市。如果任何其他城市也聲明神殿有它們的一份的話，那它們便是要求根本不屬於它們的東西了。但是有三個民族卻奉獻了自己的神殿：埃吉納人修建了他們專有的宙斯神殿，此外薩摩司人修建了希拉神殿，米利都人修建了阿波羅神殿。

179 納烏克拉提斯古時是全埃及僅有的一個商港。如果一個人進入尼羅河其他河口之一的時候，他必須發誓說他不是故意到這裏來的。這樣發了誓之後，他就一定要乘船到卡諾包斯河口去。倘若由於逆風而不可能到那裏去的話，他就必須把他的貨物裝載到船上繞行三角洲，最後來到納烏克拉提斯地方。納烏克拉提斯就是賦有這樣大的特權的。

180 當阿姆披克圖歐涅斯以三百塔蘭特的代價把現在戴爾波伊神殿包給人修建的時候（一直在那裏的神殿純乎是由於事故而被焚毀了），戴爾波伊人要擔負全部造價的四分之一。他們到各個城市去募集捐贈品，而在這件事上，他們從埃及得到的最多。因爲阿瑪西斯贈給他們一千塔蘭特的明礬，而那裏的希臘居民則捐獻了二十米那。

181 阿瑪西斯和庫列涅人締結了友誼和同盟的協定。不僅如此，阿瑪西斯還認爲應當從那個城市娶一個妻子，他這樣作不知這是表示他對這個城市的友情，還是他想娶一個希臘婦女作妻子。因此，他便娶了一個庫列涅城的、名叫作拉狄凱的婦女，有人說她是巴托司的女兒，有人說她是阿爾凱西拉歐司的女兒，又有人說她是當地的一位知名的市民克利托布羅斯的女兒。當阿瑪西斯與她將要合巹之時，他卻不能與她交

媾；雖然他和其他婦女並不是無能爲力的。在這種情況繼續下去的時候，阿瑪西斯就向這個名叫拉狄凱的婦女說：「女人啊，你一定對我使用了魔法。告訴你，你一定要死得比任何一個婦女都慘的。」不管拉狄凱如何否認這件事都不能平息阿瑪西斯的怒氣。於是她便在內心裏向阿普洛狄鐵許下了一個願：如果在那一夜裏能使她與他交配上，從而使她免遭災禍的話，她便要獻一座女神的像給庫列涅的阿普洛狄鐵神殿。結果，她竟如願以償，國王每次都能與她交媾了。阿瑪西斯自此以後非常愛她。拉狄凱向女神還了願。她製作了一座神像送到庫列涅去，這座神像到我的時候還安全無恙地立在那裏，從城裏向外望著。剛比西斯在他征服了埃及並知道拉狄凱是何許人的時候，便毫無損傷地把她送還了庫列涅。

182 此外，阿瑪西斯還奉獻了許多東西給希臘地方的神殿。首先，他奉獻給庫列涅的是一個鍍金的雅典娜神像和自己的一幅肖像。送給林多斯的雅典娜的是兩座石像和非常漂亮的亞麻胸甲。送給薩摩司的希拉的是他自己的兩座木像，這兩座木像在我的時代還立在大殿的門後。獻給薩摩司這些禮物是爲了阿瑪西斯和阿伊阿凱司的兒子波律克拉鐵斯⑰之間的友誼，獻給林多斯的禮物卻決不是爲了和任何人的友誼，而是因爲有這樣一個說法，即達納烏司的女兒們在她們從埃吉普托司的兒子們手裏逃脫時曾到過那裏並建立了雅典娜的神殿。以上便是阿瑪西斯所奉獻的禮品，他還破天荒第一次攻略賽浦路斯並迫使它向他納貢。

---

⑰波律克拉鐵斯的統治時期大概開始在五三二年。關於他和阿瑪西斯之間的友誼參見第三章第三九節。

第三卷

1 居魯士的兒子剛比西斯率領在他治理之下的各個民族——其中包括屬於希臘民族的伊奧尼亞人和愛奧里斯人——的軍隊進攻埃及的時候①，埃及的國王便正是上面所提到的那個阿瑪西斯。事情的起因是這樣的。剛比西斯派一名使者到埃及去，要娶阿瑪西斯的女兒。他這樣作是由於一個埃及人的慫恿；這個埃及人出了這樣一個主意，是因為阿瑪西斯使他離開了自己的妻子兒女而把他交到波斯人的手裏來，因此他對阿瑪西斯就懷恨在心了。原來這個埃及人是一個眼科醫生，而當居魯士派人到阿瑪西斯那裏去，請他送給自己一位埃及最好的眼科醫生的時候，埃及國王便從全部的埃及醫生當中把他挑選出來，強行把他送到了波斯。既然這個埃及人對阿瑪西斯心懷不滿，因此他教唆剛比西斯討阿瑪西斯的女兒作妻子；如果阿瑪西斯同意，那他就會心中煩惱，如果他拒絕，那他就會使剛比西斯成為他的敵人。當信息送來的時候，非常害怕波斯的強大威力的阿瑪西斯真是驚恐萬狀，既不能把女兒送給剛比西斯，又不能拒絕他；原來剛比西斯並不打算使他的女兒作自己的妻子，而只是使她作自己的侍妾而已，這一點阿瑪西斯是知道得很清楚的。於是他便仔細考慮了這件事情，而終於想出了他可以用來應付一下的一個辦法。前面的國王阿普里埃司有一個名叫尼太提司的女兒，這是一個身材碩長而又美麗的女子，是這個王家當中唯一留下來的人。阿瑪西斯把這個女子用衣服和金飾打扮起來，然後把她當作自己的女兒送到波斯去。但是過了不久，在剛比

西斯擁抱她而按照她父親的名字稱呼她的時候，這個女子便向他說：「國王啊，我看你還不知道阿瑪西斯怎樣地騙了你呢。他把我打扮一番之後，就當作他自己的女兒送來了，但我實際卻是他的主人阿普里埃司的女兒；阿普里埃司是被他和其他埃及人在他們起來叛變時殺死的。」正是這樣的一番話以及其中所揭露的原委使居魯士的兒子剛比西斯十分激怒，從而率領軍隊進攻埃及。這便是波斯人的說法。

2 但是埃及人卻說剛比西斯是他們自己的人，他們說剛比西斯是阿普里埃司的女兒尼太提司的兒子。他們說，派人到阿瑪西斯這裏來要求他的女兒的是居魯士，不是剛比西斯。但他們的這種說法是不正確的。首先，他們知道的很清楚（因為埃及人比任何人都更清楚地通曉波斯的風俗習慣），在國王有嫡子的時候，庶子在習慣上是不能即波斯的王位的；其次，剛比西斯是阿凱美尼達伊家的帕爾那斯佩斯的女兒卡桑達涅的兒子，而不是這個埃及女人的兒子。可是，他們這樣歪曲史實是為了和居魯士家族攀親。而事情的眞實情況就是這樣。

3 還有這樣的一個說法，不過這個說法我是不相信的。它說，有一個波斯的婦人前來拜訪居魯士的妻妾們並且大為贊美和嘆賞站在卡桑達涅身旁的那些身材高大而又眉清目秀的孩子們。於是居魯士的妻子卡桑達涅便說：「雖然我是這樣的一些孩子的母親，居魯士仍然瞧不上我，卻尊重從埃及新來的這個婦人。」她講這話的時候，心裏對尼太提司是很惱怒的。於是她的最大的一個兒子剛比西斯便說：「母親，那麼等我長大成人的時候，我會把整個埃及攪翻的。」當他說這話的時候，他大概是十歲的樣子，婦女們聽了他的話覺得很驚訝；但是從此他把這件事記在心裏，因而等他長大成人作了國王的時候，他便出征埃

①一般公認的時期是五二五年。

及了。

4此外還發生了一件事，也促使他出征埃及。在阿瑪西斯的外國傭兵當中有一個名叫帕涅司的哈利卡爾那索斯出生的人，這是一個判斷力強，而在作戰時又很勇敢的人。這個帕涅司對阿瑪西斯心中有些不滿，便乘船從埃及逃跑，想來見剛比西斯。由於這個人在外國傭兵當中遠非等閒之輩並且對於埃及的一切事情都知道的淸淸楚楚，因此阿瑪西斯便急於把他捉住。他派他最親信的宦官乘著一艘三段橈船追他。這個宦官在呂奇亞把他捉住了，但是卻決沒有把他帶回埃及來；因爲帕涅司在智謀方面遠遠地超過了他；帕涅司灌醉了他的守衛，因而跑到波斯來了。在那裏，他發現剛比西斯正在準備出征埃及，但是正拿不定主意，不知道在行軍時如何穿過那乾燥無水的沙漠；於是帕涅司便把阿瑪西斯的情況告訴了他，並向他說明行軍的方法；關於這一點，他建議剛比西斯派人到阿拉伯的國王那裏去，向他請教安全行軍的辦法。

5而要想進入埃及，當前只擺著這樣一條道路。這條道路從腓尼基一直通到卡杜提司市的邊境，這塊地方是屬於現在所謂巴勒斯坦的敍利亞人的。根據我的觀察，卡杜提司市比撒爾迪斯小不了許多，從卡杜提司到耶努索司市的海岸上的港埠都是屬於阿拉伯人的。從耶努索司市直到謝爾包尼司湖，又是屬於敍利亞人的。而卡西歐斯山便是沿著謝爾包尼司湖的湖岸伸展到海邊去的。從據說杜彭曾經隱身的這個謝爾包尼司湖起，便進入了埃及的領土。在一方面的耶努索司和另一方面的卡西歐斯山與謝爾包尼司湖中間，有一塊不算小的地方，人們要走過這塊地方得用三天的時間，這是一片乾旱得可怕的無水沙漠地帶。

6我現在要談一件乘船到埃及來的人很少注意到的事情。從希臘各地以及從腓尼基每年有兩次用土甕把酒運入埃及，但是我們完全可以說，在國內任何地方你都找不到一個空酒甕的。人們也許要問，這些酒甕都是怎樣處理了呢？這一點我也要說明的。原來，每一個地區的長官都必須把他的轄區之內的土甕收集起來，然後把它們送到孟斐斯去；在孟斐斯，人們又得把這些土甕裝滿了水，帶到敍利亞的無水地區去。因此，每年不斷地從國外帶入埃及並在埃及倒空的土甕再給帶到敍利亞去和先前的那些土甕匯合到一處了。

7 在波斯人攻占了埃及之後，他們立刻便像我上面所說那樣地把土甕裝滿了水，以確保他們安全地進入埃及的通路。但是這時，卻還沒有現成的水源，於是剛比西斯便聽從了哈利卡爾那索斯的客人的意見，派使者到阿拉伯人那裏去，請求允許他們安全地過去。阿拉伯人答應了他的請求，雙方並相互表示了信任。

8 阿拉伯人是比世界上任何其他民族都尊重信誼的。他們用這樣的辦法來表示他們的信誼：一個人站立在締結信誼的雙方中間，用一塊銳利的石頭在雙方的手掌上大姆指附近的地方劃一下，然後他從每個人的衣服上切下一塊毛布，並且把放在他們之間的七塊石頭都抹上血，這時口中並高呼狄奧尼索斯和烏拉尼阿的名字（用毛布蘸手上的血，再抹到石頭上去——譯者）。當他把這一切作完的時候，締結信誼的人便把這對方的異邦人，如果是本國人，那就把對方的本國人，介紹給所有他的朋友，而這些朋友自己也便認為必須尊重這種信誼了。他們在神當中只相信有狄奧尼索斯和烏拉尼阿。他們說他們所留的髮式和狄奧尼索斯的髮式是一樣的。現在他們的習慣是把頭髮剃成圓形，連顳顬的地方也都剃掉。在他們的語言裏，狄奧尼索斯是叫作歐洛塔爾特②，烏拉尼阿是叫作阿利拉特③。

②根據穆弗司的說法，歐洛塔爾特是「上帝之火」(ôrath êl)的意思。

③穆弗司認為，阿利拉特是「晨星」(hêlêl)的女性名詞，比較簡單的解釋是女神(Al Ilat)的意思。

9阿拉伯人和剛比西斯派來的使節結了信誼以後，他立刻便想出了下面的辦法：他把水裝到駱駝的皮囊裏面去，再叫他的所有的駱駝馱著這些水囊；這樣安排了之後，他便把駱駝趕到無水的沙漠地帶去，在那裏等候剛比西斯的軍隊。這是在傳說當中最為可信的一個說法，但是我必須還要說一下另一個不甚可信的說法，因為人們也提過它。在阿拉伯有一條叫作柯律司的大河，它是流入所謂紅海的。據說，阿拉伯國王通過用生牛皮和其他皮革縫成的一條長度可達到沙漠地帶的水管把水從河中引到乾旱的地方去；而他又在那個地方挖掘了一些巨大的水池來承受和保存引過來的水。從河到沙漠地帶是十二天的路程。他們說，水是通過三個水管引到三個不同的貯水處的。

10阿瑪西斯的兒子普撒美尼托斯是在尼羅河的所謂佩魯希昂河口紮營列陣等候剛比西斯的。因為當剛比西斯向埃及出征的時候，他發現阿瑪西斯已經死了。阿瑪西斯統治埃及的時期是四十五年，在這期間，他並沒有遭到什麼巨大的不幸；而在他死後，他的屍體就被製成木乃伊並被放置在神殿中他自己所修建的墓地裏。當他的兒子普撒美尼托斯作埃及國王的時候，人民看到了一個極為奇妙的景象，即在埃及的底比斯下了雨，而根據底比斯當地人們的說法，他們以前那裏從來沒有下過雨，邇來直到我的時代也沒有看到那裏下過雨；老實講，在埃及的上部是根本沒有雨的；但是那時在底比斯卻有了濛濛的小雨④。

11波斯人穿過了無水的地區並且在離埃及人不遠的地方紮下了營寨，準備戰鬥。於是埃及人的、由希臘人與卡里亞人組成的外國雇傭軍便十分憎恨帕涅司，因為他把一支外國軍隊領進了埃及。他們自己想出了懲罰他的一個辦法。帕涅司把兒子們留在了埃及；雇傭兵於是捉住了他的兒子們，把他們帶到軍營裏來

---

④現在在底比斯（盧克索爾）在極偶然的情況下也下雨，不過雨量極少。

而使他們的父親看到他們。在這之後，他們就拿出一只合酒缽來，把它放在兩軍之間的地上，隨後他們便把帕涅司的兒子領來，一個一個地在缽跟前，斬斷了他們的喉嚨。當帕涅司的最後一個兒子被殺死的時候，缽裏又攙上了酒和水，所有的雇傭兵每人飲了一口血以後，立刻便出戰了。隨後發生的戰爭是非常激烈的，直到雙方都有了大量陣亡者的時候，埃及人才終於潰敗下去。

12 在曾經進行了這場戰鬥的戰場這裏，我看到了當地人指給我的十分奇妙的現象。雙方在這場戰鬥當中的戰死者，他們的遺骨是分別地散在那裏的（原來波斯人的遺骨在一個地方，而埃及人的遺骨則在另一個地方，因為兩軍在起初便是分開的）；但如果你敲打一下波斯人的頭骨，甚至只用一個小石子，它們都脆到可以打穿一個小孔；但埃及人的頭骨卻是十分堅硬，你甚至可以用石頭來敲，也不大容易把它敲穿的。對於這種情況，他們講述了下述的理由，這一點在我看來，是很可以相信的：他們說，埃及人從很小的時候便剃頭，因而由於太陽光的作用，頭骨就變得既厚且硬。在埃及人們可以不禿頭，也是由於同樣的原因。在埃及那裏看到的禿頭比其他任何地方都要少。因而這一點便說明為什麼埃及人的頭骨是這樣地硬。但是在另一方面，波斯人的頭骨之所以脆弱，是因為從一開頭他們就在自己的頭上戴一種稱為提阿拉斯的氈帽。事情的實際情況便是這樣。在帕普雷米斯地方我又看到一些波斯人的頭骨，他們是和大流士的兒子阿凱美涅斯一道被利比亞人伊納羅司殺死的。他們的頭骨也是這樣。

13 埃及人在戰鬥中失敗之後，便在混亂中逃走了；由於他們被趕到孟斐斯去，剛比西斯於是派遣了一名波斯使者乘著米提列奈的一隻船溯河上行邀請他們締結和約。但是當他們看到有船向孟斐斯駛來的時候，他們卻全體從他們的城塞中向外出擊，搗毀了這隻船，像屠夫一樣地肢解了上面的乘務人員，然後把它們帶到城裏面去。於是埃及人被包圍在城裏，但久而久之他們還是投降了；不過，鄰居的利比亞人卻被

在埃及發生的事件嚇住，未經抵抗便投降了，他們自願納貢並呈送禮品。庫列涅人跟巴爾卡人和利比亞人一樣害怕，因此也便這樣作了。剛比西斯十分親切地接受了利比亞人的禮物；但是他卻拿庫列涅人送來的禮物，親手把它們分給了自己的軍隊。我想，他這樣作是表示他並不喜歡他們送來的這樣少的禮物（因爲庫列涅人送來的實際上只有五百米那的白銀）。

14 在孟斐斯城投降之後的第十天，剛比西斯便捉住了在埃及統治了六個月的埃及國王普撒美尼托斯，要他和其他的埃及人一同坐在城外以表示對他的輕蔑；在這樣作了之後，他就用我下面所說的一個辦法來考驗普撒美尼托斯的心情。他給國王的女兒穿上奴隸的衣服並且給她一個水甕叫她和跟她穿著同樣衣服的女孩子去打水。這些女孩子也是顯要人物的家庭中選出來的。因此，當這些女孩子痛哭著、悲號著走過她們的父親面前的時候，其他所有的人看到自己的孩子的悲慘遭遇，也便同樣地報以痛哭和悲號；但是普撒美尼托斯親眼看到並且懂得了這一切之後，卻向著地把頭低下去。當打水的女孩子們過去之後，剛比西斯隨之又使普撒美尼托斯的兒子和與他兒子年紀相同的二千多埃及人一同從他面前走過去，這些青年人頸上繫著繩子，嘴裏面則咬著馬銜子。他們是給帶去賠償在孟斐斯和船隻同歸於盡的那些米提列奈人的。因爲這是王家法官的判決，即每一個人的死亡要用處死十名埃及貴族的辦法來賠償。當普撒美尼托斯看見他們經過並且看到他的兒子被領去受死，而和他一起坐在那裏的埃及人都在哭泣和哀號的時候，只有他的態度依然和他看到他女兒的時候相同。當這些人也走過去的時候，那裏正好有他的一個飲酒作樂的伙伴；這是一個過了盛年的人，這個人失去了他的全部財產，而只有一個窮人所能有的東西並且向軍隊行乞。這個人現在正走過阿瑪西斯的兒子普撒美尼托斯和坐在城外的那些埃及人的面前。當普撒美尼托斯看到他的時候，他便大聲地哭了起來，用手打自己的腦袋並大聲呼叫他的伙伴的名字。於是在旁邊監視著普撒美尼托斯的人們便到剛比西斯那裏去，把

普撒美尼托斯看到什麼過去的時候如何作等等全都告訴了剛比西斯。剛比西斯對埃及國王的舉動十分驚訝，於是就派一名使者去問他：「普撒美尼托斯，我的主公剛比西斯問你，爲什麼在你看到你的女兒受到虐待而你的兒子前去送死的時候，你既不高聲喊叫，又不哭泣，可是剛比西斯聽說，對於與你不沾親不帶故的乞丐卻又這樣尊敬？」使者就是這樣問的。普撒美尼托斯回答說：「居魯士的兒子，我自己心裏面的痛苦早已經超過了哭泣的程度；但我的伙伴的不幸遭遇卻引起了我的同情之淚；因爲一個失去了巨大財富和幸福的人在瀕臨老境的時候卻又行起乞來了。」當使者這樣報告的時候，據說剛比西斯和他的廷臣都認爲這個回答很好。但是，埃及人說，那時克洛伊索斯哭了（因爲他也是和剛比西斯一同到埃及來的），而在那裏的波斯人也都哭了。剛比西斯本人也起了一些惻隱之心，他立刻下令把普撒美尼托斯的兒子從將要被殺的人們中間救了出來，而普撒美尼托斯本人也從城外被帶到他的面前來。

15 至於普撒美尼托斯的兒子，則爲了救他而被派去的人們發現他已經死了，原來他是第一個被殺死的。但是他們卻把普撒美尼托斯帶了來見剛比西斯；此後他就一直住在那裏，而沒有受到任何虐待。如果他能安守自己的事業而不作非分之想的話，那他是會重新得到埃及而成爲埃及的統治者的；因爲波斯人習慣上對於國王的兒子是尊重的；甚至國王叛離了他們，他們仍然把統治權交還給國王的兒子。有許多例子可以說明他們這樣作乃是他們的慣例，特別是把父親的統治權交還給伊納羅司的兒子坦努拉司，以及交還給阿米爾塔伊俄斯的兒子帕烏西里司；但沒有人比伊納羅司和阿米爾塔伊俄斯給波斯人以更大的損害了⑤。但是，事實卻是普撒美尼托斯策劃了不正當的行動並得到了自己的報應；原來他在埃及人中間煽動叛

⑤埃及人伊納羅司和阿米爾塔伊俄斯起來反對波斯統治者是從四六〇年到四五五年的事情。

亂的時候被捉住了；而當這件事傳到剛比西斯那裏去的時候，普撒美尼托斯便喝了牛血⑥而立刻死掉了。他的下場就是這樣的。

16 剛比西斯從孟斐斯向撒伊司城行進，打算作他確實作到了的一件事情。在進入阿瑪西斯的王宮之後，他立刻下令把阿瑪西斯的屍體從他的墓地搬出來。當這件事作完之後，他便下令鞭屍，拔掉它的頭髮，用棒子戳刺並用各種辦法加以侮辱。當他們把這件事幹膩了的時候（因爲被製成木乃伊的屍體仍然是整個的並沒有被弄碎），剛比西斯便下令把它燒掉，這是一個瀆神的命令，因爲波斯人認爲火乃是神，因此沒有一個民族認爲燒掉死者是正當的事情。波斯人是由於上述的理由才這樣的；他們說，把一個人的屍體給神是不對的。但埃及人卻相信火是一個活的野獸，它呑食它捕捉到的一切東西，而在它吃飽的時候便和它所吃的東西一同死掉了。然而他們卻絕對沒有把死屍交給野獸呑食的習慣，這就說明爲什麼他們把屍體製成木乃伊，以便不致使屍體放置在那裏給蟲子吃掉。這樣看來，剛比西斯下令所作的這件事是違犯兩個民族的風俗習慣的。正如埃及人所說，儘管如此，他們這樣處置的對象並不是阿瑪西斯，而是另一個身量相同的埃及人，波斯人卻以爲這是阿瑪西斯的屍體，因此便對它任意侮辱玩弄了。按照他們的講法是，阿瑪西斯從一次神託知道在他死後將會有何等的遭遇，因而爲了逃避這一命運，便埋葬了這個受到鞭笞的人，這個人在死時是給埋在他的墓室的入口近旁；阿瑪西斯還命令自己的兒子把他自己埋在墓室的最裏面的一個角落裏。我想阿瑪西斯根本沒有發出過關於墓地以及關於這個人的命令，埃及人不過是隨意編造一個故事聊以自慰罷了。

---

⑥牛血凝結的時候可能會把飲血的人堵死。

17在這之後，剛比西斯便計劃了三次征討，一次是對迦太基人，一次是對阿蒙人，一次是對居住在南海的利比亞海岸之上的長壽的埃西歐匹亞人。在他考慮了自己的計劃之後，便決定派海軍攻打迦太基人，派他的一部分陸軍去攻打阿蒙人。至於埃西歐匹亞，他首先是派一些間諜到那裏去打聽一下，在那個國家的太陽桌的傳說當中哪些事情是眞的，並偵察其他所有各種事物，藉口則是送禮給埃西歐匹亞的國王。

18太陽桌的情況據說是這個樣子的。在城市的郊外有一片草地，草地上滿擺著所有各種四足獸類的煮熟的肉；在夜裏的時候，市當局的人們小心翼翼地把肉放到那裏去，而在白天的時候，凡是願意的人，都可以來到這裏吃一頓。當地的人們說，這些肉常常是從大地自然而然地產生出來的。關於太陽桌，人們的說法就是這樣。

19當剛比西斯決定要把間諜派去的時候，他立刻派人到埃烈旁提涅城去把懂得埃西歐匹亞語的伊克杜歐帕哥斯人（意譯則爲食魚者——譯者）召了來。正當他們去找這些人來的時候，他又下令他的海軍出航迦太基。但是腓尼基人不同意這樣作，因爲他們說，他們必須遵守一個嚴正的誓約，而不能不道德地攻擊他們自己的子孫；腓尼基人既然不願意，其他人等就沒有資格擔任戰鬥的任務了。這樣，迦太基人便逃脫了被波斯人奴役的命運。原來剛比西斯並不願對腓尼基人使用強力，因爲他們是自願前來投靠波斯人的。而且，全部海上力量也都得仰仗他們。賽浦路斯人也是自願前來幫助波斯人征討埃及的。

20當伊克杜歐帕哥斯人應剛比西斯之召從埃烈旁提涅前來的時候，他便把他們派到埃西歐匹亞去，告訴他們應該講什麼樣的話，同時又要他們帶著一些禮品，即一件紫色的袍子、一掛黃金項鍊、一付手鐲、一個盛著香膏的雪花石膏匣和一甕耶子酒。據說，剛比西斯的使者所要見的這些埃西歐匹亞人是全人類中最魁梧和最漂亮的人物。據說，他們的風俗習慣，特別是他們推選國王的辦法，和其他一切民族大有不同。他們認爲在國人中只有他們判定爲最魁梧和擁有與身材相適應的膂力的人，才有資格當選爲國王。

21這樣，在伊克杜歐帕哥斯人到埃西歐匹亞人這裏來之後，便把禮物呈獻給他們的國王，並且這樣說：「波斯人的國王剛比西斯很想成爲你的朋友和賓客，因此派我們前來向你致意，而且他把他最喜歡使用的一些物品作爲禮品奉獻給你。」但是埃西歐匹亞人看出他們是作爲間諜而來的，便向他們這樣說：「波斯國王派你們攜帶禮物前來，並不是由於他很重視他和我之間的友誼，你們所講的話也不是你們的眞心話（因爲你們此來是爲了偵察我的國土），你們的國王也不是一個正直的人；如果他是個正直的人，那麼除了他自己的國土之外，他就不應當再貪求任何其他的土地，而現在也不應當再想奴役那些絲毫沒有招惹他的人們。那麼現在就把這只弓交給他並且把這個話傳達給他：『埃西歐匹亞人的國王忠告波斯人的國王，等波斯人能夠像我這樣容易地拉開這樣大的一張弓的時候，他們再以優勢的兵力前來攻打長壽的埃西歐匹亞人吧；但是在那樣的時候到來之前，你應該感謝諸神，因爲諸神是不會叫埃西歐匹亞人的兒子們想到要占領本國領土之外的土地的。』」

22他這樣說完之後，便放鬆了這張弓的弓弦，把它交給了來人。隨後他又拿起了紫色的袍子，問這是什麼，是怎樣作成的；而當伊克杜歐帕哥斯人把有關紫色顏料和染色方法的事情如實地告訴了他的時候，他就說他們人以及他們的衣服都是十分奸詐的。這之後他又問關於黃金項鍊和手鐲的事情；而當伊克杜歐帕哥斯人告訴他這些東西是如何製造的時候，國王笑了；原來他以爲這是枷鎖，他說他們國內有比這更加堅固的枷鎖。復次，他問有關香膏的事情；當他們告他香膏的配製法以及用法的時候，他的回答就和關於紫袍的回答一樣。但是當他看到酒並問到酒的作法的時候，他是非常喜歡這種飲料的；他還問到他們國王吃什麼東西，波斯人年紀最大的能活到多少歲。他們告訴他說國王吃麵包，並向他說明了他們種植的小麥的情況。他們又告訴他說波斯人所能希望活到的最大年紀是八十歲。於是這個埃西歐匹亞人說，既然他們是以糞為食的⑦，所以他們的生命如此短促便毫不奇怪了。而如果不是這種飲料有恢復精神的作用，他們甚至這樣的年齡也決不會活到的。這樣說著，他就把酒指給伊克杜歐帕哥斯人看，因為在這一點上，他說，波斯人是勝過了埃西歐匹亞人的。

23 於是，伊克杜歐帕哥斯人又回問國王埃西歐匹亞人可以活多久，他們吃的又是什麼；國王回答說他們大多活到一百二十歲，有些人活得更要長些；他們吃的是煮肉，喝的是乳。間諜對他們所活的年齡表示驚異；於是，據說他便領他們到一個泉水的地方去，而在用那裏的泉水沐浴之後，他們的皮膚就變得像是油那樣，更加光滑了；而且它還有像是紫羅蘭那樣的香味。間諜們說，泉水是這樣的稀薄，以致什麼東西在它上面也浮不起來，不管是木材也好，比木材輕的任何東西也好，都要沈到水底的。如果這泉水果然如他們所說，那很可能的情況是：經常使用這種泉水的人是可以長壽的。當他們離開泉水的時候，國王又把他們領到監獄去看，所有那裏的人的枷鎖都是用黃金製造的。在埃西歐匹亞人中間，沒有比青銅更稀罕和珍貴的了。在參觀完了監獄之後，他們又參觀了所謂太陽桌。

24 在這之後，他們最後又看了埃西歐匹亞人的棺材。這種棺材據說是用一種透明的石頭⑧製造成功的，方法是我下面所說的這樣：他們或是使用埃及人的辦法，或是使用其他的什麼辦法使屍體乾縮，在屍體上面塗上一層石膏，然後再在這上面盡可能與活著的人一樣地描畫一番。隨後，他們就把它放到用透明

⑦這是說，糧食是從上糞的土壤中生長出來的。
⑧也可能是水晶。

的石頭製成的空心柱裏面去（這種石頭可以從地上大量地開採出來，而且加工也很容易）；通過透明的石頭可以看到柱子的內部的屍體，而且這屍體既不發惡臭，又沒有任何觀之不雅的地方。此外，屍體又沒有一個地方看得不清楚，就好像屍體本身完全剝露出來一樣。死者最親近的族人把這柱子在自己的家中保存一年，向它奉獻初上市的鮮果，奉獻犧牲；然後，他們便把這柱子搬出來，安放在附近市郊的地方。

25 看完了這一切一切之後，間諜們便起程返回了。當他們報告了這一切之後，剛比西斯十分震怒，並立刻對埃西歐匹亞人進行征討，他既不下令準備任何糧食，又沒有考慮到他是正在率領著自己的軍隊向大地的邊緣處進發；由於他不是冷靜考慮而是處於瘋狂的狀態，因而在他聽了伊克杜歐帕哥斯人的話之後，立刻率領全部陸軍出發，而命令隨他來的希臘人留在原地等候他。當他在進軍的道路上到達底比斯時，他又從他的軍隊中派出了大約五萬人，要他們奴役阿蒙人並燒毀宙斯神託所；他本人則率領其他的大軍向埃西歐匹亞進發了。但是在他的軍隊還沒有走完他們全程的五分之一的時候，他們便把他們所攜帶的全部糧食消耗完了，而在糧食耗完之後，他們就吃馱獸，直到一個也不剩的地步。然而如果剛比西斯看到這種情況，改變自己的原意而率領軍隊返回的話，則他起初雖然犯了過錯，最後還不失爲一個有智慧的人物，但實際上，他卻絲毫不加考慮地一味猛進。當他的士兵從土地上得不到任何可吃的東西的時候，他們就藉著草類爲活；可是當他們到達沙漠地帶的時候，他們的一部分人卻作了一件可怕的事情；他們在每十個人當中抽籤選出一個人來給大家吃掉。剛比西斯聽到這樣的事之後，害怕他們會變成食人生番，於是便放棄了對埃西歐匹亞人的出征而返回底比斯，不過他已經損失了許多軍隊；他從底比斯又下行到孟斐斯，並允許希臘人乘船返回祖國。

26 他對埃西歐匹亞的出征就這樣地結束了。至於大軍中被派出去攻打阿蒙人的那部分軍隊，他們是帶

著嚮導從底比斯出發進擊的。人們知道他們到達了歐阿西司城⑨，居住在這個城市的是據說屬於埃斯克里歐尼亞族的薩摩司人，隔著沙漠地帶離底比斯有七天的路程。這個地方在希臘語裏稱爲幸福島。據說，軍隊就走到這裏；在這之後，除去阿蒙人自己和那些聽過他們講的話的人之外，沒有任何人能知道關於他們的任何事情了；因爲他們既沒有到達阿蒙人那裏，也沒有返回埃及。但是阿蒙人自己的說法則是這樣：當波斯人從歐阿西司穿過沙漠地帶向他們進攻並走到歐阿西司和他們的國土中間大約一半地方的時候，正在他們用早飯的當兒，起了一陣狂暴的、極其強大的南風，隨風而帶過來的沙子便把他們埋了起來。這樣他們便失蹤了。以上就是阿蒙人關於這支軍隊的說法。

27 在剛比西斯來到孟斐斯之後，在埃及的那個地方出現了阿庇斯⑩，這阿庇斯在希臘人那裏稱爲埃帕波司。由於他的出現，埃及人立刻穿上了他們最好的衣服並且舉行盛大的祝祭。剛比西斯看到埃及人這樣的作法時，深信埃及人的這樣一些歡樂的表現正是針對著他的不幸遭遇的，於是他便把孟斐斯的領袖們召了來。當這些領袖來到他面前的時候，他便問他們爲什麼正當他在損失了大批軍隊之後返回的時候，他們竟會有這樣的舉動；雖然，當他以前在孟斐斯的時候，他們並沒有過這樣的表現。領袖們告訴他說，習慣上每隔很久很久才會出現一次的一位神現在已向他們顯現。而每逢這位神出現的時候，全埃及便舉國歡慶並舉行節日。剛比西斯認爲他們是在撒謊，因此便處死了這些人作爲對他們說謊的懲罰。

---

⑨歐阿西司本來只指一塊長著植物的地方，但希羅多德把它變成了一個專名詞。他這裏所指的是卡爾該大綠洲，離底比斯大約有七天的路程。

⑩參見第二卷第三八節。

28 在把這些人處死之後，他繼而又把祭司們召到他跟前來。當祭司們所說的話也和前者相同的時候，他便說如果一個馴服的神到埃及人這裏來的時候，他是願意見識見識的；因此他不多廢話，立刻命令祭司們把阿庇斯帶來。於是他們就找到了它並把它帶來了，原來這個阿庇斯或埃帕波司是一個永遠不會再懷孕的一隻母牛所生的牛犢。根據埃及人的說法，母牛是由於受到天光的照耀才懷了孕的，此後才生出了阿庇斯。稱爲阿庇斯的這個牛犢的標幟是這樣：它是黑色的，在它的前額上有一個四方形的白斑，在它的背上有一個像鷹那樣的東西；尾巴上的毛是雙股的，在舌頭下面又有一個甲蟲狀的東西。

29 當祭司們把阿庇斯領進來的時候，當時幾乎是處於瘋狂狀態的剛比西斯便拔出他的短刀來，向牛犢的腹部戳去，但是戳中的卻是它的腿部；然而他笑著向祭司們說：「你們這些傻瓜，難道這些可以感覺得到鐵製兵器的血肉動物就是你們的神嗎？老實說，埃及人也只配有這樣的神。但至於你們，你們使我變成你們的笑柄，在這件事上你們是會吃苦頭的。」這樣說了之後，他便命令有關人員痛笞祭司們一頓，並把他們看到慶祝節日的任何其他埃及人給殺死。埃及的節日便這樣地給停止了，祭司們受了懲罰，阿庇斯則臥在神殿裏，由於腿上的戳傷而死掉了，當它因傷而致死的時候，祭司們便背著剛比西斯偷偷地把它埋起來了。

30 根據埃及人的說法，由於作了這樣的一件錯事，剛比西斯以前的缺乏理智立刻便轉變到瘋狂的地步。他的第一件罪惡行爲便是剪除了他的親兄弟司美爾迪斯，他是由於嫉妒才把他的兄弟從埃及送到波斯去的，因爲只有司美爾迪斯一個人才把伊克杜歐帕哥斯人從埃西歐匹亞人那裏帶回來的弓拉開了兩達克杜洛斯寬。此外便沒有任何一個人拉得動它了。司美爾迪斯回到波斯之後，剛比西斯便作了一個夢，夢裏他好像看見從波斯來了一名使者，這個使者告訴他說司美爾迪斯已經登上了王位，而司美爾迪斯的頭則一直

觸著上天。他自己害怕他的兄弟因此會把他殺死而自己作國王，於是他便把普列克撒司佩斯，他所最信任的波斯人派到波斯去把司美爾迪斯殺死。普列克撒司佩斯到蘇撒這樣作了。有些人說他誘引司美爾迪斯出來打獵，又有一些人說，他把司美爾迪斯領到紅海⑪，在那裏把司美爾迪斯淹死了。

31 他們說，這是剛比西斯的第一件罪行。繼而他又翦除了他的親姊妹；他曾把她帶到了埃及並且和她結為夫妻。由於在這之前，波斯人中間決沒有娶自己的姊妹為妻的風俗，因此他是用這樣的辦法娶了她的：剛比西斯愛上了他的一個姊妹並想立刻娶她為妻，但他的打算是違反慣例的，於是他便把王家法官召了來，問他們是否有一條法律，可以容許任何有這樣欲望的人娶他自己的姊妹。這些王家法官是從波斯人中間選出來的人，他們的職務是終身的，除非他們被發現作了什麼不正當的事情，他們是不會被解職的；正是這些人判決波斯的訴訟事件，並且解釋那裏的世世代代傳下來的各種法律；一切問題都是要向他們請教的。這些人向剛比西斯作了一個既公正又安全的回答，這就是，他們找不到一條可以使兄弟有權娶自己的姊妹的法律，但是他們又找到一條法律，而根據這條法律則波斯國王可以作他所願意作的任何事情。這樣，他們由於害怕剛比西斯而沒有破壞法律，然而為了不致由於維持這條法律而自己有性命的危險，他們又找到了另外一條法律來給想和自己的姊妹結婚的人辯護。因此剛比西斯立刻便娶了他所熱戀的姊妹；但不久他又娶了另一個姊妹為妻。和他同來埃及的是姊妹中較年輕的一位，就是這個人被他殺死了。

---

⑪不是今天的紅海，可能是指波斯灣。

32 和司美爾迪斯的死一樣，關於她的死也有兩種說法。希臘人說，剛比西斯叫一隻小狗和一隻小獅子互鬥，這個婦人也和他一同觀看；當小狗被打敗的時候，它的兄弟另一隻小狗掙脫了繩索上去幫忙，結果兩隻小狗就把小獅子打敗了。他們說，剛比西斯看了十分高興，但是坐在他身旁的婦人卻哭起來了。剛比西斯看到這種情況之後便問她為什麼哭，她便說她是在看到小狗幫助它的兄弟時才哭了起來的，因為她想到了司美爾迪斯，又想到何以竟沒有一個人給他報仇。根據希臘人的說法，正是由於她講了這樣的話，她才給剛比西斯處死的。但埃及人的說法是：當他們二人坐在桌旁的時候，婦人拿起了一支萵苣並把它的葉子撕了下來，然後問她的丈夫他喜歡什麼樣的萵苣，帶葉子的，還是不帶葉子的。他說他喜歡帶葉子的；於是她便回答說：「可是你把居魯士的一家弄得光光的和這支萵苣一樣了。」他們說，他聽了這話十分惱怒，便跳到她身上去，結果這位懷孕的婦女便由於他對她的傷害而流產死掉了。

33 以上便是剛比西斯加到他家人身上的瘋狂行動，這些瘋狂行動也許是由於阿庇斯的緣故而幹出來的，也許是由於人們經常遭遇到的許多痛苦煩惱當中的某些而產生出來的。誠然，據說他從一生下來的時候，他就染上了一種有些人稱為「聖疾」的嚴重的疾病⑫。如果一個人身體得了這樣的重病，則他的精神也會受到這種病的影響，這一點並不是不可想像的。

34 我現在要說一說他加於其他波斯人身上的瘋狂手段。根據他們的報導，他曾向普列克撒司佩斯說過這樣的話；這個普列克撒司佩斯是他特別尊重的，奏章都要通過這個人傳奏給他，而這個人的兒子又在剛比西斯的宮廷擔任著行觴官這樣一個非常尊榮的職務。於是，他便向普列克撒司佩斯說：「普列克撒司佩

⑫指癲癇病。

斯，波斯人認爲我是怎樣的一個人，他們都談論我一些什麼？」普列克撒司佩斯說：「主公，對於你其他的一切，他們都是非常稱頌你的，但是他們說你嗜酒太過了。」普列克撒司佩斯便是這樣地傳達了波斯人的話。但是國王卻惱怒地回答說：「如果波斯人現在認爲是由於好酒，我才發狂發瘋的話，那麼看來他們先前的說法也就是一個謊話了。」原來據說在這件事之前，當某些波斯人和克洛伊索斯侍坐在剛比西斯身旁的時候，剛比西斯曾問他們，他和他的父親居魯士比起來，他們認爲他是怎樣的一個人物。於是他們回答說：「剛比西斯比他的父親要好，因爲他不僅取得了居魯士的全部領土，此外他還取得了埃及和大海⑬。」波斯人的說法是這樣的。但當時在場的克洛伊索斯不滿意他們的說法，於是便向剛比西斯說：「在我看來，居魯士的兒子，你是比不上你父親的，因爲你還沒有像你父親那樣，有你這樣的一個兒子。」剛比西斯聽了心中甚是歡喜，他稱讚了克洛伊索斯的看法。

35 在想起了這件事之後，於是他便憤怒地向普列克撒司佩斯說：「那麼你自己來判斷一下，波斯人講的是眞話，還是他們在這樣談論我的時候已經喪失了他們的理智。你的兒子就站在門口那邊，現在如果我射這一箭而刺中了他的心的話，這就將會證明波斯人是錯了；如果我射不中的話，那麼就是他們說對了，而我是失去理智了。」說著他便拉起了他的弓向那個男孩子射去，並命令剖開那倒下去的屍體和檢驗他的傷口。箭正射中在心臟上，於是剛比西斯非常高興地笑了，他對男孩子的父親說：「普列克撒司佩斯，很明顯，我很清醒而是波斯人瘋狂了！現在告訴我，在世界上你還看見過什麼人能射得這樣準確？」據說，普列克撒司佩斯看到剛比西斯已經瘋狂並害怕自己也會遭到殺身之禍，於是他回答說：「主公，我以爲就

⑬這顯然是指東部地中海而言。

是神本人也不能射得這樣好。」當時，他所作的事情就是這樣。還有一次，他拿捕了國內犯了微不足道的小過失的知名人士十二名，而把他們頭朝下給活埋了。

36 呂底亞人克洛伊索斯看到他的這些行徑，認爲應該向他進諫忠言，於是便向他說：「主公，不要太放縱你那少年的盛氣和激情吧，克服和管制一下自己罷。謹愼是一件好事情，事先的考慮卻是眞正的智慧了。但是你怎麼樣呢？你爲了一些微不足道的過錯而處死了你的國人，而且被你殺死的還有男孩子。如果你總是這樣作的話，那你便要當心波斯人會背叛你了。至於我，你的父親居魯士曾懇切地囑告我向你提供自己的意見，並把我認爲是好的忠告給你。」克洛伊索斯是出於自己的好意向他提出了這個忠告的；但是剛比西斯回答說：「你也竟敢來向我進諫嗎？你在治理你自己的國家時是一個滿有辦法的國王，你又向我父親提供很好的忠告；而在瑪撒該塔伊人願意渡河到我們國土來的時候，你卻囑告他渡過阿拉克塞斯河去攻打他們；因此，你由於錯誤地治理你的國家而招來了滅亡，又由於錯誤地說服了居魯士而毀了居魯士。老實說，你會後悔的，我早就等著找個藉口來收拾你了。」說著剛比西斯便拿起弓來要把他射死。但是克洛伊索斯跳了起來而逃跑了；剛比西斯既然射不到他，便下令他的侍衛把他捉住殺死。侍衛們知道剛比西斯的脾氣，於是把克洛伊索斯藏了起來。他們的意圖是這樣，如果剛比西斯後悔而尋找克洛伊索斯的話，那他們再把他送出來並會由於救他的性命而取得賞賜；但如果剛比西斯並不後悔，也不希望克洛伊索斯再回來的話，那時他們再把克洛伊索斯殺死也不遲。在這事發生之後不久，剛比西斯就眞地想要克洛伊索斯回來了，侍衛們看到這一點之後，便告訴他說克洛伊索斯還活著。剛比西斯說他也是很高興聽到這話的。但是那些救了克洛伊索斯性命的人卻不能逃脫懲罰而應當被殺死。於是他便眞地這樣作了。

37 剛比西斯對波斯人以及對他的同盟者作出了許多這類瘋狂的事情；他住在孟斐斯的時候，曾在那裏

打開了古墓並檢驗裏面的屍體。他還進入海帕伊司托斯神殿並且對那裏的神像備加揶揄。海帕伊司托斯的這個神像和腓尼基人帶在他們的三段橈船的船頭上的、腓尼基人的帕塔依科伊（腓尼基的保護船的神——譯者）極爲相似。我要給那沒有見過它的人說一說：它像是一個侏儒。他還進入了卡貝洛伊神殿，這原來是除祭司以外誰也不能夠進去的；他甚至在大加嘲弄之後，燒掉了這裏的神像。這些神像也和海帕伊司托斯的神像相似，並且據說是他的兒子。

38 因此，不管從哪一點來看，我以爲都可以肯定，剛比西斯是一個瘋狂程度甚深的人物。否則他不會作出嘲弄宗教和習俗的事情。因此，如果向所有的人們建議選擇一切風俗中在他們看來是最好的，那麼在經過檢查之後，他們一定會把自己的風俗習慣放在第一位。每個民族都深信，他們自己的習俗比其他民族的習俗要好得多。因此不能設想，任何人，除非他是一個瘋子，會拿這類的事情取笑。在許多證據當中我只提出一個來，從這個證據就可以推想到，所有的人關於自己的風俗習慣都有同樣的想法：當大流士作國王的時候，他把在他治下的希臘人召了來，問他們要給他們多少錢才能使他們吃他們父親的屍體。他們回答說，不管給多少錢他們也不會作出這樣的事情來的。於是他又把稱爲卡拉提亞人⑭並且吃他們的雙親的那些印度人召了來，問他們要給他們多少錢他們才能夠答應火葬他們的父親。這時他要希臘人也在場，並且叫通譯把所說的話翻譯給他們聽。這些印度人高聲叫了起來，他們表示他們不願提起這個可怕的行徑。這些想法是這樣地根深蒂固，因此我以爲，品達洛司的詩句說得很對，「習慣乃是萬物的主宰」。

39 當剛比西斯正在進攻埃及的時候，在另一方面拉凱戴孟人也對薩摩司和阿伊阿凱司的兒子波律克拉

---

⑭卡拉提亞人的卡拉顯然是源自梵文的Kâla（黑色的）。

鐵斯發起進攻；後者曾發起叛亂而征服了薩摩司⑮；他在起初把這個城市分成三個部分，使他的兄弟龐塔格諾托司與敍羅松和他共同統治，但是不久之後他便殺死了其中的一人，並趕跑了較年幼的敍羅松，因而自己便成了全薩摩司的主人。他這樣作了以後，便和埃及的國王阿瑪西斯締結了一項條約，還跟他交換了禮物。在這之後不久，波律克拉鐵斯就強大到這樣的程度，以致他馳名於伊奧尼亞和所有其他的希臘土地；因爲他的軍事征討是無往而不利的。他擁有一百隻五十橈船和一千名弓手，不管是什麼人，他都是一視同仁地加以劫掠。因爲他說過，比之他根本什麼都不劫掠，則他把他劫掠的東西歸還給一個朋友，這會得到更多的感激。他攻占了許多島嶼，還有大陸上的許多城市。在這中間，他也征服了列斯波司人；他們曾率領全軍來援助米利都人，但是波律克拉鐵斯在一次海戰中把他們擊敗並俘虜了。而正是這些身帶枷鎖的俘虜，挖掘了薩摩司城砦周邊的壕溝。

40 然而阿瑪西斯卻總是會注意到波律克拉鐵斯的巨大的成功的，因此阿瑪西斯感到不安了；波律克拉鐵斯的幸運的事情不斷大大增多，於是阿瑪西斯便寫信送到薩摩司那裏去，信裏面說：「阿瑪西斯致書波律克拉鐵斯告他下面的話。我很高興地知道自己的朋友和盟友的興盛。但是我並不爲你的這些太大的好運感到高興；因爲我知道諸神是多麼嫉妒的，而且我多少總希望我自己和我的朋友既有成功的事情，又有失意的事情，我寧願意有一個成敗盛衰相交錯的生涯，而不願有一個萬事一帆風順的生涯。根據我的全部見聞來看，我知道沒有一個萬事一帆風順的人，他的結尾不是很悲慘，而且是弄得一敗塗地的。因此，如果你肯聽我的話，那麼便請對你的成功採取這樣的辦法：想一想什麼是你認爲最珍貴的，什麼東西是你丟掉

⑮大概在五三二年。

時最心痛的，然後把他拋掉，以便使人們再也看不到它。如果在這之後，你的成功仍然不和失意交互發生的話，那麼就按著我勸告你的辦法再試一試罷。」

41 波律克拉鐵斯念了這封信，覺得阿瑪西斯的意見是對的，因此便考慮在他的財富中什麼東西失掉時是他最痛心的，考慮到最後他得出了這個結論：他戴著薩摩司人鐵列克萊司的兒子鐵奧多洛斯製造的、一個嵌在黃金上的琺琅質的指環印璽；他決定把這個東西拋掉，於是他便乘坐在上有水手的五十橈船之上並命令他們出海；而當他離島很遠的時候，他便當著船上所有的人摘下他的指環印璽來，把它投到海裏去了。這樣作了之後，他便回航並返回家中，在那裏爲這次的損失而表示痛心。

42 但是在這之後第五或第六天，一個漁夫遇到了這樣一件事。他捉到了一隻又大又好的魚，因而想把這條魚獻給波律克拉鐵斯，於是他便把它帶到王宮的門前，說他希望波律克拉鐵斯接見他。當他得到允許見到波律克拉鐵斯的時候，他就說：「哦，國王啊，我是一個靠打漁爲生的人，但當我捕到這條魚的時候，我想最好是不把他送到市場上去；我看這條魚是配得上您和您的威儀的；因此我把它帶來呈獻給您。」波律克拉鐵斯聽了漁夫的話心中歡喜，於是回答他說：「你這樣作很好，我雙重地感謝你的話和你的禮品。我邀你與我一同進餐。」漁夫對這一榮譽，感到非常自豪，於是回家去了。但是在僕人們把魚切開之後，卻在魚腹中發現了指環印璽；他們看到指環印璽，就歡喜地把它帶到國王那裏去，並告訴他這件寶物是怎樣找到的。波律克拉鐵斯認爲這是神的意旨；於是便寫了一封信，派人帶到埃及去；告訴他所作的一切和他所遇到的一切。

43 當阿瑪西斯念完了波律克拉鐵斯的來信之後，他便看到，沒有一個人能夠把另一個人從他的注定的命運中挽救出來，而這樣不斷地得到幸福，甚至把自己拋掉的東西都找得回來的波律克拉鐵斯，是一定會遇到不幸的結局的。於是他便派出了一名使節到薩摩司去聲明與他絕交，他這樣作的目的，是爲了在波律克拉鐵斯遇到什麼可怕和巨大不幸的時候，他不致必須爲他的朋友感到痛心。

44但現在拉凱戴孟人卻向這常勝的波律克拉鐵斯進軍了，他們是給後來在克里地建立了庫多尼亞的薩摩司人邀請到那裏去的。波律克拉鐵斯背著他的臣民，派了一名使者到當時正在出征埃及的、居魯士的兒子剛比西斯那裏去，要求剛比西斯也派人到薩摩司來並給他增援的人馬。接到這個消息之後，剛比西斯立刻派人到了薩摩司，要求波律克拉鐵斯派一支艦隊來幫助他進攻埃及。波律克拉鐵斯於是選出了他城內他最疑心會起來反叛他的人們，用四十隻三段橈船送他們去，並告訴剛比西斯說不必再把這些人送回了。

45有的人說，波律克拉鐵斯派出去的這些薩摩司人根本沒有到達埃及，而是在他們渡海到卡爾帕托司的時候，他們便相互商議，決定不再繼續向前走了；還有一些人說，他們確實是到了埃及，但是他們從那裏避開守衛的耳目逃走了。不過當他們乘船回到薩摩司時，波律克拉鐵斯的船邀擊他們和他們打了起來。返回的薩摩司人得到了勝利並在島上登了陸，但是在陸戰中他們被擊敗，於是他們便出航到拉凱戴孟人那裏去了。另外還有一個說法：從埃及回來的薩摩司人打敗了波律克拉鐵斯；但是在我看來，這個說法是不對的；因爲，如果他們自己可以制服波律克拉鐵斯的話，他們就沒有必要去請拉凱戴孟人來了。再者，甚至下面的這種假定也是不合理的，即一個擁有大量傭兵和本國弓手的人竟會被回國的這樣一些少數薩摩司人打敗。至於國中波律克拉鐵斯的臣民，則他把他們的妻子兒女都拘留到一所停船廠裏，打算在他的人們投到返回的薩摩司人那裏去時，把這個停船廠和裏面的人一把火燒光。

46當被波律克拉鐵斯趕跑的薩摩司人逃到斯巴達去的時候，他們就去見斯巴達的領袖們，說了很長的一篇話，表示非常需要他們的幫助。但拉凱戴孟人在最初接見時卻回答說，他們忘了薩摩司人開頭所講的話，因而不能了解它的結尾。在這之後，薩摩司人便再一次帶著口袋來，並且只講了這樣的話，說袋子需要麵粉。於是拉凱戴孟人說不用再提什麼袋子的事情了，不過他們卻決定幫助薩摩司人了。

47 於是拉凱戴孟人便裝備了一支軍隊，並把它派出去討伐薩摩司。薩摩司人說，這乃是拉凱戴孟人對他們的服務的回報，因爲他們起初曾派了一支艦隊去幫助拉凱戴孟人去反抗美塞尼亞人。但是拉凱戴孟人卻說，他們派出軍隊與其說是幫助需要他們的薩摩司人，勿寧說是報復一件事情，即他們帶給克洛伊索斯的混酒鉢和埃及國王阿瑪西斯贈給他們的胸甲都曾給這個民族劫奪了去。在薩摩司人奪走混酒鉢的前一年，他們便把胸甲劫走了。這胸甲是亞麻製成的，上面繡著黃金與棉花，還織著許多圖像。但這個胸甲使人感到驚異的是每一根線都有許多股，它雖然很細，但仍有三百六十股，每一股都可以看得清清楚楚。這和阿瑪西斯獻給林多斯的雅典娜的同類的那件，是可以媲美的。

48 科林斯人也熱心參加實現對薩摩司的出征。在這次出征的一代之前，大約在劫奪混酒鉢的時候，他們也曾受過薩摩司人的侮辱。庫普賽洛斯的兒子培利安多洛斯曾把柯爾庫拉的名門子弟三百人送到撒爾迪斯的阿律阿鐵斯那裏去作宦官。率領著這些孩子的科林斯人曾在前往撒爾迪斯的途中停留在薩摩司；而當薩摩司人知道爲什麼這些孩子被帶走的時候，他們便告訴這些孩子到阿爾鐵米司的神殿去避難，這樣他們便不會允許這些請求保護的人給從神殿中強拖出去了；但是當科林斯人想斷絕這些孩子的糧食的時候，薩摩司人卻創行了一種到今天還照樣舉行的祭典；在這些男孩子請求保護的時期之內，每到夜裏便規定舉行男孩子和女孩子的舞蹈，這時便規定要把芝麻和蜜製造的餅帶給他們，這樣柯爾庫拉的男孩子們便可以奪過這些餅來充飢了。這樣一直作到科林斯的監視人放棄他們而離開的時候，於是薩摩司人便把男孩子們送回柯爾庫拉了。

49然而，如果科林斯人在培利安多洛斯死後與柯爾庫拉人言歸於好的話，則他們也就不會僅僅因為這一個原因而幫助對薩摩司的出征了。但實際上，自從這個島被殖民之後，雖然他們有血統關係，卻一直是相互不和的。由於這樣的一些理由，科林斯人當然要對薩摩司人懷有敵意了。至於說為什麼培利安多洛斯選擇了柯爾庫拉地方的名門子弟並送他們到撒爾迪斯去作宦官，這也是為了向柯爾庫拉人進行報復的。原來柯爾庫拉人在起初曾對他犯下了一件可怕的罪行。

50培利安多洛斯在殺死了自己的妻子梅里莎之後，在已經遭遇到的慘事之外，他又遭到了一件災難。他和梅里莎之間有兩個兒子，一個十七歲，一個十八歲。他們的外祖父普羅克列斯，埃披道洛斯的僭主曾派人把兩個孩子接了去並且理所當然地善待他們，因為這是他的親生女兒的兒子。當他們離開他的時候，他向他們告別說：「孩子，知道殺死你母親的那個人嗎？」哥哥並沒有把這話放到心上，但是那叫作呂柯普隆的弟弟在聽到這話時卻非常痛心，以致在回到科林斯的時候，他竟不理他那殺死了自己的母親的父親，而在父親向他講話或問他問題的時候，也是一語不發。終於培利安多洛斯感到十分氣惱，而把這個孩子從自己家中趕了出去。

51在這樣作了之後，他便問他的大兒子，他們的外祖父在和他們談話時都說了些什麼。這孩子告訴他說，普羅克列斯待他們很好；但是他並沒有提到臨別時外祖父所說的話，因為他根本沒有注意到這句話。培利安多洛斯說，不可能普羅克列斯沒有向他們提過一些什麼事情；於是他便認真地問他的兒子，直到這個男孩子想了起來，並把這句話也告訴他的時候。培利安多洛斯知道了這件事之後，便決定不示弱。他送信給和他那被放逐的兒子一同居住的人們，命令他們不要把他的兒子招待到自己的家中去。因此這個從一家被逐的兒子到另一家去的時候，也同樣遭到拒絕，因為培利安多洛斯威脅過一切接納過他的人，並命令他們不得收容他。當他被逐的時候，他便到另外他的幾個朋友家裏去，他們雖然害怕，卻還因爲他是培利安多洛斯的兒子而收容了他。

52 終於培利安多洛斯發出了一個布告，無論何人如在自己的家中收容他或是向他講話，都要向阿波羅神奉獻罰金，罰金的數目由培利安多洛斯規定。看到這個布告之後，沒有人再肯向這個孩子講話或是把他接待到自己家裏來了。這個孩子自己也不想去作那已明令禁止的事情，卻橫了心，孤單一人輾轉睡在街頭的門下。三天之後，培利安多洛斯看到他又餓又髒的樣子，起了憐憫之心：他的怒氣稍稍平息了一些。因此他走近他的兒子，對他說：「兒啊，哪條道路好一些請你選擇罷，是過你現在這樣的生活呢，還是聽父親的話繼承我現在有的權力和財富呢？你是我的兒子，你是富有的科林斯人的王子；但是你選擇了一個乞丐的生涯，就是因爲你反抗並且憤怒地對待了你最不應當這樣違抗的人。如果在這件事上有什麼慘事使你懷疑我的話，那麼這慘事卻是到臨我的身上而且是我分得其中的更多的部分，因爲作出這件事的正是我自己。你自己想一想受到羨慕比受到憐憫要好多少，想一想違抗雙親和在你上面的人要得到多麼不好的結果，然後就回到我的家裏來吧。」培利安多洛斯這樣說，是想叫自己的兒子回心轉意。但是這個男孩子回答說，既然培利安多洛斯和自己的兒子講話，他自己也得受到奉獻給神的罰款了。培利安多洛斯看到他的兒子的頑固是不可救藥的，或是不可制服的，因而用船把他送到柯爾庫拉去，以便不再看到他；因爲柯爾庫拉當時也是臣屬於他的。這樣作了之後，他便派出了一支軍隊去攻打他的岳父普羅克列斯，因爲他認爲普羅克列斯是使他招惹了當前這些麻煩的主要原因。他除了攻克埃披道洛司之外，又生俘了普羅克列斯。

53 培利安多洛斯久而久之就過了自己的盛年時代，並且曉得他再也不能監督和管理他的全部事業了；於是他便派人到柯爾庫拉去請呂柯普隆來作僭主，因爲他認爲自己的長子是一個愚鈍無知的人，因此不把

期望寄託在這個孩子的身上。呂柯普隆甚至拒絕回答使節。於是極希望這個年輕人會來的培利安多洛斯便作為次一個最好的辦法，派他的女兒，這個少年的親生姊妹去，以為他一定很願意聽她的話。她來到之後就說：「兄弟啊，你難道願意看到主權落到別人手裏而咱們父親的全家被劫，反而不願回到家裏去自己取得它麼？回到家裏去吧，不要折磨你自己了。矜持頑固是一種很不好的東西。不要幹那種以毒攻毒的事情了。許多人是把道理放在正義之上的。也有許多人為了熱心維護母親的權利，卻把父親的財富失掉了。僭主之治是一個很難把持的東西；許多人都在貪求著它；咱們的父親現在老了，盛年已經過去了；不要把你自己的財產奉送給別人罷。」她用她父親教給她的話，陳述了很有可能打動呂柯普隆的心的理由；但是他回答說，只要他知道他的父親還活著，他是絕對不回到科林斯去的。當她把這個回答帶回去的時候，培利安多洛斯便派了第三位使者去，建議他自己到柯爾庫拉去，以便在他到那裏去的時候使呂柯普隆代他成為僭主。兒子同意這樣作了；培利安多洛斯準備到柯爾庫拉去，而呂柯普隆到科林斯來；然而當柯爾庫拉人知道了這一切之後，他們便殺死了這個年輕人，因為他們怕培利安多洛斯到他們那裏去。培利安多洛斯正是由於這件事才想對他們進行報復的。

54 於是拉凱戴孟人率領大軍前來，包圍了薩摩司。他們猛攻城塞並打進了海邊城郊的塔樓；但是波律克拉鐵斯很快地便親自率領大軍向他們進攻並且把他們趕了出去。外國的雇傭兵和許多薩摩司人在位於山脊之上的上方塔樓附近向外出擊並且在若干時期中間擋住了拉凱戴孟人的進攻。隨後他們便向後逃退，拉凱戴孟人在後追趕和屠殺他們。

55 但是，如果所有拉凱戴孟人那一天在那裏都像是阿爾啓亞斯和律科帕司一樣英勇戰鬥的話，薩摩司就會被攻克了。只有這兩個人和大羣逃跑的薩摩司人進入了城塞，但他們的退路被截斷，因而他們便在薩摩司城內被殺死了。我自己在庇塔涅地方（阿爾啓亞斯就是這個地方的人）遇到了另一個阿爾啓亞斯，他是薩米歐司的兒子，上面所說的那個阿爾啓亞斯的孫子；他對薩摩司人的尊重在對任何外人的尊重之上，他告訴我說他的父親起了薩米歐司這個名字，因爲他是那個在薩摩司英勇戰死的阿爾啓亞斯的兒子。他說，他之所以這樣尊重薩摩司人，是因爲他們曾爲他的祖父舉行了國葬。

56 因此，當拉凱戴孟人毫無結果地把薩摩司包圍了四十天的時候，他們便到伯羅奔尼撒去了。外面還傳說著一個荒唐無稽的故事，故事說波律克拉鐵斯曾賄賂了他們要他們離開，他製造了他們當地流通的大量鍍金鉛幣送給他們。這便是拉凱戴孟的多里斯人對亞細亞的第一次出征。

57 當拉凱戴孟人正要離他們而去的時候，率軍前來進攻波律克拉鐵斯的薩摩司人也揚帆他去，到昔普諾斯去了。因爲他們需要錢；而昔普諾斯人在那時非常繁榮，並且是最富有的島上居民，因爲在他們的島上有金礦和銀礦。他們是這樣地富有，以致他們獻納給戴爾波伊的財富，即他們的全部收入的十分之一是最豐厚的獻禮之一，而他們每年都要爲他們自己分配當年的收入。而當他們不斷發財的時候，他們便問神託，他們目前的幸福會不會長久；於是佩提亞便給了他們下面的回答：

在昔普諾斯的市會堂變成白色
而你們的市場也同樣
有了白色門面的那一天；那時得有一個
有智慧的人來防備
一支木頭的伏兵和一個紅色的使者
前來進攻。

而這時昔普諾斯的市場和市會堂都是用帕洛司的大理石來裝飾著的。

58 不拘是在當時神託講出來的時候，還是在薩摩司人前來的時候，他們都不懂得這個神託。薩摩司人在到達昔普諾斯之後，他們立刻用一隻船把他們的使節送到城裏去。原來在古時，一切的船都是漆成朱紅色的；而這便是佩提亞警告昔普諾斯，要他們小心木頭的伏兵和紅色的使者的眞意所在。於是使者們要求昔普諾斯人給予十塔蘭特的借款。薩摩司人在遭到拒絕之後，便開始蹂躪了他們的國土。昔普諾斯人聽到這個消息後便立刻出來想把他們趕跑，但是他們自己卻戰敗了，他們許多人被薩摩司人驅離了故城，薩摩司人隨即從他們身上勒索了一百塔蘭特。

59 於是薩摩司人用這筆錢從赫爾米昂人那裏購買了紋德列亞島並且把它委託給特羅伊眞人管理；紋德列亞島是離伯羅奔尼撒不遠的。他們自己則定居在克里地的庫多尼亞，雖然他們航行的原來打算並不是這樣，而是想把扎昆托斯人驅出這個海島。他們停留在這裏，並在這裏繁榮幸福地過了五年；誠然，現在在庫多尼亞的那些神殿和狄克杜那的聖堂都是出自薩摩司人之手的。但是在第六個年頭，埃吉納人和克里地人來了；他們在一次海戰中打敗了薩摩司人並把薩摩司人變成了奴隸；此外，他們還砍掉了作得像是豬頭一樣的船頭，並把它們呈獻給埃吉納地方的雅典娜神殿。埃吉納人這樣作是由於對挑起爭端的薩摩司人心懷不滿。原來當阿姆披克拉鐵斯是薩摩司的國王時，他們曾派軍隊去攻打埃吉納，結果薩摩司人和埃吉納人雙方都受了很大的損害。這便是不和的原因了。

60 我所以這樣比較詳細地寫到薩摩司人，是因爲他們是希臘全土三項最偉大的工程的締造者。其中的第一項是一條有兩個口的隧道，它穿過高達一百五十歐爾巨阿的一座山的下部。隧道全長七斯塔迪昂，八尺高，八尺寬；而通過它的全長，另有一條二十佩巨斯深、三尺寬的河溝，而從一個水源豐富的泉水那裏來的水便通過這裏用管子引到薩摩司城裏去。這一工程的設計者是美伽拉人、納烏斯特洛波司的兒子埃烏帕里諾司。這是三項工程中的一項。第二項是在海中圍繞著港灣的堤岸，它入水足足有二十歐爾巨阿深，二斯塔迪昂多長。薩摩司人的第三項工程是一座神殿，這是我所見到的神殿中最大的。第一個建築者是一個薩摩司人，披列司的兒子羅伊科司。正是由於這個原因，我才比對一般人更加詳細地來寫薩摩司人的事情。

61在居魯士的兒子剛比西斯既然已經神經失常，而仍然耽擱在埃及的時候，兩兄弟的瑪哥斯僧叛離了他⑯。其中的一個曾被剛比西斯留在家中掌管家務。這個人現在判離了他，因爲他看到司美爾迪斯的死保守秘密，很少人知道這件事，而人們大多以爲他還在人世。於是他便想用這樣的一個辦法取得王權：他有一個兄弟，我已經說過，這是他的一個謀叛的伙伴；他的這個兄弟和居魯士的兒子、剛比西斯的兄弟司美爾迪斯長得十分相似，而司美爾迪斯又是經他手殺死的；他們不僅長得一樣，他們的名字也一樣，都叫司美爾迪斯。這個瑪哥斯僧帕提載鐵司於是便說服了他這個兄弟，要他、帕提載鐵司給他這個兄弟安排一切；他把他的兄弟領來，叫他坐在王位上，隨後，他便派使者到各地去，其中的一人到埃及，去向軍隊宣布，從此他們不應聽從剛比西斯，而要聽從居魯士的兒子司美爾迪斯的命令了。

62其他的使者都按照命令到各地傳達了這個布告；但是指定到埃及去的這個使者（發現剛比西斯和他的軍隊在敍利亞的阿格巴塔拿），便到他們大家的面前去，宣布了瑪哥斯僧交給他的命令。當剛比西斯聽到了使者說的話的時候，他以爲這是眞實的事情（以爲那個被派去殺死司美爾迪斯的普列克撒司佩斯並沒

---

⑯這是接著第三八節寫的。

有這樣作，而是欺騙了他剛比西斯）。於是他望著普列克撒司佩斯說：「普列克撒司佩斯，你是不是按照我所吩咐的作了？」普列克撒司佩斯回答說：「主公，這不是眞的事情，你的兄弟司美爾迪斯是不會背叛你的，他也不可能和你有不論大小的任何糾紛；我自己作了你所吩咐的事情並且是我親手埋葬了他。如果死者能夠復活的話，那你就可以看到美地亞人阿司杜阿該斯也會起來反對你了。但如果現在的大自然的規律和先前一樣不能改變的話，那麼可以肯定，司美爾迪斯是不會對你有任何傷害的。因此現在我的意見是這樣，我們派人去追趕這個使者並且好好地打聽他一下，是誰派他來傳達說我們必須承認司美爾迪斯爲我們的國王的。」

63 普列克撒司佩斯的這一番話，（剛比西斯認爲頗有道理）於是立刻派人追蹤這個使節並且把他帶了來；而當他來的時候，普列克撒司佩斯便問他說：「喂，我來問你，你說你的命令是從居魯士的兒子司美爾迪斯那裏發出來的；那麼現在告訴我，這樣你就可以安全地回去：是不是司美爾迪斯親自見到了你並給了你這個命令，還是只通過他的一個僕人？」使節回答說：「自從國王剛比西斯到埃及去以來，我自己從來沒有見過居魯士的兒子司美爾迪斯；剛比西斯委託代他掌管家務的那個瑪哥斯僧給了我這個命令，他說這是居魯士的兒子司美爾迪斯的意旨，並說我應該把這個意思告訴你知道。」使節這番話，完完全全是老實話。於是剛比西斯說：「普列克撒司佩斯，這件事我認爲你是沒有責任的。你非常忠誠地作了我吩咐你作的事情。但是背叛了我並且竊取了司美爾迪斯的名字的這個波斯人會是誰呢？」普列克撒司佩斯回答說：「主公，我想我是知道事情的眞相的。叛徒乃是那兩個瑪哥斯僧，一個是你委託掌管家務的帕提載鐵司，另一個是他的兄弟司美爾迪斯。」

64 剛比西斯一聽到司美爾迪斯這個名字的時候，他立刻便領會了普列克撒司佩斯的話的眞義，以及領會到他的夢已經實現了；因爲他曾經夢見有人告訴他，司美爾迪斯已坐上了王位，頭一直觸到天上去。而當他看到他無端地把自己的兄弟司美爾迪斯殺死，於是他爲自己的兄弟而痛哭起來了。在他哭夠了之後，由於十分痛心於他的全部不幸遭遇，他便跳到馬上，打算立刻前去蘇撒懲辦瑪哥斯僧。在他上馬的時候，他所佩帶的刀的那個刀鞘的扣子鬆掉了，於是裏面的刀刃就刺中他的股部，正傷了他自己過去刺傷了埃及的神阿庇斯的同一地方；剛比西斯認爲這傷乃是致命的，於是他便問他所在的那個城市的名字是什麼。他們告他說是阿格巴塔拿。而且在這之前，從布頭曾有一個預言告他說，他將要在阿格巴塔拿結束自己的一生；剛比西斯認爲這等於說，他在老年的時候，將要死在美地亞的阿格巴塔拿，即他的主城。但是這個事件證明，神託所預言的乃是他要死在敍利亞的阿格巴塔拿。因此當他現在詢問並且知道這個城市的名字的時候，因瑪哥斯僧而他遭到的不幸事件和他受的傷這雙重的震盪使他回復了正常的知覺；他懂得了神託的意思，並且說：「居魯士的兒子剛比西斯注定是要死在這裏的了。」

65 這時他不再講什麼話了。但是大約在二十天以後，他便把他身旁最主要的那些波斯人召了來，向他們說：「波斯的人們啊！我現在不得不把我認爲是最秘密的一件事情向你們宣布了。當我在埃及的時候，我作了一個我從來沒有作過的夢；我夢見從家裏來了一個使者，他告訴我說，司美爾迪斯已經坐上了王位，他的頭一直觸到天上去。於是我害怕我的兄弟會從我的手中奪走統治權，因此我不是賢明地加以考慮而是在倉卒中動起手來。可是，我現在看到，沒有一個人能夠有力量扭轉命運，我是多麼愚蠢，我竟把普列克撒司佩斯派到蘇撒去殺死司美爾迪斯。當這件大錯鑄成之後，我便覺得自己高枕無憂了，因爲我從來沒有想到，在司美爾迪斯被鏟除之後，會有另一個人起來反抗我。因此對於將要發生的事情，我完全估計錯了。我毫無必要地殺死了自己的兄弟，結果我仍舊失去了我的王位；因爲上天在夢中所預言的反叛行爲是司美爾迪斯那個瑪哥斯僧。現在我既然作了這件事，故而我要你們相信，居魯士的兒子司美爾迪斯已不在人世了；現在瑪哥斯僧已經占有了我的王國，那就是我留在家裏給我管理事務的人和他的兄弟司美爾迪斯。但是，因瑪哥斯僧對我的侮辱而特別要爲我報仇的那個人，已經凶死在他最親近的人手裏了。這個人既因死去而不在，我只得把我一生中最後的期望囑告給你們這些波斯人。因此，以我的王家諸神爲誓，我命令你們，你們全體，特別是在這裏的阿凱美尼達伊家的人們，不要叫主權再落到美地亞人手裏去；如果他們用策略取得了主權的話，那麼就再用策略從他們那裏把主權奪回來；如果他們是用強力奪走主權的話，那麼你們也便同樣用強暴的手段把它奪回來。而如果你們這樣作，那你們的田地便會生產果實，你們的婦女和牲畜便會多產子嗣，你們也永遠會享到自由；如果你們不把王權奪回的話，或是不試圖把王權奪回的話，那我便祈禱要你們的事事不順利，而每一個波斯人都要落得和我一樣的下場。」剛比西斯這樣說著，便由於自己一生中命定的全部遭遇而痛哭起來了。

66 當波斯人看到他們的國王哭泣的時候，他們便撕碎了他們穿的袍子並盡情地高聲悲嘆起來。但是在這之後骨頭壞疽，大腿也緊跟著爛了，結果居魯士的兒子剛比西斯便死掉了；他統治了一共七年五個月，身後男女的子嗣都沒有。在場的波斯人心裏完全不相信，那兩個瑪哥斯僧會是主人；他們認爲剛比西斯是打算用司美爾迪斯的死亡的故事來欺騙他們，以便把整個波斯捲入對他的戰爭。

67 因而他們相信作了國王的正是居魯士的兒子司美爾迪斯。現在剛比西斯既然已死，普列克撒司佩斯便矢口否認他曾殺死司美爾迪斯，因爲他親手殺死居魯士的兒子，這件事對他來說並不是安全的。剛比西斯既死，僭稱居魯士的兒子司美爾迪斯的那個瑪哥斯僧司美爾迪斯便肆無忌憚地統治了七個月，這七個月正湊足了剛比西斯的八年的統治。在這個時期中間，他大大地加惠了他的全體臣民，以致在他死後，除去

波斯人之外，沒有一個亞細亞人不盼望他回來；因爲他派人到他統治下的各地去宣布免除他們三年的兵役和賦稅。

68這便是在他開始統治時所發出的布告；但是到第八個月的時候，他卻被人識破了，原因是這樣：一個叫作歐塔涅斯的人，是帕爾那斯佩斯的兒子，他是一個出身高貴而又富有的波斯人。這個歐塔涅斯是第一個懷疑瑪哥斯僧不是居魯士的兒子司美爾迪斯，而是瑪哥斯僧本人的人。理由是他從來沒有離開過他的城砦，也從來沒有召見過任何波斯的知名人物；剛比西斯既然娶了歐塔涅斯的女兒帕伊杜美爲妻，而瑪哥斯僧現在也娶了她以及剛比西斯的其他妻妾，於是心中懷疑的歐塔涅斯便派人到他的女兒那裏去，問她是和居魯士的兒子司美爾迪斯，還是和另外的人同床。她送回一個信說她不知道，因爲她說她從來沒有見過居魯士的兒子司美爾迪斯，也不知道和她同床的人是誰。於是歐塔涅斯便送了第二個信，大意是說：「如果你自己不認識居魯士的兒子司美爾迪斯，那麼就去問和你一樣嫁給這個人的阿托撒，因爲她是一定會認識她的親生兄弟的。」但是女兒的回答是：「我不能和阿托撒講話，我也看不到他家中的任何其他婦女。因爲不管這個人是誰，在他作了國王之後，他立刻使我們各自分居在指定給每個人的地方。」

69當歐塔涅斯聽到這話的時候，對於事情的眞相便知道得更加清楚了。於是他就給他的女兒送了第三個信：「女兒啊，你的高貴出身使你必須不惜冒任何危險作你父親所吩咐你作的事情。如果這個人不是居魯士的兒子司美爾迪斯而是另一個我心中懷疑的那個人的話，那麼就不能輕輕地饒過他，而是要對他加以懲罰，因爲他玷污了你並坐上了波斯的王座。因此當他與你同床而你看到他睡著了的時候，按照我吩咐的去作並且摸一摸他的耳朵；如果你看到他有耳朵的話，那你就可以相信與你同床的是居魯士的兒子司美爾迪斯，如果他沒有耳朵，那便是瑪哥斯僧冒名司美爾迪斯的了。」帕伊杜美送了回信說，她這樣作要冒著極大的危險；如果結果知道他沒有耳朵，而她被發現去試探它們的時候，他是一定會把她弄死的。儘管如此，她仍然願意一試。因此她答應按照父親所吩咐的去作。因爲人們知道，剛比西斯的兒子居魯士在位時，曾由於這個瑪哥斯僧司美爾迪斯所犯的某種重大過失而割掉了他的耳朵，至於什麼過失，我卻無從知道了。歐塔涅斯的女兒帕伊杜美履行了她答應她父親作的事情。當輪到她去伴宿的時候（波斯的妃子們是定期輪流入宮伴宿的），她便與他同床並在他熟睡的時候用手摸了瑪哥斯僧的耳朵，她容易地確定了他是沒有耳朵的，於是到第二天早上，她立刻便派人把這件事告訴給她的父親了。

70 歐塔涅斯於是便把他認爲是最可靠的兩位地位極高的波斯人請了來，這兩個人是阿司帕提涅斯和戈布里亞斯，他把事情的全部經過了告訴了他們。實際上這兩個人他們自己也懷疑到事情是這個樣子了。於是他們立刻相信歐塔涅斯洩漏給他們的事情。他們決定，他們每人再找一個他們所最信任的波斯人加入他們的同黨；歐塔涅斯找來了音塔普列涅司，戈布里亞斯找來了美伽比佐斯，阿司帕提涅斯找來了敍達爾涅斯，因此他們便有六個人了。現在敍司塔司佩斯的兒子大流士又從波斯來到了蘇撒，因爲他的父親便是那個地方的太守。在大流士到來的時候，這六個波斯人立刻便決定把大流士也引入他們的一黨。

71 於是這七個人集會到一處，相互間作了忠誠的保證並共同進行了商談。而當輪到大流士發表自己意見的時候，他是這樣講的：「我以爲只有我一個人知道作國王是那個瑪哥斯僧而居魯士的兒子司美爾迪斯已經死了。而正是由於這個原因，我才趕忙地跑來，爲的是我可以設法鏟除這個瑪哥斯僧。但既然你們，而不是我一個人，也都知道事情的眞相，那麼我的意見是不要耽擱而立刻動起手來。因爲一耽擱就會壞事的。」歐塔涅斯回答說：「敍斯塔司佩斯的兒子，你的父親是一個勇敢的人，而我認爲你會表示出你是一個和你父親同樣勇敢的人；但仍然不要這樣不加考慮地忙於作這件事情，而是要更加謹愼來進行這件事

情。我們必須等待到我們有了更多的人的時候再來動手不遲。」但大流士回答說：「列位，如果你們按著歐塔涅斯的意見去作，你們可要記著，你們的下場一定是會死得很慘的，因爲有人會把這一切告訴給瑪哥斯僧，以便使自己取得賞賜。但現在對你們來說最好的辦法是你們自己不藉外力而達成你們的目的；但既然你們喜歡把你們的計劃告訴別人而且你們還這樣地信任我而引我爲你們的同黨，因此我說，今天就動起手來；如果錯過了今天，請你們相信，沒有人會比我更早地控告你們，因爲我自己就會把全部事情告訴給那個瑪哥斯僧的。」

72 看到大流士的性情是這樣地急躁，於是歐塔涅斯回答說：「既然你催促我們趕快動手行事而不要耽誤，那麼現在你自己告訴我，我們怎樣進入皇宮向那瑪哥斯僧進攻。皇宮四面都有守衛把守著，這一點你是知道的，因爲你看到過或至少聽到過他們；我們怎樣突破守衛們的這一關呢？」大流士回答說：「歐塔涅斯，許多事情雖用言語說不清楚，然而卻可以用行動作出來；但有時容易解決的問題反而作得並不出色。你應當知道的很清楚，設置的崗哨是容易通過去的。因爲我們既然有目前這樣的身分，那就不會有任何一個人會不允許我們進去，這部分是由於尊敬，部分也是由於畏懼；此外，我自己還有一個進去的最好藉口，因爲我會說我是不久之前才從波斯來的，並且有一個信從我父親那裏給國王捎來。在必要的時候，是可以說謊話的。不管是說謊，還是講眞話，我們大家都是爲了達到同一個目標；說謊的人這樣作是爲了取得信任並由於他的欺騙而得到好處，說眞話的人則希望眞話會使他得到益處和更大的信任；因此我們只不過是用不同辦法達到相同的目的罷了。如果沒有得到利益的希望，則說眞話的人也願意說謊就和說謊話人願意講眞話一樣了。而如果任何門衛願意放我們過去的話，那在今後對於他是會更加有利的。但如果任何人想抵抗我們，我們就把他宣布爲仇敵。因此我們就衝進去開始我們的工作吧。」

73斷而戈布里亞斯說：「朋友們，在什麼時候我們有一個更好的機會爭回王位，或是在我們作不到這一點的時候便死去呢？而且現在我們波斯人又被一個美地亞人，一個沒有耳朵的瑪哥斯僧統治著。你們這些在剛比西斯病時和他在一起的人們一定會記得他在臨終時加到波斯人身上的咒詛，如果波斯人不試圖把王位奪回的話；儘管當時我們不相信剛比西斯，而認爲他這樣說是爲了欺騙我們。因此我的意見是，我們按照大流士的計劃行事，不要放棄這個意見去作其他什麼事情，而是立即向瑪哥斯僧進攻。」戈布里亞斯便是這樣說的；於是他們完全同意了他所說的話。

74當他們正在這樣集議的時候，發生了我下面所說的一些事件。兩個瑪哥斯僧經過商議，決定把普列克撒司佩斯籠絡爲自己的私黨，因爲他曾受到射死了他的兒子的剛比西斯的損害，因爲只有他一個人由於親自動手殺過人，才知道居魯士的兒子司美爾迪斯確實已經死了。此外，還因爲普列克撒司佩斯在波斯人中間享有崇高的威望。因此他們便把他召來，而爲了取得他的友誼，要他自己作出保證並發誓他決不向任何人洩漏他們對波斯人的欺騙行爲，而只把這件事放在自己的心裏；而他們則答應他把任何東西都大量地送給他。普列克撒司佩斯同意了，他答應按照他們的意思去作。於是兩個瑪哥斯僧又向他作了第二個建議，即他們要在宮牆前面召集一個波斯人大會，而他則要到一個城樓上去，宣布說國王正是居魯士的兒子司美爾迪斯，而不是任何其他的人。他們把這個任務交給了他，因爲他們相信他是波斯人所最信任的人，因爲他常常斷言居魯士的兒子司美爾迪斯還活著，並且否認殺人的事情。

75普列克撒司佩斯也同意這樣作了；於是瑪哥斯僧便把波斯人召集到一起，把他帶到一個城樓之上去並命令他發言。這時他把瑪哥斯僧對他的要求早已放到一邊，他從阿凱美涅斯向下歷數居魯士一家的家譜；當他最後說到居魯士的名字的時候，他便列舉國王對波斯所作的一切好事情，隨後他便把眞相揭露出來了；他說他所以把眞相一直加以隱瞞（是因爲他並不能安全地把它講出來），但是現在他卻有必要把它揭露出來了。他說：「我在在剛比西斯的逼迫之下才把居魯士的兒子司美爾迪斯殺死的，現在統治著你們的是那兩個瑪哥斯僧。」於是他就對波斯人作了一個可怕的咒詛，如果他們不能把王位奪回來並對瑪哥斯僧進行報復的話，這之後他便從城樓上頭朝下地投了下來；經歷了光榮的一生的普列克撒司佩斯便這樣地結束了自己的生命。

76 這七個波斯人在商量之後打算不再遲延而立刻去進攻瑪哥斯僧，於是他們便向神祈禱並出發了，不過他們對於普列克撒司佩斯在這件事上所作的工作是一點也不知道的。但他們正走到半途的時候，他們便聽到了關於他的事情。於是他們便退到道旁共同商議，歐塔涅斯的朋友們完全贊同等待，而不去在目前混亂的時候進攻，但大流士的一派則主張立刻前往，毫不遲延地作他們已經確定的事情。正當他們爭議不決的時候，他們看到七對鷹追趕兩對兀鷹，抓落它們的羽毛並把它們的身體撕裂；看見這個景像之後，他們七個人便完全同意了大流士的意見，在鷹的前兆的激勵之下直奔皇宮而來了。

77 當他們來到大門的時候，發生了大流士所期待的事情。守衛者由於他們是波斯的顯要人物而尊敬他們，並由於他們決不會疑心他們的計謀，便沒有盤問而在天意的引領之下進去了。進入宮中之後，他們在那裏遇見了帶信給國王的宦官；宦官問這七個人進來的意圖是什麼，同時對放進了的這七個人的門衛加以威嚇，並且不許這七個人再向裏面去。這七個人相互間一吆喝，便掏出他們的匕首來，刺死了阻擋他們去路的宦官，一直跑到兩個人的內室去了。

78 那時兩個瑪哥斯僧正好都在內室，商量如何對付普列克撒司佩斯的行動的後果。他們看到宦官們亂作一團並聽到了他們的呼喊聲，兩個人便都趕忙跑了回去；而當他們看到發生了什麼事情的時候，他們便

動手保衛他們自己了；一個人趕忙拿下了他的弓，另一個人則拿起了他的長槍；這七個人和那兩個人交起手來了。拿起弓的人發現弓對他已經沒有用了，因爲他的敵人離他很近，幾乎已經逼到他跟前了。但是另一個人卻用長槍保衛了自己，他刺中了阿司帕提涅司的大腿，又刺中了音塔普列涅司的眼，音塔普列涅司沒有因傷致死，但是他失去了眼睛。這便是被一個瑪哥斯僧所刺傷的人。另一個人由於無法用他的弓，便跑到和這間房屋相鄰的房間裏去，打算把門關上。但是七個人中的兩個、大流士和戈布里亞斯卻和他一同衝到屋裏去。戈布里亞斯和瑪哥斯僧扭到了一處，但由於暗中看不到，大流士不知如何作是好，因爲他害怕刺傷了戈布里亞斯；而戈布里亞斯看到大流士站在那裏不動，便喊道爲什麼他不下手。大流士說：「怕戳傷了你。」戈布里亞斯說：「用你的刀來刺罷，刺到我們兩個人身上也不要緊的。」於是大流士便用匕首來刺，很幸運，他刺中的正是那個瑪哥斯僧。

79 他們殺死了兩個瑪哥斯僧並割下了他們的首級之後，卻把傷者留在原處，這一則是由於他們已非常虛弱，此外還爲了要他們看守城砦；其他五個人便拿著兩個瑪哥斯僧的首級，一路呼喊叫嘯著跑出來叫所有的波斯人前來幫助，告訴他們自己所作的一切並把首級給他們看。同時他們又把人們在路上所遇到的每一個瑪哥斯僧都給殺死了。當波斯人聽到這七個人所作的一切以及瑪哥斯僧人如何欺騙了他們的時候，便決定追隨他們的榜樣，也掏出匕首把他們所能尋找到的全部瑪哥斯僧都給殺死了。而如果不是夜幕降臨而使他們不得不停手的話，他們恐怕是不會叫任何一個瑪哥斯僧得到活命的。這一天是一切波斯人同樣都舉行的最盛大的神聖的日子；他們爲這件事舉行了盛大的節日，並稱之爲瑪哥斯僧屠殺節；在節日期間，瑪哥斯僧不許到街上來，他們要整天留在自己的家裏。

80 當五天以後混亂的情況好轉的時候，那些起來反抗瑪哥斯僧的人們便集會討論全部局勢，在會上所發表的意見，在某些希臘人看起來是不可信的；但毫無疑問這些意見是發表了的。歐塔涅斯的意見是主張使全體波斯人參加管理國家。他說：「我以爲我們必須停止使一個人進行獨裁的統治，因爲這既不是一件快活事，又不是一件好事。你們已經看到剛比西斯驕傲自滿到什麼程度，而你們也嘗過了瑪哥斯僧的那種旁若無人的滋味。當一個人願意怎樣作便怎樣作而自己對所作的事又可以毫不負責的時候，那麼這種獨裁的統治又有什麼好處呢？把這種權力給世界上最優秀的人，他也會脫離他的正常心情的。他具有的特權產生了驕傲，而人們的嫉妒心又是一件很自然的事情。這雙重的原因便是在他身上產生一切惡事的根源；他之所以作出許多惡事來，有些是由於驕傲自滿，有些則是由於嫉妒。本來一個具有獨裁權力的君主，既然可以隨心所欲地得到一切東西，那他應當是不會嫉妒任何人的了；但是在他和國人打交道時，情況卻恰恰相反。他嫉妒他的臣民中最有道德的人們，希望他們快死，卻歡迎那些最下賤卑劣的人們，並且比任何人都更願意聽信讒言。此外，一個國王又是一個最難對付的人。如果你只是適當地尊敬他，他就會不高興，說你侍奉他不夠盡心竭力；如果你眞地盡心竭力的話，他又要罵你巧言令色。然而我說他最大的害處還不是在這裏；他把父祖相傳的大法任意改變，他強姦婦女，他可以把人民不加審判而任意誅殺。不過，相反的，人民的統治的優點首先在於它的最美好的聲名，那就是，在法律面前人人平等。其次，那樣也便不會產生一個國王所易犯的任何錯誤。一切職位都抽籤決定，任職的人對他們任上所作的一切負責，而一切意見均交由人民大眾加以裁決。因此我的意見是，我們廢掉獨裁政治並增加人民的權力，因爲一切事情是必須取決於公衆的。」

81 歐塔涅斯發表的意見就是這樣。但是美伽比佐斯的意見是主張組成一個統治的寡頭。他說：「我同意歐塔涅斯所說的全部反對一個人的統治的意見。但是當他主張要你把權力給予民衆的時候，他的見解便

不是最好的見解了。沒有比不好對付的羣衆更愚蠢和橫暴無禮的了。把我們自己從一個暴君的橫暴無禮的統治之下拯救出來，卻又用它來換取那肆無忌憚的人民大衆的專擅，那是不能容忍的事情。不管暴君作什麼事情，他還是明明知道這件事才作的；但是人民大衆連這一點都作不到而完全是盲目的；你想民衆既然不知道、他們自己也不能看到什麼是最好的最妥當的，而是直向前衝，像一條氾濫的河那樣地盲目向前奔流，那他們怎麼能懂得他們所作的是什麼呢？只有希望波斯會變壞的人才擁護民治；還是讓我們選一批最優秀的人物，把政權交給他們罷。我們自己也可以參加這一批人物；而既然我們有一批最優秀的人物，那我們就可以作出最高明的決定了。」

82 以上便是美伽比佐斯的看法了。大流士是第三個發表意見的人。他是這樣說的：「我以爲在談到民治的時候，美伽比佐斯的話是有道理的，但是在談到寡頭之治的時候，他的話便不能這樣看了。現在的選擇既然是在這三者之間，而這三者，即民治、寡頭之治和獨裁之治之中的每一種既然又都指著它最好的一種而言，則我的意見，是認爲獨裁之治要比其他兩種好得多。沒有什麼能夠比一個最優秀的人物統治更好了。他既然有與他本人相適應的判斷力，因此他能完美無缺地統治人民，同時爲對付敵人而擬訂的計劃也可以隱藏得最嚴密。然而若實施寡頭之治，則許多人雖然都願意給國家作好事情，但這種願望卻常常在他們之間產生激烈的敵對情緒，因爲每一個人都想在所有的人當中爲首領，都想使自己的意見占上風，這結果便引起激烈的傾軋，相互之間的傾軋產生派系，派系產生流血事件，而流血事件的結果仍是獨裁之治；因此可以看出，這種統治方式乃是最好的統治方式。再者，民衆的統治必定會產生惡意，而當著在公共的事務中產生惡意的時候，壞人們便不會因敵對而分裂，而是因鞏固的友誼而團結起來；因爲那些對大衆作壞事的人是會狼狽爲奸地行動的。這種情況會繼續下去，直到某個人爲民衆的利益起來進行鬥爭並制止了

這樣的壞事。於是他便成了人民崇拜的偶像，而既然成了人民崇拜的偶像，也便成了他們的獨裁的君主；在這樣的情況下也可以證明獨裁之治是最好的統治方法。但是，總而言之，請告訴我，我們的自由是從什麼地方來的，是誰賜與的——是民衆，是寡頭，還是一個單獨的統治者？因而我認爲，既然一個人的統治能給我們自由，那麼我們便應當保留這種統治方法；再說，我們也不應當廢棄我們父祖的優良法制；那樣作是不好的。」

83 在判斷上述的三種意見時，七個人裏有四個人贊成最後的那種看法。這樣一來，想使每個波斯人具有平等權利的歐塔涅斯的意見就失敗了，於是他便向他們大家說：「朋友和同志們！既然很明顯，不管是抽籤也好，或是要波斯人民選他們願意選的人也好，或是用其他什麼辦法也好，我們中間的一個人是必須作國王的了，但是要知道，我是不會和你們競爭的，我既不想統治，也不想被統治；但如果我放棄作國王的要求的話，我要提出這樣一個條件，即我和我的子孫中的任何人都不受你們中間的任何人的支配。」其他六個人同意了他的條件；歐塔涅斯不參加競爭而處於旁觀者的地位。而直到今天，在波斯只有他一個家族仍然是自由的，他們雖然遵守波斯的法律，卻只有在自願的情況下才服從國王的支配。

84 其餘的六個人於是商量如何才是選立國王的最公正的辦法。他們決定，如果歐塔涅斯以外六個人之中有誰取得了王權，則歐塔涅斯和他的子孫他們每年應當得到美地亞織的衣服和波斯人認爲最珍貴的一些物品作爲年賞。他們作出這一決定的理由是：他是第一個策劃了這件事，並且是他最初召集了密謀者的。這樣，他們便把特殊的勛榮給了歐塔涅斯；但是對於他們所有的人，他們規定七個人中的任何一人只要他願意，便可以不經過通報而進入皇宮，除非國王正在和一個女人睡覺的時候；此外還規定國王必須在同謀者的家族當中選擇妻子。至於選立國王的辦法，則他們決定在日出時大家乘馬在市郊相會，而誰的馬最先

嘶鳴，誰便作國王。

85大流士手下有一名聰明的馬夫，名叫作歐伊巴雷司。當散會的時候，大流士就向他說：「歐伊巴雷司，我們商量了關於王位的事情，我們決定，在日出時我們所乘騎的馬誰的最先嘶鳴誰便作國王。現在你想想看有什麼巧妙的辦法使我們，而不是別人取得這個賞賜。」歐伊巴雷司回答說：「主人，如果用這個辦法來決定你會不會成爲國王的話，那你就放心好了。請你確信，只有你是可以擔任國王的。在這件事上，我是有一套管用的魔法的。」大流士說：「如果像你所說的有什麼辦法的話，那麼便立刻動手罷，因爲明天就是決定的日子了。」歐伊巴雷司聽了之後，立刻便作了下面的事情。在夜幕降臨的時候，他帶了大流士的馬所特別喜歡的一匹牝馬到城郊去把它繫在那裏；然後他把大流士的馬帶到那裏去，領著它在牝馬的四周繞圈子，不時地去碰她，結果使大流士的牡馬和牝馬交配起來。

86到天明的時候，六個人都按照約定乘著馬來了。而當他們乘馬穿過城郊並來到在前一夜裏繫著牝馬的那個地方時，大流士的馬便奔向前去並且嘶鳴了起來。與馬嘶的同時，晴空中起了閃電和雷聲。大流士遇到的這些現象被認爲是神定的，並等於是宣布他爲國王；他的同伴們立刻跳下馬來，向他跪拜了。

87有些人說這是歐伊巴雷司出的主意，（但波斯人卻還有另外一種說法），這種說法是說他用他的手摩擦牝馬的陰部，然後把手插在自己的褲子裏，直到日出之時將要把馬牽出去的時候；而當他把手掏出來放到大流士的馬的鼻孔近旁去的時候，那匹馬立刻噴鼻息和嘶鳴起來。

88這樣，敍司塔司佩斯的兒子大流士便成了國王，而最初是居魯士、繼而是剛比西斯所征服的全部亞細亞，除去阿拉伯人以外，便都成了他的臣民；阿拉伯人並不是像奴隸一樣地臣服於波斯人，而是自從給剛比西斯讓路入埃及的那個時候起，便和波斯人締結了友好的盟誼；因爲那時波斯人不得到阿拉伯人的同意，是不能入寇埃及的。大流士從波斯人的最高貴的家族中間娶了妻子，他娶的是居魯士的女兒阿托撒和阿爾杜司托涅；阿托撒曾是她的兄弟剛比西斯，後來又是瑪哥斯僧的妻子，但阿爾杜司托涅則是一名處女。他還娶了居魯士的兒子司美爾迪斯的女兒帕爾米司和曾經發現了瑪哥斯僧的眞相的歐塔涅斯底那個女兒。在他治下土地的一切方面，他都有充分的權勢。首先他製造和樹立了一個刻石，上面刻著一個騎馬的人像，並且附有下面的銘文：「敍司塔司佩斯的兒子大流士因他的馬（後面是這匹馬的名字）和他的馬夫歐伊巴雷司之功勛而贏得了波斯王國。」

89 在波斯作了這些事之後，他便把他的領土分成了二十個波斯人稱爲薩特拉佩阿的太守領地，隨後，他又任命了治理這些太守領地的太守，並規定每個個別民族應當向他交納的貢稅；爲了這個目的，他把每一個民族和他們最接近的民族合併起來，而越過最近地方的那些稍遠的地方，也分別併入一個或是另一個民族。現在我便要說一說他如何分配他的太守領地和每年向他交納的貢稅。繳納白銀的指定要按照巴比倫塔蘭特來交納；繳納黃金的要按埃烏波亞塔蘭特來交納；巴比倫塔蘭特等於七十八埃烏波亞的米那。要之，在居魯士和在他以後的剛比西斯的統治年代裏，並沒有固定的貢稅，而是以送禮的形式交納的。正是由於貢稅的確定以及諸如此類的措施，波斯人才把大流士稱爲商人，把剛比西斯稱爲主人，把居魯士稱爲父親。因爲大流士在每件事上都貪圖一些小利，剛比西斯苛酷而傲慢無情，但居魯士是慈祥的，並且總是給他們謀求福利的。

90 這樣，居住在亞細亞的伊奧尼亞人與瑪格涅希亞人、愛奧里斯人、卡里亞人、呂奇亞人、米呂阿伊人和帕姆庇利亞人（大流士把一份加到一起的稅額加到他們身上），每年要繳納四百塔蘭特的白銀。他把這些民族規定爲第一地區。美西亞人、呂底亞人、拉索尼歐伊人、卡巴里歐伊人和敍根涅伊司人共繳納五

百塔蘭特，是爲第二地區。乘船進入海峽時位於右側的海列斯彭特人、普里吉亞人、亞細亞的色雷斯人、帕普拉哥尼亞人、瑪利安杜尼亞人和敍利亞人共繳稅三百六十塔蘭特，是爲第三地區。奇里啓亞人是第四地區，他們每年要繳三百六十匹白馬，即每日一匹，此外每年還要納五百塔蘭特的白銀。在這些銀子當中，一百四十塔蘭特支出到守衛奇里啓亞騎兵的項下，其他的三百六十塔蘭特則直接交給大流士。

91 以阿姆披亞拉歐斯的兒子阿姆披羅科司在奇里啓亞人和敍利亞人邊界的地方所建立的波西迪昂市爲始點，除開阿拉伯人的領土（因爲他們是免稅的），直到埃及的地區，這塊地方要繳三百五十塔蘭特的稅，是爲第五地區。包含在這區之內的有整個腓尼基、所謂巴勒斯坦・敍利亞和賽浦路斯。埃及、與埃及接壤的利比亞、庫列涅及巴爾卡（以上均屬於埃及區）是爲第六地區。這一區要繳納七百塔蘭特，還不把因莫伊利斯湖生產的魚而得到的銀子計算在內。實際上，也就是在魚產的白銀收入以及一定數量的穀物之外，還要交納七百塔蘭特。原來，對居住在孟斐斯的「白城」的波斯人和他們的傭兵要配給十二萬美狄姆諾斯的穀物。撒塔巨達伊人、健達里歐伊人、達迪卡伊人、阿帕里塔伊人加起來是爲第七地區，他們要繳納一百七十塔蘭特。蘇撒和奇西亞人的其他地區是爲第八地區，他們要交納三百塔蘭特。

92 巴比倫和亞述的其他地方，要獻給大流士一千塔蘭特的白銀、五百名充任宦官的少年，是爲第九地區。阿格巴塔拿和美地亞其他地區，包括帕利卡尼歐伊人、歐爾托科律般提歐伊人，繳納四百五十塔蘭特，是爲第十地區。卡斯披亞人、帕烏西卡伊人、潘提瑪托伊人及達列依泰伊人合起來繳納二百塔蘭特，是爲第十一地區。從巴克妥拉人的地方直到埃格洛伊人的地方，是爲第十二地區，他們要繳納三百六十塔蘭特。

93 帕克圖伊卡、阿爾美尼亞以及直到黑海的接壤地區要繳納四百塔蘭特，是爲第十三地區。第十四地區包括撒伽爾提歐伊人、薩朗伽伊人、塔瑪奈歐伊人、烏提歐伊人、米科伊人及國王使所謂「強迫移民」所定居的紅海諸島的居民，他們要繳納六百塔蘭特。撒卡依人和卡斯披亞人繳納二百五十塔蘭特，是爲第十五地區。第十六地區是帕爾提亞人、花拉子米歐伊人、粟格多伊人和阿列歐伊人，他們要繳納三百塔蘭特。

94 帕利卡尼歐伊人和亞細亞的埃西歐匹亞人是爲第十七地區，他們要繳納四百塔蘭特。瑪提耶涅人、撒司配列斯人、阿拉羅狄歐伊人是爲第十八地區，他們被指定繳納二百塔蘭特。莫司科伊人、提巴列諾伊人、瑪克羅涅斯人、摩敍諾依科伊人以及瑪列斯人被指定交納三百塔蘭特，是爲第十九地區。印度人是第二十地區。他們是我所知道的，比任何民族都要多的人，他們比其他任何地區所繳納的貢稅也要多，即三百六十塔蘭特的砂金。

95 這樣看來，如果把巴比倫塔蘭特換算爲埃烏波亞塔蘭特的話，則以上的白銀就應當是九千八百八十塔蘭特的白銀了；如果以金作爲銀的十三倍來計算的話，則砂金就等於四千六百八十埃烏波亞塔蘭特了。因此可以看到，如果全部加到一起的話，大流士每年便收到一萬四千五百六十埃烏波亞塔蘭特的貢稅了。而且十以下的數目我是略去了的。

96 這便是大流士從亞細亞以及利比亞的一些部分所取得的收入。但是過了若干時候，他也從各方的島嶼和歐羅巴直到帖撒利亞地方的居民收稅了。這部分的稅收是這樣地給國王存放起來的：他熔化了這些銀子並把它們灌到土甕裏面去，等土甕注滿時，他便把外殼打破。什麼時候他需要錢，他從這上面便把他所需要的部分鑄成錢幣。

97 以上所說的是各太守領地和它們所應擔負的稅額。只有一個波斯府我沒有把它列入納稅的領地。因爲波斯人的居住地是免納任何租稅的。至於那些不納稅而奉獻禮物的人們，則他們首先就是剛比西斯在向長壽的埃西歐匹亞人進軍時所征服的、離埃及最近的埃西歐匹亞人；此外還有居住在聖地尼撒周邊並舉行狄奧尼索斯祭的那些人。這些埃西歐匹亞人與他們的鄰人和印度的卡朗提埃伊人食用同樣的穀物；他們是居住在地下面的。這些人過去和現在都是每隔一年就獻納下列的一些禮物：兩科伊尼庫斯的非精煉的金、二百塊烏木、五個埃西歐匹亞的男孩子和二十根大象牙。奉獻禮物的還有科爾啓斯人和他們那直到高加索山脈的鄰人（波斯人的統治便到這裏爲止，高加索山脈以北的地區便不臣屬於波斯人了），他們每到第四年便奉獻少男少女各百名，過去這樣，而直到我的時代還是這樣。阿拉伯人每年奉獻一千塔蘭特的乳香。這便是在租稅之外，這些民族獻給國王的禮物。

98 印度人的大量黃金，是這樣得來的；他們送給大流士的砂金便是這大量黃金中的一部分。印度以東的全部地區是一片砂礫地帶⑰；在我們多少確實知道的所有亞細亞民族當中，住在日出的方向，住在最東面的民族就是印度人，因爲由印度再向東便是一片沙漠而荒漠無人了。印度人有許多民族，他們所說的語言都不一樣。他們中間有一部分是游牧民族，一部分不是；有一部分住在河邊⑱的沼澤地帶並以生魚爲食，這魚是他們乘著一種籐子作的船捕捉來的。每一隻船都是用一節籐子造成的。這些印度人穿著燈心草的衣服。他們從河上把這種燈心草刈取下來，然後把它們編成蓆子樣的一種東西，再像胸甲一樣地穿起來。

---

⑰希羅多德所說的印度是真正的古代印度，即印度河上游一帶的地區，今之所謂五河地區。這以外的地方，希羅多德對印度是一無所知的。

⑱這裏指印度河，希羅多德並不知道恆河。恆河是希臘人在亞歷山大遠征時才知道的。

99在他們的東面則是另一部分的印度人，他們是吃生肉的游牧民族；他們被稱爲帕達依歐伊人。據說他們有這樣的一種風俗：當他們的部落中任何男人或女人生病時，這個男子的最親近的朋友們便把他殺死，因爲他們說如果他帶著病而不好的話，他的肉會給消耗掉了的。雖然他否認他生病，但他們不會相信他，而是把他殺死吃掉。當一個女人病了的時候，她和男人一樣地被和她最親近的女人殺死。至於一個已經年老的人，則他們是拿他當作犧牲奉獻並用他的肉來舉行宴會；不過活到老的人是不多的，因爲在這之前，凡是得病的都給殺死了。

100然而又有一部分印度人，他們不殺害活物，不播種穀物，而經常又沒有住所。他們以草爲食，他們那裏有一種帶莢的野生穀物，大小和小米差不多，他們便把這種穀物連莢收集起來煮著吃。他們中間如果有誰得了病的話，這個人就到沙漠地帶去躺在那裏，沒有人去看一下他是病了還是死了。

101以上我所談到的這些印度人都是像牲畜一樣地在光天化日之下交媾的。他們和埃西歐匹亞人一樣，是黑膚色的。他們的精子也和其他人的精子不一樣，它不是白色的而是和皮膚一樣的黑。埃西歐匹亞人的精子也和他們一樣，是黑色的。這些印度人的居住的地點遠遠地在波斯人的南方，他們決不是國王大流士的臣屬。

102另外的一部分印度人居住在其他印度人的北部，在卡司帕杜羅斯城和帕克杜耶斯人的國家附近的地方。這些人的生活方式和巴克妥拉人的生活方式相似；他們是全體印度人中間最好戰的，而出去採金的人也是他們；因爲在這些地方是一片沙漠。在這一片沙漠裏，有一種螞蟻⑲，比狗小狐狸大；波斯國王飼養

---

⑲可能是土撥鼠，也可能是食蟻獸。

過的一些這樣的螞蟻，它們就是在這裏捕獲的。這些螞蟻在地下營穴，它們和希臘的螞蟻一樣地把沙子掘出來。這種螞蟻和希臘螞蟻的外形十分相像，而在它們從穴中挖出來的砂子裏是滿含著黃金的。印度人到沙漠去便正是爲了取得這種沙子。他們各自駕著三頭駱駝，母駱駝在當中，兩旁各用繩子繫著公駱駝來協助牽引：但是那個人自己騎在母駱駝上面，他要注意使這個母駱駝盡可能是在剛剛生產之後便駕上了軛的。他們的駱駝和馬一樣快，但是馱載力卻比馬強多了。

103 希臘人知道駱駝是什麼樣子的，所以我不向他們描繪駱駝的形狀了。但是我要談一件他們所不知道的、關於駱駝的事情：駱駝的後腿有四塊股骨和四個膝關節；它的生殖器是夾在後腿中間，衝著尾巴的。

104 印度人便是這樣，用這樣裝備起來的牲畜去採金的，他們特別注意到在出發採金時要是一天當中最熱的時候，因爲那時螞蟻都躲到地面下去了。在這些地方，太陽不是像在其他地方那樣是正午最熱，而是早上最熱，即從日出到市場關門的時候。在這幾個小時裏，太陽比希臘的正午要熱得多，以致據說人們這時要用冷水淋浴。在正午的時候，印度和其他地方的熱度是差不多的。而到下午的時候，印度地方太陽的熱力等於其他地方早上太陽的熱力。快到日沒的時候，一天就變得更加涼爽，而在日沒時，那就非常寒冷了。

105 因此當印度人帶著袋子來到這個地方的時候，他們便用沙子裝滿了這些袋子並且以最大的速度把駱駝趕回。因爲，根據波斯人的說法，螞蟻立刻就會嗅出他們的行蹤並追趕而來；它們的速度看來是世界上任何動物都趕不上的，因此，如果印度人不趕緊回來的話，一旦螞蟻集合起來，他們便誰也逃不掉了。公駱駝是不如母駱駝跑得快的，故而在公駱駝跟不上的時候，他們便先把一頭，再把另一頭公駱駝放開；但是母駱駝是決不會疲倦的，因爲它們忘不了它們留下的小駱駝。這便是波斯人的說法。他們說，印度人的

大部分的黃金是用這種辦法取得的；此外還有一些從他們國內開採出來的黃金，不過數量就要少得多了。

106 看起來，世界上最邊遠的那些國家卻是得天獨厚的地方，就彷彿希臘的氣候是世界上最溫和宜人的氣候一樣。我剛才說過，印度位於世界上最東部的地方，印度的一切生物，不拘是四條腿的還是在天空中飛翔的生物，都比其他地方的生物要大得多，例外的只有馬（印度的馬比美地亞的所謂內塞亞馬要小）；此外，那裏的黃金，不管是從地裏開採出來的，還是河水沖下來的，還是用我上面所說的辦法取得的，都是非常豐富的。那裏還有一種長在野生的樹上的毛（指棉花而言——譯者），這種毛比羊身上的毛還要美麗，質量還要好。印度人穿的衣服便是從這種樹上得來的。

107 再說阿拉伯，則這是一切有人居住的地方當中最南面的。而且只有這一個地方生產乳香、沒藥、桂皮、肉桂和樹膠。這些東西，除了沒藥之外，阿拉伯人都是很難取得的。他們點著腓尼基人帶到希臘來的一種蘇合香樹來採集乳香；他們點著這種東西，這樣便得到了乳香；因為生長香料的樹是有各種顏色的帶翼的小蛇守衛著的，每一棵樹的四周都有許多這樣的蛇。這便是襲擊埃及的那種蛇。只有蘇合香樹的煙能把這種蛇從這些樹的周邊趕跑。

108 阿拉伯人又說，這種蛇的情況如果不是和像我所聽說的關於蝮蛇的情況相同的話，那麼當地一定會到處都是這種蛇了。看來正是由於上天的智慧才有這樣合理的安排，使一切那些怯弱無力和適於吞食的生物都是多產的，這樣它們才不致由於被吞食而從地面上減少。但那些殘酷的和有害的生物則生產的幼子很少。野兎的繁殖力是極強的，因為每種獸類、禽類和人類都要捕捉它；在所有的生物中，只有它是異期妊娠的；在它的未出生的幼兎當中有一些是有毛的，有一些還沒有毛，有一些正在子宮中形成，再有一些則只是剛剛受孕而已。這是野兎的情況，但母獅這樣一個非常強勁和猛勇的野獸，一生中卻只生產一次，一次只生產一隻幼獅。因爲子宮在生產時是和幼獅一同出來的。理由是這樣：當幼獅在母腹中第一次胎動的時候，它那比任何生物都要銳利得多的爪便撕破了子宮，而當它越來越長大的時候，它搔裂得也越是厲害，以致在生產期近的時候，子宮沒有一個地方是完整的了。

109 蝮蛇和阿拉伯的翼蛇的情況也是這樣。如果他們像一般的蛇那樣繁殖，那麼人類便不能活了；但實際上，當雄蛇和雌蛇交尾而雄蛇射精的時候，雌蛇便咬住了雄蛇的頸部緊緊不放直到把這一部分咬斷的時候。於是雄蛇便死了；但是雌蛇卻因雄蛇之死而受到懲罰。幼子又爲父親復仇：還在母腹的時候，它們便咬它們的母親，而且只有在咬穿了母親的子宮之後，它們才生下來的。至於其他那些於人無害的蛇，則它們是卵生的，它們會孵出許多幼蛇來的。阿拉伯的翼蛇看來的確爲數不少。蝮蛇到處有，但這種翼蛇卻只是阿拉伯到處都有不少，別的地方是找不到的。

110 阿拉伯人用我上面所說的辦法取得乳香，至於採取桂皮，則他們在尋覓這種東西的時候，他們在全身和臉上都包著牛皮和其他的皮革，只留眼睛在外面。桂皮生於淺湖裏，在它的周圍和內部有一種帶翼的生物，這種生物和蝙蝠很像，但叫聲很尖銳而且進攻得極其兇猛；在採桂皮的時候，是必須不使這種生物在眼睛前搗亂的。

111 他們採肉桂的方法就更加奇怪了。他們說不出這種東西長在什麼地方和什麼樣的土地培養這種東西，只是有一些人說，而且是好像有根據地說，它是生長在養育狄奧尼索斯的地方。據說，有一些大鳥，它們啄取腓尼基人告訴我們稱爲肉桂的幹枝，把它們帶到附著於無人可以攀登的絕壁上面的泥巢去。阿拉伯人制服這種鳥的辦法是把死牛和死驢以及其他馱獸切成很大的塊，然後把它們放置在鳥巢的附近，他們自己則在離開那裏遠遠的地方窺伺著。於是據說大鳥便飛下來，把肉塊運到鳥巢去；但鳥巢禁不住肉塊的重量，因而被壓壞並落到山邊；於是阿拉伯人便來收集他們所要尋找的東西了。肉桂據說就是這樣收集來的，這樣人們再把肉桂從阿拉伯運到其他國家去。

112 希臘人稱爲雷達農，而阿拉伯人稱爲拉達農的芳香膠的生產方法就更加奇特了。它的氣味非常甘美，可是生產它的東西，那氣味卻是最難聞的；因爲它是在公山羊的鬍鬚裏取得的，它在那裏就和樹膠在樹裏的情形一樣。這種東西用來製造多種香料；阿拉伯人而最常點的香就是這種芳香膠。

113 關於阿拉伯的香料，我所說的就是這些了。從那裏吹過來的是甘美得出奇的氣味。此外，他們還有兩種品種極其優異的羊，這是任何其他地方所看不到的。一種羊的尾巴長到不下三佩巨斯。如果羊拖著尾巴走的話，則它們會由於尾巴在地面上摩擦而受傷的；但實際上，那裏每一個牧人都很會幹木匠活，他們在尾巴下繫著小車，把每隻羊的尾巴都個別地繫上它自己的小車。另一種羊的尾巴又足足有一佩巨斯寬。

114 在南方偏於日沒方向的地方（即西南方——譯者）一直擴展到極遠地方的是埃西歐匹亞。這裏有大量的黃金、巨象，還有各種各樣的野生樹木和黑檀；那裏的人是人類最魁梧的、最漂亮的，又是最長壽的。

115 以上就是世界上亞細亞和利比亞的最邊遠的地方。至於歐羅巴的最西面的地方，我卻不能說得十分確定了。因爲我不相信有一條異邦人稱爲埃利達諾司的河流流入北海，而我們的琥珀據說就是從那裏來的。我也絲毫不知道是否有生產我們所用的錫的錫島。埃利達諾司這個名字本身就表示它不是一個外國名字，而是某一位詩人所創造的希臘名字；儘管我努力鑽研，我仍然不能遇到一位看到過歐羅巴的那面有海存在的人。我們知道的，只是我們的錫和琥珀是在從極其遙遠的地方運來的。

116 下面的情況也是很明顯的，即在歐羅巴的北部那裏有比任何其他地方要多得多的黃金。在這件事上

我仍然不能肯定地說黃金是怎樣取得的。有些人說是叫作阿里瑪斯波伊的獨眼族從格律普斯⑳那裏偷來的。但我認爲這種說法也是不可信的，因爲不可能有所有其他部分都和其他人一樣，但眼睛卻只有一個的人。但無論如何，下面的說法仍然是有道理的，即世界上最邊遠的地方，既然它們環繞並完全包圍了其它一切地方，因此它們是會產生出我們認爲是最優美的和最珍奇的物品來的。

117 在亞細亞，有一個四面給山環繞起來的平原，在這些山當中有五個峽谷。這個平原以前是屬於花拉子米歐伊人的，它位於和花拉子米歐伊人本身、紋爾卡尼亞人、帕爾托伊人、薩朗伽伊人和塔瑪奈歐伊人的土地交界的地方。但自從波斯人掌握了政權以來，它就成了國王私人的土地。從這周邊的諸山，有一條稱爲阿開司的大河流出來。這條大河分成五個支流，在先前它們分別穿過五道峽谷而灌溉了上面所說的那些民族的土地；然而自從波斯的統治開始以來，這些人就倒霉了。國王封鎖了山中的峽谷並用一個閘門把每一個山路給封閉起來，這樣水既不能流出來，山中的平原就變成了一個湖，因爲水流到平原上來而沒有洩出去的地方。結果以前使用這個河的河水的人們不能再用了，因而處於十分困難的地位。因爲在冬天，他們和其他的人一樣有雨降下來，但是夏天他們卻需要水灌溉他們播種的小米和胡麻。因此只要沒有水給他們，他們就和他們的婦女到波斯去，在國王的宮殿前高聲哭號。國王終於下令把通到他們中間最需要水的人那裏去的閘門放開，而當這塊地方把水吸收足了的時候，閘門就關上了，於是國王下令再爲其他那些最需要水的人開放另一個閘門，而據我所聽到和知道的，在他開放閘門的時候，他在租稅之外，還要徵收大量金錢。以上所說的這樣一些事實，就是這樣了。

⑳ 一種獅子身，鷲首，鷲翼的怪物。

118在另一方面，起來反抗瑪哥斯僧的七個波斯人當中，那個叫作音塔普列涅司的人，在發動政變以後不久，便由於一件犯上的事件被處死了。他想到王宮裏面去和國王談話，因爲有這樣一條規定，這些發動政變的人可以不用通報直接進見國王，如果國王沒有和他的一個妃子共寢的話。當時音塔普列涅司曾說明他是七人之一，有權利不經通報而進見。但是門衛和使者不許他進去，他們說國王正在和他的一個妃子在一起。音塔普列涅司認爲他們在說謊，於是他便抽出劍來，割掉了他們的鼻子和耳朵，然後把這些鼻子和耳朵繫在他的馬韁繩上並縛在這些人的脖子上放他們走了。

119他們於是到國王那裏去，告訴他爲什麼他們會遇到這樣的事情。大流士害怕這會是這六個人的一種謀叛行爲，於是把他們分別召來詢問，以便知道他們是否同意這樣作。等他確實知道他們並未參與此事的時候，他便逮捕了音塔普列涅司、他的兒子以及他的全家並把他們監禁起來，因爲他十分懷疑這個人和他的族人正在陰謀推翻他。於是音塔普列涅司的妻子便常常到宮門來悲哭號泣。終於由於她經常不斷這樣作而打動了大流士的同情心，於是大流士便派一個使者去告訴她說：「夫人，大流士將要赦免你的被囚的一個親人，這個人可以任憑你選擇。」她在考慮之後便回答說：「如果國王只允許留一個人的性命的話，那我就留我的兄弟的性命。」大流士聽到這句話的時候大爲不解，於是他便派一個人去問她說：「夫人，國王問一下爲什麼你放棄你的丈夫和兒子，卻寧願挽救你那不如你的兒女近，又不如你的丈夫親的兄弟的性命。」她回答說：「國王啊，如果上天垂憐我的話，我可以有另一個丈夫，而如果我失掉子女的話，我可以有另一些子女。但是我的父母都死去了，因而我決不能夠再有一個兄弟了。這就是爲什麼我這樣講的理由。」大流士聽了歡喜並認爲她的理由是充足的，於是他便把她請求赦免性命的那個人送還給她，此外還赦免了她的長子。其他的人便都被大流士處死了。這樣，七人當中的一個人不久之後便去世了。

120 下面我要講的事情，大概是在剛比西斯得病的時候發生的。居魯士所任命的撒爾迪斯府的太守是一個叫作歐洛依鐵司的波斯人。這個人打算作一件極不對頭的事情。因爲，雖然薩摩司人波律克拉鐵斯在行動和言語都沒有冒犯過他，雖然他甚至連這個人都沒有見過，他卻想把他擒住殺死。多數人認爲理由是這樣：當歐洛伊鐵司和達司庫列昂府的太守、另一個叫作米特洛巴鐵司的波斯人坐在王宮門前的時候，他們在談話中起先是爭吵，繼而比論起各自的功勛來了。米特洛巴鐵司罵歐洛伊鐵司說：「你想想，你簡直夠不上說是個男子漢大丈夫，薩摩司島離你的一府很近，可是你還沒有把它加到國王的領土上面來；但原來這是一個這樣容易征服的島，當地的一個人偕同十五名武裝的人手便起來反抗了他的統治者，現在這個人就是那裏的主人。」有人說歐洛伊鐵司聽了對方的咒罵很生氣，但他不大想懲罰說這話的人，卻想用一切辦法消滅使他受到譴責的理由，即波律克拉鐵斯。

121 另外有一些人，雖然人數較少，但根據他們的說法，當歐洛伊鐵司派使者帶著某項要求（實際人們並沒有提到這是一個什麼要求）到薩摩司去的時候，使者發現波律克拉鐵斯正臥在男房裏，身旁有提奧斯人阿那克列昂陪伴著他。不知道是故意表示瞧不起歐洛伊鐵司，還是出於偶然，當歐洛伊鐵司的使者進來並向他講話的時候，當時面向著牆壁躺著的波律克拉鐵斯連頭也不曾回過來，也不曾回答他一句話。

122 這便是人們用來解釋波律克拉鐵斯的死亡的兩個原因，隨你相信哪一個好了。不過我們知道的結果是這樣：當時在邁安德羅司河河畔的瑪格涅希亞的歐洛伊鐵司，知道了波律克拉鐵斯的意圖之後，便派一名呂底亞人、巨吉斯的兒子密爾索斯帶著信到薩摩司去。因爲波律克拉鐵斯，據我所知，在希臘人中間是第一個想取得制海權的人；當然，這裏是不把克諾索斯人米諾斯和在他之前掌握過制海權的任何人考慮在內的。在可以稱之爲人類的這一範疇之中，波律克拉鐵斯可以說是第一個這樣作的人，而且他又很想使自己成爲伊奧尼亞和各個島嶼的主人。因此，知道了他的意圖之後，歐洛伊鐵司便送這樣的一個信給他說：「歐洛伊鐵司致書告波律克拉鐵斯：我聽說你正在計劃幹大事情，但你沒有足夠的錢來達成你的目的。因此按我勸告你的辦法去作，你就可以使你本人的前程一帆風順並使我也得到了安全。國王剛比西斯想弄死我，對於這件事我已獲得確實的情報。因此，如果你能夠把我和我的財富送到安全的地方去，你可以取得我的財富的一部分，再把剩下的一部分留給我。這樣你便會有足夠的財富使你稱霸希臘了。如果你不相信我所說的財富的話，那你可以派你最親信的臣子來，我會把它指給你看的。」

123 波律克拉鐵斯聽到這之後，很喜歡這個計劃並同意了這個計劃。因此，既然他很希望弄到錢，所以他首先便派他的一個薩摩司的市民，擔任他的秘書的、邁安多里歐司的兒子邁安多里歐司去探查一下究竟。正是這個人在不久之後，把波律克拉鐵斯宮殿中男房中非常出色的全部裝飾陳設奉獻給希拉神殿。當歐洛伊鐵司聽說有人要來探查究竟的時候，他便用石頭裝滿了八個箱子，只是在上面薄薄地留了一層，然後在這裏鋪上一層黃金，再把箱子綁緊放在那裏準備著。邁安多里歐司來到看了之後，就帶信給他的主人去了。

124 儘管波律克拉鐵斯的卜師和朋友們都極力諫止，儘管他的女兒這時又作了一個夢，他還是準備去看歐洛伊鐵司。他的女兒夢見她父親懸在空中，宙斯洗他的身體，太陽給他塗膏。作夢之後，她的女兒用一切辦法勸他不要出發到歐洛伊鐵司那裏去，甚至在他到他的五十橈船去的時候，她都對他說了不吉祥的話。當波律克拉鐵斯威脅她說，如果他安全返回，他將會長期不叫她出嫁的時候，她就在回答時禱告說，她希望這個威脅會成爲事實，因爲她寧可長期不嫁，也不願失去父親。

125 但波律克拉鐵斯不願聽從任何忠告，他還是帶著大批隨從人員放海到歐洛伊鐵司那裏去了。在隨從人員中間，有卡利彭的兒子戴謨凱代司，這是一個克羅同人，他是當代最高明的醫生。然而波律克拉鐵斯剛剛到瑪格涅希亞，他立刻被慘殺了，這一死是和他本人以及他的高遠的懷抱不相稱的，因爲除去西拉庫賽的僭主以外，希臘人當中的僭主沒有一個其偉大是可以和波律克拉鐵斯相比的。歐洛伊鐵司慘殺波律克拉鐵斯的詳情我不想在這裏講了，他殺了波律克拉鐵斯之後，便把他釘到一個十字架上。至於他隨從人員中的薩摩司人，則他放了他們回去，要他們爲本身之得到自由而感謝歐洛伊鐵司；凡不是薩摩司人的人們或是波律克拉鐵斯的隨從的奴隸，則他把他們留下來當作自己的奴隸使用。這樣，波律克拉鐵斯便被懸了起來，於是他女兒的夢也就應驗了；因爲在下雨時就是宙斯洗他的身體，他身上滲出的脂汗就是太陽給他塗膏了。這便是像埃及國王阿瑪西斯所預言的，波律克拉鐵斯的許多幸運事件的結局卻是這個樣子。

126 但是不久之後，歐洛伊鐵司便遭到了慘殺波律克拉鐵斯這件事的報應。在剛比西斯死亡而瑪哥斯僧取得王權之後，歐洛伊鐵司還留在撒爾迪斯，在那裏他根本沒有幫助波斯人奪回美地亞人從他們那裏奪走的權力，而是恰恰相反；原來他竟在這次騷亂的時候，殺死了兩位波斯的知名人士，這就是在提到波律克拉鐵斯時罵過他的達司庫列昂的太守米特洛巴鐵司和米特洛巴鐵司的兒子克拉納斯佩司。此外，他還作了許多橫暴不法的事情，特別是當從大流士那裏送來一個使他不高興的信的時候，他便在道上安設伏兵在使者返回的途中把使者殺死了。而在殺死之後，他就把這個人的屍體連同馬匹暗地裏埋掉了。

127 因此當大流士登上王位的時候，他就想懲罰歐洛伊鐵司的一切犯罪行爲，主要是由於他殺死了米特洛巴鐵司和他的兒子。但是他認爲最好是不公開派兵去攻打那一府，因爲他看到全國到處仍然沒有安定下去，而他本人也是剛剛取得王權。再者，他還聽說，歐洛伊鐵司是很強的，他有一千名波斯兵的親衛隊，而且他又是普里吉亞、呂底亞、伊奧尼亞諸府的太守。因此爲了想一個對他有所幫助的對策，他便召集了

一個最知名的波斯人的會議，會上他對他們說：「波斯人，你們當中有哪一個人能夠不用暴力和羣衆的騷動，而是用計謀，來爲我進行和成就一樁事業？在需要計謀的地方，是不應該使用暴力的。而當前的事情，就是你們當中誰能把歐洛伊鐵司活著捉來，或是把他殺死？因爲他沒有給波斯人作過任何好事，而是作了許多壞事。我們有兩個波斯人米特洛巴鐵司和他的兒子給他殺死了；而且他還殺死了我派去召他來的使者。他的行動暴虐無禮已經到了難以容忍的地步。因此我們必須把他處死，以便使他今後不再對波斯人犯下某種更加嚴重的罪行。」

128 這便是大流士所說的一番話，這時他們中間有三十個人都答應說他們準備各自以自己的力量去完成國王的意旨。大流士不要他們互爭，而是用抽籤的辦法來決定。他們大家照這個辦法作了，結果中籤的是阿爾通鐵斯的兒子巴該歐司。他在被選出以後，便把有關許多公務的許多文書，上面用大流士的印璽封了起來，就帶著到撒爾迪斯去了。在他見到了歐洛伊鐵司之後，他便分別地把一件件的文書拿了出來（由於任何一個太守都設有王室秘書之職），交給他的王室秘書來宣讀。他這樣地交遞文書，是打算試一試那些親衛兵，看他們是不是同意叛離歐洛伊鐵司。他看到他們非常尊敬這些文書，特別是對裏面所寫的東西更加尊敬，於是他便交給王室秘書另一件文書，上面寫著：「波斯人！國王大流士禁止你們再作歐洛伊鐵司的親衛兵。」親衛兵聽了這話之後，他們便把他們手中的長槍拋掉了。當巴該歐司看到他們既然已經服從了文書上的命令，因而有了信心，於是便把最後一件文書給了王室秘書，裏面寫著這樣的話：「國王大流士命令撒爾迪斯的波斯人把歐洛伊鐵司殺死。」聽到這個之後，親衛兵便立刻抽出寶劍來把歐洛伊鐵司殺死了。這樣，波斯人歐洛伊鐵司便由於殺死薩摩司人波律克拉鐵斯而得到了報應。

129 歐洛伊鐵司的家財（包括奴隸——譯者）都給送到蘇撒去了。在這之後不久，正巧大流士在打獵的時候，在下馬時扭傷了自己的腳，而且是扭傷得這樣厲害，以致他的踝骨的球窩都脫臼了。大流士於是召來了埃及的那些最有名的醫生，這些人他是一直留在自己的身旁的。由於他們把他的腳扭得猛了，結果反而使傷勢更加惡化了。國王痛得七天七夜不能入睡，在第八天的時候，他的傷勢已經是很重了；當時有個人在撒爾迪斯時曾聽到過克羅同人戴謨凱代司的醫術，於是就把這個人告訴了國王。大流士便命令把這個戴謨凱代司立刻召來。他們在什麼一個地方看到這個醫生在歐洛伊鐵司的奴隸當中根本無人理會，便立刻把他帶來見大流士了，他來時還拖著鎖鏈，身上也還穿著破爛的衣服。

130 當他來到大流士的面前的時候，大流士便問他是不是懂得醫術。戴謨凱代司否認這一點，因爲他害怕，如果說了關於自己的眞話，他將要永遠不能再回到希臘去了。大流士很清楚地看到，他是在故意不講他自己通曉醫術，於是便命令把他領來的人把笞和刺棒給他拿到跟前。於是戴謨凱代司只得招認了，但是他只是說他的醫術並不可靠：他說他過去只是和一個醫生來往過，因而稍稍懂得一些醫術。大流士於是把治療的事情交給了他，戴謨凱代司使用了希臘的療法，他不像埃及人那樣使用粗暴的手段而是使用十分溫和的療法；他先使國王能夠入睡，而在很短的時期內便把大流士自己認爲無法恢復的腳傷完全治好了。因此在痊癒之後，大流士便賞賜給他兩副黃金的枷鎖。戴謨凱代司向大流士說，是不是因爲他給大流士治好了病，而大流士反而使他受到雙重的苦難。大流士十分賞識他那機智的回答，而允許他到後宮去見自己的妃子們。閹人們把他帶到妃子們那裏去，告訴她們說這便是救了國王的性命的人。於是她們每個人都是用一只碗從一個滿盛黃金的柜子裏掏取黃金給他，醫生得到了這樣多的金錢賞賜，甚至跟在他後面的那個叫作斯奇同的奴隸，光是揀取從碗裏落出來的斯塔鐵爾金幣，都得到了巨額的金錢。

131 下面是克羅同出身的戴謨凱代司如何從家鄉到波律克拉鐵斯這裏來和他相處的經過：戴謨凱代司在

克羅同和他那性情暴戾的父親不合，而在他再也忍耐不住他父親的脾氣的時候，便離開了他，到埃吉納來了。他在那裏住了不過一年，他的醫術便超過了所有其他醫生，雖然他沒有任何行醫用的設備和用具。在第二年的時候，埃吉納人以一塔蘭特的報酬任命他爲公家的醫生。再過一年，雅典人用一百米那雇用了他。到第四年，波律克拉鐵斯又用二塔蘭特聘請了他。於是他便來到了薩摩司；克羅同地方的醫生的名譽主要是因他而得到的，因爲在這個時候，希臘各地的最好的醫生都是克羅同人，而次於他們的則是庫列涅人。大約在同一時期，阿爾哥斯人被認爲是最好的音樂家。

132 戴謨凱代司由於在蘇撒治好了大流士，他便得到了很大的一所房子並且與國王同桌而食；除去不允許他回到希臘之外，任何事情都是隨他的意的。當一直侍奉著國王的那些埃及外科醫生由於醫術不如希臘人高明而將要被刺殺的時候，他便請求國王留他們的性命，這樣便救了他們；此外，他還救了一個埃里斯的卜者的性命，這個卜者曾是波律克拉鐵斯的隨從人員，並且在奴隸當中是根本無人過問的。戴謨凱代司在國王面前成了最受重視的人物了。

133 在這之後不久，居魯士的女兒、大流士的妻子阿托撒在她的胸部腫起了一塊，這塊腫起來的東西很快地就潰爛並蔓延起來了。當這塊腫物還算不得什麼病的時候，她沒有談起這東西而是由於羞恥之心而瞞著。但不久病狀惡化的時候，她便把戴謨凱代司召了來，把她的病給他看。他答應給她治病，但是要她起誓，她必須作到他請求她辦的任何事情。他說，他決不會要求她作有損她的名譽的事情。

134 他不久便把阿托撒的病治好了，於是阿托撒在戴謨凱代司的指使之下一天夜裏就寢時向大流士說：「主公，你是一個強大國家的統治者，但是我不明白爲什麼你只是毫無作爲地坐在這裏，既不去爲你的波斯人征服新的領土，又不去進一步擴大你的權力？如果你願意要他們知道他們的國王乃是一個正正堂堂的

男子漢的話，那麼像你這樣年輕和有這樣財富的人要他們看到你成就某種偉大的功業，那是理所當然的事情。這樣你就會取得雙重的利益：波斯人將會知道他們的國王是一個不折不扣的男子漢大丈夫，而且，在戰爭的緊張時期，他們也就沒有多餘的時間來背叛你了。現在正是你年富力強的時候，這時你正應該成就一些偉大的功業：因爲一個人的身體成長，智慧也就跟著成長。而身體衰老的時候，智慧也便衰退，不管作什麼事情也便遲鈍了。」她是按照戴謨凱代司教給他的話這樣講的。大流士說：「夫人，你所說的事情我早已經想到要作了。我已經決定從這個大陸造一個橋通到另一個大陸上去，這樣就可以領著軍隊去攻打斯奇提亞人。很快地我們便要著手實現這件事了。」阿托撒回答說：「在我來看，目前還是不要去攻打斯奇提亞人罷，因爲任何時候你願意攻打他們，你都可以作到這一點的。我請求你還是先去攻打希臘罷。我聽人提過拉科尼亞、阿爾哥斯、阿提卡和科林斯的婦女，我很想要這些婦女來作我的侍女。在你身旁有一個人，他比任何人都更適於在有關希臘的一切事情上爲你加以說明介紹，這個人就是治好了你的腳傷的那個醫生。」大流士回答說：「夫人，既然你的願望是首先與希臘一決勝負，那麼我以爲最好是派波斯人偕同你所提到的那個人到那個地方去偵察一下並把在那裏所看到的一切報告給我們，這樣我便可以有充分的情報，幫助我對希臘的出征了。」在大流士說了這話之後，立刻便著手這樣作了。

135 在第二天剛剛破曉的時候，他便召見了十五位知名的波斯人來，命令他們和戴謨凱代司一同到希臘的海岸地帶去巡視；此外還囑告他們不管怎樣也要把醫生戴謨凱代司帶回來，而不許他跑掉。他這樣地吩咐了他們之後，便把戴謨凱代司本人召了來，要求這個醫生在他把全部希臘指點給波斯人並使他們把所有的地方看明白之後，仍舊回到他這裏來。他還要戴謨凱代司帶著他的全部家財送給他的父親和兄弟，並答應在回來後給他比這要多許多倍的財產。此外，還答應給他一隻商船，上面裝載著他所要的一切東西與他同行。我想大流士答應給他的一切完全是出自眞心的。但是戴謨凱代司卻害怕國王是不是在試探他，於是他便不忙於接受大流士所給他的一切，而是回答說他要把他的財產留在原來的地方，以便在回來的時候享用。至於大流士答應給他用來帶禮品送他的兄弟的那隻船，他是接受了的。大流士對戴謨凱代司也發出了同樣的命令之後，就把他們一行人員都送到海岸地帶去出發了。

136 於是他們這些波斯人就來到了腓尼基，來到了腓尼基的西頓城，在那裏他們裝備了兩艘三段橈船以及一隻滿載著各項必需品的大商船。當一切都準備停妥以後，他們便出海到希臘去了；他們在那裏視察和記述了他們所到達的海岸地帶，等他們看過了大部分地區和那些最出名的地方以後，他們便到達了意大利的塔拉斯。在那裏，塔拉斯人的國王阿里司托披里戴斯，爲了對戴謨凱代司表示好感，把舵機從美地亞的船上取了下來，並稱波斯人爲間諜，而把他們拘留起來。正當他們處於這種情況之下的時候，戴謨凱代司便到克羅同那裏去；但阿里司托披里戴斯並沒有釋放波斯人，也沒有把從他們的船上取得的東西歸還給他們，直到這位醫生回到自己的國家的時候。

137 波斯人從塔拉斯乘船起程，追趕戴謨凱代司直到克羅同，他們在那裏的市場上發現了他，就打算上去把他捉住。有一些克羅同人害怕波斯的強大，本想把他放棄，但是另有一些人不但不交出他來，反而捉住國王的人員並用棍子打他們。於是波斯人說：「克羅同人，你們可要看清楚你們幹的是什麼事情。你們是從我們手中奪去了一位偉大國王的逃跑的奴隸。你們以爲國王大流士會對你們的這種冒犯行爲不聞不問麼？你們以爲如果你們留下他而把我們趕跑，這件事情對你們會有什麼好處麼？這樣一來，你們的城市將會是我們第一個要攻打的城市，是我們第一個試圖奴役的城市。」但是克羅同人並不理會他們，這樣波斯人便失去了戴謨凱代司和與他們同來的商船，他們既然失去了嚮導，便不想再深入希臘的內地去探查而返回亞細亞了。但是戴謨凱代司在他們啓航的時候，卻要他們捎一個信，他說，他們應當告訴大流士說，戴謨凱代司已經和米隆的女兒訂婚了，因爲大流士是非常尊敬角力士米隆的名字的。在我看來，戴謨凱代司之所以尋求這個配偶並且爲此花了一大筆錢，這是爲了要大流士知道，在他的本國以及在波斯，他都是一個受到尊敬的人。

138 波斯人於是從克羅同啓航了。但他們的船卻在雅庇吉亞的海岸地帶遭了難，他們自己也就成了那裏的奴隸，最後才有一個從塔拉斯被放逐出來的名叫吉洛司的人，釋放了他們並把他們交回給大流士。國王爲了回報，曾答應給吉洛司他所希望的任何報酬，吉洛司敍說了他的不幸遭遇，並首先要求設法使他回到塔拉斯去。但是，由於他不願意爲了他個人的緣故使一支大軍乘船到意大利去從而他會給希臘增添麻煩，於是他說，只要克尼多斯人伴送他便足夠了；因爲他認爲，克尼多斯人既然是塔拉斯人的朋友，則塔拉斯人就更願意要他回去了。大流士依照他的話辦了，他派了一名使者到克尼多斯人那裏去，命令他們把吉洛司帶回塔拉斯。他們按著大流士的話作了，可是他們卻不能說服塔拉斯人按照他們的意思行事，而且他們又不能強迫他們。全部的經過就是這樣。這些波斯人是最初從亞細亞到希臘的，他們是爲了上述的理由來偷偷地偵察這個國家的。

139 在這之後，大流士便征服了薩摩司，這是希臘的或異邦人地方的一切城邦中最先被征服的一個，征服的理由有如下述：——當居魯士的兒子剛比西斯進攻埃及的時候，許多希臘人隨軍來到了埃及，有些人當然是爲了來作買賣，有些人則是來觀光的；在這裏面有一個叫作敍羅松的人，他是阿伊阿凱司的兒子、波律克拉鐵斯的兄弟，這時正從薩摩司被放逐出來。這個敍羅松遇到了一件幸運的事情。有一次正當他在孟斐斯穿著紅袍在市場上的時候，當時還是剛比西斯的一名侍衛而且根本不是重要人物的大流士看到了

他。大流士很喜歡他的紅袍，於是便走過來要向他購買。敍羅松看到大流士的態度懇切，他很幸運地受了感動，於是對他說：「我是不想賣我的外袍的，但如果無論如何你一定要它的話，那你就不必給錢拿了去罷。」大流士同意這樣作，就把紅袍拿走了。但是敍羅松以爲，他是由於他那好心腸才失掉了自己的紅袍的。

140 但是後來在剛比西斯逝世，七個人起來反抗瑪哥斯僧而在這七個當中又是大流士登上了王位的時候，敍羅松才知道繼承王位的人原來是他過去在埃及因受到請求而贈送之以紅袍的那個人。於是他便到蘇撒去，坐在王宮的門口，說他曾是大流士的恩人當中的一個。當門衛把這話帶給國王的時候，國王問道：「可是我能夠有什麼當感謝的希臘恩人呢？在我作國王的短短時期中間，幾乎沒有一個希臘人到我這裏來過，而且應當說，我也沒有需要任何希臘人的地方。雖然如此，還是把他帶進來，以便讓我了解一下他是什麼意圖吧。」門衛把敍羅松帶了進來，使他站在他們的面前；於是通譯問他是何許人，他作了什麼事而自稱是國王的恩人。於是敍羅松便把關於紅袍的事情說了一遍並說他就是贈袍給國王的人。大流士說：「最慷慨大度的人，你是在我尙未當權時贈送物品給我的那個人；如果那只是一件不値錢的物品，但那和一個人在今天贈給我一件重大的禮物是同樣値得感謝的。爲了報答你，我要贈給你大量的金銀，這樣你就可以曉得，你是決不會爲了給敍司塔司佩斯的兒子大流士作好事而後悔的。」敍羅松回答說：「國王，我所要求的既不是金，也不是銀，我只要求你爲我奪回我的祖國薩摩司，因爲我的兄弟波律克拉鐵斯在那裏被歐洛伊鐵司殺死了，而我們的奴隸卻成了那裏的統治者。不經過流血和奴役而把薩摩司還給我罷。」

141 大流士聽了這話之後，便派出了一支軍隊，由七人中的一人歐塔涅斯率領著，大流士並囑告他完全按著敍羅松的意思去作，於是歐塔涅斯便來到了海岸並準備了他的軍隊。

142 現在統治著薩摩司的是邁安多里歐司的兒子邁安多里歐司，波律克拉鐵斯過去曾任命他爲自己的代理人。這個邁安多里歐司本想大公無私地行動，但是他並不能這樣作。因爲當他聽到波律克拉鐵斯的死亡的消息時，他首先便給自由守護神宙斯設立了一個祭壇並且在它的四周劃出了一個聖域，這在城郊地方是仍然可以看到的；這樣作了之後，他便把全體市民召來集會，這樣對他們說：「你們已知道，只有我才能處理波律克拉鐵斯的王笏和全部領土；而且我有權力成爲你們的統治者。然而只要我有這個權力，我自己就決不會作那如發生別人身上我便認爲是應當非難的事情。我從來就不喜歡波律克拉鐵斯盛氣凌駕於和他自己一樣的人們的頭上，其他任何人如果這樣作，我也是同樣的看法。在波律克拉鐵斯身上所注定的命運已經應驗了；至於我自己，我要你們分享全部主權，我是主張平等的。作爲我個人的特權，我只要求把波律克拉鐵斯的財產中的六塔蘭特黃金放在一邊供我使用，此外我和我的子孫還要擔任我已經爲之建立了神殿的自由守護神宙斯的祭司職位；除了上述的兩件事之外，現在我就把自由給你們。」這便是邁安多里歐司對薩摩司人所作的保證。但是他們當中的一個人起來回答說：「然而你是誰呢？你並不配統治我們，因爲你是一個出身卑賤的惡棍流氓。我看還是先把你所經手的金錢交代一下吧。」

143 講這話的是市民中的一位知名之士，叫作鐵列撒爾科司的。但是邁安多里歐司看到，如果他把主權放棄的話，那另外一個人也會代他而使自己成爲僭主的，於是他決定不放棄統治權。他退入城砦之後，便分別地把每個人召請來，表面上好像是向這個人交代賬目，但這些人來到之後，他便把他們捉住監禁起來了。邁安多里歐司把他們下獄之後，不久他自己也病倒了。他的兄弟律卡列托司認爲他會死掉而自己可以更容易地變成薩摩司的統治者，因而他便把所有的囚犯都給殺死了。看來，他們並不是希望自由的。

144 因此當波斯人把敍羅松帶回薩摩司時，沒有一個人反抗他們，只有邁安多里歐斯自己和與他一黨的人們表示願意在締約的條件之下離開這個島；歐塔涅斯同意這樣作，而在條約締定之後，最主要的波斯人士便坐到他們安置在城砦對面的坐位上面了。

145 但僭主邁安多里歐司有一個名叫卡里拉歐斯的、精神有些錯亂的兄弟，他由於某種冒犯的行爲而被監禁在牢獄裏。這個人聽到了發生的事情，並由於從獄裏的窗口向外看而看到波斯人安靜地坐在那裏。於是他便高聲呼叫說，他要和邁安多里歐司講話。他的兄弟聽見他之後，便下令把卡里拉歐斯放出來帶到他面前來。他剛剛被帶來，立刻便破口責罵和咒詛邁安多里歐司，爲的是想說服邁安多里斯司，要他進攻波斯人。他喊道：「卑鄙無恥的人，你把你那無辜的兄弟監禁在牢獄裏；而當你看到波斯人把你趕出使你無家可歸的時候，雖然你可以非常容易地制服他們，爲什麼你卻沒有勇氣爲你自己報仇呢？如果你自己害怕他們的話，那麼就把你的外國的親衛兵交給我，我會因他們到這裏來而懲罰他們的；至於你呢，我會把你安全地送出這個島的。」

146 卡里拉歐斯所說的話就是這樣。邁安多里歐司接受了他的意見。我想，他這樣作並不是由於他竟愚蠢到認爲他有足夠的力量戰勝國王，而是因爲他不滿意於使敍羅松會不費什麼氣力便安全無傷地收回薩摩司。因此他想激怒波斯人並因此在使薩摩司投降之前盡可能地削弱薩摩司，因爲他知道的很淸楚，如果波斯人受到傷害的話，他們對薩摩司人就會十分憤怒。此外，他還知道，不管在什麼時候只要他願意，他都可以使自己安全地離開該島，因爲他從城砦修了一條通向大海的暗道。於是邁安多里歐司便從薩摩司乘船出發；但是卡里拉歐斯卻把所有的傭兵武裝起來，打開了城門並命令傭兵向波斯人攻去。波斯人認爲現在已經充分達成協議，因而出其不意地受到了攻擊；傭兵們向他們攻擊，把那些有乘轎椅的身分的、最高貴的波斯人全給殺死了。這時，波斯其餘的兵力趕來增援，對傭兵施加壓力，把他們趕到城砦裏面去了。

147 波斯的將軍歐塔涅斯看到波斯人受到了巨大的損失，便故意不再去記起大流士在他離開時給他的不殺或奴役任何一個薩摩司人，而是把該島完整無傷地交給敍羅松的命令；他下令他的軍隊把所拿獲的人，不分成年男子還是男孩子一律殺死。於是一部分波斯人便圍攻城砦，而另一部分波斯人則把他們不拘是在神殿內或在神殿外其他地方遇到的人一律殺死。

148 邁安多里歐司從薩摩司逃出來之後，就乘船到拉凱戴孟去了。而當他到達那裏並搬下了他從國內帶來的物品之後，他照例是把他的金杯和銀杯都陳列出來；而當他的從僕正在打磨這些杯的時候，他便和斯巴達的國王，阿那克桑德里戴斯的兒子克列歐美涅斯會談，並把他帶到自己的住所來。克列歐美涅斯一看到杯子，就大為嘆賞起來，於是邁安多里歐司便勸他說，他願意要多少杯子，便可以拿去多少杯子。邁安多里歐司向他勸說了兩三次。在這一點上，克列歐美涅斯是非常公正廉潔的，他並不願接受他的禮品；但是看到邁安多里歐司會用贈杯的辦法從其他拉凱戴孟人那裏得到幫助，於是他便到五長官那裏去，告訴他們說，如果這個薩摩司的外國人能離開斯巴達那是最好不過了，因為恐怕他會說服克列歐美涅斯本人或其他斯巴達人去作壞事。五長官同意了他的意見，於是向邁安多里歐司發出通牒把他趕走了。

149 再說薩摩司。波斯人把那裏的居民殺光之後，便把一個無人的島交給敍羅松了。但是後來波斯的將軍歐塔涅斯又幫他向那裏殖民，他所以這樣作是因為他作了一個夢，又因為他的生殖器得了一種病。

150 另一方面，當海軍到薩摩司去的時候，巴比倫人又叛變了；他們的叛變是經過非常周密的準備的。原來在瑪哥斯僧的統治和七人的政變的時期，他們便利用了有利的時機和混亂的情況作了對付圍攻的準備。但是我不知道為什麼竟沒有一個人察覺到這件事。終於他們公開地叛變了並且作出了這樣的事情：他們把所有他們的母親送走，再從他們每人的家中隨便選出一名婦女來給他們作麵包；其餘的婦女則他們就把她們集中起來給窒死，爲的是不叫她們消耗他們的麵包。

151 當大流士聽到這個消息的時候，他便糾合了他的全部軍隊，直指巴比倫進發了。他到達巴比倫之後，便把那個城市包圍了。但是巴比倫對他的所作所爲絲毫不放在心上。他們登上了城牆上的塔樓，用手勢和言語嘲笑侮辱大流士和他的軍隊。他們中間有一個人說：「波斯人，你們爲什麼不離開而坐在那兒？等騾子產子的時候，你們才能攻下我們的城市哩。」巴比倫人所以這樣講，是因爲他們相信騾子是不會產子的。

152 一年又七個月的時光過去，大流士和他的全軍已經苦於總是不能攻下巴比倫了。大流士在這件事上確是使用了每一種計策和方法。他也試用了居魯士當初攻取該城的戰略以及每種其他的戰略和方法，但仍然毫無成果；因爲巴比倫人是毫不鬆懈地守衛著，故而他不能攻克它。

153 但是在圍攻的第二十個月，搞垮了瑪哥斯僧的七人之一的美伽比佐斯的兒子佐披洛司遇到了一件不可思議的事情。他的一個馱載兵糧的騾子生產了。佐披洛司本人不相信這個消息；但是當他親眼看到了幼騾的時候，他便下令那些看到這事的人不要告訴任何人而自己考慮起來。於是他記起了在圍攻開始的時期巴比倫人曾說只有在騾子產子的時候他們的城才能攻克，因此從他記憶當中的巴比倫人的話來看，他相信巴比倫是可以攻克的。因爲他以爲，那個人所講的話以及他的騾子產子，這都是有神意在其中的。

154 他既然相信巴比倫注定會陷落，於是他便到大流士這裏來問他，他是否極爲重視攻取該城這樣一件事。當他確信事情是這樣的時候，他繼而便想擬定一個計劃，可以使他一個人把該城攻陷。因爲在波斯人中間，立功的人是很受尊敬的並且會使他成偉大的人物。除去他先殘害自己然後再逃到巴比倫人那裏去的辦法之外，他想不出任何可以控制該城的辦法了；但他認爲把自己弄成殘廢，這對他來說並不算一回事的。於是他割下自己的鼻子和耳朵，剃光了自己的頭以便達到毀容的目的並痛笞了自己，然後就這樣到大流士這裏來了。

155 大流士看到這樣一位知名之士竟然受到了這樣的糟蹋，心中非常難過。他大聲叫喚著從座位上跳了下來，問佐披洛司是誰把他糟蹋到這種地步，爲什麼。佐披洛司回答說：「除了你以外任何人也不能使我落到這個地步。國王！不是別人，而正是我自己才把我自己弄成這樣的。我不能忍受波斯人受到亞西里亞人的侮弄。」大流士回答說：「可憐的人，如果你說你把自己弄成殘廢是爲了攻克城池，那你不過是把一個美好的名聲加到一件蠢事上面去罷了。愚蠢的人！你以爲你這樣毀了自己之後，我們的敵人就立刻會投降麼？你這樣毀你自己，這簡直是發瘋了。」佐披洛司說：「如果我告訴你我打算怎樣作的話，你便會禁止我這樣作了。實際上，是我自己考慮了之後才這樣作的。現在事情只在於你扮演你應扮的角色，這樣巴比倫就是我們的了。我要這個樣子逃到他們城裏去，假裝告訴他們說是你把我弄成這個樣子的；而我想我會使他們相信這話是眞的，從而能夠得到統帥他們的軍隊的權力。你呢，在我進城之後的第十天，切記從你那最不惜犧牲的那部分軍隊中選出一千人來，把他們布置在謝米拉米司門門前。在那之後第七天，再爲我在尼尼微門門前布置兩千人；而在這第七天之後的二十天，再在他們所謂的迦勒底門門前布置四千人；開到城門前的所有的人，不管是誰，都不要叫他們帶匕首之外的任何武器，可是要把匕首交給他們。第二十天之後，立刻下令你的其他軍隊進攻全部城牆並把波斯人布置在所謂倍洛斯門和奇西亞門的前面。但因爲我想我將會立這樣的大功，以致巴比倫人甚至會把他們城門的鑰鎖以及其他的一切都交給我保管的；這之後，我和波斯人便可以作我們所需要作的事情了。」

156 他帶著這樣的任務來到了城門，他轉身向後面看，就彷彿他眞是一個逃亡者那樣。當城上了望塔的衛兵看到他的時候，便跑下來，稍許打開了城門，問他是什麼人，爲什麼他跑來。他告訴他們說他是佐披洛司，是逃跑到他們這裏來的。聽到這話之後，門衛便把他帶到巴比倫人的領導人員那裏去，在那裏他請他們看一下他的悲慘遭遇，不提自己毀了自己的面容而說使他毀容的是大流士，因爲看到他們無法攻克該城，他曾勸國王回師。他繼續對他們說：「巴比倫人，我這次來是要大大地幫你們的忙和大大地損害大流士和他的軍隊和波斯人的；他這樣地糟蹋我，因而他是不能不受懲罰的；對於他的全部計劃我是知道得非常詳細的。」這就是他對巴比倫人講的話。

157 當巴比倫人看到波斯最受尊敬的人的鼻子和耳朵被割掉而全身又被打得血跡斑斑的時候，他們便深信他的話是眞實的，是來眞正幫助他們的，故而準備答應給予他所要求的一切，這就是他自己能有一支軍隊。在從巴比倫人那裏得到這一支軍隊之後，他便按照他和大流士所約定的辦法行事了。在第十天，他領著巴比倫的軍隊出擊，包圍和殺死了他要大流士第一批布置在那裏的一千個人。巴比倫人看到他作的事已經和他講的話相符合而非常歡喜，因此他們準備無論怎樣作都可以聽他的吩咐。當約定的日子過去之後，他再度率領一支巴比倫的精銳出擊，又斬殺了大流士的軍隊兩千人。當巴比倫人看這第二次的戰功時，沒有人不在贊美佐披洛司了。等約定好的日子又過去之後，他把他的士兵引到他指定的地點去，在那裏他包圍了四千人並把他們殺死。在他這第三次功勛之後，佐披洛司便成了巴比倫的唯一的風雲人物：他成了他們軍隊的統帥和城牆的守備官。

158 可是，當大流士按照約定的計劃進攻全部城牆的時候，那時佐披洛司的背叛行爲便完全顯露出來了。因爲當全城的人都登上城牆抗擊大流士的進攻的時候，他卻打開了奇西亞和倍洛斯兩個城門，把波斯人放進了城內。看到了他的所作所爲的那些巴比倫人便逃到他們稱爲倍洛斯的宙斯的神殿去。那些沒有看到這件事的人則都留在原地不動，直到他們也看出他們是怎樣被騙的時候。

159 這樣，巴比倫就再一次被攻克了。大流士統治了巴比倫人之後，便摧毀了他們的城牆，劫走了所有他們的城門（這都是居魯士在第一次攻克巴比倫時所沒有作過的事情）。此外，他還磔死他們當中爲首的大約三千人；至於其他的人，他把他們的城還給他們住。隨後（既然像我上面所說的，巴比倫人怕他們的糧食不夠而窒殺他們自己的婦女），大流士便容許他們娶妻生子，辦法是指定每一鄰近的民族都要送一批婦女到巴比倫去；這樣集合起來的婦女是五萬人，這些婦女便是目前居住在該城的人們的母親。

160 在大流士看來，除去居魯士是任何波斯人所不能與之相比以外，佐披洛司的功勞是在他之前和在他之後的任何人所不能望其項背的。據說大流士曾多次宣布說，他寧可不要二十座巴比倫城，也不願佐披洛司把自己殘害成這個樣子。國王是非常敬重他的，每年他都把波斯人認爲是最珍貴的禮物送給佐披洛司並且要他終生治理巴比倫而不需納稅。此外他還把其他許多東西送給佐披洛司。這個佐披洛司就是那曾在埃及指揮軍隊對雅典人和他們的同盟軍作戰的那個美伽比佐斯的父親；而美伽比佐斯的兒子則又是從波斯人跑到雅典那裏去的佐披洛司。

第四卷

1 在攻克巴比倫之後，大流士便親自率軍向斯奇提亞人那裏進發了。既然亞細亞的人口衆多，又可以從那裏得到大量的收入，從而他想懲罰斯奇提亞人，因爲過去在他們進攻美地亞並打敗了前來迎擊他們的人們時，曾無理地向他挑起了爭端。原來斯奇提亞人，前面我已經說過，他們統治上亞細亞①有二十八年。他們由於追蹤奇姆美利亞人而侵入了亞細亞，並滅亡了美地亞人的帝國，而美地亞人在斯奇提亞人到來以前，則是亞細亞的統治者。但是當斯奇提亞人離家二十八年並在這樣長久的時期之後返回故國的時候，卻有另一個和對美地亞作戰同樣艱苦的任務等待著他們。他們發現有一支大軍和他們對峙著，原來斯奇提亞婦女的丈夫既然長期不在故土，她們已經和她們的奴隸同居了。

2 斯奇提亞人爲了他們自己飲用的乳而把他們的奴隸的眼睛都給弄瞎了②；他們是這樣作的。他們拿一種和橫笛非常相似的骨管，把它們插入母馬的陰部並且用嘴來吹這種骨管；一些人在這邊吹，另一些人則在那邊擠奶。他們說，他們這樣作的理由是這樣，他們這樣吹是爲了使母馬的血管膨脹，因此它的乳房便可以被壓下來了。當馬奶被擠出來之後，他們便把馬乳倒到一個很深的木桶裏面去，並且叫奴隸站在木桶的四周來搖動桶裏的馬乳。浮到馬乳表面上的東西被作爲最珍貴的東西取出來，留在桶下面的東西則被認爲是不大珍貴的東西。正是因爲這個緣故，斯奇提亞人才把他們的全部俘虜的眼睛弄瞎，因爲他們並不

是耕地的人，而是游牧民族。

3 結果，當這些奴隸和斯奇提亞的婦女們所生的年輕一代長大起來並且知道了他們的出身之後，他們便準備抗擊從美地亞歸來的斯奇提亞人了。首先爲了截斷通向他們本國的道路，他們從陶利卡山到麥奧提斯湖③的最闊的那一部分挖了一道廣闊的壕溝。隨後，在斯奇提亞人試圖攻進來的時候，他們便列陣並出兵和他們交鋒。雖然進行了多次的戰鬥，斯奇提亞人卻毫無進展，終於他們當中有一個人這樣說：「斯奇提亞人，我們現在作的是什麼事情？我們現在正在對我們自己的奴隸作戰。如果我們被他們殺死，我們的人數就要減少；如果我們殺死他們，今後我們的奴隸就要減少了。因此我的意見是我們最好抛掉我們的長槍和弓，各自手執馬鞭和他們進行肉搏。他們一看到我們手裏拿著的武器，他們就以爲他們是我們能力相同而身分也相同的人物，但他們若看到我們手裏拿著的不是武器而是馬鞭，他們就會懂得他們原來是我們的奴隸；他們一經意識到這一點，就會經不住我們的進攻而跑掉了。」

4 斯奇提亞人聽了這個意見並按照這個意見實行了。他們的敵人被他們的行動所嚇倒，以致忘掉戰鬥，立刻逃跑了。這樣斯奇提亞人便統治了亞細亞，而他們在再度給美地亞人驅出之後，便用這樣的辦法又回到了他們的祖國。大流士由於他們的所作所爲而想向他們復仇，於是糾合了一支大軍向他們進攻。

①指波斯帝國的西部高原地帶。

②希羅多德這裏的意思是說把奴隸的眼睛弄瞎以防止他們偷竊。瞎眼的奴隸的故事可能是來自斯奇提亞人對奴隸的某種稱呼，不過被希臘人誤解了。

③即亞速海。

5斯奇提亞人自稱是世界上一切民族中最年輕的民族。根據他們自己的說法，他們是這樣興起的。在當時是一片荒漠無人的沙漠地帶的這塊地方，最初有一個名叫塔爾吉塔歐斯的男子。他們傳說這個人的雙親是宙斯和包律斯鐵涅司河④的一個女兒；人們雖然如此說，但我是不相信這個說法的。據說塔爾吉塔歐斯的身世就是這樣：他有三個兒子里波克賽司、阿爾波克賽司，最小的是克拉科賽司。傳說在他們統治的時期有一些用具從上天落到斯奇提亞來，這些用具全是黃金製造的，它們是鋤、軛、斧和杯。他們三人中最年長的一個看到之後便走近來想取得它們。但是在他走近時黃金開始燃燒起來，於是他便躲開不敢再去動了；於是第二個走近來，黃金仍然燃燒起來。當這兩個人由於黃金燃燒而被趕跑的時候，第三個兒子走近來，於是黃金便由於他走近而停止燃燒了；因此他便把黃金帶回了自己的家。他的兩個哥哥看到了這種情況之後，便同意把這全部王權交給最年輕的兄弟了。

6據說，斯奇提亞人當中稱為奧卡泰伊族的人們便是里波克賽司的後裔。卡提亞洛伊族和特拉司披耶司族則是第二個兄弟阿爾波克賽司的後裔。稱為帕辣拉泰伊族的王族則是幼子的後裔。但全體民族則根據國王的名字而稱為斯科洛托伊人。斯奇提亞人只是希臘人稱呼他們用的名字。

7這便是斯奇提亞人關於他們自己的起源的說法。他們以為從他們的第一個國王塔爾吉塔歐斯那時到大流士之前來進攻他們的國土，這段時期不多不少正是一千年。歷代的國王均極其小心翼翼地保存這些神聖的金器，每年他們都向它奉獻盛大的犧牲以求恩寵。在節日的這一天如果看守神聖的金器的人在露天睡著了的話，則斯奇提亞人就說這個人是不會活過當年的。他們說，正是由於這個緣故，人們便給他一塊足

④即德聶伯河。

夠他在一天之內能夠乘馬各處馳騁的土地。由於國土幅員的廣大，克拉科賽司給他的兒子建立了三個王國，而金器則交給其中最大的那個王國保存。他們說，斯奇提亞上方居民的北邊，由於有羽毛自天降下的緣故⑤，沒有人能夠看到那裏和進入到那裏去。大地和天空到處都是這種羽毛，因而這便使人不能看到那個地方了。

8 斯奇提亞人關於他們自己、關於他們上部地區的地方的說法就是這樣。但是在黑海地方居住的希臘人卻又有如下的說法。根據他們的說法，海拉克列斯驅趕著該律歐涅斯的牛到達當時是一片沙漠，但現在卻為斯奇提亞人所居住的這個地方。該律歐涅斯定住在黑海之外（黑海以西——譯者），棲居在海拉克列斯杜之外，歐凱阿諾斯中離伽地拉不遠、希臘人稱之為埃律提亞島的地方。至於歐凱阿諾斯，則希臘人說，它發源於日出的地方而周流全世界，但他們並不能證實這個說法是眞實的。海拉克列斯從那裏來到今日稱為斯奇提亞的地方。（由於這裏既有暴風又有嚴寒）他便披著他的獅子皮睡下了，而當他睡著的時候，他那些駕著戰車並正在吃草的牝馬，卻神奇地失蹤了。

9 海拉克列斯醒來之後，他便去尋找他的那些牝馬，他在那個地方到處跋涉，最後他到達一個稱為敍萊亞的地方，他在那個地方的一個洞窟裏發現了一個半女半蛇的奇怪生物；在腰部以上是一個女子，腰部以下則是一條蛇。當他看見她的時候是感到驚異的，他問她，她是否在什麼地方看到他的那些迷失了道路的牝馬。她回答說這些牝馬是在她的手裏，但若是海拉克列斯不和她交媾她是不會還給他的。為了取得這個報酬，海拉克列斯就和她交媾了。然而，他雖然很想取了馬回去，但她卻拖延歸還馬匹，以便可以盡可

⑤希羅多德在本卷第三一節有解釋。

能長久地使海拉克列斯與她同栖。但終於她交還了牝馬，但是她向海拉克列斯說：「這些牝馬迷路到這裏來的時候，是我在這裏爲你救了它們的。而你對於我作的這件事也給了酬報，因爲在我的肚子裏有了你的三個兒子。現在請你告訴我，這三個兒子長大成人的時候，我應該怎麼辦。是我要他們住在這裏（因爲我是這個國家的女王），還是我把他們打發到你那裏去。」她是這樣問的，而據說海拉克列斯是這樣回答她的：「當你看到這些男孩子長大成人的時候，按照我所吩咐的去作你便不會犯錯誤；其中不管是誰，如果你發現他這樣地拉彎了這張弓並且用這個腰帶這樣地繫在自己身上，那就要他居留在這裏，凡是作不到我吩咐的事情的，就把他們從這個地方送出去好了。你這樣作，就不但作到了我所吩咐的事情，而且還會使自己得到快樂的。」

10 於是他便拉彎了他的一張弓（因爲海拉克列斯從來一直帶著兩張弓）並且把腰帶也拿給她看，並把弓和帶扣的尖端有一只金盞的腰帶給了她，而在給了她之後，他便離開了。但是當她所生的兒子們長大成人時，她便給他們起了名字，其中的第一個叫作阿伽杜爾索斯，第二個叫作蓋洛諾斯，而最年幼的那個兒子叫作司枯鐵斯；此外，她想起了對她的吩咐，於是她便按照吩咐她所作的作了。她的兩個兒子阿伽杜爾索斯和蓋洛諾斯由於不能完成指定給他們的任務因此被母親趕跑而離開了本國，然而最年輕的司枯鐵斯卻完成了指定的任務而留在國內。所有後來斯奇提亞的國王都是海拉克列斯的兒子司枯鐵斯的後裔，而且正是由於這個金盞的關係，斯奇提亞人直到今天還在腰帶上帶著金盞。因此，只有這一件事是司枯鐵斯的母親爲他作的。黑海沿岸地帶居住的希臘人的說法便是這樣。

11 此外還有另一個傳說，這個傳說的說法是我個人特別認爲可信的。這種說法的大意是這樣：居住在亞細亞的游牧的斯奇提亞人由於在戰爭中戰敗而在瑪撒該塔伊人的壓力之下，越過了阿拉克塞斯河，逃到

了奇姆美利亞人的國土中去（因爲斯奇提亞人現在居住的地方據說一向是奇姆美利亞人的土地），而奇姆美利亞人看到斯奇提亞人以排山倒海的軍勢前來進擊，大家便集會了一次以商議對策，在會議上他們的意見是有分歧的；雙方都堅持自己的意見，但王族的意見卻是更要英勇些。民衆認爲他們應該撤退，因爲他們完全沒有必要冒著生命的危險來與這樣的一支占絕對優勢的大軍相對抗，但是王族則主張保衛他們的國家而進行抗擊侵略者的戰爭。任何一方都不能爲對方所說服，民衆不能爲王族所說服，王族也不能爲民衆所說服；因爲一方打算不戰而退並把國家交給自己的敵人，但是王族卻決心在他們自己的土地上戰死而不和民衆一同逃跑，因爲他們想到他們過去曾何等幸福過，現在如果他們逃離祖國的話，他們會遭到怎樣的厄運。既然都下了這樣的決心，他們便分成了人數相同的兩方而交起鋒來，直到王族完全給民衆殺死的時候。然後奇姆美利亞人的民衆便把他們埋葬在杜拉斯河的河畔（他們的墳墓直到今天還可以看到）。埋葬之後，他們便離開了他們的國王。斯奇提亞人到這裏來攻取它的當時，國內已經沒有人了。

12 直到今天在斯奇提亞還殘留著奇姆美利亞的城牆和一個奇姆美利亞的渡口，還有一塊叫作奇姆美利亞的地方和一個稱爲奇姆美利亞的海峽。此外，還可以非常清楚地看到，奇姆美利亞人在他們爲躲避斯奇提亞人而逃往亞細亞時，確也曾在今日希臘城市西諾佩建城所在的那個半島上建立了一個殖民地；而且顯而易見的是，斯奇提亞人曾追擊他們，但是迷失道路而攻入美地亞。原來奇姆美利亞人是一直沿著海岸逃跑的，但斯奇提亞人追擊時卻是沿著右手的高加索前進的，因此他們最後竟把進路轉向內地而進入了美地亞的領土。這裏我說的是希臘人和異邦人同樣敍述的另一種說法。

13 另一方面，普洛孔涅索斯人卡烏斯特洛比歐斯的兒子阿利司鐵阿斯在他的敍事詩裏又說，當時被波伊勃司所附體的阿利司鐵阿斯一直來到了伊賽多涅斯人的土地。在伊賽多涅斯人的那面住著獨眼人種阿里瑪斯波伊人，在那裏瑪斯波伊人的那面住著看守黃金的格律普斯，而在這些人的那面則又是領地一直伸張到大海的極北居民。除去敍佩爾波列亞人之外，所有這些民族，而首先是阿里瑪斯波伊人，那一直不斷地和相鄰的民族作戰；伊賽多涅斯人被阿里瑪斯波伊人趕出了自己的國土，斯奇提亞人又被伊賽多涅斯人所驅逐，而居住在南海（這裏指黑海——譯者）之濱的奇姆美利亞人又因斯奇提亞人的逼侵而離開了自己的國土。因此，就是阿利司鐵阿斯的關於這個地方的這個說法和斯奇提亞人的說法也是不一樣的。

14 我已經說過寫作這樣的詩的這個阿利司鐵阿斯是什麼地方的人了，現在我再說一說我在普洛孔涅索斯和庫吉科司所聽到的、關於這個人的故事。根據他們的法，在身分上和任何市民同樣高貴的阿利司鐵阿斯一天曾進入普洛孔涅索斯的一家漂布店並死在那裏了。於是漂布匠便把他的店門關上，跑出去給死者的親屬去報信。阿利司鐵阿斯的噩耗於是傳遍了全城，但是從阿爾塔開市來的一個庫吉科斯人卻不相信這個消息，而說他遇見了到庫吉科斯去的阿利司鐵阿斯並且和他談過話。正當他激辯的時候，死者的親屬帶著下葬時所需的一切來到漂布店來了。當店門打開的時候，卻沒有看到活的或是死的阿利司鐵阿斯。可是在那件事發生之後第七年，阿利司鐵阿斯出現在普洛孔涅索斯並且寫下了希臘人稱爲阿里瑪斯佩阿的敍事詩，詩成之後，他便再一次失蹤了。

15 這便是在這兩個城市裏所傳說的故事。在阿利司鐵阿斯第二次失蹤之後二百四十年，意大利的美塔彭提昂人遇到了下面的事情。這年代則是我在普洛孔涅索斯和美塔彭提昂兩地計算出來的。根據美塔彭提昂人的說法，阿利司鐵阿斯出現在他們的國土，並且命令他們給阿波羅神建設一個祭壇，在祭壇旁邊再立一座上面刻著普洛孔涅索斯人阿利司鐵阿斯的名字的像；因爲他告訴他們說，雖然在全體意大利人當中，阿波羅只訪問過他們的國土，而現在雖然是阿利司鐵阿斯，在當時陪著神的時候卻是一隻烏鴉的他本人，是和神一同來的。他說了這些話之後，便消失不見了。他們說，美塔彭提昂人於是派人到戴爾波伊去，問神這個人的幽靈的出現是什麼意思。而佩提亞在回答時，命令他們按照幽靈的話去作，她說他們如果這樣作便可以生活得更幸福些。他們得到了神的回答之後，便按照幽靈所吩咐的作了。而現在，在那裏的阿波羅神像的近旁，便立著一座上面有阿利司鐵阿斯的名字的像。在像的周圍有一叢月桂；像是建立在市場上的。關於阿利司鐵阿斯，我說得已經夠多了。

16 至於我的這部分歷史所要談到的地區以北的地方，就沒有人確切地知道了。因爲我找不到任何一人敢說他親眼看見過那裏。原來即使是我不久之前提到的那個阿利司鐵阿斯，即使是他，也不曾說他去過比伊賽多涅斯人的地區更遠的地方，甚至在他的敍事詩裏也沒有提過。但是他提到北方的事情時，他說他也是聽人們說的，說是伊賽多涅斯人這樣告訴他的。但只要是我們能夠聽得到關於這些邊遠地帶的確實報導，我是會把它們全部傳達出來的。

17 從包律斯鐵涅司人的商埠（這地方位於全斯奇提亞沿海的正中）向北，最近的居民是希臘斯奇提亞人也就是卡里披達伊人。而在他們的那面，是另一個稱爲阿拉佐涅斯的部落。這個部落和卡里披達伊人，雖然在其他的事情上有著和斯奇提亞人相同的風俗，但他們卻播種和食用麥子、洋蔥、大蒜、扁豆、小米。在阿拉佐涅斯人的上方，住著農業斯奇提亞人，他們種麥子不是爲了食用，而是爲了出售。在這些人的上方是涅烏里司人，涅烏里司人的上方，據我們所知，乃是無人居住的地帶。以上乃是沿敍帕尼司河，包律斯鐵涅司河以西的諸民族。

18 越過包律斯鐵涅司河，則離海最近的是敍萊亞⑥人。在這些人的上方住著農業斯奇提亞人，居住在

⑥敍萊亞原文是森林地帶的意思。德聶伯河下游的左岸曾是富產林木的地方。

敍帕尼司河河畔的希臘人則稱他們爲包律司鐵尼鐵司，但他們自己則自稱爲歐爾比亞市民。這些農業斯奇提亞人所居住的地方，向東走三天的路程便到達龐提卡佩司河，向北則溯包律斯鐵涅司河而上可行十一日；從這裏再向北則是一大片無人居住的土地了。從這片荒漠之地再向上，便是昂多羅帕哥伊人⑦（意爲食人者——譯者注）居住的地區，這些人和斯奇提亞人完全不同，他們形成一個獨特的民族。從他們再向上，則是道道地地的沙漠了，而據我們所知，那裏是沒有任何一個民族居住的。

19 但是從斯奇提亞農民的地區向東，渡過龐提卡佩司河，你便走到斯奇提亞游牧的地區了。他們既不播種，又不耕耘的。除去敍萊亞的地區以外，所有這一帶地方都是不長樹木的。這些遊民的居住地向東一直擴展到蓋羅司河，這之間的距離是十四天的路程。

20 在蓋羅司河的那一面，則是被稱爲王族領地的地方，住在這裏的斯奇提亞人人數最多也最勇武，他們把所有其他的斯奇提亞人都看成是自己的奴隸。他們的領土向南一直伸展到陶利卡地方，向東則到達盲人的兒子們所挖掘的壕溝以及麥奥提斯湖湖上稱爲克列姆諾伊的商埠。而他們的一部分則伸展到塔納伊司河。在王族斯奇提亞人的上部即北方住著不是斯奇提亞人，而是屬於另一個民族的美蘭克拉伊諾伊族（意爲黑衣族——譯者）。而過去美蘭克拉伊諾伊族所居住的地方，則據我們所知，是一片無人居住的沼澤地帶了。

21 越過塔納伊司河之後，便不再是斯奇提亞了；渡河之後，首先到達的地區就是屬於撒烏羅瑪泰伊人的地區，他們的地區開始在麥奥提斯湖的凹入的那個地方，向北擴展有十五天的路程，在這塊地方是旣沒

---

⑦參見本卷第一〇六節。

有野生的、也沒有人工栽培的樹木的。在他們的上方的第二個地區住著布迪諾伊人，他們居住的地方到處長著各種茂密的樹木。

22 在布迪諾伊人以北，在七天的行程中間是一片無人居住的地區。過去這一片荒漠地帶稍稍再向東轉，住著杜撒該塔伊人，這是一個人數衆多而單獨存在的民族，他們是以狩獵爲生的。緊接著這些人並在同一地區還住著一個叫作玉爾卡依的民族。這些人也是以狩獵爲生的，生活的方式則是這樣。獵人攀到一株樹上去，坐在那裏伺伏著，因爲那裏到處都是密林；他們每個人手頭備有一匹馬和一隻狗，他們把這匹馬訓練得用肚子貼著地臥在那裏以便便於跨上去。當他從樹上看到有可獵取的動物的時候，他便射箭並策馬追擊，獵狗也緊緊地跟在後面。越過他們居住的地方再稍稍向東，則又是斯奇提亞人居住的地方了，他們是謀叛了王族斯奇提亞人之後，才來到這裏的。

23 直到這些斯奇提亞人所居住的地區，上面所說到的全部土地都是平原，而土層也是很厚的；但是從這裏開始，則是粗糙的和多岩石的地帶了。過去很長的這一段粗糙地帶，則有人居住在高山的山腳之下，這些人不分男女據說都是生下來便都是禿頭的。他們是一個長著獅子鼻和巨大下顎的民族。他們講著他們自己特有的語言，穿著斯奇提亞的衣服，他們是以樹木的果實爲生的。他們藉以爲生的樹木稱爲「彭提孔」，這種樹的大小約略與無花果樹相等，它的果實和豆子的大小相彷彿，裏面有一個核。當這種果實成熟的時候，他們便用布把它的一種濃厚的黑色汁液壓榨出來，而他們稱這種汁液爲阿斯庫。他們舔食這種汁液或是把它跟奶混合起來飲用，至於固體的渣滓，他們就利用來作點心以供食用。由於那個地方的牧場不好，因此他們只有爲數不多的畜類。他們每人各居住在一棵樹下，到冬天則在樹的四周圍上一層不透水的白氊，夏天便不用白氊了。（由於這些人被視爲神聖的民族），因此沒有人加害於他們。他們也沒有任

何武器。在他們的鄰國民衆之間發生糾紛時，他們是仲裁者。而且，任何被放逐的人一旦請求他們的庇護，這個人便不會受到任何人的危害了。他們被稱爲阿爾吉歐伊人。

24因此，直到這些禿頭者所居住的地方，這一帶土地以及居住在他們這邊的民族，我們是知道得很清楚的。因爲在斯奇提亞人當中，有一些人曾到他們那裏去過，從這些人那裏是不難打聽到一些消息的。從波律斯鐵涅司商埠和黑海其他商埠的希臘人那裏也可以打聽到一些事情。到他們那裏去的斯奇提亞人和當地人是藉著七名通譯，通過七種語言來打交道的。

25大家所知道的地方，就到以上的人們所居住的地帶爲止。但是在禿頭者的那一面情況如何，便沒有人確實地知道了。因爲高不可越的山脈遮斷了去路而沒有一個人曾越過這些山。這些禿頭者的說法，我是不相信的。他們說，住在這些山裏的，是一種長著山羊腿的人，而在這種人的居住地區的那一面，則又是在一年當中要睡六個月的民族。這個說法我認爲也是絕對不可相信的。但是在禿頭者以東的地區，則我們確實知道是住著伊賽多涅斯人。不拘是禿頭族，還是伊賽多涅斯人，除去他們自己所談的以外，在他們北方情況如何我們是什麼也不知道的。

26據說伊賽多涅斯人有這樣的一種風俗。當一個人的父親死去的時候，他們所有最近的親族便把羊帶來，他們在殺羊獻神並切下它們的肉之後，更把他們主人的死去的父親的肉也切下來與羊肉混在一起供大家食用。至於死者的頭，則他們把它的皮剝光，擦淨之後鍍上金；他們把它當作聖物來保存，每年都要對之舉行盛大的祭典。就和希臘人爲死者舉行年忌一樣，每個兒子對他的父親都要這樣作。至於其他各點，則據說這種人是一個尊崇正義的民族，婦女和男子是平權的。

27因此，這些人我們也是知道的，但是在這些人以北的情況，則伊賽多涅斯人說過獨眼族和看守黃金的格律普斯的事情。這是斯奇提亞人講的，而斯奇提亞人則又是從他們那裏聽來的；而我們又把從斯奇提亞那裏聽來的話信以爲眞並給這些人起一個斯奇提亞的名字，即阿里瑪斯波伊人。因爲在斯奇提亞語當中，阿里瑪（ἄριμα）是一，而斯波（σποῦ）是眼睛的意思。

28 以上所提到的一切地方都是極其寒冷的，一年當中有八個月都是不可忍耐的嚴寒；而且在這些地方，除去點火之外，你甚至是無法用水合泥的。大海和整個奇姆美利亞海峽也都是結冰的，而在壕溝裏邊這面居住的斯奇提亞人則在冰上行軍並把他們的戰車驅過那裏攻入信多伊人的國土。那裏既然有八個月的冬天，可是其餘的四個月也是寒冷的。這裏的冬天和其他地區的冬天有所不同。在別的地方的雨季，這裏幾乎不下什麼雨，可是在整個夏季裏，這裏的雨卻又下個不停。而當其他地方打雷時，這裏沒有，可是到夏天這裏卻又有很多的雷。如果在冬天有雷的話，則他們就會感到驚訝，以爲有什麼事情要發生了。同樣，如果有地震的話，則不拘是在夏天還是在冬天，斯奇提亞人都把它看成是一種預兆。斯奇提亞的馬經受得住當地的嚴冬，但騾子和驢子卻都絕對經受不住；可是其他地方，騾子和驢子經受得住嚴寒，但馬若是站在嚴寒裏不動的話卻會給凍傷的。

29 在我看來，正是由於這個原因，那無角一類的牛在斯奇提亞才不長角的。荷馬「奧德賽」裏有一句詩可以證明我的判斷不差，這句詩是：

羊羔在下來不久額上就長角的利比亞地方。

從這句詩可以正確地看出來，在熱帶的地方角生長得快，而在寒冷的地方家畜幾乎不長角，或根本不長角。

30 因此，由於寒冷的關係，在斯奇提亞才有這樣的現象發生。然而我個人覺得不可索解的（因爲實際

上，我的歷史一開頭便一直想把穿插的事件加進去），是在整個埃里司領，儘管那裏並不冷，也沒有任何顯明的原因，卻不能生騾子。埃里司人他們自己說，他們那裏不生騾子是由於一次咒詛的緣故。但只要是牝馬懷胎時期快到的時候，他們便把它們趕到鄰國的土地上去，然後再把驢子也趕到鄰國的土地去使它們交配。在牝馬懷孕之後，他們再把它們趕回國內。

31 但是關於斯奇提亞人所說的、充滿空中而使任何人都不能夠看到或穿越到那邊的土地上去的羽毛，我的看法是這樣。在那個地方以北，雪是經常下的，雖然在夏天，不用說雪是下得比冬天少的。凡是在自己的身邊看過下大雪的人，他自己是會了解我這話的意思的，因爲雪和羽毛是相像的。而這一大陸北方之所以荒漠無人，便是由於我所說的、這樣嚴寒的冬天。因此，我以爲斯奇提亞人和他們的鄰人在談到羽毛時，不過是用它來比喻雪而已。以上我所說的，就是那些據說是最遼遠的地方。

32 至於極北地區的居民，不拘是斯奇提亞人還是這些地方的其他任何居民都沒有告訴過我們任何事情，只有伊賽多涅斯人或者談過一些。但是在我看來，甚至伊賽多涅斯人也是什麼都沒有談。因爲什麼呢，原來，若不是這樣的話，斯奇提亞人也會像他們提到獨眼族時一樣地提到他們了。但是赫西奧德曾談到極北居民，荷馬在他的敍事詩埃披戈諾伊⑧裏，如果這果眞是荷馬的作品的話，也提到過極北居民。

33 但是關於他們的事情，狄羅斯人談的比其他任何人都要多得多。他們說，包在麥草裏面的供物都是從極北居民那裏搬到斯奇提亞人來的。當它們過了斯奇提亞之後，每一個民族便依次從他們的鄰人那裏取得它們，一直帶到亞得里亞海，這是它們的行程的最西端。從那裏又把它們向南傳送，在希臘人當中第一

⑧指在底比斯陣亡的七位英雄的兒子。

個接受它們的是多鐸那人。從多鐸那人那裏又下行到瑪里阿科斯灣，更渡海到埃烏波亞。於是一個城邦便傳到另一個城邦而一直到卡律司托斯；在這之後，卻略過了安多羅斯，因爲卡律司托斯人把它們帶到鐵諾斯，而鐵諾斯人又把它們帶到狄羅斯的。因此，他們說，這些供物便來到了狄羅斯。但是第一次送供物的時候，極北居民派了兩名少女與供物同行，狄羅斯人稱這兩名少女爲敍佩羅凱和拉奧迪凱；極北居民爲了保護二人在旅途上的安全，他們還派出了同國的五名護衛，這五名護衛現在稱爲佩爾佩列埃斯，他們在狄羅斯是很受尊敬的。但是當極北居民發現他們派出去的人們根本沒有回來的時候，他們就覺得如果他們派出去的人總是不能接回來，那眞是十分傷腦筋的事。因此他們便想了這樣一個辦法。他們把供物用麥草包起來帶到國境的地方去，然後請求他們的鄰族從自己本國傳送到下面的一個國家去；而據說供物便用這樣的辦法送到了狄羅斯。我自己便知道與這種傳送供物的方法相類似的一種風俗。這就是當色雷斯和派歐尼亞的婦女向女王阿爾鐵米司神奉獻犧牲時，她們也是使用麥草的。

34 這便是我所知道的她們所作的事。爲了紀念死在狄羅斯的、從極北地方來的少女，狄羅斯的少女和男孩子都剪了自己的頭髮。少女在結婚之前，先剪下一束頭髮，而把這束頭髮捲在捲線竿上之後，便把它放到極北地方的少女的墓上（她們的墓在阿爾鐵米司神殿入口的左手，上面罩著一株橄欖樹）。狄羅斯的男孩則是把他們的一些頭髮捲到嫩枝上面，他們也是把它放在極北地方的少女的墓上的。這樣看來，極北地方的少女便是這樣地受到狄羅斯居民的尊敬的。

35 同樣的，這些狄羅斯人還說，還在敍佩羅凱和拉奧迪凱之前，通過上述同樣的那些民族的市邑，還有兩名少女從極北居民那裏來到了狄羅斯，她們的名字是阿爾該和歐匹斯。敍佩羅凱和拉奧迪凱是爲了安產才到埃烈杜亞（安產的女神——譯者）這裏來上供還願的，但阿爾該和歐匹斯，他們說，是和神自己一齊來的，她們受到狄羅斯人的另一種尊敬。原來那裏的婦女爲她們募集捐獻品，在一個叫作奧倫的呂奇亞人爲她們寫的讚美歌裏呼喚她們的名字；此外島民和伊奧尼亞人也是從狄羅斯人那裏學會了唱歐匹斯和阿爾該的讚美歌而呼喚她們的名字並爲她們募集捐獻品（這個奧倫從呂奇亞到來之後，還寫了在狄羅斯歌唱的其他古老的贊美歌）。他們又說，在祭壇上燒過的犧牲的大腿，它們的灰燼都用來撒布到歐匹斯和阿爾該的墓地上；她們的墓地在阿爾鐵米司神殿的背後，面向著東方，離著凱歐斯人的宴堂最近。

36 關於極北居民的事情，我說到這裏已經足夠了。我不想敍述那個阿巴里司的故事；這個阿巴里司據說是一個極北居民，他一直不吃東西而把一支箭帶往世界的各個角落。但是，如果果然有極北居民存在的話，那麼也就應當有極南居民存在了。在這之前有多少人畫過全世界的地圖，但沒有一個人有任何理論的根據，這一點在我看來，實在是可笑的。因爲他們把世界畫得像圓規畫的那樣圓，而四周則環繞著歐凱阿諾斯的水流，同時他們把亞細亞和歐羅巴畫成一樣大小。至於我本人，我卻要簡略地敍述一下亞細亞和歐羅巴的廣袤以及它們的輪廓如何。

37 波斯人所居住的土地一直到達現在所謂紅海的南方之海；在他們的上方，即北方是美地亞人居住的地方；美地亞人的上方住著撒司配列斯人，撒司配列斯人的上方住著科爾啓斯人，他們的地區一直伸展到帕希斯河所注入的北方之海⑨；因此這四個民族是位於兩海之間的。

38 但是從這一地區向西，有兩個海角從大陸伸向海中，現在讓我把它們記述一下。在北方有一個海角以帕希斯河爲起點一直突出到海裏去，它是沿著黑海和海列斯彭特而伸展到特洛伊境內細該伊昂地方的。

---

⑨這裏指黑海。

在南方，同一海角的海岸以腓尼基附近的米利安多羅斯灣爲起點，向海的方面一直伸展到特里歐庇昂岬。在這海角上，住著三十個不同的民族。

39 這是第一個海角。但是另一個海角則以波斯爲起點一直伸向紅海，包括在這一片土地裏面的有波斯人的土地，在這之下有相鄰的亞西里亞，亞西里亞以次是阿拉伯。這個海角的終點是阿拉伯灣（今天紅海——譯者），而大流士曾從尼羅河挖了一道運河通到那裏；但這是大家一般的說法，實際上並不是以那裏爲終點的。但從波斯人的土地到腓尼基卻是一片旣寬闊又廣大的土地，從腓尼基起，這個海角便沿著我們的海經過敍利亞的巴勒斯坦直到它的終點埃及。在這個海角上，只住著三個民族。

40 上面所談的是亞細亞的波斯以西的土地。至於在波斯人和美地亞和撒司配列斯人和科爾啓斯人上方以東和日出方面，則它的界限一方面是紅海，北方則是裏海和向著日出方向流的阿拉克塞斯河。亞細亞直到印度地方都是有人居住的土地，但是從那裏再向東則是一片沙漠，誰也說不清那裏是怎樣的一塊地方了。

41 亞細亞以它的廣袤便是上面所說的樣子了。但是利比亞是在這第二個海角上面的。因爲緊接著利比亞的便是埃及。但這一海角上埃及的部分是狹窄的；因爲從我們的海到紅海有一千斯塔迪昂，這就是說只不過有十萬歐爾巨阿。但是經過這個狹窄的部分，海角上稱爲利比亞的那一部分便非常寬闊了。

42 從我這一方面來說，對於那些把全世界區劃和分割爲利比亞、亞細亞和歐羅巴三個部分的人，我是感到奇怪的。因爲這三個地方的面積相去懸殊。就長度來說，歐羅巴等於其他兩地之和；就寬度來說，在我看來歐羅巴比其他兩地更是寬得無法相比。我們可以十分明顯地看到，除去和與亞細亞接壤的地方之外，利比亞的各方面都是給海環繞著的。據我們所知道的，第一個證實了這件事的，便是埃及的國王涅科斯。當他把從尼羅河到阿拉伯灣的運河挖掘完畢時，他便派遣腓尼基人乘船出發，命令他們在回航的時候要通過海拉克列斯柱，最後進入北海（指地中海——譯者），再回到埃及。於是腓尼基人便從紅海出發而航行到南海上面去，而在秋天來的時候，他們不管航行到利比亞的什麼地方都要上岸並在那裏播種，並在那裏一直等到收獲的時候，然後，在收割穀物以後，他們再繼續航行，而在兩年之後到第三年的時候，他們便繞過了海拉克列斯柱而回到了埃及。在回來之後他們說，在繞行利比亞的時候，太陽是在他們的右手的；有的人也許信他們的話，但我是不相信的⑩。

43 這樣我們便得到了關於利比亞的最初的知識。其後，迦太基人也有了這樣的說法：因爲阿凱美尼達伊家的一人、鐵阿司披斯的兒子撒塔司佩斯雖然被派出去周航利比亞，但是他並未這樣作；原來是他害怕航程的遙遠和寂寞，因此沒有完成母親交給他的任務便回來了。他姦污了美伽比佐斯的兒子佐披洛司的未出嫁的女兒；而由於這個緣故他要被國王克謝爾克謝斯處分以刺刑的時候，撒塔司佩斯的母親、即大流士的姊妹便爲他求情，說她將要把一個比克謝爾克謝斯懲罰更重的懲罰加到他身上。這就是：他必須周航利比亞，直到他完成這次航行而返回阿拉伯灣的時候。克謝爾克謝斯同意了這一點，於是撒塔司佩斯便到埃及去，在那裏他從埃及人那裏得到了一艘船和船員並駛過了海拉克列斯柱。駛過了海拉克列斯柱並繞過了稱爲索洛埃司的利比亞岬之後，他便向南駛行。但是他在大海之上航行了好多月卻一點看不到邊際，於是他便轉回來駛向埃及了。從這裏他去見克謝爾克謝斯，在他的報告中他告訴克謝爾克謝斯，他怎樣在他航

---

⑩希羅德所不相信的情節反而證明這個說法是真實的。原來當船只繞過好望角西行的時候，南半球的太陽就在它的右手。

行到最遙遠的地方去時，他路過一個矮人的國家，那裏的人們穿著椰子葉的衣服，而每當他和他的人員使船靠岸的時候，這些人就一定離開他的市邑而逃到山裏去；他和他的人員在登陸時並沒有作任何壞事而只是從當地居民奪取一些食用所必需的家畜而已。至於他之所以沒有完全繞行利比亞一周，他說這裏由是船的進路受到阻撓而不能再向前行駛了。但是克謝爾克謝斯不相信撒塔司佩斯所說的話是眞的，而既然指定給他的任務沒有完成，他還是依照最初給他的懲罰而磔死了。這個撒塔司佩斯有一名閹人，這個人聽到他的主人的死訊，便立刻帶著大批財富逃到薩摩司去了，但一個薩摩司人扣留了這一批財富。這個薩摩司人的名字我知道，但我是故意把他的名字忘掉的。

44 大流士曾發現過亞細亞的大部分地方。有這樣一條印度河，這條河裏面有許多鱷魚，據說在全世界是占第二位的；大流士想知道一下印度河在什麼地方入海，便派遣了他相信不會說謊話的卡律安達人司庫拉克斯和其他人等乘船前往。這些人從帕克杜耶斯地區的卡司帕杜羅斯市出發，順河向東和日出的方向下行直到大海；而在海上西行，他們在第三十個月到達了這樣一個地點：埃及國王曾經從這個地點派遣上述的腓尼基人周航利比亞。在這次的周航之後，大流士便征服了印度人，並利用了這一帶的海。這樣便判明，除去日出方向的部分之外，亞細亞在其他方面也是和利比亞相同的。

45 至於歐羅巴，則的確沒有一個人知道它的東部和北部是不是爲大海所環繞著。人們只知道它的長度等於亞細亞和利比亞之和。我也不知道爲什麼一整塊大地卻有三個名字，而且又都是婦女的名字；不知道爲什麼埃及的河尼羅河與科爾啓斯的河帕希斯河被定爲它的界限（雖然，也有的人說，麥奧提斯湖的塔納伊司河和奇姆美利亞的渡口是它們的界限）。我也不知道把世界劃分開來的那些人的名字，以及他們從什麼地方取得了他們所起的名字。根據許多希臘人的說法，利比亞是以當地的一個婦女的名字爲依據的，而

亞細亞則是因普洛美修斯的妻子而得名的。但呂底亞人卻認為亞細亞的命名是由於他們的關係，他們說亞細亞不是因普洛美修斯的妻子亞細亞而得名，而是因瑪涅斯之子科杜斯的兒子亞細阿司而得名的，同時撒爾迪斯的亞細亞部族也是因此而得名的。但是談到歐羅巴，沒有人知道它是不是給海環繞著，也沒有人知道它的名字是怎樣得到的，更不清楚是誰給它起的名字，我們所能說的只是這個地方是因推羅的婦女歐羅巴而得名的。而在當時之前，它和其他地方一樣，好像也是沒有名字的。但很明顯這個婦女是生在亞細亞的，她從來沒有到過希臘人今日稱為歐羅巴的地方，而只是從腓尼基來到克里地，又從克里地來到呂奇亞。關於以上各點，我就談到這裏為止了，我們今後就是按照已經確定的慣例來使用這些名稱的。

46 大流士所要進攻的黑海地方，除去斯奇提亞人之外，居住著世界上一切國家中最愚昧的民族。因為，除去斯奇提亞族和阿那卡爾西司族之外，我們不能指出在黑海這一帶的任何民族，有任何聰明才智的表現，我們也不知道那裏產生過任何有學識的人士。但是斯奇提亞人在全人類中最重要的一件事上，卻作出了我們所知道的、最有才智的一個發現。我並不是在任何方面都推許斯奇提亞人的，但是在這件最偉大事業上面，他們竟想出了這樣的辦法，以致任何襲擊他們的人都無法倖免，而在如果他們不想被人發現的時候，也就沒有人能捉住他們。原來他們並不修築固定的城市或要塞，他們的家宅隨人遷移，而他們又是精於騎射之術的。他們不以農耕為生，而是以畜牧為生的。他們的家就在車上，這樣的人怎能不是所向無敵和難於與之交手呢？

47 他們之所以有這樣的發明，是因為他們所住的地方適於這樣作，並擁有利於他們的河流。原來他們的土地是平坦的，是水草豐富的，而且有數量不亞於埃及的運河那樣多的河流貫流全境。其中有許多是著名的，是可以從海溯行而上的，而我就要列舉這樣的河的名字。首先是有五個河口的伊斯特河，其次是杜拉斯河、敍帕尼司河、包律斯鐵涅司河、龐提卡佩司河、敍帕庫里司河、蓋羅司河、塔納伊司河。下面我就來談一下它們的河道。

48伊斯特河是我們所知道的一切河流中最偉大的河流；它不分冬夏，水量永遠是一樣的。它是所有斯奇提亞的河流中在最西面的河流，它之成爲最偉大的河流的理由是這樣：其他許多河流都是它的支流，但這些支流的流注卻使它成爲偉大的河流，其中有五個支流是流經斯奇提亞人的國土的，它們是希臘人稱爲披列托司而斯奇提亞人稱爲波拉塔的那條河，此外則是提阿蘭托司河、阿拉洛司河、納帕里司河、歐爾戴索司河。上述河流中的第一條河是向東流的一條大河，它的河水與伊斯特河溶匯在一起。第二條河，即提阿蘭托司河則是遠在西邊，而且也小得多；但阿拉洛司河、納帕里司河與歐爾戴索司河則流在這兩條河之間並注入伊斯特河。這樣的一些河就是使伊斯特河水量增大的、斯奇提亞當地的河流。但是與伊斯特河合流的瑪里斯河卻是從阿伽杜爾索伊人的土地流過來的。

49此外流入伊斯特河的三條大河，即阿特拉斯河、奧拉斯河與提比西斯河都是從哈伊莫司山的山頂向北流的。阿特律斯河、諾埃斯河、阿爾塔涅斯河則是從色雷斯的克羅比佐伊人的土地流入伊斯特河的。奇歐司河從派歐尼亞和洛多佩山穿過哈伊莫司山的正中而注入伊斯特河。昂格羅斯河從伊里利亞向北流進特利巴里空原野而注入布隆戈斯河，布薩戈斯河則再注入伊斯特河，這樣伊斯特河便接受了兩條大河的河水。卡爾披司河與另一條叫作阿爾披司的河也從翁布里柯伊人以北的腹地向北流而注入伊斯特河。因爲伊斯特河發源於僅次於庫涅鐵斯人而爲歐洲最西端的居民的凱爾特人的地方，它貫流全部歐羅巴而從側面流入斯奇提亞。

50既然上述的河流以及其他許多河流也都是它的支流，則伊斯特河就成爲一切河流當中最大的一條河流了。誠然，如果以河流和河流相比的話，尼羅河是比伊斯特河的水量大的；因爲沒有一個河流或泉水可以增加它的水量。但是伊斯特河不分夏冬，河水的水位都是一樣的，這種現象的理由我以爲是這樣。在冬天，它的水量是它平常的大小，或是比常的水量稍多一些，因爲在冬天，當地的雨是非常少的，但雪卻是到處都有。但是在夏天，冬天下的雪溶化了並從四面八方流入伊斯特河；這樣雪便流入河中而促使河水漲起來，此外還要加上許多猛烈的暴雨，因爲夏季正是下雨的季節。但既然太陽在夏天比在冬天吸收了更多的水，同樣程度地與伊斯特河合流的水在夏天比在冬天也要多很多，這二者相互抵消而形成均勢，因此水量永遠是相同的。

51 這樣看來，伊斯特河就是斯奇提亞人的河流之一了。其次便是杜拉斯河⑪，這條河發源於北方，最初是從位於斯奇提亞領地與涅烏里司領地交界地帶的一個大湖流出；在河口的地方有一個被稱爲杜拉斯人的希臘人的居留地。

52 第三條河是敍帕尼司河，這條河發源於斯奇提亞，從一個大湖流出，而白色的野馬便在這大湖的周邊牧放著。這個湖眞正可以說是敍帕尼司河的母親。敍帕尼司河是在這裏發源的，在五天的航程裏，它的河水是淺的而且味道也還是甜的。在這之後到大海的四天航程裏，河水則便特別苦了，因爲有一個苦泉流入這條河，這個泉水是這樣地苦，雖然它的水量不大，但是混合起來卻使世界上少數大河之一的敍帕尼司河也變了味道。這個苦泉是在農業斯奇提亞⑫和阿拉佐涅斯人之間的國境地方，苦泉流出的地點的名稱在

---

⑪今天的德聶斯特河。

⑫參見第一七節。

斯奇提亞語是埃克撒姆派歐斯，用希臘語來說則是「聖路」的意思。苦泉的名字也是這樣。杜拉斯河和敍帕尼司河在阿拉佐涅司人的地方相互離得很近，但是從這裏再向前就各自分離，在兩河之間留下了很寬闊的一片土地。

53 斯奇提亞人的第四條河流是包律斯鐵涅司河，這是僅次於伊斯特河的最大的一條河。而且，根據我們的判斷，不僅是在斯奇提亞的河流當中，就是在全世界的所有其他河流當中，除去那沒有一條河流能夠與之比肩的尼羅河之外，它是最豐饒的河。在其他的河流當中，包律斯鐵涅斯是最豐饒的河了。它的兩岸爲家畜提供了最優良的和最有營養價值的牧場；它擁有極爲豐富的、美味的魚類，它的河水是最甘美好吃的，它的水流清澈，但它附近的其他河流卻是混濁的；它的沿岸生產十分優良的穀物，在不播種的土地上則長著茂密的草。此外，在它的河口又產生大量天然的鹽。因此他們便把河中生產的一種他們稱爲安塔凱歐伊（即鱘魚——譯者）的大的無脊椎魚用鹽醃起來。以上種種之外，它還有許多值得驚嘆的東西。直到離海四十日航程的蓋羅司地方，我們知道河流是從北流過來的。但是從這裏再向前便沒有人去過，因此便沒有人知道它流過什麼民族的土地了。但是，顯而易見的是，在它通過一個沙漠地帶之後，它便流入農業斯奇提亞人地區，而需要十日的航程才能經過他們所居住的土地。除去尼羅河之外，只有這一條河的源流我不知道，而我以爲所有其餘希臘人也都一樣不知道。在包律斯鐵涅司河快要入海的時候，它與敍帕尼司河合流，它和敍帕尼司河是流入同一個沼澤地帶裏的。它們之間的土地是一塊像船頭那樣伸出來的土地，這塊土地被稱爲希波列歐岬。這裏有一座戴美特爾的神殿，神殿對面，敍帕尼司河岸上則有一塊包律斯鐵涅司人的居住地。

54 上面所談，是我們所知道的關於這些河的事情。在這之後便是第五條稱爲龐提卡佩司的河，這條河

與包律斯鐵涅司河一樣，它的水流也是從北向南的。它的發源地是一個湖。在這條河與包律斯鐵涅司河之間的土地上住著農業斯奇提亞人。龐提卡佩司河流入敍萊亞地方，而在流過敍萊亞之後便流入包律斯鐵涅司河裏去了。

55第六條河是敍帕庫里司河，這條河發源一個湖，它從中央貫流斯奇提亞游牧民的土地，在卡爾奇尼提斯市附近的地方入海，而在它的右手則是敍萊亞和所謂「阿齊里斯的賽跑場」。

56第七條河是蓋羅司河，這是從包律斯鐵涅司河分出去的一個支流，分出的地點大概是我們所知道的該河的最上部。分出去的那個地方的名字和河流的名字相同，也叫蓋羅司。這條河在流向大海的時候，把斯奇提亞游牧民的土地和王族斯奇提亞人的土地分了開來。它是流入敍帕庫里司河的。

57塔納伊司河⑬是第八條河。這條河原來發源於一個大湖，而流入一個更大的、稱爲麥奧提斯的大湖⑭。這個湖則是王族斯奇提亞人和撒烏羅瑪泰伊人的交界。還有另外一條叫作敍爾吉司的支流也是注入塔納伊司河的。

58以上便是斯奇提亞人所擁有的一些有名的河流。斯奇提亞地方的草比起我們所知道的其他任何地方的牧草都更能增加畜類的膽汁，這一點從家畜的解剖便可以得到證明的。

59因此可以說，斯奇提亞人是擁有大量最必需的物品的。現在我再來談一談他們的風俗習慣。他們崇拜的只有下列的神，即他們最尊敬的希司提亞、其次是宙斯和他們認爲是宙斯的妻子的該埃，再次就是阿

---

⑬今日的頓河。
⑭亞速海。

波羅、烏拉尼亞・阿普洛狄鐵、海拉克列斯、阿列斯。這些神是全部斯奇提亞人所崇拜的神。但是王族斯奇提亞人也向波賽東奉獻犧牲。在斯奇提亞語裏，希司提亞稱爲塔比提，宙斯稱爲帕伊歐斯，這個稱呼至少在我看來是非常確切的。稱該埃爲阿披，稱阿波羅爲戈伊托緒洛司，稱烏拉尼亞・阿普洛狄鐵爲阿格里姆帕撒，稱波賽東爲塔吉瑪薩達斯。除去阿列斯的崇拜之外，他們對其他諸神不使用神像、祭壇、神殿，但是在阿列斯神的崇拜上卻是用這些東西的。

*60*不管他們舉行什麼樣的祭祀，奉獻犧牲的方式都是一樣的。奉獻的方法是這樣的。犧牲的兩個前肢縛在一起，用後面的兩條腿立在那裏；主持獻納犧牲的人站在犧牲的背後牽著繩子的一端，以便把犧牲拉倒；犧牲倒下去的時候，他便呼叫他所獻祭的神的名字。在這之後，他便把一個環子套在犧牲的脖子上，環子裏插進一個小木棍用來扭緊環子，這樣把犧牲絞殺。奉獻之際不點火，不舉行預備的聖祓式，也不行灌奠之禮。但是在犧牲被絞殺，而它的皮也被剝掉之後，犧牲奉獻者立刻著手煮它的肉。

*61*但斯奇提亞是完全不生產木材的，他們想出了一個煮肉的辦法來。辦法是這樣：在把犧牲的皮剝掉之後，他們把它們的骨頭從肉裏剔出來，而如果他們有當地用的大鍋的話，他們便把肉放到裏面去，這個大鍋和列斯波司人的混洒鉢十分相似，就是前者比後者要大的多。然後他們便把犧牲的骨頭放到大鍋的下面用火點著來煮鍋裏面的肉。如果他們手頭沒有大鍋的話，他們便把肉塡到犧牲的肚子裏面去，同時把一些水倒在裏面，然後再把骨頭放在下面點著，這種火是著得很好的。沒有骨頭的肉是很容易塞到犧牲肚子裏去的。這樣牛自身便煮了它自己，而其他的犧牲也可以用同樣的辦法處理。當肉煮熟了的時候，奉納犧牲的人便先把一部分肉和內臟拿出來，拋到自己的面前。他們用各種畜類作爲犧牲，但主要是馬。

*62*他們對所有其他的神奉獻犧牲的方式便是這樣，而這便是他們所奉獻的畜類；但他們對於阿列斯奉

獻犧牲的方式卻是這樣。在每一個地區的行政管區裏都有給阿列斯修建的聖殿，這便是一個長和寬各有三斯塔迪昂，但高稍短的一個薪堆，在這個薪堆上面是一個方形的平台；它的三面是陡峭的，但是第四面卻是可以登上去的。每年都有一百五十車的薪材堆在這上面，因爲冬天的風雪是會使它不斷地下沉的。在這個薪堆上面，每一個民族都放置一把古鐵刀，這鐵刀便是阿列斯的神體。他們每年都把家畜的犧牲和馬的犧牲獻給這種刀；對於這些神物，他們奉獻了甚至比對其他諸神更多的犧牲。在他們生俘的敵人當中，他們把每一百人中的一人作爲犧牲，但奉獻的方法和奉獻家畜時不同，而是用別種的方法。他們把酒倒在這些人的頭上並且割這些人的喉頭，而下面則用盤子接血。然後他們便把盤子裏的血帶到薪堆上去，把它澆在刀上面。他們這樣把血帶到上面去，但是下面，在聖殿的旁邊，他們又切下被殺死的人們的右臂和右手並把它們拋到空中去，隨之在他們把其他犧牲奉獻之後立刻離開。手臂則落到什麼地方便留在那裏，但是屍體卻是和它們分開橫臥著的。

63 因此，這便是在他們中間所制訂的犧牲奉獻式了；然而這些斯奇提亞人是完全不用豚類作犧牲的。而且他們在國內是絕對沒有養豬的習慣的。

64 至於戰爭，他們的習慣是這樣的。斯奇提亞人飲他在戰場上殺死的第一個人的血。他把在戰爭中殺死的所有人的首級帶到他的國王那裏去，因爲如果他把首級帶去，他便可以分到一份擄獲物，否則就不能得到。他沿著兩個耳朵在頭上割一個圈，然後揪著頭皮把頭蓋搖出來。隨後他再用牛肋骨把頭肉刮掉並用手把頭皮揉軟，用它當作手巾來保存，把它吊在他自己所騎的馬的馬勒上以爲誇示；凡是有最多這種頭皮製成的手巾的人，便被認爲是最勇武的人物。許多斯奇提亞人把這些頭皮像牧羊人的皮衣那樣地縫合在一起，當作外衣穿。許多人還從他們的敵人屍體的右手上剝下皮、指甲等等，用來蒙覆他們的箭筒。看來人

皮是既厚又有光澤的，可以說，在一切的皮子裏它是最白最光澤的皮子。還有許多人從人的全身把皮剝下來，用木架子撐著到處把它帶在馬背上。

65 以上便是他們中間的風俗。至於首級本身，他們並不是完全這樣處理，而只是對他們所最痛恨的敵人才是這樣的。每個人都把首級眉毛以下的各部鋸去並把剩下的部分弄乾淨。如果這個人是一個窮人，那麼他只是把外部包上生牛皮來使用；但如果他是個富人，則外面包上牛皮之後，裏面還要鍍上金，再把它當作杯子來使用。一個人也用他自己的族人的頭來作這樣的杯子，但這必須是與他不合的族人並且是他在國王面前打死的族人。但如果他所敬重的客人來訪的時候，他便用這些頭來款待他，並告訴客人，他的這些死去的族人怎樣曾向他挑戰，又被他打敗；他們用這些東西來證明他們的勇武。

66 此外，每年一次每一地區的太守都在自己的轄境之內在混酒鉢裏面用水調酒，凡是曾經殺過敵人的那些斯奇提亞人都要飲這裏面的酒的，但是沒有立過這樣戰功的人人，卻不許嘗這裏的酒，而是很不光彩地坐在一旁。他們認為這乃是一種奇恥大辱；但是他們中間既然有許多人殺死的不是一個，而是許多敵人，因此他們每人有兩只杯，而用它們同時飲酒。

67 在斯奇提亞人中間，卜者是很多的；他們是用許多柳條來占卜的，占卜的方法是這樣。他們拿著大束的柳條，把它們放在地上鬆開。卜者把一根根的柳條分開擺，這樣便說出自己的卜辭。而在他們還這樣說著的時候，他們又把柳條一根根地拾起來結為一束。這乃是他們傳統的占卜法。半男半女的埃那列埃斯人說，是阿普洛狄鐵把占卜術教給了他們，而他們是用菩提樹的樹皮來占卜的。他們把菩提樹的樹皮分成三部分，他們是在把樹皮在手指中間燃合和燃開的時候講出自己的預言的。

68 但只要是斯奇提亞人的國王生病的時候，他便把三個最有名的卜者召來，他們用上述的方法進行占卜；而他們大體上是舉出他的國人的名字而告訴他說，這樣的某人某人在國王的灶旁進行僞誓。因爲當斯奇提亞人發最重大的誓的時候，他們通常的習慣都是在國王的灶旁的。於是他們號稱曾發過僞誓的那個人立刻便被逮捕送來，而當這個人來的時候，卜者便責怪他，說他們的占卜判明他曾在國王的灶旁發僞誓而且引起了國王的疾病；於是這個人便堅決否認他曾發過僞誓。而當他否認這一點的時候，國王再把六個卜者召來，而他們在細心占卜之後仍證明他犯了僞誓罪，則這個人立刻就要被梟首，而他的財產也要在最初的卜者中間分配了。但如果後來的卜者認爲他無罪，則依次再把一批又一批的卜者召來。如果大多數的卜者都認爲這個人無罪的話，則起初的卜者便要被處死刑了。

69 下面是他們處死刑的辦法。人們把牛駕到上面堆著薪材的車的軛上，再把卜者塞到薪材的當中，這些卜者的腿都被縛著，手被捆在背後，嘴也給銜上枚，然後他們便點著薪材並嚇唬牛而把它們趕跑。牛常常和卜者一同被燒死，牛也常常由於車的轅桿被燒斷，而帶著火傷逃走。他們還用上述的辦法，由於其他的原因而燒死卜者，聲稱這些卜者的預言是虛僞的。當國王處死一個人的時候，他也不許這個人的兒子們活著，而是把他一家的男性一律殺死。但是女性的家屬，他是不加傷害的。

70 斯奇提亞人是用這樣的辦法來同別人舉行誓約的。他們把酒傾倒在一個陶製的大碗裏面，然後用錐子或小刀在締結誓約的人們的身上刺一下或是割一下，把流出的血混到裏面，然後他們把刀、箭、斧、槍浸到裏面。在這樣作了之後，締結誓約的人們自身和他們的隨行人員當中最受尊敬的人們便在一些次莊嚴的祈求之後飲這裏面的血酒。

71 歷代國王的墳墓是在蓋羅司人居住的地方，那裏是包律斯鐵涅司河溯航的終點。只要是國王死去的時候，斯奇提亞人便在那裏的地上挖掘一個方形的大穴；大穴挖好之後，他們便把屍體放置在車上載運到異族那裏去。屍體外面塗著一層蠟，腹部被切開洗淨，並給裝上切碎的高良薑的根部、香料、洋芫荽和大茴香的種子，然後再原樣縫上。在屍體送到的時候，接受屍體的人和王族斯奇提亞人作同樣的事情。這就是：他們割掉他們的耳朶的一部分，剃了他們頭，繞著他們的臂部切一些傷痕，切傷他們的前額和鼻子並且用箭刺穿他們的左手。從這裏人們又把國王的屍體放在車上帶到屬於他們的另一個部落那裏去，而屍體已到過的地方的那些人則跟在屍體的後面。而在屍體到所有的部落那裏被載運了一圈之後，它便被人們運到了蓋羅司人的土地，這是他們所統治的一切種族當中最遠的，也便是下葬的地方了。此後，在把屍體放在草床上放入墓中以後，他們便在屍體的兩側插上兩列長槍並且把木片搭在上面，木片上再覆蓋上細枝編成的蓆子當作屋頂。在墓中的空地上，他們把國王的一個嬪妃絞死殉葬，他們同時還埋葬他的一個行觴官、厩夫、厭夫、侍臣、傳信官；此外還有馬匹、所有其他各物的初選品和黃金盞；因爲斯奇提亞人是不使用青銅和白銀的。在作完以上的事情之後，他們便共同修造一個大冢，在修造時他們相互拚命競爭，想把它修造得盡可能地大。

72 在一年過去之後，他們又進行下面的事情。他們選出國王身旁殘存的侍臣當中最親信可靠的人（這些人都是土著的斯奇提亞人，因爲侍奉國王的人都是國王親自下令選定的，而斯奇提亞人是沒有用錢買奴僕的習慣的），把侍臣當中的五十人絞死，把他們最好的馬五十匹殺死，再把他們的內臟掏出，把內部洗淨，肚子裏裝滿穀殼再縫合。然後，他們把許多木樁釘到地裏去，每兩個一對，在每一對木樁上面凹入部向上地安放著車輛的半個輪緣，另外的半個輪緣放到另一對木樁上去，直到許多對木樁都這樣配置好的時候。隨後，把大木棍從馬的尾部一直橫穿到馬的頸部，再把木棍架到車輪上面，結果是前面的車輪支著馬的肩部，而後面的車輛在馬的後腿的地方支著馬的腹部，但四條腿則在半空中懸著。每匹馬嘴裏都有一個馬銜並且配著一副韁繩，韁繩是繫在前面的木橛子上。然後這五十名被絞殺的少年分別被安置到五十匹馬上。他們這樣作的辦法是：他們再把一個木棍沿著少年的脊椎從後部一直穿到頸部；從身體各部突出的棍子則插到橫貫馬體的那個木棍上的一個孔裏去。這五十名騎馬的人就這樣地給他們安置在墳墓的四周，然後他們便離開了。

73 以上是他們埋葬國王的方法。所有其他的斯奇提亞人，在他們死的時候，他們都是被安放在車上，由死者最親近的族人拉著歷訪死者的朋友；而每個人都依次接待他們並且款待隨死者來的人員，同時他還獻給死者和獻給其他人等相同的物品。國王之外，庶民人等都是這樣地在巡廻四十日之後才埋葬的。在埋葬之後，斯奇提亞人便用下列的辦法來弄乾淨自己的身體。他們擦洗他們的頭，而至於身體，他們是把三根棒對立在一起，便在棒和毛氈下面中央的地方放一個深盤子，並把幾塊燒得灼熱的石子抛到裏面去。

74 他們自己的國內生長著一種和亞麻非常相似的大麻，不同的只是這種大麻比亞麻要粗得多，高得多。這種大麻有野生的，也有人們種的，色雷斯人甚至用這種大麻製造和亞麻布非常相似的衣服。它們是這樣相似，以致除非是大麻方面的老手，他是分不出大麻或亞麻來的；而根本沒有見過大麻的人，他就會把那衣服認爲是亞麻製的了。

75 斯奇提亞人便拿著這種大麻的種子，爬到毛氈下面去，把它撒在灼熱的石子上；撒上之後，種子便冒起煙來，並放出這樣多的蒸氣，以致是任何希臘蒸氣浴都比不上的。斯奇提亞人在蒸氣中會舒服得叫起來。這在他們便用來代替蒸氣浴，因爲他們是從來不用水來洗身體的。但是他們的婦女卻把柏樹、杉樹、乳香木在一塊粗石上共同搗碎，再和上一些水，她們便用合成的這種濃稠的東西塗在全身和臉上，這樣她們的身上不僅會有一種香氣，而且在第二天，當她們取下這種塗敷物的時候，她們的皮膚也便變得旣乾

淨，又有光澤了。

76 斯奇提亞人和其他的人們一樣，他們對於異邦人的任何風俗，都是極其不願意採納的，特別是對於希臘的風俗。阿那卡爾西司，還有司庫列斯的事件便可以證明這一點。阿那卡爾西司曾視察過世界上的許多地方並且曾在那些地方作出了很多證明他有很大的智慧的事情。在他返回斯奇提亞的時候，他乘船渡過了海列斯彭特並且在庫吉科司地方登陸；他在那裏看到庫吉科司人非常豪奢地慶祝諸神之母節，因此他便向這位母神發願說，如果他能安全無恙地返回故國的話，他將要像庫吉科司人一樣地向她奉獻犧牲並且還爲她舉行一種夜祭。因此當他到斯奇提亞的時候，他自己便到那稱爲敍莱亞的地方去（這個地方正在阿齊里斯賽跑場的旁邊，那裏到處都長著各種各樣的樹木），到那裏之後，阿那卡爾西司便絲毫不差地爲女神舉行了祭儀，這時他手裏拿著一個小手鼓並把神像掛在自己的身上。然而有一個斯奇提亞人看到他這樣作，便把這事報告給國王撒烏里歐斯。國王親自到那裏去並看到阿那卡爾西司幹這樣的事情，便把他射死了。就是在今天，如果有人向斯奇提亞人問起阿那卡爾西司的事情來，他們都說不知道有這樣的一個人，這是因爲他離開自己的國家到希臘去，並且踏襲異邦人的風俗的緣故。但是根據我從阿里亞佩鐵司的管家圖姆涅斯那裏所聽來的話，阿那卡爾西司是斯奇提亞國王伊丹圖爾索司的叔父，他又是斯帕爾伽佩鐵司的兒子呂柯斯的兒子格努羅司的兒子。而如果阿那卡爾西司果眞是屬於這一家族的話，則他就必然知道，他是在他的兄弟的手裏死於非命的。因爲伊丹圖爾索司是撒烏里歐斯的兒子，而阿那卡爾西司卻是被撒烏里歐斯殺死的。

77 誠然，我從伯羅奔尼撒人那裏還聽到了另一種說法。這種說法是：阿那卡爾西司是斯奇提亞國王派出去到希臘人那裏學習的。在他回國之後，他向派遣了他的國王報告說，除去拉凱戴孟人以外，所有的希臘人對於一切的學問都是十分熱心學習的。不過在希臘人當中，卻又只有拉凱戴孟人在和人們交談時是十分審愼的。但這卻是希臘人自己爲了開心才憑空揑造出來的無稽之談；但不管如何，這個人是像我上面所說的那樣被殺死了。阿那卡爾西司由於採用了外國風俗和他與希臘人交往而遭到的命運便是如此。

78 在許多許多年之後，阿里亞佩鐵司的兒子司庫列斯遭到了同樣的命運。司庫列斯是斯奇提亞國王阿里亞佩鐵司的諸子當中的一，但他的母親卻是伊司脫里亞人，而不是本國的人，她教給他希臘人的語言和文學。後來阿里亞佩鐵司中了阿伽杜爾索伊人的國王斯帕爾伽佩鐵司的奸計而被殺死了，於是司庫列斯便繼承了王位和他父親的那個名叫歐波伊亞的王后，這是一個道地斯奇提亞的婦女，她曾經給阿里亞佩鐵司生過一名叫歐里科司的兒子。司庫列斯這樣便成了斯奇提亞的國王，但是他一點兒也不滿足於斯奇提亞的生活方式，而勿寧說是遠爲喜好希臘的生活方式，因爲他從小便是接受了希臘的生活方式的。他於是作了這樣的事情：他率領著斯奇提亞的一支軍隊到包律司鐵涅司人的一個城市去（這些包律司鐵涅司人自稱是米利都人），到了他們那裏以後，他總是把他的軍隊留在城郊的地方，而他自己則進城把城門關上，然後脫去斯奇提亞的衣服，穿上希臘的服裝。他穿著這身服裝，沒有一個親衛或其他任何人侍從而出入於公共場所的當地人們中間（人們把守著城門，爲的是不叫任何斯奇提亞人看到他穿這樣的衣服）。他在每一方面都模仿希臘的生活方式並且按照希臘的習慣祭祀諸神。他這樣過了一個月或更多的時候之後，便再穿上斯奇提亞的衣服離開了這個城市。他是常常這樣作的，他在包律司鐵涅司蓋了一所房子，娶了當地的一個婦女並把她帶到那裏去。

79 但是在他注定要遇到凶事的時期到來時，他便遇到了這樣一件事情：他想使自己參加巴科司・狄奧尼索斯的秘儀，而當他正要開始接受參加秘儀的聖禮時，他看到了一個極爲奇妙的預兆。他在包律司鐵涅司人的城市裏有一所寬敞的住宅，這便是我剛才談到的那所住宅，這是一所巨大而豪華的住宅；在它的周圍都是白色大理石雕成的斯芬克司像和格律普斯像。這所房子中了天雷而全部被火燒毀了。但司庫列斯不顧這一切，仍舊把參加秘儀的儀式舉行完畢。然而斯奇提亞人卻由於巴科司的狂歡祭而責怪希臘人，說搞這樣一位使人發狂的神，那是一件不合理的事情。因此當司庫列斯參加巴科司的秘儀的時候，一個包律司鐵涅司人便到斯奇提亞人那裏去嘲笑他們。他說：「你們斯奇提亞人嘲笑我們，說我們舉行狂歡祭並在降神的時候發狂；但現在這個神卻降到你們自己的國王身上，而他現在就正在參加狂歡祭並且給這個神弄得神魂顛倒哩。如果你們不信的話，那麼就跟我來，我會把他指給你們的。」於是斯奇提亞人的一些首要的人物便跟著他去，這個包律司鐵涅司人便偷偷地把他們帶到城內的一座塔樓上去；而當司庫列斯和參加狂歡祭的人們經過的時候，他們從那裏立刻在發狂的人們中間看到了他；斯奇提亞人認爲這乃是一件非常可悲的事情，於是他們便離開了該城並且把他們所看到的一切告訴了全軍。

80 在這之後司庫列斯返回了本國，但是斯奇提亞人叛變了他，他們擁戴他的兄弟、即鐵列斯的外孫歐克塔瑪撒戴司爲國王。司庫列斯知道了他們怎樣對付他和他們這樣作的理由之後，便跑到色雷斯去了。當歐克塔瑪撒戴司聽到這個消息之後，便率領大軍到那裏去。但是當他到達伊斯特河的時候，色雷斯人阻住了他的去路；而當兩軍看看就要打起來的時候，西塔爾凱司派使者到歐克塔瑪撒戴司那裏去對他說：「爲什麼我們一定要相互比試力量呢？你是我的姊妹的兒子而我的兄弟又在你的身旁，你把他交還給我，我就把司庫列斯交給你。我們兩個人還是不要使自己的軍隊遭到危險罷。」西塔爾凱司的使者對他建議便是這樣，因爲西塔爾凱司的一個兄弟從他那裏逃跑並亡命到歐克塔瑪撒戴司那裏去。斯奇提亞人同意了這個作法，他把自己的舅父交給了西塔爾凱司並從西塔爾凱司那裏引渡過來了自己的兄弟司庫列斯。於是西塔爾凱司接受了他的兄弟並把他的兄弟帶走了，但歐克塔瑪撒戴司卻就地殺掉了司庫列斯的頭。斯奇提亞人是這樣一絲不苟地遵守著自己的風俗習慣，對於那些把外國的風俗習慣加到他們自己的風俗習慣之上的人們，他們就是這樣懲罰的。

81 我並未能確切地打聽到斯奇提亞有多少人，但是關於他們的人數，我聽到的說法都不一樣。有些人說他們的人數是很多的，但是又有些人說，眞正可以稱之斯奇提亞人的只有少數的一些人，但是在我個人看起來，他們的人數是這樣：在包律司鐵涅司河和敍帕尼司河之間有一塊叫作埃克撒姆派歐斯的地方；在前面⑮我就說過從這裏有苦水泉流出來，結果使得敍帕尼司河的河水無法飲用。在這個地區有一個青銅大釜，這件銅器比克列歐姆布洛托斯的兒子帕烏撒尼亞斯呈獻並安置在黑海入口處的那個大釜要大六倍。對於還沒有見過這件銅器的人，我要給他說一說：斯奇提亞的青銅器可以毫不費力地容納六百安波列烏斯⑯，它有六指的厚度。但根據當地人們的說法，這個青銅器是用箭頭鑄造成功的。因爲他們那名叫阿里安塔司的國王想要知道斯奇提亞人的人數，故而他命令每一個斯奇提亞人把一個箭頭帶給他，並威脅說不這樣作的將要處以死刑。結果便有極多的箭頭給送到他這裏來，他決定用它們製造一個紀念物以留傳於後世。於是他用這些箭頭鑄造了一個青銅大釜，把它立在埃克撒姆派歐斯地方。關於斯奇提亞人的人數，我所聽到的就是這些。

82 這個地方除去它擁有在全世界比其他地方都要大得多而且又多得多的河流之外，並沒有什麼值得驚

---

⑮參見本卷第五二節。

⑯每一安波列烏斯大約等於九加侖。

異的東西。除去上述的河流以及廣大的平野之外，我以爲値得一述的還有一件最可驚異的東西。他們指給我一個海拉克列斯的足印，這個足印是印在杜拉斯河河畔的岩石上面，形狀和人的足印一樣，可是；卻有兩佩巨斯長。足印便是這樣的一個東西。在我說了這個足印之後，我就要回過頭來，重新敍述我在開頭地方所要說的事情了。

83 正在大流士作討伐斯奇提亞人的準備，並派遣使者到各方去命令一部分人準備陸軍，一部分人供應戰船，還有另一部分人在色雷斯海峽上架橋的時候⑰，敍司塔司佩斯的兒子、大流士的兄弟阿爾塔巴諾斯卻勸說大流士萬萬不可出征斯奇提亞人，他告訴大流士斯奇提亞人是怎樣一個難於制服的民族。但是當阿爾塔巴諾斯儘管提出忠告而仍然不能使大流士回心轉意的時候，阿爾塔巴諾斯便不再進諫了。現在大流士在他把一切準備停妥之後，便引兵離開了蘇撒。

84 這時，一個三個兒子都參加了出征的波斯人歐約巴佐斯懇請大流士給他留下一個兒子。大流士對他說他是自己的朋友而他的請求也是入情入理的，因此大流士要把他的三個兒子都給他留下。歐約巴佐斯非常歡喜，他以爲他的兒子已被免除了軍役，但是大流士卻命令有司人等把歐約巴佐斯的兒子都給殺死。他們便這樣地被處死並被放置在那裏了。

85 但是大流士當他從蘇撒出發到達卡爾凱多尼亞地方博斯波魯斯的架橋地點時，他便乘船向希臘人先前說是漂浮在水上的那個所謂庫阿涅埃岩駛去了；他坐在那裏的一個岬角上視察了黑海，那實在是一幅壯麗的景色。因爲在一切海洋當中，黑海乃是最値得驚嘆的。它的長度是一萬一千一百斯塔迪昂，它的寬度

⑰大流士出征的確實日期不知道。格羅特認爲可能是在五一四年之前。

在它最寬的地方是三千三百斯塔迪昂。這個海的入口的海峽有四斯塔迪昂寬，海峽的長度，即架著橋的那個稱爲博斯波魯斯的狹窄頸部有一百二十斯塔迪昂。博斯波魯斯是一直接著普洛彭提斯的。普洛彭提斯是五百斯塔迪昂寬，一千四百斯塔迪昂長，它的出口海列斯彭特。海列斯彭特的寬度最窄的地方不過七斯塔迪昂，長度四百斯塔迪昂。海列斯彭特則注入一個我們稱爲多島海的無邊無際的大海。

86 這些地方是用這樣的辦法測量出來的：一隻船在一天長的時候，一般是駛行七萬歐爾巨阿的距離，但是在夜間則要駛行六萬歐爾巨阿的距離。因此，既然從黑海海口到帕希斯（這是黑海上最長的航程）的一段是九天八夜的航程，則它的長度就是一百十一萬歐爾巨阿，折合爲斯塔迪昂，就一萬一千一百斯塔迪昂了。從辛地卡地區到鐵爾莫東河河上的鐵米司庫拉（這是黑海最寬的地方）是三天兩夜的航程，即三十三萬歐爾巨阿，折合成三千三百斯塔迪昂。我便是這樣地測量了黑海、博斯波魯斯和海列斯彭特的，而我對它們的說明便是這樣。此外，還有一個湖也是注入黑海的，這個湖比黑海也小不了很多，這個湖被稱爲麥奧提斯，又被稱爲「黑海之母」。

87 大流士在視察了黑海之後，便乘船回到薩摩司人芒德羅克列斯主持修建的橋那裏。在他又視察了博斯波魯斯之後，他便在它的岸上建了兩根白色的大理石石柱，一個上面用亞述文字，另一個上面用希臘文字刻上了他的軍隊中所有各民族的名稱。他的軍隊是從他治下的一切民族那裏徵集來的；除去海軍不算在內之外，軍隊的總數加上騎兵是七十萬人，而集合起來的戰船則是六百艘。這兩根石柱後來被拜占廷人搬到他們的城市去，在那裏他們用一個石柱修建歐爾托西亞·阿爾鐵米司的祭壇，另一個刻亞述文字的石柱則被他們放置在拜占廷地方狄奧尼索斯神殿的旁邊。如果我推想的不錯的話，大流士在博斯波魯斯築橋的地方正是在拜占廷和海口的神廟中間的地方。

88在這之後，由於大流士對他的舟橋深爲嘉許，便給予薩摩司人芒德羅克列斯極其大量的賜品，每種十件。於是芒德羅克列斯便把這些賜品先拿出一部分，請人畫了一幅博斯波魯斯全橋的圖畫，畫面上大流士高高地坐在王位上而他的軍隊則正在渡過這座橋。他把這幅畫奉獻給希拉神的神殿，上面還附著這樣的銘文：

芒德羅克列斯在多魚的博斯波魯斯上架了橋，
於是他把這幅畫獻給希拉以紀念他的功業；
大流士既對此深感滿意，
那他便爲自己爭到了榮冠，又爲薩摩司人取得了榮譽。

這樣作的目的乃是爲了把建橋的人的名字保存下來。

89在賞賜了芒德羅克列斯之後，大流士便渡海到歐羅巴去了；他曾吩咐伊奧尼亞人乘船進入黑海直到伊斯特河的地方，而他們應在到達那裏之後，在那裏架橋等候他。因爲率領水師的乃是伊奧尼亞人、愛奧里斯人和海列斯彭特人。艦隊便這樣地從庫阿涅埃島⑱中間駛過，直向伊斯特河方面行進，而從海溯河而上航行二日之後，便在這條河河口分歧點那裏的河頸部著手架橋。但大流士在從舟橋過了博斯波魯斯之後，便穿過色雷斯到達鐵阿羅斯河河源的地方，在那裏屯營三日。

90根據附近居民的說法，鐵阿羅斯河在一切河流當中它的河水乃是最有治療效果的一條河，特別是在治療人和馬的皮膚病這一點上。它的水源共有三十八處，雖然是從相同的岩石流出來，有的是冷的，有的

---

⑱黑海口的兩個小島，意譯爲黑石島。

卻是熱的。通到那裏去的道路有兩條，一條是從佩林托斯附近的赫萊昂，一條是從黑海岸上的阿波羅尼亞，二者都是兩天的路程。這條鐵阿羅斯河是康塔戴斯多斯河的一個支流，這條康塔戴斯多河則是阿格里阿涅斯河的支流，阿格里阿涅斯又是海布羅斯河的支流，海布羅斯河是在阿伊諾斯城的近旁入海的。

91 大流士到達這條河並在這裏紮下了營，他對於這裏的景色十分喜愛，因此便就地立了另一根石柱，上面刻著這樣的銘文：「從鐵阿羅斯河的河源出了一切河流當中最優秀的和高貴的水。在進兵斯奇提亞的征途中，人類中最優秀和最高貴的人物，敍司塔司佩斯的兒子大流士、波斯人和整個大陸的國王訪問了這個地方。」銘文的內容便是這樣。

92 大流士從這裏出發而到達一條叫作阿爾鐵斯科斯的河，這是一條貫流歐德律賽人的土地的河流。他到達這條河之後，就給他的大軍指定了一塊地方，命令他們每一個士兵在經過那裏時都把一塊石頭放在那裏。這樣一來，在他的全軍這樣作了之後，他便在那裏留下了石塊堆成的一座大山，然後便帶著兵離開了。

93 但是在他抵伊斯特河之前，他首先制服了自信是長生不死的蓋塔伊人。領有撒爾米戴索司並居住在阿波羅尼亞和梅撒姆布里亞市上方的、稱為庫爾米亞納伊和尼普賽歐伊的色雷斯人，未經交鋒便投降大流士了。但是在一切色雷斯人當中最勇敢，也最公正守法的蓋塔伊人卻進行了頑強的抵抗，因此也就立刻被波斯人奴役了。

94 至於他們為什麼自己認為是長生不死的，他們的想法是這樣。他們相信他們是不死的，死去的人只是到撒爾莫克西司神那裏去而已，他們中間有些人則稱這個神為蓋倍列吉司。每隔四年，他們便用抽籤的辦法從他們當中選出一個人來作為到撒爾莫克西司神那裏去的使者，並且要他向神陳述他們的需求。他們的遣送辦法是這樣：指定一些人，讓他們每人手裏拿著三支槍，另一些人則抓住這個派往撒爾莫克西司那裏去的使者的手和腳把他抛向空中以便使他落在槍尖上被戳死。如果這個人眞的死了，則他們便相信神加惠於他；如果他未被這種辦法戳死的話，他們便把這種情況歸咎於使者本人，認爲他是一個壞人而派另外一位使者去代替他們所責備的那個人。傳的信是在那個人還活著的時候告訴他的。此外，如果有雷和閃電發生的話，這些色雷斯人便向空中射箭作爲對神的一種威嚇，他們除去自己的神以外，是不相信任何其他神的。

95 至於我個人，則居住在海列斯彭特和黑海地方的希臘人曾告訴我說，這個撒爾莫克西司是一個男人，他曾是薩摩司的一個奴隸，他的主人是姆涅撒爾科司的兒子畢達哥拉斯。在他被釋放並得到莫大的一筆財富以後，他立刻回到他的本國。這時的色雷斯人是一個過著悲慘的生活而且智慧也很差的民族，但是這個撒爾莫克西司卻通曉伊奧尼亞的生活方式，通曉比色雷斯人要開明得多的風俗習慣，因爲他曾和希臘人有交往，特別是他和希臘人當中決非最差的智者畢達哥拉斯有過交往。因此他給自己修建了一座會堂，在那裏他招宴他國內的一流人士，並且教導他們說，不拘是他，他的賓客，還是他們的子孫都是永遠不會死的，但是他們將要到一個他們會得到永生和享受一切福祉的地方去。正當他像上面我說的那樣作和宣講這種教義的時候，他同時又修造了一座地下室，地下室造好之後，他便避開了色雷斯人的耳目，進到地下室裏面去，在那裏住了三年。色雷斯人非常懷念他，爲死者致哀服喪；可是在第四個年頭，他在色雷斯人的面前又出現了，這樣他們便相信撒爾莫克西司告訴他們一切了。希臘人關於這個人的說法便是這樣。

96 我呢，我既不不相信，也不完全相信關於撒爾莫克西司和他的地下室的說法，但是我認爲他是比畢達哥拉斯要早許多年的；至於這個撒爾莫克西司是一個平常人，還是蓋塔伊人中間原有的一個神的名字，

我不打算去追究了。蓋塔伊人的風俗習慣就是這樣。他們被波斯人征服之後，就隨著波斯人的遠征隊伍一同前進了。

97大流士偕同他的陸軍進抵伊斯特河，他便下令全軍渡過該河；渡過之後，他命令伊奧尼亞人把舟橋毀掉，而和水師一道隨著他在大陸上進軍。正當伊奧尼亞人依照大流士的命令準備把橋毀掉的時候，米提列涅人的將領埃爾克桑德羅司的兒子科埃斯先問一下大流士，是不是願意聽一下願意提出個人看法的任何人的意見，因此說：「哦，國王！既然你要進攻的國土是一個既無耕地，又無有人居住的市邑的國土，那麼請你還是把這個橋留在原來的地方，要修造這座橋的那些人來看守它罷。這樣的話，如果我們遇到了斯奇提亞人並且達到了我們的願望，我們便會有一回來的道路；而甚至如果我們遇不到他們，至少我們的退路還是安全的；因爲我個人所擔心的決不是我們會被斯奇提亞人所打敗，而是擔心我們遇不到他們，而在彷徨迷路的時候遭受損失。也許有人會說，我這樣說是爲了我自己，因爲我自己想留在後面；但事情實際上並不是這樣，可是，國王，我不過是向大家提出我認爲是對你最好的意見罷了。至於我個人，我是願意跟著你而不願意留在後面的。」大流士十分嘉許他的這個意見，於是這樣回答科埃斯說：「親愛的列斯波司人，當我安全地返回我的宮殿時候，請一定到我這裏來罷，我是會好好地來酬答你的忠言的。」

98這樣說了之後，他便在一個皮帶上打了六十個結，並把伊奧尼亞人的那些僭主召到自己面前，向他們說：「伊奧尼亞人，我撤回我以前關於橋所發表的意見，你們收下這個皮帶並且像我所吩咐地這樣作：只要你們看到我出發去征討斯奇提亞人，從那個時候起，你們每天便解開這上面的一個結，如果結所表示的天數都過去了而那時我還沒有回來，你們便乘船回國好了。但是在這之前，既然我的意見已經這樣改變，我命令你們守衛著這座橋，盡一切努力來救護和保護它。你們這樣作，我就萬分滿意了。」大流士這樣說了之後，便趕忙繼續向前出征了。

99 比斯奇提亞更遠地向海裏伸出的是色雷斯。斯奇提亞開始於海岸上形成一個海灣的地方，河口向著東南方的伊斯特河也是在斯奇提亞境內入海的。現在從伊斯特河起，我要考慮到測量而把斯奇提亞本土的沿岸地帶敘述一下。古斯奇提亞的土地是從伊斯特河開始的，這塊土地是向著子午線和南風的方向，直到叫作卡爾奇尼提斯的城市的地方。過去這個地方，鄰接著同一海岸的土地則是山地並且到黑海裏面去；這地方住著陶利卡族，直到稱爲特拉凱亞（嵯峨的）凱爾索涅索斯的地方，而這個地方又是向東伸到大海裏去的。因爲在斯奇提亞的四個界線當中有兩個界線是南方的海和東方的海⑲，就像阿提卡也是以大海爲疆界一樣；陶利卡人在斯奇提亞所居住的地方也和阿提卡相似，這就正彷彿不是雅典人，而是其他民族居住在從托利科司區到阿那普律司托司市區的索尼昂山地，如果這個地方比它現在更遠地突入大海的話。我這樣講，是因爲我認爲我可以拿小東西和大東西相比。陶利卡人所住的地方就是這樣的。但是那些沒有在阿提卡的那一部分的海岸航行過的人，我可以用另一種辦法對他說明：這就正彷彿不是雅庇吉亞人，而是其他民族住在雅庇吉亞地方的、被從布倫特西昂港到塔拉斯所畫的一條線所切斷的那個地岬上面。從我所談的這兩個地方，可以推知和陶利卡酷似的其他許多類似的地方。

100 在陶利卡的那面就是斯奇提亞人居住的地方了，他們居住在陶利卡以北瀕臨東海，奇姆美利亞海峽和奧提斯湖以西，直到流入該湖的最內端的塔納伊司河的地方。至於斯奇提亞的內地疆界，如果我們從伊斯特河開始算起的話，則與斯奇提亞爲鄰的首先是阿伽杜爾索伊人、其次是涅烏里司人、復次是昂多羅帕

---

⑲這裏指亞速海。

哥伊人，最後是美蘭克拉伊諾伊人。

101 這樣看來，斯奇提亞就成了一個方形的國家而且有兩面是臨海的；它有兩面在內地，再加上沿著海的兩面，就構成了四面相等的一個正方形。因爲從伊斯特河到包律司鐵涅司河是十天的路程，從包律司鐵涅司河到麥奧提斯湖也是十天的路程；而從海向內地到居住在斯奇提亞以北的美蘭克拉伊諾伊人的地方，則是二十天的路程。現在我且把一天的路程計算爲二百斯塔迪昂。這樣，橫斷斯奇提亞的距離就是四千斯塔迪昂，而一直畫到內地去的縱斷線也便是同樣數目的斯塔迪昂了。這個國家的面積就是這樣。

102 斯奇提亞人認爲在公開的戰鬥中他們是不可能獨力擊退大流士的軍隊的，於是他們派遣使者到他們的鄰人那裏去。而這些鄰國的國王由於知道有一支大軍向他們推進，他們早已集合起來商討辦法了。這樣集合起來的陶利卡、阿伽杜爾索伊、涅烏里司、昂多羅帕哥伊、美蘭克拉伊諾伊、蓋洛諾斯、布迪諾伊和撒烏羅瑪泰伊等民族的國王。

103 在這些人當中，陶利卡人有這樣的風俗習慣。所有遭到難船的人和他們在海上打劫時所劫到的任何希臘人，他們把這些人都作爲犧牲獻給少女神⑳。方式是這樣：在舉行了犧牲奉獻的預備儀式之後，他們便用一根木棍毆打作爲犧牲的人的頭。根據有的人的說法，他們隨後便把犧牲者的頭插到竿子上並把他的胴體從斷崖上拋下去（因爲神殿就在斷崖上面）；又有人對於頭部的說法與此相同，但是說胴體不是從斷崖上拋下而是給埋到地裏。他們對之奉獻犧牲的這個女神據陶利卡人自己說是阿伽美姆農的女兒伊披蓋涅婭。對於他們所征服的敵人，他們每個人都割掉他的敵人的頭並把它帶回自己的家，在那裏他把它插到一

---

⑳ 一個地方神，希臘人認爲它相當於阿爾鐵米司。

個長桿子上，高高地樹立在房屋上，一般比煙囪還要高。他們說，這些人頭高高地放到那裏是用來守望全宅的。陶利卡人是仰仗著打劫和戰爭爲生的。

104 阿伽杜爾索伊人在所有的人當中是最奢侈的了，他們非常喜歡佩戴黃金飾品。他們是亂婚的，這樣他們相互間都是兄弟，相互間既都是一家人，這樣他們便不會相互嫉妒和忌恨了。在其他的風俗慣方面，他們是和色雷斯人接近的。

105 涅烏里司在風俗慣方面是模仿斯奇提亞人的，但是在大流士的軍隊到來的一代之前，他們曾遭到蛇的侵襲而被逐出本國。因爲他們本國就產生大量的蛇，此外又有很多的蛇從北方的沙漠地帶到他們這裏來，而涅烏里司人最後受到這般的壓制，以致他們竟不得不離開自己的國土而到布迪諾伊人那裏去住。他們也許是巫師，因爲斯奇提亞人和住在斯奇提亞的希臘人都說，每年每一個涅烏里司人都要有一次變成一隻狼，這樣過了幾天之後，再恢復原來的形狀。至於我本人，我不能相信這個說法的。雖然如此，他們依舊這樣地主張，並且發誓說這樣的事情是眞的。

106 昂多羅帕哥伊人是全人類當中生活方式最野蠻的民族。他們不知道任何正義，也不遵守任何法律。他們是游牧民族，穿著和斯奇提亞人一樣的衣服，但講的話卻是他們自己的。在所有這些民族當中，只有他們是以人爲食的。

107 美蘭克拉伊諾伊人都穿著黑衣裳，他們便是因此而得名的；他們所採用的是斯奇提亞人的風俗慣。

108 布迪諾伊人是一個人口衆多的大民族。他們都有非常淡的青色的眼睛和紅色的頭髮。他們有一座木造的城市，稱爲蓋洛諾斯。它的城牆每一面是三十斯塔迪昂長，城牆很高而且完全是木頭修造的。他們的家宅和神殿也都是木造的。在他們那裏有奉祀希臘的神的神殿，這些神殿是按照希臘的樣式設備起來的，裏面有神像、祭壇、神龕，這些也都是木造的；他們每隔兩年就要爲狄奧尼索斯舉行一次祝祭，舉行祝祭的時候人們像是在巴科司節那樣的發狂。原來蓋洛諾斯人的根源乃是希臘人，希臘人被逐離他們的商港而居住到布迪諾伊人中間來；他們所講的話一半是希臘語，一半是斯奇提亞語。但是布迪諾伊人所講的話和蓋洛諾斯人不同，他們的生活方式也不同。

109 布迪諾伊人是當地的土著。他們是游牧民族，在這些地區中間，只有他們是吃樅果的；蓋洛諾斯人是務農的，他們吃五穀且有菜園；在身材和面貌上，他們和布迪諾伊人完全不同。然而希臘人卻仍舊稱布迪諾伊人爲蓋洛諾斯人，但這是不對的。他們的國土到處都茂密地生長著各種各樣的樹木，在樹林的深處有一個極闊大的湖，湖的四周是長著蘆葦的沼地。人們在湖裏可以捕到水獺、海狸，此外還可以捕獲到另一種方形面孔的動物，它們的皮可以用來作衣服的邊，而人們還用它們的睪丸來治療子宮的各種病。

110 下面我再說一說撒烏羅瑪泰伊人的歷史。當希臘人對阿馬松作戰的時候（斯奇提亞人稱阿馬松爲歐約爾帕塔，用我們的話來說就是殺男人者的意思，因爲在斯奇提亞語裏，οἰὸρ（歐約爾）是男人的意思，πατα（帕塔）是殺死的意思），傳說他們在鐵爾莫東取得了勝利之後，便把他們所生俘的阿馬松盡可能多地載滿了三隻船出發了；但是到海上的時候，阿馬松們卻向船上的水手進攻，並把他們殺死了。可是她們絲毫不懂船上的事情，她們也不會使用舵、帆和槳；而原來的那些人既已被拋到海裏去，她們只得任憑浪頭和風的擺布，直到她們來到麥奧提斯湖岸上克列姆諾伊的地方。這個地方是在自由的斯奇提亞人的國境之內的。阿馬松們便在這裏上岸並且出發到有人居住的地方去。但是在他們的旅程中，他們最初遇到的是一羣馬，於是他們便騎著這一羣馬劫掠了斯奇提亞人的土地。

111 斯奇提亞人不知道這是怎麼一回事，因爲他們不懂得這些婦女的語言，不認識這些人的衣服，也不

知道這些人是什麼民族。他們奇怪這些人是從什麼地方來的並認爲他們都是年紀相同的男子；於是他們和阿馬松展開了戰鬥。戰鬥的結果是斯奇提亞人得到了戰死者的屍體，這樣他們才知道他們的敵人原來是婦女。因而在他們商量之後，他們便決定決不像先前那樣地把她們殺死，而是把他們的最年輕的男子們送到她們那裏去，根據推定，他們派去的人數和婦女的人數是相等的。他們命令這些年輕人在阿馬松的附近紮營並且模仿她們的一切動作。如果婦女追趕他，那麼就不要交戰，而是逃跑；而當追趕停止的時候，便回來仍舊在她們的附近紮營。這便是斯奇提亞人的計劃，因爲他們希望這些婦女能夠生孩子。這樣派去的年輕人，就依照著吩咐給他們的作了。

112 當阿馬松看到那些年輕人無意傷害她們的時候，她們就不去管他們了。但是兩處營地卻一天天地接近起來。這些年輕人，他們和阿馬松一樣，除去他們的武器和他們的馬匹之外什麼都沒有，他們和婦女們一樣，是以打獵和打劫爲生的。

113 在正午的時候，阿馬松就要分散開來，分別一個人或是成對地相互離開，這樣漫遊到別的地方去尋歡作樂。斯奇提亞人看到這一點於是也這樣作；當婦女們獨自一人漫遊的時候，一個年輕的男人便纏住了她們中間的一個人。婦女並不加抵抗而是任憑他爲所欲爲；但（由於他們彼此之間言語不通）她不能向他講話，但她向他作手勢表示應該有兩個人，即要他第二天再帶一個年輕人到同一地點來，而她也把另一個婦女帶到這裏來。年輕男子回去告訴了他的同伴，第二天他自己便和另一個男子到昨日的地方來，在那裏他發現阿馬松和另一個婦女在等候著他。當其他的年輕男子知道這件事的時候，他們也就和其他的阿馬松發生了關係。

114 他們於是立即把營帳結合起來住到一處了，每個男子都娶了與他第一次發生關係的婦女爲妻。但男

子學不會婦女所說的話，可是婦女卻懂得了男子的語言。而當他們相互理解的時候，男子便對阿馬松說：「我們有父母，又有財產，因此我們不要再像現在這樣地過活了，讓我們回到我們的同胞們那裏去和他們一同過活罷。我們仍然願意要你們，而不是別人，作我們的妻子。」婦女們回答說：「可是我們不能和你們的婦女住在一起，因爲我們和她們的風俗習慣不同。我們射箭、投槍、騎馬，可是我們從來沒有學過婦女的事情。你們的婦女從不作我們所提到的事情，而是坐在她們的車裏的婦女的事情，從不出來打獵或作其他什麼事情。因而我們和她們是永遠不能和諧相處的。如果你們想要我們作妻子並且想保持正直的人的聲名，那麼就到你們的父母那裏去要他們把應該給你們的財產分給你們，然後讓我們走開過我們自己的生活。」年輕人同意她們的意見並且這作了。

115 當他們得到了他們應分得的財產並且回到阿馬松這裏來的時候，婦女們對他們說：「想到我們竟不得不住在這個地方時，我們是感到害怕的，因爲我們不僅使你們的父母失掉了你們，而且使你們的土地受到了很大的損害。既然你們認爲你們要我們爲妻是正當的，那麼就讓我們和你們，咱們一齊離開這塊地方，住到塔納伊司河那一面的土地上去罷。」

116 對這一點年輕人也同意了，於是他們渡過了塔納伊司河，從河向東走了三天的路程並從麥奧提斯湖向北走了三天的路程；而當他們到達了他們現在所居住的地方的時候，他們便在那裏定居了。從那時起，撒烏羅瑪泰伊人的婦女便一直遵守著他們的古老的習俗；她們和她們的丈夫或是不和她們的丈夫乘馬出去打獵，她們也作戰並且穿著和男子同樣的衣服。

117 撒烏羅瑪泰伊人的語言是斯奇提亞語，但是這種語言在他們嘴裏已經失去古時的純正，因爲阿馬松從來就沒有把這種語言學好。至於婚姻，則習慣上一個處女在她還沒有殺死敵人的一個男子的時候是不許

結婚的。有一些婦女直到老死而不結婚，因爲她們不能履行法律的要求。

118 上述各個民族的國王們集會的時候，斯奇提亞的使者到他們的地方來了，這些使者把一切事件原原本本地告訴了他們。使者們告訴他們波斯人怎樣地把對面的大陸全部征服之後，又在博斯波魯斯海峽上造橋而渡到他們的大陸上來，怎樣在渡過了橋並征服了色雷斯人之後，他又在伊斯特河上架橋，以便使那一地區和其他地區同樣地也臣服於他。他們說：「這樣看來，他們決不應當安閒無事地袖手旁觀看著我們被毀滅掉，而是我們應當大家團結一致共同對付這個侵略者。如果你們不願意這樣作，則我們或是被強力驅出我們的國土或是留在這裏締結屈辱的和約。如果你們不幫助我們的話，我們將要遭到怎樣的命運呢？從此之後，你們自己可以說是決不會有好日子過的。因爲波斯人對你們的攻擊決不會比對我們的攻擊輕，而在征服了我們之後，他們也決不會將你們輕輕放過的。對於我們所說的話，我們可以向你們提出充分的證明：如果波斯人只是向我們進攻以便報復我們先前奴役他們的國土的這個恥辱的話，則他們就一定不去觸動別的民族而是一直向我們的國土進攻，這樣作是爲了使大家明白他們的目的是斯奇提亞，而不是別的地方。但是現在，自從他渡海到這個大陸上的時候起，他便一直征服著他路上所遇到的一切民族，也不僅征服了其他色雷斯人，而特別是征服了我們的鄰人蓋塔伊人。」

119 以上就是斯奇提亞人所發表的意見，從各個民族前來的國王們進行了商談，但他們的意見是不一致的。蓋洛諾斯人、布迪諾伊人、撒烏羅瑪泰伊人的國王的見解是一致的，他們同意幫助斯奇提亞人；但是阿伽杜爾索伊人、涅烏里司人、昂多羅帕哥伊人、美蘭克拉伊諾伊人、陶利卡人的國王卻是這樣地回答斯奇提亞人的使者的：「如果不是你們首先向波斯人無端挑釁因此引起了戰爭的話，則現在你們所提出的請求在我們看來就會是正當的，而我們也會同意並且和你們採取一致的行動。但是現在，是你們而不是我們進攻他們的國土並且把他們的國土統治到神所能允許的時期；而爲同一位神所激勵的波斯人，現在不過是用樣的方式對你們進行報復罷了。但是我們在先前並沒有作過對不起他們的壞事，現在我們也不打算無緣無故地去侵害他們。不過，假若波斯人也來侵犯我們的國土並且首先對我們作壞事的話，那我們也就不會輕輕地放過這件事了。但是我們看到他們這樣作之前，我們還是想留在我們的國土之內的。因爲根據我們的看法，波斯人所要進攻的不是我們，而是首先作出不正當的事情的人。」

120 這個回答被帶了回來並傳達給斯奇提亞人之後，斯奇提亞人於是決定不對敵人進行公開的戰爭，因爲他們並不能得到他們所尋求的盟友。他們決定把自己分成兩路，暗中撤退並趕走他們的牲畜，塡塞他們撤退道路上的水井和泉水並把地上的草連根掘掉。他們的意思是把撒烏羅瑪泰伊人加到斯科帕西司所君臨的一支軍隊中去，而如果波斯人向他們進攻的話，這支軍隊便在他面前向塔納伊司河方面沿著麥奧提斯湖退卻，如果波斯人向回走的話，那他們就進擊和追蹤他們。以上乃是王國的一支地區部隊，它的使命是按著上述道路行進。他們的其他兩支地區部隊，即伊丹圖爾索司所指揮的較大的一支部隊和塔克撒啓司所君臨的第三支地區部隊，則合併爲一，再把蓋洛諾斯人和布迪諾伊人加進去；他們在波斯人進軍時也和其他人一樣地暗地裏撤退，他們要在敵人前面保持一天的路程，避免與敵人相會並且按他們所決定的辦法去作。但首先他們必須一直撤退到拒絕和他們聯盟的國家裏去，以便使這些國家也會被迫戰鬥。因爲如果他們不是出於本心地對波斯人作戰的話，他們也會迫不得已而對波斯人作戰的。在這之後，軍隊便返回自己的國土，而在商議之後覺得於己有利的時候，便向敵人發動進攻。

121 斯奇提亞人決定了這樣的一個計劃之後，他們便派出了他們最精銳的騎兵作爲前哨部隊去邀擊大流士的軍隊。至於他們的妻子兒女用來作爲住宅的車子以及他們的全部牲畜，他們都給打發到前面去，留在

後面的只有足夠食用的一批牲畜。他們命令車子和牲畜一直向著北風的方向行進。

122 這些人首先被遣送出去了。斯奇提亞人的前哨部隊在離伊斯特河三日路程的地方發現了波斯人，在發現了他們之後，他們就在比敵人早一天的路程的地方屯營，並著手把一切在地上生長著的東西都鏟除乾淨。當波斯人看到斯奇提亞的騎兵部隊出現的時候，他們便跟蹤追擊，而斯奇提亞的騎兵則是一直在他們的面前退卻。隨之（由於向著斯奇提亞的一個地區部隊進擊），波斯人便繼續向著東方和塔納伊司河的方面追擊，而當斯奇提亞的騎兵渡過了塔納伊司河的時候，波斯人也便跟著渡過了河追擊，因此他們竟穿過了撒烏羅瑪泰伊人的土地而進入了布迪諾伊人的土地。

123 但是在波斯人穿過斯奇提亞人和撒烏羅瑪泰伊人的土地的時候，那裏並沒有任何可供他們蹂躪的東西，因爲那裏已是一片荒蕪的不毛之地了。但是當他們進入布迪諾伊人的土地的時候，他們看到了一座木造的城市；不過布迪諾伊人已經放棄了這座城並且什麼東西也沒有留在裏面，於是波斯人便把這座城燒掉了。這之後，波斯人繼續向前跟蹤追擊騎兵，他們經過了這個地區而進入了沒有人煙的荒漠地帶。這片地區在布迪諾伊人的北面而它的寬度是七日的行程。在這個荒漠地帶的那一面則住著杜撒該塔伊人；從他們那裏流出了四條大河流，它們流經麥奧塔伊人的土地而注入所謂麥奧提斯湖。這四條大河的名字是呂科斯河、歐阿洛司河、塔納伊司河、敍爾吉司河。

124 當大流士進入荒漠地帶的時候，他便停止了追擊，在歐阿洛司河河岸上紮下了營，在那裏他修築了八座大要塞，每座要塞相距都是六十斯塔迪昂。這些要塞的殘跡在我的時代還存在的。當他正在忙於修築這些要塞的時候，他所追擊的斯奇提亞人卻向北迂迴，轉回斯奇提亞了。當他們完全消失而不再處於波斯人的視線之內的時候，大流士於是便放棄了那些完工一半的要塞，也回轉過來向西行進了，他認爲那些斯奇提亞人是他們的全部軍隊，而他們是向西方逃跑的。

125 但是在他以強行進軍的速度進入斯奇提亞的時候，也卻遇到了斯奇提亞人的兩個地區部隊，他追擊他們，但他們一直是在他前面保持一天的行程。由於他不願意停止對他們的追擊，斯奇提亞人於是依照他們原定的計劃，從他的前面逃到拒絕和他們結盟的國家去，首先就是到美蘭克拉伊諾伊人那裏去。斯奇提亞人和波斯人都突入了他們的國土，擾亂了他們的和平生活；斯奇提亞人從這裏又把波斯人引進了昂多羅帕哥伊人的國土，同樣地也擾亂了他們。從那裏他們以同樣的效果撤退到涅烏里司人的國土，也擾亂的他們，然後又逃到阿伽杜爾索伊人那裏去。但這是些人看到他們的鄰人們在斯奇提亞人迫近時驚惶逃跑的情況，便在斯奇提亞人能夠進入他們的國土之先，派出一名使者禁止斯奇提亞人涉足他的邊界，並警告說，如果斯奇提亞人打算突破邊界的話，他們就必須首先和阿伽杜爾索伊人作戰。在發出這個警告之後，他們便集結在邊界的地方，打算阻止侵略者。但是在波斯人和斯奇提亞人突入美蘭克拉伊諾伊人、昂多羅帕哥伊人和涅烏里司人的國土時，這些人並沒有進行抵抗，而是忘記了自己先前的威嚇言詞，驚惶失措地一直向北逃到荒漠地帶去了。斯奇提亞人既然受到阿伽杜爾索伊人的警告，便不再想進入他們的國土，而是把波斯人從涅烏里司人的國土引進了斯奇提亞。

126 這樣的情況繼續了很久，而且是無盡無休的；於是大流士就派了一名騎士送信給斯奇提亞的國王伊丹圖爾索司說：「莫名其妙的先生，既然在下述兩件事情當中你可以任擇其一，則我覺得奇怪爲什麼你老是在逃跑？如果你認爲你有足夠的力量來與我一較雌雄，那麼就不要再向前跑，而停下來戰鬥；但如果你知道你自己較弱，那麼就不要再這樣跑來跑去，而是應當和你的主人締約，把土和水這兩件禮物送給他。」

127 斯奇提亞的國王伊丹圖爾索司回答他說：「波斯人，我來告訴你我採取的態度罷，我從來不曾因為怕任何人而逃跑過，現在我也不是由於害怕你而逃跑。現在我的這個作法絕不是什麼一件新鮮的事情，而只是我平時的一種鍛煉罷了。至於我不立刻與你接戰的理由，這一點我也要告訴你的，因為我們斯奇提亞人沒有城市或是耕地，故此我們不必害怕被攻陷或是蹂躪。這樣我們就沒有向你盡快作戰的理由了，但如果除去立刻接戰之外，任何東西你們都不滿意的話，我們還有我們的父祖的墳墓，來找到這些地方並試著把它們毀掉罷。那時你們就會知道我們是不是會為了那些墳墓而戰鬥。除非到我們認為適宜的時候，我們是不會接戰的。關於戰鬥，我就談這些。至於主人，則我認為我的主人是我的祖先宙斯和斯奇提亞人的女王希司提亞，而不是別的什麼人。我將要把禮物送給你，但不是土和水，而是你正應當得到的東西；至於你吹噓說你是我的主人，我是要咒詛這句話的。」斯奇提亞人對他們的回答便是這樣。

128 於是使者帶了這個信到大流士那裏去了；但是斯奇提亞人的國王們當他們聽到奴役的這個詞時心裏是十分氣憤的。於是他們派出了由斯科帕西司所統率的由斯奇提亞人和撒烏羅瑪泰伊人組成的一支部隊，去和守衛著伊斯特河河上的橋的伊奧尼亞人談判。至於留在後面的斯奇提亞人，則決定他們不再引著波斯人到各處亂跑，而是在波斯人用飯的時候向他們進攻。因此他們便等待到波斯人用飯的時候按照他們的計劃行事。斯奇提亞的騎兵在戰鬥當中總是擊退波斯的騎兵，波斯的騎兵向步兵方面潰退，波斯的步兵於是上來應援。斯奇提亞人這方面雖然打退了對方的騎兵，卻由於害怕步兵而逃了回來。斯奇提亞人在白天或在夜裏，便都是用這種辦法進攻的。

129 說起來最奇怪的是，對波斯人有利但是妨礙了斯奇提亞人進攻大流士的軍隊的是驢子的叫聲和騾子的樣子。因為，如我已經講過的，斯奇提亞那地方是不產驢子或騾子的。而在斯奇提亞的全部地方，也由於氣候寒冷的緣故，沒有任何驢子或是騾子。因此在驢子高聲狂叫的時候，就把斯奇提亞的騎兵嚇跑了。常常在他們攻擊波斯人的時候，如果馬聽到驢鳴的話，它們便會驚惶地向回跑或是吃驚地豎起耳朵站在那裏，因爲它們從來沒有聽見過這樣的一種聲音或是看見過這樣的活物。因此這一點對戰爭也還是有一些影響的。

130 當斯奇提亞人看到波斯人已呈動搖之像的時候，他們便想出了一個計劃，這個計劃可以使波斯人更長久地留在斯奇提亞並由於這樣的停留而引起缺乏一切必需品的苦惱。他們把一些牲畜和牧人留在後面，而他們自己則遷移到別的地方去。於是波斯人便會來掠奪這些家畜，並將因之而歡欣鼓舞起來。

131 這樣的事既然多次發生，大流士於是陷於進退維谷的地步了。當他們看到這一點的時候，斯奇提亞的國王們於是派遣一個使者把一份禮物帶給了大流士，份禮物是一隻鳥、一隻鼠、一隻蛙和五枝箭。波斯人問來人帶來的這些禮物是什麼意思，但是這個人說除去把禮物送來和盡快離開之外，他並沒有受到什麼吩咐。他說，如果波斯人還夠聰明的話，讓他們自己來猜一猜這些禮物的意義罷。波斯人聽了這話之後便進行了商議。

132 大流士認爲這是斯奇提亞人自己帶著土和水向他投降的，他的理由是：老鼠是土裏的東西，他和人吃著同樣的東西，青蛙是水裏的東西，而鳥和馬則是很相像的。他又說，箭是表示斯奇提亞人獻出了他們的武力。這是大流士所發表的意見；但是殺死瑪哥斯僧的七人之一的戈布里亞斯的意見和大流士的意見恰恰相反。他推論這些禮物的意義是：「波斯人，除非你們變成鳥並高飛到天上去，或是變成老鼠隱身在泥土當中，或是變成青蛙跳到湖裏去，你們都將會被這些箭射死，永不會回到家裏去。」

133 波斯人關於這些禮物的推論就是這樣。斯奇提亞人有一支部隊起初曾奉命守衛麥奧提斯湖，現在則又被派到伊斯特河和伊奧尼亞人談判。當斯奇提亞人的這支部隊來到橋這個地方時，他們說：「伊奧尼亞人，只要你們肯聽我們的意見的話，我們是會來把自由帶給你們的。我們聽說大流士命令你們把這座橋只守衛六十天，而如果他在這一期間不來的話，那你們便可以回到你們的家裏去。因此你們在指定的日子裏留在這裏，在這個時期過去以後便離開。」伊奧尼亞人答應這樣作之後，斯奇提亞人便盡快地趕回去了。

134 但是在把禮物送到大流士那裏去以後，留在那裏的斯奇提亞人便把步兵和騎兵拉出來和波斯人對陣了。但是當斯奇提亞人列好隊形的時候，從軍隊當中跑出了一隻兎子；看見它的每一個斯奇提亞人都追趕這隻兎子。因此在斯奇提亞人中間發生了混亂和喊叫。大流士問敵人的這種喧叫是什麼意思。而當他聽說他們正在追趕兎子的時候，他就對他經常與之談論事情的人們說：「這些人簡直是太不把我們放到眼裏了，我以爲戈布里亞斯關於斯奇提亞人的禮物的說法是正確的。既然我對於這件事的看法也和他一樣，我們就必需想個好辦法以便我們可以安全地返回自己的國土。」於是戈布里亞司便接上來說：「主公，在我沒來到這裏之前，從傳聞我就差不多完全相信這些斯奇提亞人是多麼不好對付的了。而我到這裏之後，這一點我就更加肯定了，因爲我看他們不過是和我們開玩笑罷了。因此現在我的意見是，在入夜之際我們依照我們通常的習慣點起我們的營火，以便欺騙我們的軍隊中最弱而不能吃苦的那些人並且把我們所有的驢子都繫在這裏，我們自己則在斯奇提亞人能夠一直到伊斯特河把橋毀掉或是伊奧尼亞人作出任何使我們遭到毀滅的決定以前離開。」戈布里亞斯的忠告就是這樣。

135 到夜裏的時候，大流士就依照他的意見行動了。他把那些困憊之極的和即使被殺死對他也無大妨礙的士兵留在營地而且把驢子也繫在那裏。他之所以把驢子留在那裏是因爲驢子會叫，他之所以留下病弱的士兵是因爲他們的病弱無能，但是他的口實是什麼呢，這是他要率領他的精銳部隊去進攻斯奇提亞人，而這時病弱的人則是要代他守衛營地。大流士向留在後面的人們發布了這個命令並且點起了營火之後，便全速地到伊斯特河去了。當驢子發現它們自己被人羣遺棄的時候，它們便比平常更加拚命地叫了起來。斯奇提亞人聽到了這聲音之後便深爲相信，波斯人仍舊留在從前的地方。

136 但是當天亮的時候，被留下的人們才曉得是大流士騙了他們，於是他們便向斯奇提亞人伸出了投降的手並且把眞實情況告訴了他們。斯奇提亞人聽到這個消息之後，立刻火速地集合了自己的兵力，他們自己的兩支部隊和有撒烏羅瑪泰伊人、布迪諾伊人、蓋洛諾斯人參加的一支部隊，一直向伊斯特河方面追擊波斯人去了。但是波斯軍隊的大部分是步兵而且由於道路沒有開鑿出來而他們不識道路，但斯奇提亞人卻是騎兵並且知道到那裏去的捷徑，因此他們相互間遠遠地錯開了，結果斯奇提亞人便遠比波斯人要早到那座橋的。斯奇提亞人既然看到波斯人還沒有到達，他們便向船上的伊奧尼亞人說：「伊奧尼亞人，規定的日期已經過去了，你們若還留在這裏就不對了。可是，在這以前是畏懼的心情使你們不敢離開這裏，現在盡快把橋毀掉，感謝諸神和斯奇提亞人，在自由與快樂之中回家去罷。至於那曾是你們的主人的那個人，我們是會叫他永遠不會再率領著他的軍隊進攻任何民族的。」

137 於是伊奧尼亞人便舉行了一次會議。海列斯彭特的凱爾索涅索斯人的僭主兼指揮官、雅典人米爾提亞戴斯的意見是，他們聽從斯奇提亞人的勸告並使伊奧尼亞獲得自由。米利都人希司提埃伊歐斯則持著反對的意見。他認爲他們今日之所以各自成爲自己城邦的僭主，正是由於大流士的力量，如果大流士的權勢被推翻的話，他們便再也不能進行統治了，不拘是他在米利都還是他們的任何人在任何地方都會如此，因爲那時所有城邦都會選擇民主政治，而不會選擇僭主政治了。當希司提埃伊歐斯發表這個意見的時候，他們全體立刻贊同了這個意見，儘管他們起初曾同意了米爾提亞戴斯的說法。

138 投票贊同這種作法是大流士所重視的人們；他們是海列斯彭特諸城邦的僭主阿比多斯的達普尼司、拉姆普撒柯斯的希波克洛司、帕里昂的海羅龐托司、普洛孔涅索斯的美特洛多羅司、庫吉科司的阿里司塔哥拉斯、拜占廷的阿里司通；來自伊奧尼亞的則是歧奧斯的司妥拉提斯、薩摩司的埃雅凱司、波凱亞的拉歐達瑪司以及反對米爾提亞戴斯的意見的米利都的希司提埃歐斯。在愛奧里斯人當中，列席的唯一重要人物就是庫麥的阿里司塔哥拉斯。

139 因此，在這些人議定採納了希司提埃伊歐斯的意見之後，他們便決定再把下列的行動和言語加上去。他們決定把接連著斯奇提亞的那一面的一部分橋毀掉，直到從斯奇提亞的岸上用箭所能射到的地方，這樣他們看來好像是作了一些事情，但是實際上他們是什麼事也沒有作，而且這樣又使斯奇提亞人不能試圖強行從這座橋渡過伊斯特河。同時在毀掉接連著斯奇提亞的領土的這部分的橋時還可以告訴斯奇提亞人說，他們願意作到斯奇提亞所希望他們作的一切事情。他們又把這個決定加到他們先前的決議上面去。而希司提埃伊歐斯隨即代表全體希臘人，回答斯奇提亞人說：「斯奇提亞人諸位，你們給我們帶來了好的意見，而你們的熱心行動也是及時的；你們應如其份地正確地指導了我們，我們也作我們的事情，幫助你們達到你們所需要的目的；因爲你們看到，我們正在毀掉這個通路，並將盡一切努力，因爲我們是十分希望得到我們的自由的。但是我們毀掉橋樑的時候，那也正是你們去搜索波斯人的時候。而當你們發現他們的時候，你們便可以爲你們以及爲我們像他們所應得那樣地對他們進行報復了。」

140 因此斯奇提亞人便再一次地相信了伊奧尼亞人的話並轉回去搜索波斯人去了，但是他們弄錯了他們的敵人回師時所經過的全部道路。在這一點上，斯奇提亞人自己是有責任的，因爲他們毀壞了那一地區的牧馬草場並且堵塞了水井。如果他們不這樣作的話，只要他們願意，他們立刻就可以找到波斯人。但實際上，他們自認是最高明的那一部分計劃卻正是他們失敗的原因。因此斯奇提亞人便在國內有秣草和水的那些地方搜索敵人，因爲他們認爲，敵人在逃跑時也是會以這樣的地方的目標。但是波斯人卻一直按著他們來時的原路行進，因此好不容易他們才找到了渡河的地方。但既然他們是在夜間到達的並發現橋已經被毀，他們便非常害怕伊奧尼亞人會不會已棄掉他們而逃跑。

141 大流士手下有一個埃及人，這個人的嗓子是世界上最高的。大流士命令這個人站在伊斯特河的岸上呼喚米利都的希司提埃伊歐斯。埃及人按著他的話作了。希司提埃伊歐斯聽到了並且服從了這個埃及人的第一次呼喚，於是他把所有的船派出去把軍隊渡了過來並且把橋重新修復了。

142 波斯人就這樣的逃掉了。斯奇提亞人搜索波斯人，但是又一次地沒有找到他們。他們對於伊奧尼亞人的看法是這樣：如果把他們看成是自由人，則他們就是世界上最卑劣的膽小鬼；但如果把他們看成奴隸，他們就會最忠實於他們的主人並且是最不想跑掉的。斯奇提亞人就是這樣地誹謗伊奧尼亞人的。

143 大流士穿過了色雷斯而行進到凱爾索涅斯的賽司托斯；從那裏他又和他的船隻一同渡海到亞細亞，卻把美伽巴佐斯留在歐羅巴擔任統帥；這是一個波斯人，大流士有一次曾在波斯人當中說了我下面所記述的話以表示對這個人的敬重。大流士有一次正要吃石榴，而正當他剝開第一個石榴的時候，他的兄弟阿爾塔巴諾斯便問他，他希望有什麼東西能夠像石榴子一樣多，於是大流士就說，與其使所有的希臘人都成爲他的臣民，他寧可要像石榴子那樣多的美伽巴佐斯那樣的人物。在波斯人當中這樣講話，國王實際上就是表揚了美伽巴佐斯；而現在他就是把美伽巴佐斯留下當作統帥，指揮他的八萬名軍隊。

144 這個美伽巴佐斯由於自己所說的話而永遠爲海列斯彭特的人們所記憶。當他在拜占廷的時候，有人告訴他說，迦太基人曾在拜占廷人建城前十七年建立了他們的城，他說迦太基人那時一定是瞎了眼睛的。

因爲倘若不是這樣的話，在他們可以有一個較好的地址時，他們就決不會找一個較次的地址來建城了。這個美伽巴佐斯現在既然被留在這裏擔任統帥，他便征服了不站到波斯人這一邊來的所有的海列斯彭特人。

145 這就美伽巴佐斯所作的事情。在這個時候，還派出了一支大軍去攻打利比亞，理由我將要在我就要講的這個故事之後說明。阿爾哥號船的水手們的子孫們曾被把雅典的婦女從布勞隆拐跑的佩拉司吉人趕了出來。在被這些人趕出了列姆諾斯之後，他們就乘船到拉凱戴孟去，在那裏的塔烏該托斯山裏設立了營帳並點起了火。拉凱戴孟人看到這之後，便派來一名使者打聽他們是什麼人，他們是從什麼地方來的。他們回答使者說他們是米尼埃伊人，是乘著阿爾哥號船在海上行駛的那些英雄的後人，那些英雄曾在列姆諾斯上陸並在那裏繁育自己的後代。拉凱戴孟人聽到了米尼埃伊人敍述的世系之後，便第二次派出了自己的使者，問他們到拉科尼亞來並在這裏點起了火是爲了什麼目的。他們回答說，他們被佩拉司吉人趕了出來，因此來到了他們的祖先的土地，因爲他們認爲這樣作是最正當的；至於他們的願望，則他們希望能夠和他們父祖的民族住在一起，分享他們的權利並且得到分配給他們的地段。拉凱戴孟人很高興接受米尼埃伊人，如果米尼埃伊人願意的話；他們之所以這樣同意的主要理由，是琴達列烏斯的兒子㉑也曾在阿爾哥號船上。因此他們便接受了米尼埃伊人並且給他們土地，又把他們分配在自己的部落中間。米尼埃伊人立刻在這裏娶了妻子並且把他們從列姆諾斯帶來的婦女給這裏的其他的人作妻子。

146 但不久之後，這些米尼埃伊人就變得橫暴傲慢起來，他們要求擔任國王的同等權利並且作出了其他邪惡的事情。於是拉凱戴孟人決定把他們殺死，這樣就把他們捉起來投到獄裏去。斯巴達人永遠是在夜

㉑卡司托爾和波律戴烏凱斯。

裏，而決不在白天殺人的。但是當他們正要殺死囚徒的時候，米尼埃伊人在當地所娶的妻子，也就是那些首要的斯巴達人的女兒們卻請求允許她們進入監獄並讓她們每一個人都能和自己的丈夫講話。拉凱戴孟人答應了她們，他們絕沒有想到這些婦女對他們會有什麼計謀。但是在她們進入獄中以後，她們便把所有她們的衣服給她們的丈夫，而她們自己則穿上了男子的服裝。因此這些米尼埃伊人便穿上了女人的衣服，裝著女人跑出來了。他們這樣跑出來之後，便再一次在塔烏該托斯山上建立了營地。

147 而就在這個時候，鐵拉司正在準備率領殖民者離開斯巴達。這個鐵拉司是波律涅凱斯的一個後代，他們兩人中間隔著鐵爾桑德洛斯、提撒美諾司和歐鐵希昂。這個鐵拉司是卡德謨司一族的人，他是阿里司托戴莫斯的兒子埃烏律司鐵涅斯和普羅克列斯的舅父；當這些男孩子還是年幼的時候，他在斯巴達以攝政的身分執掌王權。但是當他的外甥長大並成了國王的時候，鐵拉司既然嘗過執掌最高政權的味道，因此便受不住再當一名臣民；於是他說他不願再居留在拉凱戴孟，而是想渡海到他的親族那裏去。在現在稱爲鐵拉，但當時稱爲卡利斯塔的島上，有腓尼基人波依啓列司的兒子美姆布里阿洛司的後人；因爲阿該諾爾的兒子卡德謨司在尋找歐羅巴的時候曾在現在稱爲鐵拉的地方登陸，而在登陸之後，或者是因爲他喜歡這個地方，或者是因爲其他的什麼原因使他願意這樣作，他把自己的一個親戚美姆布里阿洛司以及其他一些腓尼基人留在這個島上了。在鐵拉司從拉凱戴孟到來之前，這些人在這個卡利斯塔島上已居住了八世。

148 因此，鐵拉司便率領著從各個部落選出的人們準備到他們這裏來了。他們打算和卡利斯塔的人們住在一起，他們不是把卡利斯塔人逐出，而是把他們稱作自己的親人。因此當米尼埃伊人逃出了監獄並在塔烏該托斯山上定居下來，而拉凱戴孟人議決把他們處死的時候，鐵拉司便請求饒他們的性命，不要殺死他們，他自己並答應把他們領出國土。拉凱戴孟人同意這樣作了，於是鐵拉司便率領著三艘三十橈船到美姆

布里阿洛司的後人那裏去；不過他不是帶著全部米尼埃伊人，而只是少數人，因爲他們之中較大的部分都到帕洛列阿塔伊人和考寇涅斯人的土地去，他們把這些人從那些地方趕出去以後，便把他們自己分成六部並在他們征服的國土上建立了六個城市，即列普勒昂、瑪啓司托司、普利克撒伊、披爾哥斯、埃披昂、努迪昂。它們的大部分在我的時候爲埃里司人所攻掠。至於上述的那個島（即卡利司塔島——譯者），則由於它的殖民者鐵拉司的名字而被稱爲鐵拉島。

149 但是旣然鐵拉司的兒子不願意和他一同乘船離開，於是父親便說他要把兒子像是把羊留到狼羣當中那樣地留在後面。在說了這話之後，這個年輕人便得到了一個歐約律科司（羊狼）的綽號，這綽號竟成了他的通用的名字。他生了一個兒子埃蓋烏斯，斯巴達的一個強大的埃蓋烏斯族便是因他而得名的。這一族的男子發現他們的孩子都活不大，於是他們便按照一個神託的指示，建立了拉伊歐司和歐伊狄波司㉒的復仇之神的神殿。在這之後，他們的孩子便都能活了。鐵拉地方他們的子孫的情況也是這樣。

150 在我的敍述當中，拉凱戴孟人和鐵拉人傳說的相同的地方就是這些；至於其他的部分，則就只是從鐵拉人那裏聽來的了。上述鐵拉司的後裔、鐵拉的國王埃撒尼歐司的兒子格林諾司從他自己的城市帶著犧牲用的牛百頭到戴爾波伊來。和他一同到這裏來的，除去他的本邦人之外，還有米尼阿伊族的埃烏培莫司的一個後人波律姆涅司托司的兒子巴托司。當鐵拉的國王格林諾司就其他事件請示神託的時候，女司祭的

㉒歐伊狄波司是底比斯國王拉伊歐司和他的妻子伊奧卡司塔之間所生的兒子。他幼時被棄但是遇救並給帶到遙遠的國度去。長大成人後他回來時，並不知道自己的身世，於是殺死了他的父親並娶了自己的母親。等後來他知道事情的真相時，已經太遲了。

回答是他應當在利比亞建立一座城市。但是格林諾司回答說：「主啊，我年紀已太老而且舉動也不靈活了，請你還是把命令下給這些年輕人中間的一位吧。」而在他講這話時他便是指著巴托司的。當時也就是說了這話便算了。但是在他們離開之後，他們卻沒有注意按照神託所吩咐的去辦，因爲他們不知道利比亞在世界上的什麼地方，並且沒有勇氣到他們所不了解的地方去殖民。

151 但是在這之後七年中間鐵拉都沒有下雨。島上他們所有的樹木，除去一株之外，全都乾死了。鐵拉人又到戴爾波伊去請示神託，而女司祭就提到說他們應當到利比亞去殖民。因此，既然沒有辦法制止他們的災禍，他們只好派使者到克里地去，到那裏尋找曾經旅行過利比亞的任何克里地人或是居留在那裏的外人。這些人在他們巡行該島時曾到達一個叫作伊塔諾司的城市，在那裏他們遇到了一個名叫科洛比歐司的採紫螺的漁夫。這個人告訴他們說，有一次他曾因大風迷路而到達利比亞，到那裏的一個稱爲普拉鐵阿的島。他們於是雇用這個人和他們一同到了鐵拉。起初從鐵拉只派出了少數人乘船到那裏去進行偵察。他們被科洛比歐司領到上述的普拉鐵阿島之後，便把科洛比歐司連同若干月的食糧留在那裏，而他們自己則以全速力乘船返回鐵拉報告有關該島的消息。

152 但是當他們離開那裏的時間超過了約定的日期時，科洛比歐司就沒有吃的東西了。但是一般駛往埃及，船長爲柯萊歐司的、薩摩司的船卻迷路而到了普拉鐵阿；薩摩司人從科洛比歐司那裏聽到了全部經過之後，就給他留下了一年的糧食。於是他們從該島乘船預備到埃及去，但是一陣東風把他們吹迷了路，結果他們竟通過海拉克列斯柱，因天意而一直到塔爾提索斯才停下。這個地方在那時是一個處女港（指希臘人還沒有到過的港口——譯者），因此薩摩司人在歸國之後由於他們的商品而獲得了比我們所確實知道的任何希臘人都要大的利益，例外的只有埃吉納人拉歐達瑪司的兒子索司特拉托司，因爲是沒有一個人可以和他相比的。薩摩司人用他們獲利的十分之一、即六塔蘭特製作了一件和阿爾哥斯的混酒鉢相似的青銅器，青銅器的整個邊緣上都鑄造得有格律普斯的頭部突出來；他們把這一青銅器安放在他們的希拉神殿裏，下面有三個巨大的跪著的青銅像支著，每個都有七佩巨斯高。薩摩司人所作的這件事是他們和庫列涅人與鐵拉人結成親密友誼的開端。

153 至於鐵拉人，則當他們把科洛比歐司留在島上之後而自己回到鐵拉時，他們就報告說他們已在利比亞沿岸的一個島上建立了一個殖民地。鐵拉人決定從他們的七區派遣男子出去，用抽籤的辦法選出每兩個兄弟中的一個並使巴托司成爲大家的領袖和國王。於是他們便裝備了兩隻五十橈船並把它們派到普拉鐵阿去了。

154 以上便是鐵拉人的說法。下面說的是鐵拉人和庫列涅人的說法相同的部分；但是關於巴托司人的說法，庫列涅人和鐵拉人的說法卻是完全不同的。他們的說法是這樣。在克里地有一個叫作歐阿克索司的城邦，它的統治者是埃鐵阿爾科斯。他有一個沒有母親的女兒普洛尼瑪，然而他卻不得不再娶一個後妻。當他的第二個妻子來到他家的時候，她就認爲她自己應該是普洛尼瑪的一個不折不扣的後母，她虐待普洛尼瑪並且對她出一切壞主意，最後她意指控她的女兒有淫亂的行爲並且說服了自己丈夫也相信了這種說法是眞的。埃鐵阿爾科斯被他的妻子說服之後，便對他自己的女兒作出了一件不能容忍的罪惡處罰辦法。在歐阿克索司地方有一個叫作鐵米松的鐵拉的商人。埃鐵阿爾科斯把這個人作爲自己的朋友招請了來，他要這個人發誓作他想要這個人作的任何事情。這樣作了之後，他便把自己的女兒交給這個人，要這個人把她帶走，把她投到海裏去。但是鐵米松卻因這一誓約的詭計而感到十分憤慨，故而他竟棄絕了他和埃鐵阿爾科斯之間的友誼；不久他便帶著這個女兒乘船出發了，他爲了履行他對埃鐵阿爾科斯的誓言，船到海上之後

他便把她用繩子繫住，把她下放到海裏去，然後再把她拉上來。他們隨後便來到了鐵拉。

155 在那裏一個知名的鐵拉人波律姆涅司托司娶了普洛尼瑪，使她成爲自己的妾。不久她便爲他生了一個兒子，這個兒子講話口齒不清並且口吃，鐵拉人和庫列涅人便說，他的父親給他起了個巴托司的名字。但是我以爲這個男孩子起的是另外一個名字，他是在到利比亞來的時候才改換了這個名字的，他起了這個新的名字，是由於他在戴爾波伊得到的神託和他接受的光榮職位。因爲利比亞語的國王是巴托司，而我以爲這就說明爲什麼佩提亞在預言中這樣稱呼他；她用一個利比亞的名字，是因爲她知道他會成爲利比亞國王的。原來在他長大成人的時候，他就到戴爾波伊去請示關於他的聲音的事情；佩提亞在回答時的宣託詞是這樣：

巴托司啊，你是來問聲音的事情的；但是國王波伊勃司・阿波羅
卻遣送你到利比亞去建立一個生產很多羊的殖民地。

她這就彷彿是用希臘語對他說：「國王啊，你是爲了聲音的目的來的。」但是他回答說：「主啊，我到這裏來是請示關於我的聲音的事情的，但是你的回答卻是關於別的事情，是關於那些不可能實現的事情的。你命令我在利比亞建立一個殖民地，可是我從什麼地方得到力量，得到人手來作這件事情呢？」巴托司這樣說了，但是神並沒有按照他的意思給他另一個宣託詞而是和先前一樣地回答了他。於是在佩提亞的話尙未講完的時候，他便離開到鐵拉去了。

156 但是後來巴托司和其他的鐵拉人都很不順遂；他們不知道爲什麼他們這樣的不走運，於是他們便派人到戴爾波伊去問有關他們當前的不幸的事情。佩提亞說，如果他們幫助巴托司到利比亞的庫列涅去殖民的話，那麼他們就會比現在好些。於是鐵拉人便派遣巴托司帶著兩艘五十橈的船出去。這些人乘船來到了

利比亞，但是他們一時不知道還應當作些什麼事而回到了鐵拉。但是鐵拉人卻在他們靠近海岸的時候向他們射擊，不許他們上岸而要他們返回。他們沒有辦法，只得回去並在利比亞沿岸的一個我已說過名叫普拉鐵阿的島上建立了一個殖民地。這個島據說和現在的庫列涅市同樣的大小。

157 他們在這個島上住了兩年。然而他們在那裏既然都很不得意，他們便留下他們中間的一個人在那裏，其他的人則到戴爾波伊去；到達之後，他們就請示神託，問他們儘管住在利比亞，但他們的運氣一點兒也沒有好轉起來。於是佩提亞便這樣回答他們說：

我到過，可是你們卻沒有到過產羊豐富的利比亞。

但如果你們比我對它知道得更清楚，那麼你們的智慧誠然就大爲使我贊賞了。

聽到這話之後，巴托司和他的人們就再度乘船回去了；因爲神在他們眞正地在利比亞殖民之前是不會放過他們去的。而在到達了普拉鐵阿並且又帶上了他們留在那裏的人之後，他們就在利比亞的本土建立了一個殖民地，這個地方對著普拉鐵阿島，名叫阿吉利司。這個地方的兩面都有最美麗的叢林環抱著，而它的一面還有河流過。

158 他們在這裏居留了六年。但是在第七個年頭，利比亞人懇求他們離開這個地方，利比亞人向他們表示願意把他們帶領到更好的一個地方去；於是他們便把希臘人從阿吉利司引開，把希臘人引向西方；他們是這樣地計算著白天的時刻，以便使希臘人在夜間走過他們國內最好的一個叫作伊拉撒的地方，因爲他們害怕希臘人在經過的時候會看到這個地方。於是希臘人便被引到一個叫作阿波羅泉的地方，他們向希臘人說：「希臘人啊，這裏是適於你們居住的；因爲這裏的天空上有一個漏孔。」

159 在統治了四十年的殖民地的建立者巴托司和統治了十七年的他的兒子阿爾凱西拉歐司的時期，庫列

涅的居民並不比他們初到殖民地來的那個時候的人更多。但是在第三個統治者的時候，即被稱爲幸運的巴托司的第三個統治者的時候，佩提亞用一個神託激勵全體希臘人渡海到利比亞去和庫列涅人住在一起。原來庫列涅人曾邀請他們來，答應他們分與土地；這便是當時的神託：

不管是誰，如果他在土地全部分配完畢之後才來到利比亞，那這個人一定後悔。

因此便有極大的一批人聚集在庫列涅，他們從相鄰的利比亞人的領土上割取了大片的土地。這些利比亞人和他們的國王阿地克蘭既然被掠奪了他們的土地又受到庫列涅人的虐待，於是他們便派人到埃及，而他們自己並且投到埃及國王阿普里埃司的手下去。阿普里埃司集合了一支埃及大軍去攻打庫列涅人；庫列涅人出兵到伊拉撒和鐵司特斯泉的地方，就在那裏和埃及人交鋒並戰勝了埃及人；因此埃及人那時對希臘人還不了解，因而不把他們的敵人放到眼裏。這一次他們遭到這樣程度的慘敗，以致他們當中返回埃及的人是很少的。由於這次的慘敗並因爲埃及人把這次的慘敗歸咎於阿普里埃司，埃及人便起來反抗他㉓。

160 這個巴托司有一個叫作阿爾凱西拉歐司的兒子。在他最初統治的時候，他曾和他自己的兄弟發生爭吵，直到他的兄弟們離開了他而到利比亞的另一個地方去的時候；他們在那裏給自己建立了一個城市，這座城市當時和現在都稱爲巴爾卡。當他們正在建立這個城市的時候，他們說服了利比亞人起來叛變庫列涅人。於是阿爾凱西拉歐司率領著一支軍隊到利比亞人的國土來，因爲利比亞人接納了他的兄弟們並且也起來叛變了。這些人害怕他而逃到東方的利比亞人那裏去。阿爾凱西拉歐司跟蹤追擊下去，一直來到利比亞的列烏康。利比亞人則決定在列烏康向他進攻，他們打了起來，從而完全戰勝了庫列涅人，以致七千名重

㉓這是五七〇年的事情。參見第二卷第一六一節。

武裝的庫列涅士兵被殺死了。在這次慘禍之後，病倒並且服了藥的阿爾凱西拉歐司便被他的兄弟哈里阿爾科司絞死了；但哈里阿爾科司卻又被阿爾凱西拉歐司的妻子埃律克索用謀略給殺害了。

161 阿爾凱西拉歐司的兒子巴托司繼承了王位，這是一個行走困難的跛子。身遭慘禍的庫列涅人派人到戴爾波伊去請示，他們應如何組織他們的國家才能獲致繁榮幸福的生活。佩提亞命令他們從阿爾卡地亞的曼提涅亞請一位仲裁者來。庫列涅人於是派人到那裏去請求，曼提涅亞人答應了他們的請求而把他們最尊敬的、一位名叫戴謨納克司的市民送到他們這裏來。當這個人到達庫列涅並了解了全部情況之後，他便把全體人民分成三個部落：鐵拉人和四面從屬於他們的利比亞人是第一個部落；伯羅奔尼撒人和克里地人是第二個部落；全體島民是第三個部落。此外，他只把某些領地和聖職留給他們的國王巴托司，卻把以前屬於國王的所有其他的一切都交到人民大衆的手裏去了。

162 在上述的巴托司在世的時候，這些規定是執行得很好的，但是在他的兒子阿爾凱西拉歐司的時期，關於國王的職權問題，發生了許多糾紛。跛腿的巴托司和培列提美的兒子阿爾凱西拉歐司不願意遵守戴謨納克司的規定，他要求把他祖先的那些特權還給他並爲這件事領導著他的一派進行了鬥爭。在鬥爭中他失敗了，他被驅逐到薩摩司去，他的母親則逃往賽浦路斯的撒拉米司。當時撒拉米司的統治者是埃維爾頓，這個人曾把那個令人看了驚嘆不已的香爐獻給戴爾波伊，這只香爐收藏在科林斯人的寶庫裏。培列提美便逃到他這裏來，她要求他出兵把她和她的兒子送回庫列涅。但是埃維爾頓則除去一支軍隊之外，什麼都願意給她。而當她在接受他給她的東西的時候說，這雖然是好的東西，但如果他應她之請給她一支軍隊那就更好了。不管他送給她什麼樣的禮物，她總是這樣說。最後埃維爾頓送給她黃金的紡錘和捲線竿，並且連羊毛都一同給她。而在培列提美還像先前那樣講的時候，他便回答說對於婦女的禮物只能是這樣的東西而不是軍隊。

163 正當著阿爾凱西拉歐司在薩摩司盡可能地把所有人的集合起來並且答應他們重分土地的時候，正當著一支大軍這樣地集合起來的時候，他便到戴爾波伊去請示神託關於他的返回的指示。佩提亞是這樣地回答了他的：「洛克西亞司允許四個巴托司和四個阿爾凱西拉歐司，也就是八代的人統治庫列涅，在這些人之外，我勸你千萬就不要一試了。至於你呢，你可以回到本國去老老實實地待著。如果你發現窖裏滿都是土甕的話，不要燒那些土甕而是乘風趕快把它們送出去㉔，如果你把它們放在窖裏燒的話，那麼就不要到四面環水的地方去，如果你這樣作，你和牲畜當中最好的牡牛就都會被殺死了。」

164 佩提亞回答阿爾凱西拉歐司的話便是這樣。於是阿爾凱西拉歐司便偕同他在薩摩司徵集來的人回到了庫列涅；可是他在取得了這個地方的最高政權之後，卻忘記了神託的話，而要對曾經放逐過他的敵人們進行報復。他的一些敵人已經完全離開了本國，阿爾凱西拉歐司捉住了另一些人並把這些人送到賽浦路斯去處死。但這些人卻由於迷路而到了克尼多斯，克尼多斯人救了他們並把他們送到了鐵拉。另一些庫列涅人則逃到屬於一個名叫阿格羅瑪科司的私人的大塔去避難，於是阿爾凱西拉歐司便在它的四周堆起木材來在那裏燒死了他們。可是在他這樣作了之後，他才認識到這正是戴爾波伊的神託所曾指點給他的意思，即當他發現窖裏有土甕的時候，不要在窖裏燒它們，但這時已經晚了。因此也便不按照他原定的目的進入庫列涅人的城市，因爲他害怕預言中所說的他的死亡，並認爲四面環海的地方也正是庫列涅。既然他的妻子是他的親戚巴爾卡國王阿拉吉爾的女兒，他便到阿拉吉爾那裏去了。但是巴爾卡人和從庫列涅跑來的一些

㉔這就是說，隨它們怎樣也不要去管它們。

亡命者當他來到市場的時候認出了他並把他殺死了。同時他的岳父阿拉吉爾也給他們殺死了。因此阿爾凱西拉歐司不管是有意還是無意不聽從神託告訴他的話，他還是沒有逃脫他注定的命運。

165 正當阿爾凱西拉歐司在作出了招引災禍的事之後而定居在巴爾卡的時候，他的母親培列提美在庫列涅掌握了他的兒子的大權，她在那裏代他治理國事，和其他人一道參加國事會議，但是當她聽到她的兒子死在巴爾卡的時候，她立刻便逃到埃及去，因爲她以爲阿爾凱西拉歐司曾在居魯士的兒子剛比西斯身上作過好事情。因爲正是這個阿爾凱西拉歐司曾把庫列涅給予剛比西斯並同意向他納貢。因此在她到達埃及的時候，培列提美便懇請阿律安戴司的庇護，要求他替她報仇，而她的口實就是他的兒子是因爲對美地亞人表示好意才被殺死的。

166 這個阿律安戴司被剛比西斯任命爲埃及的太守；後來他由於處處想和大流士分庭抗禮而被處死。因爲阿律安戴司知道和看到大流士想留下一件任何國王都沒有作過的東西作爲自己的紀念，他便模仿大流士，直到他竟然得到了報應的時候。大流士曾用成色極高的黃金鑄造金幣，而當時統治埃及的阿律安戴司便鑄造了同樣的銀幣；結果沒有一種銀幣的成色像是阿律安戴司的銀幣那樣純。但是當大流士聽到阿律安戴司這樣作的時候，便把他處死，處死的口實不是這一點，而是阿律安戴司謀叛。

167 這時我所說的阿律安戴司是同情培列提美的，他把埃及的全部陸海軍都交給了她，並任命瑪拉波司人阿瑪西斯爲陸軍統帥，帕撒爾伽達伊族的巴德列斯爲海軍統帥。但是在把大軍派出去之前，阿律安戴司派一名使者到巴爾卡去探聽，是誰殺死了阿爾凱西拉歐司。巴爾卡人回答說是全城的人殺死了他，因爲阿爾凱西拉歐司對他們作出了許多不義的事情。阿律安戴司聽到了這一番話以後，便下令他的軍隊和培列提美一同出發了。這不過是作爲出征的一個口實罷了。但是在我看來，這支軍隊是派出去征服利比亞的。因爲利比亞人的部落有許多並且是多種多樣的，雖然其中有一些是國王的臣民，但他們的較大的一部分卻是根本不把大流士放到眼裏的。

168 至於居住在利比亞的各部落的生活情況則是這樣的。先以埃及爲起點，則住得最近的是阿杜爾瑪奇達伊人。他們的風俗習慣大部分是和埃及人相似的，但是他們的衣服卻和其他的利比亞人相同。他們的婦女在兩腿上戴著青銅圈，他們的頭髮是長的，他們每人拿自己身上的虱子，用嘴咬死以後再拋掉。利比亞人當中只有他們這樣作，也只有他們所有行將結婚的少女領給國王看，只要國王喜歡的話，他可以占有她們隨便任何人的處女之身（大概指初夜權——譯者）。這些阿杜爾瑪奇達伊人住在從埃及到一個稱爲普律諾司港的港口地方。

169 接在他們後面的是吉里伽瑪伊人，他們占居西部的地區直到阿普羅狄西阿司島的地方。庫列涅人所殖民的普拉鐵阿島就是在這一段地區的海岸之外的，而在大陸上則有稱爲美涅拉歐司的海港和庫列涅人所曾居住過的那個阿吉利司。昔爾披昂草的產區以此爲起點，它是從普拉鐵阿島直到敍爾提斯河河口的。這個民族在風俗習慣上和其他民族是相同的。

170 接在吉里伽瑪伊人以西的民族是阿司布司塔依人，他們居住在庫列涅的內地，而沒有到達海岸，因爲那裏是庫列涅人的地區了。在利比亞人當中，他們是最多駕駛四馬馬車的民族。他們的習俗大體上都是模仿庫列涅人的。

171 在阿司布司塔依人以西的是阿烏司奇撒伊人，他們住在巴爾卡的內地，但是他們在埃烏埃司佩里戴司附近的地方臨海。在阿烏司奇撒伊人的地區的中心，住著一個稱爲巴卡列司的小部落，他們的土地在巴爾卡的一個城市塔烏奇拉的地方臨海，他們的風俗習慣和在庫列涅內地的居民相同。

172阿烏司奇撒伊人以西的是納撒摩涅司人，這是一個人口衆多的部落。他們在夏天的時候把自己的牲畜留在海邊而上行到稱爲奧吉拉的地方去採集棗椰子的果實，這種樹木在那裏生長得又多又大，而且又都是結果子的。他們又捕捉蝗蟲，蝗蟲捉到後放在太陽下曬乾、研碎，然後撒到奶裏飲用。他們的習慣是每個男子都有許多妻子，他們和婦女又是雜交的，就和瑪撒該塔伊人的情形一樣。他們把一個棒子放在居室的門前，然後即性交。當一個納撒摩涅司的男子第一次結婚時，在第一夜裏新娘必須按照習慣和所有的來賓依次性交。而每一個男子在和她性交之後，便把從家中帶來的禮物送給她。至於他們的發誓和占卜的方式，則他們是把他們的手放在他們中間號稱最公正和最優秀的人物的墳墓上面，他們是憑著這些人的名字發誓的。他們的占卜方式是他們到他們祖先的墳墓那裏去，在那裏祈禱之後，便倒下來睡覺，而以他們所作的不管什麼夢作爲神託。當他們相互保證信誼的時候，他們是相互用自己的手來飲對方，如果沒有飲料的話，他們便從地上把土捧起來用舌頭來舔。

173和納撒摩涅司人相鄰的是普銤洛伊人，他們是由於下述的情況而滅了種的。不斷刮來的南風把他們用來貯水的一切水池全都吹乾了。結果在銤爾提斯境內他們的全部領土，都沒有水了。因此普銤洛伊人便大家商議並一致同意向南風的方面進擊（我是按照利比亞人的傳說銤述的），因此在他們進入沙漠地帶的時候，一陣強烈的南風把他們埋掉了。於是他們便全部死掉了，納撒摩涅司人占有了他們的國土。

174在這些人南部的內地，伽拉曼鐵司人居住在野獸出沒的地區。他們避免被人們看見和與人們交往，他們既無武器，也不知道如何保衛他們自己。

175這些人居住在納撒摩涅司人的內地，在西方相鄰的沿海地帶則是瑪卡伊人的地區。這種人把他們的頭髮剃成一塊，留在他們的頭頂上長著，兩邊的頭髮則全部剃掉。他們在戰爭中所攜帶的盾牌是鴕鳥皮製成的。奇努普司河發源於一座名爲卡里鐵司的小山，流經他們的國土入海。這座小山上面長著蔥鬱的樹林，但我所提到的利比亞的其他地區卻都是不毛之地；它離海是二百斯塔迪昂遠。

176和瑪卡伊人相鄰接的是金達涅司人，他們那裏的每一個婦女都帶著許多皮制的踝環，因爲據她只要和一個男人發生過關係，她便戴上這樣一個皮踝環。戴得最多的也是最有聲望的，因爲愛她的人是最多的。

177從金達涅司人的地方向海突出一個地岬。在這上面住著洛托帕哥伊人（意爲食蓮族——譯者），因爲他們的唯一食品就是蓮子。蓮子的大小和乳香樹的漿果差不多，它有棗椰子那樣的甜味；洛托帕哥伊人不單吃它，還用它來造酒。

178鄰接著他們，在沿海的地方則是瑪科律埃司人，他們也以蓮爲食，但不如上述洛托帕哥伊人用得那樣多。他們的國土一直伸展到一條稱爲妥里通河的大河，這條大河注入一個妥里托尼司大湖，大湖裏有一個普拉島。據說拉凱戴孟人曾遵照神託的話，在這個島上建立了一個居民地。

179還有人講了這樣的一個故事：據說當人們在佩里洪山的山腳下造好了阿爾哥號船的時候，雅孫在船上載運了一百頭犧牲用牛，此外又把一個青銅三腳架放了上去，然後便出發繞航伯羅奔尼撒，以便可以到達戴爾波伊。但是途中他在瑪列亞附近的海面上航行的時候，一陣北風襲來，把他帶到利比亞去，而在他能夠發現陸地之前，他便到達了妥利托尼司湖的淺灘。在那裏，正當他還不能找到出路的時候，傳說妥利通向他顯現並命令雅孫把三腳架給他，這樣便答應他把海峽指點給水手們並安全地把他們送上航程。雅孫按照他的吩咐作了，於是妥利通便指給他們離開淺灘的出路並把三腳架放到自己的神殿裏面。他在三腳架上一坐便作了預言，而把全部情況告訴了雅孫和他的同伴們：這就是，當阿爾哥號的水手們的任何後裔要把這三腳架拿走的時候，那就必得在妥利托尼司湖的岸上建立一百座希臘城市。據說當地的利比亞人在聽到了這話之後，就把三腳架給藏起來了。

180 鄰接著瑪科律埃司人的是歐賽埃司人；他們和瑪科律埃司人中間隔著一條妥里通河，他們住在妥里托尼可湖的岸上。瑪科律埃司人把長髮留在頭的後面，但歐賽埃司人則是留在前面。他們對雅典娜神每年舉行一次祝祭，在祝祭的時候，他們的少女分成兩隊，相互用石頭和木棒交戰，據他們說這樣作是遵照他們的祖先的方式來崇敬當地的那個我們稱之爲雅典娜的女神。因傷致死的少女則被稱假處女。在女孩子們開始交戰之前，全體人民總是先把最漂亮的女孩子選出來，給她戴上科林斯的頭盔和穿上希臘的全副甲冑，然後使她登上戰車，在整個湖岸上奔行。在希臘人住到他們的近旁來之前，他們用什麼武器裝備他們的女孩子我說不清楚，但是我認爲這武器是埃及的，因爲我以爲希臘的盾和頭盔都是從埃及來的。至於雅典娜，則他們說，她是波賽東和妥里托尼司湖的女兒，而由於某種原因和父親鬧翻了，於是她便投到宙斯那裏去，宙斯於是收留她爲自己的女兒。他們的傳說的內容就是這樣。那裏的男女之間是亂婚的。他們並不是夫妻同居，而是像牲畜那樣地交媾。當一個婦女的孩子長大的時候，他便給帶到每三個月集會一次的男子們那裏去，而這個孩子便算作是和他最相像的那個男子的兒子。

181 我現在所談的是居住在海岸地帶的全體游牧的利比亞人。從這些人居住的地區深入內地，則是利比亞的那片野獸出沒的地區了，再過去這片野獸出沒的地區，則是一條形成丘陵的沙漠地帶，這一地帶從埃及的底比斯一直伸展到海拉克列斯柱的地方。沿著這一條沙丘地帶每走十天，就會看到堆得像小山一樣的極多的大鹽塊。在每一座小山的山頂上都有又甜又涼的泉水從鹽塊中間噴射出來；在沙漠最遠處和遠在野獸出沒的地區內地的人們住在它的周邊。從底比斯開始，經過十天的路程，首先就是阿蒙人，他們的神殿是崇拜底比斯的宙斯的；因爲我已經說過，底比斯的宙斯神像是有一個山羊的頭的。此外，他們另有一個水泉，這個水泉在黎明時是溫的，在市場上正熱鬧的時候涼一些，正午的時候非常涼；而他們便用這時候的水澆他們的園子。從正午之後，涼度也隨之漸減，直到日落之際水再復溫時爲止。此後它就變得越來越熱，一直到午夜，那時它竟會沸騰起來；在午夜之後直到黎明，它就又越來越涼了。這個泉被稱爲太陽泉。

182 從阿蒙人的地方沿著沙丘地帶再走十天，就會遇到和阿蒙人那裏相同的一個小鹽山與水泉，而人也就住在那裏。這個地方稱爲奧吉拉。納撒摩涅司人通常就是到這裏來採集棗椰子的果實的。

183 從奧吉拉再走十天，又和其他地方一樣，可以遇到一座小鹽山和水泉以及許多生產果實的棗椰子樹；住在那裏的人稱爲伽拉曼鐵司人，這是一個極大的民族。他們在他們鋪在鹽上面的土壤裏播種。從這裏向洛托帕哥伊的國王有一條最短的道路，這是三十天的路程。在伽拉曼鐵司人那裏有一種吃草時向後退的牛，這樣作的理由是它們的角向前屈，因此它們在吃草的時候便向後退，而不能向前走，因爲向前走牛角就會插到地裏去。在所有其他方面，它們和其他的牛是相同的，不同的只是它們的皮較厚、較粗硬而已。這些伽拉曼鐵司人乘著四馬的戰車追擊穴居的埃西歐匹亞人：因爲埃西歐匹亞的穴居人是比我們聽到故事中所提到的任何人都要跑得快。他們是以蛇和蜥蜴以及諸如此類的爬行動物爲食的。他們的語言和世界上任何人的語言都不同；它是和蝙蝠的叫聲差不多的。

184 從伽拉曼鐵司人的地方再走十天，又會遇到鹽山和水，在那周邊住著的人叫作阿塔蘭鐵司人。這是我們所知道的、僅有的沒有名字的人們。因爲他們的全體居民都叫作阿塔蘭鐵司，但是沒有一個人有自己的名字。當太陽光高高升到天上去的時候，這些人便咒詛並用極其粗野的話罵它，因爲太陽的灼熱使他們的人民和土地備受痛苦。再過去十天的路程之後，便又有一個鹽山和水，而且有人居住在那裏。在這鹽山的附近有一個叫作阿特拉斯的山，這個山的形狀是細長的，四面是圓的；而據說它是這樣地高以致人們看不到它的山峰，因爲不論是冬天還是夏天總是有雲環繞在山峰的四周。當地的人則稱它爲天柱。這些人從這個山得到了自己的名字，即阿特蘭鐵司人。據說他們是不吃活物的，而且在睡覺的時候是不作夢的。

185 我知道並且可以說出住在丘陵地帶上直到阿特蘭鐵司人那裏的所有民族的名字，但再過去就不知道了。但是我知道的是，這個丘陵地帶一直伸展到海拉克列斯柱和它的那一面。在這個丘陵地帶上，每行十日便有一個鹽礦，並有人住在那裏。他們的房屋都是用鹽塊築成的，這裏也就是利比亞的不下雨的部分，因爲用鹽築成的牆壁如果有雨的話是站不住的。從礦裏開出來的鹽是白色和紫色的。在這一地帶的那一面，即利比亞的南部和內地的部分則是沙漠和無水地帶；那裏沒有野獸，沒有雨，沒有樹林，這個地區是完全沒有濕潤的東西的。

186 因此從埃及到妥里托尼司湖的利比亞人，都是吃肉飲乳的游牧民族。由於埃及人所說的同樣理由，他們是完全不吃牛肉的；而且他們也不養豬。庫列涅的婦女也認爲吃牛肉是不對的，這是因爲他們對埃及的伊西司表示尊敬的緣故。他們甚至爲了這位女神斷食和舉行祝祭。巴爾卡的婦女則不單是不吃牝牛，她們連豬也不吃。

187 這一地區的情況便有如上述。但是在妥里托尼司湖以西，利比亞人便不是游牧民族了。他們有著不同的風俗習慣，他們對待他們的孩子的方式也和游牧民族通常對待孩子的方式不同。因爲許多利比亞游牧民族的習慣，雖然我不能確說是否全體利比亞人的習慣，是當他們的孩子到四歲的時候，他們便用羊毛脂來灸這些孩子頭頂上的血管，有時則是灸太陽穴上的血管。他們這樣作是爲了使孩子在日後不致被那從頭

上流下來的體液所害。他們說這樣作會使他們的孩子十分健康。實際上我們所知道的任何人都不如利比亞人那樣健康。但是我不能確切說出，是不是由於這種作法的緣故。但他們確是極其健康的。當孩子被灸痛而全身抽動的時候，利比亞人找到了一個治療辦法，這就是把山羊尿灑到孩子的身上去，這樣就可以把孩子們治好了。這是利比亞人他們自己說的。

188 游牧民族的奉獻犧牲的方式是先從犧牲的耳朵上切下一塊來作爲初獻，並把切下來的這一塊拋到房屋上去。在這之後，也們才扭折犧牲的頸部。他們只向太陽和月亮奉獻犧牲，這就是說，全體利比亞人都是這樣作的。但是妥里托尼司湖岸上的居民主要地卻只向雅典娜奉獻犧牲，其次才是妥里通和波賽東兩個神。

189 看來雅典娜的神像所穿的衣服和埃吉司短衣是希臘人從利比亞婦女那裏學來的。因爲除去利比亞婦女的衣服是皮子製的而她們那山羊皮的埃吉司短衣的繐子不是蛇而是革紐之外，在所有其他方面她們的衣飾都是相同的。而且這個名稱的本身便證明，帕拉司・雅典娜神像的衣服是從利比亞來的。因爲利比亞的婦女在她們的衣服上面披著用茜草染色的、沒有毛但是有繐的山羊皮，稱爲埃蓋阿，而希臘人則把這種羊皮衣服的名稱改爲埃吉司。此外，我以爲在舉行祭禮時的喊聲最初也是從利比亞來的：因爲那裏的婦女就是喊得非常動聽的。而且駕駛四馬戰車的辦法，希臘人也是從利比亞人那裏學來的。

190 除去納撒摩涅司人以外，游牧民是用和希臘相同的辦法來埋葬死者的。他們用坐著的姿式來埋葬死者，因此他們注意使垂死的人在死去的時候坐著而不是仰臥著。他們的房屋是用日光蘭的莖編纏在葦子上面造成的，這種房屋可以搬到各處去。利比亞人的風俗習慣就是這樣。

191 在妥里通河以西的地方，緊接著歐賽埃司人的則是耕種田地並且有自己的房屋的利比亞人的國土，

他們被稱爲瑪克敍埃司人。他們在他們頭部的右側蓄髮，卻把左側剃掉，此外他們還把他們的身體染成朱紅色。他們自稱是特洛伊的人們的後裔。他們的國土和利比亞西部的其他地方比起游牧民族的地區來野獸要多得多，森林也比較多。游牧民所居住的利比亞東部地區，直到妥里通河的地方，是低地和沙質地。但是在這以西的地方，即農耕者所居住的地方卻有極多的山和森林，並且有許多野獸出沒。在那個地方有巨蟒和獅子，有象，有熊和毒蛇，有長著角的驢子，有狗頭人，有像利比亞人所說的沒有腦袋但是眼睛長在胸部的人，有男的和女的野人，此外還有許多並不出奇的生物。

192 但是在游牧者的地區，這些東西卻是一樣也沒有。不過有另外一些東西，比如佩伽爾戈司羚羊（白尾羚羊——譯者）、多爾卡司羚羊㉕、布巴利司羚羊㉖，沒有角但被稱爲不飲水的驢子（而它們確實是不喝水的），歐律司大羚羊，這種羚羊的角用來製造豎琴的架子，狐狸、鬣狗、豪豬、野羊、狄克圖埃司、豺、豹、波律埃司、三佩巨斯長和蜥蜴很像的陸上鰐魚和鴕鳥以及一隻角的小蛇；所有這些動物都是其他任何地方都有的獸類之外的動物，只有鹿和野豬是例外。這兩種動物是全部利比亞任何地方也沒有的。在這個地方有三種老鼠，一種是雙足鼠，一種是吉格里厄司鼠（這種老鼠的名稱是利比亞語，在希臘語中是山的意思），還有一種則是刺猬了。在生長著昔爾披昂草的地帶還發現有伶鼬，這裏的伶鼬和塔爾提索斯地方的伶鼬非常相似。游牧民的地區中的野獸是這樣地多，我們如不盡力調查，是不能知道它們的底細的。

㉕瞪羚。
㉖狷羚。

193 和利比亞地方瑪克敍埃司人相鄰的則是撒烏埃凱司人，他們的婦女是驅著戰車去作戰的。

194 鄰接著這些人則是顧藏鐵司人，他們那裏的蜂蜜很多，據說人工製造的蜜則更多。可以確定的是，他們都用朱紅色塗抹自己的身體，他們吃在他們山中有很多的猿猴。

195 迦太基人說，在他們的海岸之外，有一個二百斯塔迪昂長但是很窄的島，叫作庫勞伊司島。從大陸上有一航路通到那裏去；島上到處都長著橄欖樹和葡萄樹。據說在這個島上有一個湖，當地的少女便用塗著瀝青的羽毛從這個湖的泥裏挖掘金砂。我不知道這是不是實有其事。我只是把人們傳說的寫下來而已。不過，所有的事情都可能是眞的；因爲我自己就親看見在札昆托斯地方人們從一個水池的水中取瀝青。那裏的水池是有很多的，其中最大的長寬各有七十尺，而深則有二歐爾巨阿。他們把尖端繫著桃金娘的枝子的竿子插到池子裏面去，然後用這桃金娘的枝子把瀝青沾上來，瀝青的氣味和阿斯帕爾托司差不多，不過在其他方面，這裏的瀝青是比披埃里亞的瀝青要好的。然後他們把瀝青傾倒到他們在池子近旁所挖掘的坑裏去，而當那裏積存了很多的瀝青時候，他們就從那個坑再把瀝青裝滿在容器裏。凡是掉到池子裏去的東西，都會從地下面帶走並重新出現在離池子大約有四斯塔迪昂遠的海裏。因此，從利比亞海岸地帶的島上來的這個說法好像是眞的。

196 迦太基人還說了另外的一個故事。他們說，利比亞有這樣一個地方，那裏的人是住在海拉克列斯柱的外面的，他們到達了這個地方並卸下了他們的貨物；而在他們沿著海岸把貨物陳列停妥之後，便登上了船，點起了有煙的火。當地的人民看到了煙便到海邊來，他們放下了換取貨物的黃金，然後從停貨的地方退開。於是迦太基人便下船，檢查黃金；如果他們覺得黃金的數量對他們的貨物來說價格公平的話，他們便收下黃金，走他們的道路；如果覺得不公平的話，他們便再到船上去等著，而那裏的人們便回來把更多的黃金加上去直到船上的人滿意時爲止。據說在這件事上雙方是互不欺騙的。伽太基直到黃金和他們的貨物價值相等時才去取黃金，而那裏的人也只有在船上的人取走了黃金的時候才去動貨物。

197 這便是我們可以舉出名字來的全體利比亞人，而他們的國王在那個時代大都是根本不把美地亞人的國王放到眼裏的，而在現在他們仍然是這個樣子。因此我還要說一點關於這個國家的事情：據我們所知道的，正是有四個民族住在那裏，兩個民族是土著的，兩個不是。利比亞北部的利比亞人和它的南部的埃西歐匹亞人是土著的，腓尼基人和希臘人則是後來才遷到那裏去住的。

198 在我看來，利比亞並沒有任何一個地方，其優點足以與亞細亞或歐羅巴相比，例外的只有一個和當地的河流奇努普司同名的地區。這個地區和世界上最肥沃的產穀地區相比都毫無遜色，它和利比亞其餘的地區也是完全不同的。因爲這裏的土壤是黑色的，受到泉水的良好灌溉，不怕旱，又不會因暴雨而變澇；原來在利比亞的這一部分是有雨的。那裏的穀物產量和巴比倫地方相同。埃烏埃司佩里塔伊人居住的土地也是好的，它最多的時候收獲量達種子的一百倍。但是奇努普司人地區土地的收獲量則高達種子的三百倍。

199 庫列涅地區是利比亞的最高的部分，游牧者便是住在這裏的，這一地區極其令人驚嘆的地方是它有三個收獲的季節。首先在海岸上，地上生長的果實成熟到可以收割和摘取的地步；當這些水果採集完畢的時候，海岸再向上的中間地區，即他們稱爲山區的地方又成熟到收割的時候了；而在中間地區剛剛收割完畢之後，最高的地方的莊稼又熟了。因此在大地上最早收獲的穀物已經作爲食物和飲料消費完了的時候，最後的莊稼也就接上了。這樣看來，庫列涅人便有了一個長達八個月的收穫期。關於這些事情，我就談到這裏爲止了。

200現在當阿律安戴司從埃及派出去爲培列提美報仇的波斯軍到達巴爾卡的時候㉗，他們便包圍了這座城，要求引渡對殺死阿爾凱西拉歐司這件事有責任的那些人：但是巴爾卡人的全體都參予了這件事情，因此他們不同意投降。於是波斯人便把巴爾卡包圍了九個月，他們挖掘通向城牆的地道並且進行猛烈的襲擊。但是這個坑道卻給一個鍛冶匠用一只青銅盾給發覺了，下面說一說他是如何發覺的：他帶著盾牌順著城牆的內部巡視，用它來敲擊城內的土地。所有其他的地方在敲擊的時候發生鈍音，但是在有地道的地方，青銅盾發生響亮的聲音。巴爾卡人在這裏對著它挖了一個逆行的地道並把在那裏挖地的波斯人殺死了。地道便這樣地被發覺了，而襲擊也便被巴爾卡市民擊退了。

201許多時間消耗過去，雙方都有許多陣亡的人，而波斯的這一方面陣亡的人絲毫不少於對方，於是統率陸軍的阿瑪西斯便想出了這樣一個計策，因爲他看出來，巴爾卡雖不能用武力攻克，卻是能夠用巧計攻克的。他在夜裏挖掘一個很寬的壕溝並在上面搭著薄薄的木板，木板上他再蓋上一層和地面一樣平的土。然後，到白天的時候，他便請巴爾卡人和他談判，巴爾卡人立刻同意。終於大家達成了和議。協議是這樣達成的：他們站在掩蓋住的壕溝上，相互起誓說在他們所站立的土地不改變的時候，他們將永會遵守誓約。巴爾卡人答應給國王相當數目的金額，波斯人則保證不再加害於巴爾卡人。在立了嚴肅的誓約以後，相信了這件事並打開了他們的全部城門的市民自己從城裏出來並且容許他們所有願意進城的敵人進城去。但是波斯人卻毀壞了暗橋而湧到城裏去。他們毀了他們所造的暗橋，這樣他們便可以不致背棄他們對巴爾卡人的誓約，這就是：在土地原封不動的時候，這個條約永遠有效。但如果他們毀壞了暗橋的話，這個條

㉗按本卷第一六七節。

約便不再生效了。

202 當巴爾卡人被波斯人引渡給培列提美的時候，她便把巴爾卡人中間的那些首犯沿著城牆上面一一處以磔刑。他們的婦女的乳房都被割去，同樣給放置在城牆上。至於其他的巴爾卡人，則她囑告波斯人把他們作爲戰利品帶走，例外的只有巴托司家的人們和那些沒有參加屠殺的人們。於是她便把全城交到這些人的手裏來管理了。

203 波斯人便這樣地奴役了其餘的巴爾卡人並回師了。當他們來到庫列涅市的時候，庫列涅人允許他們穿過自己的城市，爲了是使一次的神託應驗。在軍隊穿過時候，海軍的統帥巴德列斯主張攻取這個城市，但陸軍的統帥阿瑪西斯卻不同意，他說他是奉派出來征服巴爾卡，而不是其他希臘城市的。結果，他們穿過了庫列涅並且駐扎在律凱歐司·宙斯的山上。他們到那裏才後悔沒有攻取這個城市並試圖再進入這個城市，但是庫列涅人不許他們進來了。可是，雖然沒有任何人攻擊波斯人，但是波斯人卻突然害起怕來，於是他們便逃到一個離那裏有六十斯塔迪昂的地方去並在那裏紮了營。正當大軍駐屯在那裏的時候，從阿律安戴司那裏來了一名使者命令他們回去。波斯人向庫列涅人請求並且得到了他們進軍時的糧草，而在他們得到之後，便離開到埃及去了；但是在那之後，他們卻落到了利比亞人的手裏，利比亞人爲了取得他們的衣服和裝具而把他們軍隊中遲緩的和掉隊的都給殺死了，直到他們終於到達埃及的時候。

204 這支波斯軍隊在利比亞所走到的最遠的地方是埃烏埃司佩里戴司城，再遠的地方便沒有去過了。至於他們俘虜爲奴隸的巴爾卡人，他們從埃及把他們放逐出去並使他們到國王那裏去，而大流士便把巴克妥利亞這個城市給他們來居住。他們便把這座城稱爲巴爾卡，而直到我的這個時候，巴克妥利亞的這個城市還是有人居住的。

265 但是培列提美她的下場也並不是圓滿的。原來在她爲自己對巴爾卡人進行了報復並返回埃及之後，她立刻便很慘地死去了。她的身體潰爛發生了蛆。看來神對於進行過份苛酷的報復的人，也是非常忌恨的。說起來，巴托司的女兒培列提美對於巴爾卡人所進行的上述的報復就是這樣的殘酷無情的。

第五卷

1大流士留在歐羅巴交給美伽巴佐斯統率的那些波斯人既然發現佩林托斯人不願意臣服於大流士，於是便在海列斯彭特人當中首先把他們征服了。這些佩林托斯人先前便已經吃到了派歐尼亞人的很大苦頭。因爲從司妥律蒙來的派歐尼亞人曾遵照著他們的神的神託的指示向佩林托斯人進軍，神託指示說，如果和他們對陣的佩林托斯人向他們呼喊，叫出他們的名字，那麼便向他們進攻，如果不這樣呼喊的話，便不向他們進攻。派歐尼亞人便是這樣作的；佩林托司人在他們的城前屯營的時候，由於挑戰的緣故，在兩軍之間進行了三種單對單的決鬥，即人對人，馬對馬，狗對狗。佩林托斯人在兩種決鬥中得到了勝利並歡欣鼓舞地喊出了派昂的呼聲①。派歐尼亞人卻認爲這正是神託所提到的那件事情。於是我以爲他們就相互告訴說：「預言裏的話這回確實是應驗了，現在正是我們動手的時候了。」因此正在佩林托斯人呼喊派昂的時候，派歐尼亞人便向他們發動了進攻，並使佩林托斯人吃了慘重的敗仗，他們的敵人在這場戰鬥中活命的寥寥無幾。

2佩林托斯人先前已受到派歐尼亞人的這樣的打擊了。而現在他們卻爲他們的自由而英勇地戰鬥，但是由於衆寡懸殊他們仍然是爲美伽巴佐斯和波斯人征服了。佩林托斯被攻克之後，美伽巴佐斯便率領他的軍隊通過色雷斯，征服了那一地區每一座城和每一個民族使之服從國王的統治。因爲征服色雷斯，這也是大流士給他的命令呢。

3 除去印度人之外，色雷斯人是世界上最大的民族。如果他們由一個人來統治或是萬衆一心地團結起來，在我看來他們就會是天下無敵的，就會成爲世界上最強大的民族。但是既然沒有一個什麼辦法來實現這一點，他們便由於這個原因而是軟弱的了。他們有許多的名稱，每一個部落都依照他們所在的地區得名。所有這些色雷斯人的風俗習慣都是相同的，例外的只有蓋塔伊人、妥勞索伊人和住在克列斯通人上方的人。

4 自信是長生不死的蓋塔伊人，他們的風俗習慣我已說過了②。在所有其他方面的風俗習慣和其他色雷斯人相同的妥勞索伊人，他們在出生和死亡時所作的事情下面我要說一說。當生孩子的時候，親族便團團圍坐在這個孩子的四周，歷數著人世間的一切苦惱，並爲這孩子生出之後所必須體驗的一切不幸事件表示哀悼。但是在葬埋死者的時候，他們卻反而是歡欣快樂的，因爲他解脫了許多的災禍而達到了完滿的幸福境地。

5 住在克列斯通人上方的那些人是有他們自己的風俗習慣的。他們每個人都有很多妻子，在一個男人死去的時候，在他的妻子中間會發生很大的爭論，而在他們的朋友方面也有激烈的爭執，以便證明哪一個妻子是丈夫所最寵愛的。而被判定享有這一榮譽的妻子便受到男子和婦女的稱賞，然後她被她最親近的人

---

①希臘人在獲得勝利時，要感謝阿波羅神。在他們唱的凱歌裏，便重複「伊埃·派昂」的句子。但在這裏給派歐尼亞人聽起來，好像是呼叫他們的名字，向他們挑戰似的。

②參見第四卷第九四節。

殺死在她的丈夫的墳墓上，而和她丈夫埋葬在一處。其他的妻子則認爲這是一件很倒霉的事情，覺得她們這樣是受到了很大的恥辱。

6至於其他色雷斯人，則他們的風俗是把他們的孩子作爲輸出品賣到國外去。他們一點也不去管束他們的少女，而是任憑她們和隨便她們所喜好的一些男人發生關係。但是對於自己的妻子，他們卻監視得很嚴並且是用重價從她們的父母那裏買來的。刺青被認爲是出身高貴的標幟，身上沒有刺青則就表示是下賤的人了。無所事事的人被認爲是最尊貴的，但耕地的人則最受蔑視，靠戰爭和打劫爲生的人被認爲是一切人當中最榮譽的。這就是他們的最引人注意的習慣。

7他們所崇奉的神只有阿列斯、狄奧尼索斯和阿爾鐵米司③。但是他們的國王卻和其他的國人不同，他們所最崇奉的神是海爾美士，國王們只憑著這一個神的名字發誓，他們自稱是海爾美士的後裔。

8在他們的有錢人當中，葬儀是這樣的。他們把死者的遺體在外面陳列三日，然後，他們先爲死者哀哭，繼而在屠殺一切種類的犧牲以後，便大張飲宴；在這之後，他們或是舉行火葬，或是不用火葬而把死屍埋到土裏去。而在他們築起了一座墳墓之後，他們便舉行各種的比賽，在比賽中個人的比賽最難的則給以最大的獎賞。色雷斯人的葬儀就是這樣。

9在這個國家的北面是什麼地方，什麼人住在那裏是沒有人能確實地說出來的。渡過伊斯特河，你所能看到的只是一望無際的荒漠地帶。我所能知道住在伊斯特河彼岸的，只有那穿著美地亞人的服裝的稱爲昔恭納伊人的一種人。他們的馬據說全身都長著有五達克杜洛斯長的茸茸的毛，這種馬身材小，鼻子短而

③希羅多德通常把外國的神和希臘的神等一視之。

扁，不能供人乘騎，但如果使它駕車卻是十分敏速的。當地的人之所以有駕車的習慣便是由於這個緣故。據說這些人的土地的疆界大概是一直達到亞得里亞海上的埃涅托伊人的地方。他們自稱是美地亞人的移民，但是我自己卻弄不明白，為什麼他們是美地亞人的移民。然而在悠長無盡的歲月當中，任何事情都不是不可能發生的。不管怎樣，我們知道居住在瑪撒里亞（今日的馬賽——譯者）的里巨埃斯人用「昔恭納伊」一詞來表示行商，但是賽浦路斯人則用這個詞來表示長槍。

10 但是根據色雷斯人的說法，伊斯特河彼岸的全部土地到處都是蜂，因此誰也不能到那裏去。這一點我看是不可信的，因為那些生物是很不能耐寒的。而在我看來，卻勿寧說極北的土地④沒有人居住是由於寒冷的緣故。以上便是關於這一地區的說法。總之，美伽巴佐斯是使它的沿海地區服屬波斯人的治下了。

11 在大流士這一方面，則他一經渡過海列斯彭特並到撒爾迪斯的時候⑤，他立刻便記起了米利都人希司提埃伊歐斯對他的功勞以及米提列奈人科埃斯給予他的忠告來了。於是他便派人把他們召到撒爾迪斯來並且要他們選取他們所想得到的東西。於是，希司提埃伊歐斯看到自己既然已是米利都的僭主，因此他不再要求這之外的什麼統治權，而他只是要求埃多涅斯人的土地米爾啓諾司⑥，以便使他能在那裏建立一個城市。這便是希司提埃伊歐斯所希望的東西，但是科埃斯由於自己不是僭主而只是一介平民，所以他要求能使他成為米提列奈市的僭主。

④原義是熊星下的土地。——譯者

⑤參見第四卷第一四三節。

⑥這是一塊富產木材和貴金屬的地區。

12 這兩個人的願望得到允許之後，他們便分頭到他們所要求的地點去了。但是大流士卻由於偶然看到下面的一件事，而使他想到命令美伽巴佐斯攻略派歐尼亞人，並且把他們從自己故鄉的歐羅巴強行帶到亞細亞來。有兩個派歐尼亞人，一個叫披格列斯，一個叫作曼圖埃司。他們兩個人都自己想作派歐尼亞的僭主，而當大流士渡海到亞細亞時他們便來到撒爾迪斯，並且把他們的一個妹妹一同帶來，這是一位身材碩長而姿容美麗的婦女。在那裏，一直等到大流士坐在呂底亞城郊外的王位之上這個機會到來時，他們才叫他們的妹妹穿上他們有的最好的衣服，然後叫她出來打水。她頭上頂著水瓶，一隻胳膊拉著馬的轡繩，同時手裏還紡著亞麻。當她經過大流士的時候，大流士注意到了這個婦女，因為從她作的事情來看，她既不像是波斯人，又不像是呂底亞人或任何亞洲民族。大流士注意到了這件事，他便派他的一些親衛兵，要他們看一下這個婦女拉著她的馬是要幹什麼，因此這些親衛兵便跟在她的後面。她來到河邊的時候便使馬飲水，使馬飲了水之後，便把她的水瓶灌滿了水，循著原路回來，頭上頂著水瓶，胳膊牽著馬同時用手轉動紡錘。

13 大流士聽到他派去偵察的人們的話和他親眼看到的事情都感到十分奇怪，於是他便下令把那個婦女帶來見他。當她被帶來的時候，那在近旁的一個地方窺伺著這一切的她的兩個哥哥也跟著來了。大流士問她是哪裏的人，年輕的男子就告訴他說他們是派歐尼亞人，這個婦女是他們的妹妹。大流士又問派歐尼亞人是什麼人，他們住在什麼地方，他們又是為了什麼來到撒爾迪斯的。他們告訴他說，他們是前來投奔他的，派歐尼亞的城鎮都是在司妥律蒙河的岸上，而這個司妥律蒙河是離開海列斯彭特不遠的。他們又告訴他說，他們是出身特洛伊的鐵烏克洛伊人的移民。這便是他們告訴給他的一切話。於是國王就問他們，他們那裏的婦女是否都是非常能幹活兒的。對於這個問題，他們也立即回答說確是這樣的。原來，他們此來的目的也正是在於這一點。

14於是大流士便寫一封信給正被大流士留在色雷斯統率軍隊的美伽巴佐斯，命令他把派歐尼亞人從他們的家鄉遷移出來，並把他們以及他們的妻子都帶到他這裏來。緊接著一名騎兵帶著命令很快地向海列斯彭特馳去，而在渡過海列斯彭特之後便把這信交給美伽巴佐斯了。美伽巴佐斯讀了信之後，從色雷斯取得嚮導，便率軍向派歐尼亞進發了。

15當派歐尼亞人知道波斯人正在向他們攻來的時候，他們便集合到一起到海岸方面去了，因爲他們認爲波斯人是會試圖從那條道路向他們進攻的。派歐尼亞人就是這樣地準備邀擊美伽巴佐斯大軍的進攻，但波斯人知道派歐尼亞人已經集結了他們的兵力並正在海岸地帶戒備著攻入他們國內的道路，於是他們找來了嚮導，改由內地的大道進軍了。這樣他們便完全出其不意地攻擊了派歐尼亞人並進入了已無男子留在裏面的城市。在他們進攻時他們發現城是空的，因此便他們就輕取了這些城市。派歐尼亞人知道他們的城市已被攻克，便立刻作鳥獸散，各人走自己回鄉的道路並向波斯人投降了。這樣，在派歐尼亞人當中，西里歐派歐尼亞人和帕伊歐普拉伊人以及住在一直到普拉西阿司湖地方的所有的人便被強制地從自己的家鄉遷移出去並且被帶到亞細亞來了。

16但是在龐伽伊昂山⑦周邊以及在多貝列斯人、阿格里阿涅斯人與歐多曼托伊人的地區和普拉西阿司湖本身一帶居住的人們，卻是無論如何也沒有在美伽巴佐斯面前屈服。他也曾試圖強行把湖上的居民⑧遷

---

⑦在司妥律蒙以東。

⑧在北部意大利、愛爾蘭和西歐其他地區都曾發現這一類的住居遺址。

移開去。他們是這樣地居住在湖上的。在湖中心的地方有一個綁扎在高柱上面的板台，從陸地上有一個狹窄的板橋通到那裏去。支著板台的柱子是全體部落居民在古昔的時候共同建立起來的，但是後來他們作了這樣的一個規定，來安設湖上的柱子。原來木柱是從歐爾倍洛司山取得的，每一個結婚的男子都要爲他所娶的每一名婦女從那裏取得三根木柱；而且他們每個人都有許多妻子。至於他們的生活方式，板台上的每一個人都有他自己住的一間小屋，而每個人在板台上都有一個通到下面湖裏去的墜門。爲了不使小孩子掉到湖裏去，他們用繩子繫住孩子的腳。他們用魚來餵馬和他們的馱獸，他們有這樣多的魚，以致一個人只要打開他的墜門把一個空籃子用繩子放到湖裏去，不大的時光他便把滿籃子的魚曳上來了。那裏的魚有兩種：一種叫作「帕普拉克司」，一種叫作「提隆」。

17 這樣，派歐尼亞人當中被征服的那些人就被遷移到亞細亞來了。美伽巴佐斯既然俘虜了派歐尼亞人，便把軍中身分僅次於他的七個波斯人作爲使者派往馬其頓。這些人是奉派到阿門塔斯那裏去爲國王大流士要求土和水的。從普拉西阿司湖到馬其頓有一條非常便捷的短路。因爲首先接著普拉西阿司湖就是那個後來亞力山大每天可以取得一塔蘭特白銀的礦山，而當一個人經過這個礦山之後，他只需越過稱爲杜索隆的一座山便到馬其頓了。

18 奉派的這些波斯人到阿門塔斯這裏來見到他之後，便爲國王大流士要求土和水。他答應了他們的要求，把他們當作客人招待，邀請他們參加盛大的宴會並給以熱誠的款待。但是在宴會之後，他們坐在一起會飲的時候，波斯人向阿門塔斯說：「馬其頓主人，我們波斯人的習慣是在舉行任何的盛大宴會之後，還把妻妾們召來，要她們侍坐在男子的身旁。現在既然你熱誠地接待並隆重地款待了我們，而且又把土和水給了我們的國王大流士，那就請你遵守我們的習慣罷。」但是阿門塔斯回答說：「波斯人，我們沒有這樣

的習慣，我們有我們自己的習慣。我們是男女不同蓆的。但你們既然是我們的主人並且這樣要求了，那麼就照著你們的願望來辦罷。」阿門塔斯這樣說著，便遣人把婦女們召了來；她們應召來到之後，便在波斯人的對面坐下了。波斯人當時看到姿容秀麗的婦女坐在自己的面前，便向阿門塔斯說，他的這種作法是毫無意義的；他們以為如果婦女來到這裏不坐在男子的身旁而坐在他們的對面叫他們看著難過，那就反而不如不來了。阿門塔斯不得已而命令婦女們坐在他們的身旁，當她們這樣作的時候，那些喝得酩酊大醉的波斯人便用手摸這些婦女的胸部，有的人甚至試圖去吻她們。

19阿門塔斯看到了這一切，儘管他心中忿惱，卻按著性子不曾發作起來，因為他是非常怕波斯人的。但阿門塔斯的兒子亞力山大，由於年紀輕再加上沒有經驗過什麼不幸的事情，他無論如何再也忍耐不住，便十分憤怒地向阿門塔斯說：「父親，您已經上了年紀，應當離開這裏回去休息，不要再毫無節制地飲酒了。但是我卻要留在這裏照料客人，以便給他們所需要的一切。」阿門塔斯看到亞力山大心裏已有了蠻幹的打算，於是便向他的兒子說：「兒啊，你現在是十分惱怒了，如果從你的話我推測得不錯的話，你是想把我送走以便你可以在這裏蠻幹。至於我呢，那麼我請求你，不要對這些人作出橫暴的事情，否則遭殃的正是我們自己，因此還是忍耐忍耐讓他們任所欲為罷。不過你要是讓我退席的話，那我是同意這樣作的。」

20阿門塔斯作了這樣的請求之後便退去了，於是亞力山大就向波斯人說：「客人們，你們有充分的自由來處理這些婦女，你們可以和她們全體或其中任何人發生關係。對於那件事，你們是願意怎樣就怎樣的。但是現在既然快到了你們休息的時候，而我看到你們又都飲得酩酊大醉，那麼如你們願意的話，請容許這些婦女離開這裏去沐浴，而她們沐浴之後，再要她們回到你們的地方來。」他這樣說了之後，波斯人

同意了，於是他在婦女出去後把她們送到後宮；隨後亞力山大便把同樣數目臉上無髭的男子打扮成婦女模樣並且把匕首交給了他們。他把這些人帶了進來，進來之後他就向波斯人說：「波斯人啊，我想我們招待的飲宴已經使你們完全心滿意足了，我們所有的一切以及此外我們所能弄得到的一切我們都放在你們的面前了，而現在我們把我們最好的最貴重的財產毫不吝惜地提供給你們，這就是我們自己的母親和姊妹。這樣你們就會看到，我們已經把你們應得的充分的尊敬給了你們，請告訴把你們派來的你們的國王，他那擔任馬其頓太守之職的希臘人怎樣地在飲食方面和女色方面款待了你們。」這樣說了之後，亞力山大便命令他的打扮好的馬其頓男子每人侍坐在一個波斯人的身旁，就彷彿他們自己都是婦女；而當波斯人動手摸他們的時候，他們就被這些馬其頓人殺死了。

21 波斯的使者們就這樣地給結束了性命，他們的扈從也未能例外，因爲和使者們同來的有車馬、有僕役和他們所帶著的那大量的全部行李；馬其頓人消滅了所有這一切，就和他們消滅了全體使者本身一樣。在這之後不久，波斯人就爲了這些人進行了一次大規模的搜索。但是亞力山大卻有足夠的智謀來了結這件事，他的辦法是把一大筆金錢和他的親生妹妹巨該婭送給一個叫作布巴列斯的波斯人，這個人就是那些奉派尋找遇害的人們的隊長。他用這份禮物中止了搜索。結果這些波斯人的死亡便給隱蔽起來而且沒有人再提起這件事了。

22 培爾狄卡斯的這些後裔像他們自己所說的那樣是希臘人，這件事我自己是偶然得以知道的，而在我的歷史的後面還要證明這件事的。而且，那主持奧林匹亞比賽會的海列諾迪卡伊⑨也認爲事情是這樣的。

⑨主持奧林比亞比賽會的埃里司公民，通常是十個人。

因爲當亞力山大要參加比賽並且爲了這個目的而進入比賽場的時候，和他賽砲的那些希臘人卻不許他參加比賽，他們說比賽是希臘人之間的比賽，外國人是沒有資格參加的。但是亞力山大卻證明自己是一個阿爾哥斯人，因此他被判定爲一個希臘人。在他跑一斯塔迪昂的時候，他是和另一個人共同取得第一名的。這些事情的結果就是這樣的了。

23但是美伽巴佐斯卻帶著派歐尼亞人來到海列斯彭特了，他從這裏渡海來到了撒爾迪斯。但這時米利都人希司提埃伊歐斯正在由於他守衛橋樑之功而請求大流士賞賜的那個地方，即司妥律蒙河畔稱爲米爾啓諾司那個地方修築工事。美伽巴佐斯知道了希司提埃伊歐斯正在作什麼事之後，便在他和派歐尼亞人到達撒爾迪斯之後，立刻就向大流士說：「主公，你所幹的是什麼事情啊？你竟允許一個奸詐而又狡猾的希臘人在色雷斯築城。而提起色雷斯這樣的一個地方，這裏有豐富的造船用的木材，有許多的橈材和銀礦，四周又住著許多希臘人和異邦人。這些人如果一旦擁戴他爲領袖，他們就會不分日夜地按照他的命令行事了。如果你不想和你自己的臣民發生內戰的話，那還是要這個人停止幹這樣的事情罷。但是要作到這一點，只需用溫和的手段把他召來就行了。而當你一旦把他控制到手的時候，只注意永遠不要使他再回到希臘便是了。」

24大流士立刻便同意了這一點，因爲他認爲美伽巴佐斯對事情的預見是正確的。於是他立刻派使者送這樣一個信到米爾啓諾司：「國王大流士致書希司提埃伊歐斯，我在考慮之後，覺得沒有一個人對我和對我的國家比你更忠誠了。證明這一點的不是言語而是行動。因此不要叫任何事情阻止你到我這裏來，因爲我要向你傾訴我心中的一些偉大的計劃。」希司提埃伊歐斯相信了這些話，而且更由於他會成爲國王的顧問而感到驕傲，於是他就到撒爾迪斯來了。當他來到的時候，大流士便對他說：「希司提埃伊歐斯，我要告訴你把你召來的理由。在我從斯奇提亞回來而你離開了我的時候，我心中最迫切想望的事情就是看到你和與你談話了。因為我知道一切財富中最寶貴的就是一位忠誠的和有智慧的朋友了。而且我可以用我個人的經驗來證明，你對於我可以說是二者兼備的。因此，既然這次你到這裏來得很好，我向你作這樣一個建議，離開米利都和你新建的色雷斯的城市，和我一同到蘇撒去，到那裏去享有我的一切東西，與我同食並與我共同議事吧。」

25 這就是大流士講的話，而在任命他的同父兄弟阿爾塔普列涅斯擔任撒爾迪斯的太守之後，他便把希司提阿伊歐斯帶在自己的身旁到蘇撒去了。但是他首先就任命歐塔涅斯為海岸地區居民的統治者。歐塔涅斯的父親西撒姆涅斯曾是王室法官之一⑩，但他由於受賄而審判不公，曾被剛比西斯殺死並被剝下全身的皮，然後剛比西斯把從他身上剝下來皮切為皮帶，用來蒙覆在西撒姆涅斯曾坐下來進行審判的座位上面；這樣作了以後，剛比西斯便任命了這個被殺死和剝皮的人的兒子來代替這個被殺死和剝皮的西撒姆涅斯，並誡告他要記住他是坐在怎樣的椅子上進行審判的。

26 而正是坐在這樣的椅子上的歐塔涅斯，繼美伽巴佐斯之後而擔任統帥。他攻陷了拜占廷和迦太基，又攻陷了特洛伊領的安唐德羅斯，此外還攻陷了拉姆波尼昂。他從列斯波司人那裏奪得了船舶，而他便用這些船舶征服了當時還住著佩拉司吉人的列姆諾斯和伊姆布羅斯。

27 然而列姆諾斯人是善戰的，他們保衛了自己，直到他們終於遭到滅亡的厄運的時候。於是波斯人便

⑩參見第三卷第三一節。

任命一個人來統治列姆諾斯人的殘餘，這就是曾經是薩摩司的國王的邁安多里歐司的兄弟律卡列托司。這個律卡列托司是他在統治列姆諾斯的期間死去的……原因是他力圖奴役和征服所有的人民，說他們之中有些人逃避對斯奇提亞人戰爭的兵役，說另一些人在大流士的軍隊從斯奇提亞回師時對之乘火打劫。

28 當歐塔涅斯被任命為統帥時，他所作的一切就是這些。在這之後，當災禍的事情暫時停止的時候，從那克索斯和米利都方面再一次開始有災禍到臨伊奧尼亞人的頭上來了。原來那克索斯和所有其他的島嶼比起來是最繁榮的，而大約在同時，米利都那時也是正在它的全盛時代，以致它被稱為伊奧尼亞的花朵。但是在這之前兩代，它卻受到了很大的分裂的痛苦，直到米利都人從全體希臘人當中選出了帕洛司人為恢復和平生活的調停者，而帕洛司人又在他們中間恢復了和平的時候為止。

29 帕洛司人是用這樣的辦法為他們進行了調解的：他們的最優秀的人物來到了米利都，而在他們看到米利都的家宅荒廢得很慘的時候，就說他們要到國內各地去看看。他們這樣作了，於是他們訪問了米利都的全部領土，他們在荒廢的土地當中不拘什麼時候只要發現任何耕作良好的農莊，他們就把農莊主人的名字記下來。然後在巡視了全國並發現了不過很少數這樣的人之後，他們一返回城內，立刻便把人民集合起來，任命那些他們發現把土地耕種得良好的人為國家的統治者。原來他們認為，這些人對於國家大事也會像對於他們自己的事一樣照料得很好的。於是他們便命令其餘那些曾經相互不和的米利都人都應該服從這些人。

30 帕洛司人這樣就在米利都恢復了和平。但現在這些城市卻開始給伊奧尼亞帶來了麻煩，事情的原委是這樣。有一些富裕的人被市民從那克索斯趕了出來之後，這些人便逃到了米利都。但這時代表大流士治理米利都的恰巧是給大流士留在蘇撒的呂撒哥拉斯的兒子希司提埃伊歐斯的從兄弟和女婿莫爾帕戈拉司的兒子阿里司塔哥拉斯，因爲希司提埃伊歐斯是米利都的僭主，而當過去從來是希司提埃伊歐斯的盟友的那克索斯人到來的時候，他正在蘇撒。而那克索斯人在他們來到米利都的時候，便問阿里司塔哥拉斯，他是否多少給他們一些兵力，以便使他們返回自己的國土。考慮到如果由於他的力量而他們被送回他們的城市的話，他自己就會成爲那克索斯的統治者，於是他就以他們是希司提埃伊歐斯的朋友爲藉口，向他們建議說：「對我來說，我並沒有權利違反著掌握了你們城市的那克索斯人的意思而給你們兵力來使你們返回國土，因爲我聽說，那克索斯人擁有八千名持盾的步兵和許多戰艦，但是我將盡一切的努力來爲這件事設法。我的辦法是這樣。阿爾塔普列涅斯是我的朋友；但是你們知道，阿爾塔普列涅斯是敍司塔司佩斯的兒子和國王大流士的兄弟，他是亞細亞沿海各族人民的統治者，並且擁有一支巨大的陸軍和許多艦船。我想這個人會按照我們所希望的去作的。」那克索斯人聽到這話之後，便把這件事託付給阿里司塔哥拉斯任憑他盡可能完善地去處理，囑他保證士兵的贈禮和費用，而他們是願意擔負起這一切的。因爲他們指望當他們一出現在那克索斯的時候，那克索斯人就會遵守他們的一切的命令，而其他的島上居民也會這樣作，因爲在這些庫克拉戴斯諸島當中，還沒有任何一個島是臣服於大流士的。

31 阿里司塔哥拉斯到了撒爾迪斯就告訴阿爾塔普列涅斯說，那克索斯實際上不是一個大島，但是在另一方面它卻是一個美好的和肥沃的島並且是接近伊奧尼亞的。同時在那裏還有巨大的財富和大量的奴隸。「因此你可以派遣一支軍隊去攻打那個地方，把從那裏被放逐出來的人帶回去。而如果你這樣作的話，除去出征的費用之外（因爲這是把你請來的我們理當負擔的），我還爲你準備了一大筆錢。此外，你還會爲國王贏得新的領土，那克索斯本土和屬於它的諸島帕洛司、安多羅斯以及其他所謂庫克拉戴斯諸島。以這些地方作爲你的根據地，你將會容易地進攻埃烏波亞島，這是一個富裕的大島，它不比賽浦路斯小並且是很容易攻取的。要征服所有這些地方，一百隻船足夠用了。」阿爾塔普列涅斯回答說：「你所提出的這個計劃對於王室是有利的。除去船數這一點之外，你的意見完全是好的。當春天來到時，不是一百隻，而是二百隻船爲你準備著。不過國王自己也必須同意這一點。」

32 當阿里司塔哥拉斯聽到這話之後，他便十分高興地到米利都去了。阿爾塔普列涅斯派一名使者帶著阿里司塔哥拉斯所說的話到蘇撒去，大流士本人也同意了這個計劃，於是他便裝備了二百隻三段槳船，此外還有一支由波斯人及其盟友組成的非常龐大的軍隊，並任命美伽巴鐵斯爲他們的統帥。美伽巴鐵斯是阿凱美尼達伊家的波斯人，對他自己和對大流士來說都是堂兄弟的關係。而如果這個說法是眞實的話，則正是這個人，他的女兒後來和拉凱戴孟人克列歐姆布洛托斯的兒子帕烏撒尼亞斯訂了婚，因爲帕烏撒尼亞斯是渴望成爲希臘的僭主的。阿爾塔普列涅斯任命美伽巴鐵斯爲統帥之後，便把他的軍隊派到阿里司塔哥拉斯那裏去了。

33 於是美伽巴鐵斯⑪便從米利都把阿里司塔哥拉斯和伊奧尼亞軍以及那克索斯人載到船上，好像是要向海列斯彭特進發的樣子，但是當他來到岐奧斯的時候，他卻把自己的船隻停泊在卡烏卡撒⑫，爲的是他可以乘著北風一直渡海到那克索斯去。但是由於那克索斯人並不是命中注定要毀在這支遠征軍的手裏，因此發生了下面的一件事情。原來正當美伽巴鐵斯到各處巡視船上的哨兵的時候，恰巧在孟多司人的那隻船上沒有哨兵。美伽巴鐵斯十分憤怒，於是命令他的衛兵把這隻船的名叫居庫拉克斯的船長找來，把他綁起

---

⑪美伽巴鐵斯的出征是在四九九年。

⑫這個海港顯而易見是在岐奧斯的西南岸。

來，把他一半的身子插到橈孔裏面去，頭朝外，身子在內。司庫拉克斯這樣被綁了起來，但有人帶信給阿里司塔哥拉斯說他的孟多司的朋友被綁了起來並且受到了美伽巴鐵斯的侮辱。於是阿里司塔哥拉斯便前來請求波斯人釋放司庫拉克斯，但是他的要求絲毫未得到允許。於是他自己前來把這個人給釋放了。當美伽巴鐵斯聽到這件事之後，他非常憤怒而到阿里司塔哥拉斯的地方來大發雷霆。但是阿里司塔哥拉斯說：「這些事情和你有什麼關係？阿爾塔普列涅斯不是派你來服從我並且按照我吩咐你的方向航行嗎？你爲什麼這樣多管閒事？」這就是阿里司塔哥拉斯的話。但爲此而十分激怒的美伽巴鐵斯在夜裏卻派人乘船到那克索斯去，把要對他們所幹的事情原原本本地告訴他們了。

34 原來那克索斯人根本就沒有懷疑到，他們竟會是這次遠征的目標。然而，當他們得到這個消息的時候，他們立刻便把郊外的物資搬到城裏，儲下了防備圍攻的飲食品並且加強了城防。這樣他們對即將到來的進攻作了一切準備，而當他們的敵人率領船隻從岐奧斯來到那克索斯時，他們進攻的城市已經防禦好了。於是他們就圍攻了四個月。而當著波斯人把他們所帶來的軍資消耗淨盡，此外阿里司塔哥拉斯又消耗了他個人的大量金錢之後，要繼續進行圍攻，便需要更多的金錢，於是他們便給亡命的那克索斯人構築了一座要塞，他們自己則非常不得意地返回大陸去了。

35 阿里司塔哥拉斯沒有辦法履行他對阿爾塔普列涅斯的保證。他沒有辦法籌措遠征的費用，他又擔心軍隊的失利和美伽巴鐵斯對他的私怨會給他帶來不良的後果。他又以爲他在米利都的統治權可能被剝奪。既然他心裏有這一切的顧慮，他就開始計劃叛亂了。因爲正好在那個時候，希司提埃伊歐斯的使者從蘇撒來到那裏，這是一個頭上刺上了記號的人，這個記號表示阿里司塔哥拉斯應該謀叛國王了。因爲希司提埃伊歐斯很想送一個記號給阿里司塔哥拉斯要他謀叛。但是他沒有其他的安全的送信的辦法，因爲來往的道

路都是受了監視的。於是他就剃光了他的最信任的奴隸的頭並在這個奴隸的頭上刺上了記號，一直等到這個奴隸的頭髮再長起來的時候。頭髮一經再長起來，他便把這個奴隸派遣到米利都去，這個人沒有帶著他的什麼別的信，他只是囑告阿里司塔哥拉斯在剃光這個奴隸的頭髮之後檢查他的頭部。刺在頭上的記號是表示要他謀叛，這一點前面我已經提到了。希司提埃伊歐斯所以這樣作，是因爲自己被強制拘留在蘇撒，對這一點他是感到非常不幸的。但是現在他卻有了一個很大的希望：即一旦發生了叛變，他就會就給派到海岸地帶去，如果米利都那裏不發生任何事情，那他便永遠也回不到那裏去了。

36 希司提埃伊歐斯便是帶著這個意圖派出了他的使者的，而且巧的是這一切事情都是同時發生在阿里司塔哥拉斯身上的。於是他和他的同黨進行了商談並發表了自己的意見以及希司提埃伊歐斯給他送來的信。所有其他人等都贊成他的作法，同意發起叛亂，但例外的只有歷史家海卡泰歐斯一個人。他向他們歷數臣服於大流士的一切民族以及大流士的全部力量，因而勸他們最好不要對波斯的國王動武。但是當他們不聽從他的意見的時候，他便勸告他們說，其次一個最好的辦法便是使自己取得海上的霸權。他在他的發言中說，（既然米利都是一個實力脆弱的城市），因此在他看來，辦法只能有一個，那就是：如果呂底亞人克洛伊索斯奉獻給布朗奇達伊的神殿的財富都給他們劫奪過來的話，他便很可以希望他們會取得海上的霸權，這樣他們便可以把這筆錢用作軍費，而且他們的敵人也不能奪走它。在我這部歷史的開頭的部分裏我已經說過，這筆財富是非常龐大的。但是大家並不同意他的這個意見。雖然如此，他們仍然決定不發起叛變，而他們中間的一個人則應乘船到米歐司去，到離開了那克索斯並駐到那裏的船隊的地方去，打算擒拿在那些船上的將領們。

37 爲了這個目的而被派去的雅特拉哥拉司用計謀拿捉了美拉撒人伊巴諾里司的兒子歐里亞托司、鐵爾美拉人圖姆涅斯的兒子希司提埃伊歐斯、大流士贈以米提列奈的埃爾克桑德羅司的兒子科埃斯、庫麥人海拉克利戴斯的兒子阿里司塔哥拉斯和此外其他許多人。這樣作了之後，阿里司塔哥拉斯便公然叛變，想出一切他能夠作到的辦法來和大流士相對抗。首先他就故意放棄了他的僭主地位並使米利都的人們獲致平等的權利，以便使米利都人可以立刻參加他的叛變的行動，然後對於伊奧尼亞的其他地方他也這樣作了。他放逐了一些僭主，至於他從與他一同出征那克索斯的戰船上捉拿來的那些僭主，他把他們分別引渡到他們原屬的城邦去，因為他是想取悅這些城邦的。

38 因此當米提列奈人把科埃斯接受下來以後，就立刻把他拉出來用石頭砸死了。但是庫麥人卻放走了他們僭主，其他各城邦的作法也是這樣。這樣一來各個城邦的僭主便都給廢黜了。米利都的阿里司塔哥拉斯把僭主們取消之後，便命令各個城邦任命自己的統帥；隨後他自己便乘坐著一艘三段橈船出使到拉凱戴孟去，因為他認為，他是有必要尋求一個強大有力的同盟者的⑬。

39 在斯巴達，國王列昂的兒子阿那克桑德里戴斯現在已經不在人世而死去了，執掌王權的則是阿那克桑德里戴斯的兒子克列歐美涅斯。他所以獲致王權並不是由於德能而是由於他的出生的權利。因為阿那克桑德里戴斯娶了自己的親姊妹的女兒，而且對於這個妻子他是很寵愛的。然而他們卻沒有孩子。既然如此，五長官就把他召了去對他說：「儘管你自己不關心你自己的利益，但我們仍然不忍坐視埃烏律司鐵涅斯一家絕嗣。因此既然你的妻子不能給你生子，那麼就把她打發走再娶一位罷。你這樣作，斯巴達人便歡喜了。」但是阿那克桑德里戴斯卻回答說二者他都不願意作，他說，他們要他送走她那對他毫無忤犯的妻

⑬阿里司塔哥拉斯是在四九九年到拉凱戴孟去的。

子而娶另一個的勸告是不當的，因此他不同意這樣作。

40 於是五長官便和元老們進行商議並向阿那克桑德里戴斯作了如下的建議：「既然，如我們親眼看到的，你十分寵愛你現在的妻子，那麼就按照我們的辦法去作而不要違抗，免得斯巴達人會作出對你非常不利的決定來。至於你現在的妻子，我們不請求你把她送走，而仍然把你現在給她的一切東西給她，不過你要另娶一位可以給你生子的妻子。」他們是這樣說的，阿那克桑德里戴斯同意了。他從此便有了兩個妻子，兩個家，這樣的事在斯巴達是從來沒有過的。

41 不久之後，他的第二個妻子就生下了上面所說的克列歐美涅斯。這樣，她就使斯巴達人有了一位王儲。然而眞是事有湊巧，那從來沒有生育的第一個妻子這時也懷孕了。她既然眞地懷了孕，第二個妻子的朋友們知道了這件事之後就開始想在她身上找麻煩；他們說她是在瞎吹，並且說她是會用假孩子來代替的。正當他們對她十分惱怒的時候，在這期間，她快要臨盆了，五長官不相信她，便坐成一圈在她生產時監視著她；她最初生了多里歐司，隨後很快地就生了列歐尼達司，在他之後很快地又生了克列歐姆布洛托斯；但有人說多里歐司和列歐尼達司是孿生兄弟。但是他第二個妻子，克列歐美涅斯的母親，也就是戴瑪爾美諾斯的兒子普里涅塔達司的女兒，卻再沒有生孩子。

42 故事說，克列歐美涅斯的精神不正常而是瘋瘋顚顚的。但是多里歐司在與他相同年齡的一切人當中卻是出衆的。而他自己也深信他會因他的道德才能而成爲國王。既然多里歐司有這樣的打算，因此當阿那克桑德里戴斯死去而拉凱戴孟人按他們的風俗習慣立長子克列歐美涅斯爲王的時候，他就非常地惱怒，並且不能忍耐作克列歐美涅斯的臣民。於是他便請求斯巴達人撥給他一批人和他一起出去開闢殖民地；他既不到戴爾波伊去請示神託他應當到哪裏去開闢殖民地，也不作任何習慣上應當作的事情。他在盛怒之下放海到利比亞去，而以鐵拉人爲其嚮導。他來到這裏，定居在奇努普司河的沿岸，這是利比亞的最好的地方。但是在第三個年頭，他卻被瑪卡伊人、利比亞人和迦太基人所逐而返回了伯羅奔尼撒。

43 一個埃列昂人⑭安提卡列司，根據拉伊歐司的一次神託，在那裏勸他在西西里的海拉克列亞地方建立一個殖民地。因爲安提卡列司說，海拉克列斯自己曾征服了埃律克斯的全部地區，而這一地區是屬於他的後人，即海拉克列達伊家的。當多里歐司聽到這話時，他便到戴爾波伊去請示神託，問他是不是應當征服他準備去的那個地方；佩提亞告他說他應當這樣作，於是他便帶著他曾經率領著比利比亞的一行人等出發到意大利去了。

44 在這個時候⑮，依照敍巴里斯人的說法，他們和他們的國王鐵律司正準備出征克羅同，而克羅同人聽到消息之後大感恐慌，便請求多里歐司前來幫助他們。他們的請求得到了允許。多里歐司和他們一同到敍巴里斯去並幫他們攻取了這個地方。敍巴里斯人關於多里歐司和他的一行人等的說法就是這樣。但是克羅同人卻說，在他們對敍巴里斯作戰的時候，除去雅米達伊族的一個埃里斯的卜者卡里亞斯之外，並沒有異邦人幫助他們。關於這個人，故事說他曾從敍巴里斯的僭主鐵律司那裏逃到克羅同去，因爲當他爲了進攻克羅同而奉獻犧牲時，並沒有看到有利的朕兆。這便是他們的說法。

45 這兩個城邦都提供證據，證明他們所說的話是眞實的。敍巴里斯人所提供的證據是克拉提斯河的乾涸的河道旁邊的一座神殿和聖域，他們說這是多里歐司在幫助攻克了這座城市之後，爲了冠以克拉提亞之

⑭在貝奧提亞的塔那格拉的附近。
⑮約在五一〇年。

名的雅典娜神而修造起來的。此外他們還提出了他的死亡這一最有力的證據，因爲他是作了有悖於神託指示的事情才遭到滅身之禍的。原來，如果他只作他原來預定要他作的事情而不作任何本分之外的事情，那麼他就會攻克並據有埃律克斯地區，而他和他的軍隊也就不會死掉了。但是另一方面，克羅同人卻提供了在克羅同境內特別給埃里斯人卡里亞斯的許多作爲贈禮的土地，而卡里亞斯的後人直到我的時代還是住在這些土地上面的，但是他們說，沒有把禮物給予多里歐司和他的後人。他們還說，如果多里歐司幫助他們對敍巴里斯作戰的話，那他所得的禮物一定會比給卡里亞斯的禮物多許多倍了。這便是雙方所提出的證據。人們可以選擇他們認爲最可信的一方面。

46 其他的斯巴達人也和多里歐司一同乘船出發去建立殖民地，這些人是帖撒洛司、帕拉依巴鐵司、凱列厄司和埃烏律列昂。這些人和全軍人等來到西西里之後，便在一次戰鬥中給腓尼基人和埃蓋司塔人戰敗並被殺死了。在這些人當中從慘禍之中得到生存的殖民者只有埃烏律列昂一個人。他把他的殘餘軍隊集合起來，占領了賽里努司人的殖民市米諾阿，並且幫助賽里努司的人民擺脫掉了他們的國王畢達哥拉斯的統治。在廢黜了這個人之後，他自己便試圖成爲賽里努司的僭主，並且統治了那個地方，不過爲時不久；因爲當地的人民起來反抗他並且在宙斯·阿哥萊伊歐司（市場的宙斯——譯者）的祭壇那裏把他殺死了，因爲他曾經逃到那裏去避難。

47 與多里歐司同行並和他一同遇難的還有克羅同人布塔啓戴司的兒子披力波司。他曾和敍巴里斯的鐵律司的女兒訂婚並給從克羅同放逐出來。但是他對於婚事感到失望，因此他便乘船到庫列涅去，從那裏他又追隨著多里歐司出發；他帶著他自己的三段橈船並且爲他的船員負擔一切費用。這個披力波司是奧林匹亞賽會的一個勝利者，是他當時最出色的希臘人。由於他的美貌，他從埃蓋司塔人那裏接受了他們從來沒

有給過其他任何人的榮譽。他們在他的墳墓的近旁建立了一座神殿並且向他奉獻犧牲來奉祀他。

48 多里歐司的死亡的情況就是這樣。如果他容忍克列歐美涅斯的統治並且留在斯巴達的話，他是會成爲拉凱戴孟的國王的；因爲克列歐美涅斯統治的時期並不長久，他死的時候沒有兒子而只有一個名叫戈爾哥的女兒。

49 現在再說，米利都的僭主阿里司塔哥拉斯來到斯巴達的時候，正是克列歐美涅斯當政的時候。根據拉凱戴孟人的說法，當他和國王會談的時候，他帶著一個青銅板，板上雕刻著全世界的地圖，地圖上還有所有的海和所有的河流⑯。在得到允許與克列歐美涅斯面談的時候，阿里司塔哥拉斯便向他這樣說：「克列歐美涅斯，我這樣熱心地特地趕到這裏來請你不要覺得奇怪罷。因爲我們目前的情況是這樣。伊奧尼亞人的兒子們要成爲奴隸而失掉自由，這件事對於所有其他的人們，其中包括你們這些全體希臘人的首腦，特別是對於我們自己，都是一個莫大的恥辱和痛苦。因此我們藉著希臘諸神的名字來請求你們，把你們的伊奧尼亞的同胞從奴役中拯救出來罷。這在你們是一件容易辦到的事情。因爲異邦人並不是勇武有力的，但你們在戰鬥中的勇敢卻是首屈一指的。至於他們的作戰方法，則他們是使用弓箭和短槍的。他們在出發作戰時，腿上穿著褲子而頭上則裹著頭巾，因此要征服他們是一件容易的事情。此外，那一大陸的居民比所有其他的人們加在一起都有更多的好東西，首先是黃金，還有白銀和青銅、色彩絢爛的衣服、馱畜和奴隸；這一切的東西你們可以隨心所欲地取得。而他們所居住的國土是相互鄰接的，下面我就把這情況告訴你們。這裏是伊奧尼亞人，這裏是呂底亞人，他們居住的土地是肥沃的並且生產極多的白銀。」他說著，

---

⑯根據斯特拉波的說法，在這個時期的前後，阿那克西曼得發明了地圖。

便指著他所帶來的雕刻在青銅板上的地圖。隨後，阿里司塔哥拉斯又說：「緊接著呂底亞人的東面居住的是普里吉亞人，據我所知，他們的家畜和穀物之多是世界上任何其他人都比不上的。緊接著他們的則是卡帕多啓亞人，我們則稱他們爲敍利亞人。而他們的鄰人則是奇里啓亞人，奇里啓亞人的土地一直伸展到那邊的海上去，而賽浦路斯島就是那邊海上的；他們每年繳給國王的貢稅是五百塔蘭特。和奇里啓亞人相接的就是阿爾美尼亞人，這又是一個富有牲畜的民族；接著阿爾美尼亞人的是領有我指給你的這塊土地的瑪提耶涅人。你還看到奇西亞的土地接連著他們的土地，在那裏，就在那個科阿斯佩斯河的岸上，有住著大王的那座蘇撒城，那裏還有收藏著他的財富帑幣的寶庫。你們如果把這座城攻取下來，那你們就甚至不需要害怕和宙斯鬥富了。老實說罷，你們必得和與你們同樣強悍的美塞尼亞人，和阿爾卡地亞人與阿爾哥斯人作戰是爲了什麼呢？對美塞尼亞人作戰還不是爲了既狹窄、又不肥沃的土地，而阿爾卡地亞人和阿爾哥斯人卻又沒有可以驅使人們爲之戰死的黃金或白銀。當你們可以輕易地成爲全亞細亞的統治者的時候，你們又有什麼理由不這樣作呢？」這便是阿里司塔哥拉斯所講的話。而克列歐美涅斯回答說：「米利都的客人，關於這件事情，兩天之後等候我的答覆吧。」

50 他們的談話就到此爲止了。但是當指定給予回答的那天，他們來到他們相互約定的地點時，克列歐美涅斯問阿里司塔哥拉斯從伊奧尼亞海到國王的地方一共是多少天的路程。到當時爲止，阿里司塔哥拉斯一直都是很狡猾的並且巧妙地欺騙了這個斯巴達人，但是在這裏他卻失算了。原來，如果他想把斯巴達人引誘到亞細亞去的話，他是永遠不應當講老實話的。然而這一次他講了並且說從海向內陸是三個月的路程。克列歐美涅斯一聽這話，立刻不要阿里司塔哥拉斯再談他開始說的關於路程的所有其他的事情，並且向他說：「米利都的客人，請你在日沒之前離開斯巴達罷。如果你說你要把拉凱戴孟人從海岸引向內地走三個月的話，那他們是不會聽從你的計劃的。」

51 克列歐美涅斯這樣說了之後，便返回自己的宮殿去了。但是阿里司塔哥拉斯卻拿了表示請求庇護的橄欖枝到克列歐美涅斯那裏去，而在他進入之後，他便利用請求庇護的人的權利請求克列歐美涅斯聽他講話，但首先要把孩子們打發開去，因爲克列歐美涅斯的那個名叫戈爾哥的女兒正站在他的身旁。她是他的獨生女兒，大約有八九歲。克列歐美涅斯囑告他把他願意說的話講出來，不要因這個女孩子在場而有所顧慮。於是阿里司塔哥拉斯便答應給克列歐美涅斯十塔蘭特，如果克列歐美涅斯答應他的請求的話。克列歐美涅斯拒絕了，於是阿里司塔哥拉斯便一直在增加他答應給克列歐美涅斯的錢，直到他增加到五十塔蘭特的時候，那個女孩子便叫了起來說：「爸爸，你躲開他走罷，不然這個生人會把你毀了的。」克列歐美涅斯很高興他的女兒的勸告，於是到另一間屋子去了。阿里司塔哥拉斯無計可施，只好老老實實地永久離開了斯巴達，因而他竟沒得到機會向下敍說從海到內地國王的地方的路程。

52 下面我要講一講這條路的情況⑰。在這條道路的任何地方都有國王的驛館⑱和極其完備的旅舍，而全部道路所經之處都是安全的、有人居住的地方。在它通過呂底亞和普里吉亞的那一段裏，有二十座驛館，它的距離則是九十四帕拉桑該斯半。過去普里吉亞就到了哈律司河，在那裏設有一個關卡，人們不通過這道關卡是絕對不能渡河的，那裏還有一個大的要塞守衛著。過了這一段之後便進入了卡帕多啓亞，在

⑰從撒爾迪斯到蘇撒的這條道路比波斯帝國要古老得多。現在有證據表明在卡帕多啟亞有喜特的一個首都，而這條道路的目的就是把這個首都和一面的撒爾迪斯與另一面的亞述聯結起來。

⑱國王的信使便住在這些驛館裏。他們把信送到下面一個驛館後再回到自己的驛館。

這個地方裏的路程直到奇里啓亞的邊境地方是二十八個驛館和一百〇四帕拉桑該斯。在這個國境上你必須經過兩個關卡和兩座要塞；過去這之後，你便要通過奇里啓亞，在這段路裏是三個驛館和十五帕拉桑該斯半。奇里啓亞和阿爾美尼亞的邊界是一條名叫幼發拉底的要用渡船才可以過去的河。在阿爾美尼亞有十五個驛館和五十六帕拉桑該斯半，而那裏有一座要塞。從阿爾美尼亞，道路便進入了瑪提耶涅的地帶，在那裏有三十四座驛館，一百三十七帕拉桑該斯長。四條有舟揖之利的河流流經這塊地方，這些河流都是要用渡船才能渡過去的。第一條河流是底格里斯河。第二條和第三條河流是同名的，但它們不是一條河，也不是從同一個水源流出來的⑲；前者發源於阿爾美尼亞人居住的地方，後者則發源於瑪提耶涅人居住的地方。第四條河叫作金德斯河，就是被居魯士疏導到三百六十道溝渠中去的那個金德斯河⑳。過去這個國土，道路便進入了奇西亞的地帶，在那裏有十一座驛館與四十二帕拉桑該斯半長，一直到另一條可以通航的河流，即流過蘇撒的那條科阿斯佩斯河。因此全部的驛館是一百十一座。這樣看來，從撒爾迪斯到蘇撒，實際上便有這樣多的停憩之地了。

53 如果這王家大道用帕拉桑該斯我計算得不錯的話，如果每一帕拉桑該斯像實際情形那樣等於三十斯塔迪昂的話，則在撒爾迪斯和國王的所謂美姆農宮之間，就是一萬三千五百斯塔迪昂了，換言之，也就是四百五十帕拉桑該斯；而如果每日的行程是一百五十斯塔迪昂㉑的話，那麼在道上耽擱的日期就不多不少

---

⑲希羅多德這裏所說的顯然是指兩條札布河了。

⑳參見第一卷第一八九節。

㉑在另一個地方（VI，101），希羅多德認為普通一個人一天的行程是二百斯塔迪昂。

正是九十天。

54 因此，當米利都的阿里司塔哥拉斯說從海岸向內地的行程要三個月之久的時候，他對拉凱戴孟人克列歐美涅斯所講的話就是眞話了。但如果有人想把這一段路程更精確地加以計算的話，那我也可以說給他的。因爲從以弗所到撒爾迪斯的這段路也應當加到其他的一段上面去。這樣，我就要說，從希臘的海到蘇撒（美姆農市就是這樣稱呼的）的路程就是一萬四千另四十斯塔迪昂，因爲從以弗所到撒爾迪斯是五百四十斯塔迪昂，這樣三個月的路程之外，還要加上三天。

55 阿里司塔哥拉斯既然不得不離開斯巴達，他於是便到雅典去；雅典擺脫統治它的那些僭主的情況是這樣。佩西司特拉托斯的兒子，僭主希庇亞斯的兄弟希帕爾科斯作了一個非常淸楚的、告他說他將遭慘禍的夢，因而被原來屬於蓋披拉人的一族的阿里斯托蓋通和哈爾莫狄歐斯殺死，但是在這之後雅典人在四年中間卻受到了不但不輕於，反而更重於先前的僭主的統治。

56 希帕爾科斯所夢見的情景是這樣的：在泛雅典娜祭的前夜，他夢見一個身量高而姿容美好的男子站在他的面前，向他說出了這樣的謎一樣的詩句：

用像獅子一樣的忍耐心來忍耐那難以忍耐的苦難罷，

世界上的任何人作了壞事最後都是要得到報應的。

而在天一亮的時候，他立刻便把他的夢告訴了圓夢的人。在這之後不久，爲了不再作這樣的夢，便去率領一個行列去向神奉獻犧牲，而他就死在這個行列裏面了㉒。

㉒希帕爾科斯在五一三年遇難。

57殺死了希帕爾科斯的蓋披拉人自稱最初是從埃列特里亞來的。但是根據我個人的探討，他們是腓尼基人，是和卡得莫斯一同來到今天稱爲貝奧提亞的那一部分的腓尼基人，貝奧提亞的塔那格拉地方被分配給了這些人，而他們也便定居在那裏了。卡德美亞人起初是被阿爾哥斯人趕出那裏的㉓，而這些蓋披拉人又爲貝奧提亞人所驅逐，於是他們便到雅典去了。雅典人在一定的條件下接受他們爲市民，但是不許他們參與在這裏不值得敍述的許多事情。

58蓋披拉人所屬的、這些和卡得莫司一道來的腓尼基人定居在這個地方，他們把許多知識帶給了希臘人，特別是我認爲希臘人一直不知道的一套字母。但是久而久之，字母的聲音和形狀就都改變了。這時住在他們周邊的希臘人大多數是伊奧尼亞人。伊奧尼亞人從腓尼基人學會了字母，但他們在使用字母時卻少許地改變了它們的形狀，而在他們使用這些字母時，他們把這些字母稱爲波依尼凱亞；這是十分正確的，因爲這些字母正是腓尼基人給帶到希臘來的。此外，伊奧尼亞人從古時便把紙草稱爲皮子，因爲在先前由於缺乏紙草，他們是使用山羊和綿羊的皮子的。而甚至到今天，還有許多外國人是在這樣的皮子上寫字的。

59在貝奧提亞底比斯地方伊司美諾斯・阿波羅神殿，我自己曾看到過卡德美亞的字母。這種文字刻在某些三腳架上面，它們大部分和伊奧尼亞的字母相似。在一個三腳架上面刻著下面的字句：

阿姆披特利昂從鐵列波阿伊人的地方來奉獻了我。

這是拉伊歐司時代的東西，拉伊歐司是拉布達科司的兒子，拉布達科司是波律多洛司的兒子，波律多洛司

㉓根據修昔底德的説法，這件事發生在特洛伊陷落之後六十年。

又是卡得莫司的兒子。

60在另一個三腳架上刻著六步格的詩句：

拳擊家斯卡伊歐斯在搏得勝利之後把我作爲一件十分優美的奉納品，
獻給了你，一箭千里的阿波羅神。

如果這個斯卡伊歐斯就是奉納者而不是和希波庫昂的兒子同名的另一個人的話，則斯卡伊歐斯就是拉伊歐司的兒子歐伊狄波司的時代的人了。

61在第三個三腳架上，仍然是六步格的詩句：

身爲國王的拉歐達瑪司把我作爲一個十分優美的奉納品，
獻給一望千里的阿波羅神。

在這個拉歐達瑪司，即埃提歐克列司的兒子當政的時候，卡德美亞人被阿爾哥斯人驅逐而逃到恩凱列司人的地方那裏去。蓋披拉人被留在後面，但是後來爲貝奧提亞人所迫而撤退到雅典去；於是，他們在雅典有爲他們自己專門修建的神殿，這神殿和其他雅典人沒有關係。這些神殿特別是阿凱亞·戴米特爾的神殿和密儀是和其他神殿有所不同的。

62這樣，我就敍述了希帕爾科斯所作的夢，以及殺死了希帕爾科斯的蓋披拉人的來歷。現在我必須更進一步，回來敍述我開頭所講的那個故事，即雅典是怎樣從僭主們的統治之下把自己解脫出來的。既然希庇亞斯成了雅典人的僭主而且由於希帕爾科斯的死而更加虐待起雅典人來，爲佩西司特拉提達伊家所放逐而亡命的阿爾克美歐尼達伊族這一雅典家族，便想用和雅典的其他亡命者共同使用武力的辦法歸國解放雅典，但是他們並未能作到這一點，反而吃了大虧。他們曾在派歐尼亞的上方里普敍德里昂地方修築了工事。由於他們想用一切辦法來反對佩西司特拉提達伊族，他們便從阿姆披克圖昂奈斯那裏包築當時還沒有，但是現在才有的戴爾波伊神殿。由於他們既有錢又和他們的父祖一樣都是有名的人，他們便把神殿修築得比原來設計的還好，特別是他們在包工時原規定用石灰石修建神殿，但結果他們是用帕洛司的大理石修建了神殿正面的。

63 但是，根據雅典人的說法，這些人當時曾留在戴爾波伊並且用金錢賄買了佩提亞，要她不管什麼時候有斯巴達人前來向她請示公事或私事的時候，就告訴他們，要他們解放雅典。因此，由於拉凱戴孟人總是聽到這樣的神託，便派遣他們的一位市民、知名之士阿司特爾的兒子安啓莫里歐司率領軍隊把佩西司特拉提達伊族從雅典驅出，儘管他們原是親密的朋友。因爲神的意旨在他們的眼中是比人的意願更重要的。他們是循著海路用船隻派遣了這些人的。因此安啓莫里歐司便在帕列隆登陸並且使自己的軍隊也在那裏上了岸；但是佩西司特拉提達伊族早已經知道了他的計劃，於是便派人向與他們結盟的帖撒利亞去請求幫助。帖撒利亞人應他們的請求，在商議之後派出了他們的國王科尼昂人奇涅阿司和他所率領的一千名騎兵。當佩西司特拉提達伊族得到了這些同盟者的時候，他們便想出了一個辦法：他們把帕列隆平原上的樹木砍伐淨盡以便人們可以在整個平原上馳騁自如，然後派出自己的騎兵和敵軍交鋒。騎兵進襲敵人並殺死了安啓莫里歐司，還有許多拉凱戴孟人，並把殘存的人們趕到他們的船上去。這樣一來，從拉凱戴孟來的第一批軍隊就這樣地被趕回去了。安啓莫里歐司的墳墓在阿提卡的阿羅佩卡伊，庫諾撒爾該斯的海拉克列斯神殿附近的地方。

64 在這之後，拉凱戴孟人便派出更大的一支軍隊去進攻雅典，他們任命阿那克桑德里戴斯的兒子，他們的國王克列歐美涅斯爲軍隊的統帥；這支軍隊他們是循著陸路，而不是循著海路派出的。當他們侵入阿提卡的時候，首先和他們交鋒的就是帖撒利亞的騎兵，但是這支騎兵立刻便被擊潰，其中四十多人被殺死，而那些得到活命的人們則盡量地找便捷的道路逃回帖撒利亞去了。於是克列歐美涅斯在他率領著希望取得自由的雅典人來到城前時，便把僭主們的家族趕到佩拉斯吉孔城寨裏面去並在那裏把他們包圍了。

65 拉凱戴孟人的確到底也沒有攻克佩西司特拉提達伊族的要塞（因為佩西司特拉提達伊一族在糧草方面有充分的準備，因此他們也便無意封鎖這座要塞）；拉凱戴孟人對這個地方只圍攻了幾天，便返回斯巴達去了。但是實際上，卻發生了一個偶然的事件，這個事件傷害了一方面，卻幫助了另一方面，原來佩西司特拉提達伊族的孩子們在他們從那裏暗中向安全的地方撤退時被捉住了。這件事情把他們的全部計劃都給打亂了，於是為了領回他們的子弟，他們只得服從雅典人向他們提出的條件，即在五天之內離開阿提卡。不久之後，他們便離開到司卡曼德羅斯河岸上的細該伊昂去了，他們君臨雅典人有三十六年㉔。他們原來也是屬於披洛斯人涅列達伊族，那往時是異邦人，但是成為雅典人的國王的科德洛斯族和美蘭托斯族也是和他們同樣出於同一祖先的。因此，正是這個希波克拉鐵斯為了紀念給自己的兒子起名為佩西司特拉托斯，因為涅司托爾的兒子的名字就是佩西司特拉托斯。

雅典人就這樣地擺脫了他們的僭主之治的桎梏。自從他們取得自由以來，直到伊奧尼亞叛變了大流士而米利都的阿里司塔哥拉斯到雅典人這裏來要求雅典人的援助的時候，這之間他們所作的和所經受的一切值得記述的事情，這都是我首先要敘述的。

66 先前便是強大的雅典，在它從僭主的統治之下解放出來之後，就變得更加強大了。在那裏擁有最大

㉔從五四五到五〇九年。

權力的有兩個人，一個是阿爾克美歐尼達伊家的克萊司鐵涅斯，人們都知道他曾經籠絡過佩提亞；另一個是名門出身的提桑德洛斯的兒子伊撒哥拉司。我說不清楚這個人的身世，但是他的族人是曾向卡里亞・宙斯奉獻過犧牲的。這兩個人各自率領一派爭奪政權，而克萊司鐵涅斯既然在鬥爭中處於劣勢，便和民眾結合到一起了。不久他便把原來是四個部落的雅典人分成了十個部落；他廢去了根據伊昂的四個兒子的名字該列昂、埃依吉科列司、阿爾伽戴司和荷普列司所起的部落名稱，而用其他英雄的名字來稱呼這些部落，在這些名稱當中除去埃阿司之外，都是土著的英雄的名字。他所以把異邦人的名字埃阿司加到這裏面來，因爲它是雅典的鄰人和同盟者。

67 但是在我看來，克萊司鐵涅斯這樣作，不過是模仿他的母親的父親希巨昂的僭主克萊司鐵涅斯罷了㉕。因爲克萊司鐵涅斯在對阿爾哥斯人開戰之後，便把希巨昂地方行吟詩人的比賽給停止了，理由是在荷馬的詩篇裏面，幾乎全部是以阿爾哥斯人和阿爾哥斯爲吟詠主題的。此外，他想把阿爾哥斯英雄塔拉歐司的兒子阿德拉斯托斯從國內驅逐出去，因爲這位阿德拉斯托斯的神殿現在還聳立在希巨昂城的市場上。於是他便到戴爾波伊去請示神託，他是否應當把阿德拉斯托斯驅除出去。但是佩提亞卻回答他說，阿德拉斯托斯是希巨昂的國王，而他卻是一個應當給石頭砸殺的人。既然神不容許他實現自己的想法，他便回去盡力想可以使他把阿德拉斯托斯鏟除掉的什麼一個辦法。於是當他認爲他已經想出了一個辦法的時候，他便派人到貝奧提亞的底比斯去，說他想把阿斯塔科斯的兒子美蘭尼波司迎到自己的國裏來。底比斯人答應了他的請求，於是他便把美蘭尼波司迎到國內，並且在市會堂給他指定了一塊聖所，使他坐鎮在那裏最堅固

㉕克萊司鐵涅斯統治希巨昂的時期是從六〇〇年到五七〇年。

的地方。爲什麼克萊司鐵涅斯要把美蘭尼波司迎到國裏來呢（這一點我也是必須加以說明的），原來美蘭尼波司乃是阿德拉斯托斯的不共戴天的敵人，因爲阿德拉斯托斯曾殺死了他的兄弟美奇司鐵烏司和他的女婿杜德烏斯。既然給美蘭尼波司指定了一塊聖所，那麼克萊司鐵涅斯便把阿德拉斯托斯的全部犧牲和祝祭拿走，而送給美蘭尼波司了。不過希巨昂人對於阿德拉斯托斯一向是十分尊敬的，因爲波律包司曾是那個地方的主人，而阿德拉斯托斯又是波律包司的女兒的兒子。波律包司死的時候沒有兒子，便把王位傳給阿德拉斯托斯了。在希巨昂人給予阿德拉斯托斯的其他尊榮之外，他們還由於他的不幸遭遇而用悲劇的歌舞隊來祭祀他，他們這樣作並不是爲了狄奧尼索斯，而是爲了阿德拉斯托斯的。但是克萊司鐵涅斯把歌舞隊仍然給回了狄奧尼索斯，而把其他的祭儀給予美蘭尼波司了。

68 他對於阿德拉斯托斯的處理辦法就是這樣。但是對於多里斯人的部落，他改變了他們的名字，爲的是不使他們和希巨昂人與阿爾哥斯人屬於相同的部落。在這一點上，他特別對於希巨昂人作了很大的侮弄，原來他給他們起的新名字是從豬和驢等詞來的，只是把通常表示部落的語尾加到上面去罷了，只有他自己的部落是例外。他給自己的部落起了一個表示自己的統治的名稱，把屬於這一部落的人們稱爲阿爾凱拉歐伊（意爲人民的統治者——譯者注），而稱其他的部族爲敍阿塔伊（意爲小豬——譯者）、歐涅阿塔伊（意爲小驢——譯者）或是科伊列阿塔伊（意爲小豬——譯者）。希巨昂人不僅是在克萊司鐵涅斯的治下，就是在他的死後六十年中間都是使用這些名稱的；但是後來，他們進行了商議，而把部落的名稱改爲敍列依斯、帕姆庇洛伊、杜瑪那塔伊。此外，他們還添加了第四個部落的名字，這個名字依照阿德拉斯托斯的兒子埃吉阿列烏斯的名字而稱爲埃吉阿列依司。

69 希巨昂人克萊司鐵涅斯所作的事情就是這樣。但是這個克萊司鐵涅斯的女兒的兒子、因而承襲了他的外祖父的名字的雅典人克萊司鐵涅斯，在我看來，他所以沿用他的外祖父的名字，是他也和他的外祖父一樣瞧不起多里斯人，因而他不願使自己的部落即雅典人與伊奧尼亞人相同。他既然把當時沒有任何權利的雅典平民拉到自己的一方面來，他便給這些部落起了新的名字並且增加了部落的數目，廢除了從前的四個部落首長，而設立了十個部落首長，把十個區劃分給各個部落。在他把平民爭取過來之後，他便比他的對方要強大得多了。

70 伊撒哥拉司的這一方面既然失敗了，他便想出了一個對策來。他請求克列歐美涅斯的幫助，因爲克列歐美涅斯從圍攻佩西司特拉提達伊族的時候起便是他自己的朋友了。而且由於克列歐美涅斯和伊撒哥拉司的妻子有不清不楚的關係，他曾經受到人們的指控。於是，克列歐美涅斯先派使者到雅典去，要求把克萊司鐵涅斯和與他同黨的其他許多雅典人驅逐出去，他把這些人稱爲因瀆神而受到咒詛的人。他告訴給使者要說的話都是伊撒哥拉司教的。因爲阿爾克美歐尼達伊家和他們的同黨曾被認爲犯了殺人之罪，但伊撒哥拉司與他的朋友並未參與其事。

71 雅典的那些被咒詛者，他們的名字是這樣得來的。有這麼一個曾經在奧林匹亞比賽會上獲勝的名叫庫隆的雅典人，他自視甚高因而竟想成爲一名僭主。於是他集結了一批和他年紀相彷彿的人，試圖奪占城砦；但是當他在這件事上面未能成功的時候，他便坐到女神神像的旁邊去請求庇護。於是當時治理著雅典的納烏克拉洛司們㉖答應決不用死刑來懲罰他們而把庫隆和他的人們從那裏帶走，但是他們還是被殺死

㉖納烏克拉里亞是一種行政單位，它的長官納烏克拉洛司負責徵稅並爲陸海軍提供兵員和船隻。這裏說他們治理雅典與事實似有出入。

了，而殺人的罪名就給放到阿爾克美歐尼達伊一家的身上。所有這一切都是發生在佩西司特拉托斯的時代以前的㉗。

72 克列歐美涅斯既然派人去並要求放逐克萊司鐵涅斯和被咒詛者，克萊司鐵涅斯自己便悄悄地離開了城市。儘管如此，克列歐美涅斯隨後不久也還是率領著不大的一支軍隊來到了雅典，到了雅典之後，他便把伊撒哥拉司所指名給他的七百個雅典家族，作爲被咒詛者放逐了。這樣作了之後，他繼而又試圖解散議院㉘，而把當權的位置交給了伊撒哥拉司一黨的三百人。但是議院反抗他而不肯服從，於是克列歐美涅斯和伊撒哥拉司和他們的一黨便占領了衛城。這樣，站在議院一面的其他雅典人便團結起來，圍攻了他們兩天；第三天他們便締結了休戰條約，而他們當中的拉凱戴孟人則掃數離開了國內。這樣，克列歐美涅斯所聽到的預言便應驗了。原來當他去城砦想把它占領的時候，他到女神的內殿去打算跟她講話，但是女祭司卻從她的座位上站了起來，而在他還沒有邁到門裏面來的時候就說：「拉凱戴孟的客人，回去，不要進到聖堂裏面來，因爲多里斯人按規定是不能進到這裏面來的。」但是他回答說：「婦人，我不是多里斯人，我是阿凱亞人。」於是他便不把這預言放到心上，而是試圖按他自己的意思去作，但是正如我剛才已經說的，他和拉凱戴孟人再一次地被趕了出來。至於其他人，則雅典人把他們投入監獄而判處了死刑，在這些人當中就有戴爾波伊人提美西鐵烏司。這個提美西鐵烏司在膂力和勇武方面成就了若干極其偉大的事業，這些事業都是我能夠列舉的。

㉗大約在六二〇年和六〇〇年之間。

㉘這裏希羅多德指的大概是新的五百人院。

73這些人在入獄之後，就都給處死了。在這之後，雅典人便派人去把克萊司鐵涅斯和被克列歐美涅斯所放逐的七百家族迎了回來；然後，他們又派使節到撒爾迪斯去，打算和波斯人結爲同盟。因爲他們知道，拉凱戴孟人和克列歐美涅斯是不會輕輕饒過他們的。當使節到達撒爾迪斯並且按照所吩咐的話說了一遍之後，撒爾迪斯的總督、敍司塔司佩斯的兒子阿爾塔普列涅斯便問他們，他們這些想和波斯人締結聯盟的人是何許人，他們住在什麼地方，在他聽使者說完之後，便給了他們一個答覆；這一答覆的大意是，如果雅典人把土和水獻給國王大流士的話，那麼他就和他們結成同盟，但結果不這樣的話，他就命令他們回去。使者們在一起商量了一下，結果同意了他的要求，因爲他們是一心想締結聯盟的。但是在回國之後，他們卻因他們的作法而受到了很大的責難。

74另一方面，克列歐美涅斯認爲他受到雅典人在言語和行動上的很大侮辱，因此並沒有聲明糾合的原因，他便從整個伯羅奔尼撒糾合了一支軍隊，以便對雅典的民衆進行報復並且立伊撒哥拉司爲僭主。因爲伊撒哥拉司也是和他一起逃出了衛城的，於是克列歐美涅斯便率領著大軍一直入侵到埃列烏西斯，而貝奧提亞人也便根據商量好的計劃，攻取了阿提卡邊界地帶的歐伊諾耶和敍喜阿伊，同時卡爾啓斯人則從另一方面進攻並襲擊阿提卡各地。雅典人雖然處於背腹受敵的地步，卻決定一時先不去考慮貝奧提亞人和科爾啓斯人，而是一直向著侵入埃列烏西斯的伯羅奔尼撒人攻去了。

75但是當兩軍正要交鋒的時候，科林斯人他們卻首先一致認爲他們的所作所爲是不正當的，因此改變了自己的初衷並撤退了。不久之後，斯巴達的另一個國王阿里司通的兒子戴瑪拉托斯也這樣作了，儘管他是和克列歐美涅斯一同率領著軍隊從拉凱戴孟前來的，而且他從來和克列歐美涅斯也沒有什麼意見不合的地方。由於這一次的分裂而在斯巴達制訂了一項法律，即當派遣一支軍隊出去的時候，兩個國王不能一同隨軍前往，但在這之前，他們卻是二人同去的。既然其中的一個國王可以免除軍役，那麼圖恩達里達伊族當中的一人也就要留在家裏了。因此在埃列烏西斯，當其他的同盟軍看到拉凱戴孟人的兩個國王並不一心，而科林斯的軍隊也離開了他們陣地的時候，他們也同樣地撤退並離開了。

76 這是多里斯人第四次進入阿提卡了。兩次他們是作爲戰爭中的侵略者來到這裏的，兩次則是來幫助雅典平民的。在第一次的時候是他們在美伽拉建立一個殖民地（這次的遠征若說是發生在科德洛斯統治雅典的時代是不會錯的），第二次和第三次是他們從斯巴達出發，前來驅逐佩西司特拉提達伊家。第四次就是克列歐美涅斯這次率領著伯羅奔尼撒人一直進抵埃列烏西斯地方。多里斯人第四次入寇雅典的情況就是這樣。

77 這支遠征的軍隊既然這樣不光榮地解散，雅典人首先立刻便向科爾啓斯人進攻，以便向他們進行報復。貝奧提亞人爲了援助科爾啓斯人而來到了埃烏里波斯。當雅典人看到對方有援軍到來時，他們便決定首先攻擊貝奧提亞人，然後再進攻科爾啓斯人。他們和貝奧提亞人交鋒而獲得了一次輝煌的勝利。他們殺死了對方許多人並且抓了他們七百名俘虜。而在同一天裏面，雅典人還渡海到了埃烏波亞，在那裏他們又和科爾啓斯人交鋒。而在同樣地制服了科爾啓斯人之後，便在飼馬者的土地上安置下了四千名屯田農民；至於飼馬者，則這是富裕的卡爾啓斯人的稱呼。他們抓了許多科爾啓斯的俘虜，他們使這些俘虜全都帶上枷鎖並將之和貝奧提亞的俘虜一同監禁起來；但是後來他們規定了每人二米那的贖金而把這些俘虜釋放了。雅典人把用來拘繫囚犯的枷鎖懸在衛城上，這些枷鎖在我的時代還可以看到，它們是懸在給美地亞人的火災而燒焦的那一面城牆上，正對著朝西的那座神廟。此外，他們還奉獻了十分之一的贖金用來鑄造了一具青銅的駟車。這個青銅的駟車，就在衛城正門一進去左手的地方，上面刻著這樣的銘文：

雅典的子弟們立了輝煌的戰功，
他們制服了貝奧提亞和科爾啓斯的武力，
用獄裏的鐵鎖消滅了敵人的橫傲；
他們把贖金的十分之一製成這些馬匹呈獻給帕拉司。

78 雅典的實力就這樣地強大起來了。權利的平等，不是在一個例子，而是在許多例子上證明本身是一件絕好的事情。因爲當雅典人是在僭主的統治下的時候，雅典人在戰爭中並不比他們的任何鄰人高明，可是一旦他們擺脫了僭主的桎梏，他們就遠遠地超越了他們的鄰人。因而這一點便表明，當他們受著壓迫的時候，就好像是爲主人作工的人們一樣，他們是寧肯作個怯懦鬼的，但是當他們被解放的時候，每一個人就都盡心竭力地爲自己作事情了。

79 以上便是雅典人所作所爲的一切。但是，隨後底比斯人便想對雅典進行報復而向神去請示。佩提亞說，底比斯人用他們自己的力量是談不到復仇的，他們必須把這件事交給民會來辦理並且向他們的最近的鄰人請求援助。因此在請示神託的人們回來之後，便召開了一次大會，把神託在會上宣布了。而當底比斯人知道神託指示給他們要向最近的鄰人求援的時候，他們一聽見就說：「如果是這樣的話，那麼我們最近的鄰人不正是塔那格拉人、科洛那亞人、鐵司佩亞人麼！而且這些人一直是我們的戰友並且和我們共同戮力作戰的。這還需要向他們去請求麼？也許神託的話所指的不是這個罷。」

80 對於神託的話，他們是這樣考慮的。但是，終於有一個懂得了神託的意思，於是他說：「我想我是懂得神託告訴給我們的這段話的意思的。鐵貝和埃吉納據說是阿索波司的女兒，既然她們是姊妹，則神的回答的意思，我以爲，是應該請求埃吉納人來爲我們報仇。」既然他們對於這個神託沒有更好的解釋，他們便立刻派人到埃吉納人那裏去，請求他們的幫助，因爲這是神託的命令而且埃吉納人又是他們的最近的鄰人。埃吉納人答應了他們的請求，說是要派埃伊阿奇達伊族去幫助他們。

81 底比斯人仗著有埃伊阿奇達伊族和他們在一起而重新挑起了戰爭，但是他們又吃了雅典人很大的苦頭，因此他們便再一次到埃吉納人那裏去要求派出新的人來，而把埃伊阿奇達伊族送了回去。當時埃吉納人正由於本身的繁榮而洋洋自得，再加上他們和雅典有過舊怨，因而依照底比斯人的請求，沒有派使者去宣戰就和雅典人打起來了。但雅典人正在忙於對貝奧提亞人作戰，於是埃吉納人便乘船下行到阿提卡來，蹂躪了帕列隆和沿岸地帶的其他許多市區。這樣一來，他們就使雅典人遭受了極大的損害。

82 埃吉納人和雅典人之間長期間不得解開的怨仇，原來是這樣結起來的。由於埃披道洛斯人的土地什麼都不生產，於是他們便派人到戴爾波伊去請示這一災害的來由。佩提亞命令他們建立達米亞和奧克塞西亞的神像，說如果他們這樣作的話，他們的命運就會好轉。埃披道洛斯人繼而又問神像是用青銅作，還是用石頭作，佩提亞囑他們既不用青銅，也不用石頭，而是用人們在果園中栽培的橄欖樹的木頭來作。因此埃披道洛斯人便請求雅典人允許他們到那裏去砍伐橄欖樹，因爲他們認爲那裏的橄欖樹是最神聖的。而且據說當時確實是除了雅典之外，任何地方都沒有橄欖樹。雅典人同意把橄欖樹送給他們，但條件是要埃披道洛斯人每年向雅典娜·波里阿司和埃列克鐵烏斯奉獻供物。埃披道洛斯人同意了這樣的條件，於是他們的請求便得到了允許。他們建立起了用這些橄欖木製作的神像；於是他們的土地就生產了果實，而他們也履行了他們和雅典人的約定。

83 直到當時，都和當時以前的時候一樣，埃吉納人在一切方面都是服從埃披道洛斯人的，特別是埃吉納人要渡海到埃披道洛斯去，在那裏請求判決他們相互間的一切訴訟事件。但是從這個時候起，他們開始

造船並且妄自尊大起來，結果竟至叛離了埃披道洛斯人；他們相互之間既然成爲寇仇，而且埃吉納人又占著海上的優勢，於是他們便使埃披道洛斯人遭到了很大的損害，同時又把埃披道洛斯人的達米亞和奧克塞西亞的神像偷了去，而把它們安放在他們國家腹地的、離他們的城市大約有二十斯塔迪昻遠的一個名叫歐伊亞的地方。把神像安置在這個地方以後，他們便用奉獻的各種犧牲和婦女的滑稽歌舞隊來奉祀它們，爲每一位神的合唱隊都任命了十個負擔費用的人。而歌舞隊中的婦女的挖苦對象不是任何男子，而是當地的婦女。埃披道洛斯人也有同樣的儀式，但是他們另外還有不許向別人說的宗教儀式。

84 但是當這兩座神像被偷去的時候，埃披道洛斯人卻停止履行他們向雅典人約定的義務了。於是雅典人便派出一名使者到埃披道洛斯人那裏去表示自己的憤怒，但是埃披道洛斯人卻申辯說他們並沒有作錯事情。他們說，只要神像留在他們自己的國內，他們是會履行約定的，但是現在他們既然被劫走了神像，那他們就不應當再向雅典人獻納供物了。而現在應當獻納供物的卻是擁有神像的埃吉納人了。雅典人於是派人到埃吉納去，要求送回神像，但是埃吉納人卻回答說他們和雅典人是無交道可打的。

85 根據雅典人的說法，在雅典人提出了他們的要求之後，他們就派出了一艘上面載著某些市民的三段橈船，這些代表全體人民被派出來的人到了埃吉納之後，便想把那用阿提卡的木料製成的神像從座上搬下來帶走；但是當他們不能用這種辦法得到它們的時候，他們便用繩子把這兩座神像綁起來拖它們，而當他們用繩子拖的時候，他們遇見了雷擊，同時又遭到了地震。於是那些拖神像的三段橈船的水手們便心神錯亂起來，而他們在這種錯亂的心情之下，竟相互像對敵人那樣地廝殺起來，直到最後他們只剩下了一個人，自己回到帕列隆來了。

86 關於這件事，雅典人的說法就是這樣。但是埃吉納人卻說雅典人不是只乘著一艘船（因爲如果雅典人只派來一艘船甚或幾艘船的話，那麼即使他們自己沒有船隻，他們也是很容易把雅典人擊退的），而實際上是乘著許多隻船在他們那裏上陸的，結果他們沒有進行海戰，便向雅典人投降了。但是他們卻從來不能十分明確地指出，是因爲他們自己承認自己在海戰方面不行才投降的，還是因爲他們故意作他們當時所作的事情。埃吉納人說，在雅典人看到沒有人出來和他們作戰的時候，他們便從船上下來，著手去搬運神像，然而他們既然不能把神像從台座上搬下來，他們便用繩子縛住神像向下拖，而在他們拖呀拖呀的時候，這件事別人也許相信，但我是不相信的，兩座神像竟一同向著他們跪了下來。從那時起這兩座神像一直就是這個樣子了。這就是雅典人所作的事情。但是關於他們自己，埃吉納人說，他們知道雅典人想對他們作戰，於是他們便預先保證了阿爾哥斯人對他們的援助。因此當雅典人在埃吉納地方登陸的時候，阿爾哥斯人便前來援助埃吉納人，阿爾哥斯人是從埃披道洛斯偷偷地渡海到島上來的，登陸之後便乘雅典人之不備向他們進攻，把他們和他們的船隻切斷。而也正是在這個時候，他們遇到了雷，同時還遇到地震。

87 這就是阿爾哥斯人和埃吉納人的說法，而雅典人自己也承認他們中間只有一個人安全地返回了阿提卡。但是阿爾哥斯人說，把雅典人在只有一個人生還的戰鬥中擊潰的正是他們，雅典人則說擊潰了他們的是神力。但是雅典人說，即使是這個生還的人也沒有得救，而是像下面所說那樣地死掉了。原來他自己回到了雅典，把經過的慘事告訴了大家。據說當被派出去進攻埃吉納的那些人的妻子們知道了這件事的時候，對於在所有的人當中只有他一個人安全返回這件事十分氣憤，於是她們便集合在他的周邊向他追問她們自己的丈夫在什麼地方，並用她們衣服上的別針把他刺死了。這個人就這樣地被刺殺了。在雅典人看起來，婦女們所幹的這件事情比起他們的不幸遭遇來是更要可怕的。據說，他們想不出什麼別的辦法來懲罰這些婦女，便把她們的服裝改換成爲伊奧尼亞式的。原來直到當時爲止，雅典的婦女是穿著和科林斯人的

服裝非常相似的多里斯式服裝。結果這種服裝就給變成了亞麻外衣，以便她們不會再用別針。

88然而，若是講老實話，這種衣服不是起源於伊奧尼亞，而是起源於卡里亞的。因為在希臘本土，古代的全部婦女的服裝都是和我們今天所說的多里斯式的服裝一樣的。另一方面，至於阿爾哥斯人和埃吉納人，這一點也正可以說明為什麼他們甚至為他們每一個國家作出一個規定，即他們的別針應該製作得比過去一般規定的長度長一半，而他們的婦女要特別把別針奉獻到以上那些女神的神殿裏去；而阿提卡製造的其他任何物品和陶器都不能帶到神殿裏面去，但是那裏卻習慣於用國產的器皿來飲水。因此阿爾哥斯和埃吉納的婦女從那時起便由於和雅典人不和而戴著比先前要長的別針。而直到我的時代她們還是這樣作的。

89雅典人和埃吉納人開始結怨的緣由就是我上面所說的了。因此，在底比斯人前來邀請的時候，埃吉納人立刻就來幫助貝奧提亞人了，因為他們還沒有忘掉神像的舊事。埃吉納人蹂躪了阿提卡的沿海地帶，雅典人於是立刻開始著手對他們派出討伐的軍隊。但是從戴爾波伊卻來了一個神託，命令他們在埃吉納人的這次蹂躪之後三十年中間不要輕舉妄動，而在第三十一年裏，則給埃阿科斯劃出一個聖域來，再對埃吉納人發動戰爭。這樣他們便可以順利地達到他們的目的；但如果他們立刻派出一支軍隊攻打他們的敵人的話，他們誠然最後也可以制服他們的敵人，但是在這期間他們要受很多的苦，而且還要付出極大的氣力。當雅典人聽到人們把這一神託告訴給他們的時候，他們便給埃阿科斯劃出一個聖域來，這個聖域現在就在他們市場的地方；但是既然埃吉納人把他們蹂躪得這樣苦，他們實在忍不住在三十年中間按兵不動。

90但是正當他們準備進行報復的時候，在拉凱戴孟卻發生了一件妨礙了他們這樣作的事情。原來當拉凱戴孟人知道了阿爾克美歐尼達伊族對佩提亞所施的策略以及佩提亞對他們自己以及對佩西司特拉提達伊族策略的時候，他們由於雙重的理由而感到十分氣憤，一則是由於他們從他們的祖國驅逐了他們自己的盟友，再則是由於他們這樣作而雅典人對他們並沒有表示感謝之意。此外，他們還受到神託的嗾使，因爲神託警告他們說，雅典人將要對他們作出許多使他們對之結怨的事情來。而在這之前，他們是不曉得這些神託的。但是現在克列歐美涅斯卻把神託帶到斯巴達來，而拉凱戴孟人也就知道了這些神託的內容。克列歐美涅斯是從雅典的衛城得到了神託的；在當時之前，神託是在佩西司特拉提達伊族的手裏，但是當他們被驅逐的時候，他們把它忘在神殿裏了。既然被遺忘，這些神託就重新給克列歐美涅斯得到了。

91 拉凱戴孟人既然重新得到神託並且看到雅典人的實力與日俱增而且根本沒有服從他們的意思，他們便覺得，如果阿提卡的人民得到自由的話，則這些人是很可能會有一天作到與他們勢均力敵的，但如果這些人受著僭主的統治，那這些人就會是軟弱的，並且願意服從於一個主人。既然有了這樣的想法，他們便派人從佩西司特拉提達伊族的亡命地點海列斯彭特的細該伊昂那裏把佩西司特拉托斯的兒子希庇亞斯召了來。希庇亞斯應召來到之後，斯巴達人又把他們其他盟國的使者們也召來，對這些人講了下面的一番話：「諸位盟友，我們承認我們的所作所爲錯了。因爲我們受到僞造的神託的愚弄，把原來是我們的好友並且還答應使雅典臣服於我們的人們從他們的祖國的國土上驅逐出去了，而這樣一來，我們就等於把那個城邦交到無恩無義的民衆手裏去了；這些人只要藉著我們的力量得到自由而抬起頭來，他們立刻便會用各種辦法侮辱我們和我們的國王，並把我們和我們的國王驅逐出去，而現在他們現在已神氣起來並且也越來越強大了。既然他們的鄰邦貝奧提亞人和科爾啓斯人特別已經知道了這樣作的代價是什麼，我們認爲其他各國不久也會知道他們自己的錯誤的。但是既然我們過去作錯了，現在我們就要試圖藉著你們的幫助向他們進行報復，因爲正是爲了這個理由，我們才把你們在這裏看到的希庇亞斯召來，把你們也從你們的城市請來，以便使我們的意見統一起來而力量也結合到一起，這樣我們便可以把他帶回雅典並歸還我們從他那裏拿走的東西。」

92 以上便是拉凱戴孟人所說的一番話，但是他們的話在他們的大部分的盟國聽起來卻是很難接受的。在其他人等都默不作聲的時候，一個叫作索克斯的科林斯人說：「（α）拉凱戴孟人啊！你們現在正是在破壞平等的原則並準備在各個城邦恢復僭主政治，這眞是讓天空在大地的下面，大地在天空的上面，讓人住在海裏，魚住在陸地上啊。要知道世界上沒有一件事情是像僭主政治那樣不公正，那樣殘暴不仁的。如果要僭主統治城邦在你們看來眞正是一件好事的話，那麼就首先在你們中間立一名僭主，然後再設法給其他的城邦立僭主罷。但是現在如何呢，你們自己從來不去試著立僭主並且用一切辦法防範不要任何僭主在斯巴達起來，可是你們對你們的盟國卻是不正當的。而且，如果你們也和我們一樣有過這樣的經驗，對於這件事你們的看法就會比你們現在明智得多了。（β）科林斯人的國家組織形式，現在我想來說一說。統治者是少數人，即稱爲巴齊亞達伊的少數人，他們執掌著城市的大權，而他們之間又是相互通婚的。這些人當中有一個名叫阿姆庇昂的人，他有一個名叫拉布達的跛腿女兒。既然看到巴齊亞達伊中間沒有一個人會娶她，她便被嫁給了佩特拉市鎭的埃凱克拉鐵司的兒子埃愛提昂，他原來是拉披塔依人凱涅烏司的後代。他娶了這個妻子或任何其他妻子後都沒有給他生兒子，於是他爲了孩子的事情到戴爾波伊去問個究竟。而在他剛一進入聖堂的時候，佩提亞立刻向他說出了下列的詩句：

埃愛提昂，雖然你沒有受到任何人的尊敬，但崇高的榮譽還是應當屬於你的。
拉布達不久將要懷孕，她將要給你生下一塊圓的石頭，
這石頭注定要落到王族的頭上，而對科林斯執行正義。

給埃愛提昂的這個神託不知怎的到了巴齊亞達伊族的耳朵裏去，而他們對於送到科林斯來的前一個神託也

是不了解的，儘管這一神託的意義和給埃愛提昂的那個神託的意義是一樣的。神託裏的詩句是這樣：

雌鷹在山裏懷孕，一隻雄壯
而凶猛的
獅子將要從那裏誕生；它將要把許多人
的膝頭解開。
因此，你們這些科林斯人，我要你們
很好地注意一下，
你們這些住在美麗的佩列涅泉的旁邊，
住在巍峨的科林斯的人們啊！

（γ）在先前給巴齊亞達伊族的這一神託是他們所不能解釋的。但是現在，當他們知道了給埃愛提昂的這個神託的時候，他們立刻懂得，前一個神託和埃愛提昂的這個神託是符合的。他們既然也懂了這個預言，他們便按兵不動地等在那裏，打算把給埃愛提昂生下的不管什麼東西給毀掉。因此，當他的妻子一分娩的時候，他們便派出了他們同族的十個人到埃愛提昂住的市鎮去以便把小孩殺死。這些人來到佩特拉，走進埃愛提昂的住所來要這個孩子。對他們此行的目的絲毫也不曉得的拉布達以為他們提出這樣的要求是由於他們和孩子的父親的友誼，因此便把它帶了出來交給其中的一個人。故事說，這些人在道上曾商議好，第一個接過孩子的人應當把它摔到地上去。因此當拉布達把孩子帶來並交出孩子的時候，由於上天的保佑，這個孩子竟向接過它的那個人微笑起來。這個人看到了他的微笑而惻隱之心使他不忍下毒手，因而他便由於心裏發軟而把孩子交給了第二個人，第二個人又交給第三個人，這樣經過了十個人的手，卻沒有一個人想把它殺死。於是他們把這個孩子交回給他的母親而出去了，他們站在門前相互埋怨和責怪起來，但主要是對那第一個接過了孩子的人，因爲他並沒有按他們計劃好的辦法去作。過了一會兒，他們才想到再進去，大家一齊動手來殺死這個孩子。（δ）但是神託注定埃愛提昂的後人將會是科林斯受難的原因。因爲拉布達站在離門很近的地方，把他們所說的一切都聽到了。她害怕他們改變主意而再來拿走這個孩子而把它殺死，於是她便把孩子帶走，而把它藏在一個櫃子裏，因爲她認爲這個地方是最難找到的。原來她知道，如果他們回來著手搜尋的時候，他們是會把每個地方都搜查到的，而實際上他們正是這樣作了。他們前來搜查，但是在搜查不到時，他們便決定回去並且告訴派他們前來的人，說他們已按照命令把一切都辦妥了。（ε）這樣，他們就離開並且這樣報告了。但是埃愛提昂的兒子很快地成長起來了，而且由於他逃脫了那次的危險，他便由於那個櫃子而起名爲庫普賽洛斯（希臘語的庫普賽列 κυψέλη 原來是柜子的意思——譯者）。而當庫普賽洛斯長大成人而到戴爾波伊請示神託的時候，戴爾波伊便給了他一個有雙重意義的神託。庫普賽洛斯相信了這個神託，於是他攻打並取得了科林斯。神託的話是這樣的：

到我的聖堂裏來的這個人是幸福的，
埃愛提昂的兒子庫普賽洛斯，著名的科林斯的國王，
他自己和他的兒子們是幸福的，但是他的兒子的兒子卻不是幸福的。

以上就是神託的話。但是庫普賽洛斯在取得了僭主的權力以後，卻變成了這樣的一個人：他放逐了許多科林斯人，他剝奪了許多人的財產，更殺害了爲數要多得多的人的生命。（ζ）他統治了三十年㉙並且得到

㉙從六五五年到六二五年。

了善終，繼他爲僭主的是他的兒子佩利安多洛斯。佩利安多洛斯在起初，性情比他的父親要溫和些，但是自從他通過自己的使者和米利都的僭主特拉敘布洛斯有了交往之後，他就變得比庫普賽洛斯殘暴得多了。因爲他有一次曾派遣一名使者到特拉敘布洛斯那裏去，去請教他使用怎樣的辦法最安全地處理事務，才能夠把他的城邦治理得最好。特拉敘布洛斯把從佩利安多洛斯派來的這個人領到城外的一塊谷地來，而當他經過這塊谷地的時候，他便一再地詢問來人有關於從科林斯前來的事情，同時卻不停地把長得比別的穗子高的穗子剪下來拋掉。他便這樣地走過了整塊的田地並把穀物中所有最好的和收成最好的部分毀掉了。在這之後，他一言不發，便把使者打發走了。當使者回到科林斯的時候，佩利安多洛斯急於想知道他所帶回來的忠告是什麼，但是這個使者說，特拉敘布洛斯並沒有給他任何忠告，他認爲他被派去見的那個人是一個性情奇怪的人，因爲他是一個精神失常的人而且是一個毀掉自己財產的人。於是他把他看到特拉敘布洛斯所作的事情敍說了一遍。（η）但是佩利安多洛斯明白了他所作的是什麼事情並且認識到，特拉敘布洛斯是勸告他殺死他的城邦中最傑出的人們，並且從此要以非常殘暴的手段來對待自己的臣民，用誅殺或是流放的辦法。庫普賽洛斯所沒有作到的事情，佩利安多洛斯都給完成了；而在一天裏，由於他自己的妻子梅里莎的原故，他把科林斯的全體婦女都給剝得精光。因爲他曾派遣使者到阿凱隆河河畔的鐵斯普洛托伊人那裏去，請示死者關於一個異邦人委託的物品的神託。但是梅里莎的幽靈出現了，她說她什麼也不告他，也不告他託存的物品在什麼地方，因爲她說她冷而且沒有穿任何衣服。原來佩利安多洛斯雖然把衣服和她一同埋葬，但是沒有把衣服燒掉，因此這衣服對她便沒有用了。她說她要舉出這樣一件事情來證明她所講的話是眞實的，即佩利安多洛斯曾把麵包放到冷卻的灶裏面去。當這話給帶回到佩利安多洛斯那裏去的時候（因爲他曾和梅里莎的屍體交媾，因此他知道她所舉出的證據是眞的），他聽了這話之後立刻宣布說全體的科林斯婦女都應當到希拉的神殿來。因此她們來的時候就像參加節日的慶祝一樣，把她們最好的衣服都穿上了。但佩利安多洛斯卻把自己的親衛兵安置在那裏，不分貴婦和女僕，一律剝下她們的衣服並且把所有的衣服推到一個穴裏燒掉，同時並向梅里莎進行禱告。當他這樣作了之後，第二次派人去到梅里莎那裏去，於是梅里莎的幽靈就告訴了他異邦人放存的物品在什麼地方。

拉凱戴孟人啊，你們要知道這就是僭主政治，而這就是它所幹的勾當。當我們科林斯人看到你們把希庇亞斯召來的時候，我們的確是十分驚訝的。但現在聽到你們這樣講話，我們便更加驚訝了。因此藉著希臘諸神的名字，我們懇求你們不要在各個城邦建立僭主政治罷。如果你們不停止這樣作，而不正當地試圖把希庇亞斯帶回來的話，那麼你們可要知道，科林斯人是不會同意你們的作法的。」

93 以上便是科林斯的代表索克列斯所講的一番話。和他答話的是希庇亞斯，他和索克列斯一樣呼告諸神前來作證，他說，當科林斯人注定要爲雅典人所煩擾的宿命時刻到來時，則科林斯人的確是會比任何人都更想念佩西司特拉提達伊族的。希庇亞斯所以這樣地來回答，是因爲他比任何人都更確切地體會到神託的含意。但是到目前爲止一直保持沉默的其他盟邦代表，在他們聽到索克列斯的無所顧忌的發言時，他們也就都講了話並且表示同意科林斯人的意見，他們都請求拉凱戴孟人不要對希臘的城邦實施任何革新。

94 這樣一來，這個計劃便作罷了。希庇亞斯不得不離開了。馬其頓人的國王阿門塔斯想把安鐵莫斯給他，而帖撒利亞人則想把約爾科司給他。但是他都不願意要，而是再回到細該伊昂，這是佩西司特拉托斯用武力從米提列奈人那裏奪取過來的市邑，而在把它征服之後，他便把他和一個阿爾哥斯婦人之間所生的庶子海該西斯特拉托司安置在那裏作僭主。但是海該西斯特拉托司並未能和平無事地保有他從佩西司特拉托斯所承受過來的地方，因為米提列奈人和雅典人在長年中間從阿奇列昂和細該伊昂城出兵興戰。米提列奈人出兵是要收回失地，雅典人則是不承認它，他們所持的論據則是愛奧里斯人對於伊利亞斯的領土，並沒有比他們本身，或是比幫助美涅拉歐司為海倫之被劫復仇的其他任何希臘人更多的權利。

95在這一戰爭的戰鬥當中，發生了許多事情，但是下面的這件事情是值得一記的：在雅典人取得勝利的一次戰鬥中，詩人阿爾凱峨斯臨陣脫逃了，但是在跑開時他的武器卻被雅典人得到並且給懸掛在細該伊昂地方雅典娜的神殿裏。阿爾凱峨斯因此作了一首詩送到米提列奈去，在這首詩裏他向他的朋友美蘭尼波司陳述了他自己的不幸遭遇。但是，至於米提列奈人和雅典人，則庫普賽洛斯的兒子佩利安多洛斯給他們講了和，他們在這件事上服從了他的仲裁。講和的條件是每一方面各自保有他們原有的地方。這樣一來，細該伊昂便歸雅典來統治了。

96但是從拉凱戴孟來到亞細亞的希庇亞斯卻玩弄了各式各樣的手段，他向阿爾塔普列涅斯誹謗雅典人，用一切辦法想使雅典屈服於他和大流士。而正當希庇亞斯這樣作的時候，雅典人知道了這件事，於是他們派使者到撒爾迪斯來，警告波斯人不要相信這些被放逐的雅典人。但是阿爾塔普列涅斯卻命令他們把希庇亞斯迎回去，如果他們願意求得安全的話。當這個命令被帶回給雅典人那裏去的時候，雅典人卻不同意這樣作。既然他們不同意這個辦法，那他們便得對波斯進行公開的戰爭了。

97他們作了這樣的打算，因此也便對波斯人表示了敵視的態度。正在這時，被斯巴達人克列歐美涅斯從斯巴達趕了出來的米利都人阿里司塔哥拉斯來到了雅典，因為雅典這個城市是比其他任何城市都要強大的。阿里司塔哥拉斯來到民眾面前，便像在斯巴達那樣地講述了一番，他談到了亞細亞的富藏，又談到了波斯人怎樣習慣於在作戰時既不帶盾牌，又不帶長槍，因而是很容易被戰勝的。他說了這一番話之後，又

說米利都人是從雅典移居過去的，而拯救他們這一非常有錢的民族，這是十分正當的事情。他用一切辦法來保證他的懇求的誠意，直到最後他把雅典人說服的時候。看來，眞好像欺騙許多人比欺騙一個人要容易些，因爲他不能欺騙一個人，即拉凱戴孟的克列歐美涅斯，但是他卻能欺騙三萬名雅典人。這樣，雅典人便被說服了，他們議決派遣二十隻船去幫助伊奧尼亞人，指定一個在各方面都享有令譽的雅典市民美蘭提歐斯爲海軍統帥。派出去的這些船隻就成了後來希臘人和異邦人的糾紛的開始。

98 阿里司塔哥拉斯比其他人都要早地乘船出發了。他來到米利都之後，便想了一個辦法，不過這個辦法並沒有使伊奧尼亞人得到好處，（誠然他的計劃的目的原來也不在此，而只是想跟國王大流士找找麻煩而已）。他派一個人到普里吉亞的派歐尼亞人那裏去，這些人是被美伽巴佐斯作爲俘虜從司妥律蒙河那裏帶來的，現在則不和別人雜居地住在普里吉亞的一個地區和一個村落裏；而當這個人來到派歐尼亞人的地方時，他就說：「派歐尼亞人，我是米利都的僭主阿里司塔哥拉斯派來給你們指出解放的道路的，如果你們願意追隨他的話。整個伊奧尼亞現在都已起來反抗國王，而你們是有力量安全地奪回你們自己的國土的。你們所負責的部分是一直到大海的地方，過去這個地方就是我們的事情了。」派歐尼亞人在他們聽到這話的時候，是非常歡喜的。他們中間有一些人害怕危險而住在原地不動，但是其餘的人卻帶著自己的妻子兒女逃向大海去了。到了那裏之後，派歐尼亞人便渡海到了岐奧斯；而當著一大隊波斯騎兵緊緊地追擊他們的時候，他們已經到了那裏。波斯人既然無法追上他們，他們便派人到岐奧斯去，命令派歐尼亞人回來；派歐尼亞人不肯這樣作，卻給岐奧斯人從岐奧斯帶領到列斯波司去，而列斯波司人又把他們帶到多里司科斯那裏去。從那裏他們便循著陸路返回派歐尼亞了。

99 至於阿里司塔哥拉斯，則當雅典人率領著他們的二十隻船來的時候，當雅典人和其他聯盟者都來齊了的時候，阿里司塔哥拉斯便擬定了一個向撒爾迪斯進軍的計劃。和雅典人的二十隻船同來的，還有五艘埃列特里亞人的三段橈船，埃列特里亞人前來參加戰爭不是爲了取悅雅典人，而是爲了米利都人，前來報答米利都人對他們的恩誼的（原來在這之前，當埃列特里亞人對卡爾啓斯人作戰時，米利都人曾是他們的聯盟者，但同時薩摩司人卻來幫助卡爾啓斯人以對抗埃列特里亞人和米利都人）。他本人並不和軍隊一同前進而是仍舊留在米利都，並任命其他人擔任米利都人的統帥，這就是他自己的兄弟卡羅披諾司和另一個叫作海爾摩龐托司的市民。

100 帶著這樣的兵力來到了以弗所的伊奧尼亞人，在以弗所境內的科列索司地方下了船。他們自己率領著一支大軍向內地邁進，而使以弗所人在路上作他們的嚮導。他們沿著凱科斯河行進並且從那裏越過特莫洛斯山，這樣他們便到了撒爾迪斯並攻占了它，而沒有受到任何抵抗。他們攻占了它所有的地方，留下的只有衛城，因爲那裏有阿爾塔普列涅斯率領一支大軍防守著。

101 但下面的情況使他們不能劫略這座城市。撒爾迪斯的較大部分的房屋都是蘆葦造的。即使有一些磚造的房屋，它們的屋頂也都是蘆葦蓋成的。結果是，如果有一個兵把這樣的一所房子點著，大火就會一所房屋接著一所房屋地在全城燒起來。在城市著火的時候，呂底亞人和市內的全體波斯人，由於火燒了外圍而從四面八方向著他們迫來，而他們又無法逃出城外，因而他們便都擁到市場以及流經市場的帕克托羅司河的地方來，帕克托羅司河從特莫洛斯山把金砂帶了下來，像海爾謨斯河流入海裏那樣地流入海爾謨斯河。呂底亞人和波斯人集合在帕克托羅司河河畔的市場上，並不得不在那裏保衛自己。當伊奧尼亞人看到他們的某些敵人保衛自己，又有一大羣人迫近他們的時候，他們害怕了，於是便從城裏向名爲特莫洛斯的山那方面去，到入夜的時候，他們就離開那裏上了船。

102這樣，撒爾迪斯和在那裏的當地女神庫貝倍的神殿就化為灰燼了㉚；而後來波斯人便以這座神殿的焚燒為藉口，把希臘的神殿都給燒掉了。但是，這個時候，住在哈律司河這一邊的波斯人，在聽到了這些情況的時候，便集結起來前來援助呂底亞人。不過他們卻發現伊奧尼亞人已經不在撒爾迪斯了。但是他們卻在後面追蹤而在以弗所追上了伊奧尼亞人。伊奧尼亞人在那裏列陣迎擊他們，但是吃了慘重的敗仗。他們中間有不少知名之士死在波斯人的刀下，特別是埃列特里亞人的統帥埃瓦爾啓戴司，這個人曾因在比賽時獲勝而獲得桂冠並且曾受到凱歐斯的西蒙尼戴斯的很大的贊賞。在戰鬥中幸而活命的那些伊奧尼亞人便各自逃散，返回自己的城市去了。

103他們當時便是這樣進行戰鬥的。但是不久雅典人便完全離開了伊奧尼亞人並拒絕幫助他們了，儘管阿里司塔哥拉斯曾派使者前去懇切請求。雖然伊奧尼亞人失去了他們的雅典聯盟者，卻仍是同樣積極地繼續準備對國王的戰爭（原來他們對大流士從一開頭就已經這樣幹了）。他們乘船到海列斯彭特去並且征服了拜占廷以及那一地區的所有其他城市。然後他們又乘船離開了海列斯彭特到卡里亞去，並使大部分的卡里亞人都站到他們的一面來。因為甚至直到當時不願意和他們結成聯盟的卡烏諾斯，在撒爾迪斯被燒之後都和他們結合起來了。

104而且，除去阿瑪圖司人以外，全體賽浦路斯人也都自願地加入了他們的行列。因為他們也叛離了美地亞人，叛離的經過是這樣。有一個叫作歐涅西洛司的人，他是撒拉米司人的國王戈爾哥斯的弟弟、凱爾西司的兒子埃維爾頓的兒子西羅莫斯的孫子。這個人以前常常勸說戈爾哥斯叛離大流士，而當他知道伊奧

㉚這是四九八年的事情。庫貝倍是普里吉亞人和呂底亞人的偉大女神。

尼亞人也叛離了的時候，他也便立刻極力催促戈爾哥斯這樣作。但是當他不能說服戈爾哥斯的時候，他和他的一黨便等待著他的哥哥走出撒拉米司城的時候，把城門關上不許他進來。失去了自己的城市的戈爾哥斯亡命到美地亞人那裏，而歐涅西洛司便成了撒拉米司的國王。他說服全賽浦路斯與他一道叛離了大流士，例外的只有不肯聽從他的阿瑪圖司人。於是他便圍攻了他們的市邑。

105於是歐涅西洛司便圍攻了阿瑪圖司。但是當大流士聽說撒爾迪斯被攻克並且給雅典人和伊奧尼亞人燒掉，而米利都人阿里司塔哥拉斯又是結黨策謀這個計劃的首腦人物的時候，據說他剛一聽到這話並不把伊奧尼亞人放在心上，因爲他確信所有他們都不能因叛變行動而免於懲罰，而只是問雅典人是什麼樣的人。當人們告訴他之後，他便要人們把弓給他拿來，他放一支箭在弓上並把它射到天上去，在把這支箭射到上空去的時候他祈求說：「哦，宙斯，容許我向雅典人復仇罷！」自是而後，每到他用飯的時候，他都要他的一個僕人在他的面前說三次：「主公，不要忘掉雅典人啊！」

106在發出了這樣的命令之後，大流士便把米利都人希司提埃伊歐斯召到他的面前來，這時他已把希司提埃伊歐斯留在身旁有很長一個時候了。大流士於是問他：「希司提埃伊歐斯，我聽說你把米利都付之管理的那個代理官已經叛離了我。他從對面的大陸渡海把人們帶了過來，說服了因其行爲而應受我的懲罰的伊奧尼亞人和他們糾合到一起，並且掠奪了我的撒爾迪斯城。因此現在我要問你，你認爲這樣的作法對不對？而且不是你從中策劃，這樣的事情又如何能夠作出來？你可要小心今後不要叫人發現你是要對這些行動負責的。」聽了這話之後，希司提埃伊歐斯便回答說：「主公，你講的這是什麼話？我是絕不會出那會使你招致不論是大的或小的損害的任何主意的！而且我要這樣作，我是想幹什麼呢？我又是缺少什麼呢？你所有的一切東西我都可以有，而且我又有這樣的榮譽來和你商量一切事情。而且，如果我的代理官確實作出了像你所說的那樣的事情，那請你確信，這他是自己想這樣作的。至於我本人，我甚至不能相信這樣的情報，說米利都人和我的代理官背叛了你。但如果他們眞是這樣作了，而且國王你所聽到的事實是眞實的事情的話，那麼我就請你好好地注意一下，當初你把我從海岸地帶調出來，你是作了什麼樣的一件事情啊。因爲這樣一來，由於我被調離伊奧尼亞人的視界，伊奧尼亞人便藉著這個機會實現他們久已想望的事情，而如果我在伊奧尼亞的話，那就不會有任何一個城邦作亂了。因此，請盡速把我派到伊奧尼亞去，這樣我便可以使那個地方恢復原來的安定秩序並且把策劃這一切的那個代理官引渡到你的手裏。因此，當我依照你的意旨把這件事完成的時候，我用你們王室的諸神來發誓，在我使海上最大的薩爾多島㉛向你納貢之前，我決不脫掉我下去到伊奧尼亞時所穿的服裝。」

107 希司提埃伊歐斯就是這樣說的，他的本意在於欺騙，但是大流士卻同意他的話並且放他走了。大流士命令希司提埃伊歐斯，要他在完成他許下的事情的時候，再到蘇撒前來見他。

108 一方面，當關於撒爾迪斯的消息傳到國王這裏來，而大流士像我說的那樣用弓箭射了天空之後，他便和希司提埃伊歐斯商量；希司提埃伊歐斯得到了大流士的允許，便到海岸地帶去了。而正是在這個時候，發生了下面我所說的事情。正當撒拉米司的歐涅西洛司圍攻阿瑪圖司人的時候，他得到消息說，一個叫作阿爾圖比歐司的波斯人被認爲正在率領著一支波斯的大軍乘船到賽浦路斯來。歐涅西洛司知道這件事之後，便派使者到伊奧尼亞各地去召集人民，而伊奧尼亞人在稍加考慮之後便率領一支大軍來到了。因此，當波斯人從奇里啓亞渡海後循著陸路向撒拉米司推進的時候，伊奧尼亞人正在賽浦路斯，同時腓尼基

㉛即薩地尼亞。

人正乘船繞過了一個稱爲賽浦路斯之鑰的地岬。

109既然事情的情況是這樣，賽浦路斯的僭主們於是把伊奧尼亞人的將領們召集起來，向他們說：「伊奧尼亞人！我們賽浦路斯人任憑你們選擇你們作戰的對手，波斯人或是腓尼基人。因爲，假如你們願意在陸地上列陣並且和波斯人一決雌雄的話，那麼你們現在就應當下船在陸上列陣，而我們則登上你們的船對腓尼基人作戰；如果你們寧願意和腓尼基人較量，那你們當然也可這樣作。不過不管你們選擇什麼人爲作戰對象，都務必要作到使伊奧尼亞和賽浦路斯得到它們的自由，因爲它們是指望著你們的。」於是伊奧尼亞人回答說：「可是，我們是伊奧尼亞根據全體一致的決定派出來保衛海洋的，不是把船交給賽浦路斯人而自己在陸地上和波斯人作戰的。因此我們將努力在交付給我們的事情上勇敢地完成任務。而你們也必須奮起勇敢作戰，因爲你們是不會忘記你們給美地亞人作奴隸時的痛苦的。」

110伊奧尼亞人便是這樣回答的。波斯人不久就來到了撒拉米司平原，於是賽浦路斯的國王們便下令列陣備戰，他們把撒拉米司人和索羅伊人的最精銳的部分選出來和波斯人對抗，而用其餘的賽浦路斯人來抗擊敵軍的其他部分。歐涅西洛司自己則選了一個陣地來軍與波斯的將領阿爾圖比歐司相對峙。

111阿爾圖比歐司所騎的馬受過這樣的訓練，這種馬一遇到和披甲的步兵作戰時就要直立起來。歐涅西洛司聽到這種情況之後，便向他那精於戰術並且非常勇敢的卡里亞族的盾手說：「我聽說阿爾圖比歐司的馬會直立起來並且會把任何它遇到的人猛踢猛咬。你想一下並立刻告訴我，你所伺伏和要打擊的是哪一個，是阿爾圖比歐司本人還是他的馬。」於是他的這個走卒回答他說：「國王，我準備打其中的任何一個或者是兩個都打，你怎樣吩咐，我就怎樣作。但我願意告訴你我認爲對你最合適的作法。在我看來，國王和將領是應當對付國王和將領的（如果你殺死一個敵人的將領的話，那你就成就了一件偉大的功業，而如果，當然我希望不會有這樣的事，他殺死了你的話，那麼被一個夠得上是對手的人殺死，死亡的悲慘程度也是會減少一半的），而對於我們這些僕從來說，那我們是應當和與我們同樣身分的僕從，乃至和馬匹作戰的。不要害怕馬的那些把戲。我向你保證，它再也不會和任何人在戰鬥中玩這套把戲了。」

112 以上便是他說的話。緊接著兩軍在陸上和海上的激戰就開始了。伊奧尼亞人那一天在海上表現出占著很大的優勢，他們打敗了腓尼基人；在他們當中，薩摩司人是最勇敢的。在陸地上，當兩軍相會時，他們便相互交起鋒而打起來了。下面我要說一說關於這兩個將領的事情。阿爾圖比歐司拍馬向歐涅西洛司攻來，而歐涅西洛司則像他和他的盾手約定的那樣，一下子把乘馬向他打來的阿爾圖比歐司刺下馬來，而當阿爾圖比歐司的馬直立起來把它的前腳踏在歐涅西洛司的盾牌上的時候，這個卡里亞人立刻便用他的新月形的刀把馬腿割了下來。這樣一來，波斯的將領阿爾圖比歐司和他的馬便都戰死了。

113 當其他人等還在作戰的時候，庫里昂的僭主斯鐵塞諾爾卻率領著他的一批人數不算少的人投敵了。據說這些庫里昂人是阿爾哥斯人的移民。在庫里昂人投敵的時候，撒拉米司人的戰車也學了他們的樣子。這樣，結果就使波斯人占了賽浦路斯人的上風。因此軍隊被擊潰了，許多人被殺死了。陣亡的人當中有發動了賽浦路斯人起事的凱爾西司的兒子歐涅西洛司，還有索羅伊人的國王阿里司托庫普洛司。阿里司托庫普洛司是披羅庫普洛司的兒子，而當雅典的梭倫在他到賽浦路斯來的時候，曾在一首詩裏稱贊這個披羅庫普洛司，說他比所有其他的僭主都好。

114 關於歐涅西洛司，則阿瑪圖司人是把他的頭割了下來帶到阿瑪圖司去。他們把這個頭高懸在城門之上，因為他曾經圍攻過他們的城市。在歐涅西洛司的首級掛在那裏若干時候後，裏面就空了。於是一羣蜜蜂飛到裏面去滿滿地造了窠。由於有了這樣的現象（阿瑪圖司人便請示關於這個髑髏的神託），神託指示

他們把這個髑髏拿下埋起來，並且每個像對英雄那樣地向歐涅西洛司奉獻犧牲。神託說，他們這樣作，運氣就會變好。

115 阿瑪圖司人這樣作了，他們直到我的時候還是這樣作的。但是當著在賽浦路斯的海面上進行海戰的伊奧尼亞人知道歐涅西洛司的一切已經垮台，而除了撒拉米司人交給了他們先前的國王戈爾哥斯的撒拉米司之外賽浦路斯的一切城市均被圍攻的時候，他們一接到消息立刻乘船跑到伊奧尼亞去了。在賽浦路斯的城邦當中，被圍攻得最長久的是索羅伊人。波斯人在第五個月裏用了把對方城牆下面掘空的辦法才攻克了這座城邦。

116 這樣，賽浦路斯人雖然在一年中間爭得了自由，結果卻再一次遭到了奴役㉜。同樣是波斯的將領，而同樣又都娶了大流士的女兒的達烏里塞司，敍瑪伊埃司和歐塔涅斯追擊那些遠征撒爾迪斯的伊奧尼亞人並把他們趕到他們的船上去。在這一勝利之後，他們就在他們中間分配了各個城邦並且把它們劫掠一空。

117 達烏里塞司向海列斯彭特的各個城市進兵，他先後攻占了達爾達諾斯、阿比多斯、佩爾柯鐵、拉姆普撒柯斯和帕依索司。他攻占每一座城市所費的時期是一天。正當他從帕依索司向帕里昂進兵的時候，他得到消息說，卡里亞人和伊奧尼亞人同謀背叛了波斯人，於是他便離開了海列斯彭特，率領軍隊向卡里亞進發了。

118 但是，結果怎樣呢，在達烏里塞司到達以前，卡里亞人就知道了這個消息；而當卡里亞人聽到這個消息時，他們便在瑪爾敍亞斯河河畔的一個叫作白柱的地方集合起來。這個瑪爾敍亞斯河的發源地是伊德

㉜四九七年。

里亞司地區，最後流注到邁安德羅司河裏去。他們在那裏集合時提出了許多計劃，然而在我看來，這些計劃中最好的是金杜埃司人，娶了奇利啓亞國王敍恩涅喜斯的女兒爲妻的瑪烏索洛司的兒子披克索達洛司所提出的計劃。披克索達洛司的計劃的要點是，卡里亞人應該渡過邁安德羅司河而背著這條河進行戰鬥，因爲這樣他們既然被切斷退路而不能逃跑，那他們便不得不堅守陣地，這樣他們就一定會比平時更加勇敢了。不過披克索達洛司的這個意見並沒有得到大多數人的同意，卻反而是另一種看法占了上風，這就是要波斯人而不是卡里亞人背向著邁安德羅司河，理由是如果這樣的話，在波斯人被戰敗而退卻時他們無法逃脫而是會被趕到河裏去的。

119 不久之後，當波斯人到來並渡過了邁安德羅司的時候，他們和卡里亞人就在瑪爾敍亞斯河的河畔交鋒了。卡里亞人進行了長時期的頑強的戰鬥，但是他們終因寡不敵衆而敗北了。波斯人死在那裏的有兩千人，而卡里亞人陣亡的則多到一萬人。他們當中逃出戰場的人們則逃往拉布勞昂達，在那裏被趕到洋梧桐的大聖林、即宙斯・司特拉提歐司的聖域中去。在我們所知道的人們當中，只有卡里亞人是向宙斯・司特拉提歐司奉獻犧牲的。在被趕到那裏去之後，他們便商量如何能使他們自己得到最大的安全，是自己向波斯人投降好呢？還是全體一致退出亞細亞好呢？

120 但是正當他們商量的時候，米利都人和他們的同盟軍前來增援了。於是卡里亞人便放棄了他們先前的計劃並準備重啓戰端。他們迎擊波斯人的進攻，但是吃了比前一次還要慘重的敗仗；他們的全軍中陣亡的人很多，不過米利都人所受的打擊卻是最重的。

121 但是後來卡里亞人從這次的災禍恢復過來，又開始準備戰鬥了。他們聽說波斯人又出發向他們的城市進攻了，於是他們在佩達索斯地方的大道上設下了埋伏，結果波斯人在夜間中了他們的伏兵而全部陣亡了，和他們同時喪命的還有他們的將領達烏里塞司、阿摩爾蓋司和昔西瑪凱司。巨吉斯的兒子密爾索斯也和他們一同陣亡了。指揮這一支伏兵的人就是美拉撒人伊巴里諾司的兒子海拉克列戴斯。

122 這些波斯人就這樣地陣亡了。那些追討遠征撒爾迪斯的伊奧尼亞人的人們中的一人敍瑪伊埃司現在是向普洛彭提斯推進並在那裏攻克了美西亞的奇歐司。而在他征服了這個地方之後，當他聽到達烏里塞司已經離開海列斯彭特並向卡里亞挺進的時候，他便離開了普洛彭提斯而率軍前往海列斯彭特。他征服了住在伊里翁地方的全部愛奧里斯人，以及古昔的鐵烏克洛伊人的遺族的蓋爾吉斯人。但是當敍瑪伊埃司正在征服這些民族的時候，他自己也病死在特洛阿司了。

123 他就是這樣地死在那裏了。於是撒爾迪斯的太守和第三位將軍歐塔涅斯便受命率軍征討伊奧尼亞和與它相鄰接的愛奧里斯的領土。因此他們便攻占了伊奧尼亞的克拉佐美納伊和愛奧里斯人的庫麥。

124 從米利都人阿里司塔哥拉斯他的行動可以明顯地看出，他並不是一個有氣魄的人物，因爲在他擾亂了伊奧尼亞並且引起了巨大的動亂之後，當他看到他所作的事情的後果時，他卻想逃之夭夭了。此外，他還認爲要想戰勝大流士是一件不可能的事情。於是當城市被攻克時，他便把與他共同謀叛的人們召來商議，說他們如果被逐出米利都，他們最好是先搞一個避難的地方。阿里司塔哥拉斯問他們，他是應當把他們從那裏率領到薩爾多去殖民呢，還是到希司提埃伊歐斯從大流士那裏作爲禮物得到並且用工事來防禦的、埃多涅斯人的米爾啓諾司去。

125 但是，海蓋桑德羅斯的兒子、歷史家海卡泰歐斯的意見是，他們不到這兩個地方的任何一個地方去，但阿里斯塔哥拉斯如果從米利都被逐出的話，他應當在列羅司島給自己修造一座要塞在那裏安定地住下來，在這之後，他再離開這座島，從那裏返回米利都。

126 海卡泰歐斯的勸告便是這樣。但是阿里司塔哥拉斯本人卻認爲最好是退到米爾啓諾司去。於是他便把米利都委託給一位知名的市民畢達哥拉斯，他自己則帶著願意追隨他的任何人乘船到色雷斯去並且占有了他所要去的那個地方。他從那裏出兵攻打色雷斯人，但是在他圍攻一個市邑，而那裏的色雷斯人甚至準備在停戰的條件之下撤退的時候，他和他的軍隊卻死在色雷斯人的手裏了。

第六卷

1在激起了伊奧尼亞人的叛變之後，阿里司塔哥拉斯就像上面所說那樣地死去了。但是米利都的僭主希司提埃伊歐斯在得到大流士的允許離開之後，就來到了撒爾迪斯。當他從蘇撒到了那裏的時候，撒爾迪斯的太守阿爾塔普列涅斯便問他伊奧尼亞人叛變的原因是什麼。希司提埃伊歐斯說他不知道，又說他對於當前發生的事情是感到十分突然的。在這裏他是裝作對目前的騷亂毫無所知的樣子。但是阿爾塔普列涅斯卻看出他是在裝聾作啞，而他對於叛變的眞相卻是知道得十分清楚的，於是就對他說：「希司提埃伊歐斯，讓我來告訴你這件事是怎麼一回事罷。鞋子是你縫的，阿里司塔哥拉斯不過是把它穿上罷了。」

2關於叛變的事情，阿爾塔普列涅斯是這樣講的。希司提埃伊歐斯看到阿爾塔普列涅斯對事情知道得這樣清楚而十分害怕，就在天一黑的時候逃到海岸方面去了。因爲他欺騙了大流士，他曾答應大流士征服最大的一個島即薩爾多島，但暗地裏卻是想對大流士興兵而使自己成爲伊奧尼亞人的領袖。在他渡海到達岐奧斯的時候，他就被岐奧斯人捉住和綁了起來，因爲岐奧斯人認爲他是給大流士派來作不利於他們的事情的。但是當他們知道他所以仇恨國王的全部始末的時候，他們就把他釋放了。

3於是伊奧尼亞人便問希司提埃伊歐斯，爲什麼他這樣熱心地唆使阿里司塔哥拉斯背叛國王並且使伊奧尼亞人遭到了這般巨大的損害。但眞正的原因他卻根本沒有全部告訴他們，而只是向他們說，國王大流士曾打算把腓尼基人強行移走並使這些人定居在伊奧尼亞，而使伊奧尼亞人移居於腓尼基；他說，正是爲了這個原因，他才作了這樣的布置。國王根本就沒有過這樣的打算，希司提埃伊歐斯這樣說不外是要嚇一嚇伊奧尼亞人罷了。

4 不久希司提埃伊歐斯便通過一個名叫赫爾米波司的阿塔爾涅烏斯人作使者送信給撒爾迪斯的波斯人。他這樣作是因爲這些人在先前曾和他商談過叛變過的事情。但是赫爾米波司並沒有把信送給他被指定送去的人們，而是把信帶交給阿爾塔普列涅斯。阿爾塔普列涅斯知道了正在發生的一切事情之後，便命令赫爾米波司把希司提埃伊歐斯的信送到他應送去的人們那裏去並且把波斯人送給希司提埃伊歐斯的回信再交給他。這樣阿爾塔普列涅斯就知道了哪些人是準備叛變的，於是他立刻把許多波斯人殺死了。

5 這樣，在撒爾迪斯便發生了騷動。希司提埃伊歐斯的希望既未得遂，岐奧斯人便應他本人的請求把他帶回了米利都。但是米利都人擺脫了阿里司塔哥拉斯之後眞是大喜過望，他們當然不願接受任何僭主到自己的國內來，因爲他們已經嘗到了自由的味道。當希司提埃伊歐斯試圖在夜裏藉武力之助強行進入米利都的時候，他被一個米利都人刺傷了大腿。因此，既然被逐出了自己的城市，他便返回了岐奧斯；在那裏，當他不能說服岐奧斯人把船給他的時候，他便渡海到米提列奈去，盡力想說服列斯波司人把船送給他。他們裝備了八艘三段橈船，和希司提埃伊歐斯一同駛往拜占廷。他們在那裏駐紮下來之後，便把駛出黑海的一切船隻都給拿捕了，除非這些船上的人員表示願意給希司提埃伊歐斯效勞的時候。

6 希司提埃伊歐斯和米提列奈人所作的事情就是這些。至於米利都本身，則它是會受到一支龐大的海、陸軍的進攻的。因爲波斯的將領曾把他們的兵力集合起來組成一支大軍，用來進攻米利都，他們不去進攻別的城市，這是由於波斯人認爲別的城市乃是無關緊要的。在海軍當中，腓尼基人是士氣最旺盛的，和他們同來的作戰的有降服不久的賽浦路斯人、奇利啓亞人和埃及人。

7 於是這些人前來進攻米利都和伊奧尼亞的其他地方，但是在伊奧尼亞人聽到這個消息的時候，便派遣他們的使者到帕尼歐尼翁去商討對策①。當這些人到了那裏並在那裏進行了商議以後，便決定不糾合陸軍來對抗波斯人，而是讓米利都人防守他們的城牆，他們則把他們的船隻一隻也不留地裝備起來，盡快地集合在拉戴，在那裏用海戰來保衛米利都。這個拉戴是米利都城附近海上的一座小島。

8 伊奧尼亞人很快地就帶著他們所裝備好的船隻到了那裏，和他們同來的有住在列斯波司的全部愛奧里斯人。他們是用這樣的辦法來布置戰鬥的。米利都人自己帶著八十隻船列陣爲東面的一翼，緊接著他們的是擁有十二隻船的普里耶涅人和擁有三隻船的米歐司人，接在米歐司人後面的則是擁有十七隻船的提奧斯人，再下面是擁有一百隻船的岐奧斯人。此外，接著他們嚴陣以待的還有擁有八隻船的埃律特萊伊人和擁有三隻船的波凱亞人，在他們的後面則是擁有七十隻船的列斯波司人；在這一條線上最後地方的是擁有六十隻船的薩摩司人，他們形成了西面的一翼。以上總計起來，是三段橈船三百五十三隻。

9 以上就是伊奧尼亞的船。異邦人的船是六百隻。而既然這些船隻來到了米利都的海岸而他們的全部陸軍也來到了這裏，波斯人的將領們在他們知道了伊奧尼亞人的船隻數目的時候，便開始害怕他們沒有足夠的力量來制服希臘人，因此，如果他們不能取得制海權，他們便不能取得米利都並且或許有受到大流士的嚴厲懲罰的危險。既然有了這樣的想法，他們便把伊奧尼亞人的僭主們集合在一起，這些僭主都是被米利都人阿里司塔哥拉斯剝奪了統治權之後亡命到美地亞人那裏去的，而現在他們也正好是在攻擊米利都的

---

①參見第一卷第一四八節。

軍隊裏面。等這些在軍隊中的全部僭主都集合起來的時候，他們便向這些僭主說：「伊奧尼亞人，現在是你們之中的每一個人向王室表示效忠的時候了。你們每一個人分別試圖把他本國的人民從其他的同盟者那裏分離開來罷。把這一點告訴他們，同時向他們保證決不會因他們的背叛而受到懲罰，他們的神殿和房屋也都不會被燒掉，而且他們也決不會再受到比先前更加殘暴的對待；但如果他們不願意這樣作，而只是想作戰的話，那麼就對他們進行恐嚇，告訴他們說他們一定要吃到很大的苦頭。告訴他們說罷，如果他們打了敗仗的話，他們將會變為奴隸，我們將要閹割他們的男孩子，把他們的女孩子送往巴克妥拉並且把他們的土地送給異邦人。」

10 這便是波斯將領們說的一番話。伊奧尼亞的僭主們於是在夜裏各自派人送信給他們本國的人；但是接到這些信的伊奧尼亞人的態度是固執的，他們各自認為波斯人只是通告他們自己的，因此不肯作出背叛的事情來。以上是波斯人來到米利都之後不久所發生的事情。

11 不久之後，集合到拉戴的伊奧尼亞人便舉行了會議。我認為在會議上向大家發言的人們當中，有一個波凱亞的將領狄奧尼修斯，他是這樣說的：「伊奧尼亞人，我們當前的事態，正是處在我們是要作自由人，還是要作奴隸，而且是逃亡的奴隸的千鈞一髮的決定關頭了。因此如果你們同意忍受困苦，你們當前是會嘗到苦頭的，但是你們卻能夠戰勝你們的敵人而取得自由。但如果你們仍然這樣閒散和不加整頓，我看就沒有任何辦法使你們不因背叛而受到國王的懲罰了。因此我請你們務必要聽我的話，把你們自己託付給我，而我向你們保證，如果上天也嘉佑我們的話，我們的敵人不會和我們交戰，而即或他們向我們動手，他們也會遭受徹底的失敗的。」

12 伊奧尼亞人聽到這話之後，便把自己交到狄奧尼修斯的手裏了。於是他著手每天使船隻在海上列為縱隊，他訓練划船手使他們能夠相互突入對方的隊列並且使船上的人員作戰鬥的準備，而在一天其餘的時間裏都把船隻用錨繫起來；他整天都使這些伊奧尼亞人不停地工作著。在七天裏他們都聽他的話並按照他的吩咐去作了，但是過了這七天之後，他們不習慣這樣的勞苦，而且因艱苦的工作和烈日的灼熱而疲憊不堪，於是伊奧尼亞人便開始相互這樣說：「我們是得罪了哪一位神，才叫我們吃這樣的苦頭呢？我們竟把自己交給了不過出了三隻船的波凱亞的吹牛皮的傢伙，我們眞正是精神錯亂和發瘋了。這個人控制了我們之後，他就叫我們受到極其苛酷的虐待，結果我們中間的許多人已經病倒了，而許多人也快要病倒了。不管我們遇到什麼倒霉的事情也比當前的苦頭好些，即使是我們有受到奴役的危險，不管是多麼苦的奴役，也不會比我們現在受到的壓迫再壞了。眞的，我們不能再任憑他來擺布了！」這就是他們所講的話。而從那一天起，就沒有人再服從他了：他們像是陸軍那樣地在島上給自己張開天幕，在裏面躲避日曬，他們再也不肯到船上去，再也不願意操練了。

13 但是當薩摩司軍隊的將領們聽到伊奧尼亞人的這種作法的時候，他們就想起了敍羅松的兒子阿伊阿凱司曾經奉波斯人之命送給他們的一個要他們脫離伊奧尼亞聯盟的信。因此，當他們看到伊奧尼亞方面亂作一團的時候，他們便同意按照送給他們的信裏的意思去作了。而且，他們還認爲要想戰勝國王的兵力那是一件不可能的事情，而且他們知道的很清楚，縱然他們戰勝了大流士當前的海軍，他們還會遭遇到另外一支有五倍大的海軍的。故而，當他們一看到伊奧尼亞人拒絕聽受使喚的時候，他們立刻抓住了這個機會作爲口實，認爲他們這樣作，正是很幸運地反而保全了他們的神殿和他們的家宅。薩摩司人答應按照送給他們的信去作，送信的這個阿伊阿凱司是阿依阿凱司的兒子敍羅松的兒子。他曾是薩摩司的僭主，直到他和伊奧尼亞人的其他僭主一樣，被米利都人阿里司塔哥拉斯剝奪了統治權的時候。

14因此，當腓尼基的水師前來向他們挑戰的時候，伊奧尼亞人方面的船隻便排成縱隊出海迎擊了。當他們雙方接近並打了起來的時候，在隨後的海戰當中，哪些伊奧尼亞人英勇戰鬥，哪些伊奧尼亞人臨陣怯懦，我這部歷史是說不確實的，因爲他們都是相互推卸責任的。但是據說，薩摩司人，根據他們和阿伊阿凱司的協定，當時確是掉頭離開了他們的陣列，返回薩摩司去了。只有他們的十一艘三段槳船的船長不服從他們的統帥的命令，留在原地作戰。由於這一次的行動，薩摩司的人民因他們的勇敢容許把他們的和他們的父親的名字刻在一個石柱上，這個石柱現在還聳立在他們那裏的市場上。但是列斯波司人看到他們的鄰人溜之大吉了，便也學了他們的樣。這樣一來，較大部分的伊奧尼亞人也就都這樣作了。

15在那些留在原地不動進行海戰的人們當中，受損失最大的是岐奧斯人，因爲他們不願意作懦夫，而是想成就武勛。前面我已經說過，他們帶來了一百隻船參加海軍，每隻船上又有從他們市民當中選出的四十名精銳士兵。他們看到自己受到他們大部分同盟者的欺騙，便認爲如果他們自己也像其他人等那樣地卑怯是一件可恥的事情，因此他們便仍然和幫助他們的少數同盟者繼續戰鬥並殺到敵人的陣列裏面去，結果他們竟然擊破了敵人的許多船隻，不過他們自己卻也損失了大部分的船隻。因此，岐奧斯人便偕同他們剩下的船隻逃回了他們的本國。

16但是岐奧斯人的那些由於破損而行駛不靈的船隻上面的水手，他們在受到追擊的時候便逃到米卡列去了。在那裏，他們把船拖上岸把它們丟在那裏，而後便從那裏徒步穿行過了大陸。但是當岐奧斯人在他們行進之際進入以弗所的領土時，正巧是在夜裏，而那裏的婦女又正在舉行鐵斯莫波里亞祭。而且以弗所人先前從來沒有聽說過岐奧斯人的事情，因此在他們看到有一支軍隊進攻他們的國土時，他們便深信，這是想來劫掠他們的婦女的一羣強盜。於是他們便火速地把他們的全部兵力集合起來，把岐奧斯人殺死了。岐奧斯人於是遭到了我上面所說的慘禍。

17關於那個波凱亞人狄奧尼修斯，則當他看到伊奧尼亞人的事業已經垮台的時候，他便偕同他所俘獲的三艘敵船從海上逃跑了。但是他不是逃到波凱亞去，因爲他知道的很淸楚，那地方是會和伊奧尼亞的其他地方一同被奴役的，他是立刻一直向腓尼基駛去，他在那裏擊沉了一些大商船，劫得了大量的財富，隨後又揚帆前往西西里，拿那裏作爲據點，幹起海盜的生意來。他只向迦太基人和第勒塞尼亞人，卻不向希臘人打劫。

18當波斯人在海上擊敗了伊奧尼亞人的時候，他們便從海陸兩方面包圍了米利都。他們在城牆下面掘地道，還使用了各種各樣的攻城辦法，直到在阿里司塔哥拉斯叛變之後的第六個年頭，他們才完全攻克了該城並且奴役了全城的市民。這樣看來，米利都城所遭受的慘禍就和神託關於米利都的話符合了。

19原來當阿爾哥斯人在戴爾波伊請示有關他們城市的安全的神託的時候，他們曾得到一個雙關的神託。神託的一部分是關於阿爾哥斯人本身的，但是後來追加的神託卻是關於米利都人的。關於阿爾哥斯人的那部分神託，在我的歷史敍述到那一部分時，我還要提到，但下面的預言卻是關於當時沒有在場的米利都人的：

> 米利都，你這個謀劃壞事的人，到了那個時候，
> 你會成爲許多人桌上的珍饈美味，成爲掠奪者豐富的贈品，
> 你的婦女們將要爲許多長髮的老爺們洗腳

而我的狄杜瑪②的神殿也要由別人來守護了。

預言中的一切現在在米利都人的身上都應驗了；因爲他們的大部分男子都給留著長髮的波斯人殺死了，他們的婦女和小孩子也被變成了奴隸，而狄杜瑪的神殿和它的聖堂與神託所也被劫掠和燒毀了。關於這座殿中的財富，在這部歷史的其他地方我已經屢次提到了。

20 在這之後，米利都人的俘虜便被押解到蘇撒去了。國王大流士沒有再對他們加以更多的傷害，而是把他們安置在所謂紅海岸上的一個叫作阿姆培的城市裏，底格里斯河就是流過這座城市而入海的。至於米利都的土地，波斯人自己只占有緊接著城市的地區和平原，卻把山地交給了佩達撒的卡里亞人來占有。

21 當米利都人因波斯人而遭受到上述的一切苦頭時，被剝奪了自己的城市並定居在拉歐斯和司奇多洛斯的敍巴里斯人卻沒有對米利都人加以公正的回報。原來當敍巴里斯被克羅同人攻克時，全體米利都人不分老幼都剃光了他們的頭，而大家一致表示了很大的哀悼。據我所知，沒有任何城市，有過像這兩座城市之間那樣的交情。雅典人和敍巴里斯人卻完全不相同。原來雅典人除了用許多其他方式表示了他們對米利都失陷的深切哀悼之外，他們特別還作了這樣一件事：普律尼科司寫了一個題名爲「米利都的陷落」的劇本並且演出了這個劇本，結果全體觀衆全都哭了起來。於是他們由於普律尼科司使他們想起了同胞的令人痛心的災禍而課了他一千德拉克瑪的罰金，並且禁止此後任何人再演這齣戲。

22 於是，米利都地方的米利都人便被一掃而光了。但是，至於薩摩司人，則他們中間有錢的人們很不高興他們的將領對美地亞人的所作所爲，在海戰之後，他們便立刻進行商談並決定在僭主阿伊阿凱司來到

---

②米利都附近地名，也叫做布朗奇達伊。

他們的國家之前，他們與其留下作美地亞人和阿伊阿凱司的奴隸，勿寧揚帆遠去到他鄉去殖民。因爲正在這個時候前後西西里的臧克列人派使者到伊奧尼亞來，請伊奧尼亞人到卡列・阿克鐵（意爲美麗的海岸——譯者）去，希望他們在那裏建立一個伊奧尼亞的城市。這個所謂卡列・阿克鐵是西西里的一個地方，它是面對著第勒塞尼亞的。因而由於這次的邀請，伊奧尼亞人當中只有薩摩司人偕同逃出的那些米利都人應邀出發了。

23 在他們的途中，又發生了我下面所敘述的一件事情。他們向西西里航行的途中，薩摩司人到達了埃披捷庇里歐伊・羅克里斯人的土地，到達的時期正是在臧克列的人民和他們的名叫司枯鐵斯的國王圍攻一個西西里的市邑而想把它攻克的時候。當時和臧克列人不和的、列吉昂的僭主安那克西拉歐斯聽到這件事之後，便和薩摩司人取得協議並說服了他們改變初衷。他說他們最好不要再到卡列・阿克鐵去，而是在臧克列人不在的時候攻取臧克列城。薩摩司人同意這樣作，就把臧克列攻克了。可是臧克列人當他們知道自己的城池被攻克的時候，便前來救援。他們把他們的同盟者、蓋拉的僭主希波克拉鐵斯召來幫助他們。但是當希波克拉鐵斯率兵前來幫助他們的時候，他卻由於司枯鐵斯失城而把臧克列的國王司枯鐵斯和他的兄弟被托蓋涅斯捉起來上了枷鎖，並且把他們送到伊努克斯去。至於臧克列的其他人等，他把他們騙到薩摩司人的手裏去，原來他本人曾和薩摩司人進行過商談並交換了誓約。薩摩司人約定要付給他的代價是，希波克拉鐵斯應取得城內家財和奴隸的一半以及城外的一切。較大部分的臧克列人都被帶上鐐銬而成爲希波克拉鐵斯個人的奴隸。他把臧克列人當中的三百名知名之士交到薩摩司人手中去處死，但是薩摩司人卻沒有按他的要求去作。

24 臧克列的國王司枯鐵斯從伊努克斯逃到了喜美拉，而在他從那裏到達了亞細亞之後，他便到國王大流士的地方去了。在大流士看來，他是從希臘來到自己這裏來的一切人當中最誠實的人物，因爲他得到國王的允許返回了西西里，但是又從西西里回到大流士那裏去。他最後是死在波斯的，他死時享了高齡並且擁有巨大的財富。薩摩司人從美地亞人的手中逃出來以後，便這樣輕而易舉地定居在臧克列這座極其優美的城市裏面了。

25 在爲米利都而進行的那場海戰結束之後，腓尼基人便遵照波斯人的命令把敍羅松的兒子阿伊阿凱司由於他的殊勛和他的巨大功業而帶回薩摩司。由於在海戰當中他們船隻的逃跑，在背叛大流士的民衆當中，只有薩摩司人的城和他們的神殿沒有被燒掉。米利都被攻克之後，波斯人立刻又占有了卡里亞，有些市邑自動投降了他，再有一些市邑則是用武力征服的。

26 上面事情的經過情況就是我說的那樣了。但是當米利都人希司提埃伊歐斯在拜占廷拿捕伊奧尼亞人的駛出黑海的那些商船時，他知道了在米利都發生的事情。因此，他便把有關海列斯彭特的一切事件託付給阿波羅旁涅司的兒子、阿比多斯人比撒爾鐵司，他自己則和列斯波司人乘船到岐奧斯去，並在岐奧斯的所謂「科伊利」（意爲「窪地」——譯者）的地方和不放他們進去的岐奧斯衛戍部隊打了起來。他殺死了他們的許多人；當地的其他人曾在海戰當中受到很大的挫折，現在也給以岐奧斯的波里克涅爲根據地的希司提埃伊歐司和他手下的列斯波司人征服了。

27 當城邦或是民族將要遭到巨大災禍的時候，上天總是會垂示某種朕兆的。因爲在這一切災禍發生之前，岐奧斯人是曾經看到了巨大的朕兆的。在他們送到戴爾波伊去的一個由一百個少年組成的合唱團當中，只有兩個人回來，其餘的九十八個人都中了瘟疫死了。此外，在大約同時，也就是在海戰稍前的時候，一個學堂的屋頂落到孩子們的身上，結果在一百二十個孩子當中只有一個人倖免死亡。這都是上天垂示給他們的朕兆。在這之後，他們便遇到了海戰，這一海戰征服了他們的城市，緊接著海戰又有希司提埃伊歐斯和他手下的列斯波司人繼續前來進攻；岐奧斯人既已經被搞得疲憊不堪，他們當然便很容易地給他征服了。

28 希司提埃伊歐斯從這裏又率領著一支由伊奧尼亞人和愛奧里斯人組成的大軍向塔索斯進攻。但是當他圍攻塔索斯的時候，他得到一個消息說，腓尼基人正在乘船從米利都向伊奧尼亞的其他地區進攻。他接到了這個情報以後，沒有劫掠塔索斯便離開了那裏，然後率領著他的全軍向列斯波司趕來了。因此，由於他的士兵缺乏食糧，他便渡到對岸去打算刈取阿塔爾涅烏斯地方的穀物以及屬於美西亞的凱科斯平原上的穀物。但是恰巧在那個地方有一個波斯人哈爾帕哥斯率領著一支不小的軍隊駐在那裏，當希司提埃伊歐斯登陸的時候，哈爾帕哥斯便和他作戰，生俘了他並且殺死了他的大部分軍隊。

29 希司提埃伊歐斯是這樣被俘的。希臘人和波斯人在阿塔爾涅烏斯地方的瑪列涅作戰，他們雙方在長時期中間未分勝負，但終於波斯的騎兵向希臘人發起了進攻，因此騎兵解決了問題。希臘人在潰逃的時候，希司提埃伊歐斯以為大流士不會因他這次的罪過而把他處死，便幹出了這樣一件表明出他是多麼愛惜性命的事情。在他逃跑之際被波斯人追上，被捉住並將被刺死的時候，他竟而用波斯語喊了起來並且說明他就是米利都的希司提埃伊歐斯。

30 但是，如果他被俘並且給帶到國王大流士那裏去的話，我想他是不會受到傷害，而國王是會寬恕他的罪過的。但是實際上希司提埃伊歐斯卻給帶到了撒爾迪斯去，在那裏由於他自己的所作所為，以及由於害怕他會被赦免一死並再一次得到國王的恩寵，因而撒爾迪斯的太守阿爾塔普列涅斯捉住了希司提埃伊歐斯的哈爾帕哥斯，就地立刻把他磔殺，並把他的首級製成木乃伊送到蘇撒地方國王大流士那裏去。當大流

士知道這件事的時候，他是不高興這樣作的人們的，因爲他們沒有把希司提埃伊歐斯活著帶到他的面前來。他下令把希司提埃歐斯的首級洗過並收拾乾淨，並非常隆重地加以埋葬，就像對待一個對大流士本人和波斯都立過大功的人的首級一樣。希司提埃伊歐斯的遭遇便是這樣了。

31 波斯的水師是在米利都過冬的，他們在第二年出海，不費什麼氣力便把大陸附近的一些島嶼岐奧斯、列斯波司和提涅多斯征服了。每當他們攻取了一個島的時候，異邦人都在攻陷每個島之際網捉居民。他們的網捉居民辦法是這樣。他們一個個地牽起手來從北海一直延展到南海的地方，這樣從全島的一端走到另一端來獵取居民。他們用同樣的辦法來攻取大陸上的伊奧尼亞城市，儘管他們不是用網捉居民的辦法，因爲那是不可能的。

32 因此，波斯的將領們在他們與伊奧尼亞人對峙時向伊奧尼亞人發出的威嚇並不僅僅是空話。因爲當他們控制了這些城市的時候，他們便把最漂亮的男孩子選了出來，把這些孩子的生殖器割掉，從而使他們不能成爲男子而成了閹人，至於那些最美麗的女孩子，則他們把她們帶到國王那裏去；他們這樣作了之後，就把伊奧尼亞人的城市以及神殿燒掉了。這樣一來，伊奧尼亞人便第三次被變爲奴隸：第一次是受到呂底亞人的奴役，第二次和現在的一次都是受波斯人的奴役。

33 隨後，波斯的水師便離開了伊奧尼亞向海列斯彭特進發，而把海列斯彭特入口左側的全部地方都給攻陷了。因爲它的右側早已被波斯人自己從大陸方面給征服了。這些地方是屬於海列斯彭特的歐羅巴諸地區：擁有許多市邑的凱爾索涅索斯，佩林托斯、色雷斯沿岸的要塞、塞律姆布里亞以及拜占廷。拜占廷人和對岸的迦太基人，甚至不等到腓尼基人水師的到來，便離開他們自己的國土，逃往黑海的內部並在那裏的美撒姆布里亞市定居下來了。腓尼基人把上面所說的這些地方燒掉之後，便轉向普洛孔涅索斯和阿爾塔開，而在他們把這些地方也都燒掉之後，他們便乘船回到凱爾索涅索斯，把他們先前登陸時沒有毀掉的那些殘餘的市邑再掃數毀掉。但是他們卻根本沒有到庫吉科司去，因爲庫吉科司人在水師這次到來之前便根據一項協定，已經自認是國王的臣民了。這項協定是他們和達司庫列昂的太守、美伽巴佐斯的兒子歐伊巴雷司簽訂的。至於凱爾索涅索斯的市邑，除去卡爾狄亞以外，都給腓尼基人敉平了。

34 這些人直到當時是被司鐵撒哥拉斯的孫子、奇蒙的兒子米爾提亞戴斯統治著的。這個統治權先前是庫普塞洛斯的兒子米爾提亞戴斯用下面的辦法爭得的。領有這個凱爾索涅索斯的是多隆科伊人，他們原本是色雷斯人，而當時由於他們在戰爭中受到阿普新提歐伊人的迫害，因此派遣他們的王公們到戴爾波伊去請示關於戰爭的神託。佩提亞在她回答時囑告他們把在他們離開神殿時第一個款待他們的人帶到城中去建立他們的國家。於是多隆科伊人便循著聖路行進並通過了波奇司和貝奧提亞。由於沒有一個人招待他們，他們便轉向雅典去了。

35 這時雅典的最高統治者是佩西司特拉托斯，但是庫普塞洛斯的兒子米爾提亞戴斯也是一個有勢力的人物。他出自一個擁有駟車的家庭，他的始祖來自埃阿科斯和埃吉納，但是在後在的系譜中，他卻是雅典人了；這一家族當中的第一個雅典人是埃阿司的兒子披萊歐司。這個米爾提亞戴斯當他坐在自家門口的時候，看到穿著外國式樣的衣服和拿著外國式樣的長槍的多隆科伊人走過，於是他便向他們歡呼並且在他們走近來的時候給他們以住處和款待他們。而且他們也同意了。而當他把他們當作客人加以招待的時候，他們便把神託的話全都告訴了他並且懇求他服從神的意旨。米爾提亞戴斯聽到這話之後，便相信了他們所說的話，因爲他已不能忍受佩西司特拉托斯的統治並且想把它擺脫掉。因而他立刻到戴爾波伊去，請示神託他是否可以按照多隆科伊人所請示的辦法去作。

36 佩提亞也要他同意這樣的作法，於是在這之前曾在奧林匹亞賽會上取得駟車比賽的勝利的、庫普塞洛斯的兒子米爾提亞戴斯便把所有願意和他一同起事的雅典人集合起來，和多隆科伊人一同乘船出發去取得了他們的國土；而那些把他帶回本國的人們便推他爲僭主。首先，他從卡爾狄亞市到帕克杜耶，橫貫著凱爾索涅索斯地峽修築一道長城，這樣阿普新提歐伊人便不能攻擊這個地方來傷害他們。這個地峽的寬度是三十六斯塔迪昂；地峽這一面的凱爾索涅索斯的全長是四百二十斯塔迪昂。

37 橫過凱爾索涅索斯的頸部修築了一道長城，因而把阿普新提歐伊人趕回去之後，米爾提亞戴斯首先便對拉姆普撒柯斯人開戰了；拉姆普撒柯斯人進行伏擊而俘獲了米爾提亞戴斯。但是呂底亞人克洛伊索斯是深知米爾提亞戴斯的，因而在克洛伊索斯聽到了發生的事情之後，便派人去警告拉姆普撒柯斯的人們，要他們把米爾提亞戴斯放走。他恐嚇說，如果他們不這樣作的話，他就要像刨松樹那樣地把他們消滅掉。拉姆普撒柯斯的人們在他們商議的時候，完全無法捉摸克洛伊索斯所說要把他們像刨松樹一樣地消滅掉這種恐嚇是什麼意思，而經過苦心的思索之後，他們中間的一位長老終於把眞正意義告訴了他們，即松樹是唯一在砍伐之後不再生出嫩枝而要完全枯死的一種樹。因此，由於害怕克洛伊索斯，拉姆普撒柯斯人便把米爾提亞戴斯釋放了。

38 這樣一來，克洛伊索斯便救了米爾提亞戴斯。但是後來在米爾提亞戴斯死的時候他沒有兒子，因而把他的主權和財產留給了他的異父同母的兄弟奇蒙的兒子司鐵撒哥拉斯。而自從他死之後，凱爾索涅索斯的人們便一直按照一般的習慣把他作爲開國的國王向他奉獻犧牲，並且創辦不許拉姆普撒柯斯人參加的賽馬和運動比賽。但是在反對拉姆普撒柯斯人的戰爭中，司鐵撒哥拉斯也死去了並且沒有留下子嗣。他是被一個男子在市會堂用斧頭砍死的。這個人外表上裝成是一個跑來投降的人，但實際上卻是一個凶暴的敵人。

39司鐵撒哥拉斯既然這樣死了，佩西司特拉提達伊族便派遣奇蒙的兒子和死去的司鐵撒哥拉斯的兄弟米爾提亞戴斯乘著一隻三段橈船到凱爾索涅索斯去掌握那裏的政權。這些人裝得彷彿他們與他的父親奇蒙的死亡無關的樣子而在雅典地方也待他很好。關於他的死亡的經過情況，在我的歷史的另一個地方還要提到的。米爾提亞戴斯來到凱爾索涅索斯之後，便閉門家居，揚言這是爲了給自己的兄弟司鐵撒哥拉斯致哀。當凱爾索涅索斯的人們知道這件事的時候，當權的人們便從他們四面八方的一切城市集合到了一起，打算和他共同致哀以示吊慰之忱。但是他把他們捕了起來。這樣米爾提亞戴斯便成了凱爾索涅索斯的主人。他在那裏搞了一個五百人的親衛隊，並且娶了色雷斯國王歐羅洛司的女兒海該西佩列。

40但是在奇蒙的兒子米爾提亞戴斯這個人來到凱爾索涅索斯之後不久，他便遇到了比以前更加沉重的禍事。原來在這之前三年③，游牧的斯奇提亞人曾受到國王大流士的煽動把自己的兵力集合起來一直長驅到上面所提到的凱爾索涅索斯的地方，因此就把米爾提亞戴斯從那個地方給趕出來了。米爾提亞戴斯不敢等到他們攻來便從凱爾索涅索斯逃跑了，直到斯奇提亞人離開而多隆科伊人把他又帶了回去的時候。所有這一切都發生在現在他所遇到的事情的三年前的時候。

41但是這一次，知道腓尼基人已經到了提涅多斯，他便帶著滿載著自己身邊的財貨的五艘三段橈船到雅典去了。他從卡爾狄亞出航，渡過了美拉司灣（意爲黑灣——譯者），而當他經過凱爾索涅索斯的時候，遇上了腓尼基人的船隻。米爾提亞戴斯本人和他的四隻船逃到伊姆布羅斯去，但是第五隻船卻受到腓

③四九三年

尼基人的追擊並被拿獲了。而正巧這隻船的船長是米爾提亞戴斯的長子美提歐科司，這是他和另一個妻子，而不是和色雷斯人歐羅洛司的女兒所生的。腓尼基人把這個人和他的船一併拿獲了，而當他們知道他是米爾提亞戴斯的兒子的時候，便把他帶到國王那裏去；他們認爲他們這次幹的事情是會受到國王的非常的感謝的，因爲當斯奇提亞人要求伊奧尼亞人毀掉舟橋並各自回航他們本國的時候，米爾提亞戴斯在伊奧尼亞人中間是發表過意見，主張按斯奇提亞人的要求去作的。但是當腓尼基人把米爾提亞戴斯的兒子美提歐科司帶到大流士的面前時，大流士不但不傷害他，反而很照顧他，給了他房屋和財產，又送給他一個波斯的妻子，這個妻子給他生了被認爲是波斯人的幾個孩子。至於米爾提亞戴斯，則他從伊姆布羅斯到雅典去了。

42在這一年④當中，波斯人對伊奧尼亞人就再沒有作出任何一件有懷有敵意的事情。但是在這同一年裏，卻發生了一些對伊奧尼亞人十分有利的事情。撒爾迪斯的太守阿爾塔普列涅斯曾把各個城市的使節召到他那裏去，強迫伊奧尼亞人在他們本身中間締結協定，以便使他們遵守法律的規定並在相互間不進行掠奪搶劫。他是強迫他們這樣作的。他以帕拉桑該斯爲單位測量了他們的土地，帕拉桑該斯是波斯人爲三十斯塔迪昂的長度所起的一個名稱。他又指定每一地方的人民都要按照這次的測量交納貢稅，這種貢稅從那時到今天就和阿爾塔普列涅斯所規定那樣地一直不變地確定下來了。規定的數額和從來所繳的貢稅相差不多。

43因此，這樣的作法給他們帶來了和平的生活。但是在初春⑤的時候，其他將領被國王解職，戈布里

---

④四九三年。

⑤四九二年。

亞斯的兒子瑪爾多紐斯，一個年紀輕而最近又娶了大流士的女兒阿爾桃索司特拉的人物，率領著一支非常龐大的陸海軍來到了沿海的地帶。當瑪爾多紐斯率領著這支軍隊來到奇里啓亞的時候，他本人便登上了船並和他的其他船隻一同出發，而陸軍則由其他將領率領到海列斯彭特。當瑪爾多紐斯沿著亞細亞的海岸航行到伊奧尼亞的時候，他作了這樣一件事情，我把這件事情記下來是為了使不相信七人當中的歐塔涅斯曾宣布說波斯最好的統治形式應當是民主政體的那些希臘人大吃一驚⑥。瑪爾多紐斯廢黜了所有伊奧尼亞的僭主而在他們的城邦中建立起民主政治。他這樣作了之後，便火速地趕到海列斯彭特去，大量的船隻和一支龐大的陸軍早已在那裏集結起來了。於是波斯人便乘船渡過了海列斯彭特，穿過歐羅巴直向埃列特里亞和雅典進軍了。

44 這些城邦便是他們此次遠征的口實了。但是他們的意圖卻是盡可能多地征服希臘的城邦，因此他們的艦隊首先便征服了塔索斯人，塔索斯人幾乎沒有抵抗。隨後，他們的陸軍又把馬其頓人加到他們已有的奴隸裏面去，因為在此之前，比馬其頓離他們更近的一切民族便都已經被波斯人征服了。此後，他們又從塔索斯渡海到對岸，順著大陸的沿岸前進直到阿坎托司地方，再從這個地方出發打算繞過阿托斯山。但是當他們航行的時候，他們遇到了一陣猛烈的、不可抗拒的北風，這陣風使他們受到了很大的損害，許多船舶被吹得撞到阿托斯山上面去了。據說，毀壞的船總數達三百隻，失蹤的人數有兩萬多人。原來，既然阿托斯的這一帶的海裏有許多怪物，因而有一些人便是給怪物捉去，這樣便失蹤了。再有一些人是撞到了岩石上的。那些不會游泳的人溺死在水裏了，又有一些人給凍死了。因此上述的一切便是水師的遭遇了。

---

⑥參見第三卷第八〇節。

45至於瑪爾多紐斯和他的陸軍，則當他們駐屯在馬其頓的時候，色雷斯的布律戈依人在夜裏向他們進攻，殺死了他們許多人，並且使瑪爾多紐斯本人也負了傷。儘管如此，甚至這些人本身也未能逃脫波斯人的奴役。因爲瑪爾多紐斯是在把他們征服之後才離開了那些地方的。然而在他把他們征服的時候，他卻率領著他的軍隊返回了本土，因爲他的陸軍曾吃了布律戈依人的很大的苦頭，而他的水師又在阿托斯一帶遭到了一次更大的打擊。因此，這次出征便在這樣的不光榮的禍事之後返回亞細亞了。

46在這之後的第二年⑦，大流士首先就派使者到塔索斯人那裏去，命令他們毀掉他們的城牆並且把他們的船隻帶到阿布戴拉來。原來塔索斯的鄰邦居民錯誤地報告說塔索斯人在準備叛變。因爲塔索斯人既然曾經受到米利都的希司提埃伊歐斯的圍攻並且有豐厚的收入，故而他們便用他們的財富修造戰船並且用較堅固的城牆把他們自己圍起來。他們收入的來源是大陸和礦山。從斯卡普鐵・敍列的金礦，他們大概收入八十塔蘭特，而從塔索斯本土的礦山雖收入較少，然而農產物不納稅的塔索斯人從大陸和礦山的收入每年大概是二百塔蘭特，而收入最高的時候則是三百塔蘭特。

47這些礦山我自己都去看過。在這些礦山當中，比其他礦山要出色得多的是和塔索斯同來並且在這個島上建立了一個殖民地的腓尼基人所發現的那些礦山；而且這個島現在便是因這個腓尼基人塔索斯而得名的。這些腓尼基的礦山是在薩摩特拉開對岸，塔索斯的所謂阿伊努拉地方和科伊努拉中間；這是一座大山，它已被尋礦的人們給挖得翻過來了。關於礦山的事情我只說這些。塔索斯人奉了國王的命令毀了他們的城牆並且把他們的全部船隻移轉到阿布戴拉去。

⑦四九一年

48在這之後，大流士又去設法打聽希臘人是打算對他作戰，還是打算向他投降。因此他便把使者分別派遣到希臘的各個地方去，命令這些使者為國王要求一份土和水的禮物。他把這些人派到希臘去，又把另一些人分別派到沿海地方向他納貢的城市去，命令它們修造戰船和運送馬匹的船隻。

49因此這些城市便著手進行這些準備工作。到希臘去的使節們得到了國王聲明要求的東西。許多大陸上的住民是這樣，受到使節的要求的所有島上住民也是這樣。在把土和水送給大流士的島上住民當中有埃吉納人。但是埃吉納人這樣作的時候，雅典人立刻前來向他們責問，因為雅典人認為他們是由於仇視雅典才把這樣的禮物送給大流士的，這樣他們便會和波斯人結合起來向雅典人進攻。實際上，雅典人正歡喜有這樣的一個藉口，他們於是到斯巴達去，在那裏控訴證明埃吉納人已經背叛希臘的行為。

50由於這次的控訴，當時身為斯巴達人的國王的克列歐美涅斯，阿那克桑德里戴斯的兒子，便渡海到埃吉納去，以便可以把埃吉納人當中的那些罪魁逮捕。但是當他試圖將他們逮捕的時候，波律克利托斯的兒子克利歐斯在其他埃吉納人的支持之下對他加以反抗並且囑告克列歐美涅斯不要逮捕任何埃吉納人，否則將悔之無及。他說克列歐美涅斯這樣作並沒有得到全體斯巴達人的批准，而是接受了雅典的賄賂才這樣作的。如果不是這樣的話，他是一定會和另一位國王同來逮捕他們的。他是受到戴瑪拉托斯的一封信的指示才講了這一番話的。既然不得不因此而離開埃吉納，克列歐美涅斯便問克利歐斯他叫什麼名字。當克利歐斯把名字告訴了他的時候，克列歐美涅斯就向他說：「牡羊（克利歐斯原文 κριός 的意思是牡羊——譯者），現在是你把青銅包在你的角上的時候了，因為你是必須要和大災大難進行戰鬥的。」

51在這個時候，阿里司通的兒子戴瑪拉托斯住在斯巴達並且到處對克列歐美涅斯進行誹謗。這個戴瑪拉托斯也是斯巴達的國王，但是就門第而論卻要差一些。但是在其他任何方面他誠然並不差（因為他們出於同一祖先），只是埃烏律司鐵涅斯家方面由於是長門的關係而比另一家總要尊貴一些。

52 但是根據拉凱戴孟人的與任何一位詩人都不一致說法，把他們率領到他們今天占據的地方的是阿里司托戴莫斯，而不是他的兒子們。這個阿里司托戴莫斯是阿里司托瑪科司的兒子，克列奧達伊歐斯的孫子，敍洛斯的重孫子。不久之後，阿里司托戴莫斯的名叫阿爾該婭的妻子就給他生了兒子。他們說她是歐鐵希昂的女兒，而歐鐵希昂則是提撒美諾斯的兒子、鐵爾桑德洛斯的孫子、波律涅凱斯的重孫子。她給他生了孿生子。阿里司托戴莫斯曾活著看到孩子們，但不久他便病死了。當時的拉凱戴孟人決定按照他們的習俗使雙生兒當中較大的一個作國王。但既然這兩個孩子在一切方面都是相同的，他們因而不知選誰好；而當他們無法在二者中間判斷的時候或恐怕甚至比他們試圖這樣作更早的時候，他們便去問母親。但是她說，她也不比拉凱戴孟人知道的更清楚，她也分不出誰大一些。她是這樣說的，雖然在實際上她是知道得很清楚的，因爲她想用個什麼辦法使兩個人都作國王。據說，拉凱戴孟人當時不知如何作才好，他們便派人到戴爾波伊去請示處理這件事的辦法。佩提亞命令他們使二人都爲國王，但是對年長的那個人更要尊敬些。得到佩提亞的回答之後，拉凱戴孟人仍然不知道哪一個年紀較大，一個名叫帕尼鐵司的美塞尼亞人便提出了一個建議。他的建議是這樣：他們注意母親，看她先洗和餵這兩個孩子當中的哪一個，如果她總是按照一個規則來作的話，那他們便得到他們尋求和想要發現的一切了。但如果她在這樣作時隨意改變的話，那他們便可以看到她並不比拉凱戴孟人知道的更多，那時他們再給自己想別的辦法。於是斯巴達人便按照美塞尼亞人的建議作了，而在他們注意阿里司托戴莫斯的孩子的母親時，發現她在餵和洗孩子們時總是先照顧先生的一個的，不過她並不知道爲什麼有人注意她。於是他們便把首先受到母親照顧的孩子抱了來，把他當作長子由公家出錢撫養。他們稱年長的爲埃烏律司鐵涅斯，稱另一個孩子爲普羅克列斯。據說，當這兩兄弟長大成人的時候，他們二人一生中間都是不和的，他們的後人也一直是這個樣子。

53 這便是拉凱戴孟人的說法，不過其他希臘人卻不是這樣講。但是我在下面所寫的卻是依照希臘的一般說法。我認爲希臘人在列舉多里斯人的這些國王而一直回溯到達納耶的兒子培爾賽歐斯，但不提到神的時候，是正確的。而且他們還證明上面所列舉的國王都是希臘人。因爲在培爾賽歐斯的時代，他們已經被認爲是希臘人了。我回溯諸王一直到培爾賽歐斯而不更向上回溯，這是因爲培爾賽歐斯的上面沒有一個凡人的父親的名字，正好像阿姆披特利昂對於海拉克列斯那樣。因此，很明顯，我在自己的一方面有充分的理由來說，希臘的紀錄是一直回溯到培爾賽歐斯的。從這裏再向上，如果從阿克里西歐斯的女兒達納耶回溯的話，則可以看出多里斯人的首領都是道地的埃及人。

54 以上我是按照希臘人的說法來回溯他們的系譜的。但是波斯人的說法是，培爾賽歐斯本人是一個亞西里亞人，但是後來他變成了希臘人，不過他的祖先並不是希臘人。波斯人還說，阿克里西歐斯的祖先和培爾賽歐斯並沒有血統關係，而正如希臘人所說，他們實際上是埃及人。

55 這些事情就說到這裏爲止了。但是其他的人們還提到，是什麼理由而且由於什麼功業，這些埃及人竟成了多里斯人的國王。因此這裏我就不再講了。我要講的則是別人沒有提到的事情。

56 於是斯巴達人便把這樣的一些特權給了他們的國王。他們將擁有爲宙斯・拉凱戴孟和宙斯・烏拉尼歐斯所設置兩個祭司職位；他們可以隨便對任何國家開戰而任何斯巴達人都不能加以阻止，否則就會受到咒詛。在他們的軍隊出征時，出發之際國王要在最前面，歸來之際國王要在最後面。在他們出戰的時候，他們有一百名精兵保衛著他們。在他們出征的時候，他們可以用盡可能多的牲畜作爲犧牲，並且他們把一切犧牲的皮革和脊肉收歸自己所有。

57 以上是他們戰時的權利。平時給予他們的權利則有如下述。在舉行任何公共的犧牲奉獻式的場合，國王都要坐在首席，最先受到款待，而且他們每個人所得到的任何東西都要比其他的客人多一倍。他們有最先舉行灌奠之禮，有取得犧牲的皮革的特權。每到新月和每月的第七日的時候，都由公費爲他們每一個人向阿波羅神殿奉獻一頭成熟的犧牲，一美狄姆諾斯的大麥粉和一拉科尼亞・鐵塔爾鐵的酒，而在比賽的時候，也特別爲他們保留正面的席位。此外，他們還有權利任命任何願意申請擔任的市民擔任異邦人保護官，他們還可以爲他們每一個人選兩名佩提歐伊。佩提歐伊乃是被派往戴爾波伊請示神託的使者，他們是用公費陪著國王進餐的。而如果國王不參加公宴的話，則要把兩科伊尼庫斯的大麥粉和一科杜列的酒送到他們家裏去，如果他們前來參加的話，則一切東西他們都要得雙份。在他們應私人的邀請參加宴會時他們也享受同樣的榮譽。一切下賜的神託都要交給國王保存，但也必須要佩提歐伊知道。只有國王才有權裁決一位未婚的女繼承人應當嫁給什麼人，如果她的父親沒有把她嫁出去的話。關於公路也是這樣，但是在其他的情況之下便不是這樣了。如果有人想收一名養子的話，他必須當著國王的面作。他們和二十八名長老共同在評議會上商量事情。如果他們不來參加的話，則長者中和他們關係最近的享有國王的特權，他們代國王投兩票之後，到第三票才是他們自己的。

58 國王從斯巴達國家方面得到的這些權利都是終身的。當他們死的時候，他們的權利是這樣處理的。騎士們到拉科尼亞各地宣布他們的死訊，在市內，則婦女們敲著鍋到各處去報信。而當這件事作完了以後，每家當中的兩個自由人，一男一女一定要服喪，否則的話便要受到重罰。拉凱戴孟人在他們國王死去時的風俗和亞細亞的異邦人是相同的，因爲大部分異邦人在他們的國王死時，風俗都是一樣的。原來當拉凱戴孟人的國王死去的時候，除去斯巴達人之外，從拉凱戴孟全土要有一定數目的佩里歐伊科司⑧被強制前來參加葬儀。這些人和希勞特和斯巴達市民本身共幾千人集合在一個地方，再加上婦女，於是他們就拼命拍打他們的前額並表示無限的哀悼，他們把最近死去的國王，不管這個國王是誰，總是稱爲他們的國王當中最好的一位。如果一位國王戰死的話，他們便給他作一個像，把它放在一個裝飾得富麗堂皇的床位上抬著去下葬，而在下葬之後十天裏，不許舉行任何集市或是選舉長官，而是一直要進行哀悼。

59 在另一件事上，拉凱戴孟人也是和波斯人相似的。當一個國王死去而另一個國王接替他的時候，這個新王便免除任何斯巴達人對國王或是對國家所負的任何債務。在波斯人那裏，當新王即位之時，他也是豁免一切城邦未繳淸的貢稅的。

60 此外拉凱戴孟人還有和埃及人相似的地方，即他們的報信人和吹笛人和廚子等職業都是世襲的；吹笛人的兒子是一個吹笛者，廚子的兒子是一個廚子，報信人的兒子是一個報信人。沒有別的人由於自己的嗓音響亮而來作報信人，從而會占奪了他們的地位。他們從一生下來便有從事他們的行業的權利。這些事情的情況就是這樣。

61 但是在我所談到的那個時候，也就是當克列歐美涅斯在埃吉納作著後來對整個希臘有利益的事情的

---

⑧斯巴達的全部居民分成三個階級，最高的是占統治地位的斯巴達人，他們是征服者多里斯人的後裔，從事征戰並享有完全的政治自由；其次是佩里歐伊科司（或稱邊區居民），他們是被征服的阿凱亞人的後裔，主要從事工商業，享有人身自由，但是沒有充分的政治權利；最後是希勞特，他們的地位和奴隸沒有什麼區別。

時候，戴瑪拉托斯便對他進行誹謗，這與其是由於他關心埃吉納人，勿寧說是由於嫉妒和惡意。當克列歐美涅斯從埃吉納回來的時候，他就計劃把戴瑪拉托斯從王位上放黜出去。他爲什麼這樣攻擊他，下面我來說一說這個原因。斯巴達的國王阿里司通娶了兩個妻子，但是都沒有給他生孩子。他相信不生孩子的責任不在他的身上，於是他娶了第三個妻子。他娶這個妻子的經過情況是這樣的。有一個斯巴達人，他是阿里司通的最親愛的朋友。這個人有一個妻子，她在斯巴達婦女中間是一個出類拔萃的美女，不過現在她雖然是最美麗的，在先前卻是最醜陋的。原來，她既然長得醜陋，她的乳母想到一個有錢家庭的女兒卻長得這樣難看而她的雙親又爲自己女兒的容貌這樣擔心，於是因這樣的一些理由給她想一個辦法；乳母每天把這個孩子帶到海倫的神殿去，這座神殿在所謂鐵拉普涅地方⑨的波伊勃司神殿的上方。乳母把孩子帶到這裏來，把她放在神像的旁邊，祈求女神改變這個孩子的醜陋容貌。因此在一天裏，正當這個乳母離開神殿的時候，據說有一個婦女在她的面前顯現，問她抱著的是什麼。乳母回答說是一個嬰兒。那個婦女要乳母把這個孩子給她看。乳母說她不能這樣作，因爲嬰兒的父母不許把嬰兒給任何人看。但是這個婦女無論如何也要看一下這個孩子。因此當乳母看到這個婦女非常熱心地想看這個孩子的時候，她便眞地把孩子給這個婦女看了。於是這個婦女便拍了一下這個孩子的頭，說她將會變成一切斯巴達婦女當中最美麗的。據說，從這一天起，這個孩子的面容就改變了。而當她到了可以結婚的年齡時，她就嫁給了阿里司通的朋友，這就是阿爾開達司的兒子阿蓋托斯。

62 但是看來阿里司通是愛上了這個婦女的，於是他便想了這樣一個辦法來得到她。於是他答應他的朋

⑨在斯巴達的東南；傳說是美涅拉歐司和海倫的葬地。那裏到今天還可以看到一座神殿的基址。

友，即這個婦女的丈夫說，他願意從他的所有物當中把他的朋友隨意選擇的任何一件東西送給他的朋友，條件是他的朋友也答應他同樣的請求。阿蓋托斯看到阿里司通自己也有一個妻子，便不爲自己的妻子擔心，於是他答應這樣作了。他們爲這個協定立下了誓約。於是阿里司通便把阿蓋托斯從他的財富當中所選取的東西給了他；至於他自己要從阿蓋托斯那裏取得的報償，則他是試圖取得他的朋友的妻子。阿蓋托斯說，除去這一點之外，他什麼都能同意。但是由於他自己的誓約和把他欺騙了的狡計，他竟不得不容許阿里司通把他的妻子帶走。

63這樣，阿里司通便和第二個妻子離了婚，把第三個妻子帶回家裏來了。而在不滿十個月的一個較短的時期裏，他的妻子就給他生了一個孩子，這就是前面所說的戴瑪拉托斯。當他家裏的一個僕人來告他說他得了一個兒子的時候，他正在和五長官一道舉行會議。他是記得他的婚期的，於是他便屈指計算並發誓說：「這不會是我的兒子。」五長官聽到了他講的話，但是當時根本未加以注意。在這個男孩子長大成人的時候，阿里司通後悔他所講過的話，因爲他已相信戴瑪拉托斯確乎是他的兒子了。他所以稱他戴瑪拉托斯，是因爲在這之前，全體斯巴達人民都爲他祈求一個兒子，因爲他們都認爲阿里司通是斯巴達的歷代國王當中最出色的一位。因此這個孩子便被命名爲戴瑪拉托斯（原文的意思是「人民祈求的」——譯者）。

64久而久之，阿里司通逝世了。戴瑪拉托斯於是作了國王。但是看來這些事件注定是要被發現的，而戴瑪拉托斯便由於這樣一個原因失去了自己的王位。在這之前，克列歐美涅斯當戴瑪拉托斯把自己的軍隊引離埃列烏西斯的時候，便是非常仇視他的，特別是這次當克列歐美涅斯本人渡海到埃吉納去懲罰支持波斯人的埃吉納人的時候，便更加仇視他了。

65 因此，克列歐美涅斯既然想進行報復，他便和戴瑪拉托斯家中的一個人，即阿吉斯的孫子、美那列斯的兒子列烏杜奇戴斯締結了一項協定，即如果他使列烏杜奇戴斯代替戴瑪拉托斯作國王的話，那麼列烏杜奇戴斯要隨他一同去攻打埃吉納人。原來列烏杜奇戴斯乃是戴瑪拉托斯的一個死敵，因爲他曾和戴瑪爾美諾斯的孫女、奇隆的女兒培爾卡洛斯訂了婚，但是戴瑪拉托斯使用了計謀，奪走了列烏杜奇戴斯的新婦，他把新娘在婚前拐跑而使她和自己結了婚。這便是列烏杜奇戴斯和戴瑪拉托斯反目的理由。而現在由於克列歐美涅斯的唆使，他便對戴瑪拉托斯提出了控訴，起誓說戴瑪拉托斯並不是斯巴達的合法的國王，因爲他本來不是阿里司通的兒子；在作出了這個誓證之後，他便到法庭上去控告戴瑪拉托斯，因爲他一直記得，當僕人把生男孩子的事告訴阿里司通，而阿里司通在計算了月份之後曾誓言這個男孩子並不是他的兒子。列烏杜奇戴斯便以這句話爲根據，力圖證明戴瑪拉托斯根本不是阿里司通的兒子或斯巴達的合法的國王。他召請五長官前來作證，因爲他們當時都曾列席會議並且聽見過阿里司通說這樣的話。

66 結果在這件事上面發生了爭論，於是斯巴達人決定到戴爾波伊去請示神託，問戴瑪拉托斯是否阿里司通的兒子。這件事被送到佩提亞那裏去，徵求她的意見，這也是克列歐美涅斯出的主意。原來當時克列歐美涅斯曾得到戴爾波伊最有勢力的人物、阿里司托龐托斯的兒子科邦的幫助；這個科邦曾說服了那裏的女祭司培莉亞拉，要她說出克列歐美涅斯要她說的話。結果當使者向她請示的時候，她便斷定說戴瑪拉托斯並不是阿里司通的兒子。但是後來，這種行爲被發覺了。科邦被驅出了戴爾波伊，而女司祭培莉亞拉也被褫奪了她的光榮職務。

67 以上便是戴瑪拉托斯被剝奪了王位的情況。而他從斯巴達亡命到美地亞人那裏去，乃是由於受到了下面我要說的一種非難。戴瑪拉托斯被褫奪了王位之後，曾當選擔任一個官職。但是在舉行吉姆諾帕伊狄阿伊⑩的時候，戴瑪拉托斯曾前往參觀。這時列烏杜奇戴斯純乎是爲了嘲笑和侮辱的目的把他的從僕派到戴瑪拉托斯那裏去，問戴瑪拉托斯在作國王之後擔任一名官吏有何感想。戴瑪拉托斯聽到這個問題，心中著實怒惱，於是他回答說，和列烏杜奇戴斯有所不同，他兩種經驗都有了；他還說，無論如何，這個問題對拉凱戴孟人來說，是會引起無限災禍或無限福祉的。他這樣說了之後，便蒙著自己的臉離開了劇場回家去了；回家之後，他立刻作了準備，由宇斯神獻了一頭牡牛，奉獻完了之後，他便呼喚他的母親。

68 他的母親來了，於是他把犧牲的一部分臟腑放到她的手裏，向她懇求說：「娘啊，我以其他諸神的名義，特別是以咱家的守護神宙斯的名義懇求你，請你如實地告訴我，到底誰是我的親生父親。因爲列烏杜奇戴斯在與我爭論的時候說，當你嫁給阿里司通的時候，你已經由於你前一個丈夫而懷孕了。而另外一些人則有一種更加不負責任的說法，他們說你曾和一個看驢的僕人通情，而我就是你們兩個人所生的兒子。因此我以諸神的名義懇求你把眞實情況告訴我；因爲，假若你作了像他們所說的那樣的事的話，則不僅是你，其他許多婦女也都是這樣的。而在斯巴達則大家都傳說，阿里司通命中注定是不會有孩子的，否則他的前妻也就會給他生孩子了。」

69 在他說了這一番話之後，他的母親便回答他說：「兒啊，既然你禱告並懇求我把眞情告訴你，那麼我就把全部眞實情況對你講了罷。在阿里司通把我帶到他家的第三個夜裏，有一個像是阿里司通的幻影到我這裏來與我交合，然後把他的花環給我戴上。可是在這個幻影離開之後不久，阿里司通就來了。他看到我所戴的花環，便問我這是誰給的，我說是他給的，但是他不承認。於是我便發誓，說如果他否認的話那

⑩斯巴達地方大羣裸體的男子與少年在仲夏所舉行的節日。

是不對的；我對他說，原來就是在不一會兒之前的時候，他來了和我交配並且把花環給我戴上。當阿里司通看到我爲這件事發誓的時候，他便認識到這乃是神的所作所爲了。花環顯而易見是從那在大門口旁邊、他們稱爲阿司特羅巴科斯神殿的那座英雄神殿裏來的，而且卜師們也都說，到我這裏來的不是別人，正是那位英雄阿司特羅巴科斯。因此，兒啊，你想知道的一切你已經都知道了；或者你就是那位英雄的兒子，這樣則你的父親是那位英雄阿司特羅巴科斯，或者阿里司通是你的父親。因爲正是在那一夜裏，我有了你。至於他們攻擊你的時候所持的理由，即當阿里司通接到生你的音信時，他當著許多人的面說你不是他的兒子，（因爲我生你時離我初懷你時還不到十個月），那麼這乃是他由於不知道這樣一些事情的眞相，才隨便這樣講的。因爲並不是所有的婦女懷孕都滿十個月的，有一些人在九個月之後，甚至七個月之後便生產了。兒啊，你就是我在懷孕七個月後生的。不久之後，阿里司通自己也知道他自己所說的是愚蠢的話了。不要相信任何其他有關你的出生的胡言亂語罷。因爲我告訴你的，都是千眞萬確的話。反而是列烏杜奇戴斯本人和說這樣的話的其他人等，他們的妻子會跟看驢人私通生孩子罷。」

70 以上便是他的母親所說的一番話。戴瑪拉托斯知道了他想知道的一切之後，便作了上路的準備，他藉口到戴爾波伊去請示神託而出發到埃里司去了。但是拉凱戴孟人懷疑他打算逃走，於是就追蹤在他的後面。但是戴瑪拉托斯卻想辦法趕在他們的前面，便從埃里司渡海到札昆托斯去了。拉凱戴孟人隨著他渡過了海，很想逮捕他，而把他的僕人從他身邊帶走。但是札昆托斯人拒絕引渡他，隨後他便從那裏渡海到亞細亞，到國王大流士那裏去了。大流士盛大地歡迎了他，給了他土地與若干城市。戴瑪拉托斯經過這樣的奔波之後，便這樣地到達了亞細亞。這個人在拉凱戴孟曾由於自己的許多成就和本身的智慧而博得了赫赫的聲名，特別是由於他在奧林匹亞比賽會上取得駟車比賽的獎賞，從而給自己的城邦取得了勝利的榮譽。

在斯巴達的國王當中，是只有他一個人作了這樣的事情的。

71 戴瑪拉托斯被黜之後，美那列斯的兒子列烏杜奇戴斯便繼承了他的王位。他的妻子給他生了一個名叫杰烏克西戴莫斯的兒子，有些斯巴達人則把他的這個兒子稱為庫尼司科斯。這個杰烏克西戴莫斯始終也沒有成為斯巴達的國王，因為在列烏杜奇戴斯活著的時候他便死了，身後留下一個名叫阿爾奇戴莫斯的兒子。列烏杜奇戴斯既然失掉了杰烏克西戴莫斯，便又娶了一個妻子埃烏律達美，她是美尼歐斯的姊妹，又是狄雅克托里戴斯的女兒。他們之間也沒有生男孩子，卻生了一個名叫拉姆披多的女兒，而列烏杜奇戴斯便把她許配給了杰烏克西戴莫斯的兒子阿爾奇戴莫斯。

72 但是列烏杜奇戴斯本人也未能在斯巴達享高年。由於對戴瑪拉托斯的所作所為，他受到了下面的懲罰。他率領一支拉凱戴孟的軍隊去進攻帖撒利亞⑪，而當他行將征服帖撒利亞全境的時候，他接受了很大的一筆賄賂；但是這件事由於他有一次在營帳裏坐在一個滿裝著銀子的手籠上面而被發覺，隨後他便受到了審判，結果他被從斯巴達放逐出去；他的家宅也被毀掉，他自己則亡命到鐵該亞去並且死在那裏了。

73 這是很久以後的事情了。但是在當前我說的這個時候，克列歐美涅斯在有關戴瑪拉托斯的事件上成功以後，他立刻帶著列烏杜奇戴斯出發懲罰埃吉納人去了。由於埃吉納人曾經侮辱過他，因而他便極端仇恨埃吉納人。當埃吉納人看到兩個國王都來討伐他們的時候，他們便認為還是以不加抵抗為妙。國王們於是從埃吉納選出在財富和門第方面占最高地位的十個人來，在這十個人當中有埃吉納的兩個最有勢力的人物，即波律克利托斯的兒子克利歐斯和阿里司托克拉鐵斯的兒子卡撒姆包斯；他們把這些人帶到阿提卡

---

⑪時期不能確定。大概是在四七五年或四七〇年。

去，把他們交到他們的死敵雅典人的手裏去看管。

74 在這之後，人們知道了克列歐美涅斯對戴瑪拉托斯所玩弄的奸計；克列歐美涅斯害怕斯巴達人，便偷偷地溜到帖撒利亞去了。從那裏他又到阿爾卡地亞去，在那裏造成了混亂的局面。原來他盡力想把阿爾卡地亞人糾合起來去反對斯巴達，除去用其他辦法要他們發誓不拘他領他們去幹什麼事他們都追隨他之外，他還想把阿爾卡地亞的首腦人物帶到挪納克利斯市去，要他們憑著司圖克斯河的河水發誓。據阿爾卡地亞人的說法，則在這個市邑的附近就有司圖克斯河的河水，而這種河水的性質則有如下述：它看起來不過是從岩石流向窪池的一股小小的水流，在窪池的四周有一道圓形的石壁。這個水泉所在的挪納克利斯是阿爾卡地亞地方離培涅俄斯不遠的一個市邑。

75 當拉凱戴孟人知道克列歐美涅斯有這樣的打算的時候，他們害怕了，於是他們把他召回斯巴達，讓他以和先前相同的條件來擔任國王。但是克列歐美涅斯在這之前就有些精神不正常，歸來之後就得了癲狂症，因爲他不拘遇到任何斯巴達人，他都要用他的王笏打擊對方的臉。由於他這樣的行動以及他所得的癲狂症，他的近親便把他看了起來，給他上了足枷。但是當他在禁閉中看到看守他的人只剩下一個，其餘的人都已離開的時候，他便向這個看守他的人索取一把匕首。看守人起初拒絕了他的請求，但是克列歐美涅斯威嚇這個看守人說以後如果他得到自由，他會對這個看守人怎樣怎樣，（身爲希勞特的）這個看守人被他的威脅嚇住了，於是便把匕首交給了他。克列歐美涅斯得到了這個匕首之後，便開始從自己的脛部向上切了起來，從脛部向上切到大腿，從大腿又切到臀部和腰部和脅腹部，最後竟一直到腹部，而且都是順著切，切成了條條的肉，他便這樣地死去了。據大多數的希臘人的說法，他所以有這樣的下場，是因爲他說服佩提亞編造了對戴瑪拉托斯很不利的一番話；唯獨雅典人卻說，這是因爲他入侵埃列烏西斯並且蹂躪了

女神們的聖域。阿爾哥斯人則認爲，這是因爲當阿爾哥斯人爲躱避戰禍而到他們的阿爾哥斯神殿去避難時，他把他們從那裏趕了出來並把他們殺死，他又不把聖林放到眼裏，卻用火把它燒掉了。

76 原來當克列歐美涅斯到戴爾波伊去請示神託的時候，曾有一個神託告訴他說，他應當攻取阿爾哥斯。因此，當他率領著斯巴達人到達據說是發源於司圖姆帕洛斯湖的埃拉西諾斯河（他們說，這個湖的湖水流入地下的一個裂縫裏去，然後再在阿爾哥斯出現，而從那裏開始，這條河便被阿爾哥斯人稱爲埃拉西諾斯河），當著克列歐美涅斯到達這條河的時候，他便向這個河奉獻犧牲。但儘管他這樣作，犧牲卻絲毫沒有呈現出有利於他渡河的吉兆，於是他就說他是敬佩埃拉西諾斯河的，因爲它不出賣它的本國人民，同時他又說，甚至這樣他也是不會輕輕饒過阿爾哥斯人的。不久他便從那裏撤退，率領大軍朝著大海的方向到杜列亞去了，在那裏他向大海奉獻了一頭牡牛作爲犧牲之後，便下令自己的士兵登上了船，把他們帶到提律恩司地區和納烏普利亞去了。

77 阿爾哥斯人聽到這個消息之後，便到海岸地帶來和他們作戰了。當他們走近提律恩司，到達一個叫作海西佩阿的地方時，他們就在拉凱戴孟人的對面紮下了營，兩軍相隔只有不多的地方。阿爾哥斯人並不害怕在那裏進行正正堂堂的戰鬥，他們勿寧是害怕中了敵人的詭計；原來，女祭司同時給阿爾哥斯人和米利都人的那個神託，便正是指著這件事說的。神託的話是這樣：

當一個婦女戰勝了男子，把他驅離戰場，
並且在阿爾哥斯人中間贏得榮譽的時候，
許多阿爾哥斯婦女就會在哀痛中撕裂自己的雙頰。
而在將來的時候，會有人這樣說：

「可怕的捲作三圈的蛇將被刺死在長槍之下。」

這一切的事情湊到一起，就使阿爾哥斯人感到害怕了。因此他們決定使敵人的傳令人也給自己一方面服務，而在這樣決定之後，則每當斯巴達的傳令人向拉凱戴孟人傳達任何命令的時候，他們也就按照他的吩咐作同樣的事情。

78當克列歐美涅斯看到阿爾哥斯人按照他的傳令人所吩咐的去作的時候，他便下令說，當傳令人發出要大家吃早飯的口號的時候，他們便拿起他們的武器，向阿爾哥斯人發起進攻。拉凱戴孟人按照這樣的吩咐作了。結果在拉凱戴孟人進攻的時候，他們發現阿爾哥斯人正在遵照傳令人的口號在那裏吃早飯呢。他們殺死了許多阿爾哥斯人，但是卻有多得多的阿爾哥斯人逃避到阿爾古司聖林中去，而拉凱戴孟人便在聖林的四周紮營，把他們嚴密地監視起來。結果，克列歐美涅斯竟而想出了這樣的辦法。

79他的身邊有一些投降他的人，他向這些人打聽了一番以後，便派遣一名傳令人去呼喊那些把自己關在聖域之內的阿爾哥斯人的名字，要他們出來，並且說他已經得到了他們的贖金。因爲在伯羅奔尼撒人當中，對於每一個俘虜都要付出一定數目的贖金，即每人兩米那。這樣克列歐美涅斯便把大約五十個阿爾哥斯人一個一個地召請出來，出來之後便把他們殺掉了。然而，還留在聖域之內的其他人卻不知道這些人被誅殺的事情。因爲這個林子是很茂密的，林子裏面的人們看不到外面的人們遇到什麼事情，直到他們有一個人爬上了樹，才看到外面所發生的事情。自此以後，傳令人再呼喊的時候，他們便再也不出來了。

80因此克列歐美涅斯便下令全體希勞特在聖林的四周堆起薪材來；他們遵照命令行事，於是他便把聖林放火點著了。當火正在燃燒的時候，他就問一個投降者這座聖林是獻給哪一位神的。那個投降者就說這座聖林是獻給阿爾古司神的。他聽見這話，便大聲悲嘆地說：「哦，宣託之神阿波羅啊，你說我應當攻陷

阿爾哥斯，那你眞是把我騙苦了。但是我以爲，你的預言卻在這件事上實現了。」

81不久克列歐美涅斯便把他的大部分軍隊派回了斯巴達，他自己則率領著他的一千名最精銳的部隊，到希拉的神殿⑫那裏去奉獻犧牲，但是當他本來正要在祭壇上奉獻犧牲的時候，祭司卻禁止他這樣作，他所持的理由是按規定不許任何異邦人在那裏奉獻犧牲。於是克列歐美涅斯便命令希勞特們把這個祭司從祭壇拖開毒打一頓，他自己則在那裏奉獻犧牲。這樣作了之後，他便回到斯巴達去了。

82但是在他回國之後，他的政敵就把他帶到五長官面前，說他是由於接受了賄賂，才沒有攻陷那本來可以很容易攻陷的阿爾哥斯。可是克列歐美涅斯卻說，當然，他說的話是眞是假我不能明確判斷，但他卻是這樣說，當他拿下阿爾古司神殿時，他以爲神的預言就已經應驗了，因此他就以爲最好是先不要進攻這個城，而是先用奉獻犧牲的辦法請示一下，看神是允許他攻取這座城市還是反對他這樣作。而當他在希拉的神殿裏請求賜予朕兆時，從神像的胸部閃射出火焰來，因此他就知道了事情的眞相，即他不應當去攻取阿爾哥斯了。因爲，他說，如果火焰是從神像的頭部射出，那他就會從上到下地完全攻陷該城；但是火焰從胸部射出，這便表明，神心裏想要他作的事情，他已經作到了。他的這種辯解的理由在斯巴達人聽來是可以相信的，又是合理的，於是他就大大地勝過了向他控訴的人們而獲釋了。

83然而阿爾哥斯的成年男子卻損失到這樣程度，以致他們的奴隸竟掌握了一切；他們取得政權進行統治，直到戰死者的兒子們長大成人的時候。到那時，這些人便爲自己恢復了阿爾哥斯並且把奴隸們驅逐出去。奴隸們被驅逐出去之後，又用強力奪取了提律恩司。他們相互之間暫時處於相安無事的地位。但是不

---

⑫在阿爾哥斯東北。

久之後一個叫作克列昂德羅斯的占卜者到奴隸們這裏來，這是一個阿爾卡地亞地方的披伽列亞人。他游說奴隸們向他們的主人進攻。從這時開始，在很長的一段時期當中，他們相互之間都在進行著戰爭，直到最後，阿爾哥斯人好不容易才把奴隸們制壓下去⑬。

84 根據阿爾哥斯人的說法，這就是克列歐美涅斯發瘋和他的慘死的原因。但是依照斯巴達人自己的說法，克列歐美涅斯的發瘋並不是神的意旨，而是由於他與斯奇提亞人交往，結果他變成了一個飲不調水的烈酒的人，因而就變瘋了。他們說，原來游牧的斯奇提亞人在大流士侵略他們的土地之後，便想對他進行報復，而派使者到斯巴達去和斯巴達人締結了聯盟；結果便約定，斯奇提亞人本身應試著從帕希斯河進攻美地亞，斯巴達人則依照他們的建議應從以弗所出發向內地進軍與斯奇提亞人相會。當斯奇提亞人抱著這個目的到來的時候，據說克列歐美涅斯和他們交往得過於頻繁，而由於太親密的緣故，他從他們那裏學會了飲用烈酒，而斯巴達人便認爲這是他發瘋的原因。正像他們自己所說的，從此以後，每當他們想飲用烈酒的時候，他們就說「像斯奇提亞人那樣地斟酒吧」。斯巴達人關於克列歐美涅斯的說法就是這樣。但是在我看來，他得到這樣的下場，正是由於他對戴瑪拉托斯的所作所爲的報應。

85 當克列歐美涅斯死去而埃吉納人聽到這個消息的時候，他們便派遣使者到斯巴達來爲被拘留在雅典的人質的事情對列烏杜奇戴斯進行控訴。於是拉凱戴孟人便召集了一個法庭，並且判定列烏杜奇戴斯曾對埃吉納人作了暴亂不法的事情；而他們就判了他的罪把他引渡到埃吉納去作爲被拘留在雅典的那些人質的補償。但是當埃吉納人正要把列烏杜奇戴斯帶走的時候，斯巴達的一位知名之士，列歐普列佩斯的兒子鐵

---

⑬大概是在四六八年。

阿西代斯向他們說：「埃吉納人啊，你們打算幹的這是什麼事情啊？難道你們願意市民把斯巴達人的國王引渡給你們，而你們把他帶走麼？假如說現在斯巴達人是由於他們發火才這樣決定的，那麼可要小心，將來如果你們按照你們的打算去作的話，他們會把你們的國家給徹底毀滅掉的。」埃吉納人聽到這話之後，便不再把國王帶走而是締結一項協定，規定列烏杜奇戴斯要和他們一同到雅典去，把拘留在那裏的人質送回到埃吉納人這裏來。

86 因此當列烏杜奇戴斯來到雅典並要求放還過去委託給他們的那些人的時候，雅典人卻無意把這些人放還，故而他們提出藉口說，既然他們是受託於兩位國王，則今天他們只把這些人交還給一位國王而缺另一位國王，那是不對的。

（α）而當雅典人拒絕放還這些人的時候，列烏杜奇戴斯就對他們說：「雅典人啊，你們願意怎樣作就怎樣作罷。如果你們把這些人放還，那你們就作了正義的事業，如果不放還的話，那你們就作了與之相反的事業。聽我給你們講一段在斯巴達發生的關於委託的東西的事情。我們斯巴達人有一個傳說，說從現在起向前大約數三代，在斯巴達有一個叫作格勞柯斯的人，他是埃披庫代斯的兒子。傳說這個人除去其他的各種優良品質之外，特別在公正這一點上，他的聲譽是超出當時居住在拉凱戴孟的一切人之上的。但是據說在一定的時期到來的時候，在他身上發生了這樣的一件事情。有一個米利都人到斯巴達來，想和格勞柯斯談話並且向格勞柯斯作下列的建議。他說：『格勞柯斯啊，我是一個米利都人，我來到你這裏是爲了領受你的公正無私的恩惠的。在希臘各地以及在伊奧尼亞，人們對你的正直無不交口稱譽，我自己則以爲伊奧尼亞是經常要遭到危險的一塊地方，但伯羅奔尼撒卻是一個十分安定的地方，而且在伊奧尼亞，從來看不到財富永遠聚集在同樣一些人的手裏。我反覆思考和研究了這些事情之後，便決定把我的一半財產變爲現銀並把它委託給你，因爲我深信，把它交給你爲我保存那會是安全的。請你收下這筆錢並且接受和保管這信符。凡是拿著同樣的信符前來索取銀子的，那麼就請把這筆銀子交付給來人罷。」

（β）這就是從米利都來的異邦人所說的話。格勞柯斯也就按照約定接受了委託給他的東西。過了很長的一個時期之後，把金錢委託給格勞柯斯保存的那個人的兒子們到斯巴達來了；他們和格勞柯斯面談，拿出信符給他看，要求格勞柯斯把銀子歸還給他們。但是格勞柯斯卻在他們面前不承認這件事情，他回答他們說：「這件事我記不得了，你們所講的話也絲毫不能使我回想到那件事情。讓我想一想罷，我是會儘量公正處理這件事的；如果我接受了這筆錢，我是會照樣歸還給你們的，如果我根本沒有接受過你們這筆錢，我就要根據希臘人的法律來對付你們了。請容許我在從現在起的四個月之內，再答覆你們解決的辦法罷。」（γ）米利都人因爲別人奪取了他們的財產，只得傷心地走開了。但是格勞柯斯卻到戴爾波伊去請示神託。當他請示神託他應否起誓並把財產強行奪取過來的時候，佩提亞便用下列的詩句責難他說：

埃披庫代斯的兒子格勞柯斯聽著，如果你能夠起誓致勝並且強奪了異邦人的財產
那對你目前是有很大好處的：
你就起誓罷，死亡甚至等待著忠於誓言的人啊！
不過誓言卻有一個兒子，這是一個沒有名字的向僞誓進行報復的人，它既沒有手，也沒有腳；
可是他卻迅速地追蹤，
終於捉住這個人並把他的全家全族一網打盡。
但是，那忠於誓言的人的子子孫孫卻日益昌盛。

當格勞柯斯聽見這話之後，他便請求神寬恕他剛才所說的話。但是佩提亞卻回答他說，試探神意和作這樣

的事其後果是相同的。（δ）於是格勞柯斯便派人把米利都的異邦人召來，把銀子還給他們了。「雅典人啊，你們聽我告訴你們，爲什麼我把這個故事講給你們聽。現在格勞柯斯的後代已經沒有了，再也沒有哪一家的名字叫作格勞柯斯了。他和他的一切在斯巴達已經完全被絕根了。因此，關於受委託的東西，在要求歸還的時候除了照樣歸還之外，最好是不要作其他任何非非之想罷。」這便是列烏杜奇戴斯所講的一番話；但甚至這樣，雅典人都不肯傾聽他的話，於是他便離去了。

87 但是埃吉納人在他們因先前爲取得底比斯人的歡心竟對雅典人犯下了橫暴之罪而受到懲罰之前，卻作了下面的一件事情。他們既然憎恨雅典人並認爲自己是被害者，他們便準備向雅典人進行報復。這時雅典人正好在索尼昂舉行每隔四年才有一次的祭典；於是埃吉納人就用伏擊的辦法拿獲了一隻參加祭典的人們所乘的朝聖船，船裏面有許多雅典名流，他們把這些雅典名流俘獲之後，就把這些人鐐銬入獄了。

88 雅典人吃了埃吉納人的這樣的苦頭之後，便立刻想一切辦法來向他們進行報復。在埃吉納有一位知名之士、克諾伊托斯的兒子尼科德羅莫斯。由於他以前曾被埃吉納人從島上放逐而懷恨埃吉納人，而現在又知道雅典人正在設法加害埃吉納人，於是他便和雅典人約定向雅典人出賣埃吉納，約定了一個他發動攻擊和雅典人必須來聲援他的日子。不久之後，尼科德羅莫斯便按照他和雅典人的約定占領了所謂舊城，但是雅典人卻沒有按著約定的日期來到這裏。

89 原來，他們恰巧沒有足夠的船舶來和埃吉納人相抗衡。於是他們便請求科林斯人借船隻給他們，但是在這耽擱的時間，他們的事業失敗了。科林斯人在那時是雅典人的最要好的朋友，他們同意了雅典人的請求，給了雅典人二十隻船，價錢是每隻五德拉克瑪。因爲根據他們的法律，是不許無償贈送的。雅典人取得了這些船再加上自己的船，把全部的七十隻船都配置了人員之後就駛向埃吉納去了，他們到那裏去的

時期比規定的時期要晚一天。

90 但是尼科德羅莫斯在約定的一天看到雅典人不來，便乘船從埃吉納逃走了。其他的人也和他一同逃走了，雅典人於是把索尼昂送給他們居住；他們把那個地方變成了自己的根據地之後，便掠奪島上的埃吉納人。

91 但這是我所說的那個時代以後的事情了⑭。但是埃吉納的富人們卻制服了和尼科德羅莫斯一同起來反抗他們的平民，他們把平民俘虜之後，便拉出去處死了。由於這個緣故，他們受到了一次罪譴，而他們不拘使用什麼辦法想求得神的慰解也不能擺脫這次的罪譴，而是在女神對他們加惠之前就給驅出了島。他們原來俘獲了七百名平民，當他們把這些平民拉出去處死的時候，其中有一個人掙脫了綁繩逃到立法者戴美特爾神神殿的門口去請求庇獲，他抓住了那個門的把手不肯放開，因而當他的敵人們無論如何也不能從那裏把他拉開的時候，他們便把他的雙手砍了下來，這樣把他帶走了；但是那兩隻手卻還是緊緊地抓在門的把手上面。

92 埃吉納人相互之間作了這樣的事情。當雅典人到來的時候，他們便使用七十隻船來和雅典人作戰；在海戰中失敗之後，他們就和先前一樣地向阿爾哥斯人求援。但是這一次阿爾哥斯人並不願意幫助他們，因為阿爾哥斯人對埃吉納人有不高興的地方；這是由於埃吉納人的船隻曾被克列歐美涅斯用武力強奪而泊入阿爾哥斯的海岸，但是埃吉納人卻和拉凱戴孟人一齊上岸了。此外，希巨昂船上的人也參加了這次登陸。阿爾哥斯人罰了他們一千塔蘭特，每個民族五百塔蘭特。希巨昂人承認自己作了錯事，還支付一百塔

---

⑭這是四九〇年和四八〇年之間所作的事情。

蘭特的罰款而安全不受懲罰地離開，但是埃吉納人不表示歉意而是十分頑強。由於這個原因，阿爾哥斯人便不答應埃吉納人的請求去幫助他們，只有一千名志願兵到那裏去，這些人的統帥是一個精通五項運動⑮，名叫埃烏律巴鐵斯的人。這些人大半從此沒有回來，而是在埃吉納給雅典人殺死了；他們的統帥埃烏律巴鐵斯本人單獨作戰，殺死了三個人，但是給第四個人殺死了，這第四個人是戴凱列亞的兒子梭帕涅斯。

93 埃吉納的戰船乘著雅典人的混亂向他們進攻並且取得了勝利。埃吉納的戰船俘獲了四隻雅典的船和上面的船員。

94 這樣，雅典和埃吉納便陷入相互作戰的狀態中去了。但是波斯人這方面卻在準備著他自己的事情。原來他的僕人一直在提醒他要他不要忘記雅典人⑯，而佩西司特拉提達伊家也一直在他身旁誹謗雅典人，再加上大流士想用這樣的一個藉口來征服不把土和水呈獻給他的所有希臘人。至於那個遠征失敗的瑪爾多紐斯，大流士解除了他的統帥職務而任命其他的將領率領著他的軍隊去進攻雅典和埃列特里亞，這兩個將領是美地亞人達提斯和他自己的侄子、阿爾塔普列涅斯的兒子阿爾塔普列涅斯。在他們出師時，他交付給他們的命令是，征服和奴役雅典和埃列特里亞並把這些奴隸帶到他自己的面前來。

95 當接受任命的這兩位統帥率領著裝備精良的一支大軍離開國王的面前而到達奇里啓亞的阿列昂平原的時候，他們便在那裏紮下了營，隨後分配給各個地方準備的水師也全都趕到了。此外，運馬船也來了，

---

⑮五項運動是跳遠、鐵餅、標槍、賽跑和角力。

⑯參見第五卷第一〇五節。

這是前一年大流士命令自己的各個納貢地準備起來的。他們把馬匹裝上了船並使陸軍乘上了船之後，就和六百隻三段槳船一同向伊奧尼亞出發了。從這裏他們不是直指海列斯彭特和色雷斯沿著大陸前進，而是從薩摩司出發在伊卡洛司海海上逐島前進。在我看來，他們這樣作是因爲他們最害怕繞行阿托斯的那段路，這是由於在前一年在這條航線上他們受到了極大的災禍。此外，那克索斯也阻止他們這樣作，因爲他們還沒有把那個地方拿下來。

96 當他們從伊卡洛司海駛近那克索斯並在那裏上陸的時候（原來，波斯人正是想首先進攻那克索斯），那克索斯人記起了先前所發生過的事情⑰，因此還不等波斯人到來就逃到山裏去了。波斯人把所有他們俘獲的人變爲奴隸，甚至燒掉了他們的神殿和他們的城市。在這樣作了之後，波斯人就出發到別的島去了。

97 正當他們這樣作的時候，狄羅斯人也逃離了狄羅斯，跑到鐵諾斯去避難了。但是達提斯在他的大軍向岸邊行駛的時候，卻乘船行在大軍的前面並下令他的艦隊不要在狄羅斯投錨，而是渡海到對面的列那伊亞島去投錨。而當他知道狄羅斯人是在什麼地方的時候，他便派了一名使者到他們那裏去，向他們宣告說：「神聖的人們，爲什麼你們竟會這樣不了解我的意思而跑開？我個人的願望和國王給我的命令都是不傷害曾產生了兩位神⑱的土地，既不傷害土地的本身，也不傷害住在這塊土地上面的人。因而我現在命令你們回到你們的家裏來，住在你們的島上。」他向狄羅斯人作了這樣的宣告之後不久，就在祭壇上放了三

---

⑰這裏可能是指在本卷三一和三二兩節中所記述的、波斯人如何對待反抗他們的人們的事情。

⑱指阿波羅和阿爾鐵米司。

百塔蘭特重的乳香並且把它燒掉了。

98 這樣作了之後，達提斯就率領大軍首先駛往埃列特里亞。他還使伊奧尼亞人和愛奧里斯人與他同行。在他從這裏啓程之後，在狄羅斯發生了一次地震；而據狄羅斯人說，這是在我的時代之前最初和最後的一次地震。我以爲這是上天垂示的朕兆，說明世界上將有災禍到臨。因爲在三代的時期當中，也就是在敍司塔司佩斯的兒子大流士、大流士的兒子克謝爾克謝斯和克謝爾克謝斯的兒子阿爾托克謝爾克謝斯的時代⑲，希臘遭受的災禍比大流士之前的二十代中間所遭受的災禍還要多。這些災禍部分來自波斯人，部分來自他們本族首領中間爭奪霸權的戰爭。因此在狄羅斯發生了前所未有的地震，那就毫不足怪了。還有一個關於狄羅斯的神託，神託的話是這樣的：

我將要使從來沒有震動過的狄羅斯發生震動。

關於上面所說的那三位國王的名字，如果用希臘語來解釋，則大流士的意思是作事的人，克謝爾克謝斯的意思是戰士，阿爾托克謝爾克謝斯的意思是偉大的戰士。因此，希臘人用他們的語言來這樣稱呼他們是不會錯的。

99 異邦軍從狄羅斯出發到海上之後，曾停泊在各個海島的地方，他們從那裏又集合了一支軍隊並且把島民的子弟帶走作爲人質。當他們巡航諸島的時候，他們來到了卡律司托斯（卡律司托斯人不把人質交給他們並且拒絕跟他們結合在一起去討伐相鄰的城邦，而這樣的城邦在他們是指埃列特里亞和雅典而言），因此波斯人便包圍了他們，蹂躪了他們的土地，直到最後卡律司托斯人也站到他們的一方面來了。

⑲五二二年到四二四年。

100 當埃列特里亞人知道波斯大軍正在乘船向他們進攻的時候，他們便請求雅典人方面的幫助。雅典人並不拒絕給予幫助，但是雅典人給埃列特里亞人作爲援軍的是擁有卡爾啓斯飼馬者⑳採地的四千人。但是埃列特里亞人的計劃好像都是不固定的，因爲他們雖然派人到雅典去求援，但是他們自己人當中的意見還不是一致的。他們中間有一部分人的計劃是離開城市而逃到埃烏波亞高地去，但是另一部分人則打算進行背叛的行動，指望使自己從波斯人方面得到好處。於是身爲埃列特里亞人的首要人物之一的諾同的兒子埃司奇涅斯，由於他知道這兩個計劃，便把當時的情況告知了前來的雅典人，此外還請求他們離開此地回到本國去，以免他們和其他人一樣地同歸於盡。於是雅典人按照埃司奇涅斯的勸告回去了。

101 因此，他們便渡海到奧洛波斯去，從而保全了自己。波斯人在海路上是向屬於埃列特里亞的鐵美諾斯、柯伊列阿伊和埃吉列阿行進，而他們把這些地方占領之後，就立刻使馬匹上陸並且作向他們的敵人進攻的準備。埃列特里亞人並沒有出來應戰的計劃。既然他們中間是以不放棄城市的這個意見占上風，則他們最關心的就是守住他們的城壁，如果他們能作到這一點的話。城牆受到了猛烈的攻擊，六天之內雙方都有很多人陣亡。但是在第七天，兩位知名的埃列特里亞人阿爾啓瑪科斯的兒子埃烏波爾勃司和奇涅阿司的兒子披拉格羅斯卻和波斯人勾結把城市出賣了。波斯人闖進了城市，他們劫掠和焚燒了神殿，用來報復在撒爾迪斯被燒掉的神殿，此外他們還遵照大流士的命令，把這裏的市民變賣爲奴隸。

102 他們征服了埃列特里亞，又停留了數日之後，就乘船向阿提卡的領土出發了。他們緊緊地逼到雅典人跟前，以爲他們可以像對付埃列特里亞人一樣地對付雅典人。而馬拉松在阿提卡的土地裏是最適於騎兵

⑳參見第五卷第七七節。

活動的場所，離埃列特里亞也最近，而佩西司特拉托斯的兒子希庇亞斯就是把他們引導到那裏去的。

103 當雅典人得到這個消息的時候，他們也趕到馬拉松來了。有十位將領率領著他們的軍隊，而其中的第十位就是米爾提亞戴斯，這個人的父親、司鐵撒哥拉斯的兒子奇蒙曾由於希波克拉鐵斯的兒子佩西司特拉托斯的緣故而不得不從雅典亡命外出。在亡命的時候，他很幸運地在奧林匹亞比賽會上獲得了四馬戰車的勝利，而由於這一勝利，他便得到了和他的異父兄弟米爾提亞戴斯相同的榮譽。在下一次的奧林匹亞比賽會上，他以同樣的牝馬而再度獲勝，但是他卻把優勝者的光榮讓給了佩西司特拉托斯；而由於讓出了他的這次勝利，他便在和解的協定下返回了故國。他以同樣的牝馬在奧林匹亞比賽會上又取得了第三次的勝次；在這之後，佩西司特拉托斯便不在人世，可是命運卻注定使米爾提亞戴斯給佩西司特拉托斯的兒子們殺死了。他們指使了一些人，乘著夜裏伺伏在市會堂的地方把他殺死。奇蒙被埋葬在城市的前門外，在所謂科伊列路的那一面，那使他三次在奧林匹亞比賽會上獲得優勝的那些牝馬則葬在他的對面。除去拉科尼亞人埃瓦哥拉斯的牝馬之外，再沒有任何其他的牝馬有過這樣的成績了。而奇蒙的兒子中最年長的司鐵撒哥拉斯這時正在凱爾索涅索斯地方他的叔父米爾提亞戴斯的撫養之下，但是年紀較幼的叫作米爾提亞戴斯的那個兒子則在雅典留在奇蒙本人的身旁，這個兒子的名字是因在凱爾索涅索斯開闢了居民地的那個米爾提亞戴斯而得名的。

104 因此，這個米爾提亞戴斯當時是從凱爾索涅索斯到來的並且在兩度逃脫了死亡之後成了雅典軍隊的將領。原來，把他一直追趕到伊姆布羅斯的腓尼基人，一心想把他捉住並把他送到國王的面前去。而當他從腓尼基人的手中逃回自己的國家而自認已得到安全的時候，又遇見了自己的政敵。他們把他拉上法庭並且對他在凱爾索涅索斯的僭主統治加以控訴。但他又從他們的手中逃脫出來，在這之後，他便因人民的推選而成了雅典軍隊的一位將領。

105而當將領們還在城內的時候，他們首先派一名使者到斯巴達去，這個使者是一個名叫披迪披戴斯的雅典人，此外這個人還是一個長跑的能手並且是以此爲職業的。正如這個披迪披戴斯自己所說並且告訴雅典人的，當他在鐵該亞上方的帕爾鐵尼昂山那裏的時候，曾遇到了潘恩神。潘恩神叫披迪披戴斯的名字，命令他告訴雅典人說，既然潘恩神是雅典人的朋友，以前常常爲雅典人服務而今後也將會如此，但爲什麼雅典人卻根本不把潘恩神放到眼裏。雅典人認爲他說的這件事是眞的，因此當他們的城邦得到安定繁榮的時候，他們就在衛城之下修建了一座潘恩神的神殿，而且由於神的那番話，他們每年還向他奉獻犧牲並舉行火炬賽跑以求神的嘉惠。

106但是現在，當他受到將軍們的派遣並且說潘恩神曾對他顯現的時候，這個披迪披戴斯在離開雅典之後的第二天，便已經在斯巴達了。他到斯巴達人領袖們那裏去，對他們說：「拉凱戴孟人啊，雅典人請求你們給他們幫助而不要看著希臘的一個最古老的城邦陷到異邦人的奴役之下。因爲現在甚至連埃列特里亞都已經受到了奴役，而由於失掉一座名城，希臘就便得更加軟弱了。」披迪披戴斯就按照命令這樣地向拉凱戴孟人報告了，於是拉凱戴孟人便決定幫助雅典人。但是他們並不能立刻這樣作，因爲他們不願意打破他們的慣例；原來，那時正是一個月的第九天，而他們說，在第九天月亮還沒有圓的時候，他們是不能出征的。

107因此他們便等候滿月的時候。而在波斯人這一方面，則他們被佩西司特拉托斯的兒子希庇亞斯引導到了馬拉松。希庇亞斯在前一個夜裏曾作了一個夢，在夢裏他夢見他和自己的母親同寢。他解釋這個夢的意思說，他應當回到雅典去並恢復他的統治權，並且在他的故國享盡天年之後才死去。他是這樣來解釋這個夢的。而這時，他既然是波斯人的嚮導，他便把在埃列特里亞抓到的俘虜帶到司圖拉人的稱爲埃格列亞的島上去；此外，他還使軍船到達馬拉松時在那裏投錨，而當異邦人的士兵登陸時，他又使他們排列成隊。而當他正在處理這些事情時，他覺得他比平時更加厲害地打起噴嚏和咳嗽起來。他已經上了年紀，大部分的牙齒都動搖了，因此激烈的咳嗽竟使他的一顆牙齒給噴了出來。牙齒掉到了砂子裏去，希庇亞斯於是拚命去尋找它，但是由於哪裏也找不到這個牙齒，於是他便傷心地向站在他身旁的那些人說：「這塊土地不是我們的，而我們也不能使這塊土地屈服了。我的牙齒已經把我所應得的那一份土地占有了。」

108 而希庇亞斯認爲這就是他的夢已經應驗了。雅典人在海拉克列斯的聖域之內列隊，而普拉鐵阿人的全軍也都來幫助他們；因爲普拉鐵阿人曾使自己受雅典的保護㉑，而雅典人曾爲普拉鐵阿人出了很大的氣力。普拉鐵阿人委身於雅典人的保護之下的經過是這樣：由於普拉鐵阿人受到底比斯人的壓迫，他們便想投靠他們最初遇到的阿那克桑德里戴斯的兒子克列歐美涅斯和拉凱戴孟人，但是這些人不肯收納他們，並向他們說：「我們住的地方太遠，而我們的幫助對你們來說只是一種使人掃興的慰安罷了。因爲當我們知道這件事之先，你們可能已被奴役許多次了。我們勸告你們去要求雅典人的保護，雅典人是你們的鄰人，他們是可以很好地保衛你們的。」

拉凱戴孟人向普拉鐵阿人提出這樣的意見與其說是出於他們對普拉鐵阿人的好意，勿寧說是他們想使雅典人與貝奧提亞人交惡而給雅典人找麻煩。於是拉凱戴孟人便作了這樣的建議；普拉鐵阿人照著他們

㉑根據修昔底德的説法(Ⅲ，68)，這是五一九年的事情。

的話作了，而當雅典人正在向十二神㉒奉獻犧牲的時候，普拉鐵阿人來請求他們的庇護並且坐到祭壇的下面，這樣就求得了雅典人的保護。底比斯人聽見這個消息之後，就發兵去攻打普拉鐵阿人，於是雅典人便來幫助普拉鐵阿人了。但是正當他們要接戰的時候，正好在那裏的科林斯人卻不許他們動手。雙方都願意請他們作調停者，他們在雙方之間劃了一條界限，條件是當貝奧提亞人中間有不願意再歸屬貝奧提亞的時候，底比斯人不加干涉。在作了這樣的規定之後，科林斯人就離開了。但是當雅典人回家的時候，他們受到了貝奧提亞人的襲擊並且被打敗了。於是雅典人便突破了科林斯人給普拉鐵阿人劃定的界線，而把阿索波司河本身定為底比斯在普拉鐵阿和敍喜阿伊方面的境界。普拉鐵阿人就像上面所說的那樣取得了雅典人的保護，而現在他們到馬拉松來幫助雅典人了。

109 但是雅典統帥中間的意見也是不一致的。有的人認為他們不應當作戰（因為要和美地亞軍隊作戰他們的人數太少了），但是另有一些人，其中也包括米爾提亞戴斯，認為他們應當作戰。在十位將領之外，還有一個人也有投票權，這就是抽籤選出擔任波列瑪爾科斯的那個雅典人（原來根據往昔雅典的習慣，波列瑪爾科斯是和將領們有同樣的投票權的），而這時的波列瑪爾科斯就是阿披德納伊區的卡里瑪柯斯。將領們的意見既然分歧而錯誤的意見又有占上風的趨勢，於是米爾提亞戴斯就到這個人那裏去，對他說：「卡里瑪柯斯，今天是在兩件事情當中任憑你來選擇的日子，或者是你使雅典人都變為奴隸，或者是你使雅典人都獲得自由，從而使人們在千秋萬世之後永遠懷念著你，甚至連哈爾莫狄歐斯和阿里斯托蓋通都比

㉒十二神是宙斯、希拉、波賽東、戴美特爾、阿波羅、阿爾鐵米司、海帕伊司托斯、雅典娜、阿列斯、阿普洛狄鐵、海爾美士、希司提亞。

不上你。因爲雅典目前正在遭受著建城以來從未有過的巨大危險，如果雅典人對美地亞人屈服的話，則他們將要被交到希庇亞斯的手裏去，那它要遭到什麼樣的命運就很明確了。但如果這個城得救的話，則它就很可能成長爲希臘的第一座城市。怎樣才能實現這件事情，爲什麼這些事情的決定性關鍵是在你的手裏，我現在就要解釋給你。我們這十位將領的意見是不一致的，有的人主張要我們作戰，有的人反對。現在如果我們不戰的話，則我擔心某種激烈的傾軋將會影響和動搖我們人民的決心直到他們竟會對美地亞人妥協；但如果在某些雅典人沾染上不健康的想法之前我們交戰的話，只要是上天對我們公正，我們是很可能取得勝利的。現在這一切都關係到你，一切都在於你了。因爲如果你同意我的意見，你就可以使你的國家得到自由，使你的城市成爲希臘的第一座城市；但如果你站到要我們不作戰的人們的那一面去的話，那你便正是違反我上面所談到的那些利益了。」

110由於這次的游說，米爾提亞戴斯把卡里瑪柯斯爭取到自己的一方面來了。而正是由於加上了波列瑪爾科斯的一票，結果是決定作戰了。自此之後，那些主戰的將領雖然可以每日輪流地掌握全軍的大權，他們卻把這項大權讓給了米爾提亞戴斯。米爾提亞戴斯接受了這個權力，但是在輪到他本人掌握全軍大權的那一天到來之前，他是不肯接戰的。

111而等輪到他的日子的時候，雅典人於是編起準備戰鬥的隊列來，隊列的編制是這樣。統率右翼的是波列瑪爾科斯卡里瑪柯斯；因爲按照當時雅典的習慣，統率右翼的應當是擔任波列瑪爾科斯的人。他在右翼擔任統帥，而接在他後面則按照順序依次配到了各個部落，配列在最後的普拉鐵阿人則占著左翼的地方。自從那次戰爭以來，每當雅典人在每五年舉行一次的祭典上的集會上奉獻犧牲的時候，雅典的傳令人總是祈求上天同樣降福給雅典人和普拉鐵阿人的。但是現在，當雅典人在馬拉松列隊的時候，他們的隊列

的長度和美地亞人的隊列的長度正好相等，它的中部只有數列的厚度，因而這裏是全軍最軟弱的部分，不過兩翼卻是實力雄厚的。

112 準備作戰的隊列配置完畢而犧牲所呈獻的朕兆又是有利的，雅典人立刻行動起來，飛也似地向波斯人攻去。在兩軍之間，相隔不下八斯塔迪昂。當波斯人看到雅典人向他們奔來的時候，他們便準備迎擊；他們認爲雅典人是在發瘋而自尋滅亡，因爲他們看到向他們奔來的雅典人人數不但這樣少，而且又沒有騎兵和射手。這不過是異邦人的想法；但是和波斯人廝殺成一團的雅典人，卻戰鬥得永難令人忘懷。因爲，據我所知，在希臘人當中，他們是第一次奔跑著向敵人進攻的，他們又是第一次不怕看到美地亞的衣服和穿著這種衣服的人的，而在當時之前，希臘人一聽到美地亞人的名字就給嚇住了。

113 他們在馬拉松戰鬥了很長的一個時候。異邦軍在隊列的中央部分取得了優勢，因爲進攻這一部分的是波斯人自身和撒卡依人。異邦軍在這一部分占了上風，他們攻破希臘人的防線，把希臘人追到內地去。但是在兩翼地方，雅典人和普拉鐵阿人卻得到了勝利。而在這樣的情勢之下，他們只得讓被他們打敗的敵人逃走，而把兩翼封合起來去對那些突破了中線的敵人進行戰鬥。雅典人在這裏取得了勝利並且乘勝追擊波斯人，他們在追擊的道路上殲滅波斯人，而一直把波斯人追到海邊。他們弄到了火並向船隻發動了進攻。

114 但是在這次的戰鬥裏，身爲波列瑪爾科斯的卡里瑪柯斯在奮勇作戰之後陣亡了。將領之一特拉敍拉歐斯的兒子司鐵西拉歐斯也死了；埃烏波利昂的兒子庫涅該羅斯[23]也在那裏陣亡了，他是在用手去抓船尾

---

[23] 詩人埃司庫洛斯的兄弟。

時手被斧頭砍掉因而致命的。還有其他許多的雅典知名人士也都陣亡了。

115 雅典人便這樣地俘獲了七隻船；異邦軍隊則率領著殘餘的船隻駛離了海岸，他們從他們安置埃列特里亞的奴隸的海島上帶走了這些奴隸，繞過索尼昂海岬，打算在雅典人回來之前先到達雅典城。在雅典，普遍流傳著一種指責，說這個計劃是根據阿爾克美歐尼達伊族的計策產生出來的，據說這一族曾和波斯人相勾結，他們舉起盾來給那些現在在船上的波斯人作爲暗號。

116 他們就這樣地繞過了索尼昂。但是雅典人卻全速地趕了回來保衛他們的城市，而且是在異邦軍的軍隊到來之前就趕到了。他們是從馬拉松的一個海拉克列斯聖域那裏來的，現在則屯營在庫諾撒爾該斯的另一個海拉克列斯聖域裏。異邦軍的船隊在帕列隆（因爲這是當時雅典的海港）的海灘停泊了一些時候；他們在那裏投了錨，然後又從那裏回到了亞細亞。

117 在馬拉松的這一戰役當中，異邦軍當中陣亡的有六千四百人左右，雅典人方面則是一百九十二人。這是他們雙方陣亡者的人數。但是在那裏卻發生了一件不可思議的事情。有一個雅典人枯帕戈拉斯的兒子埃披吉羅斯，正當他奮勇鏖戰的時候他失去了視力，雖然他身上的任何部分都沒有受到創傷，也沒有受到暗器的射擊。但是從那一天起，他終生就一直瞎了下去。我聽說他是這樣敍述他的不幸遭遇的。他說他遇到了一個身材高大，全身穿著重甲冑的男子，這個男子的鬍鬚遮滿了他的盾牌。這個幻象走過埃披吉羅斯的身旁，但是把和他並排的一個人殺死了。這就是我聽到的埃披吉羅斯所說的事情。

118 另一方面，達提斯卻率領著他的軍隊到亞細亞去了。在他到達米科諾斯之後，他作了一個夢。沒有人說過他作了什麼樣的一個夢。但是在天剛剛破曉的時候，達提斯便對他的各個船隻進行了搜索。而當他在一隻腓尼基船裏找到一座鍍金的阿波羅神像時，他就打聽這件物品是從什麼地方劫來的。等他知道了這座神像是從哪個神殿來的之後，他就乘著自己的船到狄羅斯去了。狄羅斯人那時已經返回了他們的海島，而達提斯就把神像供在那個地方的神殿裏，並且命令狄羅斯人把這座神像送回到底比斯人的代立昂地方去，這個代立昂就在卡爾啓斯對面的海岸上。達提斯這樣下令之後便乘船回去了。不過狄羅斯人卻根本沒有把這座神像送走。在那之後二十年，底比斯人才依照一個神託的指示，把這座神像移送到代立昂去。

119 當達提斯和阿爾塔普列涅斯在航程中到達亞細亞時，他們就把埃列特里亞的奴隸帶到內地的蘇撒去了。國王大流士在把埃列特里亞人俘虜以前，由於他們曾無端對他作出橫暴的事，因此他對埃列特里亞人感到極端地憤恨。但是看到他們被帶到他的面前來並且已向他屈服，他卻對他們不加傷害，反而把奇西亞領土的一塊名叫阿爾代利卡的直轄地送給他們居住。這塊地方離蘇撒有二百一十斯塔迪昂，離開出產三種物品的井則有四十斯塔迪昂。所謂出產三種物品，就是說人們可以從這井裏取得瀝青、鹽和油。取得這三種東西的辦法是這樣：在汲水的時候是使用絞盤的，絞盤上繫著半個皮囊來代替桶。而人們便把它浸到井裏去，然後把汲取的東西拉上來倒到一個水池裏去，從那裏再倒到另一個水池裏去，這時汲上來的東西就分成了三類。瀝青和鹽立刻便變成了固體，波斯人稱爲拉迪那凱的油㉔是黑色的並且發出刺鼻的臭味。大流士就把埃列特里亞人安置在那裏，而他們到我的時候一直都住在那裏，並且保存了他們的原來的語言。埃列特里亞人的遭遇便是這樣。

120 在滿月之後，兩千名拉凱戴孟人來到了雅典，他們是這樣匆忙地趕路，以致在他們離開斯巴達之後

㉔這顯而易見是石油。

的第三天他們就到了阿提卡。雖然他們來得太晚，已趕不上作戰，他們仍然想見到美地亞人；於是他們到馬拉松見到了美地亞人。隨後他們就稱贊了雅典人和他們的成就，而後回國去了。

121 說阿爾克美歐尼達伊族和波斯人勾結，舉起盾牌來給波斯人作暗號，而想使雅典屈服於異邦人和希庇亞斯，這件事在我看來，是不可思議的，是不可相信的。因爲很明顯，比起帕埃尼波斯的兒子、希波尼柯斯的父親卡里亞斯來，他們可以說是有過之無不及的憎恨僭主的人。在佩西司特拉托斯從雅典被放逐出去之後國家拍賣他的財產時，在雅典人當中只有卡里亞斯是敢於買佩西司特拉托斯的財產的。而且他還計劃了其他一切對他非常敵視的行動。

122 ㉕［這個卡里亞斯由於許多理由都是値得萬人的懷念的。首先，像我已經說過的，是因爲他是立下了解放祖國的大功的傑出人物。第二，是由於他在奧林匹亞比賽會上的成績。他在這一比賽會上取得了賽馬的勝利，在四馬戰車的比賽中取得第二名，而在這以前又得過佩提亞比賽會上的勝利，同時又以最能揮金如土在希臘享盛名。第三，是由於他對他的三個女兒的作法。原來當她們到達婚期的時候，他給了她們極其豐厚的妝奩，並使她們每個人所選的丈夫都十分稱心，因爲他答應她們每一個人都能和她爲自己從全雅典人當中所選擇的丈夫結婚。］

123 阿爾克美歐尼達伊族是和卡里亞斯一樣的反對僭主的人。因此，說他們竟然舉起盾來作暗號，這在我看來是一種既不可理解，又不可相信的非難，因爲他們一直是在躲避著僭主的，而且佩西司特拉托斯的

㉕這一節一般被認爲是後來誰的附記而攙入了正文的。它只在原文的一個抄本上發現，而且裏面有非希羅多德的詞句。

子弟們之放棄僭主地位便是出於他們的策劃的。因此，在我來看，他們比起哈爾莫狄歐斯和阿里斯托蓋通來，在更大的程度上使雅典得到了自由。因為這些人不過是由於殺死希帕爾科斯，才激怒了佩西司特拉提達伊族的其他人等，卻絲毫沒有阻止其他的人們成為僭主。但是阿爾克美歐尼達伊族卻非常明顯地使他們的國家得到了自由，如果像我在上面所說的那樣，他們確是真正地說服了佩提亞，要她告訴拉凱戴孟人說他們應當使雅典得到自由。

124 可是，也許有人會說，他們大概是對雅典民衆有什麼怨恨，因此他們才背叛了他們祖國的罷。然而在雅典，他們偏偏又是最有聲譽和最受尊敬的。因此我們有顯然的理由不去相信，他們會由於任何這樣的原因而舉起盾來作暗號。誠然是有人舉起了一個盾牌的，這一點是不能否認的。因為這樣的事是作了的，然而我不知道是誰作這件事的，並且再也說不出更多的東西來。

125 阿爾克美歐尼達伊族在古時便已是雅典的名門，而從阿爾克美昂㉖，還有美伽克列斯以來，他們的聲譽就更加提高了。原來，當克洛伊索斯派呂底亞人從撒爾迪斯來到戴爾波伊神託所的時候，美伽克列斯的兒子阿爾克美昂曾為他們盡了斡旋之勞，並且熱心地幫助了他們。因此，當克洛伊索斯從訪問神託所的呂底亞人那裏聽到阿爾克美昂對他的照顧的時候，便派人把阿爾克美昂請到撒爾迪斯來，在那裏送給他一筆禮物，即他個人可以一下子盡其所能地帶走的那樣多的黃金。既然給他這樣的一份禮物，阿爾克美昂便想了一個辦法並且按照這個辦法作了。他穿了一件肥大的衣服，衣服上縫了一個很深的袋子，他又穿上了他所能找到的一雙最肥的長統靴，這樣被領進了寶庫。在那裏，當他遇到了一堆金砂時，他首先就在他的

㉖阿爾克美昂的盛時是在五九〇年左右；克洛伊索斯的統治時期是從五六〇年到五四六年。

腿的四周把金砂盡可能多地塞滿了他的長統靴。然後，他又把他的衣服上的袋子裝滿了黃金，並且把金砂灑在他的頭髮上面，此外還把一些金砂放到嘴裏，直到他離開寶庫時，長統靴裏的金砂重得使他幾乎不能走路了。他簡直已經不像一個人的樣子了，因爲他鼓著嘴巴，而且全身也都膨脹起來了。當克洛伊索斯看到阿爾克美昂的時候不禁大笑起來，他不但把阿爾克美昂已經拿到的全部黃金送給他，並且給了他價值不比黃金少的其他東西。自此而後，他這一家成爲巨富，而阿爾克美昂便開始飼養四馬戰車的馬，從而在奧林匹亞比賽會上取得了勝利。

126 後來在下面的一代，希巨昂的僭主克莱司鐵涅斯㉗把這一家捧得更高，因此它在希臘也變得比先前更加有名了。因爲安德烈阿斯的兒子米隆，米隆的兒子的阿利司托尼莫斯、阿利司托尼莫斯的兒子克莱司鐵涅斯有一個女兒名字叫作阿伽莉司鐵，他想把她嫁給他在希臘所能物色到的一個最優秀的人物。因此，在當前舉行的奧林匹亞運動會上，他取得了四馬戰車比賽的優勝的時候，克莱司鐵涅斯便作了一個聲明，要任何一個自認爲夠得上作他的女婿的希臘人在從當時算起的第六十天或是更早的時候到希巨昂來；而克莱司鐵涅斯說，他將在希巨昂地方從第六十天起的一年之內決定下他的婚姻的諾言。於是所有對自身和他們的出身門第十分有信心的人們便都來向這個女孩子求婚了。克莱司鐵涅斯爲了選婿的目的，就爲他們建造了賽跑場和角力場以便進行比賽。

127 敍巴里斯人希波克拉鐵斯的兒子司敏杜里代斯從意大利來了，他是當代生活得最闊綽豪華的人物（而且敍巴里斯當時又正是處於全盛時代），還有被人稱爲智者的、昔利斯人阿米利斯的兒子達瑪索斯也

㉗希巨昂的克莱司鐵涅斯與阿爾克美昂是同時代人。

從意大利來了。以上是從意大利來的人。從伊奧尼亞灣來的則有埃披達姆諾斯人埃披司特洛波斯的兒子阿姆庇姆涅司托斯，從伊奧尼亞灣來的人只有這一個人。從埃托利亞來的是瑪列士，這個人是那個膂力冠絕整個希臘，但是卻因厭世而離開衆人隱遁到埃托利亞最邊遠的地帶去的那個提托爾莫斯的兄弟。從伯羅奔尼撒來的是阿爾哥斯僭主庇東的兒子列奧凱代斯，這個庇東曾經給伯羅奔尼撒人制訂了度量衡而且他是比任何其他希臘人都要驕橫的，就因爲他曾把埃里斯人的比賽審判官取消掉，而自行對奧林匹亞比賽會發號施命，現在來的是這個人的兒子。此外還有特拉佩佐斯出身的阿爾卡地亞人呂庫爾戈斯的兒子阿米安托斯；帕伊歐斯市出身的阿塞尼亞人埃烏波利昂的兒子拉帕涅斯；根據阿爾卡地亞的傳說，這個埃烏波利昂曾在家裏款待過狄奧司科洛伊，而從那時起便把大門對一切人打開了；還有埃里斯人阿伽依歐斯的兒子奧諾瑪司托斯。這些人都是從伯羅奔尼撒本地來的。從雅典來的是美伽克列斯，他的父親阿爾克美昂曾拜訪過克洛伊索斯；在他之外還有提桑德洛斯的兒子希波克里代斯，這個提桑德洛斯是雅典最富有，而且風采也最好的人物。從當時十分繁榮的埃列持里亞來的是呂撒尼亞斯，他是從埃烏波亞來的僅有一個人；從帖撒利亞來的是克蘭農地方司科帕達伊家的狄雅克托里戴斯；而從莫洛亞來的則是阿爾孔。

128 上面所列舉的就是向她求婚的人們。當他們在指定的日子到來的時候，克萊司鐵涅斯首先便詢問每一個人的籍貫和家世；然後他在一年裏都把這些人留在自己的身旁，體察他們的德行、氣質、教養和日常的行爲。他的體察的辦法是和他們個別的人，或是和他們全體交往，叫他們中間的比較年輕的人在體育上進行較量，特別注意在會餐時他們的一舉一動。原來當他和他們在一起的時候，他在任何方面都不放過對他們的照顧並且始終毫不吝惜地款待他們。但是，在求婚者當中最使他中意的卻是從雅典來的幾個人，而在這幾個人當中他認爲最好的又是提桑德洛斯的兒子希波克里代斯，這不僅是由於他的德行，而且由於就他的身世而論，他是屬於科林斯的庫普塞里達伊家的。

129 當指定舉行婚宴，和克萊司鐵涅斯宣布他要在所有的人當中選擇誰爲婿的日子到來時，克萊司鐵涅斯便舉行了一次百牛大祭並且宴請了求婚者們本人和整個希巨昂的人們。在宴會終了之後，求婚者們便相互比賽音樂並就某一題目相互進行辯論。當他們飲宴正酣之餘，遠出其他衆人之上的希波克里代斯命令吹笛者給他吹奏，而當吹笛者遵命演奏的時候，他就開始跳起舞來，而且他是跳得極其盡興的。但是克萊司鐵涅斯看到這一切的時候，卻對於全部事體產生了很大的疑慮。過了一會兒之後，希波克里代斯便命令人們帶一只桌子過來，而桌子搬來的時候，他首先就在桌子上面跳了拉科尼亞式的舞蹈，然後又跳了阿提卡式的舞蹈，最後，他又把頭頂在桌子上，用兩腿朝天表演各種花樣。這時克萊司鐵涅斯在看到希波克里代斯的第一次和第二次舞蹈時，他便由於這個人的舞蹈和無恥，再也不忍想到希波克里代斯竟是他的女婿了。然而他克制住了自己，而不願向希波克里代斯發洩自己的怒氣。而是當他看到希波克里代斯兩腿朝天表演花樣的時候，他就再也不能保持緘默而喊道：「提桑德洛斯的兒子啊，跳得好，你連你的婚事都跳跑了。」但是希波克里代斯卻回答說：「希波克里代斯根本不在乎！」

130 從那天起，這句話竟變成了一句諺語。於是克萊司鐵涅斯便命令他們大家靜下來，向所有在場的人們說：「向我的女兒求婚的諸位，我對於你們所有的人都是很爲滿意的。如果可能的話，我是會使你們每一個人都不失望的，既不選一個人出來認爲他比別的人好，也不輕視其餘的人。但是既然我只有一個女兒可供考慮，因而無法使你們全都滿意，對於你們中間在婚事上未能稱心的各位，我送給這些人每人一塔蘭特的白銀，用來感謝他之想娶得我家的女兒和他之離開自己的家而住到我這裏來。現在我依照雅典人的法律，把我的女兒阿伽莉司鐵許配給阿爾克美昂的兒子美伽克列斯。」於是美伽克列斯便接受了婚約，而克萊司鐵涅斯這樣便把這件婚事決定下來了。

131 以上便是選擇求婚者這件事情的經過。這樣，阿爾克美歐尼達伊家的名聲便在希臘宣揚開來了。由於這次的締婚而生下了給雅典人確立了部落制度和民主政治的那位克萊司鐵涅斯；他的這個名字是跟著他的那個希巨昂人，即他母親的父親取的。他和希波克拉鐵斯都是美伽克列斯的兒子；希波克拉鐵斯又是另一個美伽克列斯和另一個阿伽莉司鐵的父親。而這一個阿伽莉司鐵則是跟著克萊司鐵涅斯的女兒阿伽莉司鐵而取名的。她和阿里普隆的兒子克桑提波司結婚，而在懷孕時作了一個夢，夢裏自己生了一個獅子。幾天之後，她就給克桑提波司生了一個兒子伯里克利斯。

132 自從波斯人在馬拉松戰敗之後，在雅典本來就有聲望的米爾提亞戴斯的聲望就更加提高了。他向雅典人要求七十隻船，一支軍隊，還有金錢，但是不告訴他們他要率領他們去進攻哪一個國家，而只是說如果他們追隨他的話，他會使他們發財致富；因爲他要把他們帶到這樣一個國家去，他們可以很容易地從這個國家取得大量的黃金。當他要求船隻的時候，他就是這樣保證的。雅典人聽了這話深信不疑，就把船給他了。

133 米爾提亞戴斯率領著交給他的軍隊乘船到帕洛司去了，他的藉口是，帕洛司人在先前曾首先派遣三段橈船和波斯人一起來到馬拉松，因此要得到這樣的對待。這便是他的口實，然而他之所以怨恨帕洛司人，是因爲帕洛司人提細亞斯的兒子呂撒哥拉斯曾經在波斯人敍達爾涅斯面前講過他的壞話。米爾提亞戴斯到達了他航行的目的地之後，便率領著他的軍隊把帕洛司人趕進他們城裏去，並在那裏包圍了他們。他派了一名使者去向對方索取一百塔蘭特，他說如果他們不給他這筆錢的話，他的軍隊就一定要把他們的城市攻克才收兵。帕洛司人根本不考慮把錢給米爾提亞戴斯的事情，他們除了保衛他們的城市之外，不作其他打算。他們保衛城市的辦法是在夜裏把城牆最容易受到攻擊的部分加高一倍，此外還用了其他種種辦法。

134 全體希臘人都談到的事情，就到上述的地方爲止。再向下就是帕洛司人自己說的了。他們說，米爾提亞戴斯既然處於進退兩難的境地，一個名叫悌摩的帕洛司女奴隸曾和他談過話，她是冥界的女神們的副祭司。她到米爾提亞戴斯這裏來，勸他說如果他無論如何也要攻克帕洛司的話，那他就應當按照她的建議去作。在聽取了她的建議之後，他立刻便向著城前的小山挺進，而在他來到立法者戴美特爾的神殿而不能打開門的時候，他便跳過了圍牆；跳了進去以後，他便向神祠的地方走去，或者是想動那不許動的東西，或者是有什麼別的意圖。但是當他走到門前的時候，他立刻就感到極大的驚恐而循著原道返回了。在他從牆上跳下的時候，他扭傷了大腿，有的人又說他跌傷了膝頭。

135 因此米爾提亞戴斯便十分不光彩地回來了，他既沒有帶回財富，也沒有占領帕洛司；他把這座城圍攻了六十二天並且蹂躪了這個島。帕洛司人聽到冥界的女神們的副祭司悌摩曾經作過米爾提亞戴斯的嚮導，便想爲這件事懲罰她，而現在他們既然已經不再被圍，因而派使者到戴爾波伊去請示，他們應不應由於這個副祭司引導了敵人並向米爾提亞戴斯洩露了任何男人都不應知道的密儀從而使祖國陷於敵手而把她處以死刑。但是佩提亞卻禁止他們這樣作，她說犯錯誤的並不是悌摩，是米爾提亞戴斯命中注定要遭到凶死的命運，一個幻影曾引導他遇到了這些不吉利的事情。

136 佩提亞對帕洛司人的宣託有如上述。另一方面，當米爾提亞戴斯從帕洛司回來的時候，雅典這裏有許多人攻擊他，克桑提波司的兒子阿里普隆在人民大會的面前彈劾他，要求把他處死，因爲他欺騙了雅典人。米爾提亞戴斯到了會，但是他不能給他自己辯護（因爲他的大腿那時已經開始腐爛了）。不過在出席法庭時他卻躺在床上，他的朋友們替他辯護，他們一直在提到馬拉松戰役，提到列姆諾斯的征服：米爾提亞戴斯怎樣懲罰了佩拉司吉人，怎樣攻取了列姆諾斯之後把它交給雅典人。人民贊成不判他的死刑，但是他們由於他的錯誤而判處了他五十塔蘭特的罰金。不久米爾提亞戴斯便由於大腿的壞疽和腐爛而死去了，他的兒子奇蒙付出了五十塔蘭特的罰金。

137 奇蒙的兒子米爾提亞戴斯占領列姆諾斯的經過是這樣。佩拉司吉人被雅典人趕出了阿提卡㉘，這件事作得正當還是不正當我不能發表任何意見，我只能把人們傳說的記述下來。不過海該桑德羅斯的兒子海卡泰歐斯在他的歷史中卻宣布說這一行動是不正當的。原來，海卡泰歐斯說，當雅典人看到敍美托斯山山下的土地的時候，當雅典人看到這以前荒瘠而又毫無價值的土地由於經過耕耘而變得十分肥美的時候，他們就起了羨慕之心而想取得這塊地方，因此便不用什麼其他口實就把佩拉司吉人趕出去了。這塊地方起初是爲了報償佩拉司吉人先前在衛城四周修築城牆的勞動而送給佩拉司吉人居住的。但是雅典人自己卻說，他們驅逐佩拉司吉人的理由是正當的。他們說，佩拉司吉人以他們在敍美托斯山下的居住地爲據點向外進擊，他們曾經這樣地對雅典人作了不正當的事情。在那個時候，不拘是雅典人還是希臘任何其他居民還都沒有奴僕，而他們的子女是經常要到恩涅阿克路諾斯泉㉙（意爲九泉——譯者）去打水的。而每當他們來的時候，佩拉司吉人便出於橫傲與輕侮的想法而虐待他們。然而他們還不滿足於這樣作，他們終於竟被發現是在準備進攻雅典。雅典人表現出他們自己是比佩拉司吉人要公正得多的人，因爲在發現對方的陰謀

㉘根據傳說，在特洛伊戰爭之後大約六十年，由於貝奧提亞人的遷徙，佩拉司吉人被趕入了阿提卡。

㉙在雅典東南，伊利索司附近。

時，他們本來是可以把佩拉司吉人殺死的，但是他們不願意這樣作，而只是命令他們離開那個地方。於是佩拉司吉人便離開了，他們在其他的地方之外還占領了列姆諾斯。這是雅典人的說法，而前者則是海卡泰歐斯的說法。

138 這些佩拉司吉人當時住在列姆諾斯，想對雅典人進行報復，又熟悉雅典的各個祭典的日期，於是他們搞到了一些五十橈船，而當雅典的婦女們在布勞隆慶祝阿爾鐵米司祭典時就設伏等著她們。他們擄去了許多婦女，他們把她們安置在船上帶到列姆諾斯去，使她們作自己的侍妾。而既然這些婦女生了越來越多的孩子，她們就教她們的孩子阿提卡語和雅典人的風俗習慣。這些孩子不願意和佩拉司吉婦女生的兒子們交往。如果他們當中有一個人挨了佩拉司吉婦女所生的孩子當中的一個人的打的時候，他們便一致來幫助他並且相互幫助。而且雅典婦女生的孩子甚至認爲應該統治另一類的孩子，而且比另一類的孩子是要強得多的。當佩拉司吉人看到了這一點時，他們便進行了商議。在他們商議的時候，想到如果這些孩子決心相互幫助以對抗正妻的兒子們並且還立刻便試圖統治後者，則等他們長大成人的時候，這些孩子會作出什麼事情來時，這一點實在是使佩拉司吉人十分擔心的。因此佩拉司吉人便認爲最好是把阿提卡婦女生的兒子殺死；他們這樣作了，而且把這些男孩子的母親也給殺死了。由於這件事情以及婦女們先前幹的一件事情，即她們殺死了她們那與托阿斯㉚在一起的丈夫，在整個希臘，人們通常便把任何一件殘酷的行爲稱之

㉚列姆諾斯的婦女們因怠於阿普洛狄鐵的祭祀而受到咒詛，結果身上發出惡臭；列姆諾斯人於是娶了色雷斯的婦女爲妻。但列姆諾斯的婦女們卻合謀殺死了自己的丈夫和父親。只有國王托阿斯由於被女兒叙普希披列藏了起來而倖免一死，但不久他即被發現，結果還是被殺死了。他的女兒也被賣爲奴隸。

爲「列姆諾斯人的勾當」。

139 但是當佩拉司吉人殺死了他們自己的兒子和那些婦女的時候，他們的土地便不再生長果實，他們的妻子和他們的家畜也不像先前那樣的生育了。在飢饉和無子的困迫之下，他們派人到戴爾波伊去請示擺脫目前災禍的辦法。於是佩提亞便命令他們向雅典人賠償雅典人自己所規定的任何賠償物。於是佩拉司吉人到雅典來，因自己的全部罪行而向雅典人建議賠償。雅典人在他們的市會堂裏放置了一張裝璜得盡可能富麗堂皇的寢床，旁邊還有一張上面滿放著所有各種各樣財寶的桌子，然後告訴佩拉司吉人，要他們像這個樣子地把國土交給雅典人。佩拉司吉人回答說：「當一隻船藉北風之助在一日之內能夠從你們的國家到我們的國家的時候，我們就把它呈獻給你們。」他們講這樣的話，是因爲他們深信這樣的事情是不可能實現的。因爲阿提卡是遠在列姆諾斯的南方的。

140 當時的事情就只有這些了。但是在很多很多年之後，當海列斯彭特的凱爾索涅索斯屈服於雅典的時候，奇蒙的兒子米爾提亞戴斯，藉著當時不斷刮著的埃鐵西阿伊風㉛的幫助，乘著一艘船完成了從凱爾索涅索斯的埃萊歐斯到列姆諾斯的航程。而在實現了這一點以後，他便向佩拉司吉人聲明，要他們記起他們認爲永遠不會實現的神託的話而離開他們的島。於是海帕依司提亞人便按照他的話作了。但是米利納人卻不承認凱爾索涅索斯是阿提卡的領土，而繼續抗拒圍攻，但結果他們也屈服了。這樣，米爾提亞戴斯和雅典人便占領了列姆諾斯。

㉛一種在七月、八月和九月刮的東北季節風。

第七卷

1當敍司塔司佩斯的兒子大流士聽到了馬拉松之役的戰報的時候，因雅典人攻擊撒爾迪斯而對雅典人非常氣憤的大流士就更加憤怒，因此他也便更加想派一支軍隊去攻打希臘了。他於是立刻派遣使者到一切城市，命令它們裝備一支軍隊，要它們每一個城市提供遠比以前爲多的船隻、馬匹、糧餉和運輸船。由於這些通告，亞細亞忙亂了整整三年①，精壯的人們都給徵入了討伐希臘的軍隊並且爲這件事作了準備。在第四個年頭，剛比西斯所征服的埃及人叛離了波斯人；因而大流士便更加想對二者都加以討伐了。

2但是，當大流士準備討伐埃及和雅典的時候，在他的兒子們中間發生了一場奪取國家主權的巨大紛爭。原來他的兒子們認爲，他必須按照波斯人的法律，在率軍出發之前，宣布他的王位的一位繼承者。大流士在他成爲國王之前，在他和他的第一個妻子即戈布里亞斯的女兒之間生了三個兒子；在他成爲國王之後，在他和居魯士的女兒阿托撒之間又生了四個兒子。在前妻生的兒子們當中，最年長的是阿爾托巴札涅司；後妻生的兒子們當中，最年長的是克謝爾克謝斯；由於他們是異母兄弟，因此處於敵對的地位。阿爾托巴札涅司的論據是，他是大流士的全部子女當中最年長的，而不拘什麼地方的風俗都是最年長的繼承王位，但克謝爾克謝斯則認爲他乃是居魯士的女兒阿托撒的兒子，而使波斯人獲得自由的正是居魯士。

3當大流士在這件事上猶豫未決的時候，正好這時阿里司通的兒子戴瑪拉托斯來到了蘇撒，他是在斯巴達被褫奪了王位之後，自願從拉凱戴孟被流放出來的。據傳說，當這個人聽到大流士的兒子們之間的紛爭的時候，他就到克謝爾克謝斯那裏去勸告克謝爾克謝斯在自己的理由之外再加上一項論據，這就是，他是在大流士已經爲成波斯的國王和統統治者之後才生的。但是當阿爾托巴札涅司生的時候，大流士卻還是一介平民。因此克謝爾克謝斯便應當說，任何在他之外的人如果取得繼承王位的特權那都是既不合理又不正當的；因爲根據戴瑪拉托斯的建議，縱使在斯巴達也向來有這樣的習慣，即如果在父親成爲國王前生了兒子而在父親成了國王之後又生了一個兒子，則王位應當落到後生的兒子的身上。克謝爾克謝斯按照戴瑪拉托斯的意見去作了，大流士認爲他的論據是正當的，因此宣布他爲國王。但是我以爲即使沒有這個建議，克謝爾克謝斯仍會成爲國王；因爲阿托撒握有絕對的權力。

4 大流士在宣布克謝爾克謝斯爲國王之後，就準備走上征途了。但是在這之後的第二年，也就是埃及叛變的第二年，正當他進行準備的時候，他死了；他一共統治了三十六年②。他既未能懲辦叛亂的埃及人，也未能懲辦雅典人。大流士既死，王位便轉到他的兒子克謝爾克謝斯的身上去了。

5 原來克謝爾克謝斯在一開頭的時候根本就無意於討伐希臘，不過他卻糾合軍隊準備征服埃及。但是大流士的姊妹的兒子、克謝爾克謝斯的表兄弟、戈布里亞斯的兒子瑪爾多紐斯是和國王接近的人，而在宮內的波斯人當中對克謝爾克謝斯有最大的影響，他是一直這樣主張的：「主公，在雅典人對波斯人作了這樣多的壞事之後卻絲毫不受到懲罰，那是不妥當的。而我的主張是，目前你作你正在著手作的事情，而當

---

①四八九至四八七年。

②五二一至四八五年。

你把橫傲不遜的埃及征服以後，你再率領著你的軍隊去討伐雅典，以便使你能夠在衆人中間贏得令名，同時人們也就會懂得，侵犯你的領土的人，會落得什麼樣的下場。」他的這個論據，是以報復爲目的的，但是他不經心地又加上了一個理由，即歐羅巴是一個非常美麗的地方，它生產人們栽培過的一切種類的樹木，它是一塊極其肥沃的土地，而在人類當中，除去國王，誰也不配占有它的。

6 他這樣講，是因爲他想進行冒險活動，而他自己想擔任希臘的太守。他終於達到了他的目的而說服了克謝爾克謝斯按照他的意見去作了；因爲還有其他的事情加在一起也幫助了他贏得克謝爾克謝斯的同意。首先，從帖撒利亞的阿律阿達伊家（這個阿律阿達伊家是帖撒利亞的王族）派來了使者，他們十分誠懇地邀請國王到希臘去。其次，佩西司特拉提達伊家的人們來到了蘇撒，他們也提出了同樣的主張，他們的理由和阿律阿達伊家的理由一樣，而此外答應給克謝爾克謝斯的東西甚至比阿律阿達伊家答應的還要多。和他們同來有一個雅典的占卜師即穆賽歐斯神託的收集整理者奧諾瑪克利托斯；佩西司特拉提達伊家曾和這個人有舊怨，但是在來此之前他們之間的糾紛已經得到了和解。原來奧諾瑪克利托斯曾被佩西司特拉托斯的兒子希帕爾科斯驅出雅典，因爲他曾在穆賽歐斯的神託中間插進了一段神託，說列姆諾斯附近海上的諸島將要沈沒到海裏去，但是這個行爲被赫爾米昂涅人拉索司③看破了。因此希帕爾科斯驅逐了他，雖然在這之前他們是很要好的朋友。但現在他和佩西司特拉提達伊家的人們一同來到蘇撒了；而每當他謁見國王的時候，佩西司特拉提達伊家的人們總是爲他吹噓一番，而他本人也就背誦一些他所知道的神託；所有那些預言波斯人的災難的神託他都避而不談，而只是選誦那些對異邦人最有利的神託，如談到海列斯

---

③詩人兼樂師，又是品達洛司的教師。

彭特時，就說它怎樣必須由一個波斯人來架橋，此外也談到了進軍的情況。克謝爾克謝斯這樣便糾纏到奧諾瑪克利托斯的神託以及佩西司特拉提達伊家和阿律阿達伊家的意見裏面去了。

7克謝爾克謝斯被說服派遣一支大軍去討伐希臘之後，就在大流士死後的第二年，向背叛者進軍了。他征服了埃及人並使埃及人受到比在大流士的時代要苦得多的奴役；他把埃及的統治權交給了大流士的兒子、他的親兄弟阿凱美涅斯。但是後來④在阿凱美涅斯擔任埃及太守的時候，他卻被一個利比亞人、普撒美提科斯的兒子伊納羅司殺死了。

8征服埃及之後，克謝爾克謝斯現在又打算著手準備出征雅典了，於是他便召集波斯的第一流人物前來會商，召開這一會議的目的是他可以聽取這些人的意見，同時他自己又可以當著他們的全體宣布他自己的看法。當這些人都集合到一起的時候，克謝爾克謝斯就對他們說：

（α）「波斯人！並不是從我這裏開始第一個採用和在你們中間制訂新法律，我不過是把它從父祖那裏繼承下來並加以恪守罷了。我從我們的年長人那裏聽說，自從居魯士廢黜阿司杜阿該斯，而我們從美地亞人手中贏得霸權以來，我們就從來沒有過安定的日子。但這乃是上天的意旨。而我們經歷的許多事情，其結果是給我們帶來了好處。現在居魯士和剛比西斯和父王大流士所曾征服從而加到我的國土上面來的那些民族，那是沒有必要再列舉給你們了；這一切是你們知道得非常清楚的。但是從我個人這一方面來說，自從我登上王位以來，我就在想我怎樣才能在這一光榮的地位上面不致落在先人的後面，怎樣才能為波斯人取得不比他們更差的威力；而在我深思熟慮之後就覺得，我們不僅可以贏得聲名，而且可以得到一塊在

④在四六〇年，參見第三卷第十五節。

質和量方面都不次於我們的土地，這塊土地比我們現有的土地還要肥沃；這樣我們既滿足了自己的需要，又達到了報復的目的。

（β）我就是爲了這個原因才把你們大家召集起來，爲的是我可以向你們披瀝我個人的看法。我打算在海列斯彭特架一座橋，然後率領我的軍隊通過歐羅巴到希臘去，以便懲罰曾對波斯人和我的父王犯下了罪行的雅典人。你們已經看到，父王大流士是曾想討伐這些人的。但是他死了，他已經無法來親自懲罰他們了；而我却要爲他和全體波斯人報仇，不把雅典攻克和燒毀決不罷休，以懲罰雅典人對父王和對我本人無端犯下的罪行。首先，他們和我們的奴隸米利都人阿里司塔哥拉斯來到撒爾迪斯，焚燒了那裏的聖林和神殿；其次，當我們的由達提斯和阿爾塔普列涅斯率領的軍隊登上他們的海岸時，他們是怎樣地對待我們，我想這是你們大家全都淸楚的。

（γ）由於這樣的一些原因，因此我決定派一支軍隊去討伐他們，而在我考慮之後，我認爲我們將會因此得到不少的好處。如果我們征服了那些人和他們的鄰居，即居住在佩洛普司地方的普里吉亞人，我們就將會使波斯的領土和蒼天相接了，因爲，如果我得到你們的助力把整個歐羅巴的土地征服，把所有的土地併入一個國家，則太陽所照到的土地便沒有一處是在我國的疆界以外了。因爲，我聽說將沒有一座人間的城市、人間的民族能和我們相對抗，如果我所提到的那些人一旦被我們鏟除掉的話。這樣，則那些對我們犯了罪的和沒有犯罪的人就同樣不能逃脫我們加到他們身上的奴役了。

（δ）從你們的那一方面來說，這就是你們使我最稱心滿意的事情；當我宣布要你們前來的期限時，你們每一個人必須立刻前來，不許有勉強的情緒。凡是率領著擁有最優良的裝備的軍隊前來的人，我將要贈給他在國內被認爲是最尊榮的禮品。上述的事必須作到。但是你們誰也不要認爲這是我擅自決定的，我把這事向你們大家提出，有意見的人我是希望他能夠講出來的。」克謝爾克謝斯說完了這一番話之後，便沈默不語了。

9 在他之後發言的是瑪爾多紐斯，他說：「主公，你在過去和未來的一切波斯人當中都是最傑出的人物；因爲對於其他一切事情，你都是說得既精彩又眞實的，此外，你還不能容許住在歐羅巴的伊奧尼亞人來嘲笑我們，因爲他們這樣作是非分的。我們先前征服和奴役了撒卡依人、印度人、埃西歐匹亞人、亞述人以及其他許多偉大民族，並不是因爲這些民族對我們作了壞事，而只是因爲我們想擴大自己的威勢；可是現在希臘人無端先對我們犯下了罪行，而我們卻不向他們報復，那誠然是一件奇怪的事情了。（α）有什麼使我們一定要怕他們呢？他們有強大的軍隊或是充足的財力使我們害怕嗎？我們知道他們的作戰方法，知道他們的實力是不足道的。我們曾經征服和拘留他們的子弟，就是住在我國並被稱爲伊奧尼亞人、愛奧里斯人和多里斯人的那些人。先前由於你父親的命令，我曾經討伐過這些人，因此那時我自己跟他們較量過；我一直進擊到馬其頓並幾乎到達雅典，但是沒有一個人出來應戰。（β）我聽說，希臘人由於自己的頑固和愚蠢，他們在作戰時是胡來一通的。當他們相互宣戰的時候，他們是來到他們所能找到的最好的和最平坦的地方在那裏作戰，因此結果勝利者在戰鬥結束時也同樣會遭到巨大的損失，而戰敗者，那就更不消說，他們全部被殲滅了。既然他們使用相同的語言，他們本應當通過傳令人和使者來結束他們之間的糾紛，應當用戰爭以外的任何其他辦法來結束糾紛。縱然他們無論如何必須作戰的時候，他們也應當各自去尋找他們的最難於受到攻擊的地點，然後在那裏再一決勝負。因此希臘人的辦法並不是一個好辦法；而當我進軍直到馬其頓的時候，他們還都不想作戰。（γ）國王啊，當你率領著全亞細亞的大軍和你的全部戰船出征的時候，誰能對你作戰呢？在我個人看來，希臘人是不會有那樣大的膽量來作戰的。但如果時間證明我的判斷錯誤而他們蠻性發作，竟然和我們作戰的話，那我們就會教訓他們，要他們知道我們原來是世界上最優秀的戰士。總之，不拘會發生什麼事情，我們也不要退縮罷。因爲任何事物都不會是自行產生出來的，而人間的一切事物都是經過多次的嘗試才得到的。」

10 瑪爾多紐斯結束了自己的發言，這樣他就把克謝爾克謝斯的意見說得更加動聽了。其他的波斯人保持了緘默，不敢發表與已經提出的意見相反的任何看法，隨後敍司塔司佩斯的兒子阿爾塔巴諾斯發言了，他是國王的叔父，因而他正是仰仗著這個身分才敢發言的。他說：

（α）「哦，國王，如果大家不發表相互反對的意見，那就不可能選擇較好的意見，而是必須遵從已發表出來的意見；但是，如果有反對的意見，那就能夠選擇較好的意見了。甚至黃金的成色單從它本身都不能加以鑒別，但是黃金和黃金如果都在試金石上磨擦，那我們便可以把成色較好的黃金鑒別出來。我曾經諫阻我的哥哥、你的父親大流士率軍去攻打在本國的任何地方都沒有住人的城市的斯奇提亞人。但是他一心想征服游牧的斯奇提亞人而不願意聽我的話。他率領了他的軍隊出征，而從出征回來的時候，卻喪失了他的軍隊中的許多勇武之士。哦，國王，你現在是正在打算率領你的軍隊去攻打遠比斯奇提亞人爲優秀的人們，這些人據說在海陸兩方面都是極其勇敢的人物。因此我是應當向你指出你這次出征的危險性的。

（β）你說你要在海列斯彭特地方架橋，然後率軍通過歐羅巴向希臘進發。但是，我以爲事情的結果可能你或是在陸上，或是在海上，甚或同時在陸上和海上被戰敗。據說他們都是勇武的人物，而我們很可能預料會有這樣的事情發生，因爲隨達提斯和阿爾塔普列涅斯到阿提卡去的這樣一支大軍都被雅典人獨力殲滅了。可是我們還可以假定他們在海上和陸上沒有得到成功；但如果他們用他們的艦船進攻並在海戰中得到勝利的話，那他們就會乘船來到海列斯彭特，隨後更把你的橋樑毀掉。哦，國王，這時你可就是一件非常危險的事情了。

（γ）我所以這樣推測決不是出於我一個人的智慧。這是因爲我記起了過去我們幾乎遇到的一次大災難；在當時，你的父親登上色雷斯的博斯波魯斯的海岸並在伊斯特河河上架橋之後，便渡過去向斯奇提亞人進攻。那斯奇提亞人卻使用了一切辦法請求受命守衛伊斯特河河上的橋的伊奧尼亞人把這個通路摧毀；而在當時，如果米利都的僭主希司提埃伊歐斯同意了其他僭主的意見而不加反對的話，波斯的兵力就要全部垮台了。而且在人們聽到說，國王全軍的命運完全掌握在僅僅是一個人的手裏的時候，那甚至可說是一件令人心悸的事情了。

（δ）在絲毫沒有這個必要的時候，你還是不要作冒任何這樣危險的打算，而是聽從我的勸告吧。現在你先把這個集會解散；隨後，在你自己先把這件事考慮好以後，什麼時候你願意，你都可以宣布你認爲是最有利的辦法。因爲在我看來，一個經過深思熟慮的計劃乃是最有利的。因爲縱然這個計劃後來失敗了，它仍然不能說是考慮得不好，而只不過是由於運氣不好才失敗罷了。可是一個考慮得不好的計劃，卻由於運氣好而得以成功，這也不過是他的機遇湊巧罷了，他的計劃仍然是考慮得不好的。

（ε）你已經看到，神怎樣用雷霆打擊那些比一般動物要高大的動物，也不許它們作威作福，可是那些小東西卻不會使他發怒。而且你還會看到，他的雷箭怎樣總是投擲到最高的建築物和樹木上去；因爲不容許過分高大的東西存在，這乃是上天的意旨。因此，一支人數衆多的大軍卻會毀在一支人數較少的軍隊的手裏，因爲神由於嫉妒心而在他們中間散布恐慌情緒或是把雷霆打下來，結果，他們就毫不値得地毀掉了。原來神除了他自己之外，是不容許任何人妄自尊大的。

（ζ）而且，任何事情如果著急的話，那總是要失敗的；而失敗又常常會引起嚴重的損害。可是待機行事卻是有利的；這利益在目前雖然還看不出來，但到一定的時候它是會顯示出來的。

（η）國王啊，這就是我對你的勸告。可是，戈布里亞斯的兒子瑪爾多紐斯，我看你還是不要再胡說關於希臘人的事情了，他們是決不應受到誹謗的。正是由於你誹謗了希臘人，這才嗾使國王進行了這次出征的。而且我以爲，你在那裏拚命張羅，其目的也不外就是這一點了。我看不一定會像你想的那樣罷！誹謗是一件極壞的事情。因爲在誹謗當中，關係到兩個人；一個是作壞事的人，一個是受害的人。進行誹謗的人，在別人不在的時候說他的壞話，這樣便傷害了別人，而在知道全部眞相之前便完全相信對方的話的那個人，也同樣是作了不正當的事情。而由於不在場因而並沒有聽到別人說到他的話的那個人就受到了雙重的損害，因爲一個人誹謗他，而另一個人又把他看成了壞人。

（θ）然而，如果無論如何也要派一支軍隊去討伐希臘人的話，那麼可以這樣作。讓國王本人留在波斯人居住的土地上，並讓我們兩個人用我們的孩子來打賭。然後，隨便你選拔怎樣的人，隨便你要多麼大的一支軍隊，你就率領著他們出發；如果事情像你所說的那樣，結果對國王有利，那你就把我的兒子殺死，連我也和他們一道殺死。如果結果和我所預言的相同，那你的兒子也這樣處理，如果你回來的話，你也不例外。但如果你自己不願意這樣作，又想無論如何也要率軍渡海遠征希臘的話，那我深信留在這裏的人將會聽到，瑪爾多紐斯在給波斯人帶來了巨大的災難之後，將會在雅典的土地上，或是在拉凱戴孟的土地上，說不定也許是在到那裏去的道路上，被狗和鳥撕得粉碎。這樣你就知道你想說服國王去進攻的那些人是怎樣的一些人了。」

11 以上就是阿爾塔巴諾斯所說的話，但是克謝爾克謝斯忿怒地回答說：「阿爾塔巴諾斯，虧了你是我父親的兄弟；否則你將會因你的這些蠢話而受到應得的懲罰。可是，對於你這種怯懦的、沒有骨氣的表現，我要使你受到這樣的恥辱，那就是，不許你隨著我和我的軍隊去征討希臘，而是和婦女們一道留在這裏。而我自己沒有你的幫助，仍然會完成我方才所說的一切的。因為，假如我不向雅典人親自進行報復，那我就不是阿凱美涅斯的兒子、鐵伊司佩斯的兒子、剛比西斯的兒子、居魯士的兒子、鐵伊司佩斯的兒子、阿里阿拉姆涅斯的兒子、阿爾撒美斯的兒子、敍司塔司佩斯的兒子、大流士的兒子了。我知道的很清楚，如果我們安安靜靜地待在這裏，則他們不僅僅是不會善罷干休，而且肯定是會向我們的國土發動進攻的，假如我們可以從他們已經作出來的事情來推斷的話，因為他們不但把撒爾迪斯燒掉，而且進兵亞細亞了。因此，不管從兩方面的哪一方面來講，撤退都是不可能的，當前我們所能作的只能是在主動地去進攻和被動地等著挨打這兩種情況中間選擇一個：或是把我們的一切歸希臘人統治，或是把希臘人的一切歸我們統治。在我們的爭論裏，折衷的道路是沒有的。因此，我們的榮譽感要求我們應當報復我們身受的一切災害。這樣我當然也就可以領教一下，在我征討這些希臘人的時候，我會遇到什麼樣子的危險；甚至我的祖先的奴隸普里吉亞人佩洛普司都曾經徹底敉平過這些希臘人，而且直到今天，人們還是用他們的征服者的名字來稱呼他們和他們的國土的。」

12 他的話就說到上面的地方為止了。跟著就到了夜裏；這時克謝爾克謝斯卻因阿爾塔巴諾斯的意見而深感不安了。他在夜裏反覆加以考慮，這樣便清楚地看到，派一支大軍去征討希臘對他未必是有利的。在他作了這第二個決定以後，他就睡著了；但是，根據波斯人的傳說，就是在那一夜裏，好像他作了這樣一個夢。克謝爾克謝斯夢見一個姿容秀麗、體格高大的男子站在他的身旁，對他說：「哦，波斯人，在你宣告糾合你的波斯大軍之後，現在你卻又改變主意，不去率軍征討希臘了嗎？你改變自己的主意是不相宜的，也不會有任何一個人同意你這樣作的。我看你還是按照你白天的決定去作罷。」夢中人這樣說了之後，克謝爾克謝斯就看他彷彿是飛去了。

13 當天亮的時候，國王根本不去理會他夜裏的夢，而是把他先前召集到一起的那些波斯人重新召集來，這樣對他們說：「波斯人啊，請你們原諒我突然改變自己的主意罷，因爲我在考慮問題的時候還未能充分發揮自己的智慧，而那些勸我作我前面所提到的那件事的，又是一直沒有離開我的身邊的人們。在我聽到阿爾塔巴諾斯的意見的時候，由於我這年輕人血氣方剛，那時我誠然是立即發起火來，乃至我講出了對年長者不應該講的和鹵莽無禮的言詞。不過現在我認識了我的過錯，我願意採納他的意見。因此你們要知道，我已改變了先前我想去征討希臘的意思，請你們安安靜靜地待著罷。」波斯人聽了這話不勝歡喜，他們向他禮拜致意了。

14 但是到夜裏克謝爾克謝斯睡著的時候，那個夢中人又站到了他的身旁，向他說：「大流士的兒子啊，你已經在波斯人面前公然打消了你那征討希臘的意圖了。你絲毫不把我的話放到心上，就好像你從來沒有聽到這話似的。現在我就確確實實地告訴你，如果你不立刻率軍出征，你就會招致這樣的後果：在短期間你雖然變得強大，可是很快地你就又會衰微下去了。」

15 克謝爾克謝斯作了這個夢之後心中大爲驚恐，他從床上跳了下來，立刻派一名使者到阿爾塔巴諾斯那裏去請他；阿爾塔巴諾斯到來之後，克謝爾克謝斯就向阿爾塔巴諾斯說：「阿爾塔巴諾斯，曾有一個時候我是非常愚蠢的，我竟用愚蠢的言詞回答了你的有益的忠告。可是我很快地就後悔起來並認識到我是應當採納你的意見的。雖然我願意這樣作，但我仍然不能這樣作。因爲自從我改變了自己的決定和後悔自己的錯誤以來，我就總是夢見一個人，他無論如何不同意我按照你的建議去作，而現在他就是剛剛在恐嚇了我以後離開的。因此，如果這個夢中人是神派來的，則我們出征希臘這件事情，就正是神十分歡喜要我們作的事情了，而且如果是這樣的話，你也會作同樣的夢，而夢中人也會向你發出同樣命令的。而我相信，如果你把我的全套衣服穿起來，然後坐在我的王位上，跟著再到我的床上去睡，這樣你是很可能遇到同樣的事情的。」

16 克謝爾克謝斯向他說了上面的話；但是阿爾塔巴諾斯起初不願意服從克謝爾克謝斯的命令，因為他認為他是不配坐在王位上面的；但由於克謝爾克謝斯一定強迫他這樣作，他終於照著克謝爾克謝斯吩咐的作了；不過在這之前，他講了這樣的話：

（α）「主公，根據我個人的判斷，能想出好辦法的人和願意聽從別人提出的好辦法的人，他們的價值是相同的。雖然你具有這兩種優良的品質，可是和壞人的交往卻成了你的持身之累。這就和海洋一樣，人們常說它在萬物當中本來對人是最有用處的，然而向海上襲來的烈風卻使它無法順從它自己固有的本性。至於我本人，則使我感到痛心的與其說是你的粗言暴語，勿寧說是下面的一種情況，即當著兩種意見擺在波斯人的面前，一種意見是想助長他們的傲慢情緒，而另一種意見是克服他們的這種傲慢情緒，並向他們指明，教給人的心靈在它已有的東西之外，總是不斷貪求更多的東西，這是一件多麼壞的事情的時候，在這兩個意見當中，你卻選擇了對你本人以及對波斯人最危險的一個意見。

（β）因此，你現在既然改變主意，選擇了比較賢明的決定，你卻說當你願意放棄征討希臘的想法的時候，有某一位神派來的夢中人屢次來到你這裏，不許你放棄這次的出征。可是我的孩子，這樣的事情決不會是上天的意旨。在人們的夢裏跑來跑去的幻影是什麼樣的一種東西呢，讓我這個年紀比你要大得多的人教給你罷。夢裏游蕩在人們身邊的那些夢中人，大多數就是人們在白天所想的那些東西；而近日裏，我們便一直是拼命忙著這次出征的。

（γ）雖然如此，如果這件事不是像我所判斷的那樣，而是在其中有什麼神意的話，則事情的最後處理辦法仍然應由你自己來決定。就讓這個夢中人和對你一樣地向我顯現並發出命令來罷。但如果這個夢中人眞正有意出現的話，則我看倒不一定要脫下我的衣服而把你的衣服換上，也不一定要不睡在我自己的床上而睡在你的床上。不拘你在夢裏所看到的是什麼東西，我想他在看到我的時候，他肯定決不會愚蠢到因爲他看到你的衣服便會把我認成是你。現在我們就來看一看，他是不是不把我放到眼裏，是不是不屑於經常在夢中向我顯示，不管我是穿著你的還是穿著我自己的衣服。如果它眞地接連不斷地在你的夢裏出現，那我自己也不得不承認他乃是奉神的意旨前來的了。但如果你決定事情必須這樣作，而且是無可迴避，那我就非得在你的床上睡一睡不可了。我就這樣作罷；而在我睡到你床上的時候，讓那個夢中人也來向我顯示吧。不過在他向我顯示之前，我還是要堅持我目前的意見的。」

17 阿爾塔巴諾斯這樣說了之後，便按照所吩咐的作了，他所指望的是要證明克謝爾克謝斯對他講的話原是不値一提的。他穿上了克謝爾克謝斯的衣服並坐到國王的寶座上。隨後，當他躺下熟睡的時候，那個常常到克謝爾克謝斯夢裏來的夢中人，便來到了阿爾塔巴諾斯的面前，向他說：「你是不是想勸說克謝爾克謝斯不去征討希臘，而打算用這樣的辦法來照顧他那個人？可是，你這種力圖扭轉命運注定的事情的作法，使你不拘是在今後，還是在目前，都是不能逃避上天的懲罰的。我也已經向克謝爾克謝斯本人宣布，如果他不從命的話，他會落到怎樣的下場。」

18 阿爾塔巴諾斯感覺到，夢中人在說了這樣的威嚇的話之後，好像是要用灼熱的鐵把他的眼睛燒出來似的，於是他大叫一聲便從床上跳了起來，隨後就坐在克謝爾克謝斯的身旁，把他在夢裏所看到的一切原

本本地告訴了克謝爾克謝斯，跟著他說：「哦，國王啊，像我這樣一個在一輩子裏看到許多強大的力量被比較弱小的力量所打倒的人，是不願意要你完全逞自己的血氣之勇的。我知道貪得無饜是一件多麼不好的事情，因爲我沒有忘記了居魯士征討瑪撒該塔伊人和剛比西斯征討埃西歐匹亞人的結果，而且我自己還親自追隨著大流士去征討過斯奇提亞人。既然知道這一點，故而我的看法就是，你最好是安安靜靜地過活，這樣世人就會認爲你是最幸福的了。不過，既然天意非如此不可，而看來諸神又注定了希臘的毀滅，那我自己也就改變初衷並更正我自己的看法了；現在你把上天的意旨向波斯人宣布，命令他們服從你最初所下的、進行相應準備的命令。既然是神允許你這樣作的，則在你的這一方面就得把一切準備齊全了。」在這次談話之後，他們兩人便都因夢中人的話而得到了勇氣，因此到天亮的時候，克謝爾克謝斯便把這件事通告波斯人，而阿爾塔巴諾斯現在也公然贊同先前只有他一個人公開反對的那種作法了。

19 在這之後，克謝爾克謝斯現在既然已有了出征的打算，就在睡著時作了第三個夢。而當瑪哥斯僧們聽到這個夢的時候，便解釋說這是指著全世界而言，並表示全人類都要成爲他的奴隸。他作的是這樣一個夢：克謝爾克謝斯以爲他戴上了一頂橄欖枝的王冠，王冠的嫩枝蔓延開來，遮覆了整個大地，但不久之後他的這頂王冠便從他頭上消失了。瑪哥斯僧就是這樣來圓夢的。而後，集合起來的波斯人等，便各自立刻返回自己的管地，萬分熱心地執行克謝爾克謝斯的命令，因爲他們每一個人都想得到懸賞的贈物。這樣，克謝爾克謝斯便從大陸的每一個地方搜集人力，把他的大軍糾合起來了。

20 在平定埃及以來的整整四年中間⑤，他一直在整頓大軍，並準備出征所必需的一切；而在第五年

---

⑤四八四至四八一年。

裏，他便率領著一支大軍踏上了征途。在我們所知道的遠征軍當中，這支遠征軍斷乎是最大的一支，以致過去的任何一支遠征軍都無法和它相比，大流士遠征斯奇提亞人的軍隊也好，追擊奇姆美利亞人時突入美地亞⑥並征服和統治了上亞細亞的幾乎全部土地，而後來大流士又曾因這件事而想對之進行報復的斯奇提亞人的大軍也好，傳說中阿特列歐斯的兒子們所率領進攻伊里翁的大軍也好，在特洛伊戰爭之前渡過博斯波魯斯進入歐羅巴，在那裏征服了全部色雷斯人，下至伊奧尼亞海並向南進軍直到佩涅歐司河的美西亞人和鐵烏克洛伊人的大軍也好，都無法和它相比。

21 所有這些遠征的軍隊，再加上這些之外如果有的其他任何軍隊，都不能和單是這一支軍隊相比。因為亞細亞的哪一個民族不曾給克謝爾克謝斯率領去攻打希臘呢；除去那些巨川大河之外，哪一條河的水不是給他的大軍喝得不夠用了呢？有人把船隻供應給他，有人參加了他的陸軍，有人提供了騎兵，有人提供了隨軍運送馬匹的船隻以及軍中的服務人員，有人提供作橋樑用的戰船，還有人提供食糧和船隻。

22 首先，由於第一次遠征的軍隊在試圖回航阿托斯的時候遭到了覆舟的命運，所以在大約三年當中，他一直為應付阿托斯而作準備。三段橈船都停泊在凱爾索涅索斯的埃萊歐斯地方，而以這些船為據點，軍中所有各種各類的人們都在鞭子的驅使之下被迫去挖掘壕溝，他們是陸續不間斷地去幹活的。而在阿托斯周邊住的人們也同樣地要去挖掘壕溝。監督人們幹活的是美伽巴佐斯的兒子布巴列斯和阿爾泰歐斯的兒子阿爾塔凱耶斯。他們兩個人都是波斯人。這個阿托斯乃是向海中突出的一座著名的大山，而且在這座山裏是有人居住的。這座山在大陸方面的一端，是半島形狀的，它是一個大約有十二斯塔迪昂寬的地峽；這是

⑥參見第一卷第一〇三節；第四卷第一節。

從阿坎托司地方的海到托羅涅前面的海之間的、一塊有一些小丘的平野。在阿托斯山終點的這個地峽上面，有一個稱爲撒涅的希臘城市。但是從撒涅到海之間以及從阿托斯到陸地的方面又有其他的一些城市，而波斯人現在就打算把這些城市變成島城，而不是大陸的城市。這些城市就是狄昂、歐洛披克索斯、阿克羅托昂、杜索司、克列歐奈。

23 以上是阿托斯的城市。異邦人是這樣挖掘的，他們把上面的幾個不同民族所住的地方區分開來。他們在撒涅城的附近畫了一條直線；而當壕溝挖掘到一定深度的時候，有的人就站到壕溝的底部挖掘，另一些人則把挖出來的土接過來，把它遞給站在更高一層的人們，而這些人則又遞給站在更上面的人們，這樣一直傳到站在最高處的人們。這些人就把挖出來的土帶走拋掉了。除去腓尼基人之外，對於其餘所有的人來說，由於壕溝陡峭的兩岸發生崩壞和下陷的事情，這便形成了他們的雙重的勞苦。原來他們把壕溝上面和溝底弄成相同的寬度，所以這樣的事情就必然會發生了。但腓尼基人特別是在這件事上，也和他們在其他一切工作上一樣，同樣地表現了他們的技巧。他們接受了分配到他們手上的那部分工作之後，便把壕溝最上面的口掘成所需要的壕溝寬度的一倍，而在向下掘的時候卻漸漸地使它變窄，直到底下的時候，他們挖的就和其他人同樣寬了。在那裏的附近有一片草地，他們便利用那片草地作爲交易的場所。而經常有大量磨過的穀物從亞細亞運到他們這裏來。

24 根據我用猜測的辦法所作的判斷，克謝爾克謝斯是出於傲慢的心情才下令進行這次挖掘的，因爲他想顯示他的威力並且想給後世留下足以想見他的豐功偉績的東西。原來，他們若想把他們的船隻拖過地峽，這是一件很容易辦到的事情。但他仍然命令他們從海到海挖掘一道壕溝，它的寬度足夠兩艘三段橈船相並划行而過。而且受命進行挖掘工作的那些人，同樣又受命在司妥律蒙河河上架了一座橋。

25克謝爾克謝斯就作出了這樣的事情；另一方面，在架橋這件事上，他命令腓尼基人和埃及人製造紙草和白麻的繩索並要他們貯備軍糧，爲了使他的軍隊和馱獸在進軍希臘時不致陷於飢餓。在調查了各個地點的形勢之後，他就下令要他們把糧草貯備在最適當的場所，而從亞細亞的一切地方用貨物船和運輸船把糧草運到這樣的一些地方去。他們把糧草的大部分運到色雷斯的所謂列烏凱——阿克鐵（意爲白岬——譯者）的地方去，其餘的則分別運到佩林托斯人的國土上的圖洛迪札，或是運到多里司科斯，或是運到司妥律蒙河上的埃翁，或是運到馬其頓去。

26正當這些人從事於指定給他們的勞役時，已經集合起來的全部陸軍卻在克謝爾克謝斯的率領之下從卡帕多啓亞的克利塔拉開拔向撒爾迪斯進發了。凡是隨克謝爾克謝斯本人從陸路進軍的全部大軍都是指定在克利塔拉集合的。不過我說不出克謝爾克謝斯的太守當中，哪個人由於帶來了裝備最好的軍隊而得到了國王所懸賞的贈賜。因爲我甚至不知道這件事是否曾確定下來。但是當他們渡過哈律司河並進入普里吉亞之後，他們就通過那個地方而到達了凱萊奈，這個地方是兩條河流的發源地，一條是邁安德羅司河，一條是和邁安德羅司河同樣大的卡塔拉克鐵斯河。卡塔拉克鐵斯河就發源在凱萊奈的市場地方並注入邁安德羅司河。昔列諾斯的瑪爾敍亞斯的皮膚也掛在那裏；根據普里吉亞人的傳說，是阿波羅剝下了瑪爾敍亞斯的皮並把它掛在那裏的。

27一個呂底亞人、阿杜斯的兒子披提歐斯就在這個城市等候著他們；他極其隆重地款待了克謝爾克謝斯本人和他的全部軍隊，他自己並且宣布說他願意提供作戰的資金。披提歐斯這樣把錢拿出來之後，克謝爾克謝斯便問他左右的波斯人這個披提歐斯是怎樣的一個人，他有多少財富而能獻納出這樣多的金錢。於是他們回答說：「哦，國王，這就是曾經把黃金的篠懸木和黃金的葡萄樹贈送給你的父親大流士的人。在我們所知道的人們當中，他的財富是僅次於你的一個人。」

28 克謝爾克謝斯聽了最後的這句話大爲吃驚，隨後他自己就問披提歐斯本人，問他有多少財富。披提歐斯說：「哦，國王啊，我不願意向你隱瞞我的財富，也不願意裝作我不知道的樣子；我知道我有多少財富並願意把眞實情況告訴你。當我一知道你下行到希臘海這邊來的時候，由於我願意向你提供作戰的資金，於是我便進行了仔細的調查，計算的結果是我有兩千塔蘭特的白銀和差七千不到四百萬達列科斯．斯塔鐵爾的黃金。這一切我都願毫不吝惜地奉獻給你。至於我本人，則我的奴隸和我的田莊已足夠維持我的生計了。」以上便是披提歐斯所講的話；克謝爾克謝斯對他的話深感滿意，就對他說：

29「我的呂底亞的朋友啊，自從我離開波斯以來，除去你一個人以外，我還沒有遇到過任何一個人自願款待我的軍隊，也還沒有遇到過任何一個人自動地前來見我並提供我作戰的資金。可是你卻隆重地款待了我的軍隊，並且提供我大量的資財。因此，爲了回答你的好意，我用這樣的一些辦法來酬謝你：我使你成爲我的朋友並從我自己的財富中給你七千斯塔鐵爾使你補足四百萬，這樣你的四百萬便不會缺少七千了。而且在我補足之後，你便可以有整整四百萬的數目了。繼續保持你現有的財富並要注意到永遠設法保持自己像現在的樣子；因爲不拘是現在，還是今後，你都不會爲你目前的所作所爲而後悔的。」

30 克謝爾克謝斯這樣說並履行了自己的諾言以後，就不停地繼續前進了。經過了一個叫作阿惱阿的普里吉亞市邑和產鹽的湖之後，他們便到了普里吉亞的一個名叫科羅賽的大城市；在這裏，呂科斯河注入地上的一個裂縫而消失，然後在大約五斯塔迪昂之外的地方再顯示出來，它和另一條河一樣，也是流入邁安德羅司河的。大軍從科羅賽向普里吉亞人和呂底亞人的邊境進發而來到了庫德辣拉，在那裏有克洛伊索斯樹立的一個石柱，上面有表明疆界的銘文。

31經過普里吉亞進入呂底亞之後，他便來到了道路分岐的一個地方。左手的道路通向卡里亞，右手的道路通向撒爾迪斯；如果走後面的這條道路，就必須渡過邁安德羅司河和經過卡拉鐵波司市；而在卡拉鐵波司市，那些手藝人是用檉柳和小麥粉來造蜜的。克謝爾克謝斯走了這條路並找到了一株篠懸木，由於這株篠懸木的美麗，他給它加上了黃金的裝飾，並命令他的一個精兵看守它。而在第二天，他便來到了呂底亞人的首府。

32到達撒爾迪斯以後，他首先派遣使者到希臘去要求土和水，並下令為國王準備飯食。他派人到所有其他的地方去要求土，就是不派人到雅典和拉凱戴孟去。他第二次派人索取土和水的原因是這樣：凡是先前在大流士派使者去索取土和水的時候而不給的人們，他相信他們這次一定會由於害怕而不得不獻出來，因而他把使者派出去，想確實了解一下這件事。

33在這之後，他便準備向阿比多斯進軍了。而就在這個時候，他手下的另一部分人就在海列斯彭特架設歐羅巴和亞細亞之間的橋樑。但是，在海列斯彭特近旁的凱爾索涅索斯地方，在賽司托斯市和瑪杜托司之間，有一個嵯峨的海岬，一直伸入緊對著阿比多斯的海面。就是在這裏，不久之後，將領阿里普隆的兒子克桑提波司麾下的雅典人拿獲了賽司托斯的太守、波斯人阿爾塔烏克鐵斯並把他活活地釘死在木板上。這個人過去經常把女人帶到埃萊歐斯的普洛鐵西拉歐斯神殿去並在那裏幹見不得人的瀆神勾當。

34於是，擔負了架橋這樣一項任務的人們以阿比多斯為起點，便把橋架到那個地岬上去；腓尼基人用白麻索架一座橋，而埃及人用紙草架第二座橋。從阿比多斯到對岸的距離是七斯塔迪昴。但是海峽上的橋剛剛架起的時候，立刻便刮來了一陣強烈的暴風，把工程全部摧毀粉碎了。

35克謝爾克謝斯聽到這個消息的時候大為震怒，他於是下令把海列斯彭特笞打三百下並把一副腳銬投到那裏的海裏去。而且，在這以前我就曾聽到，在上述的作法之外，他還把烙印師派到那裏去給海列斯彭特加上烙印。他的的確確曾命令那些他派去笞打的人們，說出了野蠻和橫暴無禮的話。他要他們說：「你這毒辣的水！我們的主公這樣懲罰你，因爲你傷害了他，儘管他絲毫沒有傷害你。不管你願意不願意，國王克謝爾克謝斯也要從你的上面渡過去；任何人不向你奉獻犧牲，那是正當不過的事情，因爲你是一條險惡而苦鹹的河流。」因此他便下令這樣地來懲罰了海，並下令把監督造橋的人們梟首了。

36 接受了這個不討好的任務的那些人把他的命令執行了；另一些匠師們著手架橋了。他們架橋的辦法是這樣。爲了能夠保持繩索的緊張程度，他們在黑海這一面的橋下把三百六十隻五十橈船和三段橈船連結起來，而在另一面的橋下則把三百一十四隻五十橈船和三段橈船連結來起；這些船隻與彭托斯⑦形成直角，卻和海列斯彭特的水流平行。把船隻這樣連結起來之後，他們便投下了非常巨大的錨；有的錨是從靠近彭托斯的船隻投下去的，爲的是頂住從那個海上面吹過來的風，而另一頭向著西方和愛琴海方面的，則所投下的錨是爲了抵禦西風和南風。此外，他們還在一排五十橈船在三段橈船⑧之間留出一個通路，爲的是任何人如果願意的話，都可以乘著輕便的船隻出入彭托斯。作完這以後，他們便從陸地上把繩索引了過來，用木轆轤把它們拉緊。他們不是像先前那樣地把兩種材料分開使用，而是每座橋上用兩根白麻索和四根紙草索。這些繩索是同樣粗，同樣美觀，但是白麻索按比例來說是要重一些，它的每一佩巨斯的重量有一塔蘭特。當海峽上的橋這樣架起來以後，他們便把木材鋸成和索橋的寬度相同的長度並把它們依次擺在

⑦黑海。
⑧修德本 τριχοῦ，這裏從施泰因本 τριηρέων 。

拉緊的繩索上，依次擺好之後，他們便把它們繫緊在上面了。而在作完這一步之後，他們就把樹枝鋪到橋面上，在這一切作完之後，再把土鋪在上面壓結實了。然後，他們在橋的兩旁安設柵欄，爲的是馱畜和馬匹在過橋時不致因爲看到下面的海而受驚。

37 當橋樑和阿托斯那裏的工事已經準備好，而又接到在壕溝口的地方爲了防止在海潮上升時淤塞壕溝口而修築的防波堤以及壕溝本身全部完工的報告時，大軍過了冬天之後，便在春天到來之際⑨作了準備，從撒爾迪斯出發進軍阿比多斯了。但當他們正要進發的時候，太陽離開了它在天上的本位而消失了，雖然天空澄明沒有雲影，不過白天卻變成了黑夜。當克謝爾克謝斯看到和注意到這一點的時候，他爲這一點很感不安，於是他詢問瑪哥斯僧，這個天象是什麼意思。他們告他說，這是神向希臘人預示他們的城市的毀滅。他們說，因爲太陽是希臘人的預言者，而月亮則是他們自己的預言者。克謝爾克謝斯聽了這話之後心中萬分歡喜，便繼續走上他的征途。

38 當他即將率軍離去的時候，被天象嚇住，但是由於得到國王的贈賜而得意起來的那個呂底亞人披提歐斯到克謝爾克謝斯這裏來向他說：「主公，我希望你能夠賜給我一件東西，這件東西在你贈賜起來很容易，但對我這個接受者來說卻是珍貴的了。」克謝爾克謝斯以爲披提歐斯絕不會要求他眞正要求的東西，於是回答說願意答應他的請求，並命令他說出他所要求的東西。於是披提歐斯便鼓起勇氣來說：「主公，我有五個兒子，他們都不得不隨你去遠征希臘。可是，國王啊！請你垂憐於我這樣一個年邁的人，免除我的一個兒子，就是我的長子的兵役，好讓他照料我和我的財產吧。讓我的其他四個兒子和你同去吧，並希

⑨大概在四八〇年四月中。

望你能完成你擬訂的全部計劃，凱旋歸來。」

39 克謝爾克謝斯大爲震怒，他這樣回答說：「你這卑劣的東西。你看，我是親征希臘的，和我一同走上征途的便有我的親生兒子和親兄弟，有我的親戚和朋友；而你是我的奴隸，是應當帶著全家和你的妻子一同隨我出征的，怎麼現在竟敢向我提起你的兒子？因此你要好好記住這一點，一個人的精神就住在他的耳朵裏，當它聽到好言好語的時候，整個身體就充滿了歡喜，但當它聽到相反的話時，全身便脹滿了怒氣。當你對我作好事並且更向我提出作好事的保證的時候，你尙且決不能誇口，說你在慷慨大度這一點上超過了國王，現在你既然不顧廉恥，那你將要得到的，就要少於你所應得的了。你對我的款待挽救了你本人和你的四個兒子的性命，但是要罰你最喜愛的一個人的性命。」他這樣回答之後，立刻命令受命這樣作的人們把披提歐斯的長子找來並將之分割爲二。這樣作了之後，又把他的屍體在道路的右旁和左旁各放一半，爲的是使軍隊從這兩半中間通過去。

40 他們按照命令作了，而軍隊便從這中間走過去了。在前面引路的是搬運輜重的士卒和馱獸，隨在他們後面的是不按民族區分，而是由所有各個民族混合而成的一個兵團；當軍隊的一大半開過去的時候，中間留了一個間隔，爲的是使上面所說的那些兵和國王區別開來。在這之後是全波斯人當中最精銳的一千名騎兵作爲前驅，隨後則是全波斯人當中最精銳的一千名槍兵，他們在行進時拿槍是槍尖向下的；在槍兵之後，是裝飾得極其富麗堂皇的十匹稱爲涅賽歐伊馬的聖馬。這些馬所以稱爲涅賽歐伊馬，是因爲在美地亞有一個稱爲涅賽昂的大平原，而這些高大的馬就是在那裏飼養起來的。在這十匹馬的背後，是八匹白馬拉著的、宙斯神的神聖戰車，戰車手徒步跟著牽引的白馬，手裏拉著韁繩。原來任何世間的人都不能乘坐在這個戰車的位子上面。在這之後就是克謝爾克謝斯本人了，他乘坐在涅賽歐伊馬拖著的戰車上，他的陪乘的戰車手是波斯人歐塔涅斯的兒子帕提拉姆培司。

41 克謝爾克謝斯就這樣地從撒爾迪斯出發了。但是只要在他想這樣作的時候，他就從戰車上下來，改乘馬車。在他的後面是波斯最精銳和出身最高貴的一千名槍兵，他們是按照通常的方式帶著槍的。槍兵後面又是一千名精銳的波斯騎兵，騎兵後面則是從其餘的波斯人當中選拔出來的一萬名步兵。其中一千名步兵的槍柄上安著金石榴來代替槍尾，他們就圍在其他人等的外面。裏面的九千人則是槍柄上安著銀石榴的。槍頭向地帶著槍的人們也是安著金石榴的，而侍衛在克謝爾克謝斯身旁的人們則安著金蘋果。在這一萬人後面配置著一萬名波斯騎兵。在這些人後面是兩斯塔迪昂的一段間隔，在這後面就是剩下的雜軍了。

42 大軍從呂底亞開向凱科斯河和美西亞的領土，從凱科斯出發，左手沿著卡涅山，穿過阿塔爾涅烏斯而來到了卡列涅市。從這裏他們行經底比斯平原，通迴阿特拉米提昂市和佩拉司吉人的安唐德羅斯市；然後就左手順著伊達山，進入了伊里翁的領土。然而在這之前，當他們先在伊達山的山下過夜的時候，他們受到了雷電交加的風暴的襲擊，結果就有相當多的人死在那裏了。

43 從大軍自撒爾迪斯開拔以來，司卡曼德羅斯河是第一條水流不足並不敷大軍及其畜類飲用的河流。因此當大軍到達司卡曼德羅斯河的時候，克謝爾克謝斯便登上了普利亞莫斯的衛城，想觀望它一下；在他看完並垂詢了和那裏有關的一切一切之後，他便向伊里翁的雅典娜奉獻了一千頭牛的犧牲，而瑪哥斯僧更向那裏的英雄們行了灌奠之禮。在他們這樣作了之後，全軍在夜裏感到了恐慌。到天明的時候，他們便從那裏繼續進發，這時在他們的左手是洛伊提昂、歐普里涅昂和與阿比多斯拉壤的達爾達諾斯，而在他們的右手則是蓋爾吉斯．鐵烏克洛伊人。

44 當克謝爾克謝斯來到阿比多斯的時候，他想檢閱一下他的全軍。他所以能檢閱全軍，是因爲先前在這裏的一個小山上特別爲他設了一個白石的寶座（這是阿比多斯人遵照國王先前的命令製造的）。克謝爾克謝斯就坐在那裏俯視海濱，從而把他的陸軍和他的水師收入眼底。而當他瞭望這一切的時候，他想看一下船與船之間的比賽。他們這樣作了，結果是西頓的腓尼基人取得了勝利；克謝爾克謝斯對於這次比賽以及他的大軍深感滿意。

45 但是當克謝爾克謝斯看到他的水師遮沒了整個海列斯彭特，而海濱以及阿比多斯的平原全都擠滿了人的時候，他起初表示他自己是幸福的，但隨後他就哭泣起來了。

46 克謝爾克謝斯的叔父阿爾塔巴諾斯，就是在起初毫無顧慮地發表自己的意見勸阻克謝爾克謝斯不去遠征希臘的那個阿爾塔巴諾斯看到克謝爾克謝斯哭了起來，便問他說：「國王，你現在的所作所爲和你剛才的所作所爲怎麼有這樣大的差別呀！你剛剛說你自己是幸福的，可是轉眼之間你就哭起來了。」克謝爾克謝斯回答說：「你看這裏的人們，儘管人數是這樣多，卻沒有一個人能夠活到一百歲。想到一個人的全部生涯是如此短促，因此我心中起了憐憫之情。」但是阿爾塔巴諾斯回答說：「在我們的一生當中，我們會遇到比這更加可悲的事情。因爲，儘管我們的生命是短促的，不拘是這裏的人，還是其他的人，還沒有一個人幸福到這樣的程度，即他不會不只是一次，而是多次，不由得產生與其生勿寧死的念頭。我們遭到各種不幸的事故，我們又受到疾病的折磨，以致它們竟使短促的人生看來都會是漫長的。結果生存變成了這樣一種可悲的事物，而死亡竟成了一個人逃避生存的一個求之不得的避難所。神不過只是讓我們嘗到生存的一點點的甜味，不過就是在這一點上，它顯然都是嫉妒的。」

47 克謝爾克謝斯回答說：「阿爾塔巴諾斯，讓我們不要再談你給了定義的人生罷，而在我們目前萬事順遂的時候，我們也不要再去想那些不吉利的事情罷。不過告訴我這一點。如果你在你的夢裏沒有清清楚楚地看到那個夢中人的話，你是不是還要堅持你先前的意見並勸我不去遠征希臘，還是你改變了這個想法？你來明確地告訴我這一點罷。」阿爾塔巴諾斯回答說：「國王，但願我在夢中所看見的那個人達成我們兩個人都期望的那個結果罷。但是談到我本人，則我甚至現在仍然是充滿了恐懼和不安，我所以這樣自有其他許多的理由，特別是由於這樣的一點，即我看到世界上最重大的兩件東西是敵視你的。」

48 克謝爾克謝斯回答說：「你這人講的話實在奇怪。你說的最敵視我的這兩件東西是什麼呢？是不是你看到我的陸軍的人數不足？還是以爲希臘大軍的人數要比我們軍隊的人數多得多？還是你以爲我們的水師比不上他們的？還是你以爲這兩種情況都有？因爲，假如在這方面你以爲我們的大軍有什麼不夠的地方的話，那最好是盡快地再去集合一支大軍。」

49 阿爾塔巴諾斯回答他說：「國王啊，任何一個有正常判斷能力的人都不能發現這支陸軍或船數有什麼不夠的地方。而如果你糾集更多軍隊的話，則我所提到的那兩件東西也便更加敵視你了。這兩件東西就是土地和海洋。因爲，我認爲，如果起了狂風暴雨的話，海上任何地方都沒有一個海港大到可以保證容納下你的水師並搭救你的船隻。而且即使有這樣的海港，則單是一個地方有也不行，而是要在你所經過的大陸沿岸都要有這樣的海港。既然看到沒有海港可以容納你的水師，那麼就要記著，人不能控制事故，而是要受到事故的擺布。現在這兩件東西我已經告訴了你一件，我再告訴你另外一件。我要說明爲什麼土地是你的敵人。如果在你的進軍途中沒有任何東西阻擋你的話，則你在前方茫茫一無所知的土地上向前行進得越遠，土地也就越發表現出是你的敵人，因爲任何人都不會充分滿足於他所得到的成功的。因此，我說，如果沒有任何人抵抗你的話，則隨著時間的推移而日益擴大的領土也會產生飢饉的。在決策的時候由於考慮到他會遭遇到的一切而膽怯，但是在行動上十分果敢，這樣的人可以說是最有智慧的人了。」

50 克謝爾克謝斯回答說：「阿爾塔巴諾斯，關於這些事情你的見解都是很精當的。但是我以為，既不要害怕任何東西，也不要對每一種面臨的情況都加以同樣嚴重的考慮。因為，假如不拘在任何情況之下，你都想對所有的事情加以同樣的考慮，那你根本就任何事情都作不成了。與其對任何可能發生的情況都害怕，結果沒有遭到任何危險，那在我看來，反而是對一切可能發生的情況抱著堅定勇敢的信念，寧可遭到一半的危險好些了。如果你反對所提出的任何意見，而你自己卻又不能提出確實的辦法，則你的一方面便勢必要和那提出了相反意見的人一樣，同樣會是錯誤的。因此，就這一點而論，二者並無什麼區別。一個不過是世間的平常人的人物，他如何能知道哪個是確實的辦法呢？我以為這肯定是不可能的。因此，我以為獲利的大抵是那些有實行的願望的人，而不是那些徘徊觀望，對任何事情都加以考慮的人。你已經看到，波斯的國力已強大到什麼程度。這樣說來，在我以前的那些國王如果和你有相同的意見，或者他們自己沒有這樣的意見，卻有像你這樣的顧問的話，你便不會看到我們的國運像今天這樣的興隆了。老實說，先王們正是冒了危險，他們才把國威提到這樣的高度的，因為只有冒巨大的危險才能成就偉大的功業。因此，我們也應當仿效他們的榜樣。我們現在是利用一年當中最好的季節來進軍，因此我們在任何地方也不會遇到飢饉，也不會遇到任何其他不快意的事情，而我們在征服整個歐羅巴之後就會回來的。因為首先，我們在進軍時攜帶著充裕的糧草；再者，我們所進攻的土地和民族的糧食也要轉到我們手裏來；而且我們所要進攻的對象，不是游牧民族，而是務農的民族啊。」

51 於是阿爾塔巴諾斯就說：「國王，我看既然你不許我們害怕任何危險，那麼就請再聽一下我的這個意見罷。當我們要談的事情是這樣多的時候，則我們的話也就不得不多了。剛比西斯的兒子居魯士把只有雅典人除外的全部伊奧尼亞人征服，並使他們向自己納貢。因此我的意見是，你決不能率領這些伊奧尼亞人去進攻他們父祖的國土。即使沒有他們的幫助，我們也完全能夠制服我們的敵人。因爲，假如他們隨著我們的大軍出征，他們或者是極不公正地奴役他們的祖國，或者是十分公正地幫助它得到自由。而如果他們作得很不公正，他們也決不會因此給我們帶來很大的好處，可是他們若作得十分公正，則他們便很可能因此使你的軍隊遭到巨大的損害。因此，請你記住這句說得極好的古老的名言：『在每件事開頭的時候，是看不到它的結果的。』」

52 克謝爾克謝斯回答說：「阿爾塔巴諾斯，你害怕伊奧尼亞人倒戈，這個看法在你所發表的意見當中要算是最錯誤的了。關於伊奧尼亞人，我們有最確實的擔保，而你本人和所有隨大流士出征斯奇亞的人也可以證明這一點，那就是當波斯全軍的命運都在他們的手裏，任憑他們摧毀或救援的時候，他們卻表現了正義與信誼，而絲毫沒有作出不正當的事情的意思。再者，他們既然把他們的妻子、兒女和財產都留在我們的國內，我們就更不必擔心他們可能會有什麼叛變的行爲了。因此也不必爲這件事擔心罷。鼓起勇氣來守護我的家和我的王位罷，要知道在所有的人當中，你是我可以託之以王笏的唯一的人物了。」

53 克謝爾克謝斯講完這話並把阿爾塔巴諾斯送到蘇撒去之後，繼而便把那些最知名的波斯人召集了來。當這些人到來之後，他就對他們說：「波斯人啊，我召集你們來是爲了向你們提出這樣的要求，即你們應當成爲勇敢的人，決不可玷辱波斯人先前成就的偉大而又光榮的勛業。讓我們每一個人以及我們全體黽勉從事罷，因爲我們這樣地盡力而爲，乃是爲了天下萬民的公共利益。因而正是爲了這個緣故，我才請你們盡心竭力地去作戰，因爲據我所聽到的，我們所要進攻的也是很勇武的人們。而如果我們打敗了他們，人間就再沒有大軍可以和我們抗衡了。我們先向波斯國土的那些守護神祈禱，然後就讓我們渡過去罷。」

54 在那一整天裏，他們都在爲渡過去而作準備。而在第二天，他們就一面在橋上點起各種各樣的香並在橋面的路上撒了桃金娘的枝子，這樣地等候太陽的升起。在太陽升起的時候，克謝爾克謝斯就用黃金盞向海中行灌奠之禮並向太陽禱告說，在他到達歐羅巴的極遠的邊界之前，不要叫他遭受任何意外致使他無法完成征服歐羅巴的事業。禱告之後，他便把這隻黃金盞投入海列斯彭特，和它同時投入的還有一個黃金的混酒鉢和他們稱為「阿齊納凱斯」的波斯刀（一尺左右長的短劍——譯者）。我不能正確判定，他把這些東西投到海裏去，是把它們奉獻給天上的太陽，還是由於後悔他的笞打海列斯彭特的行為，故而送禮物給海作為賠償。

55 這些事作完之後，他們便渡橋了。全部步兵和騎兵是從靠近彭托斯方面的橋渡過去的，而馱畜和雜役人等則是從靠近多島海方面的橋渡過去的。在前面引路的是一萬名波斯人，他們的頭上都戴著冠；在他們後面，則是由所有各民族混成的大軍。在那一天，就是這些人渡過去了。第二天首先是騎兵，他們是槍尖向下地帶著槍的；他們也是戴冠的。在他們之後是聖馬和神聖戰車，再後面是克謝爾克謝斯本人和槍兵以及一千名騎兵，再後面就是其餘的軍隊了。就在這時，水師也啓程駛向對岸了。但是在這以前，我還聽說國王是最後渡過去的。

56 克謝爾克謝斯渡海到歐羅巴之後，就看他的軍隊在笞打之下渡過。他的軍隊一刻不停地渡了七天七夜。有一個故事說，當克謝爾克謝斯渡過海列斯彭特的時候，一個海列斯彭特人向他說：「宙斯啊，為什麼你變成一個波斯人的樣子並把自己的名字改變成克謝爾克謝斯，而率領著全人類前來，想把希臘滅亡？因為沒有這些人的幫助，你也完全有能力作到這一點的。」

57 當所有的人都渡了過去，而他們即將繼續進軍的時候，他們遇到了一個巨大的朕兆。這個朕兆雖然很容易解釋，但克謝爾克謝斯卻完全沒有把它放到心上。這個朕兆就是：一匹馬生了一隻兔子。這一朕兆的意義是容易猜到的，即克謝爾克謝斯率軍出征希臘的時候，是十分堂皇又非常神氣的，可是在他回到同一地點的時候，他卻是逃命了。在撒爾迪斯地方，他還遇到了另外的一個朕兆。一個騾子生了一個兼具男女兩性的生殖器官的騾子，而男性的生殖器官位於上方。

58 他根本不把這兩個朕兆放到心上，卻帶領著他的陸軍繼續前進了。他的水師駛出了海列斯彭特，沿著陸地行進，但它的方向卻是和陸軍的方向相反的。原來水師是向西行進的，目的地是撒爾佩東岬，因爲克謝爾克謝斯曾命令他們開到那裏去等待他。但是大陸上的軍隊卻向著東方，即日出的方向行進，他們經過凱爾索涅索斯，右手是阿塔瑪斯的女兒海列的墳墓，左手是卡爾狄亞市，進而穿過了一個叫作阿哥拉的市邑的中央。從那裏轉過了稱爲美拉司的海灣而來到了水流不足因而不敷大軍之用、同時美拉司灣因之而得名的美拉司河。而在渡過了這條河之後，他們便向西行進，經過了愛奧里斯人的阿伊諾斯市和司頓托里司湖，最後到達多里司科斯。

59 多里司科斯地區位於色雷斯，這是沿海的一個廣大的平原，一條名爲海布羅斯的大河流經這個地區。在這裏構築過一個稱爲多里司科斯的王室要塞，而自從大流士出征斯奇提亞的時候起，他便把一支波斯的衛戍部隊設置在那裏。因此克謝爾克謝斯便認爲這裏是他列隊點兵的一個方便的地方。而且他這樣作了。現在已經來到多里司科斯的全部水師奉克謝爾克謝斯之命在水師提督們的率領之下，移向與多里司科斯鄰接的海岸，而在這部分的海岸之上，有薩摩特拉開的撒列市和佐涅市；在它的盡頭則是著名的塞列昂岬。這個地方往昔乃是奇科涅司人的領土。他們把他們的船靠攏到這一帶的海岸並且把船拖到岸上進行檢修。另方面，克謝爾克謝斯這時便在多里司科斯點兵。

60 我不能精確地說出，每一個地方各出多少人（因爲沒有人提過這一點）。但是全部陸軍的總數看來

是一百七十萬人。人數是這樣計算起來的。把一萬人集合在一個地點；而當他們盡可能地密集起來的時候，就在他們的四周劃一個圓圈；圓圈畫好之後，這一萬人便退出去，然後在這個圓圈上面建造一道到人的臍部那樣高的石牆。石牆造好之後，便使另外的人們也到石牆裏面去，直到所有的人都用這樣的辦法計算完畢。人數計算完畢之後，他們便按照他們各個民族的區分排列起來了。

61 參加出征的軍隊的人們是這樣的。先說波斯人，他們的裝束有如下述。他們頭上戴著稱爲提阿拉斯的軟氈帽，身上穿著五顏六色的帶袖內衣，上面有像魚鱗那樣的鐵鱗；腿上穿著褲子。他們沒有一般的盾牌，而用的是細枝編成的盾，盾的背面掛著他們的箭筒。他們使用短槍、長弓、蘆葦製成的箭，此外還掛在右胯腰帶地方的短劍。他們的統帥是克謝爾克謝斯的妻子阿美司妥利斯的父親歐塔涅斯。在古昔的時候，希臘人稱這些波斯人爲凱培涅斯，但是波斯人自己和他們的鄰國人則稱之爲阿爾泰伊歐伊。但是當達納耶和宙斯的兒子培爾賽歐斯來到倍洛斯的兒子凱培歐斯這裏，並娶了他的女兒安多羅美達的時候，培爾賽歐斯就得了一個他命名爲培爾謝斯的兒子，而且他把這兒子就留在那裏，因爲凱培歐斯是沒有男性的子嗣的。波斯人的名字便是從這個培爾謝斯來的。

62 軍中美地亞人的裝束是和波斯人的裝束一樣的。老實說，上述樣式的戎裝與其說是波斯的，還勿寧說是美地亞的。他們的將領是出身阿凱美尼達伊家的提格拉涅斯。在往昔，所有的人都把這些人稱爲阿里亞人，但是當科爾啓斯人美地亞從雅典來到阿里亞人這裏的時候，他們便像波斯人那樣地也改換了他們的名字。這是美地亞人自己關於他們本身的說法。軍中的奇西亞人的裝束和波斯人相同，但是他們不戴軟氈帽，而是戴著頭巾。他們的將領是歐塔涅斯的兒子阿納培司。敍爾卡尼亞人⑩的裝備和波斯人一樣，他們

⑩在第三卷大流士的臣民當中沒有提到敍爾卡尼亞人；他們住在裏海的東南岸。

的將領是美伽帕諾斯，這個人後來成了巴比倫的太守。

63參加出征的軍隊的亞述人頭上戴著青銅的頭盔，它是人們用青銅以一種難於形容的異邦樣式編成的。他們帶著埃及式的盾牌、槍和短劍，此外還有安著鐵頭的木棍；他們穿著亞麻的胴甲。希臘人稱這些人爲敍利亞人，但異邦人則稱他們爲亞述人。和他們在一起的還有迦勒底人。他們的將領是阿爾塔凱耶斯的兒子歐塔司佩斯。

64從軍的巴克妥利亞人頭上戴的和美地亞人頭上戴的極爲相似。他們帶著本國製造的籐弓和短槍。屬於斯奇提亞人的撒卡依人戴著一種高帽子，帽子又直又硬，頂頭的地方是尖的。他們穿著褲子，帶著他們本國自製的弓和短劍，此外還有他們稱之爲撒伽利司的戰斧。這些人雖是阿米爾吉歐伊・斯奇提亞人，卻被稱爲撒卡依人，因爲波斯人是把所有斯奇提亞人都稱爲撒卡依人的。巴克妥利亞人和撒卡依人的將領是大流士和居魯士的女兒阿托撒之間所生的兒子敍司塔司佩斯。

65印度人穿著木棉製的衣服，他們帶著籐弓和安著鐵頭的籐箭。這就是他們的裝備。他們是配置在阿爾塔巴鐵斯的兒子帕爾納扎特列斯的麾下出征的。

66阿里亞人是裝備著美地亞弓的，但是在所有其他方面都和巴克妥利亞人一樣。他們的將領是敍達爾涅斯的兒子西撒姆涅斯。從軍的帕爾提亞人，花拉子米歐伊人、粟格多伊人、健達里歐伊人和迪達卡伊人的裝束和巴克妥利亞人的裝束一樣。帕爾提亞人和花拉子米歐伊人的將領是帕爾那凱斯的兒子阿爾塔巴佐斯；粟格多伊人的將領是阿爾泰歐斯的兒子阿扎涅斯；健達里歐伊人和迪達卡伊人的將領是阿爾塔巴諾斯的兒子阿爾杜庇歐斯。

67從軍的卡斯披亞人穿著皮裘，他們帶著國產的籐弓和短刀。這就是他們的裝備了。他們的將領是阿爾杜庇歐斯的兄弟阿里奧瑪爾多斯。薩朗伽伊人由於穿著染色的袍子而十分引人注目。他們穿著高到膝蓋的靴子，帶著美地亞的弓和槍。他們的將領是美伽巴佐斯的兒子培倫達鐵斯。帕克杜耶斯人也穿著皮裘，他們帶著本國製的弓和短劍；他們的將領是伊塔米特列斯的兒子阿爾塔翁鐵斯。

68 烏提歐伊人、米科伊人和帕利卡尼歐伊人的裝備和帕克杜耶斯人的裝備相同。統率烏提歐伊人和米科伊人的將領是大流士的兒子阿爾撒美涅斯。統率帕利卡尼歐伊人的是歐約巴佐斯的兒子西洛米特列斯。

69 阿拉伯人穿著腰間繫帶的稱爲吉拉袍子。在他們的右面帶著長弓，這種弓在把弓弦放開的時候兩端是向後彎曲的。埃西歐匹亞人穿著豹皮和獅子皮的衣服，他們帶著不下四佩巨斯長的、椰子樹幹製成的弓和籐製的短箭，箭頭不是鐵的，而是磨尖了的石頭，也就是人們用來刻印章的那種石頭。他們還帶著槍，槍頭是用羚羊角削製而成的。此外，他們還帶著有木節的棍子。當他們出戰的時候，他們把他們一半的身體塗上白堊，身體的另一半塗上赭紅。指揮阿拉伯人和住在埃及上方的埃西歐匹亞人的將領是大流士和居魯士的女兒阿爾杜司托涅所生的兒子阿爾撒美斯；阿爾杜司托涅在大流士的妻子當中是最受寵愛的，大流士曾下令用打薄了的黃金給她造像。埃及上方的埃西歐匹亞人和阿拉伯人的將領就是阿爾撒美斯了。

70 而從日出的方向那一面來的埃西歐匹亞人（原來參加出征的有兩種埃西歐匹亞人）是配置在印度人的部隊裏的。他們和另一部分的埃西歐匹亞人在外表上沒有任何不同之處，不同的只是言語和頭髮而已。原來東方的埃西歐匹亞人是直頭髮的，但是利比亞的埃西歐匹亞人卻有著全人類當中最富於羊毛性的頭髮。亞細亞的這些埃西歐匹亞人的裝備大部分是和印度人一樣的，但是他們在頭上卻戴著從馬身上剝製下來的整個前頭部，馬的耳朵和鬃毛還都留在上面。他們用馬鬃來代替冠毛，他們並使馬的耳朵硬挺地豎在那裏。他們不用盾牌，而是用仙鶴皮當作一種防護武器。

71利比亞人是穿著皮革製的衣服參加出征的，他們用給火烤硬的一種木製投槍。他們的將領是歐阿里佐斯的兒子瑪撒該斯。

72參加出征的帕普拉哥尼亞人頭上戴著編製的頭盔，他們帶著小盾、不大的槍，此外還有投槍和短刀。他們穿著他們本國特有的、到下腿一半地方高的靴子。裏巨埃斯人、瑪提耶涅人、瑪利安杜尼亞人和敍利亞人的裝備和帕普拉哥尼亞人的裝備一樣。波斯人把這些敍利亞人稱爲卡帕多啓亞人。帕普拉哥尼亞人和瑪提耶涅人的將領是美伽西多羅斯的兒子多托司，瑪利安杜尼亞人、里巨埃斯人和敍利亞人的將領是大流士和阿爾杜司托涅之間所生的兒子戈布里亞斯。

73普里吉亞人的裝備除去很小的差別之外，大都和帕普拉哥尼亞人的裝備一樣。根據馬其頓人的說法，這些普里吉亞人當他們住在歐羅巴，與馬其頓人爲鄰的時候，他們稱爲布利該斯人；但是當他們移居到亞細亞去的時候，他們便也改變了自己的名稱並稱爲普里吉亞人了。從普里吉移居來的阿爾美尼亞人的武裝和普里吉亞人的裝備一樣。他們這兩種人都是以大流士的女婿阿爾托克美斯爲統帥的。

74呂底亞人的武裝和希臘人的武裝十分相似。呂底亞人先前被稱爲邁奧涅斯人，而後來則改變了名字並按照阿杜斯的兒子呂多斯的名字來稱呼了。美西亞人在頭上戴著他們本國特有的盔，他們帶著小盾和用火烤硬的木製投槍。這些人是從呂底亞來的移民，他們由於奧林波斯山而被稱爲奧林皮埃諾伊人。呂底亞人和美西亞人的將領是曾和達提斯一道進攻馬拉松的、阿爾塔普列涅斯的兒子阿爾塔普列涅斯。

75從軍的色雷斯人頭上戴著狐皮帽，身上穿著緊身內衣，外面還罩著五顏六色的外袍。他們的腳上和脛部穿著幼鹿皮的靴子，同時帶著投槍、小圓盾和小短劍。這些人在他們渡海到亞細亞之後便稱爲比提尼亞人，但在這之前，他們自己說，由於他們居住在司妥律蒙河河畔，他們便稱爲司妥律蒙人。他們說，他們是被鐵烏克洛伊人和美西亞人趕出了他們自己的故土的。亞細亞的色雷斯人的將領是阿爾塔巴諾斯的兒子巴撒凱斯。

76［披西達伊人］帶著生牛皮的小楯，他們每個人使用兩支獵狼用的投槍；他們帶著青銅的頭盔，在這種頭盔上有青銅製的牛耳和牛角，在這上面還有頂飾。他們的腿上裹著紫色的布帶。在他們的國土上有一個奉祀阿列斯神的神託所。

77卡貝列斯人是邁奧涅斯人；他們被稱為拉索尼歐伊人，他們的裝束和奇里啓亞人相同，而在我列舉到奇里啓亞人列陣的地方時，我還要加以敍述的。米呂阿伊人帶著短槍，他們的衣服是用別針扣起來的。他們當中有的人帶著呂奇亞的弓，頭上戴著皮帽子。統率所有這些人的將領，是敍司塔涅斯的兒子巴德列斯。

78莫司科伊人頭上戴著木盔，他們帶著盾和短槍，但短槍的槍頭卻是很長的。從軍的提巴列諾伊人、瑪克羅涅斯人和摩敍諾依科伊人的裝備和莫司科伊人的裝備是相同的。至於統率他們的將領，則莫司科伊人和提巴列諾伊人的將領是阿里奧瑪爾多斯，他是大流士和居魯士的兒子司美爾迪斯的女兒帕爾米司所生的兒子；瑪克羅涅斯人和摩敍諾依科伊人的將領是擔任海列斯彭特的賽司托斯的太守的、凱拉司米斯的兒子阿爾塔烏克鐵斯。

79瑪列斯人戴著他們本國特別編的頭盔，他們帶著革製的小盾和投槍。科爾啓斯人戴著木盔，帶著生牛皮的小盾、短槍，此外還有刀。瑪列斯人和科爾啓斯人的將領是鐵阿司披斯的兒子帕蘭達鐵斯。從軍的阿拉羅狄歐伊人和撒司配列斯人的裝備和科爾啓斯人的裝備相同。他們的將領是西洛米特列斯的兒子瑪西司提歐斯。

80從紅海（埃律特列海）方面以及從國王使所謂「強制移民」定居的那些島來的島上部落，他們的裝束和武器酷似美地亞人。這些島民的將領是巴該歐司的兒子瑪爾東鐵司，這個人在下一年率軍在米卡列作戰時，就在那裏的戰鬥中陣亡了。

81以上便是參加陸師並被編入步兵的各個民族。這支大軍的將領們就是我上面所提到的那些人，也正是這些人整頓和檢點隊伍，並任命千夫長和萬夫長，至於百夫長和十夫長則是由萬夫長來任命了。此外還有軍隊和民族的頭目。不過，以上所說的人們都是將領。

82統率這些人以及全部陸軍的將領是戈布里亞斯的兒子瑪爾多紐斯、對遠征希臘的事情提出了反對意見的那個阿爾塔巴諾斯的兒子特里坦塔伊克美斯、歐塔涅斯的兒子司美爾多美涅斯（這兩個人都是大流士的侄子，因此他們和克謝爾克謝斯是叔伯兄弟），大流士和阿托撒的兒子瑪西斯鐵斯、阿里亞佐斯的兒子蓋爾吉司和佐披洛司的兒子美伽比佐斯。

83以上便是萬人隊以外的全部陸軍的將領。敘達爾涅斯的兒子敘達爾涅斯是這一萬名波斯精兵的將領，這一萬人由於下面的原因而被稱爲「不死隊」。即如果在他們當中有任何一個人因死亡或因病而出缺的話，便選拔另一個人代替他，因此他們便從來不會多於或是少於一萬人。在全體兵員當中，波斯人是裝束得最華麗的，他們又是全軍中最勇敢的，他們的裝備就是像我剛才所說的那樣。在這之外，他們特別引人注意的地方是他們擁有大量的黃金。同時他們隨身還帶著有蓋的馬車，裏面載著妾孌和許多裝束很好的僕從；他們的糧食和軍隊的其餘人等的糧食分別開來，它們是用駱駝和馱獸載運的。

84這些民族都有騎兵，不過，並不是他們都提供了騎兵，而只有我下面所列舉的。首先，波斯人的裝束和他們的步兵相同，所不同的，只是他們當中有一部分人戴著鍛製的青銅和鐵的頭飾。

85 此外還有某些稱爲撒伽爾提歐伊人的游牧民。他們講的是波斯語，但他們的裝束卻是在波斯人和帕克杜耶斯人之間；他們提供了八千名騎兵。除去只有匕首之外，他們的習慣是不使用青銅的或是鐵的武器，而只使用革紐編成的輪索。在他們出戰的時候，他們就是仰仗著這些武器的。下面就是他們的作戰方法。當他們和敵人遭遇的時候，他們就把皮索投出去，皮索的一端有一個套圈。不管他們用這個套圈套住什麼，人也好馬也好，他們就把對方向自己的這一面拉，這樣敵人就被捲在套圈裏絞死了。這就是他們的作戰方法，他們在軍中是配列在波斯人的身旁的。

86 美地亞人的騎兵和他們的步兵的裝備是一樣的。奇西亞人也是一樣。印度人的騎兵和他們的步兵同樣裝備，他們乘著戰馬，並且駕著馬和野驟拉著的戰車。巴克妥利亞人的騎兵的裝備和他的步兵一樣，卡斯披亞人也是一樣。利比亞人的騎兵也和他們的步兵的裝備一樣，他們也都驅著戰車。同樣，卡斯披亞人和帕利卡尼歐伊人的裝備也和他們的步兵一樣。阿拉伯人的裝備和他們的步兵的裝備一樣。他們全都騎著速度決不比馬差的駱駝。

87 只有這些民族是提供了騎兵的。騎兵的人數，除去駱駝和戰車以外，是八萬人。所有其餘的騎兵分列爲若干隊，但阿拉伯人配置在最後面，因爲馬是看不得駱駝的，他們配置在後面，就爲的不使馬受驚。

88 騎兵的統帥是達提斯的兒子哈爾瑪米特雷和提泰歐斯。另外一個和他們一同擔任騎兵統帥的是帕爾努凱斯，但他由於生病而被留在撒爾迪斯了。原來他們正在從撒爾迪斯出發的時候，他遇到了一件悲慘的意外事件。他騎在馬上的時候，一隻狗在馬腿下面跑；馬出其不意地看到狗，受到驚嚇而用兩隻後腿直立了起來，這樣便把帕爾努凱斯摔下來了。在他摔下來之後，他吐了血，因此受傷憔悴下去，終於再也沒有康復的希望了。那匹馬立刻依照帕爾努凱斯的命令受到了處分；他的僕從把這匹馬牽到它把主人摔掉的地方，從膝蓋的地方砍掉了它的腿。這樣，帕爾努凱斯便失掉了他的統帥地位。

89三段橈船的數目是一千二百〇七艘。提供了這些船的是如下的人們。首先，腓尼基人和巴勒斯坦的敍利亞人一道，提供了三百隻。至於他們的裝備，則他們頭上戴著和希臘的樣式很相似的盔，穿著亞麻製的胴甲，帶著沒有框的盾牌以及投槍。根據腓尼基人他們自己的說法，這些腓尼基人在古昔是住在紅海的岸上，而從那個地方遷移過來之後，他們便定居在敍利亞的沿岸地帶。敍利亞的那塊地方以及一直到埃及的地方總稱爲巴勒斯坦。埃及人提供了二百隻船。他們頭上戴著編成的盔，拿著大邊的、向裏面凹的盾牌，海戰用的矛和大戰斧。他們大多數的人穿著胴甲並帶著大刀。

90以上就是他們的裝備。賽浦路斯人提供了一百五十隻船，說到他們的裝備，則他們王公的頭上都纏著頭巾，他們的一般人則穿著緊身衣；在所有其他方面，他們是和希臘人一樣的。按照賽浦路斯人自己的說法，他們是由以下的一些民族構成的。有一些人是撒拉米司和雅典出身的，有一些人是阿爾卡地亞出身的，有一些人是庫特諾斯出身的，有一些人又是埃西歐匹亞出身的。

91奇里啓亞人提供了一百隻船。他們也戴著他們本國特有的盔，拿著生牛皮製造的圓牌代替盾牌使用，穿著羊毛的緊身衣。他們每個人都帶著兩支投槍和一把與埃及的彎刀很相似的刀。這些奇里啓亞人在古昔是叫作敍帕凱奧伊人，他們現在的名字是由於腓尼基人阿該諾爾的兒子奇里科斯而得到的。帕姆庇利亞人提供了一百隻船，他們的裝備是和希臘人相似的。這些帕姆庇利亞人是和阿姆披羅科司與卡爾卡司一道從特洛伊離散出來的那些人的後裔。

92呂奇亞人提供了五十隻船。他們穿著胴甲和脛甲，帶著山茱萸製的弓和沒有羽毛的箭以及投槍。他們的肩上披著山羊皮，頭上戴著四周有一圈羽毛的帽子。他們還帶著匕首和彎刀。呂奇亞人是克里地出身的，過去他們是叫作鐵爾米萊人。他們的名稱來自雅典人潘迪昂的兒子呂科斯。

93亞細亞的多里斯人提供了三十隻船。他們的武器是希臘式的，而他們自己則是伯羅奔尼撒地方出身的。卡里亞人提供了七十隻船，他們帶著彎刀和匕首，但是在其他方面卻和希臘人一樣。在我這部歷史一開頭的地方⑪我就談到了他們，而且提到了他們先前叫作什麼名字。

94伊奧尼亞人提供了一百隻船，他們的裝備和希臘人相似。這些伊奧尼亞人，當他們居住在伯羅奔尼撒的今天稱為阿凱亞的那個地方的時候，在達納烏司和克蘇托斯來到伯羅奔尼撒之前，正如希臘人所說，他們是叫作沿海地區佩拉司吉人的⑫；他們的伊奧尼亞人的名稱則來自克蘇托斯的兒子伊昂。

95島上居民提供了十七隻船。他們的裝備是希臘式的。他們也是屬於佩拉司吉族的，他們後來由於與雅典出身的十二城市⑬的伊奧尼亞人相同的理由而被稱為伊奧尼亞族。愛奧里斯人提供了六十隻船。他們是希臘式的裝備。按照希臘人的說法，在先前他們被稱為佩拉司吉人。阿比多斯人以外的海列斯彭特人（阿比多斯人曾奉國王的命令留在家裏守衛橋樑），其他自彭托斯隨軍出征的人們提供了一百隻船，他們是希臘式的裝備。他們是伊奧尼亞人和多里斯人的移民。

96在所有的船隻上，波斯人、美地亞人和撒卡依人是戰鬥員。提供了行駛得最好的船隻的是腓尼基人，而在腓尼基人當中則是西頓人。這些人和編入陸師的那些人一樣，也各自有他們本族的首領，我在這

---

⑪參見第一卷第一七一節。

⑫希羅多德把希臘已知的最古老的居民通稱為佩拉司吉人。

⑬參見第一卷第一四二節。

裏不提他們的名字了，因爲對於我的歷史的目的來說，我並不是非這樣作不可的。各族的這些個別的首領是不值一提的，而且每個民族的每個城市又都有它自己的一個首領。不過他們不是以將領的資格，而是以和其餘的參加軍隊的人們同樣的隸臣資格參加出征的。至於那些最高統帥是什麼人，而每族的波斯統帥又是什麼人，這我已經說過了。

97 統率水師的將領是大流士的兒子阿里阿比格涅斯、阿司帕提涅斯的兒子普列克撒司佩斯、美伽巴鐵斯的兒子美伽巴佐斯、大流士的兒子阿凱美涅斯；統率伊奧尼亞和卡里亞水師的則是大流士和戈布里亞斯的女兒之間所生的兒子阿里阿比格涅斯；統率埃及水師的是克謝爾克謝斯的同胞兄弟阿凱美涅斯，其他二人則指揮其餘的水師。至於集合到一起的三十橈船、五十橈船、輕艇以及運送馬匹的長船，則算起來總計有三千之數。

98 除去上述的水師提督們以外，船上的人們當中最有名的是這樣一些人：西頓人阿努索斯的兒子鐵特拉姆涅司托斯，推羅人西羅莫斯的兒子瑪頓、阿拉多斯人阿格巴羅斯的兒子美爾巴羅斯、奇里啓亞人歐洛美東的兒子敍恩涅喜斯、呂奇亞人西卡司的兒子庫貝爾尼司科斯、賽浦路斯人凱爾西司的兒子戈爾哥斯和提瑪戈拉斯的兒子提莫納克斯，在卡里亞人中間則有圖姆涅斯的兒子希司提埃伊歐斯、敍塞爾多莫司的兒子披格列斯和坎道列斯的兒子達瑪西提摩斯。

99 除去只有阿爾鐵米西亞之外，關於其他隊長的事情我就不談了，因爲我覺得沒有這個必要；阿爾鐵米西亞以婦女之身，竟然隨著大軍出征希臘，這實在是使我驚嘆不置的事情。原來在她的丈夫死時，她只有一個未成年的兒子，因此她便親自執掌國政。這次她不是由於必要，僅僅是由於逞勇好勝才參加了出征。阿爾鐵米西亞是她的名字，她是呂戈達米斯的女兒，因而從她的父系來說，她是一個哈利卡爾那索斯人，但從她的母系來說，她是一個克里地人。她是哈利卡爾那索斯人、科斯人、尼鈙洛斯人、卡律德諾斯人的首領，她提供了五隻船。她的船在全部水師當中，是僅次於西頓的最出名的好船。在所有的同盟者當中，是她向國王提供了最好的意見。我上面所說的，由她領導的城市，我敢說都是多里斯族的；哈利卡爾那索斯人是特羅伊眞人，其餘的人則是埃披道洛斯人。

100 關於水師的事情，我就說到這裏爲止了。當克謝爾克謝斯檢點和配列了他的大軍之後，他想乘上戰車對大軍來一次檢閱。在這之後不久他就這樣作了，他乘著一輛戰車走過了每一民族的士兵，他向他們進行詢問，而他的書記便把他們的回答記錄下來，直到他從一端到另一端檢閱完了全部騎兵和步兵。檢閱完畢而艦船也已被拉下來出海的時候，克謝爾克謝斯便下了戰車，乘上西頓的一隻船，坐在那裏的黃金華蓋下面，航過了各船的船頭，和對陸軍一樣地向他們進行詢問並且也下令把回答記錄下來。船上的首長們把船駛到離岸四普列特隆的地方並在那裏投錨列隊，船頭向著陸地的方向，而船上的戰鬥員也武裝起來作了戰鬥的準備。克謝爾克謝斯是通過船頭和陸地之間的海面對它們進行了檢閱的。

101 在他同樣地檢閱了他的全部水師並從船上下來之後，他便派人去召見隨他一同出征希臘的阿里司通的兒子戴瑪拉托斯。他叫來戴瑪拉托斯之後就這樣問他說：「戴瑪拉托斯，現在我很高興問你一些想問你的事情。你是一個希臘人，而你和跟我談話的其他希臘人都告訴過我，你是一個既非最小又非最弱的希臘城市的人。因此告訴我，希臘人有沒有力量抵抗我？因爲我以爲，縱然全體希臘人和所有其他西方的人們集合到一起，如果他們不同心協力的話，他們也沒有力量受得住我的進攻。雖然如此，我還是願意聽一聽你的意見，聽一聽你對於他們的看法。」聽到這個詢問之後，戴瑪拉托斯就回答說：「國王，我還是講老實話呢，還是講你歡喜聽的話呢？」克謝爾克謝斯要他心裏想什麼就講什麼，並告他說他決不會因此便失寵於國王的。

102 戴瑪拉托斯聽到這話以後就說：「國王啊，既然你命令我無論如何都要講老實話，並且要我講今後不會被你發現是虛僞的話，那麼我就說，希臘的國土一直是貧窮的，但是由於智慧和強力的法律，希臘人自己卻得到了勇氣；而希臘便利用了這個勇氣，驅除了貧困和暴政。對於居住在多里斯地方的全體希臘人，我是贊賞他們的，不過下面我不打算把他們一一談到，而只談一談拉凱戴孟人。關於他們，我要說的是，首先，他們決不會接受你那些等於使希臘人變爲奴隸的條件；其次，縱使在所有其餘的希臘人都站到你的這一面來的時候，他們也會對你進行抵抗的。至於他們的人數，你無需問我會作出我所說的那樣事情來的人有多少，一千人也好，比一千人多或是少也好，總之他們的軍隊是一定要對你作戰的。」

103 克謝爾克謝斯聽到這話之後笑了，他說：「戴瑪拉托斯，你講的這是什麼話！一千人竟然敢和我的這樣大的一支軍隊作戰！我要你告訴我，你說如果你是這些人的國王的話，你是不是願意立即同十個人作戰？而且如果你的國家的規定是像你所說的那樣，則你既然是他們的國王，當然也就按照你們的法律對付多一倍的敵手了。這樣，如果那些希臘人的每個人對付我的軍隊的十個人的話，那你顯然就一定要對付二十個人了。只有這樣才能證明你講的話是眞實的，可是如果這樣給自己大吹大擂的你們希臘人，和你以及來謁見我的希臘人身材一樣的話，那麼恐怕你所講的話也不過是一種無聊的法螺罷了。讓我們根據所有可能發生的事情來考察一下罷：一千人、一萬人或甚至五萬人也好，如果他們都是同樣地自由而不是在一個人的統制之下的時候，他們怎麼能夠抵抗我這樣大的一支軍隊呢？而假使你們希臘人有五千人的話，那我們比他們每一個人還要多一千人。因爲，倘若他們按照我們的習慣由一個人來統治的話，那他們就由於害怕這個人而會表現出超乎本性的勇敢，並且在鞭笞的威逼之下可以在戰場之上以寡敵衆；可是當他們都被放任而得到自由的時候，這些事情他們便都作不到了。在我個人來看，我以為縱令希臘人的人數和波斯人相等，他們和波斯人單獨作戰也不會是波斯人的對手。老實講，你所說的這種能力，正只是我們，而不是別的人才有，不過即使在我們中間這樣的人也不多，而只有少數。在護衛我的波斯槍兵當中，有一些人是可以不費什麼氣力便同時對三個希臘人作戰的，你根本不知道這些人，卻在這裏大講昏話了。」

104 戴瑪拉托斯聽了這話之後，就回答說：「國王啊，我從一開始就知道，如果我講了真實話，你聽了是會不高興的。但既然你一定要我盡可能講我自己心裏的話，那我就把斯巴達人的情況向你講了罷。雖然如此，至於我是否對他們有什麼偏愛，你自己是知道得最清楚的，斯巴達人奪去了我的尊榮的職位以及我一家世世代代的特權，並且使我變成了一個沒有祖國的亡命者。而正是你的父親收容了我，把住所和生計賜給了我。如果一個頭腦清醒的人拒絕接受你父親的顯然的好意，那是不可想像的事情，他倒是應當對這件事表示最懇切的感謝的。至於我個人，我不能擔保我能夠和十個敵人作戰，也不能擔保我能夠和兩個敵人作戰，而如果問我自己的意思，則我甚至不願和一個敵人作戰；可是在迫不得已的時候，或是在有什麼重大的事情使我非如此作不可的時候，我也甘願和自稱一個可頂三個希臘人的那些人當中的一個人作戰。拉凱戴孟人的情況也是這樣。在單對單作戰的時候，他們比任何人都不差；在集合到一起來作戰的時候，他們就是世界上無敵的戰士了。他們雖然是自由的，但是他們並不是在任何事情上都自由的。他們受著法律的統治，他們對法律的畏懼甚於你的臣民對你的畏懼。我可以拿出證據來證明他們的確是這樣：凡是法律命令他們作的，他們就作，而法律的命令卻永遠是一樣的，那就是，不管當前有多麼多敵人，他們都絕對不能逃跑，而是要留在自己的隊伍裏，戰勝或是戰死。如果我說的這番話在你看來只不過是愚蠢的話，那今後就不要叫我講話好了；因為我現在的話也是迫不得已才說的。不過，國王啊，我是希望你的希望能實現的。」

105 以上就是戴瑪拉托斯回答的話。克謝爾克謝斯把他的這話當成笑談，而沒有發火，他把他十分客氣地送走了。在和戴瑪拉托斯談了話以後，克謝爾克謝斯便任命美伽多司鐵斯的兒子瑪司卡美斯擔任那個多里司科斯的太守並黜免了大流士過去在那裏任命的人。隨後，他便率軍經由色雷斯向希臘進發了。

106 他留下的這個瑪司卡美斯乃是這樣的一個人，克謝爾克謝斯只把贈品賜給這個人，因爲他認爲在他或大流士所任命的一切太守當中，瑪司卡美斯是最勇敢的人物。他每年都下賜贈品，克謝爾克謝斯的兒子阿爾托克謝爾克謝斯對於瑪司卡美斯的後裔也是這樣。原來在這次遠征之前，在色雷斯和海列斯彭特的到處就都設置太守了。那個地方的全部太守，除去多里司科斯的太守之外，在這次遠征之後全給希臘人趕下來了；但是任何人卻都不能把多里司科斯的瑪司卡美斯趕下來，雖然有許多人試圖這樣作。由於這個原因，波斯的國王在任何時候都把贈品賜給他。

107 在那些給希臘人趕下來的人們當中，克謝爾克謝斯認爲沒有一個勇敢的人物，例外的只有治理埃翁的波該司。克謝爾克謝斯對這個波該司從來就是贊不絕口的，而對於波該司死後還生活在波斯的他的兒子們，則給以極大的榮譽，實際上波該司看來也完全是值得受到一切贊揚的。當他給在米爾提亞戴斯的兒子奇蒙統率之下的雅典人包圍起來的時候，他本來是可以在締結城下之盟之後離開埃翁並返回亞細亞的。雖然如此，他卻不願這樣作，因爲他害怕國王會以爲他是由於怯懦而貪生怕死的，這樣他便抵抗到底了。而當他的城內糧食用盡的時候，他便架起一個大木堆，把他自己的妻子兒女、妾孌、僕從等人掃數殺死投到火裏，然後把城裏的全部金銀拿出來從城上投到司妥律蒙河內。作完這一切之後，他自己也就投到火堆裏燒死了。因此直到今天波斯人還稱贊他，這完全有道理的。

108 克謝爾克謝斯從多里司科斯出發向希臘進軍，在征途上他不拘遇到什麼人，都強迫這些人加入他的軍隊。原來我在前面已經說過，直到帖撒利亞的全部土地都由於美伽巴佐斯和在他之後的瑪爾多紐斯的征服而受到奴役並成了國王的納貢者。在他從多里司科斯上路以後，他首先經過了薩摩特拉開人的要塞，而在最西端修建的那座要塞是一座稱爲美撒姆布里亞的市邑。接著它的則是塔索斯人的司妥律美市。在這兩個市邑之間流著一條利索司河，這條河現在竟不夠克謝爾克謝斯大軍的飲用而給搞乾了。所有這一帶的地方過去是叫作伽拉伊凱，現在則叫作布里昂提凱。但若按照正當的根據，這也應當是奇科尼亞人的地方。

109 在渡過了當時已經乾涸的利索司河的河床之後，他又走過了瑪羅涅亞、狄凱亞和阿布戴拉這幾個希臘城市。在走過了這些城市以後，他又經過了它們附近的一些有名的湖；在瑪羅涅亞和司妥律美之間有伊茲瑪里司湖，在狄凱亞附近有比司托尼斯湖，而特拉沃斯河與孔普桑托斯河便是流入這個湖的。在阿布戴拉附近，克謝爾克謝斯並沒有經過任何有名的湖，卻渡過了流入大海的涅司托斯河。從這些地方他又經過了大陸上的一些城市，其中一個城市的附近有一個周匝大約有三十斯塔迪昂長的湖，湖水很鹹而湖中又有很多的魚。單是叫馱畜喝水就把這個湖給喝乾了。這個城市叫作披司圖洛斯。克謝爾克謝斯在進軍的道路上經過了沿海的這些希臘城市，這些城市都是在他的左面的。

110 他所經過的土地上面的色雷斯人的部落，有帕依托伊人、奇科尼亞人、比司托尼亞人、撒帕依歐伊人、戴爾賽歐伊人、埃多諾伊人、撒妥拉伊人。這些部落當中凡是住在海邊的都上船參加了水師，我上面所提到的住在內地的人們則全部被迫參加了陸軍，例外的只有撒妥拉伊人。

111 據我們所知道的，撒妥拉伊人從來沒有受過任何人的役使，在全體色雷斯人當中，只有他們是直到今天還保持著自由的。原來他們居住在覆蓋著各種樹木和雪的高山上，而且他們又是非常卓越的戰士。狄奧尼索斯的神託所便是屬於他們的，這個神託所位於最高的一座山峰之上，這個廟的預言者（解釋神託的人——譯者）是撒妥拉伊人當中的倍索伊人，降神的人，則和在戴爾波伊的情況一樣，也是一個女祭司。這裏並沒有什麼比那裏更加玄妙的事情。

112通過了上述的地方之後，克謝爾克謝斯繼而又通過了披埃里亞人的要塞，一個要塞叫作帕格列斯，一個要塞叫作培爾伽莫斯。在這條道路上，他是沿著這些要塞的城牆行進的，在他的右手就是既高且大的龐伽伊昂山；山上有披埃里亞人、歐多曼托伊人、特別是撒妥拉伊人所開發的金銀礦。

113經過居住在龐伽伊昂山以北的、稱爲多貝列斯人和帕伊歐普拉伊人的派歐尼亞人所住的地方之後，他便向西行進，一直來到了司妥律蒙河和埃翁市。治理埃翁市的就是我剛才提到的那個當時還在世的波該司。在龐伽伊昂山周邊的全部地區是叫作披利斯。這個地方向西一直伸展到流入司妥律蒙河的安吉鐵斯河，南面到司妥律蒙河本身；瑪哥斯僧在這條河的岸上屠宰白馬來獻神以求吉兆。

114在河岸上施行了這樣的以及其他一些魔法之後，他們便在埃多諾伊人的一個叫作「九路」的市邑那裏渡過了河，因爲他們發現那裏已經架上了橋。在他們知道「九路」是那個地方的名字以後，他們便把當地人當中那個數目的男孩子和女孩子活埋了。活埋是波斯人的一種習慣。我聽說當克謝爾克謝斯的妻子阿美司妥利斯到了老年的時候，她活埋了波斯的名門子弟十四人，她這樣作是爲了替自己向傳說中的冥界之神表示謝意。

115大軍從司妥律蒙出發，經過了阿爾吉洛斯；阿爾吉洛斯是一座希臘的市邑，位於向著日落的方向展開的海岸上。這個市邑所在的地方以及它的上方是叫作比撒爾提亞。克謝爾克謝斯從那裏，左手沿著波賽東神殿附近的海灣，穿過了他們所說的敍列烏斯原野，路過一個叫作司塔吉洛斯的希臘城市而到達了阿坎托司。他把所有這些部落以及居住在龐伽伊昂山附近的人們都強制地編入自己的軍隊，就好像對我在前面已經提到的那些人的辦法一樣，住在沿岸地方的人參加他的水師，住在內地的人們則參加他的陸軍。對於國王克謝爾克謝斯進軍的這一條道路，色雷斯人既不加毀壞，也不在上面播種什麼，而直到我的時候，他們對這條路都是十分尊重的。

116 當克謝爾克謝斯來到阿坎托司的時候，他便宣布說阿坎托司人是他的客人和朋友，並且把美地亞的衣服送給他們，克謝爾克謝斯稱揚阿坎托司人是因爲他看到他們作戰時十分賣力氣，同時又聽到了他們開鑿運河的事情。

117 正當克謝爾克謝斯留在阿坎托司的時候，監督開鑿運河的阿爾塔凱耶斯病死了。這個出身阿凱美尼達伊家的人是克謝爾克謝斯十分寵信的。（由於他的身高五王室佩巨斯差四達克杜洛斯），他的身軀在波斯是最高的，他的聲音也是世界上最響亮的。因此克謝爾克謝斯對阿爾塔凱耶斯表示了深切的哀悼，爲他舉行了極其豪華的殯儀和葬禮，全軍都來爲他修築墳塋。阿坎托司人按照神託的指示把阿爾塔凱耶斯當成是一個英雄，他們呼叫著他的名字向他奉獻犧牲。克謝爾克謝斯就是這樣地哀悼了阿爾塔凱耶斯的死。

118 但是歡迎克謝爾克謝斯的軍隊並且款待了國王本人的希臘人卻遭到了極大的不幸，他們甚至被逐出了自己的家宅。原來當塔索斯人代表他們本土的市邑迎接和款待克謝爾克謝斯的軍隊的時候，他們選出了市民中間一位最知名的人士、奧爾蓋烏司的兒子安提帕特洛斯主持這件事，可是他在向他們報賬的時候，他說他爲了這次宴會花費了四百塔蘭特的白銀。

119 在所有其他的市邑，當事人所提出的報告也都和這差不多。原來設宴的命令既然在很久以前便已發下來，而這事又被認爲十分重要，因此宴會大概是這樣安排的。首先，當市民從到各處宣告的傳令人那裏一聽到這件事的時候，他們立刻便把市內的穀物在他們中間分配，在好多個月裏製造小麥粉和大麥粉。此外，他們爲了款待大軍，又不惜出最高的價錢買了最好的家畜來飼育，並把陸禽和水禽分別養在籠子裏和池子裏。他們還製造金銀的杯盞、混酒鉢以及食桌上的各種各樣的用具。這些東西是爲國王本人以及陪同他進餐的人們製作的。對於軍隊的其他人等，則他們只是供應食物罷了。在大軍到來的時候，那裏建起了一座帷幕供克謝爾克謝斯本人居住，而他的軍隊便都住在露天裏了。到用膳的時候，招待的人們眞是忙得不可開交。而在大軍盡情吃飽並在那裏住了一夜之後，第二天他們就從地上拆卸了帷幕，收拾了一切道具用品，然後便開拔了，他們把所有的東西都帶走了，無論什麼都沒有留下來的。

120 因此，一個名叫美伽克列昂的阿布戴拉人就說出了甚爲得體的話。他勸告阿布戴拉人，不分男女老少全都到他們的神殿中去，在那裏懇求諸神，將來保護他們使他們免遭會到臨他們頭上的所有災難的一半，而且他還勸告他們爲過去照顧他們的事情衷心感謝諸神，因爲克謝爾克謝斯每天並沒有吃兩頓飯的習慣。不然的話，如果他們奉命以和晚餐同樣的方式準備一頓早餐的話，則阿布戴拉人就不得不或是在克謝爾克謝斯到來之前逃跑，或是留在那裏等候他，以便遭到最悲慘地滅亡的命運。

121 這樣，雖然他們經歷了很大的困難，卻仍舊完成了指定給他們的任務。而克謝爾克謝斯在離開阿坎托司的時候曾下令給他的水師提督們⑭，要水師在鐵爾瑪等候他，在這之後，他便把他的船隻打發開，要它們繼續自己的航程了。鐵爾瑪臨著鐵爾瑪灣，鐵爾瑪灣就是因這個鐵爾瑪而得名的。原來，他聽說，這是一條最便捷的道路。至於從多里司科斯到阿坎托司，陸軍是以這樣的次序行進的。克謝爾克謝斯把全部

---

⑭從施本 τοῦ ναυτικοῦ στρατοῦ。——譯者

陸軍分成三部分。他指令一部分沿著海岸與水師並進，這部分軍隊的統帥是瑪爾多紐斯和瑪西司鐵斯；另三分之一的陸師則奉命向內地挺進，這部分軍隊的統帥是特里坦塔伊克美斯和蓋爾吉司；第三部分是克謝爾克謝斯自己跟著，它在前兩部分中間行進，而它的統帥則是司美爾多美涅斯和美伽比佐斯。

122 因此，當水師駛離了克謝爾克謝斯並通過在阿托斯那裏開鑿的運河而到達阿薩、披羅洛斯、辛哥斯、撒爾鐵諸市邑所在的海灣時，就也從這些市邑把兵員吸收到船上來，然後便全速向鐵爾瑪灣進發了。水師繞過了托羅涅的阿姆培洛斯岬，駛過了托羅涅、伽列普索斯、謝爾米列、美庫倍爾納、歐倫托斯等希臘人的市邑並從這些市邑征收了船隻和兵員。那個地方叫作西托尼亞。

123 克謝爾克謝斯的水師從阿姆培洛斯岬一直駛行到帕列涅地方向海中最突出的那個卡納司特隆岬並從現在稱爲帕列涅，但過去稱爲普列格拉的地方的那些市邑，即波提戴阿、阿庇提司、涅阿波里司、埃給、鐵拉姆波司、司奇歐涅、門戴、撒涅諸市徵發了船隻和兵員。他們沿著這一海岸行駛，到指定的地點去，而且從在帕列涅附近、和鐵爾瑪灣相接的諸市邑取得了兵員；這些市邑的名字是里帕克索斯、科姆布列阿、里賽、吉戈諾司、坎普撒、司米拉、埃涅亞。這些市邑所在的地方到今天還叫作克羅賽阿。從我上面所列舉的市邑當中的最後一個市邑埃涅亞，水師又向鐵爾瑪本灣和米哥多尼亞地區進發，一直達到指定的地點鐵爾瑪，以及辛多斯城和阿克西奧司河岸上的卡列司特拉城；阿克西奧司河是米哥多尼亞地區和波提埃阿地區交界，而在波提埃阿地方沿海的一塊狹窄的土地上，則有伊克奈和培拉兩個市邑。

124 因此水師就在阿克西奧司河、鐵爾瑪市以及它們之間的市邑附近投錨列陣，等候國王的到臨。但是克謝爾克謝斯和他的陸軍從阿坎托司出發，卻橫穿過內地，想由這個捷徑直達鐵爾瑪。他們穿過派歐尼亞和克列司托尼亞兩個地方而達到埃凱多洛斯河，這個埃凱多洛斯河發源於克列司托尼亞地方，流經米哥多尼亞地方而注入阿克西奧司河河畔的沼澤地帶。

125 正當著克謝爾克謝斯向著這個方向進軍的時候，獅子襲擊了他那載運著糧食的駱駝。原來獅子每到夜裏便離開了它們的巢窟專門出來捕捉駱駝，而對於人和駄畜等其他的東西則不聞不問。我奇怪是什麼理由迫使獅子對其他一切不加聞問，卻專門捕捉在當時之前它們從來沒有看見過或是試過的動物駱駝。

126 在那些地方，獅子是很多的；那裏還有野牛，野牛有人們輸入希臘的非常巨大的角。獅子出沒之地的邊界是流經阿布戴拉的涅司托斯河和流經阿卡爾那尼亞的阿凱洛司河。不拘是在涅司托斯河以東的歐羅巴前部地方，還是在阿凱洛司河以西的大陸其他地方，人們都看不到一隻獅子。但是在這兩條河之間，人們是看得到獅子的。

127 克謝爾克謝斯到達鐵爾瑪之後，便把軍隊駐屯在那裏了。軍隊在沿海地帶張起的營幕從鐵爾瑪和米哥多尼亞地方一直伸展到呂第亞斯河和哈里亞克蒙河；這兩條河合流成一條成為波提埃阿和馬其頓領土之間的境界的河流。異邦軍就在這個地方紮營了。在上面所提到的河裏，從克列司托尼亞地方流出的埃凱多洛斯河是僅有的一條不夠大軍飲用的河流，因而它就乾涸了。

128 當克謝爾克謝斯從鐵爾瑪看到帖撒利亞的極其巍峨的奧林波斯山和歐薩山，知道佩涅歐司河流經它們之間狹窄的峽谷，並得悉這裏有一條通向帖撒利亞的道路的時候，他便很想看一看佩涅歐司河的河口，因為他打算沿著上手的道路通過馬其頓人居住的內部高地到佩萊比亞人的地區和戈恩諾斯市，因為他聽說這乃是最安全的一條道路。既然這樣想，他就這樣作了。在他想作這樣一件什麼事情的時候他總是乘坐在西頓人的船上面的。他登上西頓人的船以後，他便向其他的人們發出了啓航的信號，卻把他的陸軍留在原來的地方。當他來到並看了佩涅歐司河的河口時，他大為吃驚了。於是他把嚮導人召了來，向他們垂詢是不是可以改變河流的水道，使它循著另一條水道入海。

129 據傳說，帖撒利亞在古時是一個湖，四周有崇山峻嶺圍繞著。山麓相交在一處的佩里洪山和歐薩山封住了它的東面，向著朔風的那一面（即北面——譯者）有奧林波斯山，西面有品多斯山，向著日中和向著南風的一面則有歐特律司山作爲屏障。而在上述諸山當中就是帖撒利亞的谷地了。而既然有許多河流入這個谷地，而其中最著名的五條河的名字是佩涅歐司、阿披達諾斯、歐諾柯挪斯、埃尼培烏司、帕米索斯，因此當這五條河從帖撒利亞四周的山向一處匯流的時候，它們各有自己的名稱，但它們最後卻匯流到一起，經過一條狹窄的峽谷流注入海。但它們一經匯流到一起，佩涅歐司的名稱便占了上風並使其他的河川無名了。據說在古昔的時候，是還沒有這個峽谷和河口的，但那些河流以及那些河流之外的波依貝司湖，雖然它們沒有像今天一樣的名稱，水量卻和今天同樣地多，這樣便把整個的帖撒利亞變成了一片海。不過，按照帖撒利亞人自己的說法，佩涅歐司流經的這個峽谷是波賽東造成的，這話頗有道理。因爲什麼呢？原來不管是誰，只要他相信波賽東震撼過大地，而因地震產生的裂痕乃是神的事業，那他只要一看這個峽谷，就會相信這是波賽東造成的。在我來看，顯然是地震的力量才使這些山裂開的。

130 克謝爾克謝斯向他的嚮導打聽佩涅歐司河是不是有別的出海口，由於這些人十分熟悉當地的情況，便回答他說：「國王，這條河除去這個出海口之外，再沒有其他的出海口了，因爲在全部帖撒利亞的四周，是有一圈山的。」據說，克謝爾克謝斯在聽了這話之後就說出了下面的話：「這些帖撒利亞人是賢明的。由於其他的原因，特別是由於他們有一塊容易被征服和迅速被攻陷的國土，故而很久之前他們考慮更好的對策時就注意到了這一點。原來只需用河堤堵住峽谷並使河流離開當前的河道而把河水引到他們的土地上來，這樣全部帖撒利亞，除去山以外，就都要浸沒在水下面了。」他講這話的時候，特別是指著阿列烏阿斯的兒子們說的，因爲他們在帖撒利亞人當中是第一批向國王投誠的。克謝爾克謝斯認爲，當他們向他表示友好的時候，他們是代表著他們的全民族講話的。他講了這話並結束了他的視察以後，就乘船回到鐵爾瑪去了。

131 他在披埃里亞一帶停留了幾天，因爲他的三分之一的軍隊都在馬其頓的山區地帶開闢道路以便使他的軍隊能夠從這條道到佩萊比亞人的地區去。這時，被派往希臘去要求土的使者們回來了，他們有的是空著手回來的，有的是帶著土和水回來的。

132 獻出了土和水的人是：帖撒利亞人、多羅披亞人、埃尼耶涅斯人、佩萊比亞人、羅克里斯人、瑪格涅希亞人、瑪里司人、普提奧梯斯的阿凱亞人、底比斯人以及除鐵司佩亞人和普拉塔伊阿人之外的所有其他的貝奧提亞人。爲了對付這些人，和異邦人宣戰的希臘人立下了一個嚴肅的誓言；誓言說，如果他們在戰爭中順利的話，他們就把自願向波斯人投誠的全部希臘人的財產的十分之一奉獻給戴爾波伊的神。以上就是希臘人所立的誓言。

133 但是克謝爾克謝斯卻沒有派使者到雅典和斯巴達去要求土，理由是這樣。在當初大流士派人向他們提出同樣要求的時候，一個城市把要求者投到巴拉特隆（地坑——譯者）裏去，另一個城市則把要求者投到井裏去，他們命令要求者從這裏取得土和水帶給國王。就因爲這個原因，克謝爾克謝斯才不派人去作這樣的要求。雅典人這樣對待來使，除去他們的土地和他們的城市遭到蹂躪以外，此外還遇到怎樣的災難我說不出了，但是我以爲這不是由於上述的原因，而是還有另外的原因。

134 不過，拉凱戴孟人確是遇到了阿伽美姆農的使者塔爾圖比歐斯的神譴的。原來在斯巴達有一座塔爾圖比歐斯的神殿，而塔爾圖比歐斯的子孫則稱爲塔爾圖比阿達伊家。他們享有擔任自斯巴達派出的一切使者的特權。在發生了上述的事情之後，斯巴達人在奉獻犧牲時不能取得吉兆，而且在一個很長的時期裏都是這樣。拉凱戴孟人爲這件事十分發愁，認爲這是一件很倒霉的事情。他們常常召集民衆大會並發出布告徵詢是否有拉凱戴孟人願意爲斯巴達獻出自己的生命，於是兩名出身高貴而又十分富有的斯巴達人，阿涅利司托斯的兒子司佩爾提亞斯和尼柯拉歐斯的兒子布里斯自願爲了在斯巴達被處死的、大流士的使節而向克謝爾克謝斯償命。於是斯巴達人便把他們派到美地亞人那裏去送死了。

135 這些人的勇敢行爲是值得贊嘆的，而我下面記述的、他們所講的話也是這樣。正在他們到蘇撒去的時候，他們來到了一個名叫敍達爾涅斯的波斯人的地方，這是亞細亞沿海地帶居民的一位統帥。他歡迎並且款待了他們，而正當他款待他們的時候，他就問他們說：「拉凱戴孟人，爲什麼你們不願和國王交朋友呢？只要看一看我和我的情況，你們就可以判斷出來，國王是多麼善於敬重有品德的人物。因此，你們（在他看來顯然你們也是有品德的人物）如果爲國王效勞的話，那你們便都可以被賜以一塊希臘的土地而成爲統治者。」但斯巴達人回答他說：「敍達爾涅斯，你對我們的勸告是欠公平的，因爲你的勸告在一方面來說雖然說明你是有經驗的，可是在另一方面，卻又說明你是沒有經驗的。對於作一名奴隸，那你是知道得十分清楚的，但是你卻從來沒有體驗過自由，不知道它的味道是不是好的。如果你嘗過自由的味道的話，那你就會勸我們不單單是用槍，而且是用斧頭來爲自由而戰了。」

136 他們就是這樣回答了敍達爾涅斯的。從那裏他們來到蘇撒，見到了國王，可是當國王的衛兵命令並且想強制他們匍匐跪拜在國王面前的時候，他們說他們決不肯這樣作，即使他們被頭朝下地栽倒也決不肯這樣作，因爲他們說他們沒有對凡人跪拜的習慣，而且這也不是他們此來的目的。在他們頑強地拒絕了這樣作以後，他們又說：「美地亞人的國王啊，拉凱戴孟人把我們派來是爲了給你那在斯巴達被殺死的使者

來償命的。」此外還有其他諸如此類的話。克謝爾克謝斯聽他們講這話的時候，就十分豁達大度地說，他是不願意學拉凱戴孟人的作法的，他認爲他們殺死了來使從而破壞了全人類的法律，但是他卻不願作出他責備他們不應作的事情，也不想作爲報復把他們殺死，從而使拉凱戴孟人免除了這一罪惡行爲。

137 這樣，雖然司佩爾提亞斯和布里斯返回了斯巴達，斯巴達人還是用這樣的行動一時地緩和了塔爾圖比歐斯的憤怒。但是在那之後很久，根據拉凱戴孟人的說法，這種憤怒又在伯羅奔尼撒人與雅典人之間的戰爭中被引起來了。在我看來，這的的確確是表現了上天的意旨的。塔爾圖比歐斯的怒氣要發洩到使者的身上，在不得到滿足時決不罷休，這乃是十分合乎正義的事情。但是這怒氣卻發洩到爲了國王發怒的緣故而到國王那裏去的人們的兒子，即布里斯的兒子尼柯拉歐斯和司佩爾提亞斯的兒子阿涅利司托斯身上，這一點就使我看的很清楚，這是上天因塔爾圖比歐斯發怒之故而作出來的事情。這個阿涅利司托斯在滿載兵員的商號上航行時，曾征服過提律恩司地方出身的哈里埃斯人。這兩個人曾奉拉凱戴孟人的派遣出使亞細亞。他們給色雷斯國王鐵列歐司的兒子西塔爾凱司和阿布戴拉人披鐵阿斯的兒子尼姆波多洛斯所出賣，結果在海列斯彭特上的比桑鐵被捕並給送到阿提卡去，就在那裏給雅典人殺死了。和他們一同喪命的，還有一個科林斯人阿迪曼托司的兒子阿利司鐵阿斯。

不過這是在國王遠征以後多年發生的事情了，現在我仍要接著我前面的話講下去。

138 國王在這次出征中，是揚言打算進攻雅典的，但他進攻的目的實際上卻是整個希臘。希臘人在很早以前便聽說這一點，不過並不是他們所有的人都抱著同樣的看法。那些曾向波斯人獻出了土和水的人們在心裏是有底的，因爲他們相信異邦人不會加害於他們；但是那些拒絕獻納土和水的人們卻是十分害怕，因爲在希臘並無足夠的船隻可以抗擊侵略軍，而且他們當中大部分人都不想作戰，而是急於想站到美地亞人

的那一面去。

139 在這裏，我不得不發表自己的一個見解，雖然大多數的人是不會喜歡這個見解的。可是，如果在我看來是眞實的見解，那我是決不能把它放在心裏不講出來的。如果雅典人因逼臨到頭上的危險而驚惶萬狀，從而離棄他們自己的國家，或者他們雖不離開，卻留在那裏向克謝爾克謝斯投降的話，那麼就沒有任何人想在海上和國王對抗了。因此，如果沒有人在海上和他對抗的話，我以爲在陸上就要發生這樣的事情。雖然伯羅奔尼撒人在地峽上修築了不是一層，而是好幾層城壁作爲他們的屏障，拉凱戴孟人的同盟者還是會離開他們，直到最後只剩下他們自己。他們的同盟者離開他們不是自願如此，而是不得已的，因爲這些同盟者的城市一座座地給異邦人的水師攻陷了。既然這樣地被孤立起來，他們就勢必得對敵人大戰一場並光榮地戰死。這便是他們會遭到的命運，否則在他們看到希臘的其他部分都站到敵人一面去的時候，他們也就會和克謝爾克謝斯締結城下之盟了。上述兩種情況不管是哪一種發生，希臘都是會給波斯人征服的。因爲，當國王制霸海上之際，我看不出在地峽上修築城壁會帶來了什麼好處。但實際上，如果說雅典人乃是希臘的救主的話，這便是十分中肯的說法了。雅典人站到哪一方面，看來優勢就會轉到哪一方面。雅典人既然認爲希臘應當繼續保有它的自由，他們便激勵剩下的沒有向波斯人屈服的那一部分希臘人，而且正是他們這些人，繼諸神之後（遵照諸神的意旨——譯者），擊退了國王。來自戴爾波伊並使他們感到很大恐怖的可怕的神託也沒有打動他們離開希臘，他們堅守在自己的國土上面，鼓起勇氣來等候侵略他們國土的人們。

140 原來雅典人曾派遣使節到戴爾波伊去，請求給他們一個神託。當他們在神殿裏行禮如儀並坐到內部的聖堂裏面去的時候，那個名叫阿利司托尼凱的佩提亞就向他們回答說：

不幸的人們啊，爲什麼你們還坐在這裏？
逃離你們的家，你們那輪形城市的高聳入雲的衛城，
跑到大地的盡頭去罷。
身軀和頭同樣都不能安全無恙，
下面的腳、手，以及它們中間的一切也都無濟於事，
它們都要毀滅掉。
因爲火和凶猛的阿萊司神（戰神——譯者）飛快地駕著敘利亞的戰車，要把這座城市毀掉。
他要把不僅僅是你們的，而是許許多多的城砦毀掉。
他還要把神的許多神殿交付火焰吞食；
它們立在那裏嚇得流汗，由於害怕而戰慄。
從它們的屋頂有黑色的血流下來，預示著他們的無可避免的凶事。
因此我要你們離開神殿，拿出勇氣來制服你們的不幸遭遇罷。

141 當雅典的使者們聽到這些話時，他們眞是驚恐萬狀。由於這一十分不吉利的預言，他們已陷於絕望了。這時戴爾波伊人當中的最知名的一位人士、安多羅布洛斯的兒子提蒙就向他們建議，要他們帶著表示請求庇護的橄欖枝，再一次到那裏去，這樣就是以請求庇護的人的身分去請求神託了。雅典人按照他的話作了。他們說：「主啊，看在我們把這些請求庇護的橄欖枝帶到你跟前這件事的面上，請賜給我們關於我們祖國的一個比較好的預言罷。不然的話，我們就不離開你的神殿，直到死都一直留在這裏了。」於是，佩提亞便向他們宣布了第二個神託：

用許多話來請求，用高明的意見來勸說，
帕拉司都不能緩和宙斯的怒氣。
然而我仍願向你們講一句像金剛石那樣堅硬的話。
在開克洛普斯聖城和神聖的奇泰谷地裏目前所保有的一切
都被奪去的時候，
遠見的宙斯終會給特里托該涅阿一座難攻不落的木牆
用來保衛你們和你們的子孫。
且莫安靜地居留在你們原來的地方，因爲從大地方面
來了一支騎兵和步兵的大軍；你們倒應當在他們來時撤退，
把背向著敵人；不過你們終有一天會和他們交戰的。
神聖的撒拉米司啊！在播種或是收獲穀物的時候，
你是會把婦女生的孩子們毀滅掉的。

142 從表面上來看，並且實際上，這個神託都是比前一個神託要溫和些的。於是他們把它記錄下來，就返回雅典了。當使節們離開了戴爾波伊並把神託報告給人民的時候，大家對於這一神託的含意作了許多解釋，而在人們發表的許多看法當中，特別有兩種最相反的看法。有一些比較年老的人認爲，神的啓示的意思是應當把衛城留下，因爲在古昔，雅典衛城的四周是有一道柵欄的，而在他們看來木牆就是指這道柵欄了。但是另外的一些人則以爲神所說的木牆是指著他們的船隻說的，而他們的意思是什麼都不作，只把船隻裝備起來。不過在佩提亞的回答中，它的最後兩行

神聖的撒拉米司啊！在播種或是收獲穀物的時候，
你是會把婦女生的孩子們毀滅掉的。

卻使主張木牆即是船隻的那些人難於自圓其說了。這兩行詩句使那些以爲他們的船便是木牆的人們十分困惑了。原來那解釋神託的人認爲這兩行詩的意思是：他們如果在撒拉米司附近的海上準備作戰的話，他們是會在那裏全軍覆沒的。

143 這時有一個不久之前才顯露頭角而成爲一流人物的雅典人，他的名字叫作鐵米司托克列斯，人們稱他爲尼奧克列斯的兒子。他說解釋神託的人並沒有把神託的全部含意正確地闡述出來。他的看法是這樣。如果這些詩句所談的眞是雅典人的話，那神託就不會用一個這樣溫和的詞，它就要說殘忍的撒拉米司，而不會說神聖的撒拉米司了，因爲當地的居民實際上都是要死在那裏的。因此他以爲，如果要正確理解這個神託的話，則神的這番話的意思，勿寧說是指著敵軍，而不是指著雅典人說的。他勸告說，他們應當相信木牆是指著他們的船隻說的，因而要作海上作戰的準備。鐵米司托克列斯把自己的看法向雅典人宣布之後，雅典人便認爲他對神託的解釋是要比神託解釋者的解釋高明，因爲後者不願意雅典人作海戰的準備，簡言之，也就是乾脆不進行抵抗，而是離開阿提卡，移居到別的什麼地方去。

144 鐵米司托克列斯在這之前提出過一個十分合於時宜的意見。原來雅典人從拉烏利昂地方的礦山曾爲自己的國庫取得巨額的歲入，因而當著他們從這部分的錢裏每人要分得十德拉克瑪的時候，鐵米司托克列斯便勸告雅典人不要分配這筆錢，而是用這筆錢修造二百隻戰船，也就是說，用來對埃吉納作戰。正是由於爆發了這次的戰爭這才拯救了希臘，因爲它使雅典人不得不從事於海上作戰的準備。這些船隻並未用於當初建造它們時的目的，可是在希臘需要它們的時候，結果卻用上了。這樣，這些船便修造起來並且已經爲雅典人服務了，不過現在他們在這之外還要修造更多的船隻。在他們接到神託並進行討論以後，他們便決定，他們應該相信神意，使他們的全部人民再加上願意和他們聯合到一起的所有其他希臘人都乘上他們的船隻，用水師來邀擊前來侵犯的異邦人。

145 以上就是雅典人所得到的神託了。所有那些願意希臘今後會好起來的希臘人於是集合到一起，相互商議並相互保證了信誼，在這以後他們就議決首先結束他們之間的一切不和和相互之間的戰爭，不管它們是由什麼原因引起的。在其他的人們中間固然也有戰爭，不過其中最大的卻是雅典人和埃吉納人之間的戰爭。他們一聽說克謝爾克謝斯和他的軍隊已經在撒爾迪斯，他們便計劃把間諜派到亞細亞去，以便偵察國王的活動情況，同時又把使節派出去，有些人是到阿爾哥斯，這些人是想把阿爾哥斯人變成和他們共同抵抗波斯人的同盟者；另一些人是到西西里地方狄諾美涅斯的兒子蓋隆那裏去；再一些人是到柯爾庫拉去爲希臘去請求援助；還有一些人則是到克里地去。原來他們以爲，既然全部希臘都同樣地受到危險，因此他們希望全體希臘血統的民族結成一體並爲了一個共同的目標同心奮鬥。而且據說蓋隆的勢力是很大的，要遠遠地超過希臘的任何其他力量。

146 在作了這樣的決定並調解了他們之間的爭端以後，他們首先把三個人作爲間諜到亞細亞去。這幾個人來到撒爾迪斯，就對國王的軍隊進行了偵察，但是他們被發覺，因此經過陸軍將領們的審訊之後，他們便要給拉出去處決了。這樣他們就被宣布了死刑。可是在克謝爾克謝斯聽見這事的時候，對於他的將領們的判決卻大不以爲然，於是他派了他的幾名衛兵前去，命令他們把間諜帶到他那裏去，如果他們發現這些間諜還活著的話。這些間諜那時既然還未被處死，就被帶去見國王了。於是克謝爾克謝斯便向這些間諜探問他們此來的目的，隨後就命令他的衛兵引導他們到各處去，把他的包括騎兵和步兵在內的全部陸軍指點給他們看；而在間諜們把這一切都看夠了的時候，他們又毫不加傷害地被送到他們願意去的任何地方去。

147 克謝爾克謝斯所以發出這樣的命令，他說乃是出於這樣的考慮。如果把這些間諜處死的話，則希臘人就難於在事先很快地知道他那龐大到難以盡述的兵力，而且殺死三個敵人，波斯人也不能因此使敵人遭到巨大的損害；與此相反，如果把他們放回希臘的話，則當希臘人聽到他的兵力情況時，就會在波斯人出征之前，自發地把自己那特有的自由呈獻過來，這樣波斯人就不需要再費事征討他們了。克謝爾克謝斯在其他的場合，也發表過類似的見解。當克謝爾克謝斯在阿比多斯時，曾看到載運穀物的船隻從彭托斯駛出通過海列斯彭特，航行到埃吉納和伯羅奔尼撒去。侍坐在他身旁的人們看到這是敵人的船，便打算拿捕它們；他們望著國王，想得到他的命令。但是克謝爾克謝斯卻問他們這些船是到哪裏去的。他們回答說：「主公，它們是載運著穀物到敵人那裏去的。」於是克謝爾克謝斯回答說：「我們不是和他們一樣，也帶著穀物以及其他物品到同樣的地方去嗎？既然他們是替我們把食糧運到那裏去，這又有什麼害處呢。」

148 間諜看完了這裏的一切以後，就被送回去，這樣便回到了歐羅巴。希臘人當中那些締結盟約以對抗波斯人的人們，在他們把間諜派出去以後，又把使節派到阿爾哥斯去。阿爾哥斯人從他們的一方面對於這件事是這樣講的。在開頭的時候，他們就聽說異邦人在準備征討希臘人。他們知道了這件事並且打聽到說希臘人想要取得他們的幫助以對抗波斯人的時候，他們說他們便派使者到戴爾波伊去，在那裏請示神他們最好應當怎樣作。原來在不久之前⑮，他們有六千人被拉凱戴孟的軍隊及其將領阿那克桑德里戴斯的兒子克列歐美涅斯殺死了。他們說，正是爲了這個緣故，他們才把使者派了出去。對於他們的詢問，佩提亞是

⑮四九四年提律恩司一役；參見第六卷第七七節。

這樣回答的：

被周圍的鄰人所憎恨，卻為不死的神所喜愛的人們啊，
懷裏抱著長槍，像一個戒備著的戰士那樣地安安靜靜地坐在那裏罷，
好好防備著你們的腦袋，這樣，腦袋就可以保衛你們的身體了。

佩提亞已經述出了這樣的神託，隨後使節才來到阿爾哥斯，他們訪問了長老院並按照所命令給他們的講話。於是據阿爾哥斯人的說法，阿爾哥斯是這樣地回答了他們的講話的；即，如果阿爾哥斯人能夠和拉凱戴孟人締結三十年的和約並取得聯盟軍的一半的統帥權，那他們是願意答應對他們的請求的。他們說，儘管他們有正當的權利來要求統帥全部軍隊，但他們卻願意滿足於一半的統帥權。

149 他們說，雖然神託禁止他們和希臘人結成同盟，但他們的長老院卻仍作了這樣的回答。而且雖然他們害怕這個神託，但是他們仍然切望能締結一項三十年的和約，以便他們的子弟在這一段歲月當中可以長大成人。如果沒有這樣的一個和約，則從他們本身的利害來推論，當他們在已經遭到的這個災害之後，再受挫於波斯人，那他們便害怕將來他們要成為拉凱戴孟人的奴隸了。於是在使節當中從斯巴達來的人們對長老院所說的話回答說，關於締約的事情將要提交他們的人民大會去裁決，至於統帥權，則他們本身曾受命回答。於是他們就說，斯巴達人有兩個國王，但阿爾哥斯人只有一個國王，雖然不可能剝奪任何一個斯巴達國王的統帥權，可是卻不會有任何東西能妨礙阿爾哥斯國王和兩位斯巴達國王有同等的投票權。阿爾哥斯人說，這樣一來，他們便認為斯巴達人的傲慢是難以忍耐的，因此與其他們向拉凱戴孟人屈服，卻不如受治於異邦人了。於是他們便命令使者在日落之前，離開阿爾哥斯的國土，否則，他們便要把使者當作敵人論處。

150 以上便是阿爾哥斯人對於這件事的說法，但是在希臘卻還流傳著另一種說法。根據這種說法，則在克謝爾克謝斯出發征討希臘之前，他曾把一名使者派到阿爾哥斯去，這個使者到達阿爾哥斯之後，就說：「阿爾哥斯的人們，國王克謝爾克謝斯要我把這些話告訴你們。我們認爲，我們的祖先培爾謝斯的父親是達納耶的兒子培爾賽歐斯，他的母親是凱培歐斯的女兒安多羅美達。如果是這樣的話，那我們就是你們這個民族的後裔了。因此，我們不應當進攻我們祖先的國土，而你們也不應當幫助別人和我們爲敵，這是完全正當合理的事情。你們應當安靜不動地待在原來的地方；如果你們按照我所期望的一切來作的話，那我對你們的尊重就要高過其他的任何人了。」阿爾哥斯人聽到這話的時候，認爲這件事非同小可；雖然一時他們沒有答應什麼或是要求什麼，可是在希臘人想取得他們的幫助的時候，他們既然知道拉凱戴孟人不許他們分享統帥權，便要求一部分的統帥權，這樣，他們就可以有藉口安靜地待在那裏按兵不動了。

151 有一些希臘人還說，有一件事雖是在多年之後發生的，可是它卻和上述的事情相互印證。原來，希波尼柯斯的兒子卡里亞斯和與他同行的人們以雅典使節的身分因事來到美姆農的市邑蘇撒的時候，阿爾哥斯人這時也派了使節到蘇撒來，向克謝爾克謝斯的兒子阿爾托克謝爾克謝斯探詢，過去阿爾哥斯人和克謝爾克謝斯之間締結的友誼現在在他們之間是否繼續有效，還是他把他們看成是自己的敵人？於是阿爾托克謝爾克謝斯回答說，他認爲這友誼實際上是沒有改變的，而且任何城邦對他來說都不能比阿爾哥斯更親密。

152 克謝爾克謝斯是不是眞地派一個使者帶著上述的話到阿爾哥斯去，而阿爾哥斯的使節是不是到蘇撒來向阿爾托克謝爾克謝斯探詢有關他們之間的友誼的事情，我說不確實了。而且除去阿爾哥斯人自己所說的話以外，現在我是不發表什麼見解的。不過我所深知的只有這一點。如果所有的人都把他們自己的災禍帶到一個共同集會的地方去，想用來和鄰人的災禍交換的話，則只要他對於別人的災禍加以仔細的觀察以後，他一定會高高興興地把他自己帶來的災禍仍舊帶回家去的。這樣看來，阿爾哥斯人的行動便不能說是最卑劣的行動了。至於我本人，則我的職責是把我所聽到的一切記錄下來，雖然我並沒有任何義務來相信每一件事情；對於我的全部歷史來說，這個說法我以爲都是適用的。原來的確還流行著另外的一種說法。根據這種說法，則好像是阿爾哥斯人把波斯人邀請到希臘來的。因爲在阿爾哥斯人對拉凱戴孟人作戰失敗之後，和他們當前所陷入的痛苦處境比起來，沒有一件事不是他們所期望的了。

153 關於阿爾哥斯人的事情，就說到這裏了。此外聯盟者還把使節派遣到西西里去和蓋隆進行談判。在這些使節裏有拉凱戴孟派出的敍阿格羅斯。這個蓋隆的一個曾在蓋拉定居的祖先是從特里歐庇昂附近海面上的鐵洛斯島上來的。正當羅德斯的林多斯人和安提培莫斯開拓蓋拉的時候，他也參加這一事業了。久而久之，他的後人就成了冥界女神的執事祭司並繼續擔任著這個職位。他們的一位祖先鐵里涅司是這樣取得了這個職位的。有一些在黨爭中失敗的蓋拉人被放逐到蓋拉上方的一個瑪克托利昂市去，可是鐵里涅司卻使他們回到了蓋拉；他並不是藉著人力的幫助，而只是藉著敬神用的聖物，就作到了這一點的。他從什麼地方取得這些東西，他是不是自己想辦法找到了這些東西，我是說不出的。不管怎樣，正是藉了這些聖物的力量，他才使亡命者回到了蓋拉，條件則是他的後人應擔任女神的執事祭司。我所聽到的這個故事使我十分驚訝鐵里涅司竟會作出這樣的事情來。因爲我一直以爲一般人是作不出這樣的事情來的，而能作出這樣事情來的只有那具有勇敢精神和堂堂男子漢的力量的人。可是據西西里的居民說，恰好相反，鐵里涅司是一個柔弱並且有女人氣質的人物。

154 不管怎樣，他就這樣地取得了這個特權。另一方面，潘塔列斯的兒子克列昂德羅斯在作了蓋拉的七

年僭主之後，被該城的一個叫作撒必洛斯的人殺死了；在他死後，統治權就轉到克列昂德羅斯的兄弟希波克拉鐵斯的手裏去了。當希波克拉鐵斯擔任僭主的時候，執事司祭鐵里涅司的一個後人蓋隆是希波克拉鐵斯的一名近衛兵，就和其他許多人以及帕塔伊科斯的兒子埃涅西戴謨司一樣。但不久之後，他便因勇武出衆而被任命爲全部騎兵的統帥。原來希波克拉鐵斯在圍攻卡利波里斯人、那克索斯人、臧克列人、列昂提諾伊人、還有西拉庫賽人以及其他許多異邦人的時候，蓋隆在那些次戰爭中表現了赫赫的武勛。結果在上述城市當中的人們，除去西拉庫賽人之外，完全給希波克拉鐵斯變成了奴隸。西拉庫賽人在埃洛羅斯河畔被戰敗，但是得到了科林斯人和柯爾庫拉人的援助，他們爲西拉庫賽人締結了一項和約，條件是西拉庫賽人把原來屬於他們的卡瑪里納讓給希波克拉鐵斯。

155 當希波克拉鐵斯也統治了和他的哥哥克列昂德羅斯同樣年數的時候，他出征西西里人，可是在敍布拉城的附近死掉了。因此蓋隆裝作輔佐市民們已不肯服從的、希波克拉鐵斯的兩個兒子埃烏克里戴斯和克列昂德羅斯的樣子，但實際上，當他在戰鬥中制服了蓋拉人的時候，他便廢黜了希波克拉鐵斯的兩個兒子而自己掌握主權了。在碰上了這一完全意想不到的好運氣以後，蓋隆就把被庶民和他們自己的奴隸（所謂庫呂里奧伊）所放逐的那些西拉庫賽地主（所謂伽莫洛伊）從卡玆美涅城領回了西拉庫賽。這樣他便也取得了那個城市。原來西拉庫賽人在蓋隆剛剛到來的時候，就連人帶城一齊向蓋隆投降了。

156 在他自己把西拉庫賽拿到手之後，他就把蓋拉的統治交給了他的兄弟希耶隆，不大管那裏的事了。不過他卻加強了西拉庫賽，他把一切的注意力都放到西拉庫賽上面了。很快地那座城就成長和興盛起來了。蓋隆不單單把所有的卡瑪里納人都遷到西拉庫賽來，把公民權給他們而把卡瑪里納城鏟平，他還用同樣的辦法來處理一半以上的蓋拉人。而當西西里的美伽拉人在受到他的圍攻而和他締結城下之盟的時候，他便把他們當中對他作戰，因而理當被殺的富裕的那一部分人帶到西拉庫賽來，使他們成爲這裏的市民；至於根本沒有參與發起戰爭並且完全想不到會遭受傷害的美伽拉庶民，也給他帶到西拉庫賽來，並給賣到西西里以外作奴隸去了。對於西西里的埃烏波亞人也以同樣的差別待遇，作了相同的處理。他對於這兩個地方的人民所以採取這樣的作法，是因爲他認爲庶民是最難於與之相處的人們。由於以上的種種，蓋隆就變成了一位強大的僭主。

157 而現在，當希臘的使節們來到西拉庫賽的時候，他們便晉見了他並且說了下面的話。他們說：「拉凱戴孟人和他們同盟者派我們前來取得你的幫助以抗擊異邦人；我們以爲你毫無問題已經知道一個波斯人正在向希臘進攻，知道他打算在海列斯彭特架橋並把東方的全部大軍從亞細亞帶過來對付我們。他表面上說是向雅典進攻，但實際上他卻是想把整個希臘都收歸他的治下。不過你是強大的，你既統治著西西里，那你就等於統治了希臘的不算小的一部分。因此我們請求你，幫助想使希臘得到自由的那些人並且和他們協力同心維護這一自由。如果把所有希臘人都團結在一起，那就是很大的一支軍隊，這支軍隊就可以抗擊侵略我們的人。如果我們當中有人背叛公共的利益，再有人不肯來幫助我們，則希臘人當中可靠的部分便不過是少數，這樣全部希臘土地就有同遭亡國之禍的危險了。不要以爲如果波斯人打敗了我們並把我們征服，他會不向你進攻的，這種情況希望你在事先很好地想一想。你幫助了我們，也就是幫助了你自己。一個周密的計劃通常是會產生好的結果的。」

158 以上便是他們講的話。但是蓋隆非常激昻地回答他們說：「希臘人，你們完全是爲了自己打算才竟然敢到我這裏來，要我參加你們的抗擊異邦人的聯盟的。可是你們自己怎麼樣呢？當我和迦太基人不和，而請求你們與我協力對付異邦軍的時候，當我要求你們爲了阿那克桑德里戴斯的兒子多里歐司的被殺害向

埃蓋司塔人報仇，還有當我答應協助解放那些會給你們帶來巨大的利益和收獲的商埠的時候，你們既不到這裏來幫助我，也不來爲多里歐司的被殺害復仇。正是由於你們的所作所爲，所有這些地方才都陷到異邦人的鐵蹄之下。儘管如此，我的事業卻仍舊得到好轉，我的國家也比先前昌盛了。可是目前戰爭卻臨到你們的頭上，是你們想到我蓋隆的時候了。雖然你們這樣蔑視我，不把我放在眼裏，我卻不學你們的樣子；我還是準備送出二百隻三段橈船、兩萬重武裝兵、兩千騎兵、兩千弓手、兩千弩兵和兩千輕騎兵去幫助你們。此外我還擔負希臘全軍的食糧，直到戰爭結束的時候。不過我答應的這些話卻有一個條件，即我要擔任抗擊異邦人的希臘軍隊的統帥和司令官。否則的話，我自己不去，也不派別的人去。」

159 當敍阿格羅斯聽到這話的時候，再也忍耐不住，就說：「誠然，如果佩洛普司的兒子阿伽美姆農知道，斯巴達人的統帥權被蓋隆和他手下的西拉庫賽人奪去的話，他是會大聲悲嘆的。這種要我們把統帥權交到你手裏的建議，不要再提了。如果你願意幫助希臘的話，你知道你就必得受拉凱戴孟人的領導。可是如果你放不下身分接受領導的話，我看就不必幫助我們了。」

160 蓋隆聽到了敍阿格羅斯這一番很不禮貌的話以後，就向他提出了最後的建議：「斯巴達的朋友，對一個人講的橫傲不遜的言語常常會激起他的憤怒。雖然在你的話裏，你表現得很傲慢無禮，可是這卻還不至激使我對你說出很不得體的回答來。既然你們都這樣計較統帥權的問題，那我比你們更加計較，這也是完全合理的，因爲我的陸軍比你們的多好多倍，而我的船隻也比你們的多得多。不過，既然你們十分不喜歡我的建議，那麼我願意在前面的條件的某一點上對你們讓步。我以爲可以這樣：你們統率陸軍，我來統帥水師；如果你們喜歡統率水師的話，那我也願意統帥陸軍。你們必須同意這樣作，否則你們就回去，不必跟我締結這樣的同盟了。」

161 以上就是蓋隆的建議。但是雅典人的使節卻在拉凱戴孟人發言之前回答他說：「西拉庫賽人的國王啊，希臘把我們派到你的地方來是要求一支軍隊，而不是要求一位統帥。可是你說除非你擔任希臘的統帥，你是不願派遣軍隊的，而且對於統帥權，你又是非常計較的。不過，在你想取得希臘全軍的統帥權的時候，我們雅典人認爲我們可以不必講話了，因爲我們知道，拉科尼亞人是足能夠爲我們兩方面來回答你的。現在在你放棄統率全軍而想統率海軍的時候，那我們就想要你知道一下情況是怎樣的了。即使拉科尼亞人同意你統率海軍的話，那我們也不會同意的，因爲這部分的統帥權是屬於我們的，除非拉凱戴孟人願意把這部分的統帥權也擔當起來。如果他們願意統帥水師，我們並不反對他們，但我們決不容許其他任何人擔任水師的統帥。如果我們雅典人竟把我們的統帥權讓給西拉庫賽人的話，那我們就枉爲擁有最大海上力量的希臘人了。要知道，在希臘人當中我們是最古老的民族，又是僅有的一個從來沒有改變過居住地的民族。詩人荷馬就說，在所有到伊里翁來的人當中，最善於整頓和安排軍隊的人就是雅典人。因此，我們這樣講，是不能見怪的。」

162 於是蓋隆回答說：「雅典的朋友，擔任統帥的人你們好像是不缺少的，不過卻沒有被統率的人。因此，既然你們不肯在你們的要求上讓步而執意要統率全軍，那麼現在就一刻也不要耽誤地快快趕回家去，告訴希臘人說他們一年的春天已經失掉了。」蓋隆講這番話的意思顯然是，蓋隆的軍隊是希臘軍隊的最精銳的部分，就好像一年當中的春天一樣。他就這樣把失去了跟他的聯盟的希臘，比作失掉了春天的一年。

163 希臘的使節們和蓋隆進行了這樣的談判以後，就乘船回去了。但是，蓋隆卻害怕希臘人這樣不能把異邦人制壓下去，而作爲西西里僭主的他，到伯羅奔尼撒去聽候拉凱戴孟人的擺布，卻又是他認爲難堪的無法忍耐的事情。於是他就放棄在這個方針上打主意，而是採用了另一種辦法。當他一聽到波斯人渡過了海列斯彭特的時候，他立刻派一個科斯人、司枯鐵斯的兒子卡得莫斯乘著三艘五十橈船，帶著大量的金錢和友誼的訊問到戴爾波伊去。卡得莫斯到那裏去是爲了注視戰爭的進行情況的；如果異邦軍得到勝利，那就把金錢給他，同時代表蓋隆統治的國土把土和水呈獻給他；如果是希臘人得到勝利，那麼就把這一切都帶回。

164 在這之前，這個卡得莫斯曾從他父親那裏繼承了科斯的僭主的地位；雖然這個地位是強大穩固的，可是他卻自願地，並非爲危險所迫，而只是由於正義感，把主權交給了科斯的全體人民，自己則到西西里去。在那裏，薩摩司人把一個叫作臧克列的城市贈給了他，他就定居在那裏開拓了一個居民地。臧克列則改名爲麥撒納。卡得莫斯就這樣地來了；蓋隆這次所以派他前來，是因爲他從別的事情上便已知道卡得莫斯是一貫公正的。而下面我要講的事情，在卡得莫斯一生的許多公正行爲當中還不是最差的。蓋隆曾把大宗的金錢委託給他來管理，因此他本來是可以把這筆錢攫爲己有的。但是他不願這樣作，而當希臘人在海戰中取得勝利，而克謝爾克謝斯退兵回去的時候，卡得莫斯自己也就又帶著全部的金錢回到西西里來了。

165 不過，西西里的居民卻有另一種說法。即甚至如果蓋隆受拉凱戴孟人的統率的話，他仍然會幫助希臘人的。但是喜美拉的僭主、克里尼波斯的兒子鐵里洛斯阻礙了他這樣作。原來，鐵里洛斯在被阿克拉剛提涅人的君主、埃涅西戴謨司的兒子鐵隆趕出喜美拉之後，就在這個時候，他把一支三十萬人的軍隊引來進攻蓋隆，軍隊是由腓尼基人、利比亞人、伊伯利亞人、里巨埃斯人、埃里敍科伊人、薩地尼亞人、科西嘉人組成，統帥是迦太基人的國王安農的兒子阿米爾卡斯。鐵里洛斯所以能說服他這樣作部分是由於他們兩個人之間的私誼，但主要的則是由於列吉昂的僭主克列提涅斯的兒子安那克西拉歐斯的熱心幫忙。因爲安那克西拉歐斯娶了鐵里洛斯的名叫庫狄佩的女兒，故而爲了援助他的岳父，他把他自己的孩子作爲人質

交給阿米爾卡斯並把他引進了西西里。因此他們說，蓋隆由於不能幫助希臘人，就把錢送到戴爾波伊去了。

166 此外，他們又說，蓋隆和鐵隆在西西里戰勝了迦太基人阿米爾卡斯的那一天，也正是希臘人在撒拉米司擊破了波斯人的那一天。這個阿米爾卡斯從父親的一方面來說是迦太基人，從母親的方面來說是西拉庫賽人，他是由於英勇有爲才當選爲國王的。在雙方會戰之際，他被打敗了，而我聽說他不知去向了。原來蓋隆曾到處去搜尋他，可是在世上任何地方都沒有看到他，無論是死的還是活的。

167 但是迦太基人自己所述說的故事看來倒還是可信的。按照他們的說法，則異邦人和希臘人在西西里從早晨一直戰鬥到午後很晚的時候（據說混戰就拖了這樣長的時候），而在這全部時期裏面，阿米爾卡斯都留在他的軍營內奉獻犧牲，他把整個的犧牲放到大木材堆上燒，想取得吉兆；但是當他看到他的軍隊潰敗下來的時候，他便在向犧牲進行灌奠的時候投身到火堆裏去，這樣他就被燒掉而無從看到了。不過，不管阿米爾卡斯像腓尼基人所說那樣地消失了，還是像迦太基人和西拉庫賽人所說那樣地以另一種方式消失了，迦太基的人們是向他奉獻犧牲的，而在他們的殖民地的一切城市都爲他樹立紀念碑。在這些城市裏，最大的城市就是迦太基本城。西西里方面的事情，就說到這裏了。

168 柯爾庫拉人對於使節的答覆和此後他們所採取的行動是這樣的。原來到西西里去的人們也曾經請求過他們的幫助，這些人所持的理由也就是曾經對蓋隆講過的那些理由。柯爾庫拉人宣稱他們不忍看著希臘遭受亡國之禍，因而當場就答應出兵協助，因爲假若希臘倒下去，那麼在第二天他們就一定也會被變爲奴隸，因此他們必須盡最大的努力來進行援助。他們就這樣地作了一個十分得體的答覆。可是到他們應該派遣援軍的時候，他們卻改變了主意。他們裝備了六十隻船，經過不少的周折之後才出海，向伯羅奔尼撒一帶的海岸駛去；繼而他們在拉凱戴孟人領土上的披洛斯和塔伊那隆的海面上拋錨，和別的人一樣地在那裏觀望戰爭的結果；因爲他們對希臘戰勝這件事並不抱著希望，而是以爲波斯人方面會取得大捷並成爲全希臘的統治者。因此他們這樣作乃是有計劃的行動，是爲了在事後可以向波斯人說：「國王啊，當希臘人要我們站在他們的一面參加戰爭的時候，雖然我們的兵力並不比任何人少，而且我們又擁有數量僅次於雅典的極多的戰船，但是我們卻不願意抵抗你，也不願作使你感到不高興的事情。」他們指望用這樣的理由給他們自己贏得比一般人要有利的地位。而在我看來，事情也會是這樣的。可是，對於希臘人，他們將來也有一套理由可說，而在最後，他們終於用上了這套理由。當希臘人責備他們不把援軍派來的時候，他們說他們已經裝備了六十隻三段橈船，但由於季風的風力而不能繞過瑪列亞，因此，他們說，他們才不能來到撒拉米司，而決不是由於怯懦才沒有趕上海戰的。他們就用這樣的辦法，推卸了對希臘人的責任。

169 當擔負著使命的希臘人到克里地人那裏去，想取得克里地人的幫助時，克里地人是這樣作的。他們把使者派到戴爾波伊去，請示他們如果幫助希臘人，這是否對他們有利。佩提亞回答他們說：「愚蠢的人們，過去因你們援助美涅拉歐司而由米諾斯加到你們人民身上的悲痛，難道你們還覺得不滿足嗎？想想看，他們不幫助你們爲了死在卡米柯斯的米諾斯報仇，可是你們卻幫助他們爲了被異邦人從斯巴達劫去的一個婦女報仇，米諾斯要忿怒到什麼程度！」克里地人聽到了這個神託之後，就不再談起幫助希臘人的事情了。

170 原來，據傳說，當日米諾斯曾爲了尋求達伊達洛斯而到今日被稱爲西西里的西卡尼亞去，可是他卻橫死在那裏了。緊跟著除波里克涅人和普拉伊索斯人以外的全部克里地人，便奉神之命偕同一支大軍到西卡尼亞去，在那裏他們把卡米柯斯市包圍了五年，而在我的時代，在卡米柯斯市住的則是阿克拉剛提涅人。但是他們既然不能攻克這座城，也不能等待在那裏挨到臨他們頭上的飢饉，於是他們就放棄這座城而離開了。但是當他們來到雅庇吉亞附近的海面上時，他們遇到了一陣猛烈的風暴而被捲到海岸上來了。由於他們的船隻被粉碎了（而且他們看到他們已經沒有辦法回到克里地去），他們就在那裏建立了一個敍里阿城，定居在裏面，這樣就從克里地人變成雅庇吉亞的麥撒披亞人，從島民變成了大陸居民。他們又從敍里阿市向其他地方殖民而建立了另一些城市。在這之後很久的時候，塔蘭提諾伊人曾試圖摧毀這些城市，但是卻因此吃了一次慘重的敗仗；當時任何人還都沒有聽說過像對塔蘭提諾伊和列吉昂人那樣的一次對希臘人的大屠殺。列吉昂人被殺死的有三千人，他們是被科依洛斯的兒子米庫托司逼著來幫助塔蘭提諾伊人的；至於塔蘭提諾伊人本身死了多少，那就沒有記錄可查了。米庫托司是安那克西拉歐斯的一名家僕，他是受託留在那裏治理列吉昂的。正是這個人從列吉昂被放逐並定居在阿爾卡地亞的鐵該亞，並把許多像獻給奧林匹亞。

171 不過關於列吉昂人和塔蘭提諾伊人的事情，在我的歷史中是題外的話了。然而，根據普拉伊索斯人的說法，這樣被弄得杳無人煙的克里地，還是有人移住到那裏去，特別是希臘人。在米諾斯死後的第三代，特洛伊戰爭發生了；在這一戰爭中，克里地人在前來幫助美涅拉歐司的人們當中，就勇氣而論決不是最差的。在這之後，當他們從特洛伊回來的時候，他們以及他們的家畜遇到了飢饉和疫病，結果克里地竟再一次荒廢了。於是第三批的克里地人來了，現在住在那裏的就正是他們和原來殘存在那裏的人們。佩提亞要他們記住的就是這件事，這樣就阻止了他們去援助希臘人，儘管他們本來是想要這樣作的。

172 帖撒利亞人在開頭的時候，他們的作法顯然表示出不是出於自願而是不得已才站在波斯人的一方面的，因爲他們對於阿律阿達伊族的企圖是不喜歡的。原來在他們一聽說波斯人要渡過海峽進入歐羅巴的時候，他們立刻把使者派到科林斯地峽去。而從擁護希臘的各城市選派出來的希臘代表們正為這件事在那裏集會商議。帖撒利亞的使節們來到他們這些人這裏，就說：「希臘人，為了使帖撒利亞和整個希臘免於戰禍，奧林波斯通路是必須防守的。現在我們就準備和你們一道守衛這個地方，但是你們也必須派遣一支大軍前來；如果你們不派大軍前來的話，那你們要曉得，我們就要和波斯人締結協定了。要我們單獨來防守希臘的前哨地帶並為了你們大家而亡國，這是不合理的事情。如果你們不派兵前來援助，那你們對我們是沒有任何約束力的，因為任何強制是都不能克服無能為力的。至於我們，則我們是要為我們尋求某種安全之策的。」以上就是帖撒利亞人講的話。

173 於是希臘人就決定由海路派一支陸軍到帖撒利亞去守衛這個通路。軍隊集合起來以後，他們便乘船通過埃烏里波斯，而在到達阿凱亞的阿羅司的時候，他們就在那裏登陸並從那取道赴帖撒利亞，而把船留在原來登陸的地方了。於是他們就來到了鐵姆佩通路，這條通路介於奧林波斯山和歐薩山之間，從下馬其頓沿著佩涅歐司河一直通到帖撒利亞。總計大約有一萬名重武裝的希臘軍隊在那裏紮營列陣，此外，帖撒利亞的騎兵也參加了他們的隊伍。統率拉凱戴孟人的將領是卡列諾司的兒子埃烏艾涅托斯，這個人是從波列瑪爾科斯當中選出來的，但他本身並不是一個王族。雅典人的將領是尼奧克列斯的兒子鐵米司托克列斯。在那裏他們只停留了幾天；原來從馬其頓人阿門塔斯的兒子亞力山大那裏來了一些使者，勸他們離開而不要留在那裏受到入寇大軍的蹂躪。送來的信把水師和陸軍的情況也向他們敍述了一番。希臘人聽到了使者們這樣的忠告之後（他們認為這個勸告是好的，而馬其頓人對他們也是善意的），就按照他們的意見作了。不過，在我看來，是恐懼的心情才驅使他們這樣作的，因為他們聽說，在這條通路之外，在上馬其頓方面另有一條通路，通過戈恩諾斯城附近佩萊比亞人居住的地方而進入帖撒利亞；不過克謝爾克謝斯的軍隊實際上也從這條通路侵入了帖撒利亞。於是希臘人便登上了船，返回地峽了。

174 當他們出兵帖撒利亞的時候，國王正在計劃從亞細亞渡海到歐羅巴，並已經到了阿比多斯。爲聯盟者所放棄的帖撒利亞人於是就全心全意地和積極地投到波斯人的那一面去，以致在後來的行動當中，他們表明自己對於國王乃是最有用的人。

175 另一方面，在希臘人回到地峽以後，就參照著亞力山大送來的信集會到一起商議，他們將如何並在什麼地方進行戰爭。占上風的意見是，他們應當保衛鐵爾摩披萊的通路。因爲他們認爲這條通路比通向帖撒利亞的那條通路要狹窄的多，同時離他們的本土也比較近。至於在鐵爾摩披萊陣亡的希臘人被截擊的那條通路，他們根本不知道，這是直到他們來鐵爾摩披萊之後才從特拉奇司人那裏知道的。於是他們便決定保衛這條通路，從而阻止異邦人進入希臘，同時他們的水師則出航到希斯提阿伊領的阿爾鐵米西昂去。這些地方是相互接近的，雙方面都可以知道另一方面的情況。而它們的形勢則是這樣的。

176 先說阿爾鐵米西昂。廣大的色雷斯海到斯奇亞托斯島和瑪格涅希亞本土中間的地方時，就變成了一條狹窄的水路；這條水路緊接著埃烏波亞地方的，名叫阿爾鐵米西昂的海岸。在那裏有一座阿爾鐵米司神殿。經過特拉奇司進入希臘的那條水路，其最狹窄的地方只有半普列特隆寬。然而比起別的地點來，這裏仍然不是最狹窄的地方。像鐵爾摩披萊的前面和後面的情形就是這樣；在它後面的阿爾培諾依，那裏的寬度只夠通一輛車，在它前面，安鐵拉市附近培尼克司河的旁邊，也只能通過一輛車。在鐵爾摩披萊以西，有一座無法攀登的和十分陡峭的高山，這乃是屬於歐伊鐵山系的一座山峰。在路的東面，則是一片沼地與海洋了。在這個通路的地方，是當地的人們稱爲庫特洛依（它的意義是鍋——譯者）的一個溫泉，在那裏還有海拉克列斯的一個祭壇。在這條通路上，曾修造了一道壁壘，而先前在這上面還有關門。這道壁壘是波奇司人由於害怕帖撒利亞人才修造起來的，原來那時帖撒利亞人曾從鐵斯普洛托伊人的地方出來，移居到他們現在占有的愛奧里斯的土地。既然帖撒利亞人總想征服波奇司人，波奇司人便採取了這樣的一個預防的措施。此外，他們又想一切對策來阻止帖撒利亞人入侵他們的國土，於是便把溫泉的水引到這個通路上來，爲的是使那條通路上的一些地方給水流所切斷。原來的壁壘是很久以前建造起來的，而時光現在已經使它的大半成爲廢墟了。現在它已經重建起來，以便截阻異邦人進入希臘的道路。在離道路極近的地方有一個叫作阿爾培諾依的村莊，希臘人便指望他們可以從那裏取得糧食。

177 這樣，希臘人便認爲以上的地方是符合於他們的需要的地方。因爲在他們事先進行了全面考慮之後，他們認爲異邦人既不能利用他們的人多勢衆，又不能利用他們的騎兵，於是他們便決定在這裏邀擊入寇希臘的敵軍。而在他們聽到波斯人進入披埃里亞的時候，他們就在科林斯地峽的地方分了手，一部分從陸路開向鐵爾摩披萊，一部分從海路駛向阿爾鐵米西昂去了。

178 希臘人就這樣地十萬火急地分頭迎擊敵人去了。但正在這時，爲了本身以及爲了希臘而深爲驚恐不安的戴爾波伊人去請示神託，而神對他們的宣託則是要他們向風祈求，因爲風是希臘的極爲有力的聯盟者。戴爾波伊人得到了神託之後，便首先把信送到想得到自由的希臘人那裏去。這些十分害怕異邦人的人們對於送來的這個訊，是一直都感激不盡的。隨後，他們便在圖依亞的地方建立了一個祭風壇，圖依亞這地方是因凱佩索司的女兒圖依亞而得名的，而且在那裏還有她的一個聖域。他們繼而向風奉獻了犧牲。這樣，戴爾波伊人爲了順從神的意旨，直到今天還是向風奉獻犧牲以討它的歡心的。

179 在這方面，克謝爾克謝斯的水師離開了鐵爾瑪，十艘最快速的船一直開向斯奇亞托斯，而那裏則有三隻希臘船在放哨瞭望，這三隻船一隻是特羅伊眞的，一隻是埃吉納的，一隻是阿提卡的。它們看到異邦人的船來到的時候，就逃走了。

180普列克西諾斯指揮下的那隻特羅伊眞的船受到異邦軍的追擊並很快地被捕獲了。異邦人於是把船上最漂亮的士兵拉到船頭的地方給殺死了，因爲俘獲來祭獻的第一個希臘人最漂亮，這在他們看來乃是一種吉兆。這個被祭了刀的人，他的名字是列昂（在希臘語裏意思是獅子——譯者）。他遇到這樣的事情，這恐怕跟他的名字是有關係的。

181但是，阿索尼戴斯所率領的那隻埃吉納的三段橈船，卻著實給他們增加了一些麻煩。船上的一個戰士，伊司凱諾斯的兒子披鐵阿斯在那天是戰鬥得最英勇的人物。在他所乘的船已被拿捕的時候，他還是繼續奮戰，直到他遍體鱗傷的時候。當他倒下的時候，他還沒有死，而還有活氣；船上的波斯士兵佩服他的勇敢，因此用一切辦法拯救他的性命，他們用沒藥的藥膏醫治他的傷口並用亞麻的綳帶把包紮起來。而當他們回到自己營地的時候，他們使全軍都來看他，他們極口贊賞和厚待他。可是他們把那隻船上俘獲的其他人等，卻全部當作奴隸使用了。

182這樣，兩隻船就被拿獲了。可是雅典人波爾莫司統率的第三隻三段橈船卻逃到佩涅歐司河河口的地方，在那裏登陸跑掉了。異邦人得到了船身，卻沒有捉到上面的人。原來雅典人在他們把船隻拖到陸上之後，立刻就跳了出來，穿過帖撒利亞一直向雅典奔去了。

183駐守在阿爾鐵米西昂的希臘人從斯奇亞托斯的烽火而知道了發生的這些事。知道這些事之後他們驚慌起來，於是他們便把他們的投錨地從阿爾鐵米西昂移轉到卡爾啓斯，打算保衛埃烏里波斯，同時又把哨兵派駐於埃烏波亞的高地。十隻異邦船當中有三隻一直到了斯奇亞托斯和瑪格涅希亞之間的稱爲米爾美克司（意爲螞蟻——譯者）的暗礁地帶。於是異邦人便把一個石柱運到這裏來，把它樹立在暗礁上面。而當他們把路途上的一切障礙都清除了之後，全部水師就出發離開了鐵爾瑪，這時去國王離開鐵爾瑪的時候已經有十一天了。給他們指出正好在他們的航路上面的暗礁的人，是司奇洛斯人帕姆蒙。整天都在海上行進著的異邦軍的水師，到達了瑪格涅希亞的賽披亞斯以及在卡司塔納伊亞市和賽披亞斯岬之間的海岸地帶。

184 直到這個地方和鐵爾摩披萊，全軍都沒有受到損害。根據我個人的計算，軍隊的人數在當時還是這樣的。從亞細亞來的船有一千二百〇七隻，原來在這些船上的各個民族的人數，假定每隻船上有二百人⑯，則是二十四萬一千四百人。在所有這些船上，除去每隻船上的各地的地方士兵之外，都有三十名波斯人、美地亞人和撒卡依人，這樣就得再加上三萬六千二百一十個人。在這兩項人數之外，我還得再加上五十橈船上的士兵。我假定他們每隻船上是八十人，當然這個數目也可能多些也可能少些。前面已經說過，這樣的船一共集合了三千隻，這樣，上面的人員就得是二十四萬了。這些人都是乘船從亞細亞來的，他們的總數是五十一萬七千六百一十人。步兵的人數是一百七十萬人，騎兵的人數是八萬人。在這之外，我要加上阿拉伯的駱駝兵和利比亞的戰車兵，估計他們有兩萬人。因此，如果把水師和陸軍的人數加到一起的話，則他們的總數就是二百三十一萬七千六百一十人了。我上面所說的，就是從亞細亞本部來的兵力，至於隨軍的勤雜人員和運糧船以及上面的人員，尚不計算在內。

185 但是，除去我在前面所計算的大軍人數之外，還得把從歐羅巴帶來的大軍加到這上面，但計算時必需只能以我個人的測度爲限。色雷斯和色雷斯附近海上諸島的希臘人提供了一百二十隻船。這些船上的人員算起來應當是兩萬四千人。所有各個民族，即色雷斯人、派歐尼亞人、埃歐爾地亞人、波提阿人、卡爾

⑯一艘希臘的三段橈船的成員通常是二百人，橈手一七〇人，戰士三〇人。

奇底開人、布律戈依人、披埃里亞人、馬其頓人、佩萊比亞人、埃尼耶涅斯人、多羅披亞人、瑪格涅希亞人、阿凱亞人、色雷斯沿岸地帶的居民等，我假定這些民族的全部人數是三十萬人。把這些人和從亞細亞來的人加到一起，則士兵的總數就是二百六十四萬一千六百一十人了。

186 以上便是士兵的全部人數了。至於隨軍的雜務人員和運糧小船上的人員以及隨軍的其他船舶上的人員，則我以為他們不是比士兵少，而是比士兵還要多。但是假定他們和士兵的人數相等，不多也不少。這樣，他們的人數等於士兵，因而也就同樣是好幾百萬人了。這樣看來，大流士的兒子克謝爾克謝斯一直率領到賽披亞斯岬和鐵爾摩披萊的全軍人數就是五百二十八萬三千二百二十人了。

187 這就是克謝爾克謝斯麾下的全部兵力。可是，誰也不能確實說出廚婦、侍妾、閹人到底有多少人；任何人也說不出到底還有多少拖畜、馱畜以及從軍的印度狗，因為它們的數目太大了。因此，說有一些河流的水都給弄乾了，這在我看來並不是值得驚訝的事情。使我感到驚訝的勿寧說是這樣一件事實，怎樣竟能夠有足夠的糧食來應付數百萬人的食用。因為我計算了一下就發現，如果每個人每天吃一科伊尼庫斯的麥子而不更多的話，則每天的消費量就是十一萬又三百四十美狄姆諾斯。在這裏我還沒有把婦女、閹人、馱畜和狗所消耗的糧食計算在內。在這數百萬的人們當中，就容貌和身材而論，沒有一個人是比克謝爾克謝斯本人更有資格來統率全軍的。

188 解纜的水師在海上行進，這樣便來到了瑪格涅希亞領土的卡司塔納伊亞市和賽披亞斯岬之間的海岸；先來的船停船在岸旁，後面的船就在外面投錨了。原來這一帶的海濱並不寬，這些船就船頭朝著海，排成八列。在那一夜裏，就是這個樣子了。但是到天明的時候，明淨而晴朗的天氣變了，大海開始沸騰起來。他們遇到了夾著一陣猛烈的東風的大風暴，當地的人們稱這樣的東風為海列斯彭提亞斯。在他們當中，凡是那些預見到暴風的來勢，以及所處的位置使他們能夠這樣作的人們，這些人便把船拖到岸上，因此沒有給暴風趕上，這樣就把自己和船舶都保全了。可是在海上遇上了暴風的船舶，有的被捲到佩里洪的被稱爲伊普諾伊（意爲灶——譯者）的山麓的地方，有的被捲到岸上去了。有的就在賽披亞斯岬那裏撞碎，有的被捲到梅里波伊亞市，有的被捲到卡司塔納伊亞的岸上去了。老實講，這場暴風實在是無法抗拒的。

189 有一個傳說說，雅典人曾遵照著神託的吩咐祈求波列阿斯幫助他們，因爲另有一個神託送到他們那裏去，要他們向他們的女婿求援。根據希臘人的說法，波列阿斯曾娶一個阿提卡的婦女爲妻，這個婦女就是埃列克鐵烏斯的女兒歐列圖婭。如果相信這個傳說的話，則正是由於這種婚姻的關係，雅典人才推斷波列阿斯是他們的女婿，而當著他們停駐在埃烏波亞的卡爾啓斯而看到暴風就要起來的時候，也許是在這之前，他們便奉獻了犧牲，禱告波列阿斯和歐列圖婭，就和先前在阿托斯山附近的情況一樣，來幫助他們摧毀異邦軍的船舶。不過我不能斷定，這是否就是波列阿斯襲擊停泊中的異邦軍的原因。無論如何，雅典人說波列阿斯在先前幫過他們的忙，現在又顯示出這樣的威靈，因此在他們回國以後，就在伊利索司河河畔，爲波列阿斯修造了一座神殿。

190 在這次的慘禍裏面，即使根據作最低估計的人的算法，也損失了不下四百隻船，無數的人以及莫大數量的物資。以致在賽披亞斯一帶擁有土地的一個瑪格涅希亞人，克列提涅斯的兒子阿米諾克列斯竟由於這次的船禍而大發橫財。因爲在事後不久他便拾到了許多被沖到岸上來的金銀杯盞，他找到了波斯人的寶器，此外他還取得了筆墨難以盡述的財富。儘管他幸運地發了大財，他並不是在一切方面都是幸福的，他遭到了可悲的災難：他的兒子被人殺死了。

191被毀的運送食糧的船舶以及其他船舶，那就越發不可勝數了。因此，水師提督們由於害怕他們這些遇到這樣災難的人會受到帖撒利亞人的襲擊，便把殘破的船材築成高高的壁壘把自己圍繞起來了。暴風一共持續了三天。最後，瑪哥斯僧行了犧牲之禮，對大風念了鎭風的咒語，又向帖提司和涅列伊戴斯（涅列歐司的女兒們——譯者）奉獻了犧牲，這才算使它在第四天停了下來，或者這也許不是他們的力量，而是暴風自己停了下來的。他們向帖提司奉獻犧牲是由於聽伊奧尼亞人說，原來她就是從這個地方給佩列歐司帶走的，而賽披亞斯岬一帶便都是屬於她以及其他涅列伊戴斯的。

192這樣，到第四天，暴風就停下來了。在暴風刮起之後的第二天，瞭望者就從埃烏波亞山上跑了下來，把船舶遇難的全部經過報告給希臘人了。希臘人聽到這件事之後，就向他們的救命恩人波賽東祈禱並行灌奠之禮，然後火速地趕回阿爾鐵米西昂去，因爲他們認爲只會留下少數的船和他們對抗罷了。這樣他們便再一次回到阿爾鐵米西昂並碇泊在那裏。從那時起直到今天，他們都把波賽東的名字上面加上救主的頭銜。

193在另一方面，當暴風停了下來而波浪也不再翻騰的時候，異邦軍就放船出海沿著本土的海岸駛行，他們在轉過瑪格涅希亞海岬之後，便一直駛入了連接到帕伽撒依方面的海灣。在瑪格涅希亞的這個海灣之內有一塊地方，相傳海拉克列斯和雅孫以及他的同伴們乘船出海到科爾啓斯的埃阿去取金羊毛的時候，他曾被他們從阿爾哥號船派了出來到這塊地方取水並被他們拋棄在這裏。原來他們是打算在這裏取得水之後，再乘船出海的。因此那塊地方就被稱爲阿佩泰。而克謝爾克謝斯的大軍就正是在這個地方投錨的。

194在那些船當中有十五隻，是在其餘的船以後很久才出海的，他們適巧在阿爾鐵米西昂看到了希臘的船。但異邦軍把這些船認成是他們自己的船，於是就把自己的船駛到他們敵人中間去了。他們的統帥是愛奧里斯的庫麥的太守，塔瑪希歐斯的兒子桑多開斯；這個桑多開斯過去在他擔任王室法官的時候，曾有一次因爲犯了下述的罪行而被國王大流士所拿捕並判處以磔刑。原來他曾因受賄而作出了不公正的判決。但是當桑多開斯被吊到十字架上去的時候，大流士忖量了一番，結果發現他對王室的功勞比他的過錯要大。國王既然看到了這一點，因此覺得他的行動與其說是賢明卻勿寧說是冒失，於是便把桑多開斯釋放了。這樣，他就從大流士所判處的死刑之下保全了自己的性命。但是現在他駛到希臘人當中來，他是不能第二次逃命了。原來當希臘人看到波斯人駛近他們的時候，他們看出來這是波斯人弄錯了，於是他們就乘船出海，不費什麼氣力就把他們俘獲了。

195 在這些船的一隻船上，卡里亞的阿拉班達的僭主阿利多里司被擒了；在另一隻船上，帕波斯的提督，戴謨諾烏斯的兒子潘圖洛斯被擒了。他從帕波斯帶出來的船是十二隻，在賽披亞斯岬附近海上的暴風中損失了十一隻，而他就在乘著剩下的那一隻船到阿爾鐵米西昂去的時候被擒了。希臘人對這些人進行了訊問，從而知道了他們所願意知道的、有關克謝爾克謝斯的軍隊的一切情況，然後就把他們捆綁起來，送到科林斯地峽去了。

196 這樣，異邦軍的水師，除去我上面所說的由桑多開斯所率領的那十五隻之外，就全部到達了阿佩泰。在這一方面，克謝爾克謝斯和他的陸師行過了帖撒利亞和阿凱亞。這從他們侵入瑪里司人的土地以來，已經是第三天了。在帖撒利亞，他舉行了一次本國騎兵的比賽會，他這樣作也是爲了利用這個機會試一試帖撒利亞騎兵的身手，因爲他聽說帖撒利亞的騎兵是希臘無敵的。比賽的結果發現，希臘的馬要差得遠。在帖撒利亞的河流當中，能有足夠的水供給他的軍隊飲用的，只有一條歐諾柯挪斯河。但是在阿凱亞，即使是那裏最大的河即阿披達諾斯河的河水也是幾乎無法應付的。

197 當克謝爾克謝斯到達阿凱亞的阿羅司的時候，他的嚮導們爲了想把他們所知道的一切都告訴他，就把當地有關宙斯・拉拔司提歐斯神殿的一個傳說告訴給他：阿依歐洛司的兒子阿塔瑪斯怎樣和伊挪密謀想殺害普利克索斯，後來阿凱亞人又怎樣依照神託的吩咐，強迫普利克索斯的子孫們遵守若干處罰性的規定。這就是，他們不許這一族中最年長的人進入市公所（阿凱亞人稱市公所爲勒伊通），而他們自己就在那裏監視著。如果他進去的話，除非他被作爲犧牲奉獻，他是不能出來的。此外嚮導們又說，這些人當中有多少人就要被當作犧牲奉獻了，卻在恐懼中逃到外國去，但如果他們過了若干時候回國，而被發現曾進過市公所的話，嚮導告訴說，這樣的人怎樣全身給披上花彩，並在盛大行列的引導下給當作犧牲去奉獻。普利克索斯的兒子庫提索洛斯的後人們就受到了這樣的待遇，原來當阿凱亞人遵照著一個神託的吩咐用阿依歐洛司的兒子阿塔瑪斯來爲他們的國家贖罪的時候，這個庫提索洛斯卻從科爾啓斯的埃阿來把他釋放，因此這就使神把自己的怒氣發洩到他的後人的身上了。克謝爾克謝斯聽了這一切之後，在他來到聖林的時候，他自己就不進去並且命令全軍也這樣作。他是尊敬阿塔瑪斯的後人的住宅和聖域的。

198 以上就是克謝爾克謝斯在帖撒利亞和在阿凱亞的所作所爲。他從這些地方沿著一個海灣進入了瑪里司，而在這個海灣的地方，每天是都有潮水漲落的。臨著這個海灣有一塊平原，這塊平原地帶有的地方寬闊，有的地方又非常狹窄；在它的四周是高不可攀的山，環繞著全部瑪里司地方，稱爲特拉奇司岩。而從阿凱亞出發，在這個海灣上遇到的第一座市邑就是安提庫拉；在它的近旁，司佩爾凱歐斯河從埃尼耶涅斯人的國土流出而注入大海。在離河大約二十斯塔迪昂的地方，有另一條叫作杜拉司的河流，這條河據說是在海拉克列斯被焚時，爲了幫助他從地下冒出來的。從這裏再有二十斯塔迪昂的地方又有一條河，稱爲美拉司（意爲黑河——譯者）。

199特拉奇司市離這個美拉司河有五斯塔迪昂遠。在大海和山之間特拉奇司所在的地方，是這一帶最爲寬闊的地方了；這塊平原的面積是二萬二千普列特隆。在環繞著特拉奇司的土地的山中，在特拉奇司的南部有一道狹谷。而阿索波司河就沿著山麓流過了這個狹谷。

200在阿索波司河的南方又有一條名叫培尼克司的小河，這條小河就是從那些山裏流入阿索波司河的。在這條河的附近有一個最狹窄的地方，那裏只修了一條僅能通過一輛車的道路。從培尼克司河到鐵爾摩披萊有十五斯塔迪昂遠。在培尼克司河與鐵爾摩披萊之間，有一個名叫安鐵拉的村落，過去這個村落之後，阿索波司河便流入了大海。在那個村落附近，地方是廣闊的；那裏有阿姆披克圖歐尼斯·戴美特爾的神殿，同時還有阿姆披克圖歐涅斯⑰的座席和阿姆披克圖昂本人的神殿。

201於是，國王克謝爾克謝斯便在特拉奇司的瑪里司紮營，而希臘人則在隘路中設營。大多數的希臘人稱他們所占居的這個地方爲鐵爾摩披萊，但是當地人和他們的鄰人則稱之爲披萊。於是兩軍就在這樣的地方設營了，一方面（指克謝爾克謝斯——譯者）控制了特拉奇司以北的全部地區，而另一方面（指希臘人——譯者）則控制了本土在此以南一直到海岸方面的地區。

202在那裏等候波斯人的希臘人是這樣的一些人。斯巴達的重武裝兵三百名；鐵該亞人和曼提涅亞人一千名，雙方各占一半；從阿爾卡地亞的歐爾科美諾斯來一百二十人，從阿爾卡地亞的其餘的地方來一千人；除去這些阿爾卡地亞人之外，從科林斯來四百人，從普列歐斯來二百人，從邁錫尼來八十人。以上都

---

⑰直譯是周邊居民。相鄰的部落結成聯盟並派代表（披拉戈拉斯）參加一年舉行兩次的會議。參見第二卷第一八〇節。

是從伯羅奔尼撒來的人。從貝奧提亞來的則是鐵司佩亞人七百名，底比斯人四百名。

203 在這些人之外，又召來了歐普斯的羅克里斯人的全軍和一千名波奇司人。希臘人是自動把這些人召來幫忙的，他們把使節派出去告訴這些人說，他們自己是作爲其餘人的先鋒而來的，而其他聯盟者的到來則是他們每天盼望著的事情；又說他們已經把海嚴密警戒起來了，擔任守衛的是雅典人、埃吉納人和被配置在水師中的所有其他的人們。他們認爲他們沒有可以害怕的，因爲進攻希臘的不是神，卻是一個凡人，決沒有，也決不會有一個凡人在生下來的時候命中不注定要參雜著一些不幸的事情，而越是大人物，他遭到的不幸也就越大。因此，向他們進攻的既然不過是一個凡人，則他不能實現他的期望，那便是確切不移的事情了。羅克里斯人和波奇司人聽到這話之後，就到特拉奇司來幫助希臘人了。

204 所有這些人每一個城邦都各有自己的將領。其中最受尊敬的全軍統帥是拉凱戴孟人列歐尼達司。如果回溯他的系譜，則是阿那克桑德里戴斯、列昂、優利克拉提戴斯、阿那克桑德羅斯、優利克拉鐵斯、波律多洛司、阿爾卡美涅斯、鐵列克洛司、阿爾凱拉歐斯、海吉西拉歐斯、多律索斯、列歐波鐵司、埃凱司特拉托司、阿吉斯、埃烏律司鐵涅斯、阿里司托戴莫斯、阿里司托瑪科斯、克列奧達伊歐斯、敍洛斯、海拉克列斯。他是斯巴達王，雖然這一點是出乎他意料之外的。

205 原來他有兩個哥哥克列歐美涅斯和多里歐司，因此他根本就不去想作國王的事情了。但是當克列歐美涅斯沒有男系的後嗣便死去，多里歐司也在西西里死亡因此不在人世，結果列歐尼達司便輪上了王位，因爲他比克列歐姆布洛托斯年長（這是阿那克桑德里戴斯的幼子），此外他又娶了克列歐美涅斯的女兒爲妻。這個人這時按照規定率領著有子嗣的三百名精兵來到了鐵爾摩披萊，他還率領著我上面列舉了數目的底比斯人，這些底比斯人的統帥是埃烏律瑪科斯的兒子列昂提亞戴斯。在所有的希臘人當中，列歐尼達司所以特別想把這些底比斯人帶來，是因爲底比斯人經常受到責難，說他們同情美地亞人。於是他把他們召來作戰，因爲他想了解一下他們是否肯派人隨他出征還是公然拒絕參加希臘人的聯盟。他們結果是把自己的人派出來了，不過卻是別有用心的。

206 斯巴達人最初先派出了和列歐尼達司一道出發的這些士兵，這樣作是爲了使其他的聯盟者也學他們的榜樣去作戰，同時也是爲了使其他的聯盟者不致投到美地亞人方面去，因爲，假如他們知道斯巴達人耽擱了的話，這些人是有可能這樣作的。但是後來，由於卡爾涅亞祭一時成了他們的障礙，他們便打算在卡爾涅亞祭舉行完畢之後，就把一支衛戍部隊留在斯巴達，然後立刻全軍火速開拔。其他聯盟者也打算這樣作。原來奧林匹亞祭也正是在進行這些事情時舉行的。因此，他們既然不認爲鐵爾摩披萊之戰很快地便可分出勝負，故此他們就派出了先鋒的部隊。

207 以上就是他們想作的事情。可是鐵爾摩披萊的希臘人，在波斯軍迫近他們的隘路路口的時候卻驚惶起來，於是就討論起他們是否應當撤退的問題來了。其餘的伯羅奔尼撒人主張退到伯羅奔尼撒去保衛科林斯地峽。但是波奇司人和羅克里斯人對這個意見感到非常氣憤，而列歐尼達司則主張留在他們原來的地方並送信到各個城市去請求援助，因爲他手下的人太少了，這是無法和美地亞的大軍相抗衡的。

208 正當他們這樣討論的時候，克謝爾克謝斯派了一名騎馬的探卒前來看他們有多少人和他們正在作什麼。原來當他還在帖撒利列的時候，他便聽說有一小支軍隊集結在這裏，而統率它的是拉凱戴孟人，其中有海拉克列斯的後裔列歐尼達司。這個探卒策馬馳近營地，偵察瞭望一番，然而他不能全部都看到，因爲在他們重建並加以防守的壁壘內部的那些人，他是不可能看到的。不過，外面的那些人他是看清楚了，這些人的武器都堆積在壁壘的外面，而這時駐在外面的又恰巧是拉凱戴孟人。他看到有一些人在那裏作體操，有一些人在梳頭髮。看了這種情況他是很驚訝的，他把他們的人數記下來之後，便平安無事地乘馬返回了，不但沒有人追他，根本沒有人理會他。於是他便回來，把所見到的一切都告訴克謝爾克謝斯了。

209 當克謝爾克謝斯聽到這話的時候，他並不能了解到事情的眞相，即他們（指拉凱戴孟人——譯者）正在準備盡最大的努力去殺敵，否則即寧肯被殺死。在他看來，他們這樣作是可笑的。於是他便派人把在他的軍營中的阿里司通的兒子戴瑪拉托斯召了來，而在戴瑪托斯來到之後，他便就所有這些事情向戴瑪拉托斯垂詢，問他如何理解拉凱戴孟人這樣作的用意。於是戴瑪拉托斯說：「在我們出發征討希臘的時候，我已經向你談起過這些人了；可是在你聽了之後，你卻嘲笑我，儘管我向你所說的，都是在我看來顯然是會發生的事情。國王啊，在我來說，首先盡力要作到的，就是在你的面前講老實話。因此，現在我就向你再來陳說一遍。這些人是爲了這條通路前來和我們作戰的，而他們現在就正在準備這一戰爭。原來每當他們將要冒生命危險的時候，他們習慣上總是要整理他們的頭髮的。此外，我還要告訴你，如果你把這些人和留在斯巴達的那些人征服，國王啊，那麼人類當中就再也沒有別的人敢於和你對抗了。現在要和你交戰的是全希臘最傑出的王國和城邦和最英勇的人們。」可是，克謝爾克謝斯以爲上面所說的這話是極不可信的，並進而問戴瑪拉托斯他們這樣少數一些人怎麼能和他的軍隊相抗衡。戴瑪拉托斯回答說：「國王啊，如果事情的結果和我所說的不符，那就請把我當作一個撒謊的人來看待吧。」

210 儘管這樣講了，戴瑪拉托斯仍然不能把克謝爾克謝斯說服。國王在那裏等候了四天，一直期望著他們會逃跑。可是到第五天，他看到他們並未退卻並以爲他們留在那裏只不過是無恥和愚蠢，因此便震怒起來並把美地亞人和奇西亞人派了出去，命令他們生擒敵人並將敵人帶到他的面前來。美地亞人衝到前面向希臘人挑戰，結果死了許多人，另一些人接上去進攻，他們雖然遭受了慘重的損失，卻還沒有被擊退。而

且他們明顯地向所有的人，特別是向國王本人表示，他們的人數雖多，可是其中頂事兒的人卻是很少的。戰鬥整天都在進行著。

211既然美地亞人受到這樣的痛擊，於是他們就退出了戰鬥，國王稱之為「不死隊」、由敍達爾涅斯率領的波斯人代替他們上陣。人們認為至少他們是很容易把這場戰鬥解決了的。可是當他們交上手的時候，他們一點兒也不比美地亞軍高明而是一模一樣，原來他們在狹路裏作戰，又使用比希臘人要短的槍，因此他們無法利用他們在數量上的優勢。可是拉凱戴孟人的作戰方式卻大有值得注意的地方。他們的戰術要比對方的戰術高明很多。在他們的許多戰術當中有一種是他們轉過身去裝作逃跑的樣子。異邦軍看到這種情況就呼嘯著並鳴動著武器追擊他們，可是當他們眼看要給追上的時候，他們就回轉身來向異邦軍反攻，這樣一反攻，就把無數的異邦軍殺倒在地上了。這時斯巴達人當然也有被殺死的，不過人數很少。這樣一來，波斯人發現他們不拘列成戰鬥隊形或任何其他辦法進攻都絲毫無法攻占隘路，他們只得退回來了。

212在進行這些次攻擊的時候，據說眺望到這一切的國王由於替自己的軍隊擔憂，曾三次從王座上跳下來。當時他們的戰鬥結果就是這樣了。第二天，異邦軍的戰果並不比第一天好些。他們接戰的時候，滿以為敵人的人數這樣少，又是傷痕累累，再也無法和他們對抗了。可是希臘人卻按著隊伍和民族列陣，依次出戰，只有波奇司人是例外，因為他們被配置在山上把守著通路。因此，當波斯人看到希臘人和前一天的情況毫無改變的時候，他們就撤退了。

213對於當前面臨的事態，國王感到手足無措了。於是一個瑪里司人，埃烏律戴謨斯的兒子埃披阿爾鐵司便來見他，告訴他經過山而通向鐵爾摩披萊的那條道路，打算從克謝爾克謝斯那裏取得一筆重賞。這樣一來，留在鐵爾摩披萊的希臘人就毀在他的手裏了。這個埃披阿爾鐵司後來由於害怕拉凱戴孟人而逃到帖撒利亞去。當阿姆披克圖歐涅斯在披萊集會的時候，披拉戈拉斯⑱曾懸賞逃亡中的埃披阿爾鐵司的首級。在這之後若干時候，他回到安提庫拉之後，卻被一個名叫阿鐵納迭斯的特拉奇司人殺死了。這個阿鐵迭斯殺死埃披阿爾鐵司是另有原因的，這原因我將要在我的歷史的後面提到。雖然如此，他仍然因這一行動而受到拉凱戴孟人的尊敬。後來埃披阿爾鐵司喪命的經過就是這樣。

214 此外還有一個傳說說，向國王報告了上面的話並且把波斯人引過了山的人是一個卡律司托斯人，帕納戈拉司的兒子歐涅鐵斯和安提庫拉人科律達羅斯。但是在我看來，這是完全不可信的。因爲，首先，我們必須從希臘人的披拉戈拉斯的所作所爲來進行推論，他們所懸賞的不是歐涅鐵斯和卡律司托斯的頭顱，而是特拉奇司人埃披阿爾鐵司的頭顱。因而我們必須假定，他們是會用一切辦法來取得確實情報的。其次，我們曉得，埃披阿爾鐵司正是由於這個理由而亡命的。不過不能否認的是，縱然歐涅鐵斯不是一個瑪里司人，如果他經常到那裏去，他也是會知道道路的。可是把他們由那條道路領過了山的人卻是埃披阿爾鐵司，而我認爲犯了罪的正是這個人。

215 克謝爾克謝斯對於埃披阿爾鐵司所答應爲他作的事情深感滿意。他大喜過望，因而立刻把敍達爾涅斯和敍達爾涅斯麾下的士兵派了出去。大約在掌燈的時刻，他們便從營地出發了。這條道路原來是當地的瑪里司人所發現的，他們發現了這條道路後，曾當波奇司人在路上修築壁壘以防禦進攻的時候，循著這條路引導著帖撒利列人去征討波奇司人。因此，早從那個時候起，瑪里司人就覺得這條道路完全無用了。

216 而這條通路的形勢是這樣的。它的起點是在峽谷中間流著的阿索波司河。那裏的山和道路的名字都

⑱參見本卷第二〇〇節注釋。

叫作阿諾佩亞，而這個阿諾佩亞便隨著山脊蜿蜒而行，直到離瑪里司人最近的一個羅克里斯人的城市阿爾培諾斯的地方。在那裏有一塊被稱爲美拉姆披哥斯（意爲黑色的臀部——譯者）的石頭以及凱爾科佩司的遺跡，而這裏是道路的最狹窄的地方。

217 道路的情況就是這樣。在波斯人渡過了阿索波司河之後，他們便沿著這條道路走了一整夜，右手是歐伊鐵人的山，左手是特拉奇司人的山。到天明的時候，他們到達了山頂。我剛才已經說過，在山路的這一部分，有一千名波奇司的重武裝兵保衛著他們自己的國土和守備著這條通路。下面的那一部分山路是由我已經說過的那些人看守著的，但是山上的路卻由波奇司人看守著，因爲他們曾自動向列歐尼達司保證擔負這樣一個任務。

218 波斯人所攀登的山，上面滿長著槲樹，因此波奇司人絲毫也不知道波斯人的到來，直到在寧靜的氣氛當中，敵人腳下踏著葉子發出了很大的聲音，他們才注意到這一點；於是他們便跳了起來，趕忙把武器拿了起來。可是，說時遲那時快，敵人已經來到跟前了。這些人在看到武裝的人們時是感到驚訝的，因爲他們滿以爲不會有人和他們相對抗，但現在卻不意地遇到了一支軍隊。敍達爾涅斯害怕波奇司人是拉凱戴孟人，於是問埃披阿爾鐵司這些人是哪個地方的人。等他知道了眞實情況之後，他便把波斯人排列成陣準備戰鬥了。波奇司人受到像雨點那樣的箭的射擊，心中又以爲波斯人首先要攻擊的正是他們，於是他們就逃到山頂上去並準備戰死在那裏。這便是他們的想法。但是跟埃披阿爾鐵司和敍達爾涅斯在一起的波斯人並不去理會波奇司人，卻趕快地跑下山來。

219 至於在鐵爾摩披萊的希臘人，則他們首先受到了占卜師美吉司提亞斯的警言。美吉司提亞斯在檢查了犧牲之後，曾預言天明時他們要遭到的死亡；隨後，還在夜裏的時候，又有對方的一些投誠者前來，報

告了波斯人的迂迴。而最後，正在破曉的時候，從山下跑下來的偵察兵也帶來了同樣的情報。於是希臘人便集會商議，但他們的意見是分歧的。有的人主張他們不應離開他們的駐地，另外一些人則反對這樣作。在這之後不久，他們便分散了。一部分人離開他們的駐地，各自返回自己的城邦去了，再有一部分則決定和列歐尼達司一道留在他們原來的駐地。

220 誠然，據說是列歐尼達司本人把他們遣送走的，爲的是關心他們，不願他們在那裏喪命，但是他認爲他本人和斯巴達人卻不應當離開他們最初前來保衛的陣地。可是在我看來，則我的意見勿寧是這樣，即當列歐尼達司看到聯盟者的情緒消沈下去並不願和他一同冒險的時候，他便打發他們各自回去了，但撤退對他本人來說卻是不光榮的事情。另一方面，如果他留在那裏的話，他便可以將大名傳留於後世，而且斯巴達的繁榮幸福也便不致被抹殺了。原來在開頭之際斯巴達人就這一戰爭向神託請示的時候，佩提亞曾向他們預言說，或者是拉凱戴孟被異邦人所摧毀，或者是他們的國王死掉。神託是用六步格的詩說出來的，內容是這樣：

哦，土地遼闊的斯巴達的居民啊，對你們來說，
或者是你們那光榮、強大的城市
毀在波斯人的手裏，或者是拉凱戴孟的土地
爲出自海拉克列斯家的國王的死亡而哀悼。
因爲牡牛和獅子的力量都不能制服你們的敵人，
他有宙斯那樣的力量，而且他到來時你也無法制止，
直到他取得二者之一，並把它取得的東西撕成粉碎。

因此我以爲，列歐尼達司考慮到這些事情並且想只爲斯巴達人取得榮譽，他才把聯盟者送走，而不願意弄到那些走的人離開這裏是由於鬧了意見之後而產生的不愉快的結果。

221 就這件事而言，下述的情況我認爲是我的一個非常有力的證據，即曾根據犧牲向希臘人預言過他們要遭到怎樣的命運的那個號稱是美拉姆波司的後裔的阿卡爾那尼亞人美吉司提亞斯毫無疑問曾給列歐尼達司送了回來，爲的是不使他和其餘的人同歸於盡。雖然受到了這樣處理，美吉司提亞斯卻不願意離開。他只把在軍中的他的一個獨生子送了回去代替他。

222 這樣，被送還的聯盟軍就遵照著列歐尼達司的意思離開了。和拉凱戴孟人一道留在那裏的只有鐵司佩亞人和底比斯人。誠然，底比斯人留在那裏並非出於自願，也不是出自他們的本心，因爲列歐尼達司是把他們作爲人質扣留在那裏的。但鐵司佩亞人卻是自願的，因爲他們拒絕離開和把列歐尼達司以及他麾下的人們丟在那裏，而是留在那裏和他同死。鐵司佩亞人的統帥是狄雅多羅美斯的兒子戴謨披羅斯。

223 克謝爾克謝斯在日出之際行了灌奠之禮之後，等到市場上大約人最多的時候（大概在早上十點鐘——譯者），便開始了他的進攻。他是接受了埃披阿爾鐵司的意見才這樣作的，因爲從山上向下面出擊比較便捷，而且道路比繞山和攀山要近的多。克謝爾克謝斯和他麾下的異邦軍就是這樣進擊的，但是列歐尼達司麾下的希臘軍是抱著必死的決心的，現在他們是比以前要遠得多地來到狹谷的更加寬闊的地帶來了。原來在這之前，他們一直在保衛著壘壁，而在所有過去的日子裏，他們也都是退守在狹路裏面在那裏作戰的。但現在他們是從狹谷裏面出來和敵人作戰了。異邦軍在那裏被殺死的很多。異邦軍的官長們拿著鞭子走在部隊的後面，抽打軍隊使之前進。異邦軍當中許多人掉到海裏去淹死了，但是相互踐踏而死的人們卻要多得多，而且對於死者，根本沒有人注意。既然希臘人曉得他們反正是要死在從山後面迂迴過來的人們的手裏，因此他們便不顧一切地拼起命來，拿出最大的力量來對異邦軍作戰。

224 這時，他們大多數人的槍已經折斷了，於是他們便用刀來殺波斯人。在這次的苦戰當中，英勇奮戰的列歐尼達司倒下去了。和他一同倒下去的還有其他知名的斯巴達人。由於他們的傑出的德行功勛，我打聽了他們的名字，此外我還打聽到了所有他們三百人的名字。在這次戰鬥裏，波斯人方面也死了不少知名之士，其中有大流士的兩個兒子阿布羅科美斯和敍佩蘭鐵司，他們的母親就是阿爾塔涅斯的女兒普拉塔古涅。這個阿爾塔涅斯是國王大流士的兄弟，又是阿爾撒美斯的兒子敍司塔司佩斯的兒子。當他把他的女兒許配給大流士的時候，他把他的全部家產都給她作陪嫁了，因爲她是他的獨生女兒。

225 克謝爾克謝斯的兩個兄弟就在那裏倒下去了。而爲了列歐尼達司的遺體，在波斯人和拉凱戴孟人之間發生了一場激烈的衝突，直到最後希臘人發揮了自己的勇氣，四次擊退了他們的敵人，這才把他的遺體拉走。而且直到埃披阿爾鐵司率軍到來的時候，這場混戰才告結束。當希臘人知道他們到來的時候，從那個時刻起，戰鬥的形勢便改變了。因爲希臘人退到道路的狹窄的部分去，進入壁壘，而除底比斯人之外的全體在一個小山上列陣；小山就在通路的入口處，而在入口那裏現在有一座爲紀念列歐尼達司而建立的石獅子。在那個地方，凡是手裏還有刀的就用刀來保衛自己，手裏沒有刀的就用拳打牙咬的辦法，直到後來異邦軍用大量投射武器向他們壓來的時候。他們有的人從正面進攻搗毀了壘壁，有的人則迂迴包抄，從四面八方進擊。

226 拉凱戴孟人和鐵司佩亞人就是這樣行動的。但在他們當中，據說最勇敢的是一個叫作狄耶涅凱斯的斯巴達人。關於這個人，有這樣一個傳說，即在他們和美地亞人交戰以前，一個特拉奇司人告訴狄耶涅凱斯說，敵人是那樣的多，以致在他們射箭的時候竟可以把天上的太陽遮蓋起來。他聽了這話之後毫不驚慌，卻完全不把美地亞人的人數放在眼裏。他說他們的特拉奇司朋友給他們帶來了十分吉利的消息，因爲假如美地亞人把天日都給遮住的話，那他們便可以在日蔭之下，而不是在太陽之下和他們交戰了。狄耶涅凱斯講過這話以及其他同樣性質的話，而拉凱戴孟人就因這些話而懷念狄耶涅凱斯。

227 勇名僅次於狄耶涅凱斯的據說是拉凱戴孟的兩兄弟，他們是歐爾喜龐托司的兒子阿爾佩歐斯和瑪隆。在鐵司佩亞人當中，聲名最高的是哈爾提戴斯的兒子，一個名叫狄圖拉姆波司的人。

228 爲了被埋葬在他們陣亡的地方的所有這些人以及在列歐尼達司把聯盟者送還之前陣亡的人們，立了一塊碑，碑上的銘文是這樣的：

四千名伯羅奔尼撒人曾在這裏
對三百萬敵軍奮戰。

這是爲全軍所刻的銘文；對於斯巴達人則另外有這樣一個銘文：

過客啊，去告訴拉凱戴孟人
我們是遵從著他們的命令長眠在這裏的。

這就是爲拉凱戴孟人的銘文。而下面的銘文則是給卜者的。

這裏長眠著英勇戰死的美吉司提亞斯，
他是給渡過了司佩爾凱歐斯河的美地亞人殺死的。
這位預言者分明知道即將到臨的宿命
卻不忍離開斯巴達的統帥。

除去卜者美吉司提亞斯的銘文之外，這些銘文和石柱都是阿姆披克圖歐涅斯爲了追念他們而建立起來的；

給美吉司提亞斯的那個銘文則是列歐普列佩斯的兒子西蒙尼戴斯為了友情的關係刻立的。

229 據說在這三百人當中有兩個人埃烏律托司和阿里司托戴莫斯得到列歐尼達司的允許而離開了陣營，可是得了極嚴重的眼病而臥倒在阿爾培諾依地方。如果他們兩個人商量妥的話，他們或是一同安全地返回斯巴達，而如果他們不願回去，則可以和其餘的人共同戰死。雖然他們可以這樣作也可以那樣作，他們卻不能取得一致的意見；意見分歧的結果，兩個人各走各的路了。埃烏律托司聽到波斯軍迂迴的消息時，便要求武器並把它佩帶上，然後命令他的希勞特引領他去參加戰鬥。希勞特把他引到那裏去，然後自己就溜掉了。於是埃烏律托司便衝到戰鬥的人羣中去，這樣便戰死了。可是阿里司托戴莫斯氣餒了，因此他就留在後面。而如果只有阿里司托戴莫斯一個人生病而回到斯巴達去，或是如果他們一同回家，則我以為，斯巴達人是不會對他們生氣的。可是現在既然事實上兩個人當中有一個戰死，而另一個人雖有和前者相同的藉口卻不願死掉，因而他們對於阿里司托戴莫斯的行為自然就非常憤慨了。

230 因此，根據一部分人的說法，阿里司托戴莫斯就是這樣，並且在這樣的一個口實之下，安全地回到了斯巴達。但是也有人說，他曾作為一名使者從營地被派了回來，他本來是可以及時趕回來參加正在開始的戰鬥的，但是他不肯這樣作，而是在道上拖延，因而保全了自己的性命，可是他的同伴的使者卻回來參加了戰鬥並戰死了。

231 可是，在阿里司托戴莫斯回到拉凱戴孟之後，他卻受到了非議和蔑視。他遭到這樣程度的蔑視以致沒有一個斯巴達人願意把火給他，沒有一個斯巴達人願意和他講話。為了使他難堪，斯巴達人稱他為懦夫阿里司托戴莫斯。可是在普拉塔伊阿的戰爭當中，他洗雪了他所蒙受的一切污名。

232 此外，據說在三百人當中還有一個名叫潘提鐵斯的人也沒有死，他是作為使者給派到帖撒利亞去的。他也回到了斯巴達，但是在受辱之後便自縊身死了。

233 至於在列昂提亞戴斯領導之下的底比斯人，在一個時期之內他們受到強制不得已站在希臘人的一方面來對國王的軍隊作戰，可是他們一經看到波斯人取得了優勢，他們於是便趁著列歐尼達司麾下的希臘人爬上小山的機會，和希臘人分開而投向異邦軍，一面伸出他們的手並呼告說他們是波斯方面的人，是率先把土和水獻給國王的。他們還說他們是迫不得已才來到鐵爾摩披萊，而且對於他們使國王遭到的損害是無罪的。以上乃是他們最眞心的話。他們便由於這樣的說法而救了自己的性命，而那裏又有帖撒利亞人為他們所說的一切作證。雖然如此，他們也不是萬事亨通的，原來當他們跑過去向異邦軍投誠時，他們當中的一些人在走近異邦軍時甚至被殺死。而且由於克謝爾克謝斯的命令，他們的大部分，從統帥列昂提亞戴斯起，都給烙上了王室的印記。這個人的兒子埃烏律瑪科斯後來⑲曾率領四百名底比斯人占取了普拉塔伊阿人的市邑，卻給普拉塔伊阿人殺死了。

234 希臘人在鐵爾摩披萊就是這樣地奮戰的。於是克謝爾克謝斯便派人把戴瑪拉托斯召了來，首先就問他這一點：「戴瑪拉托斯，你是一個誠實的人。凡是你說的話後來全能應驗，這是我根據明顯的事實才這樣相信的。現在請告訴我，剩下的拉凱戴孟人還有多少，他們當中能夠像這樣作戰的人有多少，還是全都像這個樣子？」戴瑪拉托斯說：「國王啊，拉凱戴孟人若是算在一起的話，人數是很多的，而且他們的城市也是很多的。但是凡是你願意知道的我都會告訴你。在拉凱戴孟有一個城市叫作斯巴達，那裏大約有八千人，他們所有的人和在這裏戰鬥的人都是一樣的。但是其他的拉凱戴孟人卻和這些人不同，不過他們也

⑲四三一年。

都是英勇的人物。」克謝爾克謝斯接著說：「戴瑪拉托斯，我們怎樣能費最小的勞力來征服這些人呢？你來告訴我吧，因爲你曾經是他們的國王，當然是熟悉他們經常是用怎樣的辦法的。」

235 戴瑪拉托斯回答說：「國王啊，旣然你是誠心誠意地來徵求我的意見，那我當然要向你指出最好的辦法來。我想你應該把你的水師中的三百隻船派到拉科尼亞沿岸的地帶去。在那裏海岸附近的海上有一個名叫庫鐵拉的島嶼。關於這個島，我國一位極有智慧的人物奇隆曾說，庫鐵拉沈在海面之下比在海面之上，對於斯巴達是更有利的；因爲他一直在害怕從那個島會發生我向你所建議那樣的事情，這當然不是說他曾預見你的水師的到來，而是他同樣害怕任何人的軍隊。讓他們以這個島爲出擊的根據地，這樣就會使拉凱戴孟人恐慌起來。如果他們在自己的邊境上和鄰人發生了戰爭的話，那你就完全沒有理由害怕在你的陸師征服希臘其他地方時他們會趕來援助，而且在其餘的希臘已被征服的時候，被剩下的孤孤單單的拉科尼亞也就一定給削弱了。可是如果你不這樣作的話，你就一定會遇到我下面所說的情況。在通向伯羅奔尼撒的有一個狹窄的地峽，全體伯羅奔尼撒人都將要集合在那裏和你對抗，在那裏你就會遭遇到比你過去經歷的更加頑強激烈的戰鬥。不過如果你按照我所說的去作，那你就可以不戰而使這個地峽和他們的一切城邦站到你的一方面來。」

236 在他之後發言的是克謝爾克謝斯的兄弟兼水師提督阿凱美涅斯，因爲當他們交談時，他恰巧在那裏。他擔心克謝爾克謝斯會被說服而按照戴瑪拉托斯的辦法去作。他說：「國王啊，我看你是正在傾聽這樣的一個人的意見，這個人嫉妒你的好運，也許他甚至要出賣你的大事。所有的希臘人都喜歡保有這樣的一些性癖：他們嫉妒別人的成功並憎恨比自己強大的力量。如果在最近一次使你喪失了四百隻船的災害之後，你再把你的水師中的三百隻船派出去回航伯羅奔尼撒，則你的敵人就可以用與你對等的兵力來和你作戰了。但如果你的水師不分開，那它就是無敵的，而你的敵人也就決不會是你的對手了。此外，你的全部水師可以掩護你的陸軍，你的陸軍也可協助你的水師，這樣相輔而行。但如果把一部分力量從你這裏分出去，則你對他們沒有用處，他們對你也沒有用處。我的意見勿寧是這樣，這就是你仔細擬訂你自己的計劃，不要去管你的對手方面的事情，不要去管他們要選什麼樣的戰場作戰，他們如何行動以及他們的人數多少等等。他們是完全可以爲他們自己考慮的，我們同樣可以爲我們自己考慮。至於拉凱戴孟人，如果他們和波斯人交戰的話，他們是決不會治癒他們目前的創傷的。」

237 克謝爾克謝斯回答說：「阿凱美涅斯，我以爲你的話有道理，我願意按照你的意見作。然而，儘管你的意見比戴瑪拉托斯的意見要好，可是戴瑪拉托斯所說的卻是他認爲對我最有用的意見。因此我決不願認爲，戴瑪拉托斯是敵視我的事業的。我是從他一向講過的話來判斷出他是這樣一個人的。我又是由於這樣的一個事實而判斷到一點的，這就是：如果一個市民走旺運的話，另一個市民就會嫉妒他並且用沈默來表示他的敵意，而沒有一個人會在他同市的市民向他徵求意見時把他認爲最好的辦法告訴給對方，除非這個人具有很高的道德，不過這樣的人卻很少見。但是，如果一個異邦人走旺運的話，另一個異邦人就會爲他極其高興，因此他在被徵詢的時候，也就會把最好的意見提供出來。這樣看來，既然戴瑪拉托斯是我的異邦朋友，那麼我命令你們所有的人都要注意，不可講他的壞話。」

238 這樣說了之後，克謝爾克謝斯便巡視了一下屍體，他聽說列歐尼達司是拉凱戴孟人的國王和統帥，就下令把列歐尼達司的頭割下來，插到竿子上。在許多證據當中，特別是這個證據使我看得最清楚，在列歐尼達司還活著的時候，國王克謝爾克謝斯對他的憤恨是過於任何人的。否則他是決不會這樣殘暴無禮地對待列歐尼達司的屍體的，因爲在我所知道的一切人當中，波斯人在習慣上是最尊重勇武的戰士的。受命這樣作的就按照我剛才說的辦法作了。

239 ⑳現在我要回到我的這部歷史前面中斷的地方來了。拉凱戴孟人是最先聽到國王正在準備討伐希臘的人，聽到之後，他們便派人到戴爾波伊的神託所去，在那裏得到我剛才提到的那個回答。他們得到這個回答的方式是很奇怪的。阿里司通的兒子戴瑪拉托斯亡命到美地亞人那裏去之後，對於拉凱戴孟人並無好感；這是我個人的看法，而事情的跡象也是對我的看法有利的。他作這樣的事是出於好意，抑或是出於惡意的自得心情，我就無法評述了。克謝爾克謝斯既然下了征討希臘的決心，則當時在蘇撒並且知道了這件事的戴瑪拉托斯就想把這個消息告訴給拉凱戴孟人了。但是他害怕事機被洩漏，又沒有別的辦法把這個消息傳給他們，於是他只得使用了這樣一個方法。他用一個折疊的書牒，把上面的蠟刮下去，然後把國王的意圖寫在木板上；寫好之後，他再把蠟熔化在木板上面。這樣，攜帶空白書牒的人，在道路上就不會受到哨兵的留難了。當這個書牒送到拉凱戴孟的時候，拉凱戴孟人不明白這是什麼意思；我聽說，最後還是克列歐美涅斯的女兒，列歐尼達司的妻子戈爾哥在她自己考慮了這件事之後，才建議他們刮去蠟皮，這樣他們也許可以看到寫在木板上面的字樣。他們這樣作了之後，發現並且讀了上面所寫的東西，繼而立刻把它通告給其餘的希臘人。以上的事情據說就是這樣的了。

---

⑳有一些學者根據許多理由懷疑這一段是後來插入的，不過也有人根據文字判斷這不像是後人的僞作。——譯者

第八卷

1 被指定在水師裏服務的希臘人是這樣的一些人：雅典人提供了一百二十七隻船，普拉塔伊阿人和雅典人同樣地乘上了這些船，這並不是因爲他們有什麼海上事務的經驗，而只是因爲他們有勇氣和熱誠。科林斯人提供了四十隻船，美伽拉人提供了二十隻船；卡爾啓斯人提供了二十隻船的船員，船是雅典人提供的；埃吉納人十八隻，希巨昂人十二隻，拉凱戴孟人十隻，埃披道洛斯人八隻，埃列特里亞人七隻，特洛伊人五隻，司圖拉人兩隻，凱歐斯人兩隻①和兩隻五十橈船；歐普斯的羅克里斯人也帶了七隻五十橈船前來助陣。

2 到阿爾鐵米西昂來作戰的人們就是這樣一些，我現在已經說明了他們在全部裝備當中各自分擔了多少。集合在阿爾鐵米西昂的船隻一共是二百七十一艘，那些五十橈船還不計算在內。但是統率全軍的是斯巴達所提供的人物，這就是優利克里戴斯的兒子優利比亞戴斯。因爲聯盟者都說，如果他們的領袖不是一個拉科尼亞人的話，那他們便不想服從雅典人的指揮而是寧願取消這個準備中的水師。

3 原來早在派人到西西里去要求聯盟者之前的那幾天裏，就風傳說把海上的領導權交給了雅典人。但是當聯盟者反對這一點的時候，雅典人便放棄了他們的要求，他們認爲希臘的安全是首要的事情並且看到，如果他們爲領導權而爭吵，希臘便一定要垮台了。在這一點上他們是看對了的，因爲內爭之不如團結

一致對外作戰，正如戰爭之不如和平。他們懂得了這樣一點，故而他們便讓步並放棄了自己的要求，然而如上所述，只是在他們非常需要別人的時候；因爲當他們把波斯國王趕了回去而戰爭不再是爲了他們自己的領土，而是爲了他的領土而進行的時候，他們便藉口帕烏撒尼亞斯的橫傲而撤銷了拉凱戴孟人的領導權。但這一切都是後話了②。

4 但是現在，那些終於來到了阿爾鐵米西昂的希臘人看到許多船停泊在阿佩泰的海面上，到處又都是大軍，而且和他們所料想的完全不同，異邦軍在他們看來和他們所設想的也遠不相同；於是他們感到十分恐慌，便開始商量要從阿爾鐵米西昂逃回家鄉希臘的內地去。埃烏波亞人既然看到他們作這樣打算，便請求優利比亞戴斯稍稍等候，直到他們自己把他們的家人兒女送走的時候。但是當他們不能說服他的時候，他們便試了另一個辦法，他們把一筆三十塔蘭特的賄賂送給了雅典的水師統帥鐵米司托克列斯，條件是當他們作戰的時候，希臘水師應留在那裏，爲保衛埃烏波亞而戰。

5 這便是鐵米司托克列斯使希臘人留在原地不動的辦法：他把賄賂的錢中間的五塔蘭特分出來給優利比亞戴斯，好像這筆錢是他自己送給他的。優利比亞戴斯便這樣地被收買過來了，至於其他的人，則沒有一個人是性好反抗的，只有科林斯的水師統帥、歐庫托司的兒子阿迪曼托司是個例外。他說他不願留下，而是要從阿爾鐵米西昂乘船離開，鐵米司托克列斯起誓向他說：「你是決不會離開我們的，因爲我送給你的禮物要比美地亞人的國王因你脫離聯盟而送給你的禮物還要豐厚。」這樣說著，他便把三塔蘭特的白銀

---

①一般所說的船都指三段橈船而言。

②大概是在四七七年。

送到阿迪曼托司的船上去。因此這兩個人都給禮物收買了，埃烏波亞人達到了他們的願望，鐵米司托克列斯自己則發了一筆財。他把其餘的錢私吞了起來，沒有一個人知道，但是得到了其中的一部分的人則以爲這筆錢是雅典人爲了說服他們才作爲禮金送來的。

6 因此希臘人便在埃烏波亞的海面上留下來並在那裏作戰了。下面我要說一說經過的情況。在剛剛到下午到達阿佩泰以後，異邦軍他們便看到他們早已聽說停泊在阿爾鐵米西昂海面上的少數希臘船隻，於是他們便急於想進攻這些船隻以便取得它們。但他們卻還不想面對面地進攻，因爲他們擔心希臘人會看見他們前來而跑掉，而他們逃跑時又是會有夜幕掩護他們的。他們相信，希臘人會因逃跑而得救的。波斯人的目的則是不許甚至他們的一個持聖火的人③得到活命。

7 於是他們就想出了下面的一個計劃。他們從他們的全部水師當中選撥出二百隻船來，派它們在斯奇亞托斯島的外海上迂航，爲了是使敵人看不到它們迂迴埃烏波亞，取道卡佩列烏斯，繞過吉拉伊司脫斯而到達埃烏里波斯。他們這樣作是指望可以從兩面包抄希臘人，派出去的那部分前去遮斷對方的退路，他們自己則從正面進攻。在作了這樣的策劃之後，他們便派出了他們授命的船隻，他們自己那一天則不打算進攻希臘人，而在他們得到信號知道迂航的船隻到達之前，他們也是不打算進攻的。這樣他們就派出了迂迴航行的船隻，同時又在阿佩泰檢點了其他的船隻。

8 而他們正在檢點船隻的時候，（在艦隊裏有一個名叫司苦里亞斯的司奇歐涅人，他是當代最有本領的潛水人；在佩里洪發生船難之際，曾給波斯人撈救出了大量財寶，自己也因此弄到了一份不小的財

③持聖火的人的任務是使聖火永遠燃點著以供軍中奉獻犧牲時用。他被認爲是神聖不可侵犯的。

產）。這個司苦里亞斯先前確是想開小差到希臘人那裏去的，但是他從來沒有像目前的這樣一個好機會。後來他終於用什麼樣的辦法逃到希臘人那裏去，我說不確實了。如果一般的說法是眞實的話，那卻眞是使人吃驚了。原來據說他是在阿佩泰潛到海裏去的，而直到他來到阿爾鐵米西昂的地方才游出水面來，這樣算來，他就在水面下潛泳八十斯塔迪昂了。關於這個人的傳說是很多的，其中有些是眞實的，有些卻未必可信了。至於這件事，這裏我要說一說我自己的意見，我認爲他是乘著船到阿爾鐵米西昂的。到達之後，他立刻把難船的經過和有船派出來回航埃烏波亞的事情告訴了將領們。

9 希臘人聽到了這一番話之後，就集合起來進行商議。在會上發表的意見很多，然而占上風的意見卻是：當天留在那裏並在原來的地方碇泊，而在過了午夜之後，他們就向海上進發去迎擊回航的船隻。可是後來並沒有任何人向他們進攻，他們便一直等到當天午後很晚的時候，然而他們自己才向異邦軍進擊，打算試驗一下他們的戰術和突破異邦軍防線的辦法。

10 當克謝爾克謝斯的士兵和他的將領們看到希臘人只乘著少數的船隻向他們攻來的時候，他們以爲希臘人一定是發了瘋，因此他們自己便向海上進發，以爲自己這樣可以輕而易舉地戰勝希臘人。他們這樣的想法是完全有根據的，因爲他們看到希臘人的船隻是如是之少，而他們自己的船隻卻比希臘人的船隻多好多倍，而且比他們更精於航術。在打了這樣的如意算盤之後，他們就列成圓陣從四面八方來包圍了希臘人。不過有許多伊奧尼亞人對希臘人是抱著友好態度的，他們是被強迫著來參加戰鬥的，故而他們看到希臘人被包圍而深感痛苦，因爲他們認爲希臘人沒有一個能夠倖免逃回本國了。他們眼裏的希臘人就是這樣軟弱無能的。但是另一方面，看到這樣的事情而感到高興的人們，卻爭先恐後地想作一名拿捕阿提卡船隻的先鋒，以便從國王那裏領取賜品。原來在水師當中，人們關於雅典人的談論最多。

11但是在看到信號的時候，希臘人先把他們的船尾聚攏在一起，船頭則向著異邦人列陣。在第二次信號的時候，儘管他們給壓制在一塊狹小的地區之內而和敵人的戰船相對地密接到一處，他們仍然是努力奮戰起來。他們當場拿捕了三十隻異邦船，同時俘獲了撒拉米司國王戈爾哥斯的兄弟、軍中知名之士凱爾西司的兒子披拉昂。拿捕敵船的第一個希臘人是一個雅典人，埃司克萊歐斯的兒子呂科美戴斯，他後來取得了勇武的獎賞。雙方在海戰中未見肯定的勝負，到夜幕降臨的時候，就此罷手了。希臘人駛回阿爾鐵米西昂，異邦人則返回阿佩泰，他們這次的戰果比他們原先期望的要差得多了。在進行這次的戰鬥時，在隨國王前來的全體希臘人當中，只有一個人逃到希臘人那一方面去，這就是列姆諾斯地方的安提多洛斯，由於安提多洛斯的這一行動，雅典人曾把撒拉米司的采地給了他。

12到夜裏的時候，由於當時正是仲夏的季節，整夜裏都是豪雨，此外還伴隨著從佩里洪山上來的激烈的雷鳴。死者的屍體和破碎的船隻都給沖到阿佩泰那方面去，在那裏它們和船頭攪到一處並且妨礙了槐的活動。那裏船上的士兵聽到雷雨之聲驚恐萬狀，他們認爲他們目前所遭受的災禍會使他們全部毀滅；原來在他們從難船和佩里洪山附近的雷雨得到恢復之前，他們還得進行一場頑強的海戰，而在海戰之後，又是傾盆大雨，是向大海奔注的巨流和震耳欲聾的雷聲。

13這就是他們在這一夜裏的遭遇。但是對於那一夜裏受命回航埃烏波亞的人們來說，遭遇就要慘得多了。因爲這些人是在大洋上遇到了這種情況的。他們的結果很慘。原來，他們是在埃烏波亞的科依列（意爲窪地——譯者）的外邊航行的時候遇到了暴風雨的，結果他們被風吹到他們也不知道的地方去，碰在岩礁之上而遇難了。這一切都是出自天意。因爲這樣一來，波斯的軍力就和希臘的軍力約略相當，而不是處於絕對優勢的地位了。

14這些人就這樣地在埃烏波亞的科依列喪命了。但是，阿佩泰的異邦軍，當他們非常高興地看到天亮的時候，卻把船留在那裏不動，因爲在這樣的一番折磨之後，他們已很滿足於暫時得到一些安靜了。這時五十三隻阿提卡的船前來援助希臘人，這些船隻的到來和同時接到的回航埃烏波亞的異邦軍在前次發生的暴風雨當中全軍覆沒的消息大大地鼓舞了希臘人。於是他們像先前一樣地等到同樣的時刻，然後出海向一些奇里啓亞的船隻進攻；他們殲滅了這些船，而到夜幕降臨的時候，就返回了阿爾鐵米西昂。

15可是到了第三天，異邦軍的水師提督們激憤於這樣少數的敵船竟使他們如此狼狽，又害怕克謝爾克謝斯會怪罪下來，便不再等待希臘人的挑戰，而是在相互打過招呼之後就在中午左右的時刻出航了。進行這些次海戰的日子，恰巧是在鐵爾摩披萊進行陸戰的日子；水師的全部意圖是力守埃烏里波斯，而列歐尼達司麾下士兵的目的則在於全力保衛關口。希臘人用來相互激勵的言語是不使異邦軍進入希臘，波斯人方面則是要殲滅希臘的軍隊並攻占海峽。

16因此當克謝爾克謝斯的大軍列好戰陣向前進迫的時候，希臘人在阿爾鐵米西昂的海上屹然按兵不動。異邦軍把自己的船隻排成半月形，盡力想把希臘人緊緊地包圍在圓陣裏面。希臘人於是迎上前去，戰鬥就此開始了。在這一場海戰裏，兩軍的實力差不多是相等的。克謝爾克謝斯方面由於軍容龐大人數衆多反而吃了苦頭，原來他的船隻陷於混亂，相互衝撞起來了。儘管如此，他們卻依然不屈不撓地堅持戰鬥而不肯讓步，因爲想到他們竟會被少數船隻所擊破，那是不能忍受的。希臘人的船隻和士兵損失的很多，然而異邦軍方面的船隻和士兵的損失那更要多得多了。他們在進行了這樣的一場戰鬥之後，便各自收兵回去了。

17在這場戰鬥當中，克謝爾克謝斯的軍隊中表現得最好的要算是埃及人了。除去立了其他的巨大戰勛之外，埃及人還拿捕了五隻希臘戰船和船上的兵員。在希臘人方面，戰鬥得最英勇的是雅典人，而在雅典人當中戰功最大的是阿爾奇比亞代司的兒子克里尼亞司，他是自費出一隻船和二百個人前來參加戰鬥的。

18 雙方分手之後，就都高高興興地急急忙忙地趕回自己的投錨地點去了。當希臘人收兵離開戰場的時間，他們的手中掌握了死屍和殘破的船隻；然而他們自己也傷了很大的元氣，特別是雅典人的損失最重，他們的船隻損失了一半。他們商議的結果是逃避到希臘的內海地帶去。

19 鐵米司托克列斯認爲如果把伊奧尼亞族和卡里亞族從異邦軍那裏分裂出來，則希臘人就有足夠的力量制服其他部分的軍隊了。埃烏波亞人通常是把畜羣趕到海邊上去吃草的，而鐵米司托克列斯當時便在那裏把將領們召集起來，告訴他們說，他想出一個辦法，可以把國王的同盟軍中最優秀的那一部分瓦解出來。當時他向他們透露的就是這樣一些。但是鑒於當前的情況，他說他們應當這樣作，那就是每個人盡可能多地屠殺埃烏波亞的牲畜，（因爲與其讓敵人取得它們，不如自己先下手爲好）。此外他還勸告他們每人下令自己的士兵點起火來。至於他們的撤退，他說他將要設法找這樣一個時機，以便使他們回到希臘時毫無損失。將領們都同意這樣作。他們立刻點起了火，然後又下手把牲畜殺了。

20 原來埃烏波亞人並沒有把巴奇司的神託放到心上，而是認爲它毫無意義，他們既沒有把任何東西搬出去，也沒有把任何東西搬進來。如果他們事先對敵人的到來有所戒備的話，他們早就應當這樣作了。結果他們竟使自己遭到了慘禍。巴奇司關於這件事的神託卻是這樣的：

當著一個講異邦語的人在海上架設紙草橋的時候，
注意把那些喧叫的山羊從埃烏波亞的海岸趕跑。

埃烏波亞人沒有注意這些詩句，可是在目前遭受的和即將到來的災禍當中，他們卻不得不體驗他們那極其不幸的遭遇了。

21正當希臘人作著我上面所說的事情時，一個哨兵從特拉奇司到他們這裏來了。原來在阿爾鐵米西昂那裏派駐了一個哨兵，這是一個名叫波里亞斯的安提庫拉人。他的使命是在看到水師發生戰鬥時，立刻把這消息告訴鐵爾摩披萊的人們（爲了這個目的，他身旁總有一隻橈船準備著）。同樣如果陸上的軍隊發生變故的時候，雅典人呂西克列斯的兒子阿布羅尼科斯自己也要準備乘著三十橈船把這個消息帶給阿爾鐵米西昂的希臘人。因此，這個阿布羅尼科斯就前來向他們報告了列歐尼達司和他的軍隊的遭遇。而當希臘人知道了這個情況之後，他們就立刻決定離開，不過他們是按照他們規定的次序退卻的，科林斯人在最前面，雅典人在最後面。

22但是鐵米司托克列斯卻把雅典人的最精銳的一些船隻選拔出來，到有飲用水的那些地方去，在那些地方他在岩石上刻了一些文句，這些文句伊奧尼亞人次日來到阿爾鐵米西昂的時候就讀到了。文句的內容是這樣的：「伊奧尼亞人啊，你們對你們父祖的國家作戰並且把希臘人變成奴隸，這乃是不義的行爲。如果作得到的話，你們最好是投到我們這一面來，但如果你們不可能作到這一點的話，那麼就請你們不要參加戰爭，並且請卡里亞人也像你們一樣地作。如果你們二者都不可能作到，而是被無法抗拒的力量緊緊地束縛住的時候，則我們仍請求你們在作戰的那一天裏不要把全力使用出來。請注意，你們是我們的子孫，而我們和異邦人的爭端起初正是由於你們才引起來的。」在我來看，鐵米司托克列斯這樣寫是有雙重用意的，如果國王沒有看到刻在岩石上的這些話，那它就可以使伊奧尼亞人倒戈投到希臘人的這一面來，如果這些話被惡意地報告給克謝爾克謝斯，則克謝爾克謝斯就會不相信伊奧尼亞人並不使他們參加海戰。

23這就是鐵米司托古列斯的摩崖銘文。在銘刻之後不久，一個希斯提阿伊亞人乘船來到異邦軍的地方，告訴他們希臘人從阿爾鐵米西昂逃走的事情。他們不相信這話，卻把報信的人監禁起來，一面把快速船派了出去進行偵察。當這些快速船上的人們報告了眞實情況的時候，他們才知道這件事，於是全部水師便在早晨陽光開始照耀之際集合起來駛向阿爾鐵米西昂去了。他們在那裏一直待到正午，然後又駛往希斯提阿伊亞，而在到達的時候便占領了希斯提阿伊亞人的城市並蹂躪了屬於希斯提阿伊亞人的埃洛皮亞地區④沿岸地帶的全部村落。

24 正當他們在那裏的時候，克謝爾克謝斯派了一名傳令官到水師那裏去；在這之前，他曾對於陣亡者作了如下的處理。他自己的軍隊在鐵爾摩拔萊陣亡的（有二萬人之多），他只留下一千人左右，其餘的人他都挖溝埋掉了。爲了不使水師看到他們，溝上覆蓋了樹葉並堆起了土。因此當傳令官渡海到希斯提阿伊亞來的時候，他就把水師的全體士兵召集起來，對他們說：「諸位同盟者，無論是誰，只要他願意，國王克謝爾克謝斯都允許他離開自己的崗位前來看一看，他怎樣對竟然想壓制王師的那些蠢貨們作戰。」

25 在這樣地宣布之後，由於想來一開眼界的人是這樣地多，弄到船卻變成最困難的事情了。他們渡海，穿過屍體來進行觀察；他們所有的人都認爲陣亡的希臘人都是拉凱戴孟人和鐵司佩亞人，雖然他們也看到了希勞特。儘管如此，渡海來參觀的人仍然沒有給克謝爾克謝斯在處理陣亡將士屍體時所作的事所瞞過，原來事情確實是非常可笑的。波斯人陣亡的，他們看到了一千名，但是希臘人的屍體卻都給堆集到一個地方，數目多到四千。那一整天裏，他們都花在視察上面了；第二天船上的人員返回他們駐在希斯提阿伊亞的水師，克謝爾克謝斯便率軍出征了。

---

④埃烏波亞的北半部，包括希斯提阿伊亞地區。

26 從阿爾卡地亞有幾個人逃到他們那裏去，這幾個人是由於無法維持生活而想找些事情作的。波斯人把這幾個人帶到國王跟前，問他們希臘人正在作些什麼事情，問問題的那個人是代表大家來發問的。阿爾卡地亞人告訴他們說，希臘人正在舉行奧林匹亞祭，正在舉行運動比賽和賽馬，於是那個波斯人就問希臘人比賽時所得的獎品是什麼。那些阿爾卡地亞人告訴他說，優勝者的獎品是橄欖冠。於是阿爾塔巴諾斯的兒子特里坦塔伊克美斯就說出了極其崇高的一些話，不過他卻被國王加上了懦夫的名號；原來當他聽到獎賞並不是金錢而是一頂橄欖冠的時候，他再也沈默不下去了，他向所有在場的人們說：「哎呀，瑪爾多紐斯啊，你率領我們前來對之作戰的是怎樣的一些人啊，他們相互競賽是爲了榮譽，不是爲了金錢啊。」

27 以上就是特里坦塔伊克美斯所說的話。這時在另一方面，就是在鐵爾摩披萊慘敗之後不久的時候，帖撒利亞人就派了一名使者到波奇司人那裏去，因爲帖撒利亞人對波奇司人是有舊怨的，而在帖撒利亞人遭到最近的慘禍之後，這舊怨就更形加深了。原來在國王出征之前不幾年的時候，帖撒利亞人和他們的同盟軍曾以他們全軍的力量去進攻波奇司，但是卻打了敗仗並吃了波奇司人很大的苦頭。被包圍在帕爾那索斯山的波奇司人中間有埃里司地方的一個占卜師鐵里阿斯，這個鐵里阿斯給波奇司人想出了這樣的一個戰略。他把白堊土塗在六百名最精壯的波奇司士兵的身體和甲冑上面，率領他們在夜間去進攻帖撒利亞人，事先囑咐他們看到身上不塗著白堊土的人就殺。帖撒利亞人中間首先是哨兵看到這些人，結果他們因害怕而逃跑了，他們誤以爲這些人是什麼怪物；繼哨兵之後，帖撒利亞的全軍也同樣地逃跑了。結果波奇司人竟斬殺了四千名敵軍和奪取了他們的盾牌，其中的一半被他們奉獻給阿巴伊，其餘的則奉獻給戴爾波伊。那次戰鬥中的戰利品有十分之一用來製造了一些巨像，這些巨像就立在戴爾波伊神殿前面三腳架的四周。在阿巴伊神殿也有其他同樣的巨像。

28被包圍的波奇司人就是這樣地對付帖撒利亞人的步兵的。而當帖撒利亞的騎兵侵入他們的國土的時候，波奇司人也給了他們致命的打擊。他們在敍安波里司附近的通路上掘了一個大坑把空甕放到裏面去，再把泥土蓋在上面，一直弄到地上看不出任何痕跡來，他們就這樣等待著帖撒利亞人的進攻。這些帖撒利亞騎兵向前推進，滿指望把他們遇到的波奇司人一掃而光，結果卻掉到陷坑裏的土甕中間去了。這樣一來，乘騎的腿就給折斷了。

29帖撒利亞人在這兩件事上恨透了波奇司人，於是他們就派一名使者到波奇司人那裏去，說：「波奇司人，現在是你們自己承認，你們到底不是我們的對手的時候了。以前當我們站在希臘人那一方面的時候，在希臘人眼裏我們就一直比你們有份量，如今在異邦人方面，我們也有這樣大的力量，足以使你們喪失你們的土地而且使你們的人受到奴役。儘管如此，雖然生殺予奪之權都在我們手裏，我們卻對你們不念舊怨。爲你們過去的所作所爲賠償我們五十塔蘭特白銀罷。我們是會保證不使你們的土地受到威脅的。」

30帖撒利亞人向他們建議就是這樣。在整個那一地區，只有波奇司人不站在美地亞人的那一方面，而按照我個人的推論，這理由不外是他們對帖撒利亞人的憎恨罷了。如果帖撒利亞人站在希臘人的一邊的話，那我以爲波奇司人是會站到美地亞一方面去的。波奇司人對帖撒利亞人的建議的回答是不給錢。他們還表示，若是有什麼理由而他們願意這樣作的話，他們也可以和帖撒利亞人一樣地站到美地亞人的一面，但是他們是不願意背叛希臘的。

31帖撒利亞人接到這個回答之後，對波奇司人感到十分激憤的帖撒利亞人立刻便成了異邦軍的引路者。他們從特拉奇尼亞侵入了多里斯。原來在那裏有一塊狹長的多里斯土地伸向那一方面，這塊土地的寬度大約有三十斯塔迪昂，位於瑪里司和波奇司的領土之間，這在往時則是德律歐披司的土地，這一地區是伯羅奔尼撒的多里斯人的故土。異邦人在進攻時對多里斯人的這塊土地並未加以蹂躪，因爲他們站到了美地亞人的那一方面，而帖撒利亞人也不希望異邦人加害於他們的。

*32*但是當他們從多里斯進入波奇司的時候，波奇司人卻不能給他們捕捉到；因爲有一些波奇司人跑到帕爾那索斯山上去了，（帕爾那索斯山的山峰叫作提托列阿，它就峙立在尼昂市的近旁，它可以容納大批的人，因此他們就帶著自己的財物登上那裏），不過他們的大部分卻離開了自己的國土避難到歐佐拉伊·羅克里斯人的地方去，在那裏克利撒平原的上方有一個叫作阿姆披撒的城市。異邦人蹂躪了波奇司的全部國土，帖撒利亞人就作了異邦軍的嚮導。而凡是他們所征服的地方，他們就縱火和破壞，把城鎭和神殿一概化爲灰燼。

*33*他們沿著凱佩索司河一路推進，把沿途所遇到的一切搞得精光，他們放火燒掉的城市有德律莫司、卡拉德拉、埃洛科司、鐵特洛尼昂、阿姆披凱亞、尼昂、佩迪埃司、特里提司、埃拉提亞，敍安波里司、帕拉波塔米歐伊和阿巴伊，而在阿巴伊地方有一座富有的阿波羅神殿，這座神殿擁有大量的財寶和奉獻物。當時在那裏和現在一樣，也有一處神託所。他們把這個神殿也刦掠和焚燒了。他們追擊波奇司人並把他們的一些人在山的附近拿獲了。還有一些婦女在受到許多人的凌辱之後被弄死了。

*34*異邦軍經過帕拉波塔米歐伊之後，就到了帕諾佩司；在那裏他們的軍隊分成了兩路。人數較多而力量也較強的那一部分軍隊隨同克謝爾克謝斯本人向雅典進發並且突入貝奧提亞的歐爾科美諾斯人的土地。但是全部貝奧提亞人現在卻站到了美地亞的一面，亞力山大派來分駐於各個指定地點的馬其頓人保衛了他們城市使之免於戰禍。所以能夠免於戰禍的理由則是他們要克謝爾克謝斯知道，貝奧提亞人是站在美地亞的一面的。

35 異邦軍的這一部分就像上面所說那樣地出發了，其他部分的軍隊則和嚮導人一道向戴爾波伊的神殿方面行進，而帕爾那索斯山就在他們的右方。這一部分的軍隊也把他們所占領的那部分波奇司土地上的一切不分青紅皀白地加以破壞，把帕諾佩司人、達烏里司人、愛奥里斯人的市邑都燒掉了。他們和其餘的軍隊分開並且走這條路的目的，是他們可以劫掠戴爾波伊的神殿並且把它的財富拿來獻給克謝爾克謝斯。而且我聽說，克謝爾克謝斯對於神殿中那些值得提起的財富，比對於他留在自己的宮殿中的東西知道得還要清楚得多。原來很多人一直在提到這些財富，特別是阿律阿鐵斯的兒子克洛伊索斯所奉獻的那些東西。

36 當戴爾波伊人得知這一切的時候，他們眞是驚恐萬狀了。由於他們非常害怕，他們就請示神託，問他們是應當把聖財埋到地裏去，還是把它們移送到別的安全的地方去。但是神卻囑告他們不要移動任何東西，說他是可以保護他自己的財物的。戴爾波伊人聽到這話之後，便開始給他們自己打算了。他們把他們的妻子兒女遣送到海的對面阿凱亞地方去。大部分的男子則到帕爾那索斯山的山峰上去並且把他們的財物搬進了科律奇昂洞。還有一部分人則逃到羅克里斯人的阿姆披撒去了。這樣一來，除去六十個人和那個預言者之外，全體戴爾波伊人就全部離開了那個城市。

37 而當異邦軍漸漸迫近並且可以望到神殿的時候，那個名叫阿凱拉托司的預言者曾看見一些任何人都不許用手觸的神聖的武器給從內室裏搬了出來，放在神祠的前面。於是他便去把這個奇蹟告訴了那些留下來的戴爾波伊人；但是當異邦軍兼程迫近雅典娜・普洛奈亞神殿的時候，他們遇到了比前面說的奇蹟要大得多的奇蹟。說來實在是不可思議：武器自己竟跑出來到神祠的前面；但是在這之後的一次神意的顯示卻是比先前任何的一次都更加奇異了。原來當異邦軍逼近雅典娜・普洛奈亞神殿時，他們受到了自天而下的霹靂的打擊，帕爾那索斯山的兩個山峰給打了下來，它們帶著巨大的轟音向著他們壓了下來而把他們當中的許多人壓死了。而且從雅典娜神殿也發出了勝利的喊叫和呼聲。

38 同時發生的所有這一切使異邦軍產生了恐怖。戴爾波伊人看到他們逃跑了，便從山上向他們進攻並且殺死了他們許多人。其中得到活命的人一直逃到貝奧提亞去了。我聽說，跑回去的那些異邦軍說，除去上面所說的那些上天顯示以外，他們還看到了其他不可思議的上天顯示。他們說，比普通人要高大的兩個武裝大漢緊緊地追在他們後面，一面殺戮一面跟蹤在他們的後面。

39 戴爾波伊人說⑤，這兩個人乃是當地的英雄，名字叫作披拉科斯和奧托諾斯，奉祀他們的聖域就在神殿的近旁；披拉科斯的聖域位於雅典娜·普洛奈亞神殿上方的道路近旁，奧托諾斯的聖域則位於敍安佩亞峰下卡司塔里亞泉的近旁。而且從帕爾那索斯山落下來的石塊就是在我的時代還保存著的，它們就在雅典娜·普洛奈亞神殿的聖域裏，而當石頭向異邦軍隊伍當中落下來時就是落到那裏的。那些人當時撤離神殿的情況就是這樣了。

40 在另一方面，希臘的水師在離開了阿爾鐵米西昂之後，卻由於雅典人的請求來到了撒拉米司。爲什麼雅典人請求他們碇泊在撒拉米司呢，原來他們要把他們的妻子兒女安全地遷出阿提卡，此外，並且想商量一下今後行動的方法。既然目前的情況使他們原來的願望趨於幻滅，因此他們只能重新進行商議了。他們本來想使伯羅奔尼撒的全部兵力集合起來在貝奧提亞準備應付敵人的進攻，可是他們卻發現事實和他們的想法完全相違，相反地他們得知伯羅奔尼撒人認爲最重要的只是如何保衛伯羅奔尼撒從而在地峽上修築工事，絲毫不把其他地方放到心上。因此，在他們知道了這個情況之後，便請求水師在撒拉米司停泊了。

---

⑤這整個故事顯而易見是祭司們告訴給希羅多德的一個神殿傳說。

41於是其他的人，就到撒拉米司去了，而雅典人也就返回了自己的國土。他們到了那裏之後，就宣布說每一個雅典人都應該盡一切的可能來挽救他自己的子弟和眷族。於是他們中間的許多人便把他們的子弟眷族送往特羅伊眞，也有送到埃吉納和撒拉米司去的。他們趕忙把一切人遷移到安全的地帶去，是因爲他們想依照神意來行事。此外還有下面一個原因：據雅典人說，在他們的神殿裏有一條巨蟒守護著衛城，他們不單是這樣講而已，他們還若有其事地每月把蜜餅奉獻給巨蟒，這個蜜餅先前一直是給吃掉了的，但是如今卻連動也不動地放在那裏了。當女司祭把這個情況說出來的時候，雅典人便更加想離開他們的城市了，因爲他們認爲連他們的女神也都離開他們的衛城他去了。在他們把他們的一切遷移到安全的地帶去之後，他們就回到水師的駐泊地去了。

42當著從阿爾鐵米西昂來的希臘人抵達撒拉米司的時候，他們的其餘部分的水師也聽到了這件事並且從特羅伊眞前來和他們會合，因爲在這之前他們曾奉命在特羅伊眞人的港口波貢集結。而在那裏集合的船隻比在阿爾鐵米西昂作戰的船隻要多得多，並且是從更多的城市前來的。他們的統帥和在阿爾鐵米西昂的統帥是同一個人，即斯巴達人優利克里戴斯的兒子優利比亞戴斯，不過這個人卻不是王族出身。但是，斷然提供了最多的和最好的船隻的，是雅典人。

43參加希臘水師的人選是這樣：伯羅奔尼撒地方首先是拉凱戴孟人提供了十六隻船，科林斯人提供了和在阿爾鐵米西昂相同數目的船隻；希巨昂人提供了十五隻船，埃披道洛斯人十隻，特羅伊眞人五隻，赫爾米昂涅人三隻。除去赫爾米昂涅人之外，這些人都屬於多里斯族和馬其頓族⑥，而且是最後從埃里涅烏

---

⑥參見第一卷第五六節。

司、品多斯和德律歐披司地區來的。赫爾米昂涅人就是德律歐披司人，他們是給海拉克列斯和瑪里司人從現在稱爲多里斯的地方給趕了出來的。

44以上就是參加水師的伯羅奔尼撒人。至於從伯羅奔尼撒以外的本土來的人，則雅典人提供的船隻比之其他任何人都要多，他們獨力提供了一百八十隻。原來普拉塔伊阿人在撒拉米司地方並沒有幫助雅典人作戰，這是因爲當希臘人從阿爾鐵米西昂撤退而到卡爾啓斯這方面來的時候，普拉塔伊阿人已經在對岸貝奧提亞的領土登陸並且著手把他們的家眷遷走。他們乃是被留在後面以便使這些人安全撤退的。當佩拉司吉人統治著如今稱爲希拉斯的地方時，雅典人就是稱爲克拉那歐伊⑦的佩拉司吉人。在國王開克洛普斯統治他們的時代，他們是叫作開克洛皮達伊，而當王權轉到埃列克鐵烏斯手中去的時候，他們又改換了自己的名字而成了雅典人，可是當克蘇托斯的兒子伊昂成爲雅典人的統帥的時候，他們又隨著他的名字改稱伊奧尼亞人了。

45此外美伽拉人也提供了和在阿爾鐵米西昂同樣數量的船隻。阿姆普拉奇亞人爲水師提供了七隻船，列烏卡地亞人三隻，列烏卡地亞人是科林斯地方出身的多里斯人。

46在島民當中，埃吉納人提供了三十隻船。在這之外，他們把別的船隻也配備了乘務人員，但是他們用這些船來保衛他們本土的海岸，而以航行得最好的三十隻船來參加撒拉米司的戰鬥。埃吉納人是來自埃披道洛斯的多里斯人，他們的島以前是叫作歐伊諾涅。在埃吉納人之後是在阿爾鐵米西昂提供了二十隻船的卡爾啓斯人和提供了七隻船的埃列特里亞人，他們都是伊奧尼亞人。再次是凱歐斯人，他們提供了和先

⑦這大概是「高地居民」的意思。

前同樣數目的船隻；他們是來自雅典的伊奧尼亞人。那克索斯人提供了四隻船，他們和其他的島民一樣，本來是給他們當地的人們派出來參加到美地亞人一方面戰鬥的，但是他們卻不聽從命令而投到希臘人的方面來了，他們是在他們城中的知名人士、當時三段橈船的船長德謨克利圖的遊說之下才轉到希臘人方面來的。那克索斯人是雅典出身的伊奧尼亞人。司圖拉人提供了和在阿爾鐵米西昂相同數目的船而庫特諾斯人則提供了一隻三段橈船和一隻五十橈船；這兩種人都是德律歐披司人。水師中還有賽里婆斯人、昔普諾斯人和美洛斯人。島民當中只有這些人沒有把土和水獻給異邦人。

47 以上所述的這些參加出征的人都住在鐵斯普洛托伊人和阿凱隆河的這面；原來鐵斯普洛托伊人是和阿姆普拉奇亞人與列烏卡地亞人相鄰接的，而阿姆普拉奇亞人和列烏卡地亞人則是從最邊遠的地方前來的人們了。在住在比他們更遠的地方的居民當中，只有克羅同人在希臘人遇到危險的時候來幫過忙，他們只提供了一隻船，將領則是帕烏洛斯，他是在佩提亞比賽上三度獲勝的人。這些克羅同人都是阿凱亞人。

48 除去美洛斯人，昔普諾斯人和賽里婆斯人之外，這些人都是提供了三段橈船來參戰的，但美洛斯人等等則提供了五十橈船。出身拉凱戴孟的美洛斯人提供了兩隻，只屬於雅典的伊奧尼亞人的昔普諾斯人和賽里婆斯人各提供了一隻。因此除去五十橈船不算之外，船隻的總數是三百七十八隻⑧。

49 當上述各個城邦的將領們在撒拉米司集會的時候，他們進行了商議；優利比亞戴斯向他們建議，要他們任何一個有意見的人都可以提出自己的看法，看在希臘人所掌握的一切領土當中，哪一塊地方最適於進行海戰。阿提卡已經被他們放棄了，因此他要他們就其他的地方進行考慮。但大部分發言者的意見都傾

⑧實際上全部加起來是三百六十六隻，而不是三百七十八隻。

向於一個相同的結論，即他們應當到科林斯地峽去，在那裏為保衛伯羅奔尼撒而進行海戰，理由是這樣：如果他們在撒拉米司的戰鬥中被打敗，他們就會給包圍在島上，而沒有任何得到救援的希望了。但如果在地峽附近進行海戰，那他們在有必要的時候就可以逃到他們自己人的陸地上去。

50 正當伯羅奔尼撒諸將作這樣的打算時，來了一個雅典人，他帶來消息說，異邦人已經到了阿提卡並正在那裏的全部土地上放火打劫。原來隨著克謝爾克謝斯穿過了貝奧提亞的軍隊燒掉了離開當地而到伯羅奔尼撒去的鐵司佩亞人的城市以及普拉塔伊阿人的城市，然後到達雅典並把那裏附近的一切都蹂躪了。他們燒掉了鐵司佩亞和普拉塔伊阿，因為他們從底比斯人那裏聽到說，那些城市並不是站在美地亞一方面的。

51 在異邦軍渡過出征出發點的海列斯彭特並進入歐羅巴之後，他們到達了阿提卡；他們在渡海進入歐羅巴這件事上用了一個月的時間，到阿提卡又用了三個月；當時卡里亞戴斯正是雅典的執政官。他們在那裏攻占了當時居民已經跑掉的城市；但是他們在神殿裏發現了少數雅典人，一些神殿住持和貧苦居民，他們用門和木材作為壁壘來保衛衛城，防備進攻。他們並沒有撤退到撒拉米司去，部分是由於貧困，也還由於他們自以為懂得了戴爾波伊神託的意思，即木牆是攻不破的⑨，而且他們相信這便是神託所指的避難所，而不是船隻。

52 波斯人駐紮在衛城對面，雅典人稱之為「阿列斯之山」的丘陵上面，並且用向壁壘上射火箭的辦法來圍攻他們，火箭是把箭的四周包上麻屑再點上了火的。儘管雅典人處於絕望的地步而壁壘對他們又毫不

⑨參見第七卷第一四一節。

濟事，他們卻仍舊對圍攻者進行了抵抗。他們也不聽佩西司特拉提達伊家向他們提出的投降條件，而是講求各種對策來保衛自己，主要是用這樣的辦法，即當敵人攻到門那裏的時候，他們就把大石塊向異邦人的身上砸去。結果克謝爾克謝斯在長時期之內竟攻不下這個地方而致束手無策。

53 然而進退兩難的異邦軍終於找到了一條進攻的道路。原來神託的話遲早一定會實現：阿提卡的全部土地終是要歸波斯人來統治的。在衛城的前面、門和山道的後面有一塊無人把守的地方，而誰也想不到會有人從那裏登上去的。雖然這個地方非常陡峭，卻還有一些人在開克洛普斯的女兒阿格勞洛斯的神殿附近的地點攀登上來了。當雅典人看到異邦人登上了衛城，他們就有幾個人從城上跳下去摔死了。其他的一些人則逃到內部的聖堂去避難。攀登上來的波斯人首先到門那裏去把它打開並且殺死那些請求庇護的人。當他們把所有的雅典人都殺死之後，他們便搶劫了神殿，然後又把整個衛城放火燒掉了。

54 克謝爾克謝斯現在既然完全控制了雅典，他便派了一名騎手到蘇撒去，把他當前的成功告訴阿爾塔巴諾斯。在派出使者之後的第二天，他把跟隨著他的雅典亡命者召集起來，命令他們到衛城上去，按照他們本國的儀式奉獻犧牲，他發出這樣命令不知道是由於作了夢的緣故，還是因爲他燒掉神殿而後悔起來。雅典的亡命者們按照他的吩咐作了。

55 現在我要說一說我所以提到上述的事情的理由：在衛城上面有據說是大地所生的埃列克鐵烏斯的一座神殿，神殿裏有橄欖樹和一池海水，依照雅典人的傳說，它們是波賽東和雅典娜在爭奪土地時放置在那裏作證的。但是現在，橄欖樹在異邦人焚燒神殿的時候一齊給燒掉了，但是在它被燒掉的第二天，當著奉國王之命去奉獻犧牲的雅典人到神殿去的時候，他們看到從殘留的樹幹上長出來了大約有一佩巨斯長的嫩枝。他們就把這件事情報告了。

56當撒拉米司的希臘人得悉雅典衛城所發生的事件時，他們是驚恐到這樣的程度，以致他們的某些將領不等到他們所討論的問題有個結果，就趕忙跑到他們的船上去揚帆遠遁了。他們當中留在後面的人則決定為守衛科林斯地峽而進行海戰。到夜裏的時候，他們便散會上船去了。

57於是鐵米司托克列斯便返回了自己的船，一個叫作姆涅西披洛斯的雅典人向他探聽他們商量的結果。姆涅西披洛斯聽到鐵米司托克列斯說，他們的計劃是到科林斯地峽去，為保衛伯羅奔尼撒而作戰的時候，他就說：「這樣看來，如果他們乘船離開撒拉米司的話，那你的水師就再沒有可以保衛的國家了；因為每個人都要到他自己的城邦去，不管是優利比亞戴斯還是其他任何人都將不能留住他們而使大軍不致從此分散。而希臘也就由於輕率魯莽而滅亡了。想想看，如果還有什麼辦法的話，現在立刻就去想一切辦法把這個計劃收回罷，只要你好歹能夠說服優利比亞戴斯要他改變主意並且留在這裏就行了。」

58這個意見正中鐵米司托克列斯的下懷。他沒有回答姆涅西披洛斯什麼話，就到優利比亞戴斯的船上去了，並說要和優利比亞戴斯商量一件有關他們共同利益的事情。優利比亞戴斯要他到船上來，說出他要說的任何話。於是鐵米司托克列斯便坐到他的身旁，把自己從姆涅西披洛斯那裏聽來的話，正像是自己想出來那樣地全都告訴了他，此外還加上了許多他自己的話，直到用懇求的辦法說服了對方，使對方走出自己的船，召集各將領前來商量事情。

59將領們集合起來了，據說鐵米司托克列斯沒等到優利比亞戴斯向將領們說明這次把他們召集來的目的，就由於希望心切而迫不及待地向他們發表了長篇的演說。而當他還在發言的時候，科林斯的將領歐庫托司的兒子阿迪曼托司就說：「鐵米司托克列斯，比賽的時候在規定的時刻之前開跑的人是要挨棒子打的。」但鐵米司托克列斯給自己辯解說：「不錯，可是等得過久的人是得不到榮冠的。」

60在當時，他對科林斯人的回答是溫和的，但是現在他對優利比亞戴斯卻根本沒有像先前那樣地提到什麼如果他們離開撒拉米司，他們就會散開和逃掉一類的話，因爲他以爲當著同盟者的面來誹謗他們，那是很不合適的；因此他想出了另外一個論據。

（α）他說：「如果你聽從我的意見留在這裏進行海戰而不是聽別的人們的話把船開到科林斯地峽去，那你就可以保全希臘。聽我把這兩個計劃講一講由你來選擇罷。如果你在地峽附近的水面上作戰，那你就是在大海上作戰了，在那樣的地方作戰對我們是最不利的，因爲我們的船隻比較重，而且數量也是比較少的；而即使我們在其他的方面獲得成功，但你卻失去了撒拉米司和美伽拉和埃吉納。而且他們的陸軍將會隨著他們的水師前來，這樣你自己就會把他們引導到了伯羅奔尼撒，從而使全希臘有遭到滅亡的危險。

（β）相反的，如果你按照著我的意見去作的話，你就可以得到我下面所說的利益。首先，在狹窄的海面上以我們少數的船隻和他們的大量船隻交手，如果戰爭產生了它的當然結果的話，我們是會取得巨大勝利的；因爲在狹窄的海面上作戰對我們有利，而在廣大的海面上作戰則是對他們有利。其次，我們可以保全我們寄託了我們的妻子兒女的撒拉米司。再次，我的計劃還有這樣一個好處，而這個好處又是你最希望的，那就是，你留在這裏和你在地峽附近的海面上作戰一樣，同樣會保衛伯羅奔尼撒，而且如果你不失誤的話，你還不會把我們的敵人引到伯羅奔尼撒來。

（γ）而如果我所期望的事情全部實現而我們在海戰中取得勝利的話，那異邦軍就不會迫臨你們的地峽地帶，他們也不會攻過阿提卡，而是會在混亂中撤退；我們將由於保全美伽拉、埃吉納和據神託說我們要戰勝我們敵人的地方撒拉米司而得到利益。當人們作出合乎道理的安排時，他們是最容易得到成功的，如果作出不合道理的決定，上天當然也決不會附合人類的辦法的。」

61鐵米司扶克列斯的一番話就是這樣。但是這時科林斯人阿迪曼托司又來攻擊他了。阿迪曼托司說，一個沒有祖國的人是不應當多話的，並且說優利比亞戴斯不要容許使一個沒有自己城邦的人的意見付諸投票表決。他說要鐵米司托克列斯先有一個城邦作爲自己的後援再到這裏來商量事情，而正是由於雅典被敵人攻克和占領，他才這樣嘲罵鐵米司托克列斯的。於是鐵米司托克列斯就發表了長篇的演說，痛斥阿迪曼托司以及科林斯人，明白地給他們指出要他們懂得，只要雅典人擁有二百隻滿載乘員的船隻，那雅典人就是有城邦和比他們的領土還要大的國土；因爲在希臘人當中，是誰也沒有力量擊退他們的進攻的。

62他發表了這樣的意見之後，就到優利比亞戴斯那裏去，比方才更加激烈的說：「如果你留在這裏的話，則你就會由於留在這裏而表示出你是一個堂堂正正的男子漢大丈夫；但如果你不這樣作的話，那你就會把希臘搞垮，因爲我們的全部作戰力量都在我們的船上。考慮考慮看，還是聽我的話罷。但是你如果不這樣作，我們便不費什麼氣力帶著我們的家小人等到意大利的那從古來便是屬於我們的昔利斯去，而且神託也說，我們是必須在那裏建立一個居民地的。因此，你們失去了像我們這樣的聯盟者，將來總會有一天想起我講的話來的。」

63鐵米司托克列斯的這一番話使優利比亞戴斯改變了他的意圖。他所以這樣作在我看來主要是因爲他害怕：如果他率領他的船到地峽去時，雅典人會離開他們；原來，如果雅典人離開水師的話，其他的部分就不是敵人的對手了。於是他選擇了上面所提到的計劃，即留下來並在他們原來所在地的海面上作戰。

64在這樣的一番論爭之後，撒拉米司地方的希臘人便依照優利比亞戴斯的意思，決定著手在他們原來的地方作戰鬥的準備了。第二天早上太陽剛剛升起的時候，陸地上和海洋上都發生了地震。於是他們決定祈求諸神並且把埃伊阿奇達伊一族召來幫忙。他們這樣決定，就這樣作了；他們向上天所有的神作了禱告，而後立刻從撒拉米司把埃阿司和鐵拉門召到他們那裏去，又派一隻船到埃吉納去接埃伊阿斯和埃伊阿奇達伊族的其他的人們。

65 有一個叫作提歐庫戴斯的兒子迪凱歐斯的人，他是當時在美地亞人當中搏得名望的一個雅典亡命者。下面就是這個人所講的一個故事。正當阿提卡的土地被克謝爾克謝斯的軍隊所蹂躪而那裏又沒有雅典人的時候，他正在特里亞平原上和拉凱戴孟人戴瑪拉托斯在一塊兒，他看到從埃列烏西斯起來了一片彷彿是三萬左右的人所踏起的煙塵。而正當他們十分奇怪是哪裏來的人們踏起了這樣一片煙塵的時候，他們忽然聽到一聲叫喊，這聲叫喊在他聽起來好像是雅科斯密儀的贊歌⑩。戴瑪拉托斯並不清楚埃列烏西斯的祭儀，便問他這是什麼樣子的聲音；於是迪凱歐斯說：「戴瑪拉托斯，毫無疑問，國王的大軍將會遭到某種大災難的。阿提卡地方既然已經沒有人居住，那事情便非常明顯，我們聽到的聲音是從天上來的，是從埃列烏西斯那裏發出來幫助雅典人和他們的同盟者的。而如果上天的垂像降臨到伯羅奔尼撒的話，那國王本人和他的大陸上的軍隊就危險了。但是如果上天的垂像是向著撒拉米司的船隻那邊去的話，那國王就要有失掉他的水師的危險了。雅典人每年舉行這一祭儀是爲了崇祀母神和少女神⑪，而不管任何一個希臘人，雅典人也好其他人也好，只要他願意，是都可以參加這一密儀的。而你聽到的喊叫聲就是他們在這一祭祀

⑩包埃德羅米昂月（約當九月下旬和十月上旬）二十日沿聖路從雅典到埃列烏西斯的盛大行列稱爲雅科斯，因爲在行列中帶著雅科斯幼時的像，還有他的搖籃和玩具。雅典青年護送著雅科斯象，後面則跟著打著火把和唱著贊歌的參加過密儀的人們。

⑪指戴美特爾和佩爾賽彭涅。

中所唱出的雅科斯密儀的贊歌。」戴瑪拉托斯於是回答說：「別說了，不要把這話再向其他任何人說了。因為，如果你的這些話報告到國王那裏去，你是會掉腦袋的。這樣不管是我，還是其他任何人就都無法救於你了。少說話罷，諸神是會關心這支大軍的。」這就是戴瑪拉托斯的意見；而在塵土和喊叫聲之後，又出現了雲彩，雲彩高高地升到空中並飄向撒拉米司希臘水師的那方面去了。這樣一來他們就明白，克謝爾克謝斯的水師是注定要潰滅的了。以上便是歐庫戴斯的兒子迪凱歐斯所說的故事，而且他說戴瑪拉托斯和其他人等都可以證明他的話是真的。

66 被安置到克謝爾克謝斯的水師裏服役的人們，在視察了拉科尼亞人所遭受的慘禍之後，就從特拉奇司渡海到希斯提阿伊亞，而在三天的等候之後，便駛過了埃烏里波斯，又經三天的時間，便到達了帕列隆⑫。在我看來，在他們侵入雅典的時候，他們的陸軍和水師的數目比之他們來到賽披亞斯和鐵爾摩披萊的時候並不少。因為，雖然在暴風雨裏，在鐵爾摩披萊和在阿爾鐵米西昂的海戰中他們有所損失，但是我卻把當時還沒有參加國王的軍隊的人們算了進來，他們是瑪里司人、多里斯人、羅克里斯人和除鐵司佩亞人與普拉塔伊阿人之外的貝奧提亞全軍、還有卡律司托斯人、安多羅斯人、鐵諾斯人和除去我在前面所說的五個市邑⑬之外的所有其他的島民。原來，波斯人向希臘的腹地推進得越是深入，也就有更多的民族追隨在他的後面。

⑫雅典的一個海港。在希臘波斯戰爭之前，雅典人主要是使用這個海港。

⑬在第四六節中所提到的是六個市邑，即凱奧司、那克索斯、庫特諾斯、賽里婆斯、昔普諾斯、美洛斯。這裏忘掉的一個城市有人說是凱奧司，有人說是美洛斯，又有人說是賽里婆斯。

67 因此當除了帕洛司人之外的所有這些人來到雅典（帕洛司人留在庫特諾斯，熱心注視戰鬥的結果如何），而其他人等來到帕列隆的時候，克謝爾克謝斯於是就親自到水師這裏來，爲的是和水兵們接觸並聽取他們的意見。他來到之後，就坐到王位上去，應他之召從各船前來的諸民族的僭主和提督也按照國王頒賜給他們每人的位階入坐，首先是西頓王，其次是推羅王，其他的人依次入坐。在他們依次入坐之後，克謝爾克謝斯便派瑪爾多紐斯向他們每個人進行徵詢，問波斯的水師是否應進行海戰？

68 瑪爾多紐斯從西頓人起開始巡行詢問，所有其他的人一致認爲應當進行海戰，但是只有阿爾鐵米西亞講了下面的話：

（α）「瑪爾多紐斯，我請你轉告國王，講這話的人在埃烏波亞的海戰當中決不是最卑怯的人，在戰勛方面也決不是最差的人。主公，但我認爲我應當坦白地把自己的意見說出來，也就是說，說出我認爲對你最有益處的意見來。我要講的話是這樣。留著你的船，不要進行海戰罷。因爲敵人在海上的力量比你要強，就像男子的力量比女子要強一樣。你何必一定要不惜一切犧牲而冒險進行海戰呢？你不是已經占領了你出征的目的地雅典和希臘的其他地方了嗎？沒有一個人擋得住你。而那些敢於和你抗衡的人們都已經得到了他們應得的下場。

（β）現在我要告訴你，我如何估計你的敵人的今後行動。如果你不急於進行海戰，而是把你的船隻留在這裏靠近陸地，或甚至一直向伯羅奔尼撒進擊的話，那麼，我的主公，你是會很容易地達到你這次前來的目的的。因爲希臘人是不能和你長期相持的，然而你可以驅散他們，而他們便會各自逃回自己的城邦了。根據我打聽來的消息，他們在這個島上沒有食糧，如果你一旦率領陸軍進攻伯羅奔尼撒的話，則我想從那裏來的人是不大可能堅持不動的，他們將無意爲雅典進行海戰。

（γ）相反的，如果你忙於立刻進行海戰的話，我害怕你的水師會遭受到損失，而你的陸軍也會連帶遭殃的。再者，國王，請想一想，好人的奴隸常常是壞的，而壞人的奴隸又常常是好的；而像你這樣一位一切人中最優秀的人物卻有埃及人、賽浦路斯人、奇里啓亞人、帕姆庇利亞人這樣一些被認爲是你的同盟者的壞奴隸，但他們是一點用處也沒有的。」

69 當阿爾鐵米西亞向瑪爾多紐斯這樣講話的時候，她的一切朋友都爲她的話而擔憂，因爲他們以爲她不贊同進行海戰會因此受到國王的怪罪。然而那些因她在全部同盟者當中受到最大尊榮而對她懷恨和嫉妒的人們卻很歡喜她的回答，因爲他們認爲這是她自找倒霉了。可是當這些意見給報告到克謝爾克謝斯那裏去的時候，他卻非常喜歡阿爾鐵米西亞的意見；他一直把她當作一位崇高的婦人，而現在對她也就更加尊重了。儘管如此，他還是下令接受大多數人的看法；原來在他看來，埃烏波亞一役是因爲他本人不在場所以他的士兵才故意不努力作戰，而現在他卻打算親自前來督戰了。

70 當啓航的命令發出的時候，他們便向撒拉米司進發並且穩穩當當地按照各自指定的地位排成了戰鬥的行列。那一天裏由於夜間到來，已經沒有足夠的時間來進行戰鬥了，於是他們便爲第二天的戰鬥作準備。但希臘人卻是恐懼不安的，特別是從伯羅奔尼撒來的人們。他們害怕的原因是這樣：既然他們是停駐在撒拉米司，那他們本身就是爲保衛雅典人的國土而戰鬥了；如果他們吃了敗仗，他們就一定會給封鎖在島上而無法後退，可是自己的土地卻完全無法保衛了。

71 就在第二天晚上，異邦人的陸軍開始向伯羅奔尼撒進攻了。雖然如此，希臘人還是使用了一切可能的方法來阻擋異邦人從陸地上向他們進攻。原來當伯羅奔尼撒人得知列歐尼達司的士兵們在鐵爾摩披萊陣亡之際，他們立刻便從他們的各個城邦趕到一起，並在地峽上紮下了營寨。他們的將領則是列歐尼達司的兄弟，阿那克桑德里戴斯的兒子克列歐姆布洛托斯。他們在那裏駐紮並切斷了司凱隆路，此後又在大家商議決定之後橫貫著地峽修築了一道壁壘。由於那裏有成千上萬的人而又是大家一齊動手，這個工程順利地完成了。因爲他們把石頭、磚、木材和滿裝著沙子的籃子都搬了來，而且集合到那裏作工的人們不分日夜，是從來也不停止的。

72 把所有自己的人都召到地峽來作工的希臘人是拉凱戴孟人和全體阿爾卡地亞人、埃里司人、科林斯人、希巨昂人、埃披道洛斯人、普里歐斯人、特羅伊眞人、赫爾米昂涅人。這些是集合在那裏參加修築工事的人們，他們對希臘所遭到的危險是非常害怕的。但是其他的伯羅奔尼撒人卻毫不關心。但無論如何，奧林匹亞祭和卡爾涅亞祭是都已經過去了⑭。

73 伯羅奔尼撒住著七個民族，其中的兩個民族阿爾卡地亞人和庫努里亞人是土著並住在他們一向居住的地方。阿凱亞人這個民族從來沒有離開過伯羅奔尼撒，但是他們離開了自己故土而住到別的地方去。七個民族當中的其他四個民族是從外面來的，他們是多里斯人、埃托利亞人、德律歐披司人、列姆諾斯人。多里斯人有許多有名的市邑。但埃托利亞人則只有一個埃里司。德律歐披司的市邑則有赫爾米昂涅和與拉科尼亞的卡爾達米列相對的阿西涅。全部帕洛列阿塔伊人都是屬於列姆諾斯人的；庫努里亞人被認爲是伊奧尼亞人，是唯一的土著伊奧尼亞人。他們是奧爾涅阿塔伊人⑮及其鄰近的居民，但是由於阿爾哥斯人的統治和時間的結果，他們卻變成多里斯人了。在這七個民族當中，除去我上面所說的城市之外，所有的城

⑭這就是說，他們再沒有不來的藉口了。參見第七卷第二〇五節。

⑮奧爾涅阿塔伊人是奧爾涅阿伊市的土著居民。他們後來被阿爾哥斯人征服而成爲阿爾哥斯人的隸民。

市都是採取旁觀的中立立場的。而如果我能夠隨便講話的話，則那些城市這樣一來，就是站到敵人的一面去了。

74 這樣，在地峽地帶的那些人看到他們的水師並沒有獲勝的希望，便好像大難臨頭成敗在此一舉那樣地拚命工作。但是在撒拉米司的人們，雖然他們聽到了這個工程，卻非常害怕。這與其說是爲了他們自己，卻勿寧說是爲了伯羅奔尼撒而擔心，一時他們只是站在那裏相互喃喃交語，心裏奇怪優利比亞戴斯何以如此不智，但終於一致爆發成爲不滿的議論。於是舉行了一次會議，會上對於和先前同樣的事情辯論了很久，有的說他們必須到伯羅奔尼撒去，不惜爲了那個地方而冒險，而不應當留下爲已爲敵人武力占領的國土作戰。但是雅典人、埃吉納人和美伽拉人卻主張留下，保衛他們當時所在的地方。

75 當鐵米司托克列斯看到他自己的意見爲伯羅奔尼撒人的意見所壓倒的時候，便悄悄地退出了會議的議席，派一個人乘船到美地亞水師的陣地去，命令他務必送達一個信息。這個人的名字是西琴諾斯，他是鐵米司托克列斯的一名家丁，又是鐵米司托克列斯的子女的保育師。在這之後，當鐵司佩亞人接受移民爲市民的時候，鐵米司托克列斯便使他成爲一名鐵司佩亞的公民，同時又使他變成一個富有的人。現在他乘著船來到異邦軍的將領的地方來，向他們說：「雅典人的將領背著其他希臘人把我派來向你們報告（因爲他是站在國王利益的一方面，故而他希望你們，而不是希臘人取得勝利），希臘人已經被嚇得手足無措並正在準備逃跑了，而如果你們能防止他們逃竄的話，那你們就可以成就一項前無古人的功業。因爲他們的意見既並不一致，又不想再對你們進行抵抗，這樣你們將會看到在他們中間，你們的朋友對你們的敵人交起手來。」他說了這話之後就離開了。

76 波斯人認爲這個說法是可以相信的，於是他們首先使許多波斯人在撒拉米司和本土之間的一個普敍塔列阿小島上登陸。而隨後到夜半的時候，他們便把西翼向撒拉米司方面推進以便對它進行圓形的合圍，而停泊在凱歐斯和庫諾敍拉的人們也向海上出航，他們的船隻控制了全部海峽地帶直到穆尼奇亞的地方。他們這次出航海上的目的是無論如何也不叫希臘人逃跑，把希臘人封鎖在撒拉米司並要希臘人爲阿爾鐵米西昂一役付出代價。至於波斯軍隊在叫作普敍塔列阿的小島登陸的意圖則是這樣：一朝在這裏發生海戰的時候（原來這個小島正當將要發生的海戰的衝要之處），人和破船就會被海水沖到這裏來，這樣一來，他們就可以救援自己方面的人，同時還可以殲滅敵方的人。這一切都是他們偷偷摸摸地背著他們的敵人幹的。因此他們在夜裏一睡也未睡，而作了這樣的一些準備工作。

77 至於神託，我不能說它不是眞的；當我親眼看到下面的一些事情時，我也並不試圖否定那些他們講得十分清楚的事情：

當他們用層層的船隻，圍住了
佩戴黃金寶劍的阿爾鐵米司的神聖海岸，
和那海浪拍擊的庫諾敍拉；
當他們滿懷妄想，奪去了雅典的光榮，
以恣意的驕睢，貪求完全的飽足。
那瘋狂的暴怒，那絕滅百族的野心，
終必煙消雲散；因爲這是天理不容。
青銅將和青銅撞擊，那赫然震怒的戰神，
命令用血染紅四海。但是洞察一切的克洛諾斯之子（指宙斯——譯者）和女王尼凱
將把自由的曙光賜給希臘。

看到這樣的事情又聽到巴奇司說得如此淸楚明白，則我旣不敢在神託的事情上反對他，又不能認可別人的反對論調了。

78 但是在撒拉米司的將領們中間，發生了激烈的爭論。他們那時還不知道異邦軍的艦船已經把他們包圍，而是以爲敵人還在白天他們看到敵人時所在的地方。

79 正當他們爭論的時候，呂喜瑪科斯的兒子阿里司提戴斯渡海到他們這裏來了。他是一個雅典人，但是曾在市民中間受過貝殼流放的處分；根據我聽到的關於他的立身處世的人品的說法，我自己就深信，他是雅典最優秀的和最正直的人物。這個人來到之後就站在會場門外的地方把鐵米司托克列斯叫了出來，儘管鐵米司托克列斯不僅不是他的朋友，而且是他的不共戴天的敵人。但是鑒於當前面臨的重大危險，他才把舊怨放到腦後，而把鐵米司托克列斯叫出來和他談話。原來他已經聽到說，伯羅奔尼撒人一心想把船隻開到地峽那裏去。因此當鐵米司托克列斯出來見他的時候，阿里司提戴斯就說：「不管是在先前別的場合下，還是在目前，我們都應當比試一下，看我們兩個人誰能爲祖國作出最有用處的事情。我現在告訴你，關於伯羅奔尼撒人從這裏撤離水師的事情，談得多談得少那總之是完全一樣的。而我把我親眼目睹的事情告訴你吧，現在即使是科林斯人和優利比亞戴斯想乘船逃脫，他們也作不到了；我們已四面八方陷入我們敵人的重圍了。現在你進去把這件事告訴他們罷。」

80 鐵米司托克列斯這樣回答說：「你的勸告十分有用，而且你帶來了很好的消息，因爲你到這裏來的時候，已經親眼看到了我期望會發生的事情。你知道美地亞人所作的事情正是我自己引起來的。因爲當希臘人自己不想準備戰鬥的時候，那就有必要強迫他們這樣作了。但是，現在你旣然帶來了這個好消息，那就請你自己把這個消息報告給他們罷。如果我報告這個消息的話，他們會以爲這是我捏造的消息，因此他們決不會相信我說的話，而以爲異邦人是決不會作如你所說的這樣的事情的。你自己去告訴他們，把經過的情況對他們說了罷。當你告訴他們的時候，如果他們相信你的話，那最好了；如果他們不相信你的話，那事情反正對我們是一樣的。因爲如果如你所說，我們已在四面八方被包圍起來的話，那他們便再也不能逃跑了。」

81 於是阿里司提戴斯就走到他們面前把這個消息告訴了他們。他說他是從埃吉納來的，他是好不容易才躲過了敵人的視線偷渡了封鎖線的，因爲希臘的全部水師已經給克謝爾克謝斯的水師包圍起來了，故此他說他們最好是作保衛自己的準備。他這樣說了之後就離開了。於是他們又爭論起來，因爲大部分的將領是不相信這個報告的。

82 可是在他們還不相信的時候，一隻載著鐵諾斯的逃脫者的三段橈船到他們這裏來了，這隻船的將領是索喜美涅斯的兒子，一個叫作帕那伊提烏斯的人，這個人把全部的眞實情況報告給他們了。由於鐵諾斯人的這一行動，他們的名字便和擊敗了異邦軍的那些人的名字，一齊給刻在戴爾波伊的三腳架上。逃到撒拉米司來的這隻船再加上過去在阿爾鐵米西昂逃來的列姆諾斯人的那隻船，使先前尚缺兩隻船便是三百八十隻的希臘水師恰恰補足了這個數目。

83 希臘人終於相信鐵諾斯人所講的話，於是便準備作戰了。那正是剛剛破曉的時候，他們把士兵召集起來開會，鐵米司托克列斯就在會上作了一次比其他任何人都精彩的演說。他的演說的要旨始終是把一個人的本質和天性當中好的東西和壞的東西加以對比，而勸告他們選擇其中好的東西。演說結束之後，他便命令他們上船了。而正當他們上船的時候，那隻被派出去接埃伊阿奇達伊族⑯的三段橈船也從埃吉納回來

⑯參見本卷第六四節。

了。於是希臘人的全部水師便乘船向海上出發了。而在他們剛剛解纜前進的時候，異邦軍便立刻向他們攻過來了。

84 於是其他的希臘人便開始把船回轉過來，想使它們靠岸，但是這時一個雅典人、帕列涅區的阿美尼亞斯乘著船衝到前面去向敵人的一隻船進攻。他的船和敵人的船舷舷相接糾纏到一處不能分開，於是其他人這時便來援助阿美尼亞斯而加入了戰鬥。這便是雅典人關於戰鬥的開始的說法。但是埃吉納人卻說，引起戰端的船卻是派到埃吉納去接埃伊阿奇達伊族的那一隻。他們的說法是這樣：他們看到了一個婦人的幻影，這個婦人高聲向希臘全部水師講話激勵他們，而在一開頭，她是用這樣的話譴責他們的：「卑怯的人們啊，你們這是在幹什麼，你們要把船倒退到什麼地步啊？」

85 然而，配置在雅典人對面的是腓尼基人（因爲他們是在向著埃列烏西斯的一面，即西面的一翼），而配置在拉凱戴孟人對面的是伊奧尼亞人，他們占著東面的一翼，離披萊烏斯極近。但他們中間有少數人，像鐵米司托克列斯指令他們那樣，在戰鬥中表現出敷衍的樣子，不過他們大多數卻不是如此。我可以列舉出許多殲滅了希臘船隻的三段橈船的統帥的名字，可是在這些名字中間我只願意提出兩個人的名字來，那就是安多羅達瑪司的兒子提奧美司托爾和希司提埃伊歐斯的兒子披拉科斯，他們兩個人都是薩摩司人。我所以只提到他們兩個人是因爲提奧美司托爾曾因這次的戰勛被波斯人任命爲薩摩司的僭主，披拉科斯則被列名爲國王的恩人並被贈給大量的土地。國王的這些恩人在波斯語中是叫作歐洛桑伽伊。

86 以上就是關於這些人的情況了。但是大量的船卻在撒拉米司沈沒了，其中有的是給雅典人擊毀的，有的是給埃吉納人擊毀的。原來希臘人是秩序井然地列隊作戰的，但異邦軍這時卻陷於混亂，行動時也毫無任何確定的計劃，因而他們遭遇到實際發生的這樣一個結果那是很自然的事情。雖然如此，在那一天裏，比起埃烏波亞之役來，他們已完全不同，而且證明自己確實是勇敢得多了，每個人都拼命作戰，他們都很怕克謝爾克謝斯，而且每個人都以爲國王的眼是正在看著他的。

*87*至於其他的一些人，我不能確實地說出異邦人或是希臘人他們每個人是如何作戰的。但是在阿爾鐵米西亞身上卻發生了這樣一件事情，這件事情使她受到國王的、比先前更大的尊敬。當國王的水師陷於一團混亂的時候，阿爾鐵米西亞的船正在給一隻阿提卡的船所追擊，(原來在她的前面有自己一方面的其他船隻，但她的那隻船卻恰好是離敵人最近的)，故而她無法逃脫。於是她便決定作一件將來會對她有利的事情。當她在雅典人的追擊之下逃跑之際，她卻向友軍的一隻船進行突擊，而在那隻船上有卡林達人和卡林達國王本人達瑪西提摩斯。可能當他們還在海列斯彭特的時候，她和他有過一些爭吵，但是我不能說她這次的行動是有預定的目標，還是由於偶然經過她的進路，卡林達人才遇到了她的。現在既然她向這隻船進攻並把它擊沈，她便很幸運地給自己求得了雙重的利益。因爲，當阿提卡的三段橈船的統帥看到她進攻異邦軍的船，他便以爲阿爾鐵米西亞的船或者是一隻希臘船，或是一隻倒戈爲希臘人作戰的異邦船，這樣他便轉到別的地方對付其他的船去了。

*88*由於這樣的一個幸運的機會，結果她竟逃出虎口而免除了殺身之禍。更有進者，這件事的結局是：她作了傷天害理的事情，卻反而在克謝爾克謝斯的面前贏得了莫大的榮寵。據說國王在督戰時看到她向一隻船進攻，當時侍立在他身旁的一個人就說：「主公，請看阿爾鐵米西亞戰鬥得多麼賣氣力，看她怎樣把一隻敵船擊沈了啊！」於是克謝爾克謝斯就問是否眞是阿爾鐵米西亞作出了這樣的事情，他們證實了這件事情，因爲他們說，她的船的標幟他們是知道得很淸楚的；而且他們認爲她擊沈的那隻船是敵人的船。對她來說，正如我在前面說的，當然有其他種種幸運的機緣，然而最幸運的卻是，卡林達人船上的人沒有一

個生還來控訴她的。克謝爾克謝斯聽到他們告訴他的一切之後，據說他說：「我手下的男子變成了婦女，而婦女變成男子了。」人們說，克謝爾克謝斯就是這樣講的。

89 在這次的苦戰當中，克謝爾克謝斯的兄弟、大流士的兒子、水師提督阿里阿比格涅斯陣亡了。與他同時陣亡還有其他許多知名的波斯人、美地亞人和其餘的同盟者，但希臘人方面陣亡的卻不多。原來希臘人會游泳，因此他們中間失掉了船，卻沒有在肉搏戰中喪命的人們，都游泳渡海到撒拉米司去了；但是異邦軍的大多數卻由於不會游泳而淹死在海裏。而當最前面的船逃跑的時候，他們損失的人最多；原來列陣在最後面的人們想乘著船擠到前面去，以便使國王看到他們也是在勇猛地戰鬥，這樣就跟自己前面逃跑的那些船隻衝撞到一起了。

90 而且，在這一混亂當中還發生了這樣的事情。有一些船隻被摧毀的腓尼基人到國王這裏來，控告伊奧尼亞人的背叛行爲。他們說正是由於伊奧尼亞人的背叛行爲，他們才失掉了自己的船隻的。至於這件事的結果，則伊奧尼亞人的統帥們並沒有被處死刑，但是向人們進行控訴的腓尼基人卻得了下面我要講到的回報。如前所述，原來正當他們還在講著話的時候，一隻薩摩特拉開的船向一隻阿提卡的船進攻，而當阿提卡的船正在沈沒的時候，一隻埃吉納的船又攻上來把這隻薩摩特拉開的船擊沈了。但是擅長於投槍的薩摩特拉開人卻用一陣投槍把擊沈了他們的船隻的那隻船船上的人一掃而空，然後跳上對方的船而自己占有了它。這樣一來，伊奧尼亞人便得了救，原來當克謝爾克謝斯看到他們這樣赫赫的戰勛時，他感到極度的憤慨並想把所發生的這一切歸罪於腓尼基人，於是他便轉向腓尼基人，命令人們把這些腓尼基人梟首，因爲他認爲本身是懦夫的人是不配控告比他要勇敢的人。原來，當克謝爾克謝斯坐在稱爲埃伽列歐斯的、對著撒拉米司的一座山山下的坐位上，看到自己一方面的人在戰鬥中表現任何戰功的時候，他總是要問立功的人是誰，而他的史官就把三段橈船的統帥，他的父親和他所屬的城邦的名字記錄下來。此外，伊奧尼亞人的朋友、波斯人阿里阿拉姆涅斯當時也在國王的身旁，在搞垮腓尼基人的這件事上他多多少少也是出了一份力的。

91 克謝爾克謝斯的人們就是這樣對待腓尼基人的。異邦軍既然被擊潰並想逃到帕列隆去，埃吉納人便在海峽地帶埋伏下來伏擊他們並且立下了赫赫的戰功。原來，雅典人在混亂中間擊沈了所有那些想抵抗或是想逃竄的船隻，而埃吉納人對付的目標則是離開海峽想逃出戰場的那些船隻。所有那些逃出了雅典人之手的船隻，結果很快地就竄到埃吉納人的伏擊範圍裏面去了。

92 這時有兩隻船在那裏遭遇到一起了，一隻是鐵米司托克列斯的追擊的船，另一隻是埃吉納人克利歐斯的兒子彼律克利托斯所乘坐的船。而這隻船又在襲擊一隻西頓人的船，西頓人的這隻船正是捕獲了在司奇亞托斯那裏擔任放哨任務的埃吉納船的那隻船，在這隻埃吉納船上的是伊司凱諾斯的兒子披鐵阿斯，波斯人對這個人的英勇十分欽佩，而使這個滿身帶傷的人仍然留在船上。當這隻西頓的船被拿捕的時候，船上的波斯人當中就有披鐵阿斯，因此披鐵阿斯便安全地回到埃吉納了。當波律克利托斯看到阿提卡的船的時候，他由於提督船的標幟而認識到它，於是他便向鐵米司托克列斯號叫痛罵，他責怪鐵米司托克列斯說，鐵米司托克列斯曾說埃吉納人是和波斯人站在一邊的。然而波律克利托斯是在對一隻敵船進行攻擊之後，才向鐵米司托克列斯發出了這樣的責難的。至於那些船隻保全下來的異邦軍，則他們逃到帕列隆去並且投到陸軍的庇護之下了。

93 在這一次海戰裏，在希臘人當中得到最大榮譽的是埃吉納人，其次是雅典人。個人當中得到最大榮譽的是埃吉納的波律克利托斯和兩個雅典人，阿那幾洛斯區的埃烏美涅斯和追擊阿爾鐵米西亞的那個帕列

涅區的阿美尼亞斯。如果他知道是她在那隻船裏的話，則除非他拿捕了她的船或是自己的船被拿捕，他是決不肯干休的。雅典的統帥曾經得到過這樣的指令，凡是生擒阿爾鐵米西亞的人可以得到一萬德拉克瑪的獎賞。因爲一個婦女竟前來向雅典進攻，這實在是使人十分憤慨的事情。然而，正如我方才所說的，她竟逃掉了，而船隻得以保全的其他人等也都在帕列隆了。

94 根據雅典人的說法，科林斯的水師提督阿迪曼托司正當雙方的水師開始交手的時候，他竟被嚇住而惶恐萬狀，進而揚帆逃遁了。而當科林斯人看到他們水師提督的船逃脫的時候，他們也都和他一樣地溜走了。可是據說當他們逃到撒拉米司地方雅典娜・司奇拉斯神殿所在地的附近時，他們承蒙上天的嘉佑，遇到一隻不知是誰派遣來的船，而在這隻小船靠近科林斯人之前，他們對於水師的情況是一點也不知道的。下面的情況使他們推知這件事是出自天意的：當這隻小船駛近他們的船隻時，小船裏的人們喊道：「阿迪曼托司，你把你的船隻掉過頭來逃跑這樣你便背叛了希臘人；可是現在他們已完全實現了他們所祈求的、能夠戰勝敵人的想法，他們今天已取得勝利了。」他們這樣講，但阿迪曼托司不肯相信他們的話，於是他們又說，如果人們發現希臘人沒有取得勝利的話，則他們甘願去作人質並被殺死。於是阿迪曼托司和其餘人等便眞地掉轉過船頭，返回水師的陣地，但這時這裏的勝負之局早已確定了。雅典人關於科林斯人的報導就是這樣的，但科林斯人卻否認這樣的說法。他們說他們是處在戰鬥的最前列，所有其他的希臘人都可以爲他們作證的。

95 但是呂喜瑪科斯的兒子阿里司提戴斯在撒拉米司的這一騷亂中作出了下列的事情，我在剛才曾提到說這是一個十分出衆的雅典人：他率領著配列在撒拉米司沿海地帶的許多雅典重武裝兵，使他們渡海在普敍塔列阿島上登陸，結果他們把那個小島上的全部波斯人都給殺死了。

96海戰告一段落之後，希臘人便把還漂浮在那一帶水域上的所有殘破的船拉到撒拉米司去並且爲下一次的戰鬥作準備，因爲他們以爲國王會驅使他那殘存的船隻捲土重來的。但是許多殘破的船隻卻被捲到西風裏去，而給帶到阿提卡的稱爲科里亞斯的海濱地帶來了。這樣一來，不僅僅是巴奇司和穆賽歐斯所說的關於海戰的其他預言得以應驗，就是在許多年前一個雅典的神託解釋者呂西司特拉托斯所預言的關於被沖到這裏岸上的破船的話，也是希臘人當時完全沒有注意到它的含義的話，也應驗了：

　就是科里亞斯的婦女們也將要以橈爲薪來燒飯的。

不過這事是在國王離開之後才發生的了。

97當克謝爾克謝斯知道了他所遭受的慘敗的時候，他就害怕希臘人會由於伊奧伊亞人的建議或基於自己的考慮而到海列斯彭特去把他的橋樑毀掉，這樣他就會被切斷退路而留在歐羅巴，並有遭到殺身之禍的危險，因此他就打算逃走了。但是爲了不使希臘人和他自己的人發現他的這樣一個打算，他便打算修築一條大堤通過撒拉米司，並把腓尼基的商船連成一列用來代替浮橋和壁壘，就彷彿他還要進行一次海戰而作戰鬥準備似的。所有其他的人看到他這樣作，都深信他是一心一意地打算留在那裏並把戰鬥繼續下去，然而這一切都瞞不過瑪爾多紐斯，他根據過去自己的經驗，對於克謝爾克謝斯的意圖是知道的最清楚的。

98正當克謝爾克謝斯這樣作的時候，他便派一名使者到波斯去報告他目前的不幸遭遇。在人世裏面再也沒有人比這些使者傳信傳得更快了，原來波斯人是這樣巧妙地想出了辦法的。據說，在全程當中要走多少天，在道上便設置多少人和多少馬，每隔一天的路程便設置一匹馬和一個人；雪、雨、暑熱、黑夜都不能阻止他們及時地全速到達他們那被指定的目的地。第一名騎手把命令交給第二名，第二名交給第三名，這樣這個命令依次從一個人傳給另一個人，就彷彿像是希臘人在崇祀海帕伊司托斯時舉行的火炬接力賽跑

一樣。波斯人把這樣的驛站稱之爲安伽列昴。

99 當第一個信息來到蘇撒，報導克謝爾克謝斯已攻下了雅典的時候，它使留在國內的波斯人歡欣鼓舞非常，以致他們把桃金娘的樹枝撒到所有的道路上，他們焚香，而且他們自己還沈醉在犧牲奉獻式和各種歡樂的事情上。但是隨著第一個信息而到來的第二個信息，卻使他們大爲沮喪，他們竟把他們的衣服撕碎，繼續不斷地哭叫哀號，而把一切過錯推到瑪爾多紐斯身上。波斯人這樣作，與其說是痛惜船隻方面的損失，勿寧說是擔心克謝爾克謝斯本人的安全。

100 因此，一直到克謝爾克謝斯本人回來加以制止的時候，波斯人才停止了這樣作。另一方面，瑪爾多紐斯看到克謝爾克謝斯由於海戰之故精神大爲消沈並疑心到克謝爾克謝斯會計劃從雅典撤退，因此他自己私下裏便以爲他會由於曾說服國王出征希臘而受到懲罰，並以爲他最好還是不惜冒險或者是把希臘征服，或者是在成就了崇高的功業之後光榮地一死。當然，他還是希望能把希臘征服的。在他作了這一切的考慮之後，他便這樣建議說：「主公，請不要悲痛，也不要由於我們所遭到的事情而垂頭喪氣，認爲是受到了什麼巨大的不幸。對於我們來說，一切的結局不是決定於木材，而是決定於人馬。那些自以爲是取得了輝煌勝利的人們，沒有一個人會從他的船上下來試圖和你對抗，在本土這裏也沒有任何這樣的一個人；那些反抗過我們的人已經得到了他們應有的懲罰。因此，如果你願意的話，讓我們立刻去進攻伯羅奔尼撒吧，或者如果你覺得等一等好，那這樣作也可以的。不要沮喪吧，希臘人無論如何也不能逃脫他們對現在和先前所作的事情的責任，無論如何也不能逃避使他們不成爲你的奴隸的。因此你最好是按照我的話去作。但是，如果你已決定把你的軍隊引開，那我仍然有一個計劃向你陳說。國王，不要叫波斯人受到希臘人的嘲笑罷。因爲，如果你的事業受到損害，那也決不是波斯人的過錯，而且你也不能說，我們在任何地方作得像是懦夫。而如果腓尼基人、埃及人、賽浦路斯人和奇里啓亞人表現出自己是卑怯的人的話，那這個災難也決不會牽涉到波斯人的。因此，波斯人既然沒有可以歸咎的地方，那麼還是聽我的勸告吧。如果你已決定你不再留在這裏，那麼就率領著你的軍隊的主力回到家鄉去吧。但是我願意在你的大軍中挑選三十萬人，以便在奴役希臘之後把它獻給你。」

101 克謝爾克謝斯聽了這一番話之後，他就好像苦盡甘來那樣地欣然喜悅了。於是他告訴瑪爾多紐斯說，在他先考慮採取這兩個計劃中的哪一個之後就會給他回答的；當他和他召集來的那些波斯顧問商議的時候，他覺得也應該把阿爾鐵米西亞找來參加會議，因爲他認爲在前次的會議上，只有她一個人是懂得最好應當如何作的。當阿爾鐵米西亞到來的時候，克謝爾克謝斯便下令所有其他人等即波斯顧問和他的近衛士兵一概退去，然後對她說：「瑪爾多紐斯認爲我應當留在這裏並向伯羅奔尼撒進攻，因爲他說波斯人和陸軍對於我們這次的災難毫無責任，而且他們很願意向我證明這一點。因此他的意見是要我這樣作，否則的話，他自願從我的大軍中選拔三十萬人並想在將來把奴役的希臘交給我。而依照他的勸告，則我應當率領著其餘的軍隊回國。（正如關於前次的海戰，你曾對我作了要我不去進行海戰的正當勸告），因此現在我向你請教，請你告我，你認爲在這兩件事當中我應當作哪一件。」

102 聽到對她所作的這樣的垂詢之後，她就回答說：「國王，要回答你的垂詢，說出哪一個辦法最好，這是困難的事情。但是在目前的情況下，我以爲最好是你自己回國，讓瑪爾多紐斯偕同他希望得到的人們留下，如果他願意並保證作到他所講的一切的話。如果他平定了他自謂可以平定的一切地方並且在他所談到的目的上面得到成功，那麼，主公，這成就是你的，因爲這是你的僕人們所作的事情。但如果事情的結果與瑪爾多紐斯的看法相反的話，既然你本人和你的全家安全無事，那這對你也不是十分不幸的事情。因爲在你和你的全家安全無事的時候，希臘人就必須常常爲保全他們自己的性命而進行戰鬥。至於瑪爾多紐斯，則如果他遭到什麼災難的話，根本可以不把這件事放在心上，而如果希臘人所殺死的只不過是你的僕人的話，那他們的任何勝利都不會是一次眞正的勝利。至於你呢，你在把雅典燒掉之後，可以回國去，因爲這樣作，你已經達到你這次遠征的全部目的了。」

103 阿爾鐵米西亞的意見使克謝爾克謝斯深感滿意，因爲她所說的恰巧是他自己的想法。實際上，在我看來，縱令所有的男女人等一致勸他留下，他也是不會這樣作的。他實在是給嚇壞了。他對阿爾鐵米西亞表示了感謝之意以後，就派她帶領跟著他從軍的幾個庶子到以弗所去了。

104 他派了一個叫作海爾摩提莫斯的人擔任他的庶子的保護人；海爾摩提莫斯是佩達撒人，他在宦官當中，是最受克謝爾克謝斯尊重的。［佩達撒人是居住在哈利卡爾那索斯人的上方的。在這些人當中有這樣的事情發生，當有什麼凶事不久將在他們城市周邊居住的所有人們身上發生的時候，雅典娜的女祭司就會長出一大把鬍鬚來。這樣的事在他們那裏已經發生兩次了。

105 海爾摩提莫斯就是從這個佩達撒出身的」⑰他爲了加到他身上的不正行爲，而進行了人類當中我所知道的最殘酷的報復。他曾爲敵人所俘和出賣，買他的是岐奧斯人帕尼歐紐斯，這是一個立身處世極其卑鄙汚齪的人物。他總是取得容貌秀麗的男童，把他們閹割然後把他們帶到撒爾迪斯和以弗所去，就在那裏

---

⑰方括弧內這段文字和第一卷第一七五節的內容重覆。根據許多注釋家的意見，這是後來的某一個人把第一卷一七五節的內容記在正文的外面，而混到正文裏面去的。

把他們以高價出手；因爲在異邦人眼裏，宦官比正常的人要値錢，因爲他們對宦官是完全信任的。而海爾摩提莫斯就是帕尼歐紐斯爲了作生意而閹割的許多人中間的一個，不過海爾摩提莫斯還不算是在一切事情上都不幸的。原來，他隨同其他的呈獻品從撒爾迪斯被帶到國王那裏去，久而久之，他在克謝爾克謝斯的宦官中間獲得了最大的榮寵。

106 正當國王在撒爾迪斯那裏準備率領他的波斯軍隊進攻雅典的時候，海爾摩提莫斯爲了手頭的某件事情來到了美西亞所屬的、住著岐奧斯人的一個叫作阿塔爾涅烏斯的地方，在那裏他遇到了帕尼歐紐斯。當他認淸楚是帕尼歐紐斯本人的時候，他就和帕尼歐紐斯進行了友好的長談，他說他今日的一切幸福都是由於帕尼歐紐斯的緣故，並告帕尼歐紐斯說，如果帕尼歐紐斯把妻子兒子帶到這裏來住的話，那他會報答而使帕尼歐紐斯也得到幸福的，此外並答應帕尼歐紐斯這樣那樣的事情；帕尼歐紐斯高興地接受了他的請求，因而把他的妻子兒子帶了來。但是海爾摩提莫斯在控制了帕尼歐紐斯和他的全家之後，就對他說：「你這個用世界上最卑鄙骯髒的買賣來謀生的東西，告訴我，我或是我家裏的先人對你或是你家裏的人作了什麼缺德的事，使你把我弄得不成個男人而變成什麼也不是的一個東西？你以爲諸神絲毫不知道過去你幹的那些勾當嗎。但是諸神的天理昭彰，結果由於你所作的惡事，你仍然要落到我的手裏，而現在你將要心悅誠服地接受我加到你身上的全部懲罰了罷。」對帕尼歐紐斯這樣地譴責了之後，他便把帕尼歐紐斯的兒子們帶到他跟前來，強迫他閹割他自己的四個兒子。帕尼歐紐斯迫不得已這樣作了。這樣作了之後，他的兒子們又被迫閹割了他的父親。天罰和海爾摩提莫斯對帕尼歐紐斯便是這樣進行了報復的。

107 克謝爾克謝斯把他的孩子們託給阿爾鐵米西亞帶到以弗所去之後，他便召見瑪爾多紐斯，囑告他從軍隊中選拔出他所需要的那部分並要他試著作到他自己所保證的事情。這就是那天白天裏的事情。到了夜間，國王下令各將領從帕列隆啓航，以全速再返回海列斯彭特以便守護橋樑使國王通過去。當異邦軍在途中走近佐斯泰爾的時候，他們把從陸地向海中伸出的一些細長的海角認成是船隻，因此逃了很遠的一段路；但是隨後不久知道了那不是船而是海角，他們才集合起來繼續他們的航行。

108 在天亮的時候，希臘人看到陸軍還停駐在原來的地方，便以爲水師也還在帕列隆；他們以爲還會發生一場海戰，於是便準備進行防衛。但是在他們知道水師已經離開的時候，他們立刻決定跟蹤追擊；因此他們就一直跟蹤克謝爾克謝斯的水師直到安多羅斯的地方，但是仍看不到敵人的影子。而當他們來到安多羅斯的時候，他們就在那裏進行了商議。鐵米司托克列斯宣布他的意見，認爲他們應在島嶼中間推進，而在追擊敵船之後，便應一直航行到海列斯彭特那裏去把橋樑毀掉。但是優利比亞戴斯的意見恰恰相反，他認爲把橋毀掉等於是對希臘作了有最大損害的事情。他說如果波斯人的退路被切斷而不得不留在歐羅巴的話，他們是不會試圖保持平靜無事的狀態的，因爲，他如果無所動靜的話，這對他本人的事情既無好處，他又不能找到任何回家的道路，但他的軍隊卻會飢餓而死。但如果他振作起來一直不停地繼續活動，那就很可能歐羅巴的每一個市邑和民族或是被他征服，或是在這之前和他結城下之盟而分別地歸附於他；而今後他們便會取得希臘土地每年生產的穀物作爲他們的糧食。可是他以爲波斯人在海戰中吃了敗仗之後不會留在歐洲，因此可以放他一直逃回他自己的國土。這樣今後大家所爭奪的就是他的土地，而不是希臘的土地了。其他的伯羅奔尼撒的將領們也同意這個意見。

109 當鐵米司托克列斯看到他不可能說服他們大多數的人航行到海列斯彭特去的時候，他便改變方針轉向雅典人（因爲他們對於波斯人的逃跑感到最大的憤怒，他們打算甚至自己到海列斯彭特去，如果其他的人不願意去的話），對他們說：「我自己常常親眼看到，而更常常聽到這樣的事情：被打敗的人們，如果他們被追擊到窮地的時候，他們會反身再戰並且會補償了他們以前的損失的。因此我要告訴你們，（我們擊退了像雲霞一樣的這一大羣敵人，乃是我們自己和希臘所遇到的一大幸事），我們還是不要追擊那些逃跑的人們了罷。要知道，取得了這場勝利的並不是我們，而是諸神和天上的英雄們，因爲他們認爲像亞細亞和歐羅巴這樣大的地方由一個人來統治那是太大了，何況這個人又是一個邪惡的和不敬神的人呢。這個人怎樣呢，他把聖物和人間的東西一體看待，他燒毀和拋棄神像，他還鞭打海洋並把枷鎖投到裏面去。但是目前我們的事業很順利，那現在就讓我們留在希臘，注意我們自己和我們的家族罷。在我們把異邦人完全趕跑的時候，讓我們把我們的家園重新建立起來勤勉地耕種罷；而當明年春天到來的時候，讓我們再航行到海列斯彭特和伊奧尼亞去罷。」他講這一番話的意圖，是要取得波斯人的某種信任，以便將來如果他可能在雅典人手中遭到什麼災難的話，他可以有個避難的地方。這樣的事情，後來果然就發生了。

110 鐵米司托克列斯講這番話是以欺騙爲目的的，可是雅典人卻聽從了他的話；原來在過去他一直有智慧之士的令名，而如今又表現出他不但有智慧而且小心謹愼，故此他們不拘他講什麼都是願意聽從的。鐵米司托克列斯使他們聽從了自己的命令之後，他立刻派遣幾名他相信不拘如何拷問也不會把他命令他們告訴國王的消息加以洩漏的心腹乘船去向國王報信，而在這裏面又有他的僕人西琴諾斯。當這些人來到阿提卡的時候，其他人等留在船裏面，西琴諾斯則到克謝爾克謝斯那裏去，向他說了這樣的話：「雅典軍的將軍和全聯盟軍中最勇武和有智慧的人物，尼奧克列斯的兒子鐵米司托克列斯派我來告訴你下面的事情：雅典人鐵米司托克列斯願意爲你服務，因此在希臘人想追擊你的船隻並毀掉海列斯彭特的橋樑的時候阻住了他們。現在他要你徑自回去，不會有任何東西阻礙你的。」在他們說了這番話之後，便回到自己的船裏去了。

111但是希臘人現在他們既然不再打算進一步追擊異邦人的水師，又不打算航行到海列斯彭特去把可以通行的橋樑破壞，他們於是便包圍了安多羅斯以便把它拿下來，因爲那裏的人，也就是鐵米司托克列斯向之要求金錢的最初的島民，是不願意給錢的。但是當鐵米司托克列斯要他們知道，雅典人這次有說服和強制兩位強大的神前來幫助他們，而安多羅斯人無論如何也要把錢交出來的時候，他們便回答說，雅典既然受惠於善意助人的諸神，那它的強大和繁榮完全是理所當然的事情；然而安多羅斯人的土地卻甚爲狹小而且貧困和無力這兩位惡意的神從不離他們的島，而是永遠喜歡糾纏在他們的島上；既然受制於這樣的神，則他們安多羅斯人是不會拿出錢來的。因爲縱然雅典有權勢，但它也決不能勝過他們的無能爲力的。他們既然作了這樣的回答和拒絕給錢，因此他們便被包圍了。

112鐵米司托克列斯的營私肥己的事件是層出不窮的。他利用他曾派到國王那裏去的同樣的那些使者，把威脅性的文書送到其他各島去勒索金錢，並說如果他們不拿出他所要求的金錢時，他將率領希臘的大軍到他們的地方來圍攻他們並攻取他們的島嶼。這樣他就從卡律司托斯人和帕洛司人那裏聚斂了大量的資財，因爲這些人聽說安多羅斯由於站在美地亞的一邊而受到圍攻，而鐵米司托克列斯是在所有的將領當中最受尊重的，對這些事情他們十分害怕，於是就把錢拿出來了。而我以爲不止這些島民，還有其他的島民也給了錢，但是我卻不能說得確實了。儘管如此，卡律司托斯人仍未能因此從災難中獲得喘息的機會，但是帕洛司人卻用金錢買得了鐵米司托克列斯的歡心，從而免除了戰禍。這樣，鐵米司托克列斯便以安多羅斯爲開端，背著其他將領從島民那裏勒索了金錢。

113克謝爾克謝斯麾下的人等在海戰之後又等待了幾天，然後就循著他們來時的原路返回貝奧提亞去了。原來瑪爾多紐斯認爲應當護送一下國王並且以爲當時的季節是不適於作戰的；他以爲最好是在帖撒利亞過冬，到陽春到來的時候再向伯羅奔尼撒進攻。當他們到達帖撒利亞的時候，瑪爾多紐斯首先在那裏把被稱爲不死隊的全體波斯人選拔出來，例外的只有他們的將領敍達爾涅斯（因爲他自己說他是不能離開國王本人的），其次是波斯的胴甲兵和一千名騎兵，還有美地亞人、撒卡依人、巴克妥列亞人和印度人的步兵和騎兵。這些民族他是全部選拔的。至於他的其他同盟者，他只從每一個民族選拔一些人，這些人都是外表好和他知道有過一些好的事跡的人物。不過他所選拔的戴著頸甲和手甲的波斯人，作爲一個民族來說，是比其他任何一個民族的人都要多的，次於他們的則是美地亞人；美地亞人在數目上誠然不遜於波斯人，可是在作戰的實力上卻不如了。這樣全軍的人數，加上騎兵，就到達三十萬人。

114 正當瑪爾多紐斯選拔他的軍隊而克謝爾克謝斯在帖撒利亞的時候，從戴爾波伊有一個神託送到拉凱戴孟人的地方來，要拉凱戴孟人向克謝爾克謝斯要求對列歐尼達司的死亡加以賠償並且接受他給予他們的任何答覆。於是斯巴達人立即火速地派出了一名使者；他發現剩下的波斯全軍還留在帖撒利亞，於是他便到克謝爾克謝斯那裏去，對他說：「美地亞人的國王，拉凱戴孟人和斯巴達的海拉克列達伊族要求你爲他們的國王死亡付出賠償，因爲在他保衛希臘的時候你殺死了他。」克謝爾克謝斯聽到這話之後笑了起來；過了很久的時候，他才指著恰好站在他身旁的瑪爾多紐斯說：「那麼，這裏的這位瑪爾多紐斯將會把他們應得的賠償完全付與他們的。」

115 使者把這句話記下之後就離開了；但是克謝爾克謝斯卻把瑪爾多紐斯留在帖撒利亞，他自己則火速地向海列斯彭特方面趕路，而在四十五天裏來到了渡口，但是帶回來的軍隊可以說是幾乎等於零了。在行軍途中，不管到什麼地方，不管遇到什麼民族，他們對這些人的穀物都一概加以掠奪而作爲食糧。而在他們找不到任何穀物的時候，他們便吞食地上生長的草，剝樹皮，摘樹葉，不管它們是人們栽培的還是野生

的，一概不留。他們就餓得幹這樣的事情。此外，在行軍途中，他們中間又發生了瘟疫和赤痢，結果使他們喪失了性命。克謝爾克謝斯把一些病人留在後面，命令他在進軍途中經過的那些市邑照顧他們，調理他們；他們有的給留在帖撒利亞，有的給留在派歐尼亞的昔利斯，有的給留在馬其頓。在他向希臘進軍時，他曾把宙斯的聖車留在昔利斯，但是在歸途中他再也拿不回它了，因爲派歐尼亞人把它送給了色雷斯人；而當克謝爾克謝斯向他們要求返還的時候，他們就說，住在司妥律蒙河源地帶附近的上色雷斯人把正在牧放中的馬匹劫走了。

116 當時在那裏，一個身爲比撒爾提亞人和克列司托尼亞國的國王的色雷斯人幹出了一件超人的事業來。他自行拒絕承認自己是克謝爾克謝斯的奴隸，而逃跑到洛多佩山裏面去。他還禁止他的兒子們隨軍到希臘去，但是他的兒子們不聽他的話，因爲他們一直希望看一看戰爭的場面，故而他們就隨著波斯人出征了；正是爲了這個原因，當他們六個人全部安全無傷地回到家中時，他們的父親便挖掉了他們的眼睛。

117 這就是他們所得到的報酬。但是經過色雷斯進軍到渡口的波斯人卻趕忙地乘著他們的船隻渡海到了阿比多斯，原來他們發現橋樑並沒有搭在那裏，而是已經給一場暴風雨摧毀掉了。這樣，他們的進軍便被阻止在那裏，不過他們在那裏得到的食物卻比他們一路上得到的食物要多。由於他們過度的貪食和他們改換了飲用的水，這就使剩下的軍隊中又死掉了許多人。其餘的人等就和克謝爾克謝斯一同來到了撒爾迪斯。

118 但是還有下面的另一個傳說。根據這個傳說，則當克謝爾克謝斯從雅典進軍到司妥律蒙河上的埃翁的時候，他就不再從陸上進軍，而是把他的軍隊委託紱達爾涅斯帶到海列斯彭特去，他自己則乘上一隻腓尼基船出發到亞細亞去了。在這次航行中，他遇到了從司妥律蒙河那方面來的、吹得海浪滔天的一場暴風。由於船上的人太多，以致克謝爾克謝斯的隨行人員有許多都在甲板上面，再加上暴風雨對他也越來越猛烈，因此國王害起怕來，就向舵手呼叫，問他是不是有什麼解救的辦法。於是那個人便說：「主公，除非船上的這些人當中去掉一部分，那是沒有任何辦法的。」據說克謝爾克謝斯在聽到這話之後，便向波斯人說：「波斯人，現在看來，我的安危既然繫在你們的身上，因此這也就是考驗你們是否關心我的時候了。」結果他們就在向他行禮以後，跳到海裏去了。這樣，船載變輕的船就安全地到達了亞細亞。在克謝爾克謝斯剛剛上陸的時候，他便因舵手的救命之恩而賜給他一頂黃金冠，但另一方面，又割下了這個舵手的頭，因爲他使許多波斯人喪了性命。

119 以上便是關於克謝爾克謝斯的歸還另一種說法。但是從自己的方面來說，關於波斯人的遭遇的說法，以及這一說法的其他任何部分，我都不相信。因爲，那舵手果眞若向克謝爾克謝斯說了上面那樣的話，那麼我想，在一萬個人當中也不會有一個人懷疑國王會採取下述的辦法，即他會命令甲板上的那些波斯人，而且是第一流的波斯人下到船艙裏面去，並把和波斯人人數相等的腓尼基橈手投到海裏去。不，實際的情況乃是：克謝爾克謝斯是像我剛才所說的那樣作的，他是率領著他的軍隊從陸路返回亞細亞的。

120 這裏還有一個明顯有力的證據來證實這一點。大家都知道，當克謝爾克謝斯在歸途中來到阿布戴拉的時候，曾和那裏的人結成朋友⑱並且把一把黃金的波斯刀和鏤金的提阿拉斯⑲送給他們。而依照阿布戴拉人的說法，不過這種說法我是完全不相信的，則當克謝爾克謝斯從雅典逃回的時候，正是在這裏才第一

---

⑱參見第七卷第二九節。

⑲參見第七卷第六一節。

次解開了他的腰帶的，因爲他認爲到這裏已經安全了。而阿布戴拉比起據說他們乘船的地方司爰律蒙和埃翁來，是更接近海列斯彭特的。

121 至於希臘人這一方面，則他們既不能攻下安多羅斯，他們就到卡律司托斯去，而把那個地方蹂躪之後，便返回了撒拉米司。首先，在他們的最初擄獲物當中，他們特別留出了三隻腓尼基的三段橈船給諸神，一隻在地峽奉獻，這一隻到我的時代還在那裏；另一隻在索尼昂奉獻，再有一隻則是在他們當地撒拉米司奉獻給埃阿司。在這之後，他們又分配了戰利品並把其中最初的一批擄獲物送到戴爾波伊去，用它們造了一座十二佩巨斯高的人像，人像的手裏握著船嘴。這個像和馬其頓人亞力山大的黃金像立在同一個地方。

122 而希臘人在把最初的擄獲物送到戴爾波伊去以後，便以全體希臘人的名義去請示神，問神對他們奉獻給他的最初擄獲物是否感到滿足，是否感到滿意；神說，他從其他希臘人那裏得到的奉獻物都可以這樣說，但只有埃吉納人卻沒有奉獻什麼東西，因此他向他們要求撒拉米司海戰戰勛的獎賞。埃吉納人聽到這話，他們立刻奉獻了放在青銅桅桿上的三個黃金星，它在離克洛伊索斯的混酒缽最近的一個角落裏。

123 希臘人在分配了戰利品以後，就乘船航行到地峽去，在那裏授勛給在整個戰爭當中戰功最大的希臘人。可是當將領們到來並在波賽東的祭壇地方各自投票以便確定他們的功勛誰是第一，誰是第二的時候，他們每個人都投自己的票，原來他們每個人都認爲自己是功勞最大的，不過他們大多卻一致把第二位讓給鐵米司托克列斯。因爲他們每一個人只得到一票，但鐵米司托克列斯卻由於被放到第二位的關係，而得到了遠比他們爲多的票數。

124 由於嫉妒的關係，希臘人不願作出授獎的這樣一個決定，他們未把這件事加以解決，便各自乘船返回自己的國家了。雖然如此，鐵米司托克列斯的名聲卻宣揚開來了，整個希臘都推崇他，把他看成是遠比其他希臘人有智慧的人物。他雖勝利了，可是由於他沒有從參加撒拉米司戰役的人們那裏得到和他的戰勛相適應的榮譽，於是他隨後立刻就到拉凱戴孟去，想在那裏得到榮譽。拉凱戴孟人隆重地歡迎了他並且給他以崇高的榮譽。他們贈給優利比亞戴斯一頂橄欖冠，褒獎他的戰勛，另一頂橄欖冠他們贈給了鐵米司托克列斯，褒獎他的智慧和機智；他們還送他斯巴達的一輛最好的戰車。他們對他大加頌揚，在這之後，他們就派了斯巴達的三百名精銳，即被稱騎士⑳的人們，護送他回去直到和鐵該亞人相鄰的地方。據我們所知道的，斯巴達人派人護送的人物，鐵米司托克列斯要算是絕無僅有的了。

125 但是當鐵米司托克列斯從拉凱戴孟回到雅典的時候，鐵米司托克列斯的一個敵人阿披德納伊區的悌摩戴謨斯由於瘋狂的嫉妒，就鐵米司托克列斯的訪問拉凱戴孟一事痛斥鐵米司托克列斯，說他從拉凱戴孟人那裏得到的榮譽，乃是託雅典之福，並不是由於他本人的關係。這個悌摩戴謨斯也決不是什麼有名的人物。這個人一直不斷地這樣講，直到鐵米司托克列斯回答說：「事情的眞相是這樣：如果我是一個倍爾比那㉑人的話，我就不會受到斯巴達人的這樣的尊敬了，但儘管你是一個雅典人，唉，你卻仍得不到這樣的尊敬。」

126 以上的事情就到這裏了。另一方面，在波斯人中間已經是一位知名之士，而由於普拉塔伊阿事件變得越發有名的人物，帕爾那凱斯的兒子阿爾塔巴佐斯率領著瑪爾多紐斯爲自己選拔的軍隊中的六萬名士兵

---

⑳參見第一卷第六七節。

㉑這是索尼昂以南的一個小島。這裏是藉以指一個很不重要的地方。

把國王一直護送到渡口的地方。現在克謝爾克謝斯已到達亞細亞，而當阿爾塔巴佐斯在返回的途中行近帕列涅地方的時候，由於瑪爾多紐斯在帖撒利亞和馬其頓過冬而且他自己也毫不急於去和他其餘的軍隊會合，因此他覺得，如果他不把他發現已經叛變的波提戴阿人變成奴隸，那是不對的。原來在國王經過了這個市邑，而波斯水師又從撒拉米司逃跑以後，波提戴阿人便公開地背叛了異邦人；帕列涅地方的其餘的人民也這樣作了。

127 於是阿爾塔巴佐斯便圍攻了波提戴阿人。他懷疑歐倫托斯的人們也背叛了國王，因此便把歐倫托斯也給包圍了，領有這個市邑的是曾被馬其頓人從鐵爾瑪灣趕走的波提埃阿人。在他包圍並攻陷了歐倫托斯之後，他就把這些人帶到一個湖的旁邊，在那裏把他們殺死，然後把他們的城市委託給卡爾奇底開人和托羅涅人克利托布羅斯來治理。這樣，卡爾奇底開人就得到了歐倫托斯。

128 阿爾塔巴佐斯在攻克歐倫托斯之後，就專心致志地來對付波提戴阿人了。除了他銳意進行這件事之外，司奇歐涅軍的將領悌摩克塞諾斯又幫了他的忙，因爲悌摩克塞諾斯曾答應用裏應外合的辦法把這個地方出賣給他；我不知道他們起初是怎樣勾結起來的（實際上，人們根本沒有談過這件事情），但是事情的結果如何，下面我卻要說一說。每當悌摩克塞諾斯寫信送給阿爾塔巴佐斯，或是阿爾塔巴佐斯寫信送給悌摩克塞諾斯的時候，他們總是把信捲在一枝箭的尾部，再用羽毛把這地方包起來，然後把它射到他們約定的地方。但是悌摩克塞諾斯想背叛波提戴阿人的陰謀被發現了；原來當阿爾塔巴佐斯把箭射到約定地點去的時候，他失手把它射到一個波提戴阿人的肩上。正像戰時在戰場上常常發生的情形那樣，當這個人被射中的時候，很快地一大羣人把這個人圍了起來。他們立刻拔出了箭，從而發現了這封信，於是他們便把它帶到他們的將領們那裏去，當時他們聯邦的其他帕列涅人也在那裏。將領們展讀了這封信，因此知道誰是叛徒，然而爲了司奇歐涅人的緣故，他們決定不用背叛的罪名使悌摩克塞諾斯的聲名掃地，因爲他們害怕司奇歐涅人今後會永遠洗不掉叛徒的污名。

129 這樣一來，人們就看破了悌摩克塞諾斯的背叛行爲。而當阿爾塔巴佐司把波提戴阿人圍攻了三個月的時候，在海上發生了一次爲時頗久的大退潮，而當異邦人看到大海竟變成了一片沼澤地帶的時候，他們便決定涉海到帕列涅去，可是當他們在這途中前進了五分之二，而在到達帕列涅之前還要走五分之三的路程的時候，一陣巨大的高潮襲來了。據當地的人說，高潮雖決不是罕見的事情，但那次的高潮卻是比他們先前所看到的任何一次都要高。他們當中不會游泳的都給淹死了，而那些會游泳的則給乘船趕到他們這裏來的波提戴阿人殺死了。依照波提戴阿人的說法，海水高漲和來潮以及波斯人遭此大難的原因乃是由於，正是這時死在海裏的那些波斯人曾經褻瀆過波賽東的神殿和城郊的波賽東神像。而我以爲他們以這一點爲原因是正確的。那些保全性命的人則給阿爾塔巴佐斯率領到帖撒利亞瑪爾多紐斯的地方去了。

130 以上便是護送國王的隊伍的遭遇了。克謝爾克謝斯的全部殘餘的水師，在它逃離撒拉米司而到達亞細亞沿岸地帶，並把國王和他的軍隊從凱爾索涅索斯渡到阿比多斯去以後，就在庫麥過冬了。而在第二年春天剛剛到來的時候，他們便很快地在薩摩司集合，因爲他們有一些船就是在那裏過冬的。他們的兵員大都是波斯人和美地亞人。他們的將領是巴該歐司的兒子瑪爾東鐵司和阿爾塔凱耶斯的兒子阿爾塔翁鐵斯。阿爾塔翁鐵斯又選拔他自己的外甥伊塔米特列斯和他們一起共同執行軍事領導工作。但是由於他們遭受了沈重的打擊，他們便不再繼續向西方航行，也沒有任何人極力主張他們一定這樣作；但他們卻駐留在薩摩司，監視著伊奧尼亞人，怕他們發動叛變。當時他們的全部船隻，包括伊奧尼亞人所提供的船隻以及其他船隻一共是三百隻；實際上他們根本沒有料想到希臘人會來到伊奧尼亞，而是以爲希臘人保住自己的國家便已經滿足了。他們所以這樣推想，是因爲當他們從撒拉米司逃跑的時候，希臘人並沒有追擊，而是看他們逃掉便心滿意足了。就海上而論，波斯人已經是從心裏不敢有任何指望了，但是他們認爲瑪爾多紐斯在陸上是一定會取得勝利的。因此他們就在薩摩司計議，看可以給敵人以什麼樣子的傷害，並且聽取從瑪爾多紐斯那裏來的有關他的活動的消息。

131 可是在希臘人的這一方面，他們卻由於春天的到來和瑪爾多紐斯之駐留在帖撒利亞而行動起來。他們還沒有開始集結他們的陸軍，但他們那擁有一百一十隻戰船的水師卻來到了埃吉納。他們的陸軍統帥和水師提督是美那列斯的兒子列烏杜奇戴斯，如果從子到父這樣地追溯他的家系，則是美那列斯，海吉西拉歐斯、希波克拉提戴斯、列烏杜奇戴斯、安那克西拉歐斯、阿爾奇戴莫斯、阿那克桑德里戴斯、鐵歐彭波斯、尼坎多羅斯、卡里拉歐斯、埃烏諾莫斯、波律戴克鐵斯、普律塔尼斯、埃烏律彭、普羅克列斯、阿里司托戴莫斯、阿里司托瑪科斯、克列奧達伊歐斯、敍洛斯、海拉克列斯。他出身王家的次支。上面所提到的人，除去列烏杜奇戴斯以次最初列舉的七人以外，都是斯巴達的國王。雅典人的將領則是阿里普隆的兒子克桑提波司。

132 當所有的船隻來到埃吉納的時候，從伊奧亞人那裏有一些使者來到了希臘人的陣地，這些使者就在不久之前曾到斯巴達去，請求拉凱戴孟人給伊奧尼亞以自由。使者之中有一個人就是巴昔列伊戴斯的兒子希羅多德。他們起初的七個人結成了一個黨派，陰謀把岐奧斯的僭主司妥拉提斯殺死，但是當他們同謀者中間有一個人把他們的計劃談了出來而他們的陰謀因此洩漏的時候，其餘的六個人便偷偷地離開了岐奧斯，從那裏他們到斯巴達去，而現在又來到了埃吉納，請求希臘人乘船到伊奧尼亞去。希臘人好容易才被他們一直引導到狄羅斯那樣遠的地方去。但希臘人害怕到再遠的地方去了，因爲他們對那些地方一點都不曉得。他們還害怕在那邊到處會遇到敵人的軍隊，而且他們以爲，薩摩司對他們來說和海拉克列斯柱㉒是同樣遠的。結果是：異邦人這方面不敢駛過薩摩司以西的地方，同時希臘人即使在岐奧斯人的請求之下，也不敢駛到狄羅斯以東的地方去。這樣恐怖就在他們之間保持了一個緩衝地帶。

133 於是希臘人便乘船到了狄羅斯，而瑪爾多紐斯就在帖撒利亞過冬了。他把他的大本營安設在這裏之後，便從這裏派出了一個名叫米司的埃烏洛波司人到各地的神託所去，命令他到他可以一試的一切神託所去請示神託。他發出這個命令時他想從神託知道些什麼東西我是不知道的，因爲沒有人談過這件事。但是，我以爲他所問的不外是關於目前的事情，而不是其他。

134 大家都知道這個米司到了列巴狄亞，在那裏用錢運動了一個當地人下到特洛波尼歐斯洞去，他還到波奇司人的在阿巴伊地方的神託所去。他首先還到底比斯去，向伊司美諾斯的阿波羅請示（在那裏，正和在奧林匹亞一樣，是要用犧牲來請示神託的㉓）；此外他還用錢運動了一個不是底比斯人的異邦人到阿姆披阿拉歐斯神殿去睡在那裏。底比斯人是禁止在那裏請示神託的；原來阿姆披阿拉歐斯曾通過神託命令他們在下面的兩件事當中任選其中之一而放棄另一件事情，即或是把他當作他們的預言者，或是把他當作他們的聯盟者；他們選擇他作爲自己的聯盟者，於是任何底比斯人就都不許睡在他的神殿裏面了。

135 然而，根據底比斯人的說法，在這時卻發生了一件我覺得是不可思議的事情。這就是：這個埃烏洛波司人米司在巡歷了各個神託所之後，也來到了普托司·阿波羅的聖域。這個被稱爲普托昂的神殿是屬於

㉒即今直布羅陀海峽。

㉓焚燒犧牲看它的火焰和灰來占卜。

底比斯人的，它位於科帕伊司湖上方一座山的山下，離開阿克萊披亞極近。當這個叫作米司的人在三個當地人的陪同下進入神殿的時候，祭司立刻便用異邦話向他說出了宣託詞。同來的三個人則是當局選派出來，記錄神託的言詞的。但這三個同來的底比斯人由於聽到的不是希臘話而是異邦話因而感到驚訝，不知道如何應付當前的事態。可是埃烏洛波司人米司卻從他們手中奪過他們帶來的書牒，把預言的祭司所說的話記錄下來了，他說神託所用的語言是卡里亞語。把這一切記錄下來以後，他便回到帖撒利亞去了。

136 瑪爾多紐斯把各個神託所說的一切話讀完以後，隨後就派一名使者到雅典去。這個使者是馬其頓人阿門塔斯的兒子亞力山大。他所以派遣這個人，一方面是由於這個人和波斯人有親屬的關係（原來波斯人布巴列斯娶了阿門塔斯的女兒，即亞力山大的姊妹巨該婭；布巴列斯的妻子給他生下了亞細亞的那個阿門塔斯，這個阿門塔斯起了他的外祖父的名字，而國王還把普里吉亞的一個大城市阿拉班達㉔送給他作為采邑），同時也還由於他知道亞力山大是雅典人的恩人和異邦人的保護官㉕。瑪爾多紐斯以為這樣一來，他便很有可能把雅典人爭取到自己的一方面來，因為他聽說，雅典人是一個人數眾多而又勇敢的民族，他並且知道，主要是他們曾在海戰當中使波斯人遭到了很大的災難。他確信如果他把他們的友誼爭取到手，他就很有可能容易地在海上制霸；至於在陸上，則他覺得他自己要比對方強得多了。因此，他便認為這樣一來他就會壓倒了希臘人。也許神託所預言的，就是勸告他和雅典人結成聯盟，而他就是遵從著神託的話派遣了這個使者的。

㉔阿拉班達不在普里吉亞，而是在卡里亞。參見第七卷第一九五節。

㉕參見第六卷第五七節。

137 這個亞力山大的七世祖培爾狄卡斯是用我下面所說的辦法取了馬其頓僭主的地位的。鐵美諾斯的後裔、三兄弟高阿涅斯、阿埃洛波司和培爾狄卡斯從阿爾哥斯逃跑到伊里利亞；他們又穿過伊里利亞進入上馬其頓，最後他們一直到達列拜亞城。在那裏，他們爲賺取工資而受雇於王家，擔任僕從。他們一個人看管馬匹，另一個人看管牛，而培爾狄卡斯年紀最輕，因此他看管小牲畜。王后親自給他們烹調食物。原來在古昔的時候，不僅僅是平民，就是統治人們的僭主也都不是富有的。而每在王后烤麵包的時候，僕從培爾狄卡斯的那一塊總是比別人的漲大一倍。她看到這樣的事情經常發生，就把它告訴給她的丈夫。當國王聽到這事的時候，他覺得這是一件奇怪的預兆，意味著什麼大的事情將要發生。於是他便把他的僕從召來，命令他們離開自己的土地。他們說在他們離開之先，國王應把他們的工資算給他們才是正理。但是當他們談到工資的時候，國王卻發起混來，於是他指著從屋頂上的通煙口射進來的太陽光說：「這就是應當付給你的工資，我把它送給你們吧。」年紀較長的高阿涅斯和阿埃洛波司聽到這話時站在那裏瞠目不知所云，但是那個少年說：「國王，我們接受你賞賜給我們的東西。」他說了這話，就掏出了他身上帶著的匕首，用這把匕首在屋內地上日光所照的地方劃了一個輪廓；這樣作了之後，便把太陽光三次用外衣兜到自己的胸前㉖，然後便和他的伙伴們離開了。

138 他們就這樣地離開了。但是在國王近旁的人們當中，有一個人告訴國王少年所作的是什麼事情，而三人當中最年少的人接受他所賞賜的禮物又是抱著怎樣的目的；國王聽到這話以後感到憤怒，於是便差遣騎士追趕他們，想把他們殺死。但是，在那個地方有一條河，而這些從阿爾哥斯來的人們的子孫向它奉獻

㉖這個動作據說是表示自己取得了家宅和土地，並要求太陽來爲此作證。

犧牲，把它看成是救命的恩人。當鐵美諾斯的兒子們渡過了這條河的時候，河水大大地漲了起來，以致騎士們渡不過去了。因此兄弟們就到了馬其頓的另一個地方，在被稱爲戈爾地亞斯的兒子米達斯之園的一個地方的附近定居下來，在這個地方有許多野生的玫瑰花，每朶花各有多到六十個花瓣和異乎尋常的芳香。根據馬其頓人的說法，昔列諾斯就是在戈爾地亞斯的兒子米達斯之園這個地方被捕的㉗。在這個地方的上方，有一座叫作倍爾米歐斯的山，而由於寒氣逼人，沒有人能夠攀登到上面去。他們征服了那個地方之後，就以那裏作爲出發點，結果把馬其頓的其他地方也都征服了。

139 亞力山大就是這個培爾狄卡斯的後人：亞力山大是阿門塔斯的兒子，而阿門塔斯又是阿爾凱鐵斯的兒子；阿爾凱鐵斯的父親是阿埃洛波司，阿埃洛波司的父親是披力波司，披力波司的父親是阿爾該歐斯，阿爾該歐斯的父親就是取得了國王之位的培爾狄卡斯了。

140（α）阿門塔斯的兒子亞力山大的家系就是這樣。當他奉瑪爾多紐斯之派來到雅典的時候，他是這樣講的：「雅典人，下面就是瑪爾多紐斯要向你們講的話：國王有一個通告送到我這裏來，說『我赦免雅典人過去對我所犯下的一切罪行：現在，瑪爾多紐斯，我命令你作這樣的事情。把他們的領土還給他們，此外還讓他們給他們自己選擇更多的土地，隨便他們選擇什麼地方的土地，並且使他們按照他們自己的法律去生活。把我燒掉的他們的全部神殿重新修建起來，如果他們願意和我締結盟約的話。』這樣的通知既然送來，我是勢必執行的，除非你們從你們的那一方面反對我這樣作。而我要向你們說：你們爲什麼瘋狂到要向國王作戰？你們不能戰勝他，你們也不能永久抵抗他。你們已經看到了克謝爾克謝斯的浩浩蕩蕩的

㉗參見第七卷第二六節。

大軍和他們所作的一切，你們已經聽到目前我手中擁有的兵力。因此，即使你們戰勝和征服我們（當然，如果你們頭腦清醒的話，你們是絕對不能作此妄想的），那將會有一支比我們大許多倍的軍隊前來的。因此不要打算和國王較量，從而失去你們的土地並永遠使自己置身於危險之中，還是講和罷。而且，國王既然有意這樣作，那末你們也便可以十分榮譽地跟他講和了；還是忠誠老實地和我們結成盟友，從而享受自由罷。

（β）雅典人啊，上面就是瑪爾多紐斯命令我向你們傳達的通知。而從我這方面來說，我不必提我對你們所抱的善意了（因爲你們並不是第一次知道這一點的）。但是我請求你們接受瑪爾多紐斯的忠告。我看出來，你們是永遠也沒有力量來向克謝爾克謝斯作戰的（如果我看到你們有這樣的力量，我就決不會到你們這裏來向你們講這樣的一番話了）。要知道國王的威力是超人的，而他的手臂又是極長的㉘。因此，既然他們向你們提出，而他們又同意締結的條件是如此寬大，如果你們不立即同意和他們締約的話，我眞的爲你們未來的命運害怕。因爲你們的土地既然孤立在兩軍之間而形成一個戰場，則在所有的聯盟者當中，你們便是住在最容易遭到戰爭危險的道路上了，而且只有你們是決難逃脫毀滅的命運的。我看，還是聽從他的勸告罷，你們可不要小看了這樣的事情，在希臘人當中，偉大的國王只想赦免你們的罪過，只想和你們作朋友哩。」

141 以上便是亞力山大的話。但是拉凱戴孟人卻聽說，亞力山大到雅典來是要使雅典人和異邦人締結條約的；而在他們想起神託所說的話，即他們自己和其餘的多里斯人勢必要給美地亞人和雅典人逐出伯羅奔

㉘這裏可能只是一種比喻的說法，實際上並非如此。——譯者

尼撒的時候㉙，他們便非常害怕雅典人會和波斯人締約了；於是他們立刻決定，他們要把使節派去。而且，雅典人恰巧在同一個時候接見了雙方的代表。原來希臘人故意拖延時間等待拉凱戴孟人，因爲他們知道得很清楚，拉凱戴孟人將會聽到，從波斯人方面有使者前來商討訂約的事情，而且在拉凱戴孟人聽到之後他們是會火速地派來使節的。因此他們這樣作，是有用意的，因爲這樣他們可以使自己的意思叫拉凱戴孟人知道。

142 而當亞力山大的發言結束的時候，斯巴達來的使者緊接著就說：「從我們的這一方面來說，拉凱戴孟人把我們派來請求你們不要在希臘引起任何的變革，也不要接受異邦人方面提出的建議。對任何一個希臘人來說，這都是一件不正當和不體面的事情，特別對於你們更是這樣，理由有許多：引起這次戰爭的是你們，根本不是我們的意思，你們的領土又是戰爭最初的焦點，但這次戰爭卻把整個希臘都捲到裏面去了。即使把這些放到一邊不談，則想到自古來一直以把自由給予許多人而知名的你們雅典人，不只是作了這一切事情，竟而又帶頭使希臘人受到奴役，那是無論如何不能容忍的。儘管如此，我們仍是同情你們的困難處境的，因爲你們現在已經失去了兩次的收穫，而且你們的財產又受到長時期的蹂躪；爲了補償這一點，拉凱戴孟人和他們的同盟者宣布，只要這場戰爭繼續下去，他們願意扶養你們的婦女和你們那不能參加戰爭的全部家族。因此，不要叫馬其頓人亞力山大用他那甘言蜜語來粉飾的瑪爾多紐斯的建議把你們說服罷。聽從那樣的建議，對他來說乃是當然的事情，因爲他本身既然是一個僭主，那他必然是會爲僭主助

㉙參見第五卷第九〇節。

一臂之力的。但如果你們還清醒的話，你們當然是不會相信他們的，因爲你們知道，異邦人是既無信義，又不誠實的。」以上便是使者們所說的話。

143 但是雅典人對亞力山大的回答卻是這樣：「我們自己也知道，美地亞軍的人數是比我們多好多倍的。因此沒有必要用這一點來使我們覺得難堪。儘管如此，由於我們是渴望自由的，因此我們將盡我們能力之所及來保衛我們自己。但至於和異邦人締結協定的事情，不要試圖說服我們這樣作，而且我們也不會答應的。現在把雅典人的這個答覆帶回給瑪爾多紐斯罷：只要太陽還按著與它目前的軌道相同的軌道運行，我們是不會和克謝爾克謝斯締結協定的。但是我們將要繼續不停地對他作戰，我們相信諸神和天上的英雄會幫助我們，因爲他曾蔑視和焚毀了他們的神殿與神像。我們對你所要說的話是，不要到雅典人的地方來作這樣的請求了。也不要自以爲彷彿是爲我們作好事，實際上卻是勸我們作壞事了，因爲我們是不願意看到你這樣一位客人和朋友會在雅典人的手裏吃到任何苦頭的。」

144 以上便是他們對亞力山大的回答。但是他們卻對從斯巴達來的使節說：「拉凱戴孟人害怕我們會和異邦人締結協定，那是非常合乎情理的事情。但是我們認爲，你們既然知道雅典的性格如何，卻害起怕來，這樣的表示是不光彩的。要知道，世界上沒有任何地方有那樣多的黃金，有那樣美好肥沃的土地足以買動我們的歡心來站到波斯人的一方面來奴役希臘。甚至如果我們願意這樣作的時候，那也有許多許多的有力理由使我們不能這樣作。首先和最主要的，是我們諸神的神像和神殿被燒掉和摧毀，因此我們必須盡力爲他們復仇，哪裏還能夠和幹出了這樣一些勾當的人們締結協定；其次是，全體希臘人在血緣和語言方面是有親屬關係的，我們諸神的神殿和奉獻犧牲的儀式是共通的，而我們的生活習慣也是相同的，雅典人如果對上述的一切情況表現出不誠實的態度，那是很不妥當的。如果你們以前不知道的話，那麼現在你們要知道，只要是有一個雅典人活著，我們就決不會和克謝爾克謝斯締結協定。儘管如此，我們仍然感謝你們對我們的關注。因爲對於我們這樣一個備受蹂躪的國家，你們竟加以照顧，乃至建議扶養我們的家族。從你們的方面來說，你們已經向我們充分地表現了好意。至於我們自己，我們將設法盡我們力量之所及來忍耐著，不給你們添麻煩。但目前，事情既已如此，請儘快把你們的軍隊派來罷，因爲據我們的猜想，只要異邦人一得到我們不願按他所要求於我們的任何一件事情去作的通知，他在不久的時期之內，就會向我們這裏來進攻我們的國家的。因此，在他們來到阿提卡之前，我們正應該利用這個時機先進軍到貝奧提亞去。」使者們得到雅典人這樣的回答以後，就返回斯巴達去了。

第九卷

1當亞力山大回來，並把他從雅典人那裏聽到的話報告給瑪爾多紐斯的時候，瑪爾多紐斯立刻便從帖撒利亞出發，率領著他的大軍銳意向雅典趕去了①。他不拘到什麼地方，都把當地的人加到他的軍隊裏來。帖撒利亞的首領們一點也不後悔他們以前採取的行動，而是比先前更甚地來激勵波斯人的進軍行動；拉里撒的托拉克司過去在克謝爾克謝斯逃跑的時候，曾衛護過他，現在托拉克司則是公然地為瑪爾多紐斯向希臘進軍開路了。

2但是當大軍在行進途中來到貝奧提亞的時候，底比斯人卻試圖阻留瑪爾多紐斯，他們勸告他說，如果紮營布陣的話，則他再也不能找到比他們的地方更適宜的地方了；他們解釋說，他不應當再向前推進，而是駐屯在那裏，這樣就可以不經戰鬥而使整個希臘降服。原來，只要是以前同心協力的希臘人在目前仍然一致行動的話，則甚至舉全世界的兵力來征服他們，那都會是一件很困難的事情。底比斯人又說：「但如果你按照我們的忠告來作，你就可以很容易地掌握他們的全部作戰計劃。把錢送到他們城邦的當權人物那裏去，這樣你就可以把希臘分裂為兩派；在這之後，仗著跟你站在一面的那一派的幫助，你就可以不費力地把反對你的一派制服了。」

3以上就是底比斯人所提供的意見，但是他並不願聽從這樣的意見；他自己則是夢寐以求地想再一次攻占雅典。他的這種想法部分地固然是由於他的剛愎自用，部分地也是由於他想用在各個島嶼上點起的一列烽火來通告在撒爾迪斯的國王說，他已經占領了雅典。當他來到阿提卡的時候，他卻發現雅典人已經不在那裏了，但是他卻聽說，他們大部分都在撒拉米司海面的船上了。於是他攻占了空無一人的雅典城。在國王第一次攻占該城和瑪爾多紐斯後一次進攻該城之間，相隔是十個月。

4 當瑪爾多紐斯來到雅典的時候，他就把一個名叫穆里奇戴斯的海列斯彭特人派到撒拉米司去，這個人帶去的建議和馬其頓人亞力山大送到雅典人去的那個建議一樣。他再一次送去這個建議是因爲，儘管他已經知道雅典人對他抱著不友好的態度，但是既然他已用武力襲捲阿提卡而將之收歸自己的統治之下，則雅典人的頑固態度是會緩和一些的。

5 因此之故，他才把穆里奇戴斯派到撒拉米司來；穆里奇戴斯於是來到五百人會議的地方，向他們傳達了瑪爾多紐斯的通告。於是一位名叫呂奇達斯的議員發表了自己的意見，他說他認爲最好是接受穆里奇戴斯帶給他們的建議並把這個建議向民會提出。他提出這樣的意見或者是由於接受了瑪爾多紐斯的賄賂，或者是由於他自己贊同這種作法，但是會場上的雅典人，以及聽到這個說法的會場外的雅典人卻大爲激怒，他們把呂奇達斯包圍起來，用石頭把他砸死了。不過他們卻沒有傷害海列斯彭特人穆里奇戴斯，而仍容許他離去。環繞著呂奇達斯的事件，在撒拉米司發生了不小的喧騷，而當雅典的婦女知道所發生的事件的時候，她們就相互激勵地聯合在一起，自動地到呂奇達斯的家裏去，把他的妻子兒女也都用石頭砸死了。

①四七九年夏七月。瑪爾多紐斯占領雅典。

*6*雅典人到撒拉米司這個地方來的經過是這樣。只要是他們指望著伯羅奔尼撒的軍隊會來幫助他們，他們就留在阿提卡。但是，在看到伯羅奔尼撒人行動得遲緩鬆懈而侵略者據說已經到達貝奧提亞的時候，他們於是就把他們的全部財物移轉到安全地帶，他們自己則渡海到撒拉米司去。另一方面他們又派遣使者到拉凱戴孟去，譴責拉凱戴孟人容許異邦人進攻阿提卡而不和雅典人協力在貝奧提亞邀擊異邦人；同時雅典人要拉凱戴孟人記住，如果雅典倒戈的話，波斯人許給它的諾言是什麼，此外又預先警告拉凱戴孟人說，如果拉凱戴孟人不派援軍前來的話，他們是會想出自己的避難對策來的。

*7*原來拉凱戴孟人這時正在過祭日，他們正在舉行敍阿琴提亞祭②，而這時他們認爲把奉祀這位神的事情作好，就是他們當前最主要的事情了。同時，他們正在地峽上修築的壁壘，現在甚至已經修建到胸牆了。當雅典的使節偕同從美伽拉和普拉塔伊阿人那裏來的使節來到拉凱戴孟的時候，他們就到五長官那裏，這樣說：

（α）「雅典人把我們派來告訴你們說，美地亞人的國王說他願意把我們的土地歸還我們並和我們締結公正平等、忠誠無欺的盟約，同時還把在我們的土地以外我們所選擇的任何土地送給我們。但是我們，由於我們不願意對希臘的宙斯神犯下不敬之罪，而我們又認爲背叛希臘乃是可恥的行爲，因此我們不曾同意，而是拒絕了他的建議。儘管希臘人對我們作出了不義之行，儘管希臘人把我們出賣而使我們蒙受損害，儘管我們知道，和波斯人締和遠比對波斯人作戰要有利於自己，儘管如此，我們仍然不甘願和他們締

---

②據說是起源於前多里斯的一個祭日。每年六、七月在阿米克拉伊舉行，它是紀念阿波羅和誤中阿波羅所投的鐵餅而死的美青年敍阿琴托司的。

結任何和約。因此從我們的方面來說，我們忠實地履行了希臘人的義務。

（β）但是過去曾十分害怕我們會和波斯人締結和約的你們拉凱戴孟人卻如何呢？由於你們現在已經摸清了我們雅典人的性格，你們已確信我們將永遠不會出賣希臘，由於你們橫過地峽而正在修築的壁壘差不多已接近完工，這樣在今天，你們就不再理會雅典人了。儘管你們滿口答應我們在貝奧提亞邀擊波斯人，但是到時候你們卻出賣了我們，結果叫異邦軍進入阿提卡。因此目前雅典人就生了你們的氣，因爲你們作了對你們來說是很不應該的事情。但是現在雅典人請你們火速派一支軍隊隨我們去，以便我們可以在阿提卡等待異邦軍隊的進擊。因爲我們既然失掉了貝奧提亞，最適於作戰的地方就是我國的特里亞平原了。」

8 當五長官聽到這話的時候，他們卻把答覆推到第二天，到第二天的時候，又向下面的一天推，這樣他們一天又一天地推了十天。在這期間，全體伯羅奔尼撒人盡一切的努力來修築地峽上的工事，而他們幾乎把它完工了。我不能說明爲什麼當馬其頓人亞力山大來到雅典的時候③，拉凱戴孟人非常擔心雅典人會站到美地亞一方面去，而現在卻又根本不把這件事放在心上。這理由只不外是他們現在已在地峽上修築了工事並認爲他們不再需要雅典人了，但是在亞力山大來到阿提卡的時候，他們正在修築他們的壁壘而還沒有完工，因此他們是特別害怕波斯人的心情下進行修築工作的。

9 但是，最後斯巴達人的回答和斯巴達軍出師的方式是這樣的。在規定最後一次接見的那天的前一天，一個叫作奇列歐斯的鐵該亞人從五長官那裏聽到了雅典人所說的一切，這個奇列歐斯在斯巴達人當中

③參見第八卷第一三五節。

是勢力最大的一個異邦人；他在聽到雅典人所說的話之後，據說他就向五長官說：「五長官，目前的情況是這樣的。如果雅典人成了我們的敵人和異邦人的同盟者，那麼，雖然你們在地峽上面修築了一道堅強的壁壘，卻仍然有一個大敞四開的門可以把波斯人引入伯羅奔尼撒。我看，在雅典人作出什麼會使希臘吃虧的新的決定以前，還是聽從他們的意見罷。」

10 以上就是他對五長官所作的勸告，五長官立刻考慮了他的勸告。他們沒有向從這些城市來的使節講任何話，而在天還未亮的時候，便派出了五千名斯巴達軍隊，又給每個斯巴達人指定了七個侍從的希勞特。他們派克列歐姆布洛托斯的兒子帕烏撒尼亞斯擔任斯巴達軍的統帥，統帥的職位本應屬於列歐尼達司的兒子普列司塔爾科斯，但他那時還是一個男孩子，而帕烏撒尼亞斯卻是他的從兄和監護人。原來帕烏撒尼亞斯的父親和阿那克桑德里戴斯的兒子克列歐姆布洛托斯已不在人世了。在他把修築壁壘的軍隊從地峽率領回去以後不久，他便死去了。克列歐姆布洛托斯把軍隊引離地峽的理由是這樣。正當他為了戰勝波斯人而奉獻犧牲的時候，天上的太陽卻暗了起來④。帕烏撒尼亞斯選了一個同族出身的人作他的同僚，這個人是多里歐司的兒子埃烏律阿那克斯⑤。這些軍隊就隨著帕烏撒尼亞斯離開了斯巴達。

11 但是在天剛亮的時候，使節們就到五長官這裏來了，他們並不知道斯巴達軍隊業已開拔的事情，而且他們自己也想各自返回自己的城市去了；於是在他們來的時候，他們就說：「拉凱戴孟人啊，你們還留

---

④四八〇年十月二日的部分日蝕。

⑤埃烏律阿那克斯是帕烏撒尼亞斯的叔伯兄弟，因為多里歐司和帕烏撒尼亞斯的父親克列歐姆布洛托斯是兄弟。

在這個地方舉行敍阿琴提亞祭，還在自己尋歡作樂，卻完全不顧你們那陷於困境的同盟者。雅典人由於你們對他們幹了不正當的事情，再加上沒有同盟者，他們將要盡他們力之所及來和波斯人講和，自此之後，既然我們很明顯地變成了國王的同盟者，那我們就要隨著他去進攻他的軍隊領我們所去的任何地方了。那時你們就會知道這件事情對你們將要有怎樣的後果了。」這就是使者們講的話。於是五長官便發誓向他們說，他們相信他們那征討外國人的軍隊現在已經到歐列斯提歐姆了；他們是把異邦人稱爲外國人的。由於使節並不知道這件事，便進而詢問這些話是什麼意思，而在曉得了全部的眞實情況之後，他們感到吃驚，於是火速地起程去追趕大軍去了。和他們一同去追趕的，還有五千名拉凱戴孟的佩里歐伊科司⑥的精銳重武裝兵。

12 這樣，他們便趕忙地來到了地峽。但是阿爾哥斯人卻已經答應瑪爾多紐斯說，他們要阻止斯巴達出兵作戰；因此當他們一聽到說帕烏撒尼亞斯和他的大軍已經離開斯巴達的時候，他們就把他們所能物色到的最快的遠途信使作爲他們的使者派到阿提卡去，而當這個人來到雅典的時候，他就向瑪爾多紐斯這樣說：「阿爾哥斯人派我到這裏來告訴你，拉凱戴孟的壯丁已經出發作戰了，而阿爾哥斯人並未能阻止他們這樣作。因此，想什麼好辦法來應付局面罷。」

13 使者這樣說了之後，就又回去了。而在瑪爾多紐斯聽了這話的時候，他便不再想留在阿提卡了。但是，在他聽到這事之前，他沒有任何舉動，而是想知道雅典人作何打算，想知道他們預備如何作，因此他既未傷害，又未蹂躪阿提卡的土地，因爲他還是一直在認爲雅典人會和他締結和約的。但是當他不能說服

⑥參見第六卷第五八節。

他們並知道了事情在全部眞實情況的時候，在帕烏撒尼亞斯率部入地峽之前，他便撤退了；但是在撤退之前，他首先把雅典用火點著，並且把還留在那裏的任何城壁或家宅或神殿完全摧毀破壞。至於他把軍隊撤走的原因則是，阿提卡不適於騎兵的活動，而如果他在一次戰鬥中被戰敗的話，那麼除了一條少數人便可截擊的狹窄通路之外，沒有任何可以撤退的道路。因此他的計劃是退到底比斯去，想在一個接近友方的城市並適於騎兵作戰的地點展開戰鬥。

14 於是瑪爾多紐斯就把他的軍隊撤去了，而當他還在路上的時候，他得到消息說，另有一支由一千名拉凱戴孟人組成的先鋒隊已經到達美伽拉。他聽到這一情況時，便尋思用什麼辦法他可以首先解決這一批人，於是他便轉過來率軍向美伽拉進兵了。在先頭的是他的騎兵，騎兵蹂躪了美伽拉的領土。這是這一支波斯軍在歐羅巴日沒方向的那一方面所到達的最遠的地方。

15 但是在這之後，瑪爾多紐斯又接到一個消息，說希臘人都集合在地峽地帶。於是他便通過戴凱列阿退卻了。原來貝奧提亞的首領們⑦曾把和他們相鄰的一些阿索披亞人召請來，而這些人就把他引導到司潘達萊斯，從那裏又把他引導到塔那格拉；在塔那格拉他駐屯了一夜，第二天早上他從那裏又到司科洛斯，這樣就進入了底比斯的領土。雖然底比斯人是站在波斯的一方面，他仍然削平了底比斯土地之上的樹木；他這樣作並不是因爲他對底比斯人懷有敵意，異乎尋常的必要使他不得不爲他的軍隊修造堅強的工事，爲的是在戰爭的結果與他的本願相違背的時候，他可以用它作爲避難的地方。他的軍隊的駐屯地區以埃律特萊伊爲起點，通敍喜阿伊而進入普拉塔伊阿人的領土；在這一帶，他們是沿著阿索波司河駐屯的。不過，

⑦由十一人組成的貝奧提亞聯盟的執行委員。

他的壁壘卻修造得沒有這樣長，它每一面的長度大概是十斯塔迪昂。

正當異邦軍隊從事於這項工作的時候，一個底比斯人普律農的兒子阿塔吉諾斯在作了重大的準備之後，邀請瑪爾多紐斯和五十位最顯赫的波斯人前來參加宴會。他們應邀前來了，宴會是在底比斯舉行的。**16** 在這件事之後的一切情況，是我從歐爾科美諾斯人、歐爾科美諾斯地方最著名人士之一鐵爾桑德洛斯那裏聽來的。根據鐵爾桑德洛斯的說法，他自己也曾應邀赴宴，此外還有五十名底比斯人。阿塔吉諾斯給他們安排的坐法，並不是每人分坐，而是每一個波斯人和每一個底比斯人共坐在一個長椅子上面。在吃完飯之後他們正在相互交杯飲酒的時候，和他坐在一起的波斯人便用希臘語問鐵爾桑德洛斯他是什麼地方的人，鐵爾桑德洛斯便回答說他是歐爾科美諾斯地方的人。於是那個波斯人就說：「既然你和我同桌共食，隨後又和我一同飲酒，我很願意要你知道一下我自己的想法，這樣則在你自己知道了這樣的事情以後，你就可以為你自己的安全想個最妥善的辦法了。你看見赴宴的這些波斯人和駐屯在河邊的我們那些軍隊麼？過一會兒以後，你就會看到，在所有這些人當中，能留活命的只不過是寥寥可數的幾個人罷了。」波斯人說了這話，就痛哭起來。鐵爾桑德洛斯聽到這話感到驚訝，便對他說：「那麼，你不是必須得把這件事告訴瑪爾多紐斯和跟他在一起的、僅次於他的那些尊貴的波斯人嗎？」但波斯人回答說：「朋友，凡是上天注定要發生的事情，任何人是都不可能扭轉的；甚至對那些講眞話的人，都沒有人肯相信他們。我方才所說的話，我們許多波斯人已經知道了，可是由於受制於必然，我們還得非得遵命而行不可。在人類一切悲哀當中，最可厭的莫過於一個人知道的多，卻又無能為力了。」以上的事是我從歐爾科美諾科人鐵爾桑德洛斯那裏聽來的。鐵爾桑德洛斯此外還告訴我說，在普拉塔伊阿戰役之前，他立刻把這事告訴了別的人們。

17瑪爾多紐斯在貝奧提亞布陣的時候，所有當地站在波斯人一方面的希臘人就提供兵員並且和他一同進攻雅典，例外的只有波奇司人。他們實際上是站到了波斯人的一面，不過他們這樣作是不得已的，不是出於本意的。但是當波斯人來到底比斯以後不幾天的時候，卻有一千名波奇司的重武裝兵到達那裏，率領這支軍隊的是他們市民當中最知名的人士哈爾摩庫戴斯。在這些人來到了底比斯的時候，瑪爾多紐斯就把騎兵派出去，並且命令波奇司人自己駐屯在平原上面。在他們這樣作了之後，波斯的全部騎兵忽然都來了；隨後在跟美地亞在一起的希臘軍隊，以及在波奇司人本身當中就都風傳，說這些騎兵要把他們射死。於是，他們的將領哈爾摩庫戴斯便激勵他們，向他們說：「波奇司人啊，既然非常明顯，我猜想由於我們受到帖撒利亞人的讒誣，我們不久一定會死在這些人的手裏，因此你們每一個人都應該行動得像個男子漢大丈夫。因爲與其由於一次極不名譽的死亡而俯首甘使自身滅亡，那反而是作些什麼事情並戰鬥而後死亡好些了。不，我們要叫他們懂得，他們這些異邦人所打算要殺死的人們是希臘人。」

18他就是這樣地激勵他們的。當騎兵把波奇司人包圍在一個圓圈裏面的時候，他們拍馬向波奇司人奔來好像是要殺死他們的樣子，他們還舉起了投槍，彷彿是要投出來的樣子。於是波奇司人便聚攏起來，盡力密集他們的隊伍而從各方面來迎擊他們。於是騎兵便回馬退走了。我不能確說，他們是不是應帖撒利亞人之請，前來殺戮波奇司人的；可是當他們看到波奇司人在準備自衛的時候，便害怕自己也會受到某些傷害，於是就騎著馬回去了（因爲瑪爾多紐斯是這樣命令他們的）。也許是瑪爾多紐斯想試一試他們的勇氣。但是當騎兵離開之後，瑪爾多紐斯便派來了一名使者，向他們傳達說：「波奇司人，你們放心罷，因爲跟人們報告給我的情況不同，你們已證明你們是勇敢的人。請努力地進行這一場戰爭罷；因爲在報答好意這一點上面你們是不會超過我和國王的。」關於波奇司人的事情就是以上這些了。

19另一方面，當拉凱戴孟人來到地峽地帶的時候，他們就在那裏紮營了。而在相機行事的其餘的伯羅奔尼撒人聽到，或是看到斯巴達人出發作戰的時候，他們便以爲在這件事上落到拉凱戴孟人的後面是不好的。由於犧牲的占卜表現了吉兆，於是他們便全軍開出了地峽，來到了埃列烏西斯；而當他們又在那裏奉獻犧牲，而也得吉兆的時候，他們便繼續向前推進，這時雅典人已和他們在一起了，雅典人是從撒拉米司渡海前來並在埃列烏西司和他們會合在一起的。據說當他們來到貝奧提亞的埃律特萊伊的時候，他們聽說異邦軍駐紮在阿索波司沿岸，而他們在考慮了這一點之後，便在奇泰隆山的山麓地帶對著敵人列陣了。

20瑪爾多紐斯看到希臘人不下來到平原上面，便把自己的全部騎兵派出去對付他們，騎兵的統帥是在波斯人當中很受尊敬的一個名叫瑪西司提歐斯的人，而希臘人則稱他爲瑪奇司提歐斯。他騎著一匹涅賽伊阿馬，這匹馬有著黃金的轡而且在它所有其他的地方也都裝飾得很華麗。於是騎兵就在那裏向希臘人發動進攻，他們是列成方陣進攻的，進攻的結果是使希臘人受到很大的損害，因此他們把希臘人說成是婦女。

21但恰巧美伽拉人所在的地方正是最容易受攻擊的地方，而騎兵主要地也正是把他們的進攻集中在這裏。因此，當美伽拉人受到騎兵的進攻而感到對方重壓的時候，便派遣一位傳令官到希臘的將領們那裏去。他到他們那裏向他們這樣說：「美伽拉人向聯盟軍傳言：儘管在敵人的重壓之下我們直到目前還以忍耐和勇敢保持著自己的陣地，但是在我們起初被指定的這個陣地上面，我們是不能獨立對抗波斯騎兵的；現在你們要知道清楚，如果你們不把其他人等派來接管我們的陣地，我們就要把它放棄了。」傳令者就是這樣報告的，於是帕烏撒尼亞斯便徵詢希臘人的意見，問誰願意到那裏去接防，把美伽拉人給換下來。沒有其他的人願意去，但是雅典人自願去換防；雅典人中擔起了這項任務的是蘭彭的兒子歐林匹奧多洛斯統率之下的三百名精銳。

22這些人便是接受了這項任務的人們，他們在所有的其他希臘軍隊的先頭，帶著弓兵駐紮在埃律特萊伊。他們戰鬥了一個時候，戰鬥的結果是這樣的。正在騎兵列成方陣進攻的時候，領在其餘軍隊前面的瑪西司提歐斯的乘騎，在肋部中了一支箭，馬痛得用後腿站了起來，這樣就把瑪西司提歐斯給摔了下來；而在他摔下馬來的時候，希臘人立刻向他進攻。他的馬當場給雅典人捉住了，他本人則在抵抗的時候被殺死，雖然，在開頭的時候，他們還不能把他殺死；原來他是這樣武裝起來的：在他穿的紫袍下面，是一件鱗狀的黃金鎧甲，雅典人向胴甲上刺是毫無用處的。直到後來，才有人看到他們無濟於事而刺他的眼，這樣他才倒地死掉了。不知怎的，其他的騎兵竟完全不知道這樣的事情；因爲他們沒有看見他從馬上掉下來，也沒有看見他被殺死。在他們回旋和退卻的時候，他們並沒有注意到所發生的事情。可是等他們一停下的當兒，由於沒有人向他們發號施令，他們羣龍無首了；而等他們知道了發生的是什麼事情時，他們便相互激勵，把全部騎兵匯合在一起想把屍首奪回。

23當雅典人看到騎兵不是像先前那樣列爲方陣，而是集合整個部隊向他們攻來的時候，他們便向其他的軍隊呼號求救。而當他們的全部步兵聚攏來增援之際，在那裏爲了死屍爆發了一場非常激烈的戰鬥。當三百個人孤軍奮戰之際，他們處於遠遜於敵方的劣勢地位，並且眼看就要把屍首放棄了。但是當主力來增援以後，則騎兵的一方面卻再也支持不住了；他們不僅是奪不回死屍，此外他們還損失了他們的一部分騎兵。因此他們退卻了，他們停駐在離那裏兩斯塔迪昂左右的地方，在那兒他們商量今後的辦法，結果由於失去了統帥，他們便決定收兵回到瑪爾多紐斯那裏去了。

24當騎兵返回營地的時候，瑪爾多紐斯和全軍對瑪西司提歐斯的死表示了極大的哀悼，他們剃掉了自己的頭髮，剃掉了他們的馬匹和馱畜的毛髮，並且長時間不停地痛哭。他們的哀號之聲，在整貝奧提亞都可以聽得到，因爲這次陣亡的人，全體波斯人中間以及對於國王來說，是受到僅次於瑪爾多紐斯的最大尊重的人物。

異邦人就這樣地依照他們自己的風俗習慣，對死去的瑪西司提歐斯表示了敬意。

25 但希臘人這次邀擊騎兵，並在邀擊後打退了騎兵，因此勇氣大大地增長起來了。首先他們就把屍體安放在馬車上，順著他們的隊伍走了一遍；因爲這具屍體不但魁梧，而且姿容美好，是値得一看的。正因爲如此，他們竟而情不自禁地離開了他們的隊伍來看瑪西司提歐斯的屍體。隨後他們便決定他們下行開到普拉塔伊阿去，因爲他們認爲那個地方在一切方面都遠比埃律特萊伊更適於布陣，特別是那裏水源的情況比較好。他們決定他們必須到這個地方以及這個地方的伽爾伽披亞泉這裏來，並把他們的軍隊分列成戰鬥的隊形布置在這裏；於是他們就拿起他們的武器，沿著奇泰隆山的山麓，通過敍喜阿伊，來到了普拉塔伊阿的土地。他們到那裏之後，就在伽爾伽披亞泉以及英雄安多羅克拉鐵斯的聖域附近的一些不高的小丘間和一塊平原上依照不同的民族而列下了陣營。

26 在戰鬥的配置上面，鐵該亞人和雅典人之間發生了很大的爭論，因爲他們每一方面都宣稱他們應當占軍隊的另一翼的陣地⑧，爲此而列舉出他們的新的和舊的許多功業作爲論據。鐵該亞人這一方面的主張是這樣：「自從海拉克列達伊族在埃烏律司鐵烏斯死後試圖返回伯羅奔尼撒以來，在伯羅奔尼撒聯軍過去和晚近的一切戰役當中，全聯盟軍一直公認我們是有權利占居這個地位的。當時我們是由於作了下述的事情，才得到了這個權利的。當我們和當時住在伯羅奔尼撒的阿凱亞人與伊奧尼亞人一道向地峽地帶集結準

---

⑧就是拉凱戴孟人所不占有的那一翼陣地。

備戰鬥並和返還的人們對峙列陣的時候，據說敍洛斯⑨曾提出他的意見，認爲最好是不要冒險使兩軍交鋒，而是要他們自己從伯羅奔尼撒軍隊中選出他們認爲是最優秀的人物來和他在相互約定的條件之下單獨戰鬥。伯羅奔尼撒人也決定同意這樣作，於是他們便締結了一項誓約說，如果敍洛斯戰勝了伯羅奔尼撒的選手的話，海拉克列達伊族便應返回他們父祖的土地，但如果他本人被對方戰勝的話，則相反地海拉克列達伊族便應離開並領走他們的軍隊，而且他們在一百年以內也不要再想返回伯羅奔尼撒了。那時我們的統帥和國王，埃洛波司的兒子佩該烏斯的兒子埃凱穆斯便自己推薦自己並被聯軍全軍選了出來；於是他在那場決鬥當中把敍洛斯殺死了。由於這次的戰勛，那時的伯羅奔尼撒人便不單是給予我們一直不斷地享受著的其他種種巨大特權，而且在聯軍的一切戰役中間，我們是永遠有權占有另一翼的陣地的。但是對於你們拉凱戴孟人，我們是沒有反對意見的，我們甘願任憑你們自由選擇你們所要統率的一翼；可是我們要聲明，我們要和先前那樣地統率另一翼。而且拋開我們所說的功業不論，我們也比雅典人更有資格占有這樣的地位的，因爲對你們拉凱戴孟人以及對其他人等，我們曾打過多次漂亮的仗。因此，另一翼應當是由我們，而不是由雅典人來統率的。因爲不拘是過去還是近來，他們從來不曾成就過像我們這樣的勛業。」

27 上面是鐵該亞人的說法；但雅典人卻是這樣回答的：「我們認爲，我們現在集合在這裏是爲了對異邦軍作戰，而不是爲了爭論。但是既然鐵該亞人有意談一談我們任何一個民族在任何時候成就的一切新舊勛業，那我們也就不得不告訴你們，爲什麼是我們，不是阿爾卡地亞人，由於我們世代的武勛，而取了世襲的權利來占有這一優勢的地位。這些鐵該亞人說，是他們在地峽殺死了海拉克列伊族的首領；可是當著

---

⑨海拉克列斯的兒子。

海拉克列達伊這一族爲了逃避邁錫尼人的奴役，向全體希臘人求援而遭受拒絕的時候，只有我們收容了他們⑩，並偕同他們一道打敗了當時居住伯羅奔尼撒的人們，這樣我們就打垮了埃烏律司鐵烏斯的横傲。再者，當隨同波律涅凱斯⑪征討底比斯的阿爾哥斯人在戰場上陣亡而屍體無人葬埋的時候，要知道，是我們派出了自己的軍隊去討伐卡德美亞人，收回了他們的屍體並將他們埋葬在我們國內的埃列烏西斯地方的。對於一度從鐵爾莫東河方面突入阿提卡的阿馬松們，我們過去曾取得巨大的勝利；而在特洛伊戰役的艱苦日子裏，我們也絲毫不落後於任何人。可是再提起這些事情已經沒有什麼意思了，因爲當時的勇士現在也許會成爲懦夫，而當時的懦夫今天又許會成爲勇士，還是不必再提舊日的那些勛業了罷。老實講，我們實際有著決不次於任何希臘人的許多豐功偉績，但縱令我們沒有成就任何一件業績，單就我們在馬拉松一地的戰勛，我們便有資格享受這個，或是更多的榮譽了，因爲在全體希臘人當中，只有我們單獨和波斯人交鋒，在那樣的巨大事業當中我們沒有辱命，我們打敗了四十六個民族。單單是這一樁功業，難道我們還不應當占有這個地位嗎？可是由於目前不宜於爲我們在戰爭中的地位而爭論，因此拉凱戴孟人，我們願意聽你們的話。隨你們的斟酌，看我們最適於占居什麼地方和對什麼敵人作戰罷；隨你們把我們安置在什麼地方，我們都將盡力奮勇作戰。我們既準備從命，那麼便請下命令罷。」

28 以上便是雅典人的回答了。拉凱戴孟人的全軍於是高聲呼喊說，雅典人比阿爾卡地亞人更有資格占

---

⑩敍洛斯爲他的敵人埃烏律司鐵烏斯所追擊曾逃到雅典人那裏去避難，並藉著雅典人的幫助打敗並殺死了埃烏律司鐵烏斯和他的兒子們。

⑪指波律涅凱斯想從他兄弟埃提歐克列司手中收復底比斯的事情。

居一翼。雅典人既然比鐵該亞人更受歡迎，於是他們便取得了那個地位。

隨後，最初來的和隨後陸續到來的希臘全軍就作了如下的布置。右翼是一萬名拉凱戴孟人，其中斯巴達人五千名，他們每一個人有七名輕武裝的希勞特，這樣他們就有了一支三萬五千名的護衛軍。斯巴達人把鐵該亞人在戰鬥中部署在自己的身旁，這一方面是表示對他們的尊重，又是由於他們的勇敢。鐵該亞人中間有一千五百名是重武裝兵。在這道戰線上接在他們後面的是五千名科林斯人，由於他們之請，帕烏撒尼亞斯同意當時從帕列涅來的三百波提戴阿人配置在他們的身旁；再下面是從歐爾科美諾斯來的六百名阿爾卡地亞人，接在他們後面的是三千名希巨昂人。接在希巨昂人後面的是一千名特羅伊眞人，特羅伊眞人後面是二百名列普勒昂人，後面是四百名邁錫尼人和提律恩司人，再後面是一千名普里歐斯人。接在普里歐斯人後面的是三百名赫爾米昂涅人。赫爾米昂涅人的後面是六百名埃列特里亞人和司圖拉人；在他們後面是四百名卡爾啓斯人，再後面是五百名阿姆普拉奇亞人。阿姆普拉奇亞人的後面是八百名列烏卡地亞人和阿那克托利亞人。在他們後面是凱帕列尼亞的帕列人二百名，在這些人後面是五百名埃吉納人，埃吉納人後面是三千名美伽拉人，接著美伽拉人的是六百名普拉塔伊阿人。在末尾的地方，也可以說是在最前面的地方，八千名雅典人配置在左翼的地方。雅典人的將領是呂喜瑪科斯的兒子阿里司提戴斯。

29 除去分配給每一個斯巴達人的七個人之外，所有這些人都是重武裝兵，他們全體的人數是三萬八千七百人。集合起來對付異邦軍的重武裝兵的人數便是這些；至於輕武裝兵的人數，則屬於斯巴達部隊的是每一重武裝兵配備七人，即三萬五千人；他們都給武裝起來了。其他拉凱戴孟人和希臘人的輕武裝兵則是每一重武裝兵配備一人，他們的人數是三萬四千五百人。這樣，準備參加戰鬥的輕武裝兵的總數，就是六萬九千五百人了。

30而集結在普拉塔伊阿的重武裝兵和輕武裝兵，加到一起就是差一千八百整整十一萬人了。但是在那裏的鐵斯佩亞人卻把他們補足為十一萬人。原來殘存的鐵斯佩亞人⑫也在軍中，他們是一千八百人，但並不是重武裝兵。

31於是這些人列了陣並配列在阿索波司河的沿岸地帶。當瑪爾多紐斯麾下的異邦軍停止了他們對瑪西司提歐斯的哀悼並聽到說希臘人到了普拉塔伊阿的時候，他們也便來到了流經那裏的阿索波司河的沿岸地帶。當他們到達那裏的時候，他們便給瑪爾多紐斯像下面這樣地列成了戰陣。瑪爾多紐斯使波斯人和拉凱戴孟人對峙；而鑒於波斯軍的人數大大地超過了拉凱戴孟人，因此波斯人便列成了較厚的隊形，其隊列長得還和鐵該亞人相對峙了。在列陣的時候，他把波斯軍當中最精銳的部分選拔出來和拉凱戴孟人相對峙，而把較弱的部分用來和鐵該亞人相對；他是根據底比斯人的意見和指導這樣作的。他在波斯人的後面配置了美地亞人，用來和科林斯人、波提戴阿人、歐爾科美諾斯人、希巨昂人相對峙。接著美地亞人的是巴克妥利亞人，與巴克妥利亞人相對峙的是埃披道洛斯人、特羅伊眞人、列普勒昂人、提律恩司人、邁錫尼人和普里歐斯人。接著巴克妥利亞人的是印度人，用來和赫爾米昂涅人、埃列特里亞人、司圖拉人和卡爾啓斯人相對峙。印度人以次，他配置了撒卡依人，用來和阿姆普拉奇亞人、阿那克托利亞人、列烏卡地亞人、帕列人和埃吉納人相對峙。接在撒卡依人之後，和雅典人、普拉塔伊阿人、美伽拉人相對峙的是貝奧提亞人、羅克里斯人、瑪里司人、帖撒利亞人和一千名波奇司人；原來並非是全體波奇司人都站在波斯人的一方面，他們的一部分是幫助希臘人的。這些人曾被包圍在帕爾那索斯，他們從那裏突圍，蹂躪了瑪爾

⑫指那些未在鐵爾摩披萊戰死的人們。

多紐斯的軍隊和與瑪爾多紐斯在一起的希臘軍隊。此外，他還部署了馬其頓人和帖撒利亞一帶的居民來和雅典人相對峙。

32 以上我所列舉的，是瑪爾多紐斯所配備的民族中最大的一些，也是最著名和最重要的；但是此外在軍隊中還有由普里吉亞人、色雷斯人、美西亞人、派歐尼亞人以及其他民族所混合成的一羣人，更有埃西歐匹亞人和被稱爲赫爾莫提比埃斯和卡拉西里埃斯的、佩劍的埃及人⑬；這種埃及人是埃及唯一的武人。這種人過去一直是在船上作戰的，直到瑪爾多紐斯還在帕列隆時，這才把他們從船上轉移到陸地上來：原來埃及人並沒有給編到隨克謝爾克謝斯來到雅典的陸軍裏面。因此，正像我上面所說的，異邦軍共有三十萬人；至於和瑪爾多紐斯聯盟的希臘人的人數，卻沒有人知道（實際上他們沒有給人計算過）。如果可以推測一下的話，則我以爲他們糾合了大概有五萬人。以上所配列的都是步兵，騎兵則是分別配列的。

33 當他們全軍都分別按照民族和軍團配置好的時候，第二天兩軍就奉獻了犧牲。爲希臘人方面奉獻犧牲的是安提奧科斯的兒子提撒美諾斯，因爲他是隨軍的占卜師。他是一個埃里司人，是雅米達伊族⑭的（克呂提亞達伊族人），拉凱戴孟人曾使他歸化爲自己的市民。原來當提撒美諾斯爲了子嗣的事情向戴爾波伊請示神託的時候，佩提亞向他預言，說他將要在五次重大的角逐中取得勝利。他誤解了神託的含意，而開始進行體育鍛煉，打算在這樣的運動比賽中取得勝利。他自己進行了五項運動⑮的練習，不過在奧林

---

⑬參見第二卷第一六四節。

⑭雅米達伊族是埃里司的有名的預言者家族。克呂提亞達伊族也是埃里司的預言者，但和達米達伊族沒有關係，因此有人主張把這個字用括弧括起來或乾脆刪掉。

⑮五項運動是跑、跳、角力、標槍和鐵餅。

匹亞運動會上和安多羅斯人謝洛尼莫斯比賽時，卻由於角力這一項失敗而沒有取得奧林匹亞的勝利榮冠。可是拉凱戴孟人卻看出，給予提撒美諾斯的神託，並不是意味著運動比賽，而是意味著戰爭方面的角逐。於是拉凱戴孟人便試圖用金錢賄買提撒美諾斯，要他和他們的海拉克列達伊族的國王一道來領導他們的戰爭。可是當他看到斯巴達人十分想跟他拉攏交情的時候，他就抓住這一點自己抬高身價，並且要斯巴達人知道，除非把正式公民身份和一個公民的全部權利給他，他是任何報酬都不答應的。斯巴達人聽到這話的時候，起初感到憤慨，並且完全放棄了他們的請求。可是當波斯大軍的可怕的威脅逼臨到他們頭上的時候，他們便只得向他表示同意並答應了他的要求。可是當他看到他們的意思改變了的時候，他又說甚至只是這樣的條件，他也不能滿足了。他說他的兄弟海吉亞斯也必須以和他同樣的條件成為斯巴達人。

34在他這樣說的時候，把要求王權和要求市民權看作一回事，就此而論，他是模仿美拉姆波司的。原來當阿爾哥斯的婦女發起狂來，而阿爾哥斯人想用錢把他從披洛斯請來醫治她們的瘋病的時候⑯，美拉姆波司要求他們的王權的一半作為自己的報酬。阿爾哥斯人不能容忍這一點，便離去了。可是當瘋病在他們的婦女當中蔓延開來的時候，他們立刻便同意了美拉姆波司的要求並且願意把王權給他。可是，美拉姆波司看到他們改變了自己的主意時，卻抬高他的要求，他說除非他們再把三分之一的王權給他的兄弟比亞斯，他是不會答應他們的要求的。已經陷於窮境的阿爾哥斯人，不得已連這一點也同意了。

35同樣地，斯巴達人也是這樣地迫切需要提撒美諾斯，因此他們同意了他的一切要求。當他們在這一

---

⑯根據傳說，阿爾哥斯的婦女是由於得罪了狄奧尼索斯才發起瘋來的，通曉狄奧尼索斯密儀的美拉姆波司治好了她們的病症。希臘作家很多人提到這件事，但情節互有出入。

點上也同意了他的請求時，於是這時變成了斯巴達人的埃里司人提撒美諾斯便為他們掌理卜筮之事，從而幫助他們獲得了五次極大的勝利。除去提撒美諾斯和他的兄弟以外，世界上再沒有任何人變成斯巴達的公民了。以下便是他們取得的五次勝利。其中的一次，即第一次，是普拉塔伊阿的勝利；再下面的一次是在鐵該亞戰勝了鐵該亞人和阿爾哥斯人；在這之後是在迪帕伊耶斯戰勝了曼提涅亞人以外的全體阿爾卡地亞人；再下一次是在伊托美戰勝了美塞尼亞人；最後是在塔那格拉戰勝了雅典人和阿爾哥斯人，這是五次勝利中最後得到的一次勝利。

36 現在隨著斯巴達人來的便是這個提撒美諾斯，他就在普拉塔伊阿地方為希臘人進行卜筮。但奉獻犧牲的結果是：如果他們只取守勢的話，則吉；如果渡過阿索波司河首開戰端的話，則凶。

37 然而一心想首啓戰端的瑪爾多紐斯，在奉獻犧牲卜筮之後，是不遂心的，因為它的結果也是取守勢則吉利。他也是使用希臘式的犧牲奉獻法的；他的占卜師是埃里司人海該西斯拉托司，這是鐵里亞達伊族當中最有聲名的人物。在這之前，斯巴達人曾把他擒拿入獄並想把他處死，因為他曾作了許多傷害斯巴達人的事情。陷入了這樣的苦境的這個人，既然有生命的危險，而在死亡之前又很可能要遭受許多酷刑，於是他作出了一件使人幾乎難於置信的事情。他是被繫在上了鐵鎖的木枷之內的；他弄到了一件不知怎的帶到了他的獄中的鐵製武器，而立刻想了一個我們從來沒有聽說過的極其大膽的計劃。他計算他的腳的殘留部分怎樣能儘可能多地得到解脫，這樣作了之後，由於有守衛監視著他，他便在牆壁掘了窟窿逃出去，這樣便從腳背上割掉了自己的腳。這樣便逃到了鐵該亞；他在夜裏趕路，白天則藏到樹林裏去潛伏在那裏，而到第三個夜裏，他便到了鐵該亞。就在這時，拉凱戴孟人舉國對他進行了搜索；當他們看到他的半隻腳被切斷在那裏而找不到他本人的時候，他們是非常驚訝的。他就這樣地從拉凱戴孟人那裏逃開，到鐵該亞

去避難了，因爲鐵該亞人當時和拉凱戴孟人並不是友好的；而在他的傷口治癒，並給自己安上一隻木腳之後，他便公然宣布自己是拉凱戴孟人的敵人。不過，他對拉凱戴孟人的敵意終於沒有給他帶來什麼好處，因爲拉凱戴孟人當他在札昆托斯進行卜筮的時候還是把他捉住並把他殺死了。

38 不過海該西斯特拉托司的死卻是普拉塔伊阿之役以後的事情了。現在他卻爲瑪爾多紐斯重金所聘，在阿索波司河河畔奉獻犧牲以卜吉凶了；他熱心幹這件事，一方面是由於他對拉凱戴孟人的憎恨，另一方面也是爲了報酬。既然對波斯人來說，或是對和波斯人在一起的希臘人來說，犧牲的朕兆都不利於作戰（原來希臘人也有他們自己的占卜師，即列烏卜地亞人昔波瑪科師），同時希臘人方面這時卻一直在有人加入進來，因而他們軍隊的人數便不斷在增加，底比斯人海爾披斯的兒子提瑪蓋尼戴斯便建議瑪爾多紐斯守住奇泰隆的山道，他告訴瑪爾多紐斯說，希臘的軍隊每天每天都在增加，這樣瑪爾多紐斯便可以把他們的許多人遮斷了。

39 當他向瑪爾多紐斯提出這個建議來的時候，兩軍對峙以來已經八天過去了。瑪爾多紐斯認爲他的這個意見是很好的，於是在天一黑的時候，便派遣騎兵往通向普拉塔伊阿的奇泰隆山路去；貝奧提亞人則稱這條山路爲「三頭」，而雅典人則稱它爲「櫟樹頭」。派去的這一批騎兵不是沒有效果的。在進入平原的時候，他們拿捕了從伯羅奔尼撒運送糧食給軍隊的五百頭馱畜，還有跟搬運車在一起的人員。在得到這些擄獲品之後，他們就毫不留情地連人帶牲畜都加以殘殺。而在他們殺夠了的時候，便把剩下的人畜包圍起來，把他們驅趕到瑪爾多紐斯和他的營地那裏去了。

40 在這一事件之後，他們又等了兩天；在這兩天裏，雙方都不願啓戰端。雖然異邦軍開到阿索波司河的河岸想來試探一下希臘軍的動靜，但雙方卻都不渡河。不過瑪爾多紐斯的騎兵卻一直在迫擊和困擾希臘

人；而十分熱心地站到美地亞人一方面去的底比斯人則是拚命地想接戰，他們不斷地把戰爭推進到眞正動手的程度。在這之後便輪到了波斯人和美地亞人，現在正是他們來顯示勇武的時候了。

41 十天過去了，但發生的事情不過是上面的這些而已。但是從雙方在普拉塔伊阿最初對峙列陣以來的第十一天，希臘人的人數大大地增加了，但瑪爾多紐斯卻由於這種因循無所事事而極感苦惱；於是戈布里亞斯的兒子瑪爾多紐斯和克謝爾克謝斯所信任的其他少數波斯人之一的帕爾那凱斯的兒子阿爾塔巴佐斯便進行了討論。在討論時他們的意見有如下述。阿爾塔巴佐斯認爲最好是儘快地移轉他們的全軍，把全軍引到底比斯的城裏去，在那裏給他們自己儲備大批的軍糧，並給他們的馱畜準備秣草，然後他們便可以在那裏安安靜靜地坐候自己完成自己的事業了。方法是這樣：他們既然擁有大量鑄造成貨幣的和未經鑄告成貨幣的黃金，既然擁有大量白銀和杯盞，他們便可以毫不吝惜地把這些東西分送給希臘所有各地的人們，特別是希臘各個城市的那些顯貴知名之士。這樣一來，希臘人很快就會交出他們的自由，而他們也便不會冒險交戰了。他的這個意見是和底比斯人的意見相同的，因爲他比起別的一些人來是具有先見之明的人物。但是瑪爾多紐斯的意見卻是更爲強烈和頑固，絲毫沒有讓步的意思；他說他認爲他們的軍隊比希臘的軍隊要強得多，因此他們應當儘快地挑起戰爭而不能再忍耐下去看著希臘人集合越來越多的兵力。至於海該西斯特拉托司的犧牲，他們不必去管它，也不必對之加以強求，但他們卻應當按照波斯的風俗習慣開始作戰。

42 沒有人反對這樣的說法，因此他的意見被通過了，因爲受國王之託，擔任全軍最高統帥的正是他，而不是阿爾塔巴佐斯。於是他把各軍團的首長和與他在一起的希臘人的將領們召集了來，問他們是否知道有過什麼神託，曾預言波斯人會死在希臘。被召來的人們默不作聲，他們有的人不知道神託，有的人知道

這神託，卻認爲說了對自己有危險，於是瑪爾多紐斯自己就說：「既然你們或是不知道，或是知道而不敢說，那麼，我就來把我所知道的全部情況講給你們聽罷。有一個神託說，波斯人命中注命要來到希臘，而他們在把戴爾波伊的神殿劫掠之後，就要全部死在那裏。我們也知道了這個神託，因此我們就既不走近這個神殿，也不想劫掠它。而既然我們的毀滅要決定於那一點，這樣我們就不會遇到什麼禍事了。你們中間所有對波斯人抱著好意的人們，既然知道我們因此將要戰勝希臘人，則你們可以安心了。」這樣說了之後，他便下令準備一切，爲第二天拂曉就要開始的戰鬥作妥善的安排。

43 瑪爾多紐斯所提到的，說是關係到波斯人的這個神託；我知道它原來不是關係到波斯人，而是關係到伊里利亞人和恩凱列司的軍隊的。但是關於這次戰鬥，巴奇司卻有下面的一個神託：

在鐵爾莫東河和岸上長著草的阿索波司河的河岸上，
是希臘軍隊的集結和異邦人的呼喚。
當宿命的一日到來之際，不待拉凱西司⑰注定的壽數，
許多帶弓的美地亞人就要在這裏喪命。

穆賽歐斯所宣出的諸如此類的神託，我知道都是關於波斯人的。至於鐵爾莫東河，則它是流在塔那格拉和格里撒斯⑱之間的河流。

---

⑰命運之神。

⑱格里撒斯在底比斯西北不遠的地方。

44在瑪爾多紐斯探求了神託的意義並發表了激勵的言詞之後，夜來了，而軍隊便布置了他們的哨兵。而當夜色已深，看來營地裏面萬籟俱寂而人們也深深入睡的時候，阿門塔斯的兒子亞力山大，即馬其頓人的將領和國王這時便乘馬到雅典人的哨兵那裏去，要和他們的將領講話。大部分的哨兵都留在原地未動，其餘的哨兵則跑到他們的將領那裏去，告訴他們的將領說，從美地亞軍的營地，來了一個騎馬的人，這個人別的話一句也沒有說，只是叫著各位將領的名字，說是要和這些將領談話。

45諸將聽到這話之後，立刻便和來人一同到哨兵的地點去；而當他們來到那裏的時候，亞歷山大便對他們說：「雅典人，我把這些話託付給你們，請你們爲它保守秘密，除去帕烏撒尼亞斯之外不要洩漏給任何人，否則你們就連我也給毀了。如果不是我非常關心整個希臘的命運的話，實際上我就不會把這話告訴你們了。因爲我本人的遠祖是希臘人而我也決不願意看見自由的希臘會受到奴役。故此，我告訴你們，瑪爾多紐斯和他的軍隊並不能從犧牲得到對他有利的朕兆，否則在這之前很久你們就得作戰了。但是現在他們卻不打算把犧牲放到心上，而想在明天一破曉的時候發動戰鬥；據我的推測，他們是害怕你們軍隊的人數會越來越多。因此我請你們作準備。如果他拖延作戰而不展開戰鬥的話，那就請耐心地在原來的地方等待著不要動，因爲他身邊的兵糧只夠幾天用的了。但是，如果這次戰爭是按照你們的意思結束的話，那你們就一定要記著設法把我也從奴役下解救出來，由於自己的熱心，我爲希臘作了這樣一件不顧性命的事情，而想把瑪爾多紐斯的意圖向你們傳達，爲的是使異邦軍不致在你們完全沒有想到的時候猝不及防地向你們攻來。我是馬其頓人亞歷山大。」講了這話以後，他就乘馬返回營宿他自己的駐地上去了。

46雅典軍的將領們就到右翼的地方去，把他們從亞歷山大那裏聽到的話告訴了帕烏撒尼亞斯。帕烏撒尼亞斯聽到這話，卻害怕波斯人，於是他說：「這樣看來，天破曉的時候仗是要打的了。最好你們雅典人和波斯人對陣，而我們則來對付貝奧提亞人和現在跟你們相對峙的希臘人，因爲你們在馬拉松和美地亞人交過鋒，熟悉他們和他們的作戰方式，但我們對於那些人卻是既無經驗，又不熟悉的。不過我們斯巴達人對貝奧提亞人和帖撒利亞人卻是有經驗的，但是我們之中沒有一個人和美地亞人較量過。因此，讓我們拿起武器來調換一下，你們到這一翼來，我們到左翼去。」雅典人回答說：「正是從我們看到波斯人布置在你們對面的那個時候起，我們便也有意提出你們這次首先提出的意見，但是我們害怕這樣作會使你們不高興。但既然你們自己說出了你們的願望，我們也非常高興聽從你們的意見並準備按著你們所說的去作。」

47 雙方都滿意這樣的作法，因此在天剛破曉的時候，雙方便對調了他們的防地。貝奧提亞人注意到了這一點並把這個情況通知了瑪爾多紐斯。瑪爾多紐斯聽到這個消息之後，立刻就試圖在自己這方面也作一次調動，把波斯人調到和拉凱戴孟軍對峙的地點去。但是當帕烏撒尼亞斯看到對方正在作的是什麼事情時，他就知道他的行動已被對方曉得，便把斯巴達人調回了右翼。而瑪爾多紐斯則同樣地也移到了左翼。

48 當雙方都又回到他們原來的地位時，瑪爾多紐斯便派遣一名使者到斯巴達人那裏去，告訴他們說：「拉凱戴孟人啊，這裏的人們都說你們是十分勇敢的人物。你們既不臨陣脫逃，又不離開你們隊伍的部署，而是堅守在原來的陣地上或是殺死你們的敵人或自己戰死，因此他們對你們是極爲佩服的。但是看來，這一切都是謊話了，因爲在我們能以接戰並展開格鬥之前，我們就親眼看到你們現在竟然逃跑起來並離開了你們原來的部署，而想用雅典人來試探你們敵人的力量，你們卻把自己布置在不過是我們的奴隸的對面。這決不是好漢應當作的事情；對於你們，我們眞是大大地估計錯誤了。因爲倘若根據我們聽到的關於你們的說法，則我們想你們會派一名使者前來向波斯人，而不是向別的人們挑戰。當然，我們是準備應戰的。可是我們卻發現你們並未提出這樣的建議，而是在我們的面前畏縮。這樣看來，你們既不出來挑戰，那只好輪到我們來向你們挑戰了。我們爲什麼不能雙方各出同樣數目的軍隊來交戰呢？你們既然素稱是最勇敢的，則可以代表希臘人，而我們代表異邦軍⑲。如果其他的人也應當一戰的話，則他們可以在我們之後作戰；相反地，如果只是我們雙方作戰就夠了的話，那我們就把這個仗打個水落石出，哪一方面是勝，那他們也就算代表全軍獲勝了。」

49使者說了上面的一番話之後就等了一會兒，但是沒有任何人回答他，於是他就回來，把事情的經過告訴了瑪爾多紐斯。瑪爾多紐斯聽了大喜過望，竟因這似是而非有名無實的勝利得意起來，於是便派出他的騎兵去進攻希臘人了。騎兵向希臘人攻去，而由於他們是騎著馬的弓手並使對方不易迫近自己，因此他們在射箭和投槍時使希臘全軍遭到了不小的損害。他們還搗毀和堵塞作爲希臘全軍的水源的伽爾伽披亞泉。然而，也只有拉凱戴孟人實際上是駐紮在這個泉附近的，其他希臘人則適因個別駐地的不同而離泉較遠，不過他們卻和阿索波司河不遠的。但是由於他們從阿索波司河被切斷，他們就不得不到伽爾伽披亞泉去取水；他們是因騎兵和弓矢的緣故，而無法從河中汲水的。

50當這樣的事情發生時，希臘軍隊的將領看到他們的軍隊被切斷了水源又受到騎兵的困擾，便到右翼的帕烏撒尼亞斯那裏去，討論這些以及其他的事情。原來除去上面我提到的事情之外，還有其他的原因使他們煩惱不安。他們的軍糧吃完了，他們派到伯羅奔尼撒去從那裏運回糧食的僕從被騎兵切斷，不能回到自己的陣地了。

51因此，在商討後他們決定，如果波斯人在那一天還拖延發起進攻，他們就到島上去。這個島離他們

---

⑲波斯人這裏自稱異邦軍是有些不合理的。

當時布陣的阿索波司河與伽爾伽披亞泉有十斯塔迪昂的路程，就在普拉塔伊阿市的前面。陸地上所以出來一個島，這是因爲這河從奇泰隆流入平原的時候分成了兩支，而在這兩支隨後重新合流之前，它們中間是三斯塔迪昂的距離。這條河的名稱是歐埃洛耶，而當地人則稱它爲阿索波司的女兒。他們就是打算到那個地方去的，他們到那裏去爲的是可以得到充分的水使用，並且不像現在他們相對峙的時候這樣，受到騎兵的擾害。因此他們決定在夜間二更⑳的時候移動，爲的是不使波斯人看到他們的移動以及不使騎兵追擊他們和擾亂他們的隊伍。此外他們還決定，當他們到達發源於奇泰隆的、阿索波司河的女兒歐埃洛耶河的兩股河道所環抱的地方時，他們要在當夜裏把自己的一半軍隊派到奇泰隆去，救還他們派出去運軍糧的僕從；因爲這些僕從被切斷在奇泰隆而不能回到他們這裏來了。

52 在擬訂了這樣的一個方策之後，他們那一整天都在忍受著不斷向他們進攻的騎兵加到他們身上的無窮無盡的苦頭。但是當到天色黑下來而騎兵停止向他們侵擾的時候，在夜裏他們約定離開的那個時刻，他們的大部分人便起來開始撤退了，不過他們並不打算到他們約定的地方去；而在他們一開始移動的時候，他們就十分慶幸他們擺脫了對方的騎兵，逃往普拉塔伊阿市，躲到希拉的神殿去，這個神殿位於普拉塔伊阿市的前郊，離伽爾伽披亞泉二十斯塔迪昂。

53 他們到達那裏以後，便在神殿前面列陣。這樣，他們就駐紮在希拉神殿的四周了。但是帕烏撒尼亞斯看到他們離開營地，就下令拉凱戴孟人同樣也拿起他們的武器，跟在先行的其他人等的後面，以爲這些人正是向他們約定的地點去的。於是所有其他的隊長都準備服從帕烏撒尼亞斯的命令，而這時只有底塔涅

⑳根據貝爾的說法，大概是在九、十點鐘的時候。

軍團的將領，波里亞戴斯的兒子阿莫姆帕列托斯卻拒絕從異邦軍的面前逃開，也不願給斯巴達帶來恥辱；他看到這一切是感到奇怪的，因爲他並沒有參加不久之前所舉行的會議。帕烏撒尼亞斯和埃烏律阿那克斯看到阿莫姆帕列托斯不聽從他們的命令已經很不高興，而使他們越發不高興的事情卻是，他的拒絕服從命令使他們不得不放棄庇塔涅軍團；因爲他們害怕，一旦他們履行和其他希臘人的約定並把他放棄的話，阿莫姆帕列托斯和他麾下的人們是會留在後面送死的。由於考慮到這些情況，他們便使拉科尼亞的軍隊按兵不動並盡力說服阿莫姆帕列托斯，要他知道他這樣作是不對的。

54 於是，他們就向全體拉凱戴孟人與鐵該亞中間唯一留在後面的阿莫姆帕列托斯進行勸告。至於雅典人，則他們留在他們的原駐地不動，因爲他們知道得很清楚拉凱戴孟人的作風，則心裏打算作的和嘴裏說的是不一致的。但是當軍隊從他們的駐地移開的時候，他們派他們自己的一名騎兵去看一下斯巴達人是想開拔，還是他們根本不打算撤退，同時並向帕烏撒尼亞斯打聽，雅典人應當怎樣作。

55 當這個使者來到拉凱戴孟人的地方的時候，他看到他們還是在他們原來的地方列陣，而他們的首領們則正在進行激烈的爭辯。原來，雖然埃烏律阿那克斯和帕烏撒尼亞斯勸說阿莫姆帕列托斯，要他知道拉凱戴孟人不應當冒著危險單獨留下來，但是他們卻一點也不能說服他。而最後，當雅典的使者到他們這裏來的時候，他們竟公開爭吵起來了。而阿莫姆帕列托斯一面爭吵著，就用雙手搬起一塊石頭來放到帕烏撒尼亞斯的腳下，說他就用這塊石頭來投票反對從外國人，這裏也就是異邦人的面前逃開。帕烏撒尼亞斯罵他是個瘋子，罵他的神經錯亂。而在雅典的使者提出了他受命提出的問題之後，帕烏撒尼亞斯便命令把目前的情況告訴雅典人，並請雅典人和拉凱戴孟人一致行動，和他們同樣地撤退。

56 這樣，使者就回到雅典人那裏去了。但是這裏直到天亮，爭論仍在繼續著；帕烏撒尼亞斯在這期間一直留在原地按兵不動，但這時卻發出撤退的信號，把殘留下的軍隊全部順著小丘中間率領去了，鐵該亞人則跟在他們的後面。因爲他認爲，在其餘的拉凱戴孟人離開阿莫姆帕列托斯的時候，這個人是不會自己留在後面的。而事實也正是這樣。列成戰陣的雅典人循著與拉凱戴孟人不同的道路開拔了，拉凱戴孟人爲了躲避波斯騎兵，他們緊緊地靠著丘陵地帶和奇泰隆山的山麓，但相反的，雅典人卻下行向著平原上行走了。

57 原來阿莫姆帕列托斯在起初以爲帕烏撒尼亞斯決不會想到要把他和他的軍隊留在後面，因此他堅持他們留在原來的地方而不離開他們的駐地。但是當帕烏撒尼亞斯的軍隊自己先開走的時候，他就看到他們是眞想把他拋下了，於是他也便下令他的軍團拿起武器來，而他便率領著這些人一步一步地跟在其餘軍隊的後面。前面的軍隊在走了十斯塔迪昂遠之後，就在莫羅埃司河河畔一個叫作阿爾吉奧披昂的地方停了下來等待阿莫姆帕列托斯的部隊，在那裏立有一座埃列烏西斯的戴美特爾的神殿。他們等待他的理由是這樣：如果阿莫姆帕列托斯和他的軍團不離開他們原來的駐地而仍然留在那裏的話，他們可以回來支援這些人。而在阿莫姆帕列托斯的軍隊剛剛趕上他們的時候，異邦軍的騎兵便全軍向他們進攻了。騎兵的行動和他們一向習慣的行動一樣，他們看到希臘軍隊前些天列陣的地點空了下來，便一直拍馬前進，而在他們一趕上的時候，便對希臘人展開了進攻。

58 另一方面，當瑪爾多紐斯聽到希臘人乘著黑夜撤退並且在那裏看不到一個人的時候，他便把拉里撒的托拉克司和休的兄弟埃烏律披洛斯和特拉敍狄歐斯召了來，向他們說：「阿列烏阿斯的兒子們啊！你們看這個地方已經空了，現在你們還講什麼呢？你們是他們的鄰居，你們常說拉凱戴孟人決不迴避戰爭，他們又是最優秀的戰士，可是剛才你們就已經看到，正是他們改變了他們的部署，而現在你們和所有我們大家又都看到，他們在前一個夜裏逃跑了。在他們自己剛剛要和世界上確實是最英勇的人們較量一番的時候，他們便顯然地表明，他們這些一錢不值的人物，卻在同樣是一錢不值的希臘人當中獲得了聲名。既然你們對波斯人並不熟悉，因此你們雖然稱贊了你們多少還知道一些的拉凱戴孟人，我卻是願意寬恕你們的。不過更加使我感到奇怪的是阿爾塔巴佐斯的作法，他害怕拉凱戴孟人害怕到這樣的程度，結果他竟提供我一個卑怯的意見，要我們撤退到底比斯去受包圍。這個意見我還沒有向國王報告，關於這件事，也不準備在這裏討論。不過目前，我們不能容忍我們的敵人願意怎樣作就怎樣作；我們必須追擊，直到趕上他們並且要他們對他們在波斯人身上作出的一切傷害付出賠償。」

59 這樣說了之後，他便盡快地率領著波斯軍隊渡過阿索波司河去追擊希臘人，他們以爲希臘人逃跑了。他追擊的目標只是拉凱戴孟人和鐵該亞人的軍隊。因爲雅典人從另一條路經過丘陵地帶開向平原，波斯人已經看不到他們了。異邦軍其他部隊將領看到波斯人出發追擊希臘人，他們便立刻同樣地舉起了各自的軍旗盡快地開始追擊，但這些部隊在出發追擊之際，既不曾整頓隊伍的秩序，也不曾按照原來的部署。這樣，他們就亂成一團地並高聲呼嘯著開始了攻擊，好像他們追上之後，就可以把希臘人一網打盡似的。

60 但是帕烏撒尼亞斯看到異邦軍的騎兵向他進攻的時候，便派遣一名騎兵到雅典人那裏去，向他們說：「雅典人啊，在希臘必須決定是得到自由，還是被奴役這樣一個重大關頭的面前，我們拉凱戴孟人和你們雅典人因聯盟者昨夜的逃脫而被出賣了。因此現在我決定了下面我們必須立刻作的事情。我們必須盡最大的努力奮戰以相互保護。如果騎兵首先攻擊你們，則我們和跟我們在一起的、忠於希臘的鐵該亞人便要支援你們，但是按目前的情況，既然敵軍進攻的全部力量是針對著我們，那麼你們就應當來幫助我們受最大壓力的那一部分軍隊。可是，如果可能發生了什麼事情而你們不可能前來支援我們，那麼就請爲我們

作一件好事，把弓手派來罷。我們深信你們會答應我們的請求，因爲我們知道，在當前的戰爭中你們是遠比所有其他的人們要熱心的。」

61 當雅典人聽到這話的時候，他們就準備去支援拉凱戴孟人並盡全力來保衛他們。但是當他們已經開拔的時候，他們卻碰到了布置在他們對面的、站到國王那一面去的希臘人；現在他們受到逼臨到他們跟前的敵人的攻擊，這樣他們就不能支援別人去了。結果拉凱戴孟人和鐵該亞人便孤立無援了。拉凱戴孟人的重武裝兵和輕武裝兵到一起是五千人，（而和拉凱戴孟人一次也沒有分開過的）鐵該亞人的重武裝兵和輕武裝兵加到一起是三千人；他們奉獻牲牲以卜吉凶，因爲他們就要和瑪爾多紐斯以及他麾下的軍隊交鋒了。但他們他用犧牲占卜的結果並沒有吉兆，而這時他們又有許多人陣亡，受傷的更多得多，因爲波斯人用他們的藤盾連成了一道壁壘，並且射出了像雨點一樣多的箭。帕烏撒尼亞斯看到自己受到極大的壓力而犧牲的占卜又對自己不利，他便仰望普拉塔伊阿的希拉神殿，呼叫女神的名字，請求無論如何也不要使他們對自己的希望失去信心。

62 當他還在祈求的時候，鐵該亞人卻一馬當先地衝了出來，向異邦軍進行反擊了；而在帕烏撒尼亞斯的祈禱之後，犧牲的占卜立刻對拉凱戴孟人顯示了吉兆。既然終於得到了這樣的吉兆，他們便也向波斯人發起了進攻。而波斯人也便拋掉自己的弓前來迎戰了。起初，他們是在藤盾的壁壘的附近作戰，而這一道壁壘被衝倒以後，戰鬥現在戴美特爾神殿本身的附近變得激烈起來並持續了長久的時候，直到最後，這場戰鬥竟形成了肉搏戰；原來異邦軍抓住了對方的長槍，並把它們折斷了。波斯人論勇氣和力量都是不差的，但是他們沒有防護的武裝，此外他們的訓練不夠，論戰鬥的技術到底也比不上他們的對手；他們總是單身地，十個一羣或者是更多或更少的人一羣地衝出來，殺到斯巴達人中間去，結果就都死在那裏了。

63瑪爾多紐斯本人騎著一匹白馬，在身邊率領著最精銳的一千名波斯軍士兵作戰的地方，也正是他們對敵人施加最大壓力的地方。只要是瑪爾多紐斯活著，波斯軍便守住了自己的陣地並保衛著自己，而把許多拉凱戴孟人殺死。但是當瑪爾多紐斯陣亡，而他的衛隊，也就是軍隊中最強的那一部分也都戰死的時候，其他的士兵便也逃退並在拉凱戴孟人的面前屈服了。原來使他們受到損害的主要原因是他們身上缺乏衛護的武裝，而他們這樣的輕武裝兵（幾乎等於毫無護身之具），卻要和重武裝兵作戰。

64在這一天裏，斯巴達人正像神託所預言的，在瑪爾多紐斯身上充分地湔雪了他當日殺死列歐尼達司的仇恨，而我們所知道的最輝煌的一次勝利，就是阿那克桑德里戴斯的兒子克列歐姆布洛托斯的兒子帕烏撒尼亞斯所贏得的。帕烏撒尼亞斯的其他的祖先，我在列歐尼達司的世系中已經說過了，因爲他們兩人的祖先是共通的。至於瑪爾多紐斯本人，則他是給斯巴達的一位知名之士阿埃姆涅司托斯殺死的；這個人在波斯戰役之後一些時候，曾率領著三百名戰士在司鐵尼克列洛斯對美塞尼亞的全軍作戰，結果他和那三百個人都戰死在那裏了。

65在普拉塔伊阿這裏，被拉凱戴孟人擊敗的波斯人在混亂中逃往自己的營地，躲入他們在底比斯領土上修築的木造壁壘。這裏有一件使我覺得奇怪的事情，即雖然在戴美特爾聖林附近展開了激戰，可是沒有一個波斯人戰死在聖域裏面，或者曾入聖域；他們大部分都是在神殿附近的聖域外面戰死的。而依照我個人的判斷，如果對上天的意旨加以判斷不算是罪過的話，則這不外是女神不許他們走進去，因爲他們曾經燒掉埃列烏西斯地方的奉祀女神的神殿。

66因此，這一戰爭就到上述的地方告一段落了。但是怕爾那凱斯的兒子阿爾塔巴佐斯是從一開頭就不喜歡國王把瑪爾多紐斯留下，不過那時儘管他力主不發動戰爭，卻又不能有任何效果。因此，他既不贊同瑪爾多紐斯的所作所爲，他自己便作了下面我所說的事情。（他身邊有不小的一支軍隊，這支軍隊多達四萬人），在希臘人和波斯人的戰爭一開始的時候，他便知道得很淸楚這一戰爭會有怎樣的結果，於是他向他們發出命令要他們全體隨他率領到任何地方去，而不拘怎樣快，他們也都得以一致的步伐跟隨著他。而在他發出了這個命令之後，他便裝成是率領著他們去作戰的樣子。可是他走著走著的時候，他看到波斯人已經在逃跑了，於是他便不再按著原來的隊形率兵前進，卻抬起腿來盡快地逃跑，不過不是向著木造的壁壘，也不是向著底比斯的城壁，而是向著波奇司去跑去，他這樣作爲的是他可以最快地從那裏逃到海列斯彭特。

67 這樣，阿爾塔巴佐斯和他的士兵就循著這個方向前進了。另一方面，站到國王一方面的所有其他的希臘人卻是故意不好好作戰的。例外的只有貝奧提亞人；他們和雅典人戰鬥了很長的一個時候。原來站到波斯人一方面的那些底比斯人在戰鬥中是相當賣氣力的，而且也無意於在戰鬥中故作鬆懈，結果他們當中有三百名最優秀的一流人士在那裏死在雅典人的手裏了。然而貝奧提亞人也終於潰退下來了，不過他們不是循著波斯人逃跑的道路，而是逃到底比斯去的。至於同盟軍的其他全體人等，他們根本沒有堅持頑強地作戰，也不曾立下任何勛功，就此逃掉了。

68 在我看來，顯而易見的是：異邦軍的全部命運是完全視波斯人爲轉移的，因爲其他的人們看見波斯人逃跑了，故而在他們甚至還沒有和敵人交鋒，便立刻也逃跑了。因此，除去貝奧提亞的以及另外的一部分波斯騎兵，他們都逃跑了；這些騎兵是這樣地幫助了逃跑的人們，原來他們爲保護自己一方面的人而一直在迫近敵軍，這樣他們就截斷了希臘人，而使希臘人不能追擊逃跑中的友軍。勝利者就這樣跟在克謝爾克謝斯的士兵的後面進行了追擊和殺戮。

69 正當人們逃跑得正歡的時候，在希拉神殿四周列陣並且沒有參加戰鬥的其他希臘人接到消息說，戰鬥已經發生，而帕烏撒尼亞斯和他麾下的士兵取得了勝利。他們聽到這個消息以後，便亂著隊形出發了；科林斯人及其一派沿著山麓和丘陵地帶，循著上行路一直到戴美特爾神殿去，美伽拉人、普里歐斯人及其一派則循著平原上最平坦的道路前進。但是當美伽拉人和普里歐斯人走近敵人的時候，提曼多洛斯的兒子阿索波多洛斯率領下的底比斯騎兵部隊看到他們匆忙和混亂地走過來，便向他們發起攻擊。這次進攻的結果是，騎兵把他們中間的六百人殺死，追擊其餘的人們並把他們一直趕到奇泰隆山裏去。

70 這些人便這樣非常不光彩地死掉了。但是當波斯人和剩下的大羣人們逃到木造壁壘裏面去的時候，他們就趁著拉凱戴孟人還未到來，設法攀登到塔樓上去；到上面之後，他們便盡一切的努力來使這個壁壘加固，而在拉凱戴孟人來到這裏的時候，便展開了一場爭奪城壁的頑強激烈的戰鬥。原來只要是雅典人還沒有到那裏，異邦軍就可以保衛他們自己並且對拉凱戴孟人占著很大的優勢，因為拉凱戴孟人是不善於攻城戰的。但是當雅典人到來的時候，爭奪城壁的戰爭就激烈起來並持續了很長的一個時候。但終於由於雅典人的勇敢和堅持不屈，他們攀登了城壁並在上面打開了一個缺口，而希臘軍隊就從這個缺口湧進去了。首先衝進去是鐵該亞人，劫掠了瑪爾多紐斯的帳篷的就是他們；他們除了從帳篷中取得其他的物品以外，還得到瑪爾多紐斯的馬匹的一個秣槽，這個秣槽完全是青銅製成，而且是很值得一看的。鐵該亞人就把瑪爾多紐斯的這個秣槽奉獻給阿列亞．雅典娜的神殿，而他們的擄獲的所有其他的物品，他們便和其他希臘人那樣地，交到全軍公有的擄獲物中去了。至於異邦軍這一方面，城壁剛一陷落，他們的陣勢就亂了，他們中間沒有一個人想進行抵抗；成萬已經給嚇得半死的人們給壓迫到一個狹小的地方去任人宰割，這結果給希臘人造成了這樣一個盡情殺戮的機會，三十萬人的一支大軍，除去和阿爾塔巴佐斯一起逃跑的四萬人之外，只不過有三千人活下來罷了。在這一方面，則斯巴達出身的拉凱戴孟人在戰鬥中死亡的一共是九十一個人，鐵該亞人是十六個人，雅典人是五十二人。

71 在異邦軍當中，最善戰的是波斯人的步兵和撒卡依人的騎兵，而就人而論，據說最勇敢的就要算是瑪爾多紐斯了。在希臘人當中，鐵該亞人和雅典人都是十分能征善戰的好漢，但是就勇武而論，拉凱戴孟人在他們所有的人當中卻是最突出的人。（由於他們所有的人都曾打敗他們所面臨的敵人），因此我只能從這樣的一點來證明我的看法，即拉凱戴孟人所對付的是敵人最精銳的部分並且戰勝了他們。依據我個人的判斷，斷乎超乎衆人之上的勇士是那在三百人當中唯一從鐵爾摩披萊安全返回並因此受到責難和侮辱的阿里司托戴莫斯，次於他的、最勇敢的勇士則是波西多紐斯、披洛庫昂和斯巴達人阿莫姆帕列托斯。不過，如果大家談論時問起他們當中誰最勇敢的話，則在座的斯巴達人就會認爲，阿里司托戴莫斯由於自己受到責難，顯然他寧願一死，因此他離開了他在隊伍中的崗位而拚命向前廝殺，這樣他在實際上就成就了偉大的功業，可是不想去死的波西多紐斯卻表現出自己是一個勇敢的人物，因此就這一點來說，他就比阿里司托戴莫斯還要勇敢了。他們可能只是出於嫉妒才這樣講的。但是上面所列舉的、在這次戰鬥中陣亡的人們，除去阿里司托戴莫斯以外，全都受到了光榮的表揚。阿里司托戴莫斯由於在受到上述的責難時竟想尋死，所以他沒有得到任何光榮的表揚。

72 以上就是參加普拉塔伊阿戰役的人們當中，得到最大聲名的人。但是在參加軍隊的時候，不單在拉凱戴孟人當中，而且在其他希臘人中間，都是當時全希臘最漂亮的人物的卡利克拉鐵斯並沒有算在這些人中間，因爲他是在戰場之外死去的。原來正當帕烏撒尼亞斯奉獻犧牲的時候，卡利克拉鐵斯在他自己坐的地方，在身體的脅部中箭負了傷；而當他的同伴們作戰的時候，他被帶出了戰場，但是他在死的時候卻是不能瞑目的，他向普拉塔伊阿人阿里姆涅司托斯說，為希臘而死，這件事對他來說是沒有什麼遺憾的，但使他痛苦的卻勿寧是，儘管他滿心想這樣作，他卻絲毫沒有施展出自己的本領，也沒有成就任何和自己相稱的功業。

73在雅典人當中，取得了令譽的是戴凱列阿市區出身的一個人物，埃烏圖奇戴斯的兒子梭帕涅斯。正如雅典人自己所說的，戴凱列阿人曾作過一件在任何時候都有益處的事情。原來在往昔，當著圖恩達里達伊族為了奪回海倫率領一支大軍攻入阿提卡，並由於他們不曉得海倫被藏在何處而把各個市區蹂躪得一蹋糊塗的時候，於是據說戴凱列阿人，而有些人則說戴凱洛斯本人，因為對鐵謝歐斯的傲慢感到惱怒並且又為全部阿提卡的領土擔心害怕，因而便把全部情況告訴圖恩達里達伊族，並且把他們引到阿披德納伊去，而當地的土著提塔科斯就把這個地方賣給圖恩達里達伊一族了。由於他們作了這樣一件事情，戴凱列阿人從過去到現在在斯巴達都免繳一切花銷並在祭典中保有頭等的座位，而且甚至在這件事發生之後許多年，雅典人和伯羅奔尼撒人之間有了戰事的時候，拉凱戴孟人雖然蹂躪了阿提卡的其他地方，對戴凱列阿卻一動也沒有動。

74梭帕涅斯便是這一市邑出身的人物，現在他是雅典人在戰鬥中表現得最英勇的人物。關於這個人，有兩個傳說。根據第一個傳說，則他把一只鐵錨用一條青銅的鎖鍊緊繫在他的鎧甲的帶子上；而每在他向前進攻逼近敵人的時候，他便把這把個鐵錨抛出去，為的是使敵人在離開他們的隊伍進攻時無法使他離開他的位置；而當敵人被擊潰的時候，他的辦法就是拉起鐵錨來追擊他們。這就是第一個傳說。但是第二個傳說和第一個傳說的說法不同，第二個傳說說他並沒有鐵錨繫在他的鎧甲上，繫在他的鎧甲上面的是他那一直旋轉著而從不停止的盾牌，只是在盾牌上有一個錨形紋章罷了。

75 梭帕涅斯還成就了另一件輝煌的勛業。正當雅典人圍攻埃吉納的時候，他向五項運動的優勝者、阿爾哥斯人埃烏律巴鐵斯挑戰並將之殺死。但是在這之後一些時候，這樣英勇的梭帕涅斯也死掉了；在他偕同格勞空的兒子列阿格羅斯一同率領雅典人去爲金礦而作戰的時候，他在達托司地方給埃多涅斯人殺死了。

76 希臘人在普拉塔伊阿地方殺死了異邦軍之後，立刻就有一個婦女從敵人那邊自願地投到他們這裏來；這個婦女是波斯人鐵阿司披斯的兒子帕蘭達鐵斯的妾。聽說波斯人被擊潰而希臘人獲得了勝利，她便和她的侍女們戴上許多黃金的裝飾，又把她所有的最漂亮的衣服穿上，這樣下了她的馬車就向還在進行殺戮的拉凱戴孟人的地方走來了。她看到帕烏撒尼亞斯正在那裏指揮一切，又由於她先前常常聽到而熟悉他的名字和籍貫，因此她知道這個人就是帕烏撒尼亞斯，於是她抱住了他的膝頭，這樣地懇求他說：「斯巴達國王啊！把我作爲請求庇護的人從俘虜的奴役中拯救出來罷。因爲你既然殺死了那裏的不崇敬神或英雄的人們，因而到目前爲止你便已經作出使我感恩不盡的事情了。我是科斯人，是安塔戈拉斯的兒子海該托里戴斯的女兒，波斯人在科斯對我強行無理並把我奪去囚禁在自己的身邊。」帕烏撒尼亞斯回答她說：「放心罷，這位婦人，一則因爲你是向我請求庇護的人，再說，如果按你所說，你眞是科斯人海該托里戴斯的女兒的話，那他又是那裏人們中間，我最親密的友人了。」他說了這話之後，他暫時便把她交付給正在場的五長官來照顧，隨後就依照她本人的願望，把她送到埃吉納去了。

77 在這個婦女來到之後，立刻曼提涅亞人就來了；不過在他們到來的時候，一切事都已經過去了。當曼提涅亞人知道他們前來參戰已經太遲的時候，就感到非常遺憾並說他們應爲此而受到懲罰。當他們知道阿爾塔巴佐斯已率領著美地亞人逃走的時候，他們便想一直把美地亞人追到帖撒利亞；但是拉凱戴孟人卻不要他們去追趕那些逃跑的人們。曼提涅亞人回到他們自己的國土之後，便把他們軍隊的一些將領從國內放逐出去了。繼曼提涅亞人之後而來的，是埃里司人，他們和曼提涅亞人同樣十分遺憾地離開了，而且離開之後，同樣地放逐了他們的將領。上面就是曼提涅亞人和埃里司人所作的事情。

78 在普拉塔伊阿地方埃吉納人的軍隊裏面，有一個埃吉納的首要人物，披鐵阿斯的兒子蘭彭；爲了向帕烏撒尼亞斯提出一個最不公正的建議，他趕到帕烏撒尼亞斯那裏去，對他說：「克列歐姆布洛托斯的兒子啊！你成就了一件極其偉大和光榮的事業；託上天之福，你挽救了希臘，因此在全希臘人當中，你獲得了比我們所知道的任何人的聲名都要大的聲名。但是你必須把你沒有作完的事情作完，這樣你就不僅要獲得更大的聲名而且今後就再也不會有一個異邦人膽敢無故地把暴行加到希臘人的頭上了。當列歐尼達司在鐵爾摩披萊被殺死的時候，瑪爾多紐斯和克謝爾克謝斯曾把他的頭給割下來，插到一根竿子上；這樣如果你給他們以同樣的回報，你就會獲得全體斯巴達人和此外的其他希臘人的贊賞。因爲如果你照樣處置瑪爾多紐斯，你也就是給你父親的兄弟列歐尼達司報仇了。」他講這番話，原是打算討帕烏撒尼亞斯的歡心的。

79 但是帕烏撒尼亞斯卻回答他說：「埃吉納的朋友啊，我感謝你的好意和事前的考慮，不過你的這種意見卻是不正當的；因爲在開頭的時候，你大大地贊揚我，贊揚我的祖國和我的功業，可是隨後你卻勸告我要我凌辱死者並說我如果這樣作，便可得到更多的讚揚，這樣一來你就是把我搞倒在地上，變得一錢不值了。這樣的事情，與其說適合於希臘人，勿寧說是更適合於異邦人。而且這樣的事甚至在異邦人作出來時，在我們來看都是應當受到責難的。從我個人來說，在這件事情上，我是寧可不討埃吉納人的歡喜，寧可不討其他喜歡這種作法的人們的歡喜的。如果斯巴達人因我的正當行動和正當言語而感到歡喜，那對我

來說已經滿足了。至於你勸我爲之報仇的列歐尼達司，則我認爲我已充分地爲他報仇了；你看到的這些無數死去的人已經足以安慰他和死在鐵爾摩披萊的那些人的在天之靈了。但是我卻要警告你，今後不要再來向我提起這樣的話，也不要向我提起這樣的建議；我也不懲辦你而把你放走，你是應當感謝我的。」

80 聽了這一番答話之後，蘭彭就離開了。於是帕烏撒尼亞斯就布告說，誰也不能觸動擄獲品，並且命令希勞特把所有的東西集中到一起。於是他們便分散到營地的四面八方去，在那裏找到了飾以金銀的帳篷，鍍金鏤銀的床榻，黃金的混酒鉢、杯盞以及其他飲具；在車上他們找到了一些袋子，他們在袋子裏又找到了金銀的鍋釜。他們從那裏的死人身上剝下了黃金腕甲、頸甲和短劍，卻絲毫不去理會死人身上的五顏六色的衣裳。希勞特們偷了許多東西，把它們賣給埃吉納人；但是也有許多東西他們自己藏不下，所以便獻了出來。這樣，埃吉納人竟給自己奠定了大批財富的基礎，因爲他們從希勞特那裏，像購買青銅一樣地，購買了黃金。

81 把這些財寶收集到一起之後，他們便把其中的十分之一分出來，獻給戴爾波伊的神；他們用這些東西作了一座三腳架來奉獻，它放置在祭壇近旁的那個青銅的三頭蛇上面；他們又把十分之一分出來獻給奧林匹亞的神，他們用這部分的財富製作了一個十佩巨斯高的青銅宙斯神像來奉獻；另外的十分之一他們獻給科林斯地峽的神，他們用這些東西製作一個七佩巨斯高的波賽東青銅像。把以上的東西抽出去之後，他們便把剩下來的東西分配了，每個人按其所應得分得了波斯人的妾、金銀以及其他物品，還有馱畜。然而，對於在普拉塔伊阿作戰最出力的人們，留出了多少東西分給他們，沒有人說得出了；但是我認爲他們也是得到了獎賞的。說到帕烏撒尼亞斯，則每種東西，婦女、馬匹、塔蘭特（指金塊——譯者）、駱駝以及同樣所有其他的物品，都各留出十種來送給他。

82這件事還有另外的一種說法。克謝爾克謝斯在他從希臘逃走的時候曾把隨身的一切都留給了瑪爾多紐斯，而帕烏撒尼亞斯看到瑪爾多紐斯的那備有金銀器皿和飾以多彩的花氈的帳篷，便命令烤麵包的人和廚師按照通常侍候瑪爾多紐斯那樣地準備晚筵。他們按照帕烏撒尼亞斯的吩咐作了；而當帕烏撒尼亞斯看到上面鋪著豪華織物的金銀床榻和金銀的桌子以及上面所陳列的極其豪奢的筵席的時候，對於他眼前的這些豪華的陳設他大爲吃驚，於是他便開玩地命令他的從僕準備了一頓拉科尼亞式的晚飯。當這頓飯準備好，而且和前面的一種有天淵之別時，帕烏撒尼亞斯竟笑了起來，於是吩咐人們把希臘的將領們召集了來。在他們集合起來之後，帕烏撒尼亞斯便指著每一種方式的晚飯，向他們說：「希臘人啊，我把你們召集到這裏來，爲的是想要你們看一看美地亞人的領袖的愚蠢；一個每天吃著你們看到的這樣的飯食的人，卻跑到我們這裏來想奪取我們這樣可憐的飯食。」據說這就是帕烏撒尼亞斯對希臘將領們所講的話。

83但是在這之後相當長的一個時期，許多普拉塔伊阿人也找到了滿裝著金銀和其他物品的箱子。更在這之後，在這些死者中間又發現了這樣的事情；原來他們的屍體只有骨頭沒有肉了（普拉塔伊阿人把他們的骨頭集中到一個地方去了）。有一塊頭蓋骨是一塊整的骨頭，上面沒有任何裂縫；在那裏還發現了一塊顎骨，它的上顎骨的包括門齒和臼齒在內的牙齒都是由一塊骨頭長成的；還有一個身量有五佩巨斯高的人的骨骼。

84至於瑪爾多紐斯的屍體，則在戰後的第二天就被運走了；我不能確說這是誰幹的事情。但是過去我實際聽到過各個國家的許多人都埋葬過瑪爾多紐斯，又聽說有許多人因爲這樣作而受到瑪爾多紐斯的兒子阿爾通鐵斯的豐富酬謝，但是這些人裏是誰偷偷地運走了瑪爾多紐斯的屍體並把他埋葬起來，我卻不能確說了。雖然，有的人說，是以弗所人狄歐梭帕涅斯把瑪爾多紐斯埋葬了的。

85 關於瑪爾多紐斯的埋葬的情況就是這樣。在希臘人這一方面，當他們在普拉塔伊阿把擄獲品分配完了之後，就各自按國家的不同把自己的人分別埋葬了。拉凱戴孟人修造了三座墳塋；在這裏他們埋葬了他們的伊倫㉑，其中有波西多紐斯、阿莫姆帕列托斯、披洛庫昂、卡利格拉鐵斯。因此，這些伊倫葬在一個墳塋裏，其他斯巴達人葬在第二個墳塋裏，希勞特則葬在第三個墳塋裏。拉凱戴孟人就是這樣地埋葬了他們的死者的。鐵該亞人把他們自己的人都埋葬在另外的一個地方，雅典人也同樣把他們自己的人埋葬在一處。美伽拉人和普里歐斯人同樣地處置了那些被騎兵殺死的人們。在這些民族的一切墳塋裏滿滿的都是屍體。至於在普拉塔伊阿地方也有墳塋的其他城邦的人們，則我聽說他們的墳塋不過是空墳罷了，他們修起這樣的空墳原是爲了給後代的人們看的，因爲他們對於不曾參加戰鬥這件事，是引以爲恥的。例如，在那裏有一座稱是埃吉納人的墳墓，不過我聽說，這乃是在這事十年以後，埃吉納人的異邦人保護官、普拉塔伊阿人奧托迪科斯的兒子克列阿戴斯依照埃吉納人的希望修造起來的。

86 當希臘人在普拉塔伊阿把他們的死者收葬完畢的時候，他們便會商議決，他們要向底比斯進軍，要求站到美地亞一方面去的人們投降，特別是對於出身名門，又是名門中的魁首人物的提瑪蓋尼戴斯和阿塔吉諾斯二人。他們並且決定，如果底比斯人不向他們投降的話，則他們除非是把城市攻下來，否則決不撤退。在這樣決定了以後，他們便在戰後的第十一天，抱著這個目的來到底比斯並把底比斯人給包圍起來，要求把這些人給交出來；底比斯人拒絕引渡他們所要求的人，於是希臘人就蹂躪了底比斯人的國土並進攻他們的城壁。

㉑二十歲到三十歲的斯巴達青年。

87看到希臘人不肯停止蹂躪底比斯人的行動，提瑪蓋尼戴斯就在到了第二十天的時候向底比斯人這樣說：「底比斯人啊，既然你們看到，希臘人下了決心在不攻克底比斯或我們不給引渡過去的時候不停止圍攻，那麼就不要使貝奧提亞的土地爲我們的緣故而遭受更多的痛苦了。因此，如果他們所希望的只是金錢，而他們要求引渡我們只是一個藉口（因爲我們站到美地亞的一方面乃是舉國一致的意思，而不只是我們獨自決定的），那我們可以從國庫拿出錢來送給他們；如果他們這次來圍城不爲了別的，而只是爲了要引渡我們，那我們甘願挺身出來對他們進行抗辯。」他的這番話是說得非常得體並且是合乎時宜的，於是底比斯人便立刻派一名使者到帕烏撒尼亞斯那裏去，表示願意把他們要的人交出來。

88他們便以這樣的一些條件達成了協議。但是阿塔吉諾斯從城中逃走了；他的兒子被促住，不過帕烏撒尼亞斯說他的兒子和投靠美地亞方面的這種罪行毫無關係，而把他們赦免了。至於底比斯人所交出的其他人等，他們都以爲他們會得到抗辯的機會，還相信他們可以用金錢來買脫自己；可是帕烏撒尼亞斯也正是擔心他們會作出這樣的事情來，因此在他把這些人弄到手以後，他便把全部同盟軍遣散，又把這些人帶到哥林斯，在那裏把他們處死了。

以上就是在普拉塔伊阿和比斯所發生的事情。

89再說帕爾那凱斯的兒子阿爾塔巴佐斯現在已經從普拉塔伊阿逃出了很遠的一段路程。當他逃到帖撒利亞人那裏去的時候，帖撒利亞人給他殷勤的招待，他們向他問起其餘軍隊的事情，因爲他們絲毫也不知道在普拉塔伊阿所發生的事情。但是阿爾塔巴佐斯曉得，如果他談出了戰鬥的全部眞實情況，他和他手下的人們便會有生命的危險（因爲他相信，如果他們知道了事情的全部經過，每個人都會向他進攻的）。考慮到這樣的情況，因此他對波奇司人什麼也沒有講，但是卻對帖撒利亞人說了這樣的話：「帖撒利亞人啊，你們可以看到，由於一件公務，我和這些人從我們的軍隊給派了出來，現在我自己正在十萬火急地和拚命地率領著軍隊向色雷斯趕路。你們不久就可以看到瑪爾多紐斯和他的大軍，他們就緊跟在我的後面。你們應當厚待他並且應當對他表示一切的善意；因爲如果你們這樣作，你們以後才不致爲這件事後悔。」這樣說了之後，他便火急地率領著他的軍隊通過帖撒利亞和馬其頓一直到色雷斯去了，他實際上是一點也不敢耽擱的，而他所走的道路也是通過內地的最短的一條路。這樣他就來到了拜占廷，不過他的軍隊中的許多士兵卻給留在後面了，這些士兵或是由於在途中給色雷斯人殺死，或是由於無法克服飢餓與疲勞。到了拜占廷之後，他就乘船渡過去了。

90 阿爾塔巴佐斯便這樣地回到了亞細亞。在這方面，恰巧在波斯人在普拉塔伊阿遭到慘敗的那一天，他們在伊奧尼亞的米卡列地方遭到了同樣的命運。原來，和拉凱戴孟人列烏杜奇戴斯一同乘船前來的那些希臘人當時正駐屯在狄羅斯，而從薩摩司有一些使者在他們這裏來，他們就是特拉敍克列斯的兒子蘭彭、阿爾凱司特拉提戴斯的兒子阿鐵那哥拉斯和阿里司塔哥拉斯的兒子海該西斯特拉托司。薩摩司人是背著波斯人和波斯人所立的薩摩司僭主、僭主安多羅達瑪司的兒子提奧美司托爾把這些人派到希臘人這裏來的。當他們來到將領們這裏的時候，海該西斯特拉托司便熱情地向他們陳述了許許多多的理由，他說伊奧尼亞人單是看到他們就會背叛了波斯人的；而異邦人是不能和他們對抗的。或者，縱然異邦人抵抗他們，這卻正是希臘人取得擄獲物的千載難逢的好機會。他以他們共同崇奉的諸神的名義請求他們把希臘人從奴役之下解放出來並把異邦人驅逐出去。他說這對他們來說，乃是一件輕而易舉的事情，因爲波斯的船隻的航行技術很差，因而是不能和希臘人的船隻相抗衡的，而如果希臘人對他們三人之來有任何懷疑，以爲他們會出什麼壞主意來引誘希臘人，則他們說他們願意交出一些人質送到希臘人的船上來。

91既然從薩摩司來的這位外國人請求得這樣懇切，於是列烏杜奇戴斯，或是由於他想取得一個朕兆，或是上天偶然有意要他這樣作，便問他說：「薩摩司的外國人，你叫什麼名字？」對方回答他說：「海該西斯特拉托司㉒。」於是列烏杜奇戴斯便打斷了對方海該西斯特拉托司本來要開始說的其他的話，喊道：「薩摩司的外國人啊，海該西斯特拉托司的這個名字是個好朕兆，我答應這事；現在只希望你注意到這樣一點，即在你乘船離開這裏之前，你和與你在一起的這些人要發誓保證薩摩司人將要是我們的熱誠的同盟者。」

92以上便是他所說的話，跟著就作出了實際的行動。原來薩摩司人立刻便立下了忠誠的誓約和希臘人締結聯盟了。這樣作了之後，其餘的人都乘船走了，但是列烏杜奇戴斯卻命令海該西斯特拉托司和希臘人一同乘船，爲的是取他的名字的吉利。希臘人在那裏等候了一整天，而在第二天占卜時又取得了吉兆；爲他們占卜的人是埃維尼歐斯的兒子戴伊波諾斯，他是伊奧尼亞灣的阿波羅尼亞的人。這個人的父親埃維尼歐斯曾作出了下面我所說的事情。

93在上述的阿波羅尼亞地方，有一羣羊被視爲太陽神的聖物。在白天的時候，這羣羊就牧放在一條河的河畔，這條河發源於拉克蒙山，流過阿波羅尼亞的土地而在歐里科司港的地方入海。在夜裏，則當地最富有、最貴顯的人們被選拔出來看守它們，每個人擔任一年。原來阿波羅尼亞的人們由於一次神託的指示，他們是十分重視這羣聖羊的。這羣羊是豢養在離開都市相當遠的一個洞窟裏。而在我所提到的那個時候，是埃維尼歐斯被選拔出來擔任看羊的人。可是在一個夜裏他睡著了，狼跑過了他的防哨而進入了洞

㉒原文的意思是將軍。

窟，弄死了大約六十隻羊。當埃維尼歐斯知道了這一情況的時候，他並不慌張，也不把這事告訴任何人，他是想買另一些羊來補償這一損失。然而這件事終是瞞不過阿波羅尼亞人的。而當他們知道了這件事的時候，他們便把他召到法庭上來進行審訊，並由於他在看守時睡眠而判了使他失明的處分。這樣，他們便把埃維尼歐斯的眼弄瞎了。可是從他們這樣作了以後，他們的羊羣不產羔了，土地也不像先前那樣生產穀物了。而當他們向宣託者請示他們目前所遭受的災難的原因可能是什麼的時候，在多鐸那和戴爾波伊都有神的訓示給他們：宣託者傳達諸神的意旨說，他們不公道地弄瞎了聖羊的看守人埃維尼歐斯的眼睛；諸神說，是諸神自己把那些狼派了來的，而在他們為了他們對埃維尼歐斯的所作所為而對他作出他自己選擇和同意的補償之前，諸神是不會停止為他報仇的。而在他們作出充分的補償的時候，諸神就會賜給埃維尼歐斯一種使許多人都會認為他是幸福的禮物。

94 以上便是傳達給阿波羅尼亞的人們的神託。但他們卻將這一神託隱秘起來並委託他們的一些市民來處理這件事；他們對這件事是這樣處理的。他們來到埃維尼歐斯坐的地方和他坐在一處，和他談論各種各樣題外的話，直到最後他們才表示了對他的不幸遭遇的同情；而在巧妙地把話頭引到這上面以後，他們就問他，如果阿波羅尼亞人答應為他們所作的事而補償他的話，他要選擇怎樣的補償。對神託一無所知的埃維尼歐斯說，他願意得到他認為在阿波羅尼亞是最好的兩塊采地、他列舉了擁有它們的市民的名字，此外他還願意得到市內最美好的一所住宅；他說他得到這些東西之後，他就會消除了他的怨恨並且滿足於這種方式的補償。而坐在他身旁的人們，不等他再講話便立刻接過來說：「埃維尼歐斯，阿波羅尼亞人遵照著神託的指示，就給你這樣的一些東西來彌補你的失明罷。」他聽了這話時十分惱怒，因為他這時明白了全部眞相並且看到他們已欺騙了他，但是阿波羅尼亞人把他所選定的東西從所有主那裏買了下來送給了他，

而從那一天起，他便有了天賜的預言能力，從而贏得了聲名。

95 這個埃維尼歐斯的兒子戴伊波諾斯是隨著哥林斯人並且是爲哥林斯的軍隊進行占卜的。但是在這之前我就聽說，戴伊波諾斯並不是埃維尼歐斯的兒子，他只是冒充這個名義，在希臘的各個地方靠占卜混飯吃而已。

96 在占卜時得到吉兆之後，希臘人便從狄羅斯乘船出海到薩摩司去了。當他們來到薩摩司領土上的卡拉米撒附近時，他們就在那裏的希拉神殿近旁投錨，準備進行海戰。波斯人知道他們過來了，便也乘著所有餘下的船出海向大陸進發，只有腓尼基的船給他們打發回去了。他們商議決定，他們不在海上作戰，因爲他們認爲自己敵不過對方；而他們向大陸進發的理由則是他們可以得到他們那駐在米卡列的陸軍掩護。這部分的陸軍是克謝爾克謝斯下令留在其他軍隊的後面守衛伊奥尼亞的；這支軍隊一共有六萬人，他們的將領是波斯人當中最美，也是身材最高的人物提格拉涅斯。波斯水師的將領們是計劃逃到這支軍隊的庇護之下去，在那裏把他們的船隻拖到岸上並在船隻的四周構築一道防壁，用來保衛船隻兼作爲他們自己的避難所。

97 他們商定了這樣的一個計劃之後就出海了。而當他們經過米卡列的女神（這裏專指戴美特爾和佩爾賽波涅——譯者）神殿而來到有埃列烏西斯．戴美特爾神殿的伽埃松和斯科洛波伊斯的時候，他們就把船隻拖上了岸，用石塊和他們從果木園採伐來的木材築成壁壘把它們圍起來；在壁壘的外面，他們又打上了一道木樁。至於那座埃列烏西斯．戴美特爾神殿，則這是帕西克列斯的兒子披利斯圖斯當他隨著科德洛斯的兒子涅列歐斯去建立米利都城時修建的。他們這樣準備是要應付圍攻，而看情況的不同，甚至也是要取得勝利；對於這兩種情況，他們事先都作了周密的準備。

98 當希臘人得知異邦人引軍退回到大陸上的本土上去的時候，他們對於他們的敵人竟然逃出他們的手掌感到很不高興，並且不知道還是回師好，還是乘船向海列斯彭特出發好。但最後他們決定不採取任何一種辦法，而是把船駛向本土。因此他們就在自己的船上安設了橋板以及海戰時的所有其他必需之物，然後就向米卡列進發了。當他們駛近營地，發現並沒有任何人乘船來迎戰，並看到船被拉到岸上給壁壘圍起來而且有一支大軍沿著海濱列陣的時候，列烏杜奇戴斯於是先乘船沿著海濱行進，行進時盡可能地靠近海岸並且通過一名使者向伊奧尼亞人宣布說：「伊奧尼亞人，凡是你們聽到我講話的人，請注意我所說的話罷，因為波斯人是決不會懂得我給你們的命令的。當我們交戰的時候，讓你們每一個人首先都記著他的自由，然後則是交戰的口令『希拉』，而讓沒有聽到我講話的人從聽到我講話的人那裏知道這件事罷。」他這樣作的目的和鐵米司托克列斯在阿爾鐵米西昂的作法的目的是一樣的㉓。或者異邦人不知道他的這番話而這番話便對伊奧尼亞人起了說服的作用，或者是他的話報告給異邦人知道，這就會使他們不信任他們的希臘同盟者。

99 在列烏杜奇戴斯進行了這樣的勸告之後，希臘人隨後就把自己的船靠了陸而自己也上了岸，然後便在岸上整頓了隊列。可是波斯人看到希臘人在準備戰鬥並且勸告了伊奧尼亞人，於是他們首先把薩摩司人的全部武器給收了過來，因為他們懷疑薩摩司人會幫助希臘人；確實原來當異邦人的船隻帶來了克謝爾克謝斯軍隊所俘留在阿提卡的雅典俘虜時，薩摩司人曾把這些人釋放回雅典並且還給他們道上的旅費、用品等遣送他們回去。特別是由於這樣的一點，他們便受到了懷疑，因為他們釋放了克謝爾克謝斯的五百名敵

㉓參見第八卷第二十二節。

人。此外，他們還指定米利都人來守衛通向米卡列山地的通路，藉口說他們對當地最爲熟悉。但是他們這樣作的眞正目的卻是爲了使米利都人離開他們的其餘的軍隊。波斯人就用這樣的辦法對於那他們以爲一有機會就會對他們倒戈的伊奧尼亞人進行了自衛；至於他們自己，則他們是把籐盾密接起來作成一道防壁的。

100 希臘人在作好一切準備之後，就全線向著異邦軍進擊了。正當他們前進之際，一個流言在軍中飛傳起來，一個傳令使者的杖，被發現橫在水邊岸上的地方；傳開來的那個流言是說，希臘軍在貝奧提亞一役當中戰敗了瑪爾多紐斯。現在我們可以看到許多淸楚的證據，可以說明在事物上有神的意旨存在。既然這時，波斯人在普拉塔伊阿所遭到的慘敗，和他們即將在米卡列所遭到的另一次慘敗正好是在同一天，而流言又傳到那個地方的希臘人的地方去，這樣他們的軍隊便得到了巨大的鼓舞，也就更不惜去面臨危險了。

101 而且還有另一個偶合的地方，那就是在兩處戰場那裏都有埃列烏西斯・戴美特爾的聖域。因爲，像我已經提過的，在普拉塔伊阿，戰鬥就是在戴美特爾神殿的近旁進行的；而在米卡列，情況也是這樣。結果帕烏撒尼亞斯統率下的希臘人取得了勝利這個流言竟成了事實。原來普拉塔伊阿一役是在那一天還早的時候進行的，但米卡列一役卻已經是傍晚的事情了。在這之後不久的時候，希臘人對這事進行了調查，才知道兩個戰役是在同一月的同一天裏發生的。而在他們聽到這一流言之前，他們是十分擔心的，這與其說是爲了他們自己，勿寧說是爲了帕烏撒尼亞斯麾下的希臘人，因爲他們害怕希臘人會在和瑪爾多紐斯發生衝突時栽在他的手裏。但是當他們得到這個消息的時候，他們就進攻得更加勇猛和迅速了。鑒於海島和海列斯彭特都成了勝利獎賞，因此希臘軍和異邦軍都是急於想進行戰鬥的。

102 至於大約占全線兵力一半的雅典人和配置在雅典人近旁的人們，他們是必須沿著海岸上的平地前進的，因爲拉凱戴孟人和配置在拉凱戴孟人近旁的人們是通過峽谷和在一些小丘中間前進的。而當拉凱戴孟人正在迂迴的時候，另一翼的人們已經展開戰鬥了。當波斯人的籐盾直立在那裏的時候，他們還能夠保衛自己並且守住自己的陣地，但是當雅典人和配置在他們近旁的人們相互激勵並且更加拚命地奮力作戰，爲的是表明他們雅典人，而不是拉凱戴孟人才可以打勝仗的時候，戰鬥的形勢立刻改變了。他們衝倒了盾壁之後，就全軍殺到波斯人中間去，波斯人迎戰，和對方相持了很久一個時候，但波斯人終於逃到壘壁裏面去了。（在戰線上依次排列起來的）雅典人、科林斯人、希巨昂人、特羅伊眞人緊緊地追在後面並同樣一齊衝了進去。但是當壘壁也被攻克的時候，異邦軍中除去波斯人之外，所有的人們便不再抵抗而逃竄了；但波斯人則各結成少數人的隊伍，仍然對像潮水一樣衝進城壁來的希臘人作戰。波斯人的將領有兩個人逃跑了，兩個人被殺死了；逃跑的是兩個海軍的將領阿爾塔翁鐵斯和伊塔米特列斯，陸軍的將領瑪爾東鐵司和提格拉涅斯則在戰鬥中陣亡了。

103 當波斯人還在戰鬥的時候，拉凱戴孟人和跟著他們來的人們趕來了，幫著結束了未完的戰鬥。希臘人方面這次也損失了許多人，特別是希巨昂人和他們的將領培利拉歐斯。至於在美地亞軍中服務、並且給解除了武裝的薩摩司人，從一開頭他們看到雙方不分勝負的時候，便一心想幫助希臘人而盡自己的力量去作；而當其他的伊奧尼亞人看到薩摩司人作出了榜樣的時候，他們於是也就對波斯人倒戈並向異邦軍進攻了。

104 波斯人爲了他們本身的安全曾指令米利都人看守通路，以便在萬一發生他們眞正遇到了的事件時，他們可以有人把他們引導到米卡列山地去。就是爲了上述的理由，米利都人被分配以上述的任務，同時也是爲了使他們不在軍隊裏從而使他們不會發生嘩變的事情。可是，他們所作的事情和交付給他們的任務完全相反，他們不單是把逃跑的波斯人引到通向敵人的道路上去，而最後他們自己竟而也變成了波斯人的最凶惡的敵人並把波斯人殺死了。這樣，伊奧尼亞就再一次背叛了波斯人。

105 在這次戰鬥裏，希臘人方面作戰最英勇的是雅典人，而在雅典人當中作戰最英勇的是龐克拉提昂㉔的名手埃烏托伊諾斯的兒子海爾摩律科斯。這個海爾摩律科斯後來在雅典人和卡律司托斯人作戰時，在卡律司托斯領的庫爾諾斯陣亡了，他的葬地就在吉拉伊司脫斯那裏。在雅典人之後，戰鬥得最突出的則是科林斯人、特羅伊眞人和希巨昂人。

106 當希臘人在對敵作戰或是在追逐逃敵而把敵人的大多數解決了的時候，他們便把他們的擄獲物搬出來到海岸的地方，在這些擄獲物當中，他們發現了一些裝著錢幣的櫃子。然後他們就把船隻和整個壘壁放火燒掉了，燒完之後，他們便乘船離開了。他們到了薩摩司之後，就討論他們是否把伊奧尼亞人遷移開並把伊奧尼亞人移居到他們治下的希臘哪個地方去的問題，而打算把伊奧尼亞這個地方交給異邦人來處置。因爲他們認爲，他們不可能永遠地保護伊奧尼亞人使不受敵人的侵犯，而且如果他們不這樣作的話，他們也不敢料想波斯人會不對伊奧尼亞人進行報復。在這件事上，那些當權的伯羅奔尼撒人主張把站到波斯人方面去的那些希臘民族從他們的商埠地移開，而把這些地方交給伊奧尼亞人住；但是雅典人不贊同把伊奧尼亞人移開的全部計劃，他們也不同意伯羅奔尼撒人干預雅典殖民地的事務。既然他們激烈反對，伯羅奔尼撒人也就讓步了。結果是他們使薩摩司人、岐奧斯人、列斯波司人和參加他們的軍隊出征的所有其他的

㉔龐克拉提昂是一種極其劇烈的拳擊與角力的混合比賽。

島民都加入了他們的聯盟，並要他們發信誼之誓，永遠忠於他們的聯盟者，決不叛離。希臘人使他們對自己宣了誓之後，便想乘船去把橋摧毀，因爲他們以爲橋還架在那裏。

107 這樣，他們便向海列斯彭特出發了。另一方面，那少數幸得活命並給趕到米卡列高地去的波斯人，則從那裏逃到撒爾迪斯去了。當他們正在趕路的時候，波斯人慘敗之際正好在場的、大流士的兒子瑪西司鐵斯，十分痛烈地咒罵水師將領阿爾塔翁鐵斯；在許多咒罵的言語之外，他特別對阿爾塔翁鐵斯說，像他這樣的指揮能力證明他尙且不如一個婦女，而且由於他給王室帶來的損害，他簡直是罪該萬死。原來在波斯人，被人罵成不如一個婦女，那是最大的恥辱了。阿爾塔翁鐵斯聽了這樣多的侮辱言語之後勃然大怒，於是他抽出刀向瑪西司鐵斯奔來，想把他殺死。但是哈利卡爾那索斯人普拉克西拉歐斯的兒子克謝維納戈拉斯，那時正站在阿爾塔翁鐵斯本人身後，他看到阿爾塔翁鐵斯向瑪西司鐵斯奔來，就抓住他的腰部，把他舉起來摜倒在地下了。正在這時，瑪西司鐵斯的衛兵們也趕來保護他了。這樣一來，由於救了國王的兄弟的命，這也就是施恩於瑪西司鐵斯本人和國王克謝爾克謝斯了；國王爲了報答他的這一功業，把整個奇里啓亞賜給了他，任命他爲該地的太守。此後在路上便再沒有發生任何其他的事情，順利地到了撒爾迪斯。而國王當時恰巧也在撒爾迪斯，因爲在他海戰失敗後，他便從雅典逃到撒爾迪斯來了。

108 當他在撒爾迪斯的時候，他愛上了也在那裏的瑪西司鐵斯的妻子。他無論向她怎樣表示也不能使她順從他的意思，但是他顧及自己的兄弟瑪西司鐵斯，而沒有對她施行強暴的手段（她不會遇到強暴手段，這一點她知道得很淸楚，因而同樣的想法也就使她有了不從命的膽量）。克謝爾克謝斯旣沒有別的辦法來達到自己的目的，只好使自己的兒子大流士娶這個婦女和瑪西司鐵斯之間所生的女兒爲妻；因爲他以爲這樣，他就很有可能把她弄到手了。因此他就按照一切應當遵行的儀式使他們締結了婚約，然後便離開這裏到蘇撒去了。但是當他到了那裏並把大流士的新婚妻子領入自己的家裏之後，他就把瑪西司鐵斯的妻子忘到九霄之外，而是改變了愛好，他向大流士的妻子、瑪西司鐵斯的女兒，這個叫作阿爾塔翁鐵的女孩子求婚並且取得了她。

109 但是久而久之，事情的眞相卻被人發現了，發現的經過是這樣的。克謝爾克謝斯的妻子阿美司妥利斯織了一件彩色斑爛的、十分美麗的外袍送給了他。克謝爾克謝斯看了很高興，就穿著它去看阿爾塔翁鐵；由於他也很喜歡她，他便命令她向他要求她願意要的任何東西以報答她對他表示的好意，因爲他說她不拘要求什麼他都不會拒絕的。由於她和她的全家注定要遭到慘禍，於是她就對克謝爾克謝斯說：「我要求的任何東西你都肯給我嗎？」他答應這樣作並且爲這件事發了誓，因爲他以爲那件事東西她是決不會要求的。可是當他發了誓之後，她竟然不揣冒味地要求他的外袍。克謝爾克謝斯用一切辦法來迴避她的這個要求，原因不外他害怕阿美司妥利斯會得到明顯的憑據，來證實她已經懷疑他會作的事情。爲了代替這件東西，他想把城池給她，把大量的黃金給她，還想把只有她一個人才能統率的一支軍隊給她。軍隊是最道地的波斯式的禮物了。但是他不能說服她，只好把袍子給她了；她得到了袍子之後大喜過望，穿著它到各處去向人炫耀。

110 阿美司妥利斯聽到了阿爾塔翁鐵得到了袍子的事情。可是當她知道這一實際情況之際，她並不生氣這個女孩子。她認爲負主要責任的是這個女孩子的母親，她認爲這是女孩子的母親幹的事情，因此她打算毀掉的正是瑪西司鐵斯的妻子。於是她就等待著，直到克謝爾克謝斯設御宴的時候（這種御宴每年在國王誕辰時舉行一次；用波斯語來說，這一御宴的名稱是「圖克塔」，這用希臘語來說就是「鐵列伊翁」㉕；而正是在那一天，國王在頭上塗膏並且遍賜波斯的羣臣）。阿美司妥利斯等那一天來到之後，就向克謝爾克謝斯要求把瑪西司鐵斯的妻子交給她。克謝爾克謝斯知道自己兄弟的妻子對於她所懷疑的事件是無辜的，又知道她這一要求的目的是爲了什麼，因此他認爲如果把瑪西司鐵斯的妻子交給她，那將是一件可怕的和殘暴不仁的作法。

111 儘管如此，由於阿美司妥利斯的執拗請求，而且法律又使他不得不允許，他萬般無奈地答應了。因爲在波斯舉行御宴時，國王是不能拒絕任何請求的。他把這個婦女交給了阿美司妥利斯之後，是這樣作的。他一面命令她願意怎樣作便怎樣作，另一方面又派人把他的兄弟召了來，這樣對他說：「瑪西司鐵斯，你是大流士的兒子和我的兄弟，而且你還是一個很不錯的人物。我告訴你，不要再和你現在的妻子同居了，我把女兒許配給你來代替她。和她同居在一起罷。可是你得放棄你現在的妻子，因爲我的意思是不許你和她在一起。」瑪西司鐵斯聽了這話大爲震驚。他說：「主公，你要我這樣來對我自己的妻子，這是一個多麼不近人情的命令啊。我和她已經生了成年的兒女而我的女兒又已經嫁給了你的兒子，而且我又是十分喜歡她的。可是你卻命令我放棄她並且和你的女兒結婚。國王啊，你認爲我配得上娶你的女兒爲妻，這對我來說實在是一個莫大的光榮，可是這兩件事情，哪一件我都不願作。請不要強迫我同意這樣的一個願望罷。你可以給你的女兒找到另一位絲毫不比我差的丈夫，還是請你容許我和自己的妻子在一起罷。」瑪西司鐵斯的回答就是這樣。可是克謝爾克謝斯聽了後勃然大怒，他說：「瑪西司鐵斯，這樣一來，你便

㉕就是「完全的」意思。

給自己召來了這樣的後果。我既不把自己的女兒許配給你，也不許你和你現在的妻子一同過活下去，你就會知道我要給你的是什麼東西了。」瑪西司鐵斯聽了這話之後，只說了這樣一句話就離開了。他說：「主公，可是你還沒有要了我的命呢。」

112 正當克謝爾克謝斯和他的兄弟講話的時候，阿美司妥利斯派人把克謝爾克謝斯的衛兵召了來，對瑪西司鐵斯的妻子加以極其殘酷的蹂躙。她割掉了這個婦女的乳房，把它拋給狗吃，同樣地割掉了這個婦女的鼻子、耳朶和嘴唇，又把舌頭也割掉。這個婦女就在這樣殘酷地被蹂躙之後，給送回家裏去了。

113 瑪西司鐵斯還不知道所發生的這一切，但是由於害怕會遭到慘禍，他趕忙地跑回自己家裏去了。瑪西司鐵斯看到了自己的妻子受到到這樣慘不忍睹的蹂躙，立刻就和自己的孩子們商量並和他的孩子們，確乎還有其他人等一同出發到巴克妥利亞去，打算把巴克妥利亞省叛變，從而使國王遭到最大的損害。在我看來，如果他能夠逃入巴克妥利亞人和撒卡依人的地區的話，他實際上是能夠作到這件事的，因爲當地的人都很愛戴他，而且他又是巴克妥利亞人的太守。然而這已經無濟於事了；原來克謝爾克謝斯已經知道了他的意圖，於是就派了一支軍隊去追擊他，在道路上把他、他的兒子們以及他的親兵全都殺死了。關於克謝爾克謝斯的愛情事件以及瑪西司鐵斯的死亡的經過情況就是這樣。

114 另一方面，從米卡列向海列斯彭特出發的希臘人爲了躲避風浪首先便在萊克頓投錨，從那裏又來到阿比多斯，而就在那裏他們發現了那他們以爲是完好無恙的橋已經被摧毁了，而他們實際上主要都是爲了這些橋才來到了海列斯彭特的。於是列烏杜奇戴斯麾下的伯羅奔尼撒人便決定乘船返回希臘，但是在將領克桑提波司麾下的雅典人卻決定留在那裏並向凱爾索涅索斯進攻。於是其他人等便乘船他去，但是雅典人卻渡海到凱爾索涅索斯去，把賽司托斯給包圍了。

115 可是當波斯人聽說希臘人來到海列斯彭特的時候，他們就從鄰近的各個市邑來到並且也集中在賽司托斯這個地方來，因爲他們認爲賽司托斯是那一地區裏防衛得最堅固的地方。在這些波斯人中間，有一個出身卡爾狄亞的、名叫歐約巴佐斯的波斯人，他曾把橋樑的索具帶到那裏去。占居這個賽司托斯的是土著的愛奧里斯人，但是在他們中間也有波斯人和大羣的他們的其他同盟者。

116 治理這一省的是克謝爾克謝斯所任命的太守阿爾塔烏克鐵斯，這是一個狡詐而又邪惡的人物；在國王向雅典進軍的途中，他竟欺騙國王，從埃萊歐斯那個地方，貪污了伊披克洛斯的兒子普洛鐵西拉歐斯㉖的財寶。經過的情況是這樣：在凱爾索涅索斯的埃萊歐斯地方，有普洛鐵西拉歐斯的墳墓，墳墓的周邊則是聖域。在那裏有金銀杯盞、青銅器具、衣服和其他奉獻品等等大量的財寶，阿爾塔烏克鐵斯由於國王的特許，把這裏面的東西全都劫走了，但是他卻用下面的話，欺騙了克謝爾克謝斯：「主公，在這裏有一個希臘人的家宅，這個希臘人，由於率軍進攻你的國土，而在受到公正的懲罰後死掉了。請把這個人的家宅賜給我罷，這樣所有的人就得到教訓，不敢進攻你國土了。」他以爲他用這樣的藉口，就可以輕而易舉地說服克謝爾克謝斯，把這個人的家宅賜給他，他相信克謝爾克謝斯是不會懷疑他是別有用心的。他所以說普洛鐵西拉歐斯率軍進攻國土的領土，其理由是，波斯人認爲全部亞細亞都是屬於他們自己和統治他們的不拘哪一個國王的。因此，當這筆財富贈給了他的時候，他便把它從埃萊歐斯帶到了賽司托斯，卻把聖域變成田地和牧場。而當他到埃萊歐斯來的時候，總是在聖堂裏和婦人交配的。而現在當雅典人包圍了他

㉖他是在特洛伊戰爭中第一個陣亡的希臘人。參見荷馬：伊利亞特，Ⅱ，701。

的時候，他根本沒有準備，也絲毫沒有想到希臘人會來，因此當他們向他進攻的時候，他便走投無路了。

117 但是圍攻一直繼續到深秋的時候，希臘人由於離鄉背土和在攻取城塞時的失利而不耐煩起來，於是他們請求他們的將領再把他們率領回去；但是將領們拒絕這樣作，他們一定要堅持到攻克這個地方或是為雅典政府當局所召回。因此，他們就耐心地忍受他們當時的處境了。

118 可是城寨內部的人們，這時卻達到山窮水盡的地步了，他們竟煮食了他們的床上的革紐，但終於甚至連這些東西他們也吃光了，於是阿爾塔烏克鐵斯和歐約巴佐斯以及所有波斯人，便從要塞的後面，也就是敵軍兵力最少的地方逃了下來，並在夜裏逃跑了。到天明的時候，凱爾索涅索斯的人們，就從塔樓上把所發生的事情報告給雅典人，並把城門打開了。雅典人的大部分跟蹤追擊下去，而其餘的人就占領了這個城市。

119 但是，在歐約巴佐斯逃到色雷斯去的時候，阿普新提歐伊．色雷斯人卻把他捉了起來，按照他們的風俗，把他當作犧牲奉獻給他們當地的神普雷司陶洛斯。至於歐約巴佐斯的同伴們，他們是用另一種辦法給殺死的。阿爾塔烏克鐵斯和與他隨行的人們是後來才開始逃跑的，他們是在阿伊戈斯波塔莫伊稍稍上部的地方被追上的，他們抵抗了相當長的一個時候，結果他們有的人被殺死，其餘的人則被生俘了。希臘人把他們縛送到賽司托斯去，阿爾塔烏克鐵斯和他的兒子也同樣是和這些人一道縛送去的。

120 據凱爾索涅索斯人說，看守阿爾塔烏克鐵斯的人們當中，有一個人遇到一件神妙莫測的事件，那就是當他在煎鹹魚的時候，這些魚在火上卻開始跳了起來並抽動著，就彷彿是新捉到的魚一樣。其餘的人們都聚攏來，驚訝地望著這種現象。可是當阿爾塔烏克鐵斯看到這種奇怪的事情時，便向這個煎鹹魚人說：「雅典的外國人啊，不要害怕這個奇蹟罷。這個奇蹟不是顯示給你的，這是埃萊歐斯的普洛鐵西拉歐斯顯示給我的，他的意思是說，他雖然已不在人世並且已經像鹹魚那樣的乾枯了，但是上天諸神仍然給他力量來向對他作了不義之行的人進行報復。因此，現在我想賠償他，那就是，爲了補償我從他的神殿裏取走的財富，我願意獻給這位神一百塔蘭特。而且如果雅典人饒過了我們的活命的話，我願意再爲我本人和我自己的兒子向雅典人獻出二百塔蘭特的贖金。」但是希臘的將領克桑提波司卻不爲這樣的諾言所動。因爲埃萊歐斯人請求把阿爾塔烏克鐵斯處死而爲普洛鐵西拉歐斯伸冤，而且將軍本人也打算這樣作。因此，他們就把他帶到克謝爾克謝斯在海峽地帶架橋的地岬那裏去，有的人則說是把他帶到瑪杜托司市上方的一座山那裏去；而他們就在那裏把他釘在板子上，高高地吊了起來；至於他的兒子，則他們是把他的兒子當著他的面用石頭砸死的。

121 他們把這一切事作完之後，便乘船回希臘去了，他們帶著橋樑的索具以及其他物品，預備獻給他們的神殿。在那一年裏，就再沒有發生別的事情。

122 這個被處以磔刑的阿爾塔烏克鐵斯，他的祖父是阿爾鐵姆巴列司；這個阿爾鐵姆巴列司㉗曾向波斯人獻策，波斯人接受它並把它獻給居魯士，他那次獻策的大旨是這樣：「既然宙斯削平了阿司杜阿該斯而把霸權賦予波斯人，特別是波斯人當中的你，居魯士，既然我們所有的土地既狹小，又不平坦，因此讓我們遷出這塊地方，去找一塊更好的地方罷。我們邊界上這樣的地方是很多的，在更遠的地方，這樣的地方也是很多的。這樣的地方我們只要弄到一塊，我們就可以作出使人們更加驚嘆的事情。一個統治的民族這樣作，是理所當然的事情。在我們目前統治了這樣多的人以及整個亞細亞的時候，難道我們還有一個比現

㉗這個人和第一卷第一一四節的阿爾鐵姆巴列司看來所指的不是一個人。

在更好的機會嗎？」居魯士聽到了這些話，不過他對這計劃並不是特別贊賞，而是命令他們說可以這樣作。但是當他這樣命令的時候，他警告說他們這樣作，必須準備不再作統治者，而要作被統治的臣民。溫和的土地產生溫和的人物；極其優良的作物和勇武的戰士不是從同一塊土地上產出來的。因此，波斯人看到居魯士的見識比他們的見識高，於是承認自己看法的錯誤而離開了；他們寧可住在磽瘠的山區作統治者，而不願住在平坦的耕地上作奴隸。

要目索引

（羅馬數字表示卷數，阿拉伯數字表示節數）

二　畫

三　畫

四　畫

五 畫

六 畫

七　畫

八 畫

九 畫

十 畫

十一畫

十二畫

十三畫

十四畫

十五畫

十六畫

十七畫

十八畫

十九畫

二十畫

二十一畫

二十四畫

二十五畫

重要譯名對照表

A

Abae 阿巴伊
Abdera 阿布戴拉
Abrocomes 阿布羅科美斯
Abronichus 阿布羅尼科斯
Abydos 阿比多斯
Acanthus 阿坎托司
Acarnania 阿卡爾那尼亞
Aceratus 阿凱拉托司
Aces 阿開司
Achaemenes 阿凱美涅斯
Achaemenidae 阿凱美尼達伊
Achaia 阿凱亞
Achelous 阿凱洛司
Acheron 阿凱隆河
Achilles 阿齊里斯
Achilleum 阿奇列昂
Acraephia 阿克萊披亞
Acrisius 阿克里西歐斯
Acrothoum 阿克羅托昂
Adicran 阿地克蘭
Adimantus 阿迪曼托司
Adrastus 阿德拉斯托司
Adriatic sea 亞得里亞海
Adyrmachidae 阿杜爾瑪奇達伊人
Aea 埃阿
Aeaces 阿伊阿凱司
Aeacus 埃伊阿科斯
Aegae 埃伊伽埃
Aegaeae 埃伊蓋伊埃
Aegaleos 埃伽列歐斯
Aege 埃給
Aegeus 埃蓋烏斯
Aegialeus 埃吉阿列斯
Aegicores 埃依吉科列烏司
Aegilea 埃吉列阿
Aegina 埃吉納
Aegion 埃吉翁
Aegira 埃伊蓋拉
Aegiroessa 埃吉洛埃撒
Aeglea 埃格列亞
Aegli 埃格洛伊人
Aegospotami 阿伊戈斯波塔莫伊
Aeimnestus 阿埃姆涅司托斯
Aenea 埃涅亞
Aenesidemus 埃涅西戴謨司
Aenus 阿伊諾斯
Aenyra 阿伊努拉
Aeolians 愛奧里斯人
Aeolus 阿依歐洛司
Aeropus 阿埃洛波司
Aesanius 埃撒尼歐司
Aeschines 埃司奇涅斯
Aeschylus 埃司庫洛斯
Aesopus 伊索
Aetolia 埃托利亞

Agaeus 阿伽依歐斯
Agamemnon 阿伽美姆農
Agariste 阿伽莉司鐵
Agasicles 阿伽西克列斯
Agathyrsi 阿伽杜爾索伊人
Agathyrsus 阿伽杜爾索斯
Agbalus 阿格巴羅斯
Agbatana 阿格巴塔拿
Agenor 阿該諾爾
Agetus 阿蓋托斯
Agis 阿吉斯
Aglaurus 阿格勞洛斯
Aglomachus 阿格羅瑪科司
Agora 阿哥拉
Agrianes 阿格里阿涅斯
Agron 阿格隆
Aiaces 埃雅凱司
Aias 埃阿司
Alabanda 阿拉班達
Alalia 阿拉里亞
Alarodii 阿拉羅狄歐伊人
Alazir 阿拉吉爾
Alazones 阿拉佐涅斯
Alcaeus 阿爾凱峨斯
Alcamenes 阿爾卡美涅斯
Alcenor 阿爾凱諾爾
Alcetes 阿爾凱鐵斯
Alcibiades 阿爾奇比亞代司
Alcidas 阿爾開達司
Alcimachus 阿爾啓瑪科司
Alcmene 阿爾克美涅
Alcmeon 阿爾克美昂
Alcon 阿爾孔
Alea 阿列亞
Aleïan plain 阿列昂平原
Aleuadae 阿律阿達伊
Alexander 亞力山大
Alilat 阿利拉特
Alopecae 阿羅佩卡伊
Alpeni 阿爾培諾依
Alpenus 阿爾培諾斯
Alpheus 阿爾佩歐斯
Alpis 阿爾披司
Alus 阿羅司
Alyattes 阿律阿鐵斯
Amasis 阿瑪西斯
Amathus 阿瑪圖司
Amazon 阿馬松
Amestris 阿美司妥利斯
Amiantus 阿米安托斯
Amilcas 阿米爾卡斯
Aminocles 阿米諾克列斯
Ammon 阿蒙
Amompharetus 阿莫姆帕列托斯
Amorges 阿摩爾蓋司
Ampe 阿姆培
Ampelus 阿姆培洛斯
Amphiaraus 阿姆披亞拉歐斯
Amphicaea 阿姆披凱亞
Amphicrates 阿姆披克拉鐵斯
Amphictyon 阿姆披克圖昂
Amphictyones 阿姆披克圖歐涅斯
Amphilochus 阿姆披羅科司
Amphilytus 阿姆庇律托斯
Amphimnestus 阿姆庇姆涅司托斯
Amphion 阿姆庇昂

Amphissa 阿姆披撒
Amphitryon 阿姆披特利昂
Ampracia 阿姆普拉奇亞
Amyntas 阿門塔斯
Amyris 阿米利斯
Amyrtaeus 阿米爾塔伊俄斯
Amytheon 阿米鐵昂
Anacharsis 阿那卡爾西司
Anacreon 阿那克列昂
Anactoria 阿那克托利亞
Anagyrus 阿那幾洛斯
Anaphes 阿納培司
Anaphlystus 阿那普律司托司
Anaua 阿惱阿
Anaxandrides 阿那克桑德里戴斯
Anaxandrus 阿那克桑德羅斯
Anaxilaus 安那克西拉歐斯
Anchimolius 安啓莫里歐司
Andreas 安德烈阿斯
Androbulus 安多羅布洛斯
Androcrates 安多羅克拉鐵斯
Androdamas 安多羅達瑪司
Andromeda 安多羅美達
Androphagi 昂多羅帕哥伊人
Andros 安多羅斯
Aneristus 阿涅利司托斯
Angites 安吉鐵斯
Angrus 安格羅斯
Annon 安農
Anopaea 阿諾佩亞
Antagoras 安塔戈拉斯
Antandrus 安唐德羅斯
Anthele 安鐵拉
Anthemus 安鐵莫斯
Anthylla 安提拉
Anticares 安提卡列司
Anticyra 安提庫拉
Antidorus 安提多洛斯
Antiochus 安提奧科斯
Antipatrus 安提帕特洛斯
Antiphemus 安提培莫斯
Anysis 阿努西司
Aparytae 阿帕里塔伊人
Apaturia 阿帕圖利亞
Aphetae 阿佩泰
Aphidnae 阿披德納伊
Aphrodisias 阿普羅狄西阿司
Aphrodite 阿普洛狄鐵
Aphthite 阿普提鐵
Apidanus 阿披達諾斯
Apis 阿庇斯
Apollo 阿波羅
Apollonia 阿波羅尼亞
Apollophanes 阿波羅旁涅司
Apries 阿普里埃司
Apsinthii 阿普新提歐伊人
Arabia 阿拉伯
Ararus 阿拉洛司
Araxes 阿拉克塞斯
Arcadia 阿爾卡地亞
Arcesilaus 阿爾凱西拉歐司
Archandrus 阿爾康德洛斯
Archelaus 阿爾凱拉歐斯
Archestratides 阿爾凱司特拉提戴斯
Archias 阿爾啓亞斯

Archidemus 阿爾奇戴莫斯
Archidice 阿爾啓迪凱
Archilochus 阿爾齊洛科斯
Ardericca 阿爾代利卡
Ardys 阿爾杜斯
Ares 阿列斯
Argades 阿爾伽戴司
Argaeus 阿爾該歐斯
Arganthonius 阿爾甘托尼歐斯
Arge 阿爾該
Argeia 阿爾該婭
Argilus 阿爾吉洛斯
Argiopium 阿爾吉奧披昂
Argippaei 阿爾吉派歐伊人
Argo 阿爾哥
Argos 阿爾哥斯
Argus 阿爾古司
Ariabignes 阿里阿比格涅斯
Ariantas 阿里安塔司
Ariapithes 阿里亞佩鐵司
Ariaramnes 阿里阿拉姆涅斯
Ariazus 阿里亞佐司
Aridolis 阿利多里司
Arii 阿列歐伊人
Arimaspi 阿里瑪斯波伊人
Arimnestus 阿里姆涅司托斯
Ariomardus 阿里奧瑪爾多斯
Arion 阿利昂
Ariphron 阿里普隆
Arisba 阿里斯巴
Arismaspeia 阿里斯瑪斯佩阿
Aristagoras 阿里司塔哥拉斯
Aristeas 阿利司鐵阿斯
Aristides 阿里司提戴斯
Aristocrates 阿里司托克拉鐵斯
Aristocyprus 阿里司托庫普洛司
Aristodemus 阿里司托戴莫斯
Aristodicus 阿里司托狄科斯
Aristogiton 阿里斯托蓋通
Aristolaides 阿里斯托拉伊戴斯
Aristomachus 阿里司托瑪科斯
Ariston 阿里司通
Aristonice 阿利司托尼凱
Aristonymus 阿利司托尼莫斯
Aristophantus 阿里司托龐托斯
Aristophilides 阿里司托披里戴斯
Arizanti 阿里桑托伊人
Armenia 阿爾美尼亞
Arpoxais 阿爾波克賽司
Arsamenes 阿爾撒美涅斯
Arsames 阿爾撒美斯
Artabanus 阿爾塔巴諾斯
Artabates 阿爾塔巴鐵斯
Artabazus 阿爾塔巴佐斯
Artace 阿爾塔開
Artachees 阿爾塔凱耶斯
Artaei 阿爾泰伊歐伊人
Artaeus 阿爾泰歐斯
Artanes 阿爾塔涅斯
Artaphrenes 阿爾塔普列涅斯
Artayctes 阿爾塔烏克鐵斯
Artaynte 阿爾塔翁鐵
Artayntes 阿爾塔翁鐵斯
Artembares 阿爾鐵姆巴列司
Artemis 阿爾鐵米司
Artemisia 阿爾鐵米西亞

Artemisium 阿爾鐵米西昂
Artescus 阿爾鐵斯科斯
Artobazanes 阿爾托巴札涅司
Artochmes 阿爾托克美斯
Artontes 阿爾通鐵斯
Artoxerxes 阿爾托克謝爾克謝斯
Artozostre 阿爾桃索司特拉
Artybius 阿爾圖比歐司
Artyphius 阿爾杜庇歐斯
Artystone 阿爾杜司托涅
Aryandes 阿律安戴司
Aryenis 阿里埃尼司
Asbystae 阿司布司塔依人
Ascalon 阿斯卡隆
Asia 亞細亞
Asies 亞細阿司
Asine 阿西涅
Asmach 阿斯瑪克
Asonides 阿索尼戴斯
Asopii 阿索披亞人
Asopodorus 阿索波多洛斯
Asopus 阿索波司
Aspathines 阿司帕提涅斯
Assa 阿薩
Assesus 阿賽索斯
Assyria 亞述
Astacus 阿斯塔科斯
Aster 阿司特爾
Astrobacus 阿司特羅巴科斯
Astyages 阿司杜阿該斯
Asuchis 阿蘇啓司
Atarantes 阿塔蘭鐵司人
Atarbechis 阿塔爾倍奇斯
Atarneus 阿塔爾涅烏斯
Athamas 阿塔瑪斯
Athenades 阿鐵納迭斯
Athenagoras 阿鐵那哥拉斯
Athene 雅典娜
Athens 雅典
Athos 阿托斯
Athrisbis 阿特里比司
Athrys 阿特律斯
Atlantes 阿特蘭鐵司人
Atlantis 阿特蘭提斯
Atlas 阿特拉斯
Atossa 阿托撒
Atramyttium 阿特拉米提昂
Attaginus 阿塔吉諾斯
Attica 阿提卡
Atys 阿杜斯
Auchatae 奧卡泰伊
Augila 奧吉拉
Auras 奧拉斯
Auschisae 阿烏司奇撒伊人
Ausees 歐賽埃司人
Autesion 歐鐵希昂
Autodicus 奧托迪科斯
Autonous 奧托諾斯
Auxesia 奧克塞西亞
Axius 阿克西奧司
Azanes 阿扎涅斯
Aziris 阿吉利司
Azotus 阿佐托司

B

Babylon 巴比倫
Bacales 巴卡列司
Bacchiadae 巴齊亞達伊
Bacchus 巴科司
Bacis 巴奇司
Bactra 巴克妥拉
Badres 巴德列斯
Bagaeus 巴該歐司
Barca 巴爾卡
Basileïdes 巴昔列伊戴斯
Bassaces 巴撒凱斯
Battus 巴托司
Belbina 倍爾比那
Belus 倍洛斯
Bermius 倍爾米歐斯
Bessi 倍索伊
Bias 比亞斯
Bisaltes 比撒爾鐵司
Bisaltia 比撒爾提亞
Bisanthe 比桑鐵
Bistonia 比司托尼亞
Bithynians 比提尼亞人
Biton 比頓
Boebean lake 波依貝司湖
Boeotia 貝奧提亞
Boges 波該司
Bolbitine 博爾比提涅
Boreas 波列阿斯
Borysthenes 包律斯鐵涅司
Bosphorus 博斯波魯斯
Bottiaea 波提埃阿
Branchidae 布朗奇達伊
Brauron 布勞隆
Brentesium 布倫特西昂
Briantic country 布里昂提凱
Briges 布利該斯
Brongus 布隆戈斯
Brygi 布律戈依人
Bubares 布巴列斯
Bubassus 布巴索斯
Bubastis 布巴斯提斯
Budii 布底奧伊人
Budini 布迪諾伊人
Bulis 布里斯
Bura 布拉
Busae 布撒伊人
Busiris 布希里斯
Butacides 布塔啓戴司
Buto 布頭
Byzantium 拜占廷

C

Cabalians 卡巴里歐伊人
Cabelees 卡貝列斯人
Cabeiri 卡貝洛伊
Cadmeans 卡德美亞人
Cadmus 卡得莫斯人
Cadytis 卡杜提司
Caeneus 凱涅烏司
Caïcus 凱科斯
Calamisa 卡拉米撒
Calasiries 卡拉西里埃斯
Calchas 卡爾卡司
Calchedon 卡爾凱多尼亞
Callantiae 卡朗提埃伊人

Callatebus　卡拉鐵波司
Callatiae　卡拉提亞人
Calliades　卡里亞戴斯
Callias　卡里亞斯
Callicrates　卡利克拉鐵斯
Callimachus　卡里瑪柯斯
Calliphon　卡利彭
Callipidae　卡里披達伊
Callipolis　卡利波里斯
Calliste　卡利斯塔
Calydnos　卡律德諾斯
Calynda　卡林達
Camarina　卡瑪里納
Cambyses　剛比西斯
Camicus　卡米柯斯
Camirus　卡米洛斯
Campsa　坎普撒
Canastron　卡納司特隆
Candaules　坎道列斯
Canobus　卡諾包斯
Caphereus　卡佩列烏斯
Cappadocia　卡帕多啓亞
Carcinitis　卡爾奇尼提斯
Cardamyle　卡爾達米列
Cardia　卡爾狄亞
Carene　卡列涅
Carenus　卡列諾司
Caria　卡里亞
Carnea　卡爾涅亞
Carpathus　卡爾帕托司
Carpis　卡爾披司
Carystus　卡律司托斯
Casambus　卡撒姆包斯
Casian mountain　卡西歐斯山
Casmena　卡茲美涅
Caspatyrus　卡司帕杜羅斯
Cassandane　卡桑達涅
Castalia　卡司塔里亞
Casthanaea　卡司塔納伊亞
Cataractes　卡塔拉克鐵斯
Catiari　卡提亞洛伊人
Caucasa　卡烏卡撒
Caucasus　高加索
Caucones　考寇涅斯人
Caunus　卡烏諾斯
Caystrobius　卡烏斯特洛比歐斯
Ceans　凱歐斯人
Cecropidae　開克洛皮達伊
Cecrops　開克洛普斯
Celaenae　凱萊奈
Celeas　凱列厄司
Celti　凱爾特人
Ceos　凱歐斯
Cephallenia　凱帕列尼亞
Cephenes　凱培涅斯
Cepheus　凱培歐斯
Cephisus　凱佩索司
Ceramicus　凱拉摩斯（灣）
Cercasorus　凱爾卡索洛斯
Cercopes　凱爾科佩司
Chalcidians　卡爾奇底開人
Chalcis　卡爾啓斯
Chaldeans　迦勒底人
Chalestra　卡列司特拉
Chalybes　卡律倍司
Charadra　卡拉德拉

Coros 科洛斯
Corycian cave 科律奇昂洞
Corydallus 科律達羅斯
Corys 科律司
Cos 科斯
Cotyle 科杜列
Cotys 科杜斯
Cranai 克拉那歐伊人
Cranaspes 克拉納斯佩司
Crannon 克蘭農
Crathia 克拉提亞
Crathis 克拉提斯
Cremni 克列姆諾伊
Creston 克列斯頓
Crestonia 克列司托尼亞
Crete 克里地
Cretines 克列提涅斯
Crinippus 克里尼波斯
Crisa 克利撒
Critalla 克利塔拉
Critobulus 克利托布羅斯
Crius 克利歐斯
Crobyzi 克羅比佐伊人
Croesus 克洛伊索斯
Cronos 克洛諾斯
Crophi 克羅披
Crossaea 克羅賽阿
Croton 克羅同
Cuphagoras 枯帕戈拉斯
Curium 庫里昂
Cyanean rocks 庫阿涅埃岩
Cyaxares 庫阿克撒列斯
Cybebe 庫貝倍
Cyberniscus 庫貝爾尼司科斯
Cyclades 庫克拉戴斯
Cydippe 庫狄佩
Cydonia 庫多尼亞
Cydrara 庫德辣拉
Cyllyrii 庫呂里奧伊
Cylon 庫隆
Cyme 庫麥
Cynegirus 庫涅該羅斯
Cynesii 庫涅西歐伊人
Cynetes 庫涅鐵斯
Cyniscus 庫尼司科斯
Cynosura 庫諾敍拉
Cynosarges 庫諾撒爾該斯
Cynurian 庫努里亞人
Cyprus 賽浦路斯
Cypselus 庫普賽洛斯
Cyrauis 庫勞伊司
Cyrene 庫列涅
Cyrmianae 庫爾米亞納伊
Cyrnus 庫爾諾斯
Cyrus 居魯士
Cythera 庫鐵拉
Cythnians 庫特諾斯人
Cytissorus 庫提索洛斯
Cyzicus 庫吉科司

D

Dadicae 達迪卡伊人
Daedalus 達伊達洛斯
Daï 達歐伊人
Damasithymus 達瑪西提摩斯

Damasus 達瑪索斯
Damia 達米亞
Danaë 達納耶
Danaus 達納烏司
Daphnae 達普納伊
Daphnis 達普尼司
Dardania 達爾達尼亞
Dardanus 達爾達諾斯
Daritae 達列依泰伊人
Darius 大流士
Dascyleum 達司庫列昂
Dascylus 達斯庫洛斯
Datis 達提斯
Datus 達托司
Daulis 達烏里司
Daurises 達烏里塞司
Decelea 戴凱列阿
Decelus 戴凱洛斯
Deïoces 戴奧凱斯
Deïphonus 戴伊波諾斯
Delium 代立昂
Delos 狄羅斯
Delphi 戴爾波伊
Demaratus 戴瑪拉托斯
Demarmenus 戴瑪爾美諾斯
Demeter 戴美特爾
Democedes 戴謨凱代司
Democritus 德謨克利圖
Demonax 戴謨納克司
Demonous 戴謨諾烏斯
Demophilus 戴謨披羅斯
Dersaei 戴爾賽歐伊人
Derusiaei 戴魯希埃歐伊人
Deucalion 戴烏卡里翁
Diactorides 狄雅克托里戴斯
Diadromes 狄雅多羅美斯
Dicaea 狄凱亞
Dicaeus 迪凱歐斯
Dictyna 狄克杜那
Didacae 迪達卡伊人
Didyma 狄杜瑪
Dieneces 狄耶涅凱斯
Dindymene 狄恩杜美奈
Dinomenes 狄諾美涅斯
Diomedes 狄歐美戴司
Dion 狄昂
Dionysius 狄奧尼修斯
Dionysophanes 狄歐尼梭帕涅斯
Dionysus 狄奧尼索斯
Dioscuri 狄奧司科洛伊
Dipaea 迪帕伊耶斯
Dithyrambus 狄圖拉姆波司
Doberes 多貝列斯人
Dodona 多鐸那
Dolonci 多隆科伊人
Dolopes 多羅披亞人
Dorians 多里斯人
Dorieus 多里歐司
Doriscus 多里司科斯
Dorus 多洛斯
Doryssus 多律索斯
Dotus 多托司
Dropici 多羅庇科伊人
Drymus 德律莫司
Dryopis 德律歐披司
Dryoscephalae 三頭（意譯）

Dymanatae　杜瑪那塔伊人
Dyme　杜美
Dyras　杜拉司
Dysorum　杜索隆

E

Echecrates　埃凱克拉鐵司
Echemus　埃凱穆斯
Echestratus　埃凱司特拉托司
Echidorus　埃凱多洛斯
Echinades　埃奇那戴斯
Edoni　埃多諾伊人
Eëropus　埃洛波司
Eëtion　埃愛提昻
Egesta　埃蓋司塔
Egypt　埃及
Eion　埃翁
Elaeus　埃萊歐斯
Elatea　埃拉提亞
Elbo　埃爾波
Elean　埃里司人
Eleon　埃列昻
Elephantine　埃烈旁提涅
Eleusis　埃列烏西斯
Elis　埃里司
Elisyci　埃里敍科伊人
Elorus　埃洛羅斯
Enareis　埃那列埃斯
Enchelees　恩凱列司人
Eneti　埃涅托伊人
Enienes　埃尼耶涅斯
Enipeus　埃尼培烏司
Eordi　埃歐爾地亞人
Epaphus　埃帕波司
Ephesus　以弗所
Epialtes　埃披阿爾鐵司
Epicydes　埃披庫代斯
Epidamnian　埃披達姆諾斯人
Epidaurus　埃披道洛斯
Epigoni　埃披戈諾伊
Epistrophus　埃披司特洛波斯
Epium　埃披昻
Epizelus　埃披吉羅斯
Epizephyrian　埃披捷庇里歐伊
Erasinus　埃拉西諾斯
Erechtheus　埃列克鐵烏斯
Eretria　埃列特里亞
Eridanus　埃利達諾司
Erineus　埃里涅烏司
Erochus　埃洛科司
Erxandrus　埃爾克桑德羅司
Erythea　埃律提亞
Erythrae　埃律特萊伊
Eryx　埃律克斯
Eryxo　埃律克索
Etearchus　埃鐵阿爾科斯
Eteocles　埃提歐克列司
Etesian　季風
Ethiopia　埃西歐匹亞
Ethiopians　埃西歐匹亞人
Euaenetus　埃烏艾涅托斯
Euboea　埃烏波亞
Euclides　埃烏克里戴斯
Euhesperides　埃烏埃司佩里戴司
Euhesperitae　埃烏埃司佩里塔伊

Eumenes 埃烏美涅斯
Eunomus 埃烏諾莫斯
Eupalinus 埃烏帕里諾司
Euphemus 埃烏培莫司
Euphorbus 埃烏波爾勃司
Euphorion 埃烏波利昂
Euphrates 幼發拉底
Euripus 埃烏里波斯
Europe 歐羅巴
Europos 埃烏洛波司
Euryanax 埃烏律阿那克斯
Eurybates 埃烏律巴鐵斯
Eurybiades 優利比亞戴斯
Euryclides 優利克里戴斯
Eurycrates 優利克拉鐵斯
Eurycratides 優利克拉提戴斯
Eurydame 埃烏律達美
Eurydemus 埃烏律戴謨斯
Euryleon 埃烏律列昂
Eurymachus 埃烏律瑪科斯
Eurypon 埃烏律彭
Eurypylus 埃烏律披洛斯
Eurysthenes 埃烏律斯鐵涅斯
Eurystheus 埃烏律司鐵烏斯
Eurytus 埃烏律托司
Euthoenus 埃烏托伊諾斯
Eutychides 埃烏奇戴斯
Euxinus 埃烏克謝諾斯
Evagoras 埃瓦哥拉斯
Evalcides 埃瓦爾啓戴司
Evelthon 埃維爾頓
Exampaeus 埃克撒姆派歐斯

G

Gadira 伽地拉
Gaeson 伽埃松
Galepsus 伽列普索斯
Gallaïc 伽拉伊凱
Gamori 伽莫洛伊
Gandarii 健達里歐伊人
Garamantes 伽拉曼鐵司人
Gargaphian spring 伽爾伽披亞泉
Gauanes 高阿涅斯
Ge 該埃
Gebeleïzis 蓋倍列吉司
Gela 蓋拉
Geleon 該列昂
Gelon 蓋隆
Gelonus 蓋洛諾斯
Gephyraei 蓋披拉人
Gerastus 吉拉伊司脫斯
Gergis 蓋爾吉司
Gergithes 蓋爾吉司人
Germanii 蓋爾瑪尼歐伊人
Gerrhus 蓋羅司
Geryones 該律歐涅斯
Getae 蓋塔伊人
Gigonus 吉戈諾司
Giligamae 吉里伽瑪伊人
Gillus 吉洛司
Gindanes 金達涅司人
Glaucon 格勞空
Glaucus 格勞柯斯
Glisas 格里撒斯
Gnurus 格努羅司

Gobryas 戈布里亞斯
Goetosyrus 戈伊托敍洛司
Gonnus 戈恩諾斯
Gordias 戈爾地亞斯
Gorgo 戈爾哥
Gorgon 戈爾岡
Gorgus 戈爾哥斯
Grinnus 格林諾司
Grynea 古里涅阿
Gygaea 巨該婭
Gyges 巨吉斯
Gyndes 金德斯
Gyzantes 顧藏鐵司人

H

Hades 哈戴司
Haemus 哈伊莫司
Halia 哈里埃斯
Haliacmon 哈里亞克蒙
Haliarchus 哈里阿爾科司
Halicarnassus 哈利卡爾那索斯
Halys 哈律司
Harmamithres 哈爾瑪米特雷斯
Harmatides 哈爾瑪提戴斯
Harmocydes 哈爾摩庫戴斯
Harmodius 哈爾莫狄歐斯
Harpagus 哈爾帕哥斯
Hebrus 海布羅斯
Hecataeus 海卡泰歐斯
Hector 海克托爾
Hegesandrus 海該桑德羅斯
Hegesicles 海該西克列斯
Hegesilaus 海吉西拉歐斯
Hegesipyle 海該西佩列
Hegesistratus 海該西斯特拉托斯
Hegetorides 海該托里戴斯
Hegias 海吉亞斯
Helen 海倫
Helice 赫利凱
Heliopolis 黑里歐波里斯
Hellas 希拉斯
Helle 海列
Hellenion 海列尼昂
Hellenodicae 海列諾迪卡伊
Hellespont 海列斯彭特
Helots 希勞特
Hephaestia 海帕依司提亞
Hephaestopolis 海帕伊斯托波里斯
Hephaestus 海帕伊司托斯
Heraclea 海拉克列亞
Heracles 海拉克列斯
Heraclidae 海拉克列達伊
Heraclides 海拉克利戴斯
Heraeum 赫萊昂
Here 希拉
Hermes 海爾美士
Hermion 赫爾米昂涅
Hermippus 赫爾米波司
Hermolycus 海爾摩律科斯
Hermophantus 海爾摩龐托司
Hermopolis 海爾摩波里斯
Hermotimus 海爾摩提莫斯
Hermotybies 海爾摩吐比唉司
Hermus 海爾謨斯
Herodotus 希羅多德

I

Ida　伊達
Idanthyrsus　伊丹圖爾索司
Idrias　伊德里亞司
Ienysus　耶努索司
Iliad　伊利亞特
Ilion　伊里翁
Ilissus　伊利索司
Ilithyia　埃烈杜亞
Illyria　伊里利亞
Imbros　伊姆布羅斯
Inacchus　伊那柯斯
Inaros　伊納羅司
Indians　印度人
Indus　印度河
Ino　伊挪
Intaphrenes　音塔普列涅司
Inyx　伊努克斯
Io　伊奧
Iolcus　約爾科司
Ion　伊昂
Ionians　伊奧尼亞人
Iphiclus　伊披克洛斯
Iphigenia　伊披蓋涅婭
Ipni　伊普諾伊
Irasa　伊拉撒
Is　伊斯
Isagoras　伊撒哥拉司
Ischenous　伊司凱諾斯
Isis　伊西司
Ismarid lake　伊兹瑪里司湖
Ismenia　伊兹美尼亞
Issedones　伊賽多涅斯人
Isthmus of Corinth　科林斯地峽
Ister　伊斯特
Istria　伊司脫里亞
Italia　意大利
Itanus　伊塔諾司
Ithamitres　伊塔米特列斯
Ithome　伊托美
Iyrcae　玉爾卡依人

L

Labda　拉布達
Labdacus　拉布達科司
Labraunda　拉布勞昂達
Labynetus　拉比奈托斯
Lacedaemon　拉凱戴孟
Lacmon　拉克蒙
Laconia　拉科尼亞
Lacrines　拉克利涅斯
Lade　拉戴
Ladice　拉狄凱
Laïus　拉伊歐司
Lampito　拉姆披多
Lampon　蘭彭
Lamponium　拉姆披尼昂
Lampsacus　拉姆普撒科斯
Laodamas　拉歐達瑪司
Laodice　拉奧迪凱
Laphanes　拉帕涅斯
Lapithae　拉披塔依
Larissa　拉里撒
Lasonii　拉索尼歐伊人
Lasus　拉索司
Laurium　拉烏利昂

Laus 拉歐斯
Leagrus 列阿格羅斯
Lebadea 列巴狄亞
Lebaea 列拜亞
Lebedos 列別多斯
Lectum 萊克頓
Leleges 列列該斯
Lemnos 列姆諾斯
Leobotes 列歐波鐵司
Leocedes 列奧凱代斯
Leon 列昂
Leonidas 列歐尼達司
Leontiades 列昂提亞戴斯
Leontini 列昂提諾伊
Leoprepes 列歐普列佩斯
Lepreum 列普勒昂
Lerisae 雷里撒伊
Leros 列羅司
Lesbos 列斯波司
Leto 列托
Leucadia 列烏卡地亞
Leuce Acte 列烏凱——阿克鐵
Leucon 列烏康
Leutychides 列烏杜奇戴斯
Libya 利比亞
Lichas 里卡司
Licurgus 里庫爾哥斯
Lide 里戴
Ligyes 里巨埃斯人
Limeneïum 里美奈昂
Lindus 林多斯
Lipaxus 里帕克索斯
Lipoxais 里波克賽司
Lipsydrium 里普敍德里昂
Lisae 里賽
Lisus 利索司
Locrians 羅克里斯人
Lotophagi 洛托帕哥伊人
Loxias 洛克西亞司
Lycaretus 律卡列托司
Lycians 呂奇亞人
Lycidas 呂奇達斯
Lycomedes 呂科美戴斯
Lycopas 呂科帕司
Lycophron 呂柯普隆
Lycurgus 呂庫爾戈斯
Lycus 呂科斯
Lydians 呂底亞人
Lydias 呂第亞斯
Lydus 呂多斯
Lygdamis 呂戈達米斯
Lynceus 律恩凱烏斯
Lysagoras 呂撒哥拉斯
Lysanias 呂撒尼亞斯
Lysicles 呂西克列斯
Lysimachus 呂喜瑪科斯
Lysistratus 呂西司特拉托斯

M

Macae 瑪卡伊人
Macedonians 馬其頓人
Macedonia 馬其頓
Machlyes 瑪科律埃司人
Macistius 瑪奇司提歐斯
Macistus 瑪啓司托司

Macrones 瑪克羅涅斯
Mactorium 瑪克托利昂
Madyes 瑪杜阿斯
Madytus 瑪杜托斯
Mœtians 表奧塔伊人
Mœander 邁安德羅司
Mœandrius 邁安多里歐司
Mœotis 麥奧提斯
Magdolus 瑪格多洛斯
Magi 瑪哥斯僧(即瑪果伊人)
Magnesia 瑪格涅希亞
Malea 瑪列亞
Malene 瑪列涅
Males 瑪列士
Malis 瑪里司
Mandane 芒達妮
Mandrocles 芒德羅克列斯
Manes 瑪涅斯
Mantinea 曼提涅亞
Mantyes 曼圖埃司
Maraphias 瑪拉披司人
Maraphii 瑪拉普伊歐伊人
Marathon 馬拉松
Mardi 瑪爾多伊人
Mardonius 瑪爾多紐斯
Mardontes 瑪爾東鐵司
Mardos 瑪爾多斯
Marea 瑪列阿
Mares 瑪列斯
Mariandyni 瑪利安杜尼亞人
Maris 瑪里斯
Maron 瑪隆
Maronea 瑪羅涅亞
Marsyas 瑪爾敍亞斯
Mascames 瑪司卡美斯
Masistes 瑪西司鐵斯
Masistius 瑪西司提歐斯
Maspii 瑪斯庇歐伊人
Massages 瑪撒該斯
Massagetae 瑪撒該塔伊人
Massalia 瑪撒里亞
Matieni 瑪提耶涅人
Matten 瑪頓
Mausolus 瑪烏索洛司
Maxyes 瑪克敍埃司人
Mazares 瑪扎列斯
Mecisteus 美奇司鐵烏司
Mecyberna 美庫倍爾納
Medea 美地亞
Medians 美地亞人
Megabates 美伽巴鐵斯
Megabazns 美伽巴佐斯
Megacles 美伽克列斯
Megacreon 美伽克列昂
Megadostes 美伽多司鐵斯
Megapanus 美伽帕諾斯
Megara 美伽拉
Megasidrus 美伽西多羅斯
Megistias 美吉司提亞斯
Meionians 美伊昂人
Melampus 美拉姆波司
Melampygus 美拉姆披哥斯
Melanchlaini 美蘭克拉伊諾伊人
Melanippus 美蘭尼波司
Melanthius 美蘭提歐斯
Melanthus 美蘭托斯

Meles 美雷斯
Melians 瑪里司人
Meliboea 梅里波伊亞
Melissa 梅里莎
Membliarus 美姆布里阿洛司
Memnon 美姆農
Memphis 孟斐斯
Menares 美那列斯
Mende 門戴
Mendes 孟迭司
Menelaus 美涅拉歐司
Menius 美尼歐斯
Merbalus 美爾巴羅斯
Mermnadae 美爾姆納達伊
Meroë 美洛埃
Mesambria 美撒姆布里亞
Messapians 麥撒披亞人
Messene 麥撒納
Messenia 美塞尼亞
Metapontium 美塔彭提昂
Methymna 美圖姆那
Metiochus 美提歐科司
Metrodorus 美特洛多羅司
Micythus 米庫托司
Midas 米達斯
Miletus 米利都
Milon 米隆
Miltiades 米爾提亞戴斯
Milyae 米呂阿伊人
Milyas 米律阿斯
Min 米恩
Minoa 米諾阿
Minos 米諾斯
Minyae 米尼埃伊
Mitra 米特拉
Mitradates 米特拉達鐵斯
Mitrobates 米特洛巴鐵司
Moeris 莫伊利斯
Moloïs 莫羅埃司
Molossians 莫洛西亞人
Molphagoras 莫爾帕戈拉司
Momemphis 莫美姆披司
Mophi 摩披
Moschi 莫司科伊人
Mossynoeci 莫敍諾依科伊人
Munychia 穆尼奇亞
Murychides 穆里奇戴斯
Musaeus 穆賽歐斯
Mycale 米卡列
Mycenaeans 邁錫尼人
Mycerinus 美凱里諾斯
Myci 米科伊人
Myconus 米科諾斯
Myecphorite 米埃克波里司
Mygdonia 米哥多尼亞
Mylasa 美拉撒
Mylitta 米利塔
Myndus 孟多司
Myrcinus 米爾啓諾司
Myriandric gulf 米利安多羅斯灣
Myrina 米利納
Myrmex 米爾美克司
Myron 米隆
Myrsilus 密爾昔洛斯
Myrsus 密爾索斯
Mys 米司

Mysia 美西亞
Mysus 繆索斯
Mytilene 米提列奈
Myus 米歐司

N

Naparis 納帕里司
Nasamones 納撒摩涅司人
Natho 那托
Naucratis 納烏克拉提斯
Nauplia 納烏普利亞
Naustrophus 納烏斯特洛波司
Naxos 納克索斯
Neapolis 涅阿波里司
Necos 涅科斯
Nelidae 涅列達伊
Neocles 尼奧克列斯
Neon 尼昂
Neon Teichos 涅翁・提科斯
Nereids 涅列伊戴斯
Nereus 涅列歐司
Nesaean horse 涅賽伊阿馬
Nesaeon 涅賽昂
Nestor 涅司托爾
Nestus 涅司托斯
Neuris 涅烏里司人
Nicandra 尼坎德拉
Nicandrus 尼坎多羅斯
Nicodromus 尼科德羅莫斯
Nicolaus 尼柯拉歐斯
Nile 尼羅河
Nileus 涅列歐斯
Ninus 尼諾斯
Nipsaei 尼普賽歐伊
Nisaea 尼賽亞
Nisyrus 尼敍洛斯
Nitetis 尼太提司
Nitocris 尼托克里司
Noës 諾埃斯
Nonacris 挪納克利斯
Nothon 諾同
Notium 諾提昂
Nudium 努迪昂
Nymphodorus 尼姆波多洛斯
Nysa 尼撒

O

Oarizus 歐阿里佐斯
Oarus 歐阿洛司
Oasis 歐阿西司
Oaxus 歐阿克索司
Oceanus 歐凱阿諾斯
Octamasades 歐克塔瑪撒戴司
Ocytus 歐庫托司
Odomanti 歐多曼托伊人
Odrysae 歐德律賽
Odyssey 奧德賽
Oea 歐伊亞
Oebares 歐伊巴雷司
Oedipus 歐伊狄波司
Oenoe 歐伊諾耶
Oenone 歐伊諾涅
Oenotria 歐伊諾特里亞
Oenussae 歐伊努賽

Oeobazus 歐約巴佐斯
Oeolycus 歐約律科司
Oëroë 歐埃洛耶
Oeta 歐伊鐵
Oiorpata 歐約爾帕塔
Olbiopolitae 歐爾比亞市民
Olen 奧倫
Olenus 歐列諾斯
Oliatus 歐里亞托司
Olophyxus 歐洛披克索斯
Olorus 歐羅洛司
Olympia 奧林匹亞
Olympiodorus 歐林匹奧多洛斯
Olympus 奧林波斯
Olynthus 歐倫托斯
Ombria 翁布里亞
Ombrici 翁布里柯伊人
Oneatae 歐涅阿塔伊
Onesilus 歐涅西洛司
Onetes 歐涅鐵斯
Onochonus 歐諾柯挪斯
Onomacritus 奧諾瑪克利托斯
Onomastus 奧諾瑪司托斯
Onuphite 歐努披司
Ophryneum 歐普里涅昂
Opis 歐匹斯
Opoea 歐波伊亞
Orbelus 歐爾倍洛司
Orchomenus 歐爾科美諾斯
Ordessus 歐爾戴索司
Orestes 歐列斯鐵斯
Orestheum 歐列斯提歐姆
Orethyia 歐列圖婭
Orgeus 奧爾蓋烏司
Oricum 歐里科姆
Oricus 歐里科司
Orithyia 歐列圖婭
Orneatae 奧爾涅阿塔伊人
Oroestes 歐洛伊鐵司
Oromedon 歐洛美東
Oropus 奧洛波斯
Orotalt 歐洛塔爾特
Orsiphantus 歐爾喜龐托司
Orthocorybantians 歐爾托科律般提歐伊
Orthosia 歐爾托西亞
Osiris 奧西里斯
Ossa 歐薩
Otanes 歐塔涅斯
Otaspes 歐塔司佩斯
Othryades 歐特律阿戴斯
Othrys 歐特律司
Ozolae 歐佐拉伊

P

Pactolus 帕克托羅司
Pactya 帕克杜耶
Pactyes 帕克杜耶斯
Padaei 帕達依歐伊
Paeania 派阿尼亞
Paeonia 派歐尼亞
Paeoplae 帕伊歐普拉伊人
Paesus 帕依索司
Paeti 帕依托伊人
Paeus 帕伊歐斯

Pagasae 帕伽撒依
Paleës 帕列人
Palestine 巴勒斯坦
Pallas 帕拉司
Pallene 帕列涅
Pamisus 帕米索斯
Pammon 帕姆蒙
Pamphyli 帕姆庇洛伊人
Pamphylia 帕姆庇利亞
Pan 潘恩
Panaetius 帕那伊提烏斯
Pancratium 龐克拉提昂
Pandion 潘迪昂
Pangaeum 龐伽伊昂
Panionia 帕尼歐尼亞
Panionium 帕尼歐尼翁
Panionius 帕尼歐紐斯
Panites 帕尼鐵司
Panopeus 帕諾佩司
Panormus 帕諾爾摩斯
Pantagnotus 龐塔格諾托司
Pantaleon 龐塔萊昂
Pantares 潘塔列斯
Panthialaei 潘提亞萊歐伊人
Panticapes 龐提卡佩司
Pantimathi 潘提瑪托伊人
Pantites 潘提鐵斯
Papaeus 帕帕伊歐斯
Paphlagonians 帕普拉哥尼亞人
Paphos 帕波斯
Papremis 帕普雷米斯
Paraebates 帕拉依巴鐵司
Paralatae 帕辣拉泰伊
Parapotamii 帕拉波塔米歐伊人
Pareataceni 帕列塔凱奈人
Paricanii 帕利卡尼歐伊人
Paris 帕理司
Parium 帕里昂
Parmys 帕爾米司
Parnassus 帕爾那索斯
Paroreatae 帕洛列阿塔伊人
Parthenium 帕爾鐵尼昂
Parthenius 帕爾特尼歐斯
Parthians 帕爾提亞人
Parus 帕洛司
Pasargadae 帕撒爾伽達伊人
Pataecus 帕塔伊科斯
Pataïci 帕塔依科伊人
Patara 帕塔拉
Patarbemis 帕塔爾貝米司
Patiramphes 帕提拉姆培司
Patizeithes 帕提載鐵司
Patraes 帕特列斯
Patumus 帕托莫司
Pausanias 帕烏撒尼亞斯
Pausicae 帕烏西卡伊人
Pausiris 帕烏西里司
Pedasa 佩達撒
Pedasus 佩達索斯
Pedieis 佩迪埃司
Pelasgi 佩拉司吉人
Pelasgia 佩拉司吉亞
Peleus 佩列歐司
Pelion 佩里洪
Pella 培拉
Pellene 佩列涅

Peloponnesus 伯羅奔尼撒
Pelops 佩洛普司
Pelusium 佩魯希昂
Penelope 佩奈洛佩
Peneus 佩涅歐司
Penthylus 潘圖洛斯
Percalus 培爾卡洛斯
Percote 佩爾柯鐵
Perdiccas 培爾狄卡斯
Pergamos 培爾伽莫斯
Perialla 培莉亞拉
Periander 培利安多洛斯
Pericles 伯里克利斯
Perilaus 培利拉歐斯
Perinthus 佩林托斯
Perioeci 佩里歐伊科司
Perpherees 佩爾佩列埃斯
Perrhaebi 佩萊比亞人
Perses 培爾謝斯
Perseus 培爾賽歐斯
Persians 波斯人
Petra 佩特拉
Phaedyme 帕伊杜美
Phaenippus 帕埃尼波斯
Phagres 帕格列斯
Phalerum 帕列隆
Phanagoras 帕納戈拉司
Phanes 帕涅司
Pharandates 帕蘭達鐵斯
Pharbaïthite 帕爾巴伊托司
Pharnaces 帕爾那凱斯
Pharnaspes 帕爾那斯佩斯
Pharnazathres 帕爾納扎特列斯
Pharnuches 帕爾努凱斯
Phaselis 帕賽利斯
Phasis 帕希斯
Phaÿllus 帕烏洛斯
Phegeus 佩該烏斯
Pheneus 培涅俄斯
Pherendates 培倫達鐵斯
Pheretime 培列提美
Pheros 培羅斯
Phidippides 披迪披戴斯
Phidon 庇東
Phigalea 披伽列亞
Philaeus 披萊歐司
Philagrus 披拉格羅斯
Philaon 披拉昂
Philes 披列司
Philippus 披力波司
Philistus 披利斯圖斯
Philitis 皮里提斯
Philocyon 披洛庫昂
Philocyprus 披羅庫普洛司
Phla 普拉
Phlegra 普列格拉
Phlius 普里歐斯
Phocaea 波凱亞
Phocis 波奇司
Phoebus 波伊勃司
Phoenicinas 腓尼基人
Phoenix 培尼克司
Phormus 波爾莫司
Phraortes 普拉歐爾鐵斯
Phratagune 普拉塔古涅
Phriconian 普里科尼斯

Phrixae 普利克撒伊
Phrixus 普利克索斯
Phronime 普洛尼瑪
Phrygia 普里吉亞
Phrynichus 普律尼科司
Phrynon 普律農
Phthiotis 普提奧梯斯
Phthius 普提奧斯
Phya 佩阿
Phylacus 披拉科斯
Phyllis 披利斯
Phytho 佩脫
Pieria 披埃里亞
Pigres 披格列斯
Pilorus 披羅洛斯
Pindar 品達洛司
Pindus 品多斯
Piraeus 披萊烏斯
Pirene 佩列涅
Piromis 披羅米司
Pirus 佩洛斯
Pisa 披薩
Pisidian 披西達伊人
Pisistratidae 佩西司特拉提達伊
Pisistratus 佩西司特拉托斯
Pistyrus 披司圖洛斯
Pitana 庇塔涅
Pithagoras 畢達哥拉斯
Pittacus 披塔柯斯
Pixodarus 披克索達洛司
Placia 普拉啓亞
Plataeae 普拉塔伊阿
Platea 普拉鐵阿
Pleistarchus 普列司塔爾科斯
Pleistorus 普雷司陶洛斯
Plinthinete bay 普林提涅灣
Plynus 普律諾司
Poeciles 波依啓列司
Pogon 波貢
Poliades 波里亞戴斯
Polias 波里阿司
Polichne 波里克涅
Polyas 波里亞斯
Polybus 波律包司
Polycrates 波律克拉鐵斯
Polycritus 波律克利托斯
Polydamna 波律達姆娜
Polydectes 波律戴克鐵斯
Polydorus 波律多洛司
Polymnestus 波律姆涅司托司
Polynices 波律涅凱斯
Pontus 彭托斯
Porata 波拉塔
Posideion 波西迪昂
Poseidon 波賽東
Posidonia 波西多尼亞
Posidonius 波西多紐斯
Potidaea 波提戴阿
Praesus 普拉伊索斯
Prasiad lake 普拉西阿司湖
Praxilaus 普拉克西拉歐斯
Prexaspes 普列克撒司佩斯
Prexinus 普列克西諾斯
Priam 普利亞莫斯
Priene 普里耶涅
Prinetades 普里涅塔達司

Procles 普羅克列斯
Proconnesus 普洛孔涅索斯
Promeneia 普洛美涅亞
Prometheus 普洛美修斯
Pronaea 普洛奈亞
Propontis 普洛彭提斯
Prosopitis 普洛索披提斯
Protisilaus 普洛鐵西拉歐斯
Proteus 普洛鐵烏斯
Protothyes 普洛托杜阿斯
Prytanis 普律塔尼斯
Psammenitus 普撒美尼托斯
Psammetichus 普撒美提科斯
Psammis 普撒米司
Psylli 普敍洛伊人
Psyttalea 普敍塔列阿
Pteria 普鐵里亞
Ptoan Apollo 普托司・阿波羅
Ptoüm 普托昂
Pylae 披萊
Pylagori 披拉戈拉斯
Pylos 披洛斯
Pyrene 披列涅
Pyretus 披列托司
Pyrgos 披爾哥斯
Pythagoras 畢達哥拉斯
Pytheas 披鐵阿斯
Pythermos 佩鐵爾謨斯
Pythia 佩提亞
Pythius 披提歐斯
Pythogenes 披托蓋涅斯

R

Rhampsinitus 拉姆普西尼托司
Rhegium 列吉昂
Rhenaea 列那伊亞
Rhodes 羅德斯
Rhodope 洛多佩
Rhodopis 羅德庇司
Rhoecus 羅伊科司
Rhoetium 洛伊提昂
Rhypes 律佩斯

S

Sabacos 撒巴科斯
Sabyllus 撒必洛斯
Sacae 撒卡依人
Sadyattes 薩杜阿鐵斯
Sagartii 撒伽爾提歐伊人
Saïs 撒伊司
Salamis 撒拉米司
Sale 撒列
Salmoxis 撒爾莫克西司
Salmydessus 撒爾米戴索司
Samius 薩米歐司
Samos 薩摩司
Samothrace 薩摩特拉開
Sanacharibus 撒那卡里波司
Sandanis 桑達尼斯
Sandoces 桑多開斯
Sane 撒涅
Sapaei 撒帕依歐伊人
Sappho 莎波
Sarangae 薩朗伽伊

Sardanapallus 撒爾丹那帕洛司
Sardinia 薩地尼亞
Sardis 撒爾迪斯
Sardo 薩爾多
Sarpedon 撒爾佩東
Sarte 撒爾鐵
Saspires 撒司配列斯
Sataspes 撒塔司佩斯
Satrae 撒妥拉伊人
Sattagydae 撒塔巨達伊人
Saulius 撒烏里歐斯
Sauromatae 撒烏洛瑪泰伊人
Scaeus 斯卡伊歐斯
Scamander 司卡曼德羅斯
Scamandronymus 司卡芒德洛尼莫司
Scapte Hyle 斯卡普鐵・敍列
Sciathos 斯奇亞托斯
Scidrus 司奇多洛斯
Scione 司奇歐涅
Sciton 斯奇同
Scolopois 斯科洛波伊斯
Scolus 司科洛斯
Scopadae 司科帕達伊
Scopasis 斯科帕西司
Scylace 斯奇拉凱
Scylax 司庫拉克斯
Scyles 司庫列斯
Scyllias 司苦里亞斯
Scyros 司奇洛斯
Scythes 司枯鐵斯
Scythia 斯奇提亞
Sebennyte 賽本努鐵斯
Selinus 賽里努司
Selymbria 塞律姆布里亞
Semele 賽美列
Semiramis 謝米拉米司
Sepias 賽披亞斯
Serbonian marsh 謝爾包尼斯湖
Seriphus 賽里婆斯
Sermyle 謝爾米列
Serrheum 塞列昂
Sesostris 塞索斯特里斯
Sestos 賽司托斯
Sethos 賽托司
Sicania 西卡尼亞
Sicas 西卡司
Sicily 西西里
Sicinnus 西琴諾斯
Sicyon 希巨昂
Sidon 西頓
Sigeum 細該伊昂
Sigynnae 昔恭納伊人
Silenus 昔列諾斯
Simonides 西蒙尼戴斯
Sindi 信多伊人
Sindus 辛多斯
Singus 辛哥斯
Sinope 西諾佩
Siphnus 昔普諾斯
Siriopaeones 西里歐派歐尼亞人
Siris 昔利斯
Siromitres 西洛米特列斯
Siromus 西羅莫斯
Sisamnes 西撒姆涅斯
Sisimaces 昔西瑪凱司

Sitalces 西塔爾凱司
Sithonia 西托尼亞
Siuph 西烏鋪
Smerdis 司美爾迪斯
Smerdomenes 司美爾多美涅斯
Smila 司米拉
Smindyrides 司敏杜里代斯
Smyrna 士麥拿
Socles 索克列斯
Sogdi 粟格多伊人
Soli 索羅伊
Soloïs 索洛埃司
Solon 梭倫
Solymi 索律摩伊人
Sophanes 梭帕涅斯
Sosimenes 索喜美涅斯
Sostratus 索司特拉托司
Spargapises 斯帕爾伽披賽斯
Spargapithes 斯帕爾伽佩鐵司
Sparta 斯巴達
Spercheus 司佩爾凱歐斯
Sperthias 司佩爾提亞斯
Sphendalae 司潘達萊斯
Stagirus 司塔吉洛斯
Stentoris 司頓托里司
Stenyclerus 司鐵尼克列洛斯
Stesagoras 司鐵撒哥拉斯
Stesenor 斯鐵塞諾爾
Stesilaus 司鐵西拉歐斯
Strattis 司妥拉提斯
Struchates 斯特路卡鐵斯人
Stryme 司妥律美
Strymon 司妥律蒙
Stymphalian lake 司圖姆帕洛斯湖
Styreans 司圖拉人
Styx 司圖克斯
Sunium 索尼昂
Susa 蘇撒
Syagrus 敍阿格羅斯
Sybaris 敍巴里斯
Syene 敍埃涅
Syennesis 敍恩涅喜斯
Syleus 敍列烏斯
Syloson 敍羅松
Syme 敍美
Syracuse 西拉庫賽
Syrgis 敍爾吉司
Syria 敍利亞
Syrtis 敍爾提斯

T

Tabalus 塔巴羅斯
Tabiti 塔比提
Tachompso 塔孔普索
Taenarum 塔伊那隆
Talaus 塔拉歐司
Taltybius 塔爾圖比歐斯
Tanagra 塔那格拉
Tanais 塔納伊司
Tanite 塔尼司
Taras 搭拉斯
Tarentines 塔蘭提諾伊人
Targitaus 塔爾吉塔歐斯
Tartessus 塔爾提索斯
Tauchira 塔烏奇拉

Tauri 陶利卡人
Taxacis 塔克撒啓司
Taygetum 塔烏該托斯
Tearus 鐵阿羅斯
Teaspis 鐵阿司披斯
Tegea 鐵該亞
Teïspes 鐵伊司佩斯
Telamon 鐵拉門
Teleboae 鐵列波阿伊
Telecles 鐵列克萊司
Teleclus 鐵列克洛司
Telemachus 鐵列瑪科斯
Telesarchus 鐵列撒爾科司
Telines 鐵里涅司
Telliadae 鐵里亞達伊
Tellias 鐵里阿斯
Tellus 泰洛斯
Telmessos 鐵爾美索斯
Telos 鐵洛斯
Telys 鐵律司
Temenos 鐵美諾斯
Temnos 鐵姆諾斯
Tempe 鐵姆佩
Tenedos 提涅多斯
Tenos 鐵諾斯
Teos 提奧斯
Teres 鐵列斯
Tereus 鐵列歐司
Terillus 鐵里洛斯
Termera 鐵爾美拉
Termilae 鐵爾米萊
Tethronium 鐵特洛尼昂
Tetramnestus 鐵特拉姆涅司托斯
Teucrians 鐵烏克洛伊人
Teucros 鐵烏克羅斯
Teuthrania 鐵烏特拉尼亞
Thagimasadas 塔吉瑪薩達斯
Thales 泰利士
Thamanaei 塔瑪奈歐伊人
Thamasius 塔瑪希歐斯
Thannyras 坦努拉司
Thasos 塔索斯
Theasides 鐵阿西代斯
Thebe 鐵貝
Thebes 底比斯
Themis 鐵米斯
Themiscyra 鐵米司庫拉
Themison 鐵米松
Themistocles 鐵米司托克列斯
Theocydes 提歐庫戴斯
Theodorus 鐵奧多洛斯
Theomestor 提奧美司托爾
Theophania 鐵奧帕尼亞
Theopompus 鐵歐彭波斯
Thera 鐵拉
Therambos 鐵拉姆波司
Therapne 鐵拉普涅
Theras 鐵拉司
Therma 鐵爾瑪
Thermodon 鐵爾莫東
Thermopylae 鐵爾摩披萊
Theron 鐵隆
Thersandrus 鐵爾桑德洛斯
Theseus 鐵謝歐斯
Thesmophoria 鐵斯莫波里亞
Thespia 鐵司佩亞

Thesprotians 鐵斯普洛托伊人
Thessalus 帖撒洛司
Thessaly 帖撒利亞
Thestes 鐵司特斯
Thetis 帖提司
Thmuite 特姆易斯
Thoas 托阿斯
Thon 托恩
Thonis 托尼司
Thorax 托拉克司
Thoricus 托利科司
Thornax 托爾那克司
Thrace 色雷斯
Thrasybulus 特拉敍布洛斯
Thrasycles 特拉敍克列斯
Thrasydeïus 特拉敍狄歐斯
Thrasylaus 特拉敍拉歐斯
Thriasian plain 特里亞平原
Thyia 圖依亞
Thyni 杜尼亞人
Thyreae 杜列亞
Thyssagetae 杜撒該塔伊人
Thyssus 杜索司
Tiarantus 提阿蘭托司
Tibareni 提巴列諾伊人
Tibisis 提比西斯
Tigranes 提格拉涅斯
Tigris 底格里斯
Timagenides 提瑪蓋尼戴斯
Timagoras 提瑪戈拉斯
Timandrus 提曼多洛斯
Timarete 提瑪列捷
Timasitheus 提美西鐵烏司
Timesius 提美西奧斯
Timo 悌摩
Timodemus 悌摩戴謨斯
Timon 提蒙
Timonax 提莫納克斯
Timoxenus 悌摩克塞諾斯
Tiryns 提律恩司
Tisamenus 提撒美諾斯
Tisandrus 提桑德洛斯
Tisias 提細亞斯
Titacus 提塔科斯
Tithaeus 提泰歐斯
Tithorea 提托列阿
Titormus 提托爾莫斯
Tmolus 特莫洛斯
Tomyris 托米麗司
Torone 托羅涅
Trachinia 特拉奇尼亞
Trachis 特拉奇司
Trapezus 特拉佩佐斯
Traspies 特拉司披耶司人
Trausi 妥勞索伊人
Travus 特拉沃斯
Triballic plain 特利巴里空原野
Triopium 特里歐庇昂
Tritaea 特里泰埃斯
Tritantaechmes 特里坦塔伊克美斯
Triteae 特里提司
Triton 妥里通
Troad 特洛阿司
Troezen 特羅伊眞
Trophonius 特洛波尼歐斯
Troy 特洛伊

Tydeus 杜德烏斯
Tymnes 圖姆涅斯
Tyndareus 圖恩達列烏斯
Tyndaridae 圖恩達里達伊
Typhon 杜彭
Tyras 杜拉斯
Tyre 推羅
Tyrodiza 圖洛迪札
Tyrrhenians 第勒塞尼亞人
Tyrsenus 第勒賽諾斯

U

Urania 烏拉尼阿
Uranius 烏拉尼歐斯
Utii 烏提歐伊人

X

Xanthippus 克桑提波司
Xanthus 克桑托斯
Xenagoras 克謝納戈拉斯
Xerxes 克謝爾克謝斯
Xuthus 克蘇托斯

Z

Zacynthus 札昆托斯
Zancle 臧克列
Zaueces 撒烏埃凱司人
Zeus 宙斯
Zeuxidemus 杰烏克西戴莫斯
Zone 佐涅
Zopyrus 佐披洛司
Zoster 佐斯泰爾

本書中主要度量衡幣制單位折算表

㈠長度單位

達克杜洛斯	1.93公分
尺（音譯普司）	30公分
佩巨斯	46.2公分
帕拉司鐵	7.7公分
歐爾巨阿	1.85公尺
普列特隆	約30公尺
斯塔迪昻	約185公尺
帕拉桑該斯（波斯）	5.7公里
斯塔特莫斯	28公里強

㈡容量單位

甲液體

庫阿托斯	1／2公合
科杜列	1／4公升
美特列鐵司	39公升

乙粉狀物體

科伊尼庫斯	約一公升
美狄姆諾斯	52公升

㈢重量單位

塔蘭特	26公斤
米那	436克
德拉克瑪	4.4克
歐博洛斯	0.7克

㈣幣制單位

塔蘭特	＝60米那
米那	＝5斯塔鐵爾
斯塔鐵爾	＝20德拉克瑪
德拉克瑪	＝6歐博洛斯

年　表

（全部在紀元前）

585	泰利士預言日蝕。
604（一說605）──562	巴比倫尼布甲尼撒統治時期。
560	克洛伊索斯繼承呂底亞王位。
561──560	佩西司特拉托斯成爲雅典僭主。
559──556	米爾提亞戴斯成爲色雷斯·凱爾索涅索斯的僭主。
550	居魯士征服美地亞。
548──547	戴爾波伊的阿波羅神殿被焚。
546	居魯士征服呂底亞，推翻克洛伊索斯。
546──545	波斯征服亞細亞的希臘人。
538	居魯士陷巴比倫。
527	佩西司特拉托斯死。
526	薩摩司僭主波律克拉鐵斯放棄與埃及的同盟而投到波斯方面。
525	波斯出征埃及。
521	大流士繼承波斯王位。
514	哈爾莫狄歐斯與阿里斯托蓋通的謀叛。
512	大流士第一次遠征歐羅巴。
	征服色雷斯。
510	佩西司特拉托斯族僭主政治的崩潰。
	雅典加入伯羅奔尼撒同盟。
	敍巴里斯與克羅同之戰。
508──507	伊撒哥拉司取得雅典的政權。

	斯巴達人進攻雅典衛城。
	克萊司鐵涅斯的霸權。
499	伊奧尼亞爆發叛亂。
498	雅典與埃吉納作戰。
497	雅典軍燒毀撒爾迪斯。
494	伊奧尼亞軍在拉戴戰敗。
492	波斯人征服色雷斯和馬其頓。
490	波斯水師出征希臘。
	埃列特里亞被毀。
	馬拉松之役。
489	米爾提亞戴斯出征帕洛司。
487	雅典對埃吉納之戰。
485	大流士死，克謝爾克謝斯即位。
482	雅典水師的加強。
480（八月）	克謝爾克謝斯侵入布臘。
	阿爾鐵米西昂和鐵爾摩披萊之役。
480（九月）	撒拉米司海戰。
480（十月）	日蝕。
479（春天）	波斯軍駐守阿提卡。
479（八月）	普拉塔伊阿之役。
	米卡列之役。
479——478（冬天）	雅典軍攻陷賽司托斯。

希羅多德歷史：希臘波斯戰爭史 / 希羅多德
(Herodoti)著；王以鑄譯. -- 初版. -- 臺北
市：臺灣商務, 1997[民86]
面； 公分. -- (Open；2 / 1)
含索引
譯自：Historiae
ISBN 957-05-1421-3(平裝)

1. 希臘 - 歷史 - 公元前500-公元476年

740.2133 86011486

廣告回信
板橋郵局登記證
板橋廣字第1011號
免貼郵票

23150
新北市新店區復興路43號8樓
臺灣商務印書館股份有限公司　收

請對摺寄回，謝謝！

OPEN

當新的世紀開啟時，我們許以開闊

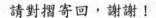

OPEN系列／讀者回函卡

感謝您對本館的支持，為加強對您的服務，請填妥此卡，免付郵資寄回，可隨時收到本館最新出版訊息，及享受各種優惠。

■ 姓名：＿＿＿＿＿＿＿＿＿＿ 性別：□ 男 □ 女

■ 出生日期：＿＿＿＿年＿＿＿＿月＿＿＿＿日

■ 職業：□學生 □公務(含軍警) □家管 □服務 □金融 □製造
□資訊 □大眾傳播 □自由業 □農漁牧 □退休 □其他

■ 學歷：□高中以下（含高中）□大專 □研究所（含以上）

■ 地址：＿＿＿＿＿＿＿＿＿＿＿＿＿＿＿＿＿＿＿＿
＿＿＿＿＿＿＿＿＿＿＿＿＿＿＿＿＿＿＿＿

■ 電話：(H) ＿＿＿＿＿＿＿＿＿＿ (O) ＿＿＿＿＿＿＿＿

■ E-mail：＿＿＿＿＿＿＿＿＿＿＿＿＿＿＿＿＿＿

■ 購買書名：＿＿＿＿＿＿＿＿＿＿＿＿＿＿＿＿＿＿

■ 您從何處得知本書？
□網路 □DM廣告 □報紙廣告 □報紙專欄 □傳單
□書店 □親友介紹 □電視廣播 □雜誌廣告 □其他

■ 您喜歡閱讀哪一類別的書籍？
□哲學・宗教 □藝術・心靈 □人文・科普 □商業・投資
□社會・文化 □親子・學習 □生活・休閒 □醫學・養生
□文學・小說 □歷史・傳記

■ 您對本書的意見？（A/滿意 B/尚可 C/須改進）
內容 ＿＿＿＿＿ 編輯＿＿＿＿＿ 校對＿＿＿＿＿ 翻譯＿＿＿＿＿
封面設計＿＿＿＿＿ 價格＿＿＿＿＿ 其他＿＿＿＿＿＿＿＿

■ 您的建議：＿＿＿＿＿＿＿＿＿＿＿＿＿＿＿＿＿＿
＿＿＿＿＿＿＿＿＿＿＿＿＿＿＿＿＿＿＿＿＿＿＿＿

※ 歡迎您隨時至本館網路書店發表書評及留下任何意見

臺灣商務印書館 The Commercial Press, Ltd.

23150新北市新店區復興路43號8樓 電話：(02)8667-3712
讀者服務專線：0800-056196 傳真：(02)8667-3709
郵撥：0000165-1號 E-mail：ecptw@cptw.com.tw
網路書店網址：www.cptw.com.tw 網路書店臉書：facebook.com.tw/ecptwdoing
臉書：facebook.com.tw/ecptw 部落格：blog.yam.com/ecptw